훈민정음을 사랑한 변호사

박승빈

시정곤

고려대학교 국어교육과와 동대학원 국어국문학과에서 문학석사, 문학박사를 받음. 하버드대학교 언어학과 객원연구원, 영국 런던대학 SOAS 객원교수 역임. 현재 카이스트(KAIST) 인문사회과학부 교수. 저서로는 『국어의 단어형성 원리』(1998), 『논항구조란 무엇인가』(공저 2000), 『우리말의 수수께끼』(공저 2002), 『한국어가 사라진다면』(공저 2003), 『북한의 문법 연구와 문법 교육』(공저 2004), 『영어 공용화 국가의 말과 삶』(공저 2004), 『현대국어 형태론의 탐구』(2006), 『현대국어 통사론의 탐구』(2006), 『응용국어학의 탐구』(2006), 『역사가 새겨진 우리말 이야기』(공저 2006), 『인간 컴퓨터 언어』(공저 2006), 『한글에 대해 알아야 할 모든 것』(공저 2008), 『조선언문실록』(공저 2011) 등이 있으며 논문 다수가 있음.

훈민정음을 사랑한 변호사
박승빈

초판 인쇄 2015년 04월 02일
초판 발행 2015년 04월 10일

지은이 시정곤 **┃ 펴낸이** 박찬익 **┃ 편집장** 권이준 **┃ 책임편집** 김경수
펴낸곳 ㈜ **박이정 ┃ 주소** 서울시 동대문구 천호대로 16가길 4
전화 02) 922-1192~3 **┃ 팩스** 02) 928-4683 **┃ 홈페이지** www.pjbook.com
이메일 pijbook@naver.com **┃ 등록** 2014년 8월 22일 제305-2014-000028호

ISBN 979-11-86402-06-1 (93700)

* 책값은 뒤표지에 있습니다.

훈민정음을 사랑한 변호사

박승빈

시정곤 지음

도서
출판 박이정

"이 저서는 2010년도 정부재원(교육과학기술부 학술연구조성사업비)으로 한국연구재단의 지원을 받아 연구되었음(NRF-2010-812-A00122)."
(원과제명: 박승빈의 학문과 사상)
"This work was supported by the National Research Foundation of Korea(NRF) Grant funded by the Korean Government (MEST) (NRF-2010-812-A00122)."

역사는 발전한다. 정반합의 원리에 의해 새롭게 앞으로 나아가듯이 경쟁과 라이벌을 통해 한걸음씩 나아간다. 역사 앞에는 승리자도 패배자도 없다. 모두 역사의 한 걸음에 디딤돌을 놓은 공헌자이기 때문이다. 그런 의미에서 역사에서는 기억되고 주목 받는 승리자보다는 잊혀지고 소외받는 패배자도 똑같은 무게의 가치를 인정해야 하지 않을까. 이 책은 바로 여기 이 지점에서 출발한다.

개화기 국어 연구와 국어 운동은 선각자들에게는 필수적인 요소였다. 수백 년 동안 중국의 속박으로부터 벗어나 새로운 근대국가를 세우기 위한 열망은 모든 선각자들의 공통된 관심사였다. 백성이 주인인 근대국가를 위해서는 백성이 먼저 깨어나야 했고 백성이 깨어나려면 백성이 지식에 대한 눈을 떠야만 했다. 어리석은 백성을 위해 창제된 훈민정음은 바야흐로 국문으로 재등장하면서 본래의 자리를 되찾았다.

전문적인 국어 연구자가 없던 시절 선각자들은 흐트러진 우리말글의 틀과 이론과 규범을 다시 세우기 위해 노력했다. 문법을 연구하고 사전을 편찬하며 어문규범을 정비하자는 운동이 싹튼 것은 바로 이러한 시대적 배경 때문이다. 그 한 가운데에 주시경이 있었으며 그 제자들이 중심이 된 조선어학회가 뒤를 이었다. 우리의 기억 속에는 이들이 있었고 우리말글의 역사에도 이들의 업적이 가장 중심에 놓여 있다.

그러나 역사는 어느 한 쪽의 힘만으로 발전하지는 않는다. 수레가 어느한 쪽의 바퀴만으로는 굴러갈 수 없듯이 말이다. 선각자 중에는 주시경의 문법이론을 비판하고 그에 맞서 학술 논쟁을 벌였던 이들이 있었고 조선어학회와는 다른 시각으로 우리 문법과 어문규범을 정비하고자 했던 노력들이 있었다. 그 대표적인 인물이 바로 박승빈이다. 주시경과는 다른 자신만의 문법이론을 세우고 조선어학연구회를 만들어 조선어학회와 치열한 학술 논쟁을 벌였으며, 훈민정음의 정신을 계승 발전하고자 평생을 바쳤다. 그럼에도 불구하고 우리는 박승빈과 조선어학연구회를 잘 기억하지 못하고 있으며 그의 업적은 아쉽게도 우리말글의 역사에서 쉽게 찾아볼 수 없는 실정이다.

역사는 승리자의 것이라고 했던가. 오늘날의 규범문법과 어문규범의 전통이 주시경과 조선어학회에 뿌리를 두고 있으므로 이것은 어찌 보면 당연한 결과인지도 모른다. 그러나 한 가지 중요한 점은 그렇게 반대쪽에 서서 논쟁을 벌이고 상호 경쟁했던 사람들이 있었기에 지금의 우리 문법과 철자법은 더 나은 방향으로 발전해 왔다는 점이다. 필자가 박승빈에 주목한 이유가 바로 이 때문이다.

박승빈의 국어 연구에 대해서는 학창시절 보고 배운 바가 없지 않았으나 필자가 박승빈에 본격적으로 관심을 가진 것은 2007년이었다. 동료 교수 두 명과 함께 '근대인물오디세이'라는 융합강좌를 열면서였다. 근대 인물 가운데 여러 분야에 걸쳐 두각을 나타낸 인물들을 찾아 그들의 사상과 역사적 배경을 탐구해 보자는 취지에서 만든 강좌였는데, 열 명의 인물 가운데 박승빈도 한 명이었다. 강좌를 통해 조금 더 자세히 박승빈을 들여다보면서 이전에 알지 못했던 사실에 조금씩 흥미를 갖게 되었다.

그러던 차에 2010년 한국연구재단의 저술 지원을 받았고 5년 동안 박승빈이라는 인물을 머릿속에 그리면서 그의 생애와 학문의 발자취를 따라갈 수 있는 기회를 얻었다. 처음에는 "왜 변호사가 국어 연구에 평생을 바쳤을까?" 하는 단순한 호기심에서 출발했었지만 자료를 모으고 분석하면서 조금씩 그의 사상의 깊이와 학문에 대한 열정을 느낄 수 있었다.

5년 간 박승빈이라는 한 인물을 탐구하는 작업이 결코 쉽지만은 않았다. 처음 이 책을 구상할 때는 박승빈의 생애와 업적, 그리고 그에 대한 평가까지를 다룰 생각이었지만, 1차 사료를 모으면서 집필 방향을 박승빈의 생애와 활동을 객관적으로 기술하는 쪽에 초점을 두었다. 그것은 박승빈의 활동 영역이 그만큼 넓고 깊었기 때문이다. 변호사, 사회운동가, 교육운동가, 체육활동가, 그리고 국어학자에 이르기까지 박승빈의 삶의 궤적은 너무도 크고 넓었다.

책은 크게 세 부분으로 이루어져 있다. 제1부는 박승빈의 생애와 사상 및 사회활동을 다루었다. 제2부는 박승빈의 국어연구와 국어운동의 면면들을 살펴보았으며, 제3부는 맺음말로 전체 기술을 요약하고 마무리했다. 제1부에서는 연대기적으로 박승빈의 생애와 그의 활동상을 고찰했다. 제2부는 주제별로 구성했다. 박승빈의 국어연구 활동과 그의 저서의 특징, 그리고 철자법 운동과 국어 운동 등 박승빈이 우리말글에 대해 연구한 내용과 어문 운동의 활약상을 다루었다. 이를 통해 박승빈의 국어연구 활동의 전모를 그려보려 했다. 그리고 붙임란에는 박승빈의 논저 목록과 연보를 제시하여 독자의 이해를 돕도록 했다.

이 책이 나오기까지 많은 분들이 도움을 주셨다. 박승빈 관련 자료를 일일이 챙겨주시고 초고에 대해 귀한 논평을 아끼지 않으신 서울대 고영근 선생님과 한국학중앙연구원 신창순 선생님께 먼저 감사의 말씀을 드린다. 또한 초고를 읽고 부족한 부분을 지적해 주신 고려대 최호철, 신지영

교수님, 원광대 최경봉 교수님께도 감사의 말씀을 드린다. 초고의 역사적인 측면에 대해 세심히 논평해 주시고 책의 전체 구성에 대해 귀한 조언을 해주신 카이스트 고동환 교수님께도 깊이 감사드린다. 철원군청의 최종철 선생님께도 큰 도움을 받았다. 선생님은 연구가 시작될 무렵부터 깊은 관심을 갖고 지켜봐 주셨으며 귀한 자료를 보내주시고 초고에 대해서도 꼼꼼한 논평까지 마다하지 않으셨다. 전문가 못지않은 그의 식견에 경의를 표하면서 깊은 감사를 드린다. 여러분들의 날카로운 논평 덕분에 책을 좀 더 객관적이고 체계적으로 기술할 수 있었다.

국내외 유족들도 많은 도움을 주셨다. 특히 캐나다와 미국에서 귀한 자료를 제공해 주신 손자 박찬도, 박찬형 선생님, 서울의 박찬기 교수님 사모님, 인천의 박찬욱 신부님, 그리고 이밖에 많은 분들께서 귀한 자료와 함께 여러 회고담을 들려주셨다. 이 모든 자료들이 이 책을 집필하는데 큰 도움이 되었음은 물론이다. 도움을 주신 모든 유족들께 이 자리를 빌려 심심한 감사를 드린다. 도움을 주신 모든 분들을 일일이 열거하지 못하여 송구스러울 따름이다.

이렇게 많은 분들이 도움을 주시고 격려해 주셨는데도 이 책이 그분들의 기대에 못 미치는 부분이 많을 줄 안다. 그것은 모두 필자의 부족함 때문이다. 널리 혜량하여 주시기 바란다. 마지막으로 원고 이상으로 좋은 책을 만들어 주신 박이정 출판사의 박찬익 사장님과 편집실의 김경수 선생님께도 감사드린다.

"진리는 당시에는 손가락질을 당할지언정 영구불변으로 싲까지 남게 되리라는 신임(信任)만 가지고 나의 연구를 힘잇게 세워나갈 작뎡입니다."

1928년 박승빈의 말이다. 학문에 대한 그의 신념과 열정이 지금 이 순간에도 생생하게 메아리치는 듯하다. 이 책이 박승빈의 삶과 학문을 재조명하는 데 작은 디딤돌이라도 된다면 더없는 영광이겠다.

2015년 3월
저자 씀

제I부 생애와 활동

제III부 맺음말

1. 이 책은 한글전용을 원칙으로 하되 쉽게 이해하기가 어려운 어휘에 한해 괄호 안에 한자를 병기했다.

2. 1차 사료를 인용할 때는 되도록 원문 그대로 인용했으며, 원문을 직접 참조하지 못한 경우나 내용상 현대식으로 바꾸어도 무방한 경우는 독자의 이해를 돕기 위해 현대 철자법에 맞춰 기술했다.

3. 인용문을 원문 그대로 유지한 경우에도 독자의 이해를 돕기 위해 띄어쓰기는 현대 철자법에 맞게 띄어 썼다.

4. 내용을 서술하는 데 있어 본래 용어를 그대로 쓰는 것을 원칙으로 하되 문맥에 따라 원활한 이해를 돕기 위해 현대말로 바꾼 것도 있다. (예: 기사 → 표기)

5. 내용을 서술하는 데 있어 용어를 통일하고자 했다. 예를 들어 철자법, 표기법, 맞춤법, 기사법 등은 '철자법'으로 통일하여 기술했으며, 다만 꼭 필요한 경우는 원문 그대로 용어를 살려 쓰기도 했다.

6. 용어 가운데 문맥에 따라 적절히 혼용한 경우도 있다. 예를 들어 '조선어, 한국어, 우리말' 등이나 '박승빈 학파, 정음파', '주시경 학파, 한글파' 등은 문맥에 따라 적절히 섞어서 사용했다.

7. 내용을 서술하는 데 있어 박승빈의 저술의 쪽수를 밝힐 필요가 있을 때에는 괄호 안에 쪽수를 표시하여 원전을 쉽게 찾을 수 있도록 했다.

8. 부호 가운데 원문에서 사용된 부호와 정확히 일치하는 활자가 없는 경우 가용한 활자 가운데 가장 유사한 것으로 대체해 사용했다. (예: 경음부호, 격음부호 등)

9. 각주 번호는 장별로 작성했다.

제1부 | 생애와 활동

제1장

생애

1. 둘러보기

이 장에서는 박승빈이 나서부터 세상을 떠날 때까지의 일대기를 다룬다. 박승빈은 조국이 근대화로 접어들기 시작한 1880년에 태어나 해방 직전인 1943년에 생을 마감했다. 그야말로 격변기에 조국과 민족을 위해 온 몸을 불사르며 살다 갔다. 여기서는 역사적 시기 구분에 따라 한일병합(1910), 3 · 1운동(1919), 민족말살정책(1937) 등을 기준점으로 하여 박승빈의 생애를 시대별로 조망하고자 한다.

먼저 2절에서는 1880년부터 1909년까지 박승빈의 활동을 중심으로 다룬다. 이 시기는 우리나라가 개항을 통해 근대 문물을 접하고 서양 세력들이 한반도를 집어 삼키기 위해 각축을 벌이던 격변의 시대였다. 이 시기 박승빈은 철원에서 태어나 유년기를 거쳐 근대화 사상을 접하기 위해 상경하여 근대학교를 다니고 외부주사로서 활동하다가 일본에 유학하고 귀국하여 판검사 활동을 했다. 이 시기는 박승빈 사상의 토대가 되는 시기라는 점에서 의미가 깊다.

3절에서는 1910년부터 1919년까지의 모습을 다룬다. 한일강제병합이 이루어지고 일제의 무단통치가 자행되던 식민지 시기이다. 박승빈은 대한

제국 검사를 그만두고 변호사로서 새로운 삶을 시작한다. 정치적 사건이나 사회적 중대 사건에 뛰어들어 법정에서 변호사로서 변론에 힘쓰던 시기이다.

4절은 1919년부터 1936년까지의 활동을 다룬다. 3·1운동 이후 일제가 무단정치에서 문화정치로 방향을 틀면서 언론, 결사, 집회 등의 자유가 어느 정도 허용이 되었다. 이러한 흐름 속에서 박승빈은 민족주의자로서, 변호사로서, 사회운동가로서, 그리고 국어학자로서 다채로운 활동을 펼쳐 나간다. 이 시기야말로 박승빈 일생에서 가장 화려하고도 의욕이 넘치던 시기라 할 수 있다.

마지막 5절에서는 중일전쟁 이후 일제가 민족말살정책을 펴기 시작하던 1937년부터 박승빈이 세상을 떠난 1943년까지를 다룬다. 이 시기 박승빈은 그동안 자신이 해 왔던 계몽 운동, 신생활 운동 등을 지속적으로 펼치는 한편, 자신의 문법과 철자법을 흔들림 없이 주장해 나갔다. 말년에는 황국신민화 작업에 이름을 올리기도 했으나 조국의 해방을 보지 못하고 세상을 떠난다.

2. 근대를 향한 첫걸음(1880-1909)

2.1. 출생과 유년기

박승빈(朴勝彬)은 1880년 9월 29일 강원도 철원 묘장면 대마리에서 아버지 박경양(朴景陽)(1843-1924)과 어머니 강릉김씨(江陵金氏)의 6남매 중 독자로 태어났다. 학범(學凡)은 그의 아호(雅號)이다. 박승빈이 태어난 해인 1880년은 우리나라 개항기가 막 시작되던 무렵으로 과거의 봉건적인 사회질서가 타파되고 근대적 사회를 지향해 가던 시기였다. 1876년 병자수호조약을 필두로 1882년에 조미수호통상조약을 맺으면서 쇄국의 문을 열고 개항을 하면서 외국의 근대 문물을 받아들였다. 국내 정치에서는 1884년에 갑신정변이 일어나 혁명을 시도했고, 1894년에는 갑오개혁을 통해 근대적 체제를 갖추게 되었다.

신분계급이 사라지고, 근대적인 화폐제도를 확립하고자 노력했으며, 근대식 교육제도를 도입하여 신식교육을 시작했다. 또한 광혜원과 우정국 등이 설립되고 『독립신문』이 창간되는 등 사회적 문화적 근대화도 본격적으로 시작되어 민중들에게 본격적으로 개화사상을 전달하려고 노력하던 시기였다.[1] 박승빈은 바로 이러한 근대 변혁기의 한 복판에 태어났으므로 그가 조국의 근대화라는 시대적 소명을 갖게 된 것은 어쩌면 태생적인 산물이었을 것이다.

박승빈의 출생지인 철원 묘장면은 지금은 비무장지대여서 가보기가 어렵지만 옛날에는 그곳이 반남(潘南) 박씨[2] 집성촌('절너머박씨촌')이었다.[3] '절너머박씨'의 중시조는 조선 중종 때의 문신이며 성리학자인 야천(冶川) 박 소(朴紹)(1493-1534)이며[4], 그 증손자인 박 병(朴炳)이 철원도호부사를 지낸 것이 인연이 되어[5] 이후 철원이 세거지(世居地)가 된 셈이었다.[6]

---

1) '개항기', 『한국근현대사사전』, 2005, 가람기획.
2) 반남박씨대종중에 따르면 반남(潘南)은 전라남도 나주시에 속해 있는 지명으로 반남박씨(潘南朴氏)의 시조는 고려시대 때 반남호장(潘南戶長)을 역임한 박응주(朴應珠)라고 한다.
3) 반남박씨 문중에는 『절너머박씨파보(朴氏派譜)』(1972/1974)라는 세부 족보가 전해지는 것으로 보아 철원 지방에 사는 반남박씨를 '절너머박씨'로 불렀다는 것을 알 수 있다. 박승빈의 장손 박찬웅은 1972년 당시 절너머박씨가 약 1천명 정도는 될 것이라 했다.
4) 『절너머박씨파보』는 반남박씨야천자손경력공파(潘南朴氏冶川子孫經歷公派)에서 만든 것으로, 이름에서 '절너머박씨'의 중시조가 야천 박 소임을 알 수 있다.
5) 절머너박씨의 연원에 대해서는 박찬웅(1972/1974:48)의 『절너머박씨파보』에 수록된 '절너머박씨 소고' 참조.
6) 박 병(1587~1663.6.27.)은 선조 때의 문신 활당(活塘) 박동현(朴東賢)의 아들로, 친 아버지는 박동민(朴東民)이었으나 큰아버지인 박동현의 집으로 양자로 간 것이라 한다. 박 병은 1646년(인조24년)에 철원도호부사로 부임하여 1650년까지 부사직을 수행했다. 청백리로 소문이 나 부임지를 떠난 뒤에는 백성들이 거사비(去思碑)를 세우기도 했다. 박 병 부사의 뜻을 기리는 청백애민비(淸白愛民碑)가 지금까지 전해오는데, 현재 철원노동당사를 지나 대마리 가는 길 오른편에 있다. 박 병은 후에 청주목사, 공주목사 등을 역임하고 한양에서 별세하였으나, 그의 유지에 따라 묘는 철원군 묘장면 둔포리 절너머에

그러나 절너머박씨에 대한 구체적인 자료는 6.25 사변때 거의 소실되어 19세기말까지 절너머에서 반남박씨들이 어떻게 살았는지 알 수는 없다. 다만 현재로서는 후손의 회고에 의지하여 미루어 짐작할 수밖에 없는 형편이다. 박승빈이 "世世의 家規가 전혀 근검절약을 위주하는 까닭에 모든 생활이 남보다 質素儉朴 합니다."라고 말한 것처럼[7] 그의 집안은 근검절약과 검소한 생활을 하는 것을 가풍으로 삼으며, 이 미덕을 집안 내에서 철저히 지켜 왔다.[8] 또한 정의파 소론(少論)의 집안으로 임진왜란 이후 학자와 고관현직을 많이 배출하였다.[9]

증조부는 박위수(朴渭壽)이며, 조부는 박제호(朴齊浩)로[10] 이들 모두 이렇다 할 벼슬은 하지는 못했다. 부친도 46세이던 1888년(고종25년)에 진사(進士)에 급제하여[11] 종9품의 가감역관(假監役官)을[12] 지냈다. 그러나 그의 집안은 대대로 이 지방의 지주로[13] 박승빈의 아버지 때에는 일년에 삼백석하는 규모의 재력가였다.[14] 따라서 박승빈은 유복한 환경에서 유년기를 보냈으며, 14세이던 1893년에 여산 송씨인 송수경(宋秀卿)과[15]

썼다고 한다. 그 후 박 병의 후손 16세손 아산공 박태징(朴泰徵)이 임진왜란과 병자호란 이후 1650년경 실제로 철원에 살기 시작한 이래 철원을 근거지로 절너머박씨촌을 이루었다고 한다. (박찬웅 1972/1974, 최종철 2010, 반남박씨대종중)

7) '新生活을 하야본 實驗', 『별건곤』 제16·17호, 1928년 12월 1일.

8) 박찬웅(1972/1974)의 '절너머박씨 소고'.

9) 최종철. 2010. "훈민정음을 사랑한 대한제국검사, 박승빈", 『태봉문화』 24호, p.41.

10) 반남박씨 항렬도에는 22세손이 '제(齊)', 23세 '양(陽)', 24세가 '승(勝)', 25세가 '서(緖)', 26세가 '찬(贊)'이다. 이에 따르면 박승빈은 24세손이 된다.

11) 박경양은 고종 25년(1888)에 시행된 식년시(式年試)에서 진사 3등(三等)으로 324명 합격자 중 184위로 합격했다. (『숭정기원후오무자식년사마방목(崇禎紀元後五戊子式年司馬榜目)』한국학중앙연구원 장서각)

12) 가감역관은 토목 영선(土木營繕)을 맡아 보던 종9품의 임시 관직이었다.

13) 1927년 7월 5일 『동광』 제15호 보성전문학교장 박승빈 소식에는 박승빈의 이력을 소개하고 있는데, 아버지의 직업이 농업으로 되어 있다.

14) 1924년 7월 26일 『동아일보』에 실린 부고에는 박승빈의 아버지 박경양이 숙환으로 7월 24일 경성 청진동 자택에서 별세했다는 기사가 있다.

15) 부인은 1877년생으로 부친은 송영회(宋榮晦)이며(최종철 2010), 집은 경기도 장단(長湍)으로 지금은 군사분계선 이북 지역이다.(박찬웅. 1993. 『정치·사회·문화평론』, 아우내, p.236)

백년가약을 맺었다.[16)

박승빈은 과거를 준비하기 위해 유년 시절부터 사서삼경을 비롯하여 한문 공부에 열심이었다. "어릴 때에는 공자 맹자 시전 서전이니 하고 한문공부만 했다"는 박승빈의 회고담이 이를 말해 준다.[17) 박승빈은 두 번 과거시험을 치렀으나 실패하고 만다. 처음은 14세였던 1893년이었고, 두 번째는 그 이듬해인 15세였던 1894년에 과거시험을 보기 위해 또다시 서울에 올라왔다. 1894년 갑오개혁으로 과거제도가 폐지되었으니 박승빈은 과거제도가 폐지되던 마지막해까지 과거시험에 도전했던 셈이다.[18)

청소년기 박승빈은 근대화를 몸소 체험하게 된다. 과거시험을 위해 서울을 왕래하던 중 그가 목격했던 1894년 갑오개혁은 그야말로 충격 그 자체였다.

> "그런데 지금 생각하여도 감격(感激)의 시절로 생각되는 것은 갑오개혁(甲午改革) 이후 약 십년 동안의 사회덕 공긔(社會的 空氣)입니다. 갑오개혁으로 말하며 실로 조선 력사상 일대개혁(一大改革)으로 그 당시 김홍집(金弘集)내각이 발포한 팔십조목의 개혁안으로 말하면 내 나이 열다섯살째 본 것이나 종래의 모든 인습(因襲)과 악관(惡慣)을 여디업시 타파(打破)한 실로 당시 사회로서는 청텐벽력과 가튼 중대한 것을 규률(規律) 잇게 개혁하여 나아갓더라면 오늘날 사회가 지금갓지는 안엇슬 것이라고 생각합니다. (중략) 갑오개혁운동(甲午改革運動)가튼 열렬한 혁신(革新)운동도 마츰내 실패에 돌아가지고 일로전쟁(日露戰爭) 이후 대세는 급면즉하(急轉直下)하여 오늘에 닐온 것입니다. 그 어드레인지는 긔억되지 아니합니다만은 언제인가 서울 황성신문(皇城新聞)에서 당시 수구파(守舊派)들의 완고함에 분개한 소장긔자(少壯記者)들이 울분한 남아지에 그 사설(社說)에다가 『조선이 잘 되려면 사십이상 된 사람의 머리를 모다 버혀버려야 잘된다』는 의미의 말을 하엿다가 당시

16) '보성전문학교장 박승빈', 『동광』 제15호, 1927년 7월 5일.
17) '書齋人 訪問記(七) 普專校長 林勝彬氏', 『동아일보』, 1928년 12월 18일.
18) '나의 추억 (12)', 『조선일보』, 1928년 12월 25일.

사회의 비상한 물의(物議)를 닐으킨 일이 잇섯습니다.”[19]

박승빈은 훗날 갑오개혁을 조선 역사상 일대 개혁적인 사건으로 규정하고, 인습과 구습을 타파하고 새로운 사회로 거듭나려했던 그때 분위기를 청천벽력과도 같은 충격이었다고 회상하면서, 그러한 개혁이 지속적으로 유지되지 못한 것을 아쉬워했다. 이러한 근대화 물결에 감동을 받은 박승빈에게는 좀더 큰 세상에서 활약해 보고 싶은 꿈이 싹텄으리라.

박승빈은 19세에 서울로 올라오기 전까지 철원에서 한문 공부를 거의 다 마치고 수학과 영어 등 신학문도 혼자서 공부했다. 어려서부터 수학과 어학에 관심이 많았던 박승빈이 신학문에 대한 갈망이 얼마나 컸었는지를 짐작할 수 있다.[20] 한문으로 된 수학책으로 독학을 하면서,[21] 영어 공부도 게을리 하지 않고 병행해 나갔다. 이러한 신학문에 대한 동경은 자연스럽게 서양 유학의 꿈으로 이어지게 된다.

2.2. 상경과 관직

박승빈은 청운의 큰 뜻을 품고 19세인 1898년에 서울로 이사를 했다.[22] 그의 부친 박경양이 가족을 데리고 상경하여 사원골(현 종합청사 뒤)에 자리를 잡았다.[23]

“이러한 개화의 물결 속에서 최초로 절너머를 뛰쳐나와서 서울로 이사한 분이 나의 증조부(박경양)의 가족이었다. 이 시대는 민심이 흉흉하고 도적이 많은데다가 치안력이 약해서 지방의 호족들은 사병을 두고

---

19) ‘나의 추억 (12)’, 『조선일보』, 1928년 12월 25일.
20) ‘나의 추억 (14)’, 『조선일보』, 1928년 12월 26일.
21) ‘그들의 청년학도시대, 박승빈씨’, 『조선일보』, 1937년 1월 14일.
22) ‘그들의 청년학도시대, 박승빈씨’, 『조선일보』, 1937년 1월 14일.
23) 박찬웅(1972/1974)의 ‘절너머박씨 소고’.

재산을 지키는 실정이었다. 시골의 백성들은 밤에는 도적에게 재산을 뺏기고 낮에는 관에게 세금이라고 해서 재산을 뺏기니... 당시에 도적떼들이 철원 일대에도 곧잘 출몰했으므로 우리집에서도 사병을 몇 명 두고 총을 가지고 밤에는 공포를 쏘면서 집을 지켰다고 한다.... 나의 증조부(박경양)가 어떠한 동기로 언제 서울에 이사하셨는지도 명백하지 않으나, 뛰어 나게 명석한 나의 조부(박승빈)가 개화의 바람이 거세게 부는 서울을 몹시 동경하였음이 틀림없겠고, 게다가 이제는 시골이 서울보다는 치안상태가 훨씬 더 험악하니 피난도 겸해서 서울로 이사한 것이 아닌가 추측된다.”

위의 내용은 박승빈의 장손 박찬웅의 회고담인데, 박승빈이 개화의 물결이 도도히 흐르던 시기에 서울을 동경했고, 아버지 박경양이 총명한 아들의 장래를 위해 서울로 이사를 했다는 사실을 알 수 있다.[24)]

박승빈이 처음 품었던 뜻은 서양 유학이었다. “준비지식을 좀 얻어가지고 기필코 서양 유학을 하겠다는 것으로 남모르게 견고한 결심을 했다.”는 박승빈의 말은 이러한 그의 꿈을 잘 말해 준다.[25)] 이러한 박승빈의 꿈은 당시 개화파들의 근대화 운동에 적잖이 영향을 받았을 것이다.

“아모러튼지 그새 윤치호(尹致昊) 서재필(徐載弼) 가튼 이들의 독립협회(獨立協會)의 운동이라든지 박영효(朴泳孝) 누구누구하는 이들의 개화당(開化黨)운동이라는 것은 당시 완고한 수구파(守舊派)들과 대항하야 긔운차고 용감하게 운동하엿든 것입니다. 독립협회나 개화당의

---

24) 박찬웅(1972/1974)의 글에는 “우리집 다음으로 서울로 진출한 댁이 사걸후손인 승두씨 댁이고 다음이 유명한 보양씨댁이다.”라는 대목이 있으며 “서울로 진출한 일가나 서울로 공부하러 나온 문중의 청년들은 모두 우수한 두뇌로 신학문을 닦았다. 박승규(勝珪), 승두(勝斗), 종가댁의 홍서(弘緒)씨는 세분이 같이 관립한성사범학교에 입학하고 하루는 사원골 나의 증조부댁에 초대되어 갔었던 일도 있다 한다.”고 적고 있어 박경양 가족을 비롯하여 다른 일가친척들도 자제들의 출세를 위해 상경하여 신학문을 접하게 했음을 알 수 있다.
25) ‘그들의 청년학도시대, 박승빈씨’, 『조선일보』, 1937년 1월 14일.

공로는 쯧잇는 사람으로는 누구나 니저버리지 못헐 일이겟지요. (중략)
일본서 공부하고 나온 이들도 조직된 개화당에서도 자긔네들 정치의
표준은 일본을 표준하지 아니하고 그보다 더 고급(高級)인 서양을 표준
으로 한것이엇다고 우리는 봅니다. 그 신흥긔분(新興氣分)을 우리는
지금까지 니즐 수 업서요.26)"

박승빈이 서울에 상경했을 무렵 개화파들의 독립협회 활동과 새로운
근대식 개혁의 물결이 드높았으며 사회적 분위기가 서양을 표준으로 삼고
있었다. 이러한 분위기는 박승빈의 서양 유학의 꿈에 영향을 주었을 것으
로 보인다.27)

서양 유학을 위한 준비의 일환으로 먼저 박승빈은 20세가 되던 1899년에
판임관(判任官) 시험에 응시한다. 수석으로 합격한 박승빈은28) 1899년(광
무3년) 5월 15일 발령을 받아 관리가 되는데, '성진감리서주사(판임관 7등)
(城津監理署主事 敍判任官七等)'이라는 직책이었다.29) 성진감리서에 발
령을 받은 며칠 후에 다시 '덕원감리서주사(판임관7등)(德源監理署主事
敍判任官七等)'이라는 직책으로30) 옮겨간다.31) 1883년에 설치된 감리서

---

26) '나의 추억 (12)', 『조선일보』, 1928년 12월 25일.
27) 후손(차손 박찬기)의 증언에 따르면 평소 박승빈이 다음과 같은 네 가지 덕목을 강조했
다고 한다. "1. 젊어서 넓은 세계로 진출한다. 2. 마음과 몸을 올바르게 또 건강하게
육성한다. 3. 열심히 노력해서 자기 자신을 연마하고 주변 가족과 주변 사회의 건전한
발전을 이끌어낸다. 4. 사회와 나라의 장래를 위해서 이바지한다."
28) '그들의 청년학도시대, 박승빈씨', 『조선일보』, 1937년 1월 14일.
29) 광무3년(1899) 5월 15일자 『대한제국관보』, 1899년 5월 18일자 『황성신문』에는 박승빈을
성진감리서주사로 임명한다는 공문이 게재되어 있다. "문서번호 통첩 제71호, 발송일
광무 3년 5월 15일(1899년 5월 15일), 발송자 외부참서관 강화석, 수신자 의정부참서관
조병규"로 되어 있으며, "任城津監理署主事 敍判任官七等 朴勝彬"이라는 대목이 나온다.
30) 1895년 3월 관료제도가 대폭 개편되어, 11품급으로 나누던 관료의 등급을 칙임관 1~4
등(等), 주임관 1~6등, 판임관 1~8등으로 모두 18등급으로 개정하였다. 이때 박승빈이
판임관 7등이었으므로 하급관리였음을 알 수 있다.(『한국민족문화대백과사전』)
31) 1899년 5월 23일자 『대한제국관보』, 1899년 5월 24일자 『황성신문』에는 박승빈이
덕원감리서주사로 있으면서 1899년 10월 6일에 30일간의 휴가를 요청했다는 기록이
있다.

(監理署)는 개항장(開港場)과 개시장(開市場)의 행정과 대외관계의 사무를 관장하던 관서였으므로 박승빈은 함경북도 성진항과 함경남도 덕원(원산)에서 세관을 비롯하여 대외관계 행정 업무를 보았음을 짐작할 수 있다.[32] 인사발령이 외부(外部)에서 났다는 점도 이를 뒷받침해 준다.[33]

"그째 감리사라는 것은 각 항구(港口)마다 잇는 것으로 그 항구에 잇는 외국인(外國人)들과의 교역을 중요한 사무로 하는 것이엇는데 원산항구에도 일본사람 중국사람은 물론이오 서양사람도 약간 잇섯습니다. 그째 조선의 문물로 말하면 모든 것이 신문명의 초창시대(草創時代)라 세관(稅關)의 사무가튼 것도 잘 아는 사람이 업서서 서양사람으로 세관의 세무사(稅務司)라는 것을 두고 또 총체무사까지 서양사람이엇습니다."[34]

박승빈의 회고담에서도 당시 성진과 덕원의 감리서의 역할을 짐작할 수 있다. 박승빈이 외부주사로 임명된 것은 당시 정치상황과 밀접한 관련이 있다. 1876년 강화도조약 이후 서양 세력과의 조약을 맺으면서 개항과 개시를 통해 통상이 이루어졌기 때문이다. 1880년 원산이 개항하고 1883년에는 인천과 부산이 차례대로 개항을 한다. 박승빈의 최초의 임지였던 성진은 1899년에 막 개항을 한 지역이었다.[35]

한편 당시 감리서가 대외관계 행정 뿐 아니라 개항시의 재판소 업무까지 겸임했다는 점을 고려할 때, 박승빈이 행정 업무는 물론 사법 업무까지 관장했을 가능성도 있다.[36] 박승빈은 덕원감리서에서 윤치호를 만난다.

---

32) 외부주사가 되기 위해서는 일정한 교육을 받고 준비를 했었을 것으로 짐작할 수 있으나 박승빈이 상경 후 주사로 발령을 받기까지 어떤 일을 했는지는 공식적으로 확인된 바 없다.
33) 외부(外部)는 1895년(고종 32) 갑오경장에 따라 외교에 관한 사무를 관장하기 위해 설치된 기관으로 지금의 외교부에 해당한다.(『한국민족문화대백과사전』)
34) '나의 추억 (12)', 『조선일보』, 1928년 12월 25일.
35) 강준만. 2007. 『한국근대사산책』 3, 인물과사상사, p.131.
36) 1899년 5월 재판소구성법이 개정 공포되었는데, 이에 의하면 지방재판소는 일체의

갑오개혁(1894) 이후 일본과 러시아 등의 각축장으로 변한 한반도에서 자주 독립을 외치면서 1897년 10월에 대한제국이 탄생했다.[37] 입헌군주제였던 대한제국은 이후 근대식 정치제도를 추구했던 개혁파와 충돌하고 수구파가 정권을 잡는데 일본은 자주 독립세력인 개혁파를 타파하기 위해 수구파에 힘을 실어준다. 그 연장선에서 정부의 탄압으로 독립협회와 만민공동회가 해산되고 독립협회 활동을 하던 윤치호는 외국인 집에 은신하던 중, 1899년 1월 7일에 덕원감리 겸 덕원부윤에 임명된다.[38] 이때의 인연으로 박승빈은 이후 윤치호와 관계를 계속 유지하게 된다.

박승빈은 1900년(21세) 8월 9일자로 '덕원감리서주사'에서 '외부주사 판임관6등(外部主事 叙判任官六等)'으로 승진하여 서울로 다시 상경한다.[39] 처음 관직에 부임한 지 1년 3개월만이다. 1901년 1월 12일자 법부(法部) 기안에는 외부주사로서 박승빈이 기안한 문서가 있다.[40] 그러다가 박승빈은 1901년 1월 28일에 '외부주사 (판임관5등)(外部主事 叙判任官五等)'으로 5개월만에 다시 승진한다. 1901년 6월 당시 박승빈은 총 16명의 외부주사 중 한 명이었다.[41]

민형사를 재판하며(제5조), 각 도의 관찰부에 겸설(兼設)되며, 관찰사는 겸임판사의 발령을 받아 판사직무를 집행하고, 참서관(參書官)은 재판소 검사직무를 집행하였다(제59조). 각 개항시장재판소는 일체의 민형사를 재판하는데(제11조), 개항시장재판소는 각 항시감리서(港市監理署)에 겸설한 것으로, 역시 그 행정책임자인 감리(監理)가 판사를 겸임하였다.(도면회 1994, 신 평 2008). 박승빈이 주사를 그만두고 일본 유학 후 판검사로 임관되었다는 점을 고려할 때, 아마도 주사로 재직시 행정 뿐 아니라 사법업무도 관장했을 가능성이 있으며, 이때부터 박승빈은 법률가의 꿈을 키우고 있었다고 추측해 볼 수 있다.

37) '대한제국', 『두산백과』.
38) 윤치호에 대한 감리직 임명을 정부의 입장에서는 일종의 회유적 추방으로, 윤치호의 입장에서는 자신과 가족의 안전을 위한 일정의 자구책으로 평가하고 있다.(강준만, 앞의 책, pp.252-253)
39) '서임급사령(敍任及辭令)', 『대한제국관보』, 광무4년(1900) 8월 15일, 『황성신문』 1900년 8월 16일.
40) 광무5년(1901) 1월 12일 기안 법부래안(法部來安)에는 "문서번호 조회(照會) 제1호, 발송일 광무5년 1월 12일(1901년 1월 12일), 발송자 외부주사 박승빈, 수신자 법부주사 리풍의, 제목: 강화부 장봉도 소재 어장을 매도한 일을 처리하기 바람"이라는 박승빈의 기안 문서가 등장한다.

박승빈은 외부주사로 근무하면서 서양 유학을 위해 영어 공부를 계속해 나갔다.[42] 또한 야간에는 사립 흥화학교(興化學校) 야학부에 다니면서[43] 영어를 비롯하여 신학문을 배웠다. 1901년 2월 14일자 『황성신문』에는 수진동 사립 흥화학교 방학식에서[44] 박승빈이 우수한 성적을 올려 특별과 제 2년 학생 중에 1등을 하여 상품을 수상했다는 기사가 있다.[45]

흥화학교는 1898년 10월 민영환에 의해 설립된 근대사립학교이다.[46] 민영환은 외국을 여행한 뒤 교육이야말로 문명진보에 가장 중요한 일이라 인식하고 흥화학교를 설립했다.[47] 흥화학교는 처음에는 주야간반(보통과 3년, 고등과2년)으로 설치되었다가, 1899년 8월에 수진동으로 이사를 하면서 심상과(尋常科), 양지과(量地科)로[48] 학과를 증설한다.[49] 박승빈이

---

41) 1901년 6월 26일 외부의 문서에는 궁궐의 잔치 때 칙임관, 주임관, 판임관 명단을 올리기 위해 명단을 작성해서 올리라는 내용이 있다. 여기에 대신, 협판 등을 비롯하여 판임관 주사 16명의 명단이 박승빈의 이름과 함께 열거되어 있다.

42) '그들의 청년학도시대, 박승빈씨', 『조선일보』, 1937년 1월 14일.

43) '그들의 청년학도시대, 박승빈씨', 『조선일보』, 1937년 1월 14일.

44) 당시 방학식은 졸업식을 겸했으므로 이때 박승빈이 흥화학교를 졸업했을 가능성도 있다.(강준만. 앞의 책, p.92)

45) '흥교방학(興校放學)', 『황성신문』, 1901년 2월 14일.

46) 1898년 10월 25일 『황성신문』 광고란에 "西署新門內興化門前五宮洞契上園洞(웃동산 나무골)에서 私立興化學校를 設立ㅎ터인듸 課程은 英語와 筭術과 地誌와 歷史와 作文과 討論과 體操等이오 入學試驗은 陰曆十日로 爲始ㅎ고 開校는 同月十五日이오나 追後로도 願學ㅎ는 人이 有ㅎ면 許入ㅎ깃고또 晝夜學을 設ㅎ터이오니 僉員은 本校에 來ㅎ야 試驗을 經ㅎ고 規則을 問ㅎ되 國漢文에 全혀 不通ㅎ거나 保証人이 無ㅎ면 本校에서는 來學홈을 不許ㅎ터이오니 以此輪悉ㅎ와 趁期來學ㅎ심을 望홈 私立興化學校長 閔泳煥 敎師 林炳龜 鄭 喬 南舜熙"라는 흥화학교 설립에 관한 광고가 실렸다.

47) 최기영. 2009. 『애국계몽운동II-문화운동』, 한국독립운동사편찬위원회, pp.38-39.

48) 흥화학교는 1900년대에 들어서면서 한말 최대의 '양전사업'이 시행됨에 따라 이를 담당할 실무자가 필요해지자 양지속성과를 설치하였다. 그리하여 심상, 특별, 양지 3과를 설치하였는데, 1901년 양지과는 곧 폐지되었다.(정영희. 1999. "사립흥화학교에 관한 연구", 『실학사상연구』 13, pp.76-77)

49) 1899년 8월 28일 『황성신문』 광고란에는 "本學校에셔 校舍를 中署壽進洞에 移設ㅎ고 九月十一日(陰曆八月初七日)에 第二學期를 開홀 터인듸 學科를 更張ㅎ고 敎師를 加聘 ㅎ얏스니 晝夜學間入學志願人은 九月五日로부터 九日ㅈ지 本校에 來ㅎ야 請願經試ㅎ시오."의 광고가 등장하는데 이를 통해 학교의 입학연령은 17세 이상이고 시험은 독서와 작문을 봤다는 점을 알 수 있다.

1901년 2월 특별과 2학년으로 일등상을 탔다는 점을 고려하면, 박승빈은 1899년쯤 이 학교에 입학하여 직장과 학업을 병행했을 것으로 보인다.50)

홍화학교는 당시 신학문을 받아들이는 학교로 명성이 높았다. 다른 사립학교와 마찬가지로 국가의 발전과 문명개화를 목적으로 교육이 이루어졌으며, 교과목들도 영어교육을 강조하는 등 서양의 근대학문을 수용하여 문명개화의 기틀을 잡고자 했다.51) 박승빈은 이곳에서 신학문을 통해 근대 사상을 익혔을 것이다.52) 초창기 보통과의 주요 과목은 영어, 산술, 지리, 역사, 작문, 토론, 체조 등이었고, 고등과에서는 영어, 영문, 수학, 지리, 역사, 법학개요, 행정학개요, 토론, 체조 등을 배웠다.53)

박승빈은 이후 외부주사로서 직책을 수행하다가54) 1902년 2월 13일에 외부주사를 사임한다. 당시 관보와 신문에는 박승빈의 사임 소식을 전하고 있다.55)

---

50) 1898년 12월 22일자로 홍화학교 교장 민영환의 이름으로 한성판윤 이채연에게 제출한 청원서에 따르면 1899년 12월말에는 주학 60여명, 야학 90여명으로 150여명으로 소개되었다(이정훈. 1998. 『한말 홍화학교에 관한 일고찰』, 한성대학교 석사학위논문, pp.6-7). 또한 홍화학교가 야간과정을 중심으로 개교한 만큼 학생들은 젊은 관리나 직업인들이 많았을 것으로 추정하고 있다.(정영희, 앞의 논문. p.68)

51) 홍화학교 출신으로는 박승빈을 비롯하여 독립운동가 여운형, 교육자 김창제, 동일은행장 윤고병, 대한매일신보사 기자 황희성, 변호사 정구창, 유길준의 장남으로 도지사를 지낸 유만겸 등이 있다.(최기영. 2009. 앞의 책, pp.40-42.)

52) 주시경도 배재학당을 다니면서 야간에는 홍화학교 양지과(量地科)를 다녔다. 수진동의 홍화학교에 입학해서는 측량술과 도해법을 익혔으며 1906년에 측량과(야간 속성과)를 졸업했다.

53) 1898년 12월 22일자 홍화학교 교장 민영환의 청원서 참조(이정훈, 1998, 앞의 논문, pp.6-7).

54) 1901년 11월 30일 『대한제국관보』 제2580호, 1901년 12월 18일 『대한제국관보』 제2073호, 1901년 12월 30일 『대한제국관보』 제2083호, 1902년 1월 16일 외부래문(外部來文) 등에도 박승빈이 외부주사로서 활동한 내역을 찾아볼 수 있다.

55) 1902년 2월 13일 외부래문에는 외부주사 박승빈의 면직 등을 관보에 실어주기 바란다는 내용이 있다.

<敍任及辭令>

秘書院丞申喆熙 外部主事朴勝彬 法部主事宋基璿 .... 依願免本官. 以
上 二月 十三日.

박승빈이 외부 주사직을 사임한 것은 서양 유학 준비를 본격적으로
하기 위해서였다. 이를 위해 박승빈은 흥화학교 이외에도 사립 중교의숙
(中橋義塾)에도 다녔다.[56] 중교의숙은 1896년에 설립된 근대교육기관으
로 특히 영어, 일본어, 한문 등 외국어 교육으로 명성이 높았다.[57] 흥화학
교와 중교의숙을 다니면서 4년 동안 영어를 비롯하여 신학문을 열심히
공부했다. 이 모든 것이 서양 유학을 위한 것이었다.

  "스물두살인지 세 살인지 되든해에 외부를 고만두고 나서도 당시에
  잇서서 몃 안되는 교육긔관이라 할 만하든 흥화학교(興化學校)이니 중교
  의숙(中橋義塾)이니 하는데를 단녓습니다. 그째 나의 야심(野心)으로 말
  하면 영어를 배워가지고 서양류학(西洋留學)을 가려든 것이엇습니다."[58]

서양 유학 준비가 차근차근 진행될 무렵 박승빈이 25세였던 1904년에
러일전쟁이 터지면서 정세가 급변했다. 각국의 공사관은 전부 폐쇄가
되면서 박승빈의 서양 유학의 길은 순식간에 막혀 버렸다.[59]

2.3. 일본 유학

서양 유학의 꿈을 갖고 영어 공부와 신학문에 매진했던 박승빈은 그
꿈을 접고 일본 유학으로 방향을 다시 잡았다. 그러나 영어 공부에만

---

56) '그들의 청년학도시대, 박승빈씨', 『조선일보』, 1937년 1월 14일.
57) '중교의숙', 『한국민족문화대백과』(한국학중앙연구원).
58) '나의 추억 (14)', 『조선일보』, 1928년 12월 26일.
59) '그들의 청년학도시대, 박승빈씨', 『조선일보』, 1937년 1월 14일.

매달렸던 박승빈에게 일본어는 너무 낯선 언어였다. 25세의 청년이 'アイ ウエオ'를 배우며 다시 일본어 공부를 시작했던 것이다.[60] 1904년 박승빈 은 일본 동경의 중앙대학(中央大學)으로 유학을 떠난다.[61]

대한제국 시기 일본은 동아시아 국가들이 서양의 근대 학문을 배울 수 있는 중요한 통로였으며, 동경은 '동양의 런던'이라고 불릴 정도였 다.[62] 유학생들은 10월 인천을 출발하여 목포, 부산, 쓰시마, 나가사키, 시모노세키를 거쳐 10여일 만에 동경에 도착했다.[63] 박승빈이 동경의 중앙대학(中央大學)에 유학한 것은 법률가가 되기 위해서였다.

박승빈이 서양 유학을 가서 어떤 공부를 하고 싶었는지는 알 수 없으나 일본 유학을 통해 법률가가 되기 위한 첫걸음을 내딛은 것이다. 법률가는 박승빈이 외부주사직을 수행할 때부터 품었던 꿈일 수도 있다. 외부주사 로서 행정과 사법의 업무를 경험하면서 전문 법률가의 꿈을 키웠을 가능 성이 높기 때문이다. 또한 일본 유학은 1900년 3월에 제정 공포된 사법관 임명에 관한 칙령과 관계가 있어 보인다. 이 칙령에는 사법관이 되기 위해서는 대학에서 법률학을 졸업하고 법부(法部)가 주관하는 시험을 거 쳐야 임명된다고 했기 때문이다.[64]

60) '그들의 청년학도시대, 박승빈씨', 『조선일보』, 1937년 1월 14일.
61) 박승빈의 유학년도가 1903년인지 1904년인지는 명확하지 않다. 또한 관비유학생이었 는지 사비유학생이었는지에 대해서도 논란이 있다. "대한제국 국비장학생으로 유학을 가서 수석으로 졸업을 했다."는 차손(次孫)인 박찬기 고려대 명예교수의 인터뷰 내용(『 신동아』 2001년 10월호)과 천소영(1981.『학범 박승빈 연구』. 고려대학교 석사학위논 문), 김완진(1985.『국어연구의 발자취(I)』, 서울대학교 출판부)를 참조하면 1903년 관비 유학생이었을 것으로 짐작되나, 1933년 1월 1일『삼천리』제5권 제1호에는 "半島에 幾多人材를 내인 英·美·露·日 留學史"라는 회고의 기사가 실려 있는데, 황석우는 '東京 留學生과 그 活躍'이라는 글에서 "同 1904년(明治 37년) 10월에 당시 學部大臣 李載克 及 同隨員 朴榮喆의 인솔하에 崔麟, 柳承欽, 李昌煥 등 50명의 제2회의 정부유학 생이 渡日하엿다 한다. 此年에 朴勝彬도 私費生으로 日本에 건너갓다 한다."라는 대목 이 나온다. 이 기록에는 1904년 정부유학생 아닌 사비생으로 유학을 갔다고 되어 있다.
62) 류시현. 2011.『최남선 평전』, 한겨레출판, p.28.
63) 위의 책, p.29.
64) 1900년 3월에 제정 공포된 칙령인 '무관급사법관임명규칙'(武官及司法官任命規則)에 사법관 임명에 관한 내용이 나온다.(전봉덕. 1973. "근대사법제도사(4),"『대한변호사협

일본 동경에서 박승빈은 처음에는 중앙대학(中央大學) 교외생의 자격이었다. 중앙대학에서 교외생으로 강의를 듣고 강의록을 읽으면서 조금씩 유학생활에 적응해 나갔다. 처음에는 일본어를 잘 몰라서 한문으로 된 부분을 중심으로 내용을 파악하기 급급했다.

"나는 동경(東京)에 건너가 중앙대학(中央大學) 법과(法科)에서 공부를 하게되엇습니다. 당시의 동경류학생 수효는 그러치요 불과 칠팔명이엇지요. 책은 그대로 보나 잘 알아듯기 어려운 일본말로 대학강의를 들엇스니까 우리의 공부도 어지간히 무리한 것이엇습니다."[65]

그러다가 교외생 과정을 거치고 난 후 1905년 박승빈은 중앙대학 법과의 정식 학생으로 입학했다. 법과 2학년이 될 때까지 동료 학생들로부터 박승빈은 가짜 학생 취급을 받기도 했다. 일본어도 잘 모르던 학생이 어느 새 법과 2학년생이 되었다는 생각에서였다.[66]

그러다가 박승빈이 우등생으로 뽑히자 그에 대한 인식은 비로소 바뀌었다. 유학생들의 잡지인 『태극학보』 제2호(1906. 9. 24) 소식란에는 박승빈에 대한 소식이 등장한다.

"朴勝彬氏는 中央大學 二年生으로 夏期試驗에 優等生이 되엿스니 다못 本人 等의 光譽뿐 아니라 實로 我留學生 全體의 榮光이더라."

『태극학보』에는 중앙대학 2년생인 박승빈이 우등생이 되었다는 소식이다. 당시 일본에 유학 와 있던 조선 학생 중에서 최초로 우등생이 된 것이었으니 이것은 본인은 물론이고 전체 유학생들에게도 큰 영광이 아닐 수 없었다. 그때서야 비로소 유학생들 사이에 박승빈은 새롭게 인식되고

회보』 7: 신 평. 2008. "한국의 전통적 사법체계와 그 변형", 『법학논고』제28집)
65) '나의 추억 (14)', 『조선일보』, 1928년 12월 26일.
66) '그들의 청년학도시대, 박승빈씨', 『조선일보』, 1937년 1월 14일.

주목받게 되었다.[67]

2.3.1. 유학생회 활동

박승빈은 방학에 잠시 귀국할 때에도 여러 뜻 깊은 일에 참여했다. 1906년 7월『대한매일신보』에는 방학을 맞아 귀국한 박승빈의 소식이 '朴氏贊閨塾'이라는 제목으로 실려 있다.

> "前主事 朴勝彬氏는 所帶官職을 辭ᄒ고 日本에 留學하야 法科大學을 受業즁인딕 此次 夏期休業을 當ᄒ야 暫時 歸國ᄒ야더라. 韓國의 女子敎育이 四千年來 未聞ᄒ든 바인딕 今日을 當ᄒ야 有志紳士가 女子의 敎育이 必要로 認ᄒ야 女子學塾이 數三處 創設이 된지라. 就즁養閨義塾은 開學未幾에 生徒가 五十名의 達ᄒ지라. 該塾의 前往ᄒ야 직원을 對ᄒ여 新學必要의 目的을 演說ᄒ고 學員과 勤課홈을 贊賀ᄒ야 新貨五圜을 捐付ᄒ얏다더라."[68]

방학을 맞아 임시 귀국한 박승빈이 개교한 여학교 양규의숙에[69] 가서 학생과 교직원에게 여자교육과 여학교의 필요성에 대해 역설하고 기부금을 냈다는 내용이다. 여자도 교육을 받아야 하며 이를 위해 여학교가 개설되어야 한다는 박승빈의 근대적 생각을 엿볼 수 있다.

유학 시절 박승빈은 학업은 물론이고 유학생회 활동도 매우 적극적으로 펼쳤다.『황성신문』에는 박승빈의 일본 유학 생활의 일면을 엿볼 수 있는 기사가 나온다. 1906년 11월 6일『황성신문』논설에는 일본 유학생들이 동경에 광무학교를 다시 개교한 것을 축하하는 글을 싣고 있다. 광무학교

---

67) '그들의 청년학도시대, 박승빈씨',『조선일보』, 1937년 1월 14일.
68) '잡보',『대한매일신보』, 1906년 7월 29일.
69) 양규의숙은 1906년 4월 10일에 인가를 얻어 그 해 6월에 개교했다. 설립자는 김중환이고 교장은 이순하가 맡았다.(최기영. 2009.『애국계몽운동 II-문화운동』, 한국독립운동사편찬위원회, p.51)

는 일본 동경에 있는 유학생들이 운영하던 학교로 유학생들의 강습과 애국계몽운동의 기지 역할을 했다. 1905년(광무 9년) 겨울에 임규, 이한경 등이 설립하였으나 이들이 동경의 전수대학(專修大學)에 입학하여 더 이상 가르칠 수 없게 되자 박승빈, 최린, 이창환, 이형우, 상호 등 30여명이 힘을 모아 다시 문을 연 것이다.

이들은 광무학회를 조직하여 일체사무를 담당하고 일반학과를 확장하고 교사 2인을 새로 초빙하면서 직접 교과목을 담당하기도 했다. 그 담당 내용을 보면 다음과 같다.[70]

일본문법지리도화(日本文法地理圖畫) - 임 규, 성전준평(誠田俊平)
수신(修身)(법률경제사회개설) - 중앙대학 법과생 박승빈
위생생리 - 자혜병원의장 송상호
이화학(理化學) - 조도전(早稻田)대학 정치과생 이형우
독본체조 - 명치대학 법학과 이창환
역사 - 조도전대학 지리역사과생 최남선
박물 - 정칙(正則)예비학교 산리화과생(筭理化科生) 김도영

박승빈은 유학생 단체에서도 여러 가지 활약상을 보였다. 1907년에는 일본 유학생들이 만든 대한유학생회 부회장으로 활동하면서 단지학생(斷指學生) 문제를 해결하기 위해 노력했다. 단지학생 사건이란 당시 동학교단과 일진회가 일본에 유학생을 파견했으나 내부 갈등으로 유학생의 재정적인 문제와 책임 소재를 둘러싸고 대립하다가 마침내 일본 유학생에게 지급해야 할 학비와 생활비를 중단하면서 비롯되었다. 이에 따라 일본에 있던 21명의 유학생들이 손가락을 잘라 혈서로 항의한 사건이다.[71]

---

70) '賀光武學校盛況', 論說 『황성신문』, 1906년 11월 6일.
71) 이용창. 2011. "동학교단과 (합동)일진회의 일본 유학생 파견과 '단지동맹'" 『동방학보』 22호. p.163.

"어느 날 새벽 1시경에 돌연 학우 한 명이 창황하게 선생을 차저와서 학자를 원조해 주던 유력자가 탈이 나서 이십여명의 류학생이 학자가 끈허지게 되엿는데 방금 그 학생들이 전부 유학생 감독부에 모혀서 모두 손가락을 칼로 끈코 죽어도 공부를 게속하다가 죽자는 비장한 맹새를 하고 잇다는 사실을 보고하면서 선생이 출동하야 어떠케 구원의 광명이 보이게 해달라는 것이엇다."[72]

박승빈은 학우의 다급한 말을 듣고 현장에 쫓아 가보니 그 광경은 참담하고 눈물겨운 것이었다. 이를 본 박승빈은 먼저 자신의 집에 전보를 쳐 현금 2백원을 보내달라고 하여 이를 학생들이 나누어 쓰게 하였다. 일이 이렇게 되자 대한유학생회에서는 박승빈을 단지유학생 사건의 고국보고 파견원으로 선임하기에 이르렀다. 박승빈은 졸업시험을 몇 달 앞둔 시점이었으나 서슴지 않고 이 일을 맡아 대한유학생회 대표로서 이 문제를 풀기 위해 귀국하였다.[73]

귀국한 박승빈은 약 한 달간 백방으로 노력했다. 임시의연금으로는 이들의 다년간의 학업을 해결하기 어려우니 영구적인 방침을 마련해보자는 생각에서였다.[74] 박승빈은 국내 유지 10여명과 의논하였으나 특단의 대책은 마련하지 못한 채 2월 18일에 다시 일본으로 건너간다. 『대한유학생회학보』에는 당시 상황을 다음과 같이 기록하고 있다.

"本會에서 斷指學生事에 對ᄒ야 永久ᄒ 方針를 商定ᄒ기 爲ᄒ야 副會長 朴勝彬氏를 特派ᄒ야 本國有志人士와 協力周旋케 ᄒ얏더니 氏ᄂ 歸國後, 約一个月間 滯留ᄒ야 多少周旋홈이 有ᄒᄂ 善美ᄒ 效果ᄂ 아즉 未見ᄒ고 二月 十八日 無事히 東京에 還着ᄒ얏더라."[75]

---

72) '그들의 청년학도시대, 박승빈씨', 『조선일보』, 1937년 1월 14일.
73) '그들의 청년학도시대, 박승빈씨', 『조선일보』, 1937년 1월 14일.
74) '會長派來', 『황성신문』, 1907년 1월 28일.
75) '學界彙報', 『대한유학생회학보』 제1호, 1907년 3월 3일.

이런 딱한 소식을 듣고 고종황제는 단지유학생의 학자금으로 1만환을 하사하게 된다. 그런데 이 돈으로 학부(學部)에서는 일본 동경에 유학생을 위한 도서관을 설치하는 데 사용하려 했다. 대한유학생회 회장 박승빈은 이에 문제를 제기하고 동경에 소수 유학생을 위한 도서관이 필요 없으며 고통을 겪고 있는 고학생들을 지원하여 문제를 해결해 달라고 다시 학부에 청원을 하기에 이른다. 그 내용은 다음과 같다.

〈留日學生請願〉

"大韓留學生會會長 朴勝彬氏가 學部에 請願ᄒ되 近閱內外國各新聞 所揭ᄒ 즉 日本東京에 圖書館을 혼다 ᄒ니 係是傳聞인 즉 姑不確信이나 此地에 本國留學生을 爲ᄒ야 圖書館을 設立ᄒ 必要가 無흠이 如左ᄒ니

一, 圖書館의 性質은 一般 國民의 知識을 闡發ᄒ기 爲ᄒ야 永遠的計劃으로 建設ᄒᄂ 者니 此地에 一時留學ᄒᄂ 小數國民을 爲ᄒ야 建設ᄒ 必要가 無ᄒ고

二, 圖書館은 多數의 資本金을 要ᄒ 쌘더러 管理와 費用과 方法이 複雜困難ᄒ야 到底히 萬圜金으로 建設키 難ᄒ고

三, 日本은 到處에 圖書館이 有ᄒ야 內外人을 勿論ᄒ고 無料 或 僅少혼 賃金으로 借覽ᄒᄂ 方便이 有혼 則 多數의 資金으로 贅設ᄒ 必要가 無ᄒ니 此金額을 留學生補助方針에 充用ᄒ자 ᄒ얏더라."[76]

박승빈이 도서관 건립에 반대하는 이유는 첫째, 도서관은 영구적인 계획을 가지고 설립해야 하는데 유학생은 일시적으로 머무르는 소수라는 점, 둘째, 도서관 건립과 운영에는 많은 돈이 필요한데 황제가 하사한 일만환으로는 어려우며, 셋째, 이미 일본 도처에 있는 도서관에서 저렴한 가격으로 내외인이 다 이용할 수 있어 불편함이 없다는 점을 들어 반대하는 청원을 올린 것이다. 그러나 학부에서는 고종황제가 하사한 금액을 학생들을 위해 쓰겠다는 말만을 거듭한 채 신속한 대책을 내놓지 못했다.

---

[76] '잡보', 『황성신문』, 1907년 5월 17일.

"皇上陛下게읍셔 斷指留學生의 學資金 一萬圜을 內下ᄒ셧ᄂᆞ디 該額
으로 學部에셔 日本 東京에 圖書館을 設置ᄒ려 흠으로 大韓留學生會
長 朴勝彬氏가 圖書館을 設始홀 必要가 無ᄒ다는 請願에 對ᄒ야 學部에
셔 指令ᄒ기를 聖明으로 在外學生 等의 困難ᄒᆫ 情景을 下燭ᄒ시고 優渥
ᄒ신 恩語를 特降ᄒ셧스니 伏讀再三에 感泣無地라. 下賜金額 支用의
一欵은 善良ᄒᆫ 方略을 本部로셔 當速 講究施行ᄒ야 聖德의 萬一을 期圖
라 ᄒ얏더라."77)

급기야 1907년 6월 22일 『황성신문』에는 고국의 도움을 기다리다 지쳐
버린 고학생들의 어려운 소식이 전해지기도 했다.

"日本留學生界에 志篤力薄ᄒ야 無以資生ᄒᆫ 者를 顧恤ᄒ시ᄂᆞ 聖旨로
這間에 內下ᄒ신 一萬圜에 對하야 留學生總會長 朴勝彬氏의 學部에
長書흠과 苦學生 李奎濚氏 等의 監督에게 請願ᄒᆫ 事ᄂᆞ 前報에 已揭ᄒ얏
거니와 于今 數朔에 尙無如何措處흠으로 該苦學生 等의 日益困迫ᄒᆫ
情勢를 學部에셔 速히 濟恤ᄒ야 備完修業케 ᄒ기로 一般 學生이 翹首渴
望ᄒᆫ다더라"

대한유학생회는 1906년 9월 일본 유학생들의 대표기구로 출범했다.
1905년 9월에 최초의 유학생 단체인 '태극학회'가 성립되었으나 지역
색이 남아 있어 명실상부한 대표성을 띠지 못하던 차였다.78) 대학유학생
회에서 박승빈은 다양한 직책과 활동을 했다. 1907년 3월에 부회장으로
선임된 이후,79) 1907년 4월 7일에 열린 정기총회에서 임원 보결선거를
통해 박승빈이 회장에 당선되었다.80)

---

77) '講究消方', 『황성신문』, 1907년 5월 18일.
78) 태극학회는 유학생 대상으로 일본어강습소 개설을 계기로 창립되었는데 창립회원 48명
   중 대부분이 황해, 평안도 출신이었다.(강준만. 2007. 『한국근대사산책』 5, p.21),
79) 이때 회장은 최린이며, 두 사람은 귀국 후 각각 천도교계와 조선 변호사회를 이끌게
   된다. ('學界彙報', 『대한유학생회학보』 제1호, 1907년 3월 3일.)
80) 1907년 5월 25일 『대한유학생회학보』 제3호 '會錄', 1907년 2월 12일, 雜報, 『황성신문』

대한유학생회의 임원은 '수시로 바뀌었는데 학생학보의 1907년 9월 1차 정기 총회에서는 회장단이 다시 바뀌어 회장은 상호가 선임되고 부회장은 최린, 박승빈은 서기원을 맡았다. 같은 해 11월 4일에 열린 제3회 정기 총회에서는 최석하가 최다수로 회장에 선임되었다.

2.3.2. 유학 시절의 가치관

유학 시절 박승빈의 성품은 매우 강직했다. 유학생 중에 여학생이나 쫓아다니면서 사치를 하며 멋만 부리는 학생을 보면 박승빈은 조금도 용서하지 않았다. 그는 소위 철권(鐵拳)강파의 선두에 서서 늘 일반학생들의 나약한 기풍에 항거했다. 박승빈이 속한 강경파는 수는 적지만 언제든지 다수의 연파(軟派) 학생들을 압도하여 이끌고 나갔다.[81] 박승빈의 기질과 의지를 엿볼 수 있는 대목이다.

박승빈은 일본 유학 시절 근대 문명과 선진화된 문화를 접하면서 자신만의 가치관과 신념을 더욱 확고히 했다. 특히 당시 유행하던 사회진화론의 영향을 받은 듯하다. 그가 품었던 생각을 엿볼 수 있는 글이 1907년 4월 7일자 『대한유학생회학보』 제2호에 실린 '學凡朴勝彬傍錄'이다.[82] 이글은 옹노문답(擁爐問答)이라는 코너에 실려 있는데 '가치생(假癡生)'과 '선우자(先憂子)'라는 가상 인물을 설정하여 이들이 서로 질문과 대답하는 형식으로 되어 있다.

"(假癡生) 이 語于(先憂子) 曰 余ㅣ 嘗在深山ᄒ야 春耕秋獲ᄒ며 冬而

'留學會任員'에서는 일본 동경에 있는 대한유학생회에서 임원보결투표를 실시해 회장에 박승빈, 부회장에 유승흠, 총무원에 최석하, 김지간, 유태로 등을 선정했다는 내용이 있다.
81) '그들의 청년학도시대, 박승빈씨', 『조선일보』, 1937년 1월 14일.
82) '學凡朴勝彬傍錄' 擁爐問答, 『대한유학생회학보』 제2호, 1907년 4월 7일.

讀古人書ᄒᆞ고 不與世事相問이 迨今數十載矣러니 有一友人이 過余라가 勸余以讀新聞雜誌어늘 余ㅣ 乃以好書之癖으로 從其言ᄒᆞ야 始讀一種新聞及一種雜誌ᄒᆞ야 經數月于茲矣라. 而其書之所載也ㅣ 非前日庠塾之所講習也오 亦非由來家庭之所見聞也오 常欲打破舊來慣習ᄒᆞ고 趨與夷狄而同其軌ᄒᆞ되 唯滿篇趣旨ᄂᆞᆫ 皆以「愛國」云 二字로 爲其精髓ᄒᆞ야 慷慨忿鬱에 完然如血淚ㅣ 和於墨痕이라. 余ㅣ讀此文而不得察其志ᄒᆞ야 欲質其惑ᄒᆞ야 乃趨于京ᄒᆞ야 寓于君이 己數日矣라. 及見君之動止에 有友人이 來ᄒᆞ면 輒寒暄未畢에 必論之以國家之休戚ᄒᆞ야 忡忡焉憂色이 常著于顔ᄒᆞ니 未知케라 夫 愛國者는 何意也오.

(先憂子) 日 國家者ᄂᆞᆫ 有人族이 據其領土ᄒᆞ고 戴其主權ᄒᆞ야 組成團體之謂也니 吾輩之所愛者ᄂᆞᆫ 卽 我二千萬同胞가 保守此三千里疆土ᄒᆞ고 戴有我維一之主權ᄒᆞ야 以得而安享福利가 是也며 愛者ᄂᆞᆫ 有其損而圖其益也니 然則吾輩之愛國云者ᄂᆞᆫ 不外乎憂此三者之損ᄒᆞ야 而圖其益也니라."

위에서 질문자(가치생)이 '국가'와 '애국'의 개념에 대해 물으니 박승빈 (선우자)는 '국가'는 사람이 영토에 거주하고 주권을 가지며 함께 공동체를 구성하는 것이라 하고, '애국'이란 2천만동포가 3천리 강토를 잘 수호하고 그 주권을 가지고 있으며 부와 이익을 누릴 수 있도록, 이 세 가지 손해를 우려하고 그 이익을 도모하는 것이라고 답변한다. 박승빈의 근대적 국가관을 엿볼 수 있는 대목이다.

(假癡生) 日 君之偏於愛國之性이 固若是其篤이면 何不圖排攘外寇ᄒᆞ야 以保國家ᄒᆞ고 反孜孜學彼ᄒᆞ며 又使全國之民으로 欲共進開化ᄂᆞᆫ 柯也오.

(先憂子) 日 現代列國이 以交通으로 爲國際共遵之公法ᄒᆞ야 有一國이 違於此而杜絕者ᄒᆞ면 萬國觸艫가 必齊其砲而攻其罪ᄒᆞᄂᆞ니 今日은 卽國際的競爭時代也오 非鎖國之可能圖也라. 故로 吾儕ᄂᆞᆫ 不能不共進開化ᄒᆞ야 竝驅于競爭之界로다. 而今敎化也와 風俗也와 學術也ㅣ 有東優而西劣者ᄒᆞ며 有長於彼而短於此者ᄒᆞ야 有其一者ᄂᆞᆫ 敗ᄒᆞ며 併甚二者ᄂᆞᆫ

勝ᄒᄂ니 余所謂開化者ᄂᆫ 欲學彼之長ᄒ야 而補我短ᄒ야 得以列於競爭
之間也라. 若不此之爲ᄒ면 雖欲愛國인들 豈能得乎아.

질문자는 우리 국민이 함께 개화의 길로 매진할 수 있는 방법을 물었고, 박승빈은 세상은 국제경쟁의 시대이기 때문에 우리도 개화의 길로 나아가지 않을 수 없으며 이를 통해 경쟁의 세계로 뛰어들어야 한다고 했다. 또 소위 개화는 강자의 장점을 배우고 약자의 단점을 보완하는 것이고 그렇게 되면 경쟁의 대열에 참여할 수 있다는 것을 강조한다.

'국가, 국민, 민족, 국제경쟁, 약육강식' 등은 사회진화론에서 유행하던 개념들이었다. 사회진화론은 다윈이 주장한 '생존경쟁, 적자생존'의 생물진화론을 인간사회에 적용하고자 한 이론으로, 1880년대를 전후하여 일본에 유입된 사조이다. 1900년대 중반에는 우리나라에서도 각종 신문과 잡지를 통하여 사회진화론의 내용이 소개되었고, 국가적 위기에 당면하여 한국의 지식인들은 국권침탈의 현실을 극복하고 경쟁에서 이겨 적자가 되기 위해서는 실력을 갖추어야 한다고 믿었다.[83] 일본 유학 중이던 박승빈도 당시 이러한 사조를 접하고 국제경쟁에서 살아남기 위해서는 우리가 근대화를 이룩해야 한다고 믿었을 것이다.

(假癡生) 曰 聽君之言ᄒ면 念開化를 若渴者之求飮ᄒᄂ니 君之平素에
見守舊者而憫之ᄂᆫ 固宜矣어니와 見開化者ᄒ고 常側目反視ᄒ야 憎之罵
之ᄂᆫ 何也오.

(先憂子) 曰 琢磨玉은 欲成其文이니 今有人이 琢其玉ᄒ되 碎之成屑ᄒ며 語人曰 余ᄂᆫ 琢玉人이라 ᄒ면 君將許之乎아 言雖相同이나 其實은 非也라. 愛國은 目的也오 開化ᄂᆫ 手段也니 不解目的ᄒ고 使其手段이면 是ᄂᆫ 無以異於碎玉之匠이니 余之所惡ᄂᆫ 卽「개와」指皮開化之俗語者也오 非開化者也라. 守舊人은 心有愛國而不解其手段者也니 可俟明日에 醒而行之어니와 皮開化者ᄂᆫ 本靈이 已絶ᄒ야 以納媚于外人으로 作爲榮

83) 최기영. 2009. 『애국계몽운동II-문화운동』, 한국독립운동사편찬위원회, pp.7-15.

身之機ᄒᆞ야 使外國人으로 得以逞侵略之策ᄒᆞ고 沾汚開化之外稱ᄒᆞ야 遂
使正直之士로 閉門潛伏ᄒᆞ야 不欲與之同進ᄒᆞ니 噫라. 誤其國者ᄂᆞ 必皮
開化者也로다. 余ᄂᆞ 願將「개와」者之首級ᄒᆞ야 以謝于守舊之士ᄒᆞ노라.

평소 수구자를 보고 불쌍히 여기는 것은 마땅하거니와 개화자를 보고
곁눈질 하고 꺼리는 미운 행동은 어떻게 하냐고 묻자, 박승빈은 이렇게
대답한다. 애국은 목적이고 개화는 수단이다. 목적을 이해하지 못하고
수단만 사용하면 '쇄옥지장(碎玉之匠)'과 다를 바 없이 어리석은 것이다.
수구인은 애국하는 마음은 있으나 그 수단을 이해하지 못하는 자라고
한 대목에서 '개화'의 필요성과 그 개념에 대한 박승빈의 생각을 엿볼
수 있다. 박승빈에게 '개화'는 곧 근대화를 뜻하고, 근대화는 곧 문명의
진화와 진보를 뜻했기 때문이다.

(假癡生) ㅣ 微喜而語曰 然則君之愛國之目的은 何時可達고
(先憂子) 曰 同胞에 有罹災者어늘 國民이 共救之ᄒᆞ며 (桑港) 同胞에
有爲學而斷指者어늘 國民이 共助之ᄒᆞ니(東京) 此ᄂᆞ 國民相愛心之發展
也오 有唱報國債者에 全國이 應聲禁烟ᄒᆞ니 此ᄂᆞ 國民獨立心之發展也
오 湖南鐵道가 非爲私益而國民이 應助ᄒᆞ며 物品之産出이 有自同胞者
ᄒᆞ면 國民이 不復入干外人之肆ᄒᆞ니 此ᄂᆞ 國民經濟心之發展也오 秋官
之用法이 有疑에 國民이 共會而討論焉ᄒᆞ니 此ᄂᆞ 國民之法律的政治的
思想之發展也오 靑年秀才가 無不志于學ᄒᆞ야 國內學校日盛ᄒᆞ며 薙髮染
服ᄒᆞ야 不拘泥於舊慣ᄒᆞ니 此는 國民新進心之發展也오 在乎海外ᄒᆞ야ᄂᆞ
而美國之桑港焉有大韓人共立協會ᄒᆞ고 而日本之東京焉有大韓留學生
會ᄒᆞ야 新聞雜誌가 繼續發行ᄒᆞ야 鼓動祖國精神ᄒᆞ며 在乎內地ᄒᆞ야ᄂᆞ
自强靑年西友 漢北 廣文等會與社가 相踵而成ᄒᆞ야 支部가 連絡國中ᄒᆞ
야 以其開導事業으로 前唱後應ᄒᆞ니 此ᄂᆞ 國民團結心之發展也라. 守舊
人은 悟開化之非「개와」ᄒᆞ고 「개와」者ᄂᆞ 悔「개와」之非開化ᄒᆞ야 爾來
一週歲之間에 發輝我禮義國愛國本性ᄒᆞ야 文化之進步ㅣ如彼其速且大
也ᄒᆞ니 由此進進不息ᄒᆞ야 以二千萬身으로 爲維一心於愛國二字ᄒᆞ면 一

鼓而可以絕奸細之跡이오 再鼓而可以雪外 人之辱ᄒ야 措國家於泰山之
安ᄒ리니 吾輩ᄂᆫ 其無憂乎ㄴ져.

마지막으로 질문자가 '애국의 목적'은 언제 달성될 수 있는가 하고 묻자
박승빈은 여섯 가지 단계의 발전을 강조한다. "국민상애심지발전(國民相
愛心之發展), 국민독립심지발전(國民獨立心之發展), 국민경제심지발전
(國民經濟心之發展), 국민지법률적정치적 사상지발전(國民之法律的政治
的 思想之發展), 국민신진심지발전(國民新進心之發展), 국민단결심지발
전(國民團結心之發展)." 서로 사랑하고 독립심을 키우며, 경제력을 키우고,
법률적 정치적으로 성숙해지고, 새로워지려는 국민의 마음이 날로 커져갈
때, 결국 국민이 하나가 되고 애국의 목적은 달성된다는 생각이다.

여기서 제시된 6가지 항목은 박승빈이 제시한 개화의 조건이었다. 즉
우리 민족이 근대화가 되어 부강한 나라가 되기 위해서는 이 6가지 조건이
필요하다는 생각이었다. 이 구체적인 조건은 박승빈이 훗날 귀국 후 조국
의 근대화를 실현하기 위한 중요한 밑거름이 되었으며, 변호사로서, 교육
자로서, 체육인으로서, 그리고 국어연구자로서 펼쳤던 국민 계몽 운동과
근대화 운동의 굳건한 토대가 되었다.

따라서 이 문답을 통해 박승빈이 유학시절에 이미 '국가', '민족', '국민'
등의 근대적 개념을 확고히 가지고 있었다는 점과, 개화를 통해 근대국가
로 나아가는 길만이 애국의 길이라는 박승빈의 신념을 느낄 수 있다.

박승빈은 1907년 7월에 일본 동경 중앙대학 법과를 졸업한다. 그의
나이 28세였다. 1907년 7월 24일자 『태극학보』 제12호에는 박승빈이 우등
생으로 졸업하게 되었으며 그 명성이 내외 학계에 널리 알려져 있다고
소개하고 있다.

"四氏 卒業 東京 中央大學 法律科에 在學ᄒ든 朴勝彬氏는 每次 優等
生으로 名聲이 內外 學界에 赫赫ᄒ더니 今番 卒業試驗에 優等으로 卒業

ᄒ고 李珍雨, 朴容泰, 玄奭健 三氏ᄂ 明治大學 法律科를 卒業ᄒ고 今月
十五日에 新橋發 列車로 發程歸国ᄒ다."[84]

박승빈은 매번 우등생으로 명성을 날렸으며, 졸업 시에도 우등생으로
명예롭게 졸업을 했으며,[85] 7월 15일에 동경에서 열차편으로 귀국하기
위해 떠났다는 내용이다.

2.4. 귀국과 판검사 생활

2.4.1. 법조인이 되다

박승빈은 일본 중앙대학을 졸업 후 1907년 8월에 귀국했다.[86] 귀국
후 박승빈은 외부(外部)의 시험을 거쳐 그 다음해인 1908년 2월 8일 평양
지방재판소 판사 및 검사로 임명된다. '정미칠조약'이 발표된 이후 1907년
12월 통감부는 한국 정부로 하여금 '재판소구성법'을 비롯하여 재판 절차
와 체계를 다시 제정하게 했다. 종전에 5등 3심제로 구성되어 있던 것을
일본식으로 4급 3심제로 재편한 것이다.[87]

이에 따라 각급 재판소의 판검사 등 사법관은 관찰사, 군수 등 행정관이
겸임하던 제도를 폐지하고 전임 사법관들로 임명하게 했다. 이를 위해
일본에서 고등고사 사법과에 합격하고 현직 판검사로 재직하고 있던 일본

---

84) '회원소식 신입회원 태극학보의연인씨명(太極學報義捐人氏名)', 『태극학보』제12호,
    1907년 7월 24일.
85) 박승빈은 전체 6등으로 졸업했는데 졸업직전에 발생한 단지유학생사건으로 졸업시험
    에 집중할 수 없는 상황에서 거둔 결과였다. 그러나 박승빈은 1등한 것보다 더 기쁘다고
    소회를 밝혔다.('그들의 청년학도시대, 박승빈씨', 『조선일보』, 1937년 1월 14일.)
86) 1907년 8월 22일 『황성신문』 '卒業歸國'란에는 일본 동경에서 유학하다가 이번 여름에
    졸업한 사람 12명의 명단을 싣고 있는데 "일본동경 중앙대학교 법률과 박승빈"이라고
    제일 먼저 소개하고 있다.
87) 종전에는 군수-지방재판소-한성재판소-개항장재판소-순회재판소-평리원-특별법원 등
    5등 3심제였던 것을 구재판소-지방재판소-공소원-대심원 등 4급 3심제로 바꾸었다.(도
    면회. 2014. 『한국 근대 형사재판제도사』. 도서출판 푸른역사. p.442.)

인들을 한국의 판검사로 임명하였다. 다만 한국인 중 종전 재판소에서 비교적 오랫동안 재판 경험을 쌓은 자, 일본에 유학하여 법학을 전공하고 귀국한 자, 변호사 시험에 합격한 자, 법관양성소 졸업생 중 재판 사무 경력이 있는 자는 특별히 판검사로 임명하였다.[88]

박승빈은 1908년 2월 8일자로 판사 및 검사로 발령을 받는데,『황성신문』1908년 6월 27일자 관보(官報)란에 이에 대한 내용이 등장한다.

　○ 二月八日
　△ 補平壤地方裁判所 判事 檢事 朴勝彬

관보에는 같은 해 1월 2월에 발령을 받은 판검사들의 명단이 실렸는데, 박승빈은 2월 8일자로 판사 및 검사로 발령이 난 것이다.[89] 당시 어떤 신문에서는 박승빈이 검사로 임명되었다고 보도하고 또 다른 신문에서는 박승빈이 판사로 임명되었다고 보도하는 것은 바로 이 때문이다. 박승빈이 발령은 2월에 받았으나 평양지방재판소에 실제 부임한 것은 그 해 7월 즈음으로 보인다.『황성신문』1908년 7월 7일자에는 관동학회 부회장을 맡은 박승빈이 평양으로 부임하기 위해 부회장직을 사임하고 그 대신에 정봉시가 피선되었다는 기사가 실려 있다.

　"關東副會長 再昨日關東學會에서 定期總會를 興化學校內에 開ㅎ고 諸般事務를 處理홈은 已報ㅎ얏거니와 該會副會長 朴勝彬氏가 平壤檢事로 赴任ㅎ기 爲ㅎ야 副會長을 辭免홈익 其代에 鄭鳳時가 被選ㅎ얏다 더라."

---

88) 도면회. 위의 책, p.443.
89) 박승빈이 검사로 발령을 받으면서 일시적으로 판사도 겸직한 것이 아닌가 한다. 이미 당시에는 판사와 검사의 직무가 엄격히 구분되어 있었기 때문이다. 간혹 지방재판소의 경우 이를 겸하는 경우가 없지는 않았다. 국사편찬위원회 한국사데이터베이스 직원록자료에는 박승빈이 1908년 평양지방재판소 검사국에 검사로 발령난 것으로 되어 있다.

이렇게 발령과 부임 날짜가 차이가 있는 것은 새로운 재판소제도가 시행 과정에서 약간의 차질을 보였기 때문이다. 원래는 새 제도를 1908년 1월 1일부터 시행할 예정이었으나, 일본인 판검사를 충원하고 재판소 건물을 개축 또는 신축하는 시간적 여유가 충분치 않아 7개월 뒤인 1908년 8월 1일부터 시행되었기 때문이다.[90]

1908년 7월 부임한 평양지방재판소 검사국에는 모두 4명의 검사가 있었는데 박승빈은 조선인으로는 유일한 검사였다.[91] 1909년 2월 1일 『조선왕조실록』에는 판사 박승빈을 비롯한 관찰사, 군수, 사법관, 무관 및 관공리 등 100여명이 순종황제를 알현한 내용이 나온다. 당시 검사의 사회적 정치적 지위를 엿볼 수 있는 대목이다.

> "평안남도 관찰사 이진호, 평안북도 관찰사 유혁로, 경기 관찰사 김사묵, 황해도 관찰사 조희문, 삼화 부윤(三和府尹), 김영찬, 평양 군수 안승렬, 평양공소원장 나가시마 이와오(永島巖), 검사장 무카이 이와오(向井巖), 검사 윤성보, 판사 신재영 · 조예석 · 박승빈, 육군 부위(陸軍副尉) 김석빈, 일본 육군 소장 가가와 도미타로(香川富太郎), 미국인 모우벳도스우 불우엘스, 영국인 후을우엘 그 밖에 각 군수, 사법관, 무관 및 관공리 100여 인을 소견하였다."[92]

판검사로 있으면서 박승빈은 일본의 법률책을 우리말로 번역하기도 했다. 『言文一致日本國六法全書』가 바로 그것인데, 일본의 헌법, 민법,

---

90) 도면회. 앞의 책, pp.443-444.

91) '십년을 하루같이(15)-18년간 법정 생활 검사정 장미계삼(長尾戒三)', 『동아일보』, 1926년 1월 21일.

92) "【陰曆己酉正月一日】 召見平安南道觀察使李軫鎬、平安北道觀察使柳赫魯、京畿觀察使金思默、黃海道觀察使趙羲聞、三和府尹金永燦、平壤郡守安承烈、平壤控訴院長永島巖、檢事長向井巖、檢事尹性普、判事申載永 · 趙禮錫 · 朴勝彬、陸軍副尉金碩彬、日本陸軍少將香川富太郎、美國人모우벳도스우불우엘스、英國人후을우엘、其外各郡守、司法官武官及官公吏百餘人。陛見也。" <『조선왕조실록』 순종 3권, 1909년 2월 1일자>

상법, 민사소송법, 형사소송법, 구형법 등 6개의 법률을 우리말로 번역한 것이다.(자세한 것은 제II부 제1장 2절 참조) 이 번역 책을 출간하면서 박승빈은 우리말 문법과 철자법에 본격적으로 관심을 갖기 시작했다. 그렇다면 박승빈은 법률 공부를 하면서 왜 우리말과 우리글에 대해 관심을 가졌을까? 개화기 조선 뿐 아니라 일본이나 중국에서도 언문일치운동이 활발하게 전개되었는데, 이는 국민들을 위한 계몽운동의 첫걸음이었다. 쉬운 일상적 문체로 정보를 전달하여 좀더 빨리 국민들을 각성시키자는 취지였다. 흥화학교에서 신학문을 접하고 일본에 유학하여 선진화된 문물을 몸소 체득한 박승빈으로서는 법률도 일반인이 쉽게 알 수 있도록 해야 한다는 생각을 했을 것이다.[93]

유학시절에 '국민지법률적정치적 사상지발전(國民之法律的政治的 思想之發展)'이 '애국의 목적'을 달성하는 데 중요한 요인 중 하나라고 견해를 밝힌 것에서도 짐작할 수 있듯이 박승빈은 국민들이 법률적으로도 깨어 있어야만 사상이 발전하고 진정한 개화인이 될 수 있다고 믿었다. 이런 면에서 이『言文一致日本國六法全書』라는 책은 남다른 의미가 있다.

2.4.2. 애국계몽운동에 앞장서다

박승빈이 귀국한 1900년대 후반기에는 애국계몽운동이 활발히 전개되던 때였다. 교육진흥과 식산흥업(殖産興業)을 기치로 내세우면서 국민의 애국심 고취와 실력양성을 통하여 침탈된 국권을 회복하자는 것이 목적이었다. 이러한 배경 아래서 정치, 사회 단체와 학회가 조직되고 전국적으로 사립학교들이 설립되었다.[94]

---

93) 이러한 내용은 박승빈의 장녀 박성원의 회고에서도 엿볼 수 있다. "조선 사람을 위해 조선어로 된 법전 편찬의 필요성을 절감하게 됐고 그 법전을 제대로 만들기 위해 조선어를 연구하게 됐다. 아버지(박승빈)은 일본 유학시절에 익숙해진 일어, 영어, 독어 등 외국어 문법체계와 맞먹는 조선어 문법체계를 독자적으로 만들고자 했다."(최학주. 2011.『나의 할아버지 육당 최남선』, 나남, p.183)

박승빈은 평양재판소에 부임하기 전까지 여러 학회와 협회를 조직하고 참여한 것도 이러한 시대적 소명과 관련이 깊다. 먼저 1908년 3월 박승빈을 비롯한 법조인 26명이 발기하여 법학협회(法學協會)를 창립하고자 했다. 당시 신문에 실린 광고에는 이와 관련하여 다음과 같은 내용이 소개되어 있다.

"茲에 法學協會를 組織ᄒ야 政治法律經濟에 關ᄒ 理를 討究發揮코져
ᄒᄂ바 創立總會를 本月十五日 下午一時에 西署工曹后洞 養正義塾내
에 開ᄒ오니....隆熙 二年三月 日 發起人 朴勝彬 包含 二十六人"[95]

법학협회는 1908년 3월 15일에 창립되었는데 이는 우리나라 최초의 법학에 관한 학회이다. 박승빈을 비롯하여 당시 신식 학문으로서 법률학을 공부한 인사들이 모여 정치, 법률, 경제에 관한 이론을 연구하고 토론하고자 만든 학회였다.[96]

이와 더불어 박승빈은 강원도 출신 학생을 지원하는 관동학회(關東學會) 창립도 주도했다. 1906년 4월 대한자강회가 조직된 이후 지방 출신으로 서울에서 활동하던 인사들이 주축이 되어 애국계몽운동의 일환으로 학회를 설립한 것이다. 1906년 10월에는 평안도와 황해도 출신 인사들이 중심이 되어 서우학회가 창립되었고, 1907년에는 호남학회화 호서학회가 창립되었으며, 1908년에는 기호흥학회, 관동학회, 교남학회가 창립된 것이다.[97]

1908년 3월 9일 대동기숙관에서 열린 관동학회 발기회에는 유학생 30여 명이 모였는데 임시회장으로 박승빈을 선출했다.[98] 1908년 4월 6일에

---

94) 최기영. 2009. 앞의 책, p.255.
95) '廣告', 『황성신문』, 1908년 3월 8월.
96) 김효전. 2000. "변호사 박승빈", 『시민과 변호사』 6, p.80.
97) 최기영. 2009. 앞의 책, p.256.
98) '關東學會創立', 『황성신문』, 1908년 3월 10일.

는 총회를 열고 회장에 남궁억, 부회장에 박승빈을 선출했다.[99] 이어서 5월 9일에 있은 관동의연금 모집에서는 박승빈이 60환을 기부해 관동학회를 통한 애국계몽운동에 대한 그의 열의가 얼마나 컸는지를 알 수 있다.[100]

한편 그 즈음 일본에서는 유학생들이 총 단결하자는 의미로 대한학회(大韓學會)를 조직했는데, 이를 전폭적으로 지지하자는 움직임이 국내에서 유학생 출신을 중심으로 일어났다. 박승빈을 비롯하여 이진우, 상 호세 사람이 주축이 되어 대한학회 창립을 찬성하고 지지하는 모임을 만든 것이다.

〈大韓學會贊成會趣旨書〉

"國家의 前途는 學生靑年의 責任에 專在흠이요 學生靑年 中에는 海外留學生으로써 其前驅를 作흐리로다. 故로 在外學生界에 美事가 發흐면 全國이 喜而贊之흐고 或不備가 有흐면 憂而救之흐야 一動一靜에 無不注目흐야 全然히 在外學生界의 成績을 國家盛衰의 龜鑑으로 視흐는도다. 近年에 日本 東京에 留學흐는 我國靑年이 其數近千인되 科學을 勤修흐야 成績이 優越흐며 衆力을 結合흐야 會體를 組成흐며 月報를 刑行흐야 同胞를 勸勵흐여 其他 種種美事가 我一般同胞의 慰悅을 致흐얏도다. 然이나 社交의 能力이 多數人의 團合을 成흠에 未及흐야 南北道가 相別흐고 官私費가 相分흐야 多數會名이 各起 紛紛흐야 (중략) 近日에 一片喜音信이 春風에 伴度흐야 耳膜에 播動흐니 卽 日本國東京에 在흔 大韓留學生이 大團合의 必要를 自覺흐야 總團體를 組織흐고 大韓學會라 命名흔 事를 報흠이라 宜哉宜哉로다. 同一흔 國藉을 有흔 者 | 異邦에 留在흐야 會集을 各別히 흘 必要가 寧有흐리오 國民的 精神으로 團合흐야 一體를 作흠이 得其宜哉로다. 此를 聞흠에 凡 大韓國의 幸福을 希望흐는 人이 誰가 讚賀之聲을 不發흐리오"[101]

---

99) '關東總會 개최', 『황성신문』, 1908년 4월 8일.
100) '關東義捐', 『황성신문』, 1908년 5월 12일.
101) '特別謄報', 『대한학회월보』 제4호, 1908년 5월 25일.

위의 글은 당시 발표한 '대한학회찬성회취지서'의 일부이다. 당시 일본 유학파들이 1천명 가까이나 되었고, 그들이 얼마나 열심히 공부를 하느냐에 국가의 성쇠가 달려있다고 했으니 그들이 우리 사회에서 차지하고 있는 위치와 역할을 짐작해 볼 수 있다. 이 때문에 정부는 물론 박승빈을 비롯한 유학파 지식인과 국내 인사들은 '대한학회' 결성에 커다란 기대를 가진 것이다.

1908년 4월 11일 오후 3시에 발기회를 수진동 흥사단내에서 열고,[102] 대한학회를 찬성할 뜻으로 연설회를 개최하기로 하고, 사무위원으로 박승빈과 이진우를 선정하였다.[103]

"大韓學會贊成 再咋土曜日下午三時에 壽洞興士團內에셔 在日本留學生의 組織ᄒ 大韓學會에 對ᄒ야 贊成員會을 開ᄒᆯ시 一般有志紳士가 多數出席ᄒ얏ᄂᆞ디 臨時會長 姜華錫氏가 出席ᄒᆫ 後發記人의 尙灝 朴勝彬 李軫雨 三氏가 日本에 在ᄒᆫ 諸學生이 各稱會名ᄒ야 團體力이 乏少ᄒ던 歷史와 今者에 至ᄒ야 團聚一會ᄒᆫ 感謝的理由을 一場說明ᄒ고 出席諸氏가 該會에 對ᄒ야 內國同胞가 極力贊成ᄒᆯ 意로 演說會을 開ᄒ기로 可決ᄒ얏ᄂᆞ디 該決議에 履行ᄒᆯ 委員은 韓振錫 李敏卿 兩氏로 選定ᄒ과 事務委員은 朴勝彬 李軫雨 兩氏로 選定ᄒ얏다더라"[104]

1908년 5월 『대한학회월보』(제4호)에는 이러한 국내의 지원과 찬성에 감사하는 글이 실려 있다.

"本會에서 內地各先進社會와 有志諸氏에게 聯絡ᄒ기 爲ᄒ야 摠代二人을 派送ᄒ야 往返ᄒᆫ 事ᄂ 別項과 如ᄒ거니와 自政府로 各社會와

---

102) '학회찬성', 『대한매일신보』, 1908년 4월 5일, '贊成學會', 『황성신문』, 1908년 4월 5일.
103) 일본 유학생 대한학회를 위한 기금 마련에도 박승빈은 10환을 기부하면서 적극 동참했다. (1908년 8월 5일 『황성신문』)
104) '雜報', 『황성신문』, 1908년 4월 14일.

有志諸君子의 優越한 歡迎 榮을 蒙ᄒᆞᆯ뿐 不啻라 財政上에도 多數한 贊成
을 受ᄒᆞᆷ은 感謝ᄒᆞ거니와 今에 本國報紙를 接見한즉 有志諸氏가 本會를
助長ᄒᆞ기 爲ᄒᆞ야 贊成會를 組織ᄒᆞ고 趣旨書를 發布ᄒᆞ얏ᄂᆞᆫ딕 事實에
過度한 讚譽은 且愧且感ᄒᆞᆷ을 不勝이오며"

또한 박승빈은 판검사로 부임하기 전까지 양정의숙에서 교사로서 학생
들을 가르쳤다. 1908년 7월 12일 『황성신문』 기사에는 다음과 같은 내용
이 나온다.

"義塾送別會 養正義塾에 教師 朴勝彬, 劉文煥氏가 裁判所判事를 被
任ᄒᆞ야 日間發程赴任ᄒᆞᆯ 터인딕 該塾一般學生들이 同苦ᄒᆞ던 情理에 不
可晏然이라ᄒᆞ야 昨日該塾內에서 送別會를 設ᄒᆞ얏다더라."[105]

박승빈이 재판소 판사로 임명되었다고 하면서, 양정의숙 학생들과 헤어
지게 되었고 학생들이 그동안의 정리(情理)로 송별회를 마련했다는 내용
이다. 박승빈이 귀국 후에 여러 학회와 협회를 창립하고 양정의숙에서
학생들을 가르치는 등 근대 지식인으로서 애국계몽운동에 앞장섰음을
알 수 있다. 그러나 이러한 정치 사회단체와 계몽단체들의 국민계몽운동
이 활발히 전개되자 일제는 1908년 8월 학회령을 공포하여 학회들의 정치
관여를 금지한다.[106]

2.4.3. 검사를 그만두고 변호사를 개업하다

박승빈은 1909년 3월 11일 부로 평양공소원 검사직을 사임한다.[107]
새로운 재판 제도(4급 3심제)에 따르면 박승빈이 사임할 당시 평양공소원

---

105) '雜報', 『황성신문』, 1908년 7월 12일.
106) 최기영. 2009. 앞의 책, p.257.
107) '官報', 『황성신문』, 1909년 3월 16일.

에 근무한 것으로 보아 지방재판소인 평양재판소에서 한 단계 위인 평양
공소원으로 자리를 옮긴 다음[108] 사임했음을 알 수 있다. 『황성신문』에는
박승빈이 검사직을 사임하고 변호사를 개업할 것이라는 내용이 소개되어
있다.

   "朴檢事衙辭職 平壤控訴院 檢事 朴勝彬氏는上京ᄒ얏는ᄃᆡ 將次 辯護士
   를 開業ᄒᆞᆯ 計劃이라더라"[109]

박승빈이 검사직을 사임한 이유는 명확히 알 수 없으나 후대의 기록과
가족들의 증언에 따르면 한일강제병합이 가까워 오면서 검사직에 대한
회의가 들어 그만 둔 것으로 보인다. 1905년 2차 한일협약(을사조약)으로
대한제국의 외교권이 박탈되고 통감부가 설치되었고, 1907년 정미 7조약
으로 행정권이 박탈되고 군대가 해산되며, 1909년 7월에는 기유각서(己酉
覺書)로 인해 한국의 사법권마저 박탈되는 일련의 국권침탈 사건이 계속
된다. 이에 따라 강렬한 의병활동 등 국권 수복을 위한 투쟁이 전개되었고
이 과정에서 많은 독립투사가 재판으로 사형을 당하기도 했다.

   이러한 과정에서 조선인 검사들 중 심리적 압박과 괴로움으로 검사직을
사임하는 경우가 많았다.[110] 아마도 박승빈이 검사직을 사임한 이유도

---

108) 1908년 12월 27일 『황성신문』 광고란에는 평양에 거주하고 있던 검사 박승빈이 잃어버
   린 도장을 무효처리한다는 광고가 게재되어 눈길을 끈다. "本人姓名章 今月二十三日
   在平壤見失ᄒ얏스니 誰某拾得 無効施行홈 原居漢城西部 司醞洞三十四統三戶 現住
   平壤 朴勝彬 廣告" 이때 박승빈이 이미 평양공소원 검사였는지는 명확하게 알 수
   없다.
109) '잡보', 『황성신문』, 1909년 3월 4월.
110) 이 시기 박승빈과 함께 검사활동을 했던 홍진(洪震, 1877-1946)의 예를 들 수 있다.
   홍진은 1898년 법관양성소를 졸업하고 한성평리원 주사를 거쳐 1899년 평리원 판사가
   되었고, 1905년부터 충주재판소 검사로 근무했다. 비록 통감부하의 검사였으나 항일의
   식이 강해 편법으로 의병사건에 대해 요령껏 묵살하거나 감형을 내리곤 했다. 그러다가
   1910년 강제 합병후 일제에 저항한 의병에 대한 논고(論告)를 거부한 채로 검사직을
   사임한 후 변호사로 활동하다가 3·1운동 이후 상해 임시 정부에서 독립운동을 했다.
   (박영석. 1990. "만오 홍진 연구", 『국사관논총』 18, pp.90-91)

이러한 상황과 무관하지 않았을 것이다. 실제로 1908년부터 1910년 사이 판사와 검사에 임명된 현황을 보면 판사의 경우는 일본인이나 한국인이 증가하고 있는 반면, 검사의 경우 일본인 검사의 수는 증가하지만 한국인 검사의 수는 급격히 감소하고 있음을 알 수 있다.[111] 박승빈이 1908년 2월에 판사 및 검사로 발령을 받았고 1909년 3월에 사임을 했으니, 그는 국권침탈의 한 복판에서 1년 남짓 판검사 생활을 한 것이었다.

박승빈은 검사직을 그만두고 1909년 6월 22일 부로 변호사를 개업했다. 4월 2일자 대한제국 『관보』와 6월 30일자 『관보』의 휘보란에는 박승빈이 경성지방재판소 검사국에 변호사를 청구했고 4월 1일 부로 변호사 명부에 기록한다는 내용과 6월 22일 부로 변호사명부에 등록한다는 법부의 발표 내용이 있다.

> 1909.4.2. 官報 第四千三百四十號 / 隆熙三年四月二日 金曜彙報
> ○ 辯護士 朴勝彬의 請求를 因ᄒ야 隆熙三年四月一日 辯護士名簿에 記錄ᄒ 事(法部)
> 1909.6.30. 官報 第四千四百十六號 / 隆熙三年六月三十日 水曜彙報
> ○ 司 法 ○ 辯護士名簿登錄 辯護士尹邦鉉. 丁明爕은 六月十九日에 同沈鍾大. 李鍾聲. 朴勝彬. 朴晚緒. 劉文煥은 同月二十二日에 同趙經九은 同月二十四日에 京城地方裁判所檢事局에서 幷히 請求를 因ᄒ 야 辯護士名簿에 登錄홈(法部)

변호사 개업을 한 박승빈은 1909년 7월 동료 변호사들과 함께 변호사회를 조직한다. 1907년 9월 최초로 한성변호사회가 설립되었지만 1909년 변호사법이 다시 제정되고 변호사허가제가 실시되면서 변호사회도 다시

---

111) 1908년 8월 판사의 수는 일본인 81명, 한국인 42명이었고 검사의 수는 일본인 35명, 한국인 13명이었다. 1909년의 경우 판사 수는 일본인 192명, 한국인 87명, 검사 수는 일본인 57명, 한국인 7명이었고, 1910년에 와서는 판사 수는 일본인 183명, 한국인 71명, 검사 수는 일본인 54명, 한국인 6명이었다.(전봉덕. 1975. "근대사법제도사(8)," 『대한변호사협회보』 15호, p.27: 도면회, 앞의 책, p.445)

조직되었다.112) 경성의 상업회의소에서 개최된 변호사회 설립 모임에는 박승빈 외에 최진, 이면우, 장도, 태명식, 정명섭 등의 변호사가 참석했다.113) 이때 경성에는 일본인 변호사가 조직한 제1변호사회가 있었고 자연스럽게 조선인이 조직한 변호사회가 제2변호사회가 되었다.

박승빈이 변호사를 개업하고 얼마 후인 1909년 10월 26일 이토 히로부미가 하얼빈 역에서 안중근 의사에게 저격을 당해 사망했다. 당시 국권은 일본에 의해 상당부분 침탈되어 있던 터라 우리 정부는 조문이나 추도에 소홀할 수 없었다. 이에 따라 정부를 비롯하여 조문·추도·추모 행사는 전 국가적 차원에서 치러졌는데, 이중 제일 큰 규모로 치러진 행사는 관민추도회와 국민대추도회였다.114)

'국민대추도회'는 한성부민회 주최로 각 단체·인물들이 연합해 추진되었다. 1909년 11월 26일 오후 1시 한성부민회관에서 전국민추도회를 개최하고, 전국 13도와 각 항구 대표자에게 취지를 보내 참여케 하며, 준비위원으로 100명을 선출하는 것이었다. 준비위원 100명에 법조계 인사 9명이 참여했는데, 이 가운데 박승빈도 포함되어 있으며, 이들은 일본 유학파라는 공통점이 있었다.115)

---

112) '대한변호사협회', 『한국민족문화대백과』(한국학중앙연구원).
113) '잡보외방통신', 『대한매일신보』, 1909년 7월 13일.
114) 한편 일본정부는 이토 히로부미의 공식 사망을 10월 26일 오전 10시로 하고, 11월 4일 국장을 치른다고 발표했다. 10월 27일 한국 황실과 정부 대표, 통감부 파견원, 한성부민회장 등이 대련으로 출발했으며, 일본 유학 중인 황태자는 시종무관을 보내 이토 히로부미의 부인을 조문하게 하는 등 정부에서도 대대적으로 조문사절을 파견했다.(박수현 외. 2009. 『일제의 친일파 육성과 반민족 세력』, 독립기념관, pp.49-54).
115) 9명의 인사는 태명식, 장도, 이면우, 유문환, 최진, 송진옥, 박승빈, 홍재기, 윤치호 등이다.(2010년 5월 14일 『대한변협신문』 "법조인 열전 ⑨ 3대 서울변호사회장 유문환 변호사")

3. 식민지 법정에 서다(1910-1919)

3.1. 변호사의 삶 Ⅰ

1909년 6월 변호사를 개업한 박승빈은 같은 해 7월 동료와 함께 변호사회를 조직하고 왕성한 활동을 벌인다.[116] 그러다가 1910년 8월에 한일강제병합이 이루어진다. 국권을 상실한 것이다. 일체의 정치적 자유와 최소한의 생존권조차 박탈당해야 했다. 강제병합이 이루어진 날 박승빈은 방문을 걸어 잠그고 혼자 앉아서 통곡을 했다 한다. 나라 잃은 슬픔과 원통함이 그를 짓눌렀음이 분명하다.[117]

일제는 조선을 철저하게 식민지화하기 위해 사회 전반을 수탈하기 위한 토대를 마련해 나갔다. 1910년부터 토지조사사업을 시작하면서 경제적 수탈을 자행했고 모든 정치적, 문화적, 군사적 활동을 금지하고 공포분위기 속에서 조선 민중들을 노예화시키기 위해 무자비한 무단통치를 시작했다.[118]

박승빈은 변호사로 재직하면서 다양한 사건을 수임하여 변론을 했다. 정치적 사건, 사회적 사건은 물론이고 가정과 문중의 재산 다툼과 같은 장안에 화제가 되었던 사건들의 변론도 맡았다. 변호사로서 박승빈의 위상과 명성을 짐작할 수 있는 대목이다. 정치적 사건의 경우 대표적인 것이 애국당 사건 변론이다. 1912년 정부를 전복하고 총독을 암살하려 했다 하여 이 사건에 관련된 연루자로 윤치호, 김응록, 김응봉, 오학수, 박남준 등을 비롯하여 한인 123명이 구속된 사건이다. 1912년 6월에 시작된 재판에서 박승빈은 이 사건의 변론을 맡았다. 박승빈을 위시한 여러 변호사들이 그들의 무죄를 항변했다.[119] 이밖에도 박승빈은 다양한 가정

---

116) 당시 경성지방재판소에 등록된 관내 조선인 변호사는 18명이었다.('[서울변회 창립 100주년] 100년 발자취', 『법률신문』, 2007년 9월 18일)
117) 박찬웅. 1993. 앞의 책, pp.238-240.
118) '일제강점과 민족항쟁', 『한국근현대사사전』, 2005, 가람기획.
119) '중대사건 공판 속보', 『권업신문』, 1912년 8월 11일.

송사와 문중 송사의 변론을 맡았다. 예를 들어 1910년 3월에 열린 부자지간 소송 사건,[120] 1910년 9월의 처첩과 재산 다툼 소송 사건[121] 등이 그것이다.

이 시기 박승빈은 변호사회 활동도 주도적으로 했다. 초대 변호사회 회장은 이면우였는데, 그는 대한제국 시절 검사 및 법관양성소 소장을 역임한 최초의 변호사이기도 했다. 한일병합 후 2대 회장에는 장도가 선출되었는데, 그는 최초의 일본유학생 중 한 명이었다.[122] 3대 회장은 유문환으로 지방법원 판사로 다년간 근무한 경력이 있다. 1913년 1월 21일 제4대 조선변호사회(경성 제2변호사회)의 임원을 개선했는데, 회장에는 최진, 부회장에 정명섭, 상의원에 태명식, 박승빈, 박만서, 허헌, 심종대 등이 선출되었다.[123] 최진 회장 후임으로 박승빈이 1914년 제5대 변호사회 회장이 된다.[124]

박승빈은 변호사로서 커다란 성공을 거두면서 점차 재력가로서 면모를 갖춘다. 1915년에는 사원골에서 청진동 175번지로 이사를 하게 되는데 그 규모는 대단하였다. 정구영 변호사는 "박승빈의 변호사 사무실은 청진동에 있었는데 규모가 5, 60칸 되는 사무실에 큰 저택까지 딸려 있어 항상 2, 3명의 사무원이 종사하고 있었고, 그 시설도 어마어마하게 화려했다."고 회고한 바 있다.

1918년 일본변호사회(경성 제1변호사회)와 조선변호사회(경성 제2변호사회)로 이원화된 경성의 변호사회는 '경성변호사회'로 통합이 되었다.

---

120) '잡보', 『황성신문』, 1910년 3월 15일.
121) '잡보', 『황성신문』, 1910년 9월 9일.
122) 장도(張燾 1876- 미상)는 1895년 정부 파견 관비유학생으로 일본에 유학을 가서 게이오의숙(慶應義塾)을 거쳐 동경법학원(東京法學院: 中央大學의 前身)에 입학하여 3년간 법학을 공부하고 1899년 졸업했다. 귀국 후 1905년 평리원(平理院) 검사를 거쳐 1906년에 한성재판소 판사로 임명되었다가, 1908년 변호사로 등록했다.(『한국민족문화대백과』, 한국학중앙연구원)
123) 『매일신보』, 1913년 1월 21일.
124) '闘志滿腹의 歷代巨頭', 『삼천리』 제5권 제4호, 1933년 4월 1일.

당국이 직접 나서서 통합을 유도했던 것이다. 통합된 경성변호사회의 회장에는 박승빈이 당선되었다. 그러나 일본 변호사들은 덮어놓고 "조선 사람 회장은 안 되겠다"하고 반대운동을 하며 검사국에서는 조선 사람이 일본사람의 어른이 되는 것은 재미없다 하면서 직원 선정 인가를 내주지 않아 다시 임원 선거를 하여 일본인 회장이 선출되는 우스운 일이 생겼다.[125]

3.2. 한양구락부 창립

한양구락부(漢陽俱樂部)는 1918년 1월 27일 서울에서 조직되었던 사교기관 단체이다.[126] 박승빈을 비롯한 민대식, 최남선 등 당시 지식인들이 경성부 광화문통 명월관에서 창립총회를 열고 구락부를 창립하고 초대 총무이사에 민대식을, 평의장에는 박승빈을 선출했다.[127] 한양구락부의 규칙은 총 다섯 개 항으로 되어 있는데 구체적인 내용은 다음과 같다.[128]

〈한양구락부 규칙〉
하나, 명칭 – 한양구락부
둘, 목적
  – 동지자가 일상교류하야 친애돈목하며 호상권선보과하야 각기
    지덕을 증장함을 목적으로 함
  – 전항의 목적을 달하기 위하야 구락부 회관내에 서적을 비치하
    야 부원에게 공람하며 고상하고 활발한 유희를 행함
셋, 임원은 이사 5인, 평의원 15인, 간사 약간인으로 정함

---

125) '무차별인가 대차별인가?', 『동아일보』, 1920년 5월 31일.
126) '중요기사', 『계명』 24호, p.29.
127) 초대(1918)와 2회(1919) 임원단에서는 회장격인 총무이사에는 민대식이, 평의장은 박승빈이 맡았으며, 이후 박승빈은 5회(1922) 임원단에서 총무이사를 맡았다.(역대임원초록, 『계명』 24호, p.59.)
128) '중요기사', 『계명』 24호, p.29.

넷, 회관은 경성부 남대문통 일정목 22번지에 가정함

다섯, 경비는 부원의 월연금과 특별연조금으로 충당함

한양구락부는 회원들의 친목과 교류를 주목적으로 하는 단순한 사교기관으로 출발했다. 한양구락부가 남대문에서 인사동 152번지로 이사한 것은 1918년 9월 9일이다. 신축한 2층 양옥식 건물 2층에 다시 자리를 잡았다. 이곳은 일제 식민지 시대에는 지식인들의 사랑방 역할을 했던 곳으로 유명했다. 아래층에는 여배우 복혜숙이 운영하던 비너스 다방이 있었다.[129] 한양구락부는 1921년 명칭을 계명구락부(啓明俱樂部)로 바꾸면서 친목단체에서 애국계몽 단체로 탈바꿈한다.

4. 애국계몽운동과 국어연구에 헌신하다(1919-1936)

4.1. 민족주의자의 삶

1919년 3·1운동이 일어났다. 3·1운동은 일제의 지배와 수탈에 항거해 일어난 전 민족적인 식민지해방운동이었다. 지식인과 학생들이 주도하던 비폭력적 운동에서 노동자와 농민이 주도하는 폭력적 저항으로 발전해 간 것이다.[130] 3·1운동 이후 무력만으로는 한국을 지배하기가 어렵다는 것을 깨달은 일제가 그때까지의 무단통치 방식 대신 문화정치라는 새로운 식민지 통치 방식을 내세운다. 문화정치는 지방자치제를 도입하고 언론, 집회, 결사의 자유를 부분적으로 허용하고 조선인의 관리 임용과 사회행정의 개선을 통해 국민생활의 안정을 도모하는 등 조선인의 저항을 무마하려는 술책이었다. 이를 통해 자본가 및 지식인 계층을 친일 내지

---

129) '10만석 재산 털어 지킨 문화재의 거리 <장규식의 서울역사산책> 피마골 풍물기행②' 『프레시안』, 2003년 6월 21일.

130) '일제강점과 민족항쟁', 『한국근현대사사전』, 2005, 가람기획.

개량화로 유도한 것이었다.[131] 이후 조선인의 저항 세력은 비타협적 민족운동, 타협적 민족운동, 동화협력운동 등으로 분열된다.[132]

이 시기 박승빈의 삶은 가장 화려하고 역동적이었다. 박승빈이 유학생활 동안 품었던 사상의 핵심은 '애국, 국가, 개화, 독립' 등이었다. 서로 사랑하고 독립심을 키우며, 경제력을 키우고, 법률적 정치적으로 성숙해지고, 새로워지려는 국민의 마음이 날로 커져갈 때, 결국 국민이 하나가 되고 개화되어 애국과 독립이 이루어진다는 생각이었다. 이는 박승빈이 생각하는 근대화의 조건이자 구체적인 실천방안이기도 했다. 이러한 정신을 바탕으로 이 시기 박승빈은 조국의 정치적 자립과 경제적 자립, 그리고 사회문화적 자립을 위해 각고의 노력을 기울였다.

3·1운동 이후 박승빈은 조선인의 참정권을 주장하는 자치운동을 벌인다. 일제의 무단통치를 비판하면서 민족동화나 내지연장주의(內地延長主義)는 불가능하니 조선인 스스로 자치를 할 수 있도록 하자는 것이다. 이것은 3·1운동 이후 한반도의 정세가 급변한 것과 관계가 있다. 무단통치를 일삼았던 일제는 3·1운동으로 국민적 저항이 높아지자 조선의 식민지 정책을 점진적 내지연장주의로 수정하게 된다. 이는 식민지인 조선을 일본의 연장으로 보고 일본의 법률과 제도 등을 조선에서도 똑같이 실시하자는 것으로, 이는 일제의 동화책이며 유화책이었다.[133]

박승빈은 이러한 내지연장주의나 동화정책은 불가능하며 조선인이 자치하는 방법만이 이를 해결할 수 있다고 했다. 이를 위해 박승빈은 이기찬을 비롯한 몇몇 한인들과 일본을 방문하여 1919년 8월 1일 일본 수상 하라 다카시(原敬)와 만나 자치설을 주장했다. 일제의 무단통치를 비판하면서 동화정책이나 내지연장주의도 여전히 부당하다는 것을 지적했다.

---

131) '문화정치', 『두산백과』.
132) 김동명. 2009. "일본제국주의에 대한 저항과 협력의 경계와 논리: 1920년대 조선인의 정치운동을 중심으로", 『한국정치외교사논총』 31-1, pp.37-75.
133) 신주백. 2001. "일제의 새로운 식민지 지배방식과 재조일본인 및 '자치' 세력의 대응 (1919-22)", 『역사와 현실』 39, p.46.

그리고 대안으로 조선인이 참정권을 갖고 조선의회를 설치하여 조선정부를 만들고 조선인의 손으로 조선을 다스리게 할 것을 주장했다. 그러나 하라 수상은 이것은 독립과 다름이 없다고 하면서 거부했다.[134]

자치설을 두고서 말들이 많았다. 조선인 스스로 참정권을 가지고 정부를 운영하는 것이었지만 이것은 어디까지나 일본인 총독 아래 조선정부를 두는 안이었기 때문이다. 타협적 민족주의자들에게는 자치운동이 단계적 독립론 정도로 인식되었겠으나, 비타협적 민족주의자들에게는 일제 지배를 인정하는 매국 행위와 다름없다고 생각되었기 때문이다.

자치설을 주장한 이들은 대부분 구한말 정치운동을 했거나 일본유학을 다녀온 사람이었다. 이들 부르주아 세력은 새로운 대응 방식으로 당시 일제의 지배를 현실적으로 인정하면서도 통치방식은 바뀌어야 한다고 본 것이다. 이후 자치운동세력은 1921년 12월 초순 유민회(維民會)를 결성하는데, 박승빈도 평의원으로 참여했다.[135](자세한 것은 제I부 제2장 2.1 참조)

3·1운동 이후 박승빈은 조선인의 경제적 자립을 위해서도 여러 가지 운동을 펼쳤다. 그 대표적인 운동이 주식회사 설립과 조선물산장려운동이다. 일제는 한국을 강점한 이후 제일 먼저 '조선토지조사사업'을 실시하여 자신들의 경제적 기반을 마련하려 했다. 일제의 토지 찬탈 움직임을 막기 위해서는 조선인이 직접 주식회사를 만들어 일제의 술책에 대항해야 한다는 것이 박승빈의 생각이었다. 주식회사를 만들어 토지를 사고 이를 조선인 소작인들에게 좋은 조건으로 토지를 살 수 있도록 한다면 일제의 경제적 침탈을 어느 정도 막을 수 있다는 생각이었다.

"정치의 힘으로 토산(土産)장려를 하여 경제상 독립을 하게 하여야

---

134) 위의 논문, p.58.
135) 이태훈. 2001. "1920년대초 자치청원운동과 유민회의 자치구상", 『역사와현실』 39, pp.76-81.

하겟고 그 다음은 조선인이 피차간에 더욱 단합을 공고히 할 것이니 만일 우리의 손으로 정치의 권리를 가지드래도도 단합이 업스면 결국 일장 란장판이 되고 말터이라."[136]

이 말은 1922년 4월 1일 『동아일보』에 실린 것으로 박승빈이 경제적 독립을 얼마나 중요시했는지를 알 수 있다. 박승빈은 현재 우리에게 가장 시급한 것은 경제적 독립이며 이를 위해 모두가 하나로 단결하고 단합해야 정치적으로도 독립할 수 있음을 강조했다. 이러한 움직임은 일제 식민지를 극복하고 부강한 나라로 우뚝 서기 위한 것이었다. 당시 지식인들은 식민지 조국의 현실을 우승열패와 적자생존의 논리로 인식하고 그 상황을 극복하는 국권회복의 방안으로 실력양성론을 내세우게 된다. 이는 근대화에 대한 관심이자 당시 유행하던 사회진화론의 영향이기도 했다. 실력양성론은 크게 교육과 식산의 형태로 나타났으니[137] 박승빈의 경제적 독립운동도 이러한 틀 속에서 이해할 수 있다.

조선물산장려운동은 1920년대 우리 민족의 경제적 독립을 위한 대중적이고도 조직적인 경제 운동이었다.[138] 평양과 경성을 위시해서 시작된 조선물산장려운동은 들불처럼 전국으로 번질 태세였다. 이때 박승빈은 변호사 최진 등과 함께 물산장려주식회사를 설립하고 물산장려와 독립사상을 고취하는 데 앞장섰다. 조선물산장려회는 1923년 2월 16일 대대적인 토산장려를 위한 가두행진과 강연회를 계획했으나 총독부의 방해로 취소되었다. 이때 박승빈도 연사로 예정되어 있었다.(자세한 것은 제I부 제2장 2.4 참조)

박승빈의 이러한 활동은 민족주의의 발로라 할 수 있는데, 당시 민족주의는 계층 혹은 계급의 대립을 피하면서 유산자들의 양보를 요구하는

---

136) '新生을 追求하는 朝鮮人, 現下急務는 果然 何인가', 『동아일보』, 1922년 4월 1일.
137) 최기영. 2009. 『애국계몽운동II-문화운동』, 한국독립운동사편찬위원회, pp.19-20.
138) 독립기념관, 『한국독립운동의 역사』 제36권, 『경제운동』.

논리를 제공했기 때문이다. 이처럼 조선의 근대화에 자본가가 어떤 역할을 해야 한다는 입장은 개조론과 민족주의에 기반하고 있었다.[139] 1920년대 박승빈이 사회구제 활동에 적극 나섰던 것도 이러한 맥락으로 이해할 수 있다. 1920년 경성에 부모없는 고아가 많이 발생하자 이를 구제하기 위해 2월에 '경성고아구제회'가 조직된다. 박승빈은 뜻있는 이들과 함께 발기인으로 참여한다.[140] 또한 1922년 4월에는 경성에 있는 어려운 고학생들을 위해 '고학생합숙소 기성회'를 조직하고 기부금을 내기도 했다.[141] 박승빈은 1928년 12월에 딱한 처지에 빠진 4살난 여자아이를 직접 입양하기도 했다.

> "시외 신당리 중국인 경성부 위생실시부 마차부 류해종 왕명산 등 두 명이 리급준과 성명부지의 네 살된 녀아를 유인하야다가 양육하든 사실이 발각되어 톄포 취됴 중이란 사실이 본보에 보도되자 시내 보성전문학교 교장 박승빈씨가 동대문서에 출두하야 전긔 리급준을 마타 양육하겟노라 하야 동서에서는 동인의 가족이 차즐 때에는 내어주라는 됴건으로 동씨에게 인도하얏다더라."[142]

이밖에도 박승빈은 재난이나 피해를 입은 사람들을 위해 다방면으로 도움을 주었다. 1923년 8월에는 18개 단체가 모여 '서선수해구제회'를 발기했는데, 박승빈은 집행위원으로 참여했다.[143] 1923년 9월에 일본 동경에 대지진이 일어나 참화에 동포들이 고통을 겪게 되자 '동경지방 이재 조선인 구제회'가 성립되었다. 이때도 박승빈은 위원으로 참여하기도 했다.[144]

---

139) 류시현, 앞의 책, p.84.
140) 1920년 5월 30일 『동아일보』 '가련한 고아를 위하여'라는 기사에는 이 사업으로 인해 많은 기부금이 걷혔고 사회의 공익심이 향상되었다는 내용이 나와 있다.
141) 『동아일보』, 1922년 4월 27일.
142) '姓不知女兒는 朴勝彬氏 保育', 『동아일보』, 1928년 12월 22일.
143) '18단체가 수해구제회 발기 중앙청년회관에 모이어서 집행위원 30명을 선정', 『신한민보』, 1923년 9월 6일, '18단체가 모여서 수해구제회 발기', 『동아일보』, 1923년 8월 11일.

1925년 10월 3일자『동아일보』에는 수해구제금으로 박승빈을 비롯한 변호사회에서 의연금을 냈다는 기사가 보도되었다. 1931년 7월에는 인천의 중국인들이 뜻밖에 조난을 당해 피난민 신세가 되자 이들을 위해 구제연합회를 구성하고 중국인위문금을 모집했을 때도 박승빈은 실행위원으로 참여했다.[145] 1931년 10월에 만주사변으로 인해 조난당한 동포들을 위한 대책 토의회가 열렸는데 이때에도 박승빈은 집행위원으로 참여하는 등[146] 동포들의 구제와 도움에 적극 앞장섰다. 모두가 박승빈의 민족애와 동포애에서 우러나온 일들이었다.

박승빈은 사회문화적 활동에도 적극 지원에 나섰다. 이를 위해서 조직과 제도의 설립에 직접 참여하거나 재정적 후원을 통해 물심양면으로 도움을 주었는데, 이것은 근대화 과정에서 우리나라가 근대적 문화 활동의 토대를 갖추는 데 커다란 이바지가 되었다. 정치적 독립, 경제적 독립 못지않게 신체적인 측면과 문화적인 측면에서도 성숙하고 발전해야 한다는 생각에서였다.

4.2. 변호사의 삶 II

4.2.1. 변론을 맡다

박승빈은 3 · 1운동과 관련된 조선 독립선언 사건을 비롯하여 잡지필화 사건, 고문사건 등 여러 가지 중요 사건에서 변호를 맡는 등 변호사로서 맡은 바 소임을 다했다. 당시 조선인 변호사가 얼마 되지 않았던 현실을 고려할 때,[147] 박승빈을 위시한 조선인 변호사들의 활약은 매우 중차대할

---

144) 『동아일보』, 1923년 9월 10일자 '참화에 죽어가는 동포를 위하여'라는 기사와, 『동아일보』, 1923년 9월 20일자 기사에 동경 진재 의연금으로 박승빈이 15원을 기부했다는 내용이 보도되었다.
145) 『동아일보』, 1931년 7월 9일.
146) 『동아일보』, 1931년 10월 29일.
147) 1927년에 경성의 조선인 변호사 수가 43명이었으니 1919년에는 훨씬 적었을 것으로

수밖에 없었다. 박승빈 등은 1919년 3·1운동에 참여하여 일본 경찰에 검거된 소위 조선 독립선언 사건의 변론에도 대거 참여했다. 1920년 8월 9일 저동 특별법정에는 조선 독립선언 사건의 손병희 외 47인과 수원사건 김현묵 외 28명에 대한 공소가 있었는데, 이때 박승빈은 허헌, 대부고, 최진, 정구창, 김우영, 김정묵 등과 함께 변호를 했다.(자세한 것은 제I부 제2장 2.2 참조)

3·1운동 이후 일제는 문화정치를 통해 언론의 자유를 어느 정도 허용하는 듯했으나 속으로는 여전히 검열과 통제를 유지하였다. 상징적인 사건이 바로 잡지필화 사건이다. 1920년 12월 28일 동대문 경찰서에서 『개벽』 발행인에게 불온한 기사가 실렸다 하여 벌금형을 내리자 잡지사는 이에 불복해 정식 재판을 청구했다. 이 사건에 박승빈을 비롯한 조선인 변호사들이 자발적으로 나서 변론을 맡았다.

이 사건이 있고 난 지 얼마 후인 1922년 9월 총독부는 유화책으로 몇몇 잡지에 대해 정치, 시사를 다룰 수 있는 권리를 부여했다. 그러나 또다시 채 2개월이 못 돼,『신천지』와『신생활』잡지에서 다시 검열 문제가 터졌다.[148] 또 총독부는 이들 잡지에 실린 글이 문제라고 들고 나온 것이었다.[149] 이것은 겉으로는 문화정치가 시작되기는 했으나 속으로는 여전히 검열체제를 동원하여 조선인의 눈과 입을 틀어막겠다는 책략이었다. 이에 대해 박승빈을 비롯한 법조계와 언론계가 연합하여 11월 27일 결의문을 채택하기도 했으며[150] 더불어 박승빈을 비롯한 조선 변호사들이 그해 12월에 열린 재판에서 무료 변론을 하게 된다.[151] (자세한 것은 제I부 제2장 2.5 참조)

이 시기 박승빈은 사회적인 문제에 대해서도 여러 변론 활동을 폈다.

추정된다.(1927년 3월 1일『별건곤』제5호 法曹界 漫話)
148) 최수일. 2008.『개벽 연구』, 소명출판사, p.55.
149) '신천지 필화사건, 18일 백대진씨의 공판',『동아일보』, 1922년 12월 19일.
150) '언론의 옹호를 결의',『동아일보』, 1922년 11월 29일.
151) '잡지필화사건과 법조계의 분기',『동아일보』, 1922년 12월 18일.

대표적인 예가 경성전차 임금문제와 계림전등 사건에 대한 변론이다. 1921년 8월 경성전차 임금문제에 대해 경찰의 지나친 혹독한 단속이 있자 그 대책으로 기성연합회를 조직하고 위원을 선정하였는데 박승빈은 경성 측 위원으로 추천되어 참여하게 된다.[152]

계림전등 사건은 1923년에 벌어진 일로 계림전등에서 간단한 기구를 가지고 1원 가량의 비용으로서 10촉 전기를 이백삼십여 시간의 전기를 켤 수 있다고 광고한 것이 문제가 되었다. 이것을 일종의 발명으로 볼 것인가 아니면 사기로 볼 것인가가 문제의 핵심이었는데, 박승빈은 허헌, 김병로 등 십여 인의 변호사와 함께 발명을 장려한다는 측면에서 이 사건에 보수 없이 적극적으로 변호에 나섰다.[153] 조선인 변호사들은 훌륭한 발명가이니 무죄라고 주장했으나 검사는 징역 4년을 구형했다.[154]

계림전등 사건 등에 박승빈이 관심을 보인 이유는 평소 그가 과학기술에 관심이 많았기 때문일 것이다. 박승빈은 젊어서 관직생활을 할 때 '모르스 부호'를 익혀 모르스 통신을 능숙하게 했다. 자신의 사무실 옆에 우체국이 있었는데, 그 기술자에게 모르스 통신을 배운 후에 그 기술자 대신에 때때로 통신을 주고받을 만큼 관심이 깊었다.[155]

박승빈은 1924년 열린 희천서 고문사건에도 깊이 관여한다. 1924년 평북 희천 경찰서의 패악무도한 고문사건이 벌어지자 이에 대한 재판이 평양 복심법원 법정에서 열렸다. 여기서 피고들의 진술이 세상에 폭로되자 일반 여론이 들끓었는데 조선변호사협회에서는 대책의 일환으로 5월 25일 결의문을 채택하기에 이르렀다. 그리고 결의문이 실천될 수 있도록 박승빈, 문석규, 김용무, 이승우 변호사를 조사위원으로 선정하여 계획을 진행했다.[156]

---

152) '경성 전차 임금문제 엄혹한 경찰의 단속', 『동아일보』, 1921년 8월 29일.
153) '계림전등 사건 변호사 무료변호', 『동아일보』, 1923년 6월 10일.
154) '계림전등의 공판', 『동아일보』, 1923년 7월 8일.
155) 이 내용은 장손 박찬웅의 회고에 따른 것인데 아마도 박승빈이 외부 주사로 있을 때가 아닌가 싶다(박찬웅, 1993. 앞의 책, pp.297-298).

4.2.2. 변호사회 활동

3·1운동 이후에도 박승빈은 변호사회 활동에 적극적이었다. '경성변호사회'로 통합된 후 박승빈이 회장에 당선이 되었으나 일본 변호사들의 반대와 검사국의 불승인으로 취임하지 못한 사건이 있던 후 다시 선출된 일본인 회장이 임기가 다되어 1919년 4월 다시 회장 선출을 했다. 투표 결과 조선인 변호사 장도가 당선되자 또다시 일본 변호사들이 반발을 하고 나섰다. 이는 이유 없이 조선인과 일본인을 차별하는 것이라고 조선인 변호사들도 반발했다. 일본인 변호사들은 도저히 조선인 회장 아래에서는 일을 할 수 없다 하여 총독부에 진정서를 제출했으나 당국에서는 조선인이 회장이 되지 못한다는 규정이 없으므로 부득이 허가했다. 그러나 이후에도 일본인편에서는 항상 조선인편과 반대로 나가며 암암리에 회장 반대운동을 펼쳤고, 결국 조선인은 조선인끼리 일본인은 일본인끼리 분립하게 되었다.[157]

1920년 4월 24일 마침내 두 변호사회는 분립의 허가를 얻어가지고[158] 같은 날 오후 4시에 남산정 경성호텔에서 각각 별도의 임원 선거를 치렀다. 조선인변호사회의 경우는 회장에 장도, 부회장에 박만서, 상의원장에 최진, 상의원에 정구창, 박승빈, 김찬영, 이승우, 김종건, 김우영 등이 선출되었고, 일본인변호사회는 회장에 가고정태랑, 부회장에 목미호지조, 상의원장에 조창외무철, 부의장에 안주시태랑, 상의원 12명이 선출되었다.[159]

박승빈은 1921년 조선변호사협회 설립에도 중추적인 역할을 했다. 10월 2일에 설립된 협회는 최초의 전국단위의 변호사 단체라 할 수 있는데,[160] 변호계의 통합과 협력을 위하여 박승빈을 비롯하여 장도, 이승우

---

156) '희천서 고문사건으로 분기한 변호사협회의 결의조항', 『동아일보』, 1924년 5월 27일.
157) '朝鮮人이 會長된 理由로 分立한 辯護士會', 『동아일보』, 1920년 4월 26일.
158) 두 단체는 1939년에 이르러 다시 일본인과 한국인이 통합된 경성변호사회로 발족하였다.('대한변호사협회', 『한국민족문화대백과』)
159) '朝鮮人이 會長된 理由로 分立한 辯護士會', 『동아일보』, 1920년 4월 26일.
160) 1919년 말 조선에서 활동한 조선인변호사는 총 97인이었고, 일본인변호사는 총 90인이

등이 발기한 것이다.[161] 명월관에서 열린 창립총회에서는 발기회부터 가장 앞장섰던 박승빈이 대표격인 총무이사에 선출되고, 이사로는 이승우, 윤태영, 장도, 김찬영, 이동초, 허헌 등이 선출되었다.[162]

〈朝鮮辯護士協會의 目的과 任員〉
△ 目的: 正義의 發展과 人權의 擁護와 法制의 改選 및 會員의 親交
　　　　增進에 在함.
△ 任員
總務理事: 朴勝彬
理事: 李升雨 尹泰榮 張燾 金瓚泳 李東初 許憲
議員: 崔鎭 劉文煥 金炳魯 朴晚緖 洪祐晳 金泰榮 權赫采 文澤圭 李基
　　　燦 姜世馨 宋台煥 申錫定 朴海克 李祖遠

조선변호사협회는 '정의의 발전, 인권의 옹호, 법제의 개선 및 회원의 친교 증진'을 목적으로 창립되었다. 당시 『동아일보』는 창립에 즈음하여 사설을 통해 창립의 의미와 바람을 다음과 같이 전했다.

"(상략) 朝鮮社會의 要求는 資本이며 勞動이라. 此는 他國家, 他社會
와 異치 아니하되, 資本家의 自覺이 乏하며 勞動者의 訓練이 缺하니
前者를 操縱하고 後者를 指導하는 知識階級을 要求함은 他國家, 他社會
보다 一層 深切한지라. 그런즉 此 要求에 應할 者는 誰이뇨? 敎育家이며,
言論家이며, 法律家이라. 그러하나 法律家는 敎育家와 言論家보다 活動
的이며 또 活動함에 便宜와 自由가 多하니 朝鮮社會의 現狀으로는 要求
하는 者가 法曹界의 人物이오, 要求에 應할 者 또한 法曹界의 人物이라.
(중략) 그러하나 過去를 回顧하면 法曹界의 人物로서 朝鮮社會에 貢獻
한 바가 微微한 것은 事實이라 할지니, 此則 從來 法曹界에 從事하던

　　　었다. (대한변호사협회(2002), 『대한변협50년사』 금영문화사, p.46.)
161) '一記者 汎辛酉의 回顧 (下)', 『개벽』 제19호, 1922년 1월 10일.
162) 『동아일보』, 1921년 10월 5일, 『매일신보』, 1921년 10월 5일.

諸君이 有感으로 思하는 줄 아노라. 그러하나 엇지 法曹界의 人士만 그러하얏스리오. 朝鮮人 全體가 모다 然하얏나니 오즉 手를 서로 握하고 恨할 뿐이오, 怨과 尤는 有더치 못할지며, 朝鮮人의 問題는 過去에 又는 現在에 在치 아니하고 오즉 未來에 在하니, 故로 前者의 不足을 補充하고 後者의 大成만 圖謀하면 이에 事가 畢하며 業이 終 할지라. 奮鬪할 바 此이며 努力할 바 此이로다. (하략)"[163]

조선 사회가 사회적 공직인 변호사에게 기대하는 바가 매우 컸으나 이제까지는 여기에 제대로 부응하지 못했다는 점을 지적하고 인민들의 인권을 옹호하고 사회를 선도할 수 있도록 앞으로 더욱 분발하여 조선사회를 위해 기여해 달라고 조선인변호사들에게 당부하고 있다.

조선변호사협회가 만들어지게 된 배경은 1920년 일본 동경에서 열린 제1차 태평양연안국 변호사대회가 직접적인 계기가 되었다. 대회에는 조선을 비롯하여 중국, 필리핀, 일본 등 4개국 대표가 참석했는데, 외국 대표들은 하나 같이 그 나라의 협회를 대표하여 참석한 사실을 알게 되었다. 조선 대표단은 우리도 전국 단위의 변호사협회가 있어야 되겠다고 생각하고 이듬해 협회를 창립하게 된 것이다. 당시 경성변호사회 회장으로 참가한 박승빈의 회고담에서 그 배경을 소상히 알 수 있다.

"조선으로서는 나와 고 정구창, 장도씨 등 일곱사람이 참석하얏는데 그 때에 우리는 중국대표와 비률빈 대표들을 數次 宴席에 초대하여 노코서 (중략) 그리하야 이와 가치 심중을 피차에 상통하여 노흔 뒤 우리들은 엇든 成算을 가지고 즉시 도라와서 전 조선에 흐터저 잇는 변호사계에 일대 輿論의 喚起에 奔走하얏든 것입니다. 그 여론이라함은 즉 다른 나라의 형편을 보면 모다 그 나라의 변호사들은 반드시 무슨 단체가 조직되어 잇는 터이라 즉 쉽게 말하면 협회이지요. 「빠-, 엣소시에슌」이라는 것으로 가령 비율빈으로 말하면 「비율빈변호사협회」라는

163) '조선변호사협회의 창립', 『동아일보』, 1921년 10월 5일.

것과 中國이면「중화민국변호사협회」라는 것이 다 잇섯습니다. 그러나
그 때 우리 조선으로 말하면 법율로 정하여 노흔 변호사회라는 것이
잇기는 하여 그 지방의 裁判所 檢事正의 監督을 밧어가면서 모임을
열어 심지어 변호사로 개업하자면 그 변호사회에 입회치 아니하고는
엇저는 수까지 업게 되엇든 것입니다 만은 그러나 그 보다도 다른 의미
로 우리끼리의 질속괴관이 잇서야 할 필요를 늣기고서 이러케 조직하자
든 것이지요. 그리하야 과연 얼마 아니 가서 전 조선 각처의 변호사들도
조선인 변호사협회라는 사적「엣소시에슌」이 조직되고 말엇습니다. 그
래서 그 이듬해인 1921년 가을에는 北京에서 이번 대회가 열니어 이제
우리 변호사 협회에 대하야 정식초청장이 왓슴으로 우리들은 이번 걸음
을 가기로 된 것이외다."[164]

통합과 분립을 거듭하던 경성변호사회는 1926년 1월에 다시 통합 움직
임이 일어났다. 일본인 경성지방법원 검사정(檢事正)이 일선 융화를 이유
로 분리된 변호사회가 통합하는 것이 좋겠다는 생각을 갖고 조선인변호사
회 임원들을 초청했다. 그러나 회동 후 회장이었던 허헌, 부회장 김병로를
비롯하여 장헌, 박승빈, 최진, 이승우, 윤태영 등 주요 인사들은 통합에
반대의사를 표했다.[165]
경성조선인변호사회의 임원 임기는 1년씩이었고 박승빈은 그때마다
중책을 맡아 협회 발전에 기여했다. 1922년 4월에 경성조선인변호사회의
임원 개선이 있었고, 이때는 회장에 김찬영이, 박승빈은 상의원에 선출되
었다.[166] 1년 후 1923년 4월 22일에 열린 경성조선변호사회 총회에서는
윤태영이 회장을 박승빈은 상의원에 선출되었다.[167] 1924년 4월에 열린
경성조선인변호사회 총회에서는 회장에 김종건이, 박승빈은 상의원에

---

164) '普成專門學校長 朴勝彬 國際辯護士大會에 갓다가, 中國北平에서 開催 회고 · 수기',
    『삼천리』 제3호, 1929년 11월 13일.
165) '대립한 변호사회 합동문 제재기', 『동아일보』, 1926년 1월 19일.
166) '변호사회 의원개선', 『동아일보』, 1922년 4월 18일.
167) 『동아일보』, 1923년 4월 24일.

선출되었다.[168] 1925년 4월 26일에 열린 제6회 정기총회에서는 회장에 허헌, 박승빈은 상무의원으로 선임되었다.[169] 1926년 5월에는 경성조선인변호사회 회장에 김병로가, 박승빈은 상무의원으로 선임되었다. 1931년 4월 정기총회에서는 박승빈 외 29명이 평의원으로 선임되었다.[170]

1927년 6월에는 다시 '경성변호사회' 통합 문제가 등장한다. 이원화된 변호사회를 합쳐 상설된 연합회를 만들자는 것이었다. 그러나 김병로, 박승빈 등 조선인 변호사회는 이에 반대했다. 이 양 회가 분립하여 각자 역할을 하고 있고 연합회라 하여 상설기구를 만들어도 친목도모 이상의 기능을 할 수 없으니 연합회는 그때그때 필요할 때에 임시로 회합을 하자는 주장이었다.[171] 그러다가 1936년 총독부는 변호사령을 새로 발표하고 변호사회를 법인화했으며, 법원의 검사정의 지휘감독 아래에 두었다.[172] 그 후 총독부는 1938년 10월 26일에 내선일체를 목표로 다시 통합을 유도하여 경성변호사회가 발족하였다.[173]

4.2.3. 국제변호사대회 활약

국제변호사대회는 1919년부터 싹트기 시작했다. 대회의 성격은 각국 변호사들이 모여서 국제적으로 친목하며 또 모든 나라 민중의 권리를 정당히 옹호하기 위한 토대를 마련하자는 것이었다. 제1회 대회는 1919년 필리핀에서 열렸으나 급하게 준비한 관계로 많은 나라에서 모이지 못하여 큰 성과 없이 끝났다. 대회라고 하기보다는 일종의 위원회 성격의 모임이었다.[174]

---

168) 『동아일보』, 1924년 5월 6일.
169) 1925년부터 상의원이 상무의원으로 이름을 바꾸었다. 상무의원으로는 박승빈, 윤태영, 김용무, 이승우, 김태영, 이종성, 장도 등이 선임되었다.(『동아일보』, 1925년 4월 30일.)
170) 『동아일보』, 1931년 4월 6일.
171) '경성변호사 연합회 문제 의론백출후 유회되고 말어', 『동아일보』, 1927년 6월 28일.
172) '조선변호사령개정규칙전문', 『동아일보』, 1936년 4월 18일.
173) '경성의 양변호사회 합동조직인가 소속인원 230명', 『동아일보』, 1938년 10월 27일.

그 다음해인 1920년에 예비회의 성격의 조그마한 회의가 일본 동경에서 열렸는데 이것이 제1차 태평양연안국 변호사대회이다. 조선을 비롯하여 중국, 필리핀, 일본 등 4개국 대표가 참석한 국제 모임이었다. 조선에는 당시 경성조선인 변호사회 회장이었던 박승빈을 위시하여 정구창, 장도, 이종하, 이기찬 등 7사람이 대표로 나갔고 일본에서 대학에 다니던 변영로가 통역관으로 참가했다. 대회에서는 특히 조선인변호사와 필리핀 변호사들이 의기투합했는데, 당시 필리핀이 미국의 식민지로 우리와 같은 처지에 있었기 때문이었다. 양국대표는 간친회를 열고 술잔을 기울이며 울분을 나누었다.[사진 참조][175]

1920년 동경에서 필리핀 변호사들과 서로 독립축원의 축배를 든 후 찍은 기념사진
앞줄 왼쪽에서 두번째 이종하, 네번째 장도, 여섯번째 박승빈, 뒷줄 왼쪽에서 첫번째 정구창, 다섯번째 이기찬, 여섯번째 변영로

이듬해 1921년 10월에는 북경(北京)에서 '국제 변호사대회'가 열렸다. 10월 23일부터 28일까지 5일간 열린 이 대회는 국제적으로 인권을 옹호하며, 만국 공법(公法)을 시인하는 것을 목적으로 삼고 있었으므로, 이렇게 의미 있는 국제대회에 조선인 변호사가 참가한다는 것 자체가 무척 뜻

---

174) '普成專門學校長 朴勝彬 國際辯護士大會에 갓다가, 中國北平에서 開催 회고·수기', 『삼천리』 제3호, 1929년 11월 13일.
175) '내가 겪은 20세기 (6) 청람 정구영씨', 『경향신문』, 1972년 2월 5일.

깊은 일이었다.[176) 대회에는 영국, 미국, 캐나다, 호주 등 세계 각국에서 변호사들이 모여 들었다. 그 사이 조선변호사협회를 설립한 조선은 협회로 정식으로 초청장이 접수되자 흔쾌히 참석하기로 의견을 모았다. 조선에서는 박승빈을 비롯하여 장도, 허헌, 김병로 등 총 21명이 참가했다.[177)

북경에서 조선인변호사들은 조선의 사정과 입장을 다른 나라 변호사들에게 알리고자 노력했다. 외국 변호사들이 북경에 도착할 때마다 정거장에 나가 그들을 맞이하는 등 정식 대표로 인정을 받기 위해 전력을 다했다.[178)

> "우리들은 저녁상을 물니치기 밧부게 예정계획대로 국제변호사협회와 각국 변호사협회에 모종의 장문의 서면을 보내는 동시에 혹은 둘씩 혹은 셋씩 혹은 전원이 自働車를 몰아타고 先着한 여러 나라의 대표들을 차저갓습니다. 가서는 피차에 가슴을 터러노코 말성만튼 그 엇든 문제에 대하야 우리의 뜻을 말하엿습니다. 그리고는 저 쪽의 만족한 대답을 구하엿습니다. 과연 그 결과는 우리가 듯고저하든 대답과 갓가운 대답을 우리는 듯고야 말엇습니다. 우리 뜻이란 여기서 번거롭게 말슴치 아니하여도 여러분이 다 아실 것가치 우리도 정식으로 대표되게 하여 달나는 것 등이외다. 다른 나라에서 온 사람들과 가치."[179)

---

176) 1922년 1월 10일 『개벽』 제19호 '一記者 汎辛酉의 回顧 (下)'에는 이러한 의미가 잘 드러나 있다.
"우리 朝鮮의 國際的 昇格이라 함이외다. 이야말로 우리 민족이 大擧雙手하야 高呼 萬歲할 대 사실입니다. 汎太平洋敎育會에 조선교육계 대표 申興雨씨가 참석한 것과 국제변호사 대회에 조선법조계 대표 張燾, 許憲, 朴勝彬 등, 16명사가 참석한 것과 萬國記者大會에 조선언론계 대표 金東成씨가 참석하야 부회장의 位를 占한 것 등은 실로 우리 조선 10년來의 첫 경사입니다. 辛酉년은 과연 우리의 一大 紀元年이라 할 수 잇습니다."
177) 1921년 10월 2일 『동아일보』 보도에 따르면 경성에서는 일본인 8인과 박승빈, 대구에서는 일본인 1인과 한국인 7인, 평양에서는 한국인 3인, 부산에서는 일본인 1인이 대표로 참석했다.
178) '世界的 大會議와 各國 議會의 印象-대담·좌담 許憲氏의 北京辯護士大會', 『삼천리』 제8권 제6호, 1936년 6월 1일.
179) '普成專門學校長 朴勝彬 國際辯護士大會에 갓다가, 中國北平에서 開催 회고·수기', 『삼천리』 제3호, 1929년 11월 13일.

이런 가운데 3일째 되던 날 열린 본회의장에서 일본인변호사들과 마찰이 일어났다. 정식 대표 자격을 인정받으려는 조선변호사측의 의도를 파악한 일본 협회측에서 조선인의 참가자격에 대해 이의를 신청한 것이었다. 그들은 식민지하의 조선인 변호사회를 독립된 단체로 인정할 수 없다고 주장했다. 이런 소란이 벌어지자 대회는 시작부터 파란이 일었고 이 문제로 이틀 동안 갑론을박하며 진전이 없었다. 당시 대회 의장이었던 중국사법부장 왕조명이 "민족과 언어가 다르고 법익이 다른 지역을 대표하여 참가할 수 있다"는 결정을 내리자 2백여명의 대규모 대표단을 이끌고 왔던 일본측은 퇴장하여 대회는 유회되고 말았다.[180] 이러한 차별과 아쉬움은 귀국 후 환영회에서 박승빈의 소회에서 잘 들어나 있다.

"재작 사일 오후 여섯시에 시내 서린동 해동관에서 열리엇는대 참회한 사람은 사회 각계급을 망라하야 구십여명의 명사가 모히어 매우 성황을 일우엇스며 식탁이 열리매 이상재(李商在)씨가 "사천여리를 무사히 다녀온 그들의 건강을 축하고 변호사는 국내로나 국제로나 정의인도를 위하야 분투할 천직을 가젓다"는 말로 축사를 베풀고 주빈편으로 박승빈씨가 이번 북경에 갓다가 일본인 변호사의 반대로 조선인 변호사가 독립한 단톄로 참가치 못한 것은 본의는 아니나 매우 애석하다는 말과 명년 비률빈에서 열닐 째는 정식 참가하도록 할 터이라고 보고가 잇슨 후 장도, 허헌, 강세형 제씨가 감개무량한 어조로 현재 조선형편과 중국형편을 비교하야 말하매 만장이 만흔 감흥을 엇고 화긔애애한 속에 산회하얏더라."[181]

제3회 국제변호사대회는 1923년 1월 10일부터 12일까지 3일간 필리핀에서 열렸으나 조선 대표는 참석하지 못했다. 원래 조선에서는 박승빈을 비롯하여 7명의 변호사가 대회 참가신청을 하고 출발 준비를 마쳤으나

180) '내가 겪은 20세기 (6) 청람 정구영씨', 『경향신문』, 1972년 2월 5일.
181) '북경 갓든 변호사 환영회', 『동아일보』, 1921년 11월 5일.

일본 정부가 여권을 발급해 주지 않아 무산된 것이었다.[182] 북경 대회에서 퇴장을 해 버렸던 일본 측의 방해였음이 분명했다.

4.3. 사회운동가의 삶

1920년대부터 박승빈은 변호사로서 뿐 아니라 애국계몽운동가로서, 교육자로서, 체육인으로서, 그리고 국어연구자로서 계몽 운동과 근대화 운동을 끊임없이 펼쳐나간다. 이러한 배경에는 첫째 박승빈이 유학 시절부터 '애국, 국가, 개화, 독립' 등을 핵심 가치로 삼았다는 점과 문화정치를 표방한 총독부의 통치 방식의 변화에 따른 것이다. 이러한 정신을 바탕으로 사회적 분위기가 무르익자 자신의 생각을 몸소 실천해 나갔다.

4.3.1. 계몽가의 삶

박승빈의 사상은 앞서 언급했듯이 유학 생활에 품었던 애국애족, 개화를 통한 자주자립의 사상이 핵심인데, 이러한 사상을 구체적으로 실천한 통로는 계명구락부(啓明俱樂部)였다. 계명구락부는 1918년에 창립될 당시는 한양구락부라는 사교 친목 단체였다가 3·1운동 이후 문화정치가 대두되자 1921년 1월에 계명구락부로 명칭을 바꾼 것이다.[183]

박승빈은 계명구락부를 통해 민중계몽 운동에 앞장선다. 특히 아동 경어사용, 음력설 폐지와 혼례와 상례 간소화 등 언어와 의식주 등 생활 전반에서 신생활 운동을 강력히 전개했다. 다음은 아동 경어 사용에 대한 일화이다.

---

182) '국제변호사 대회', 『동아일보』, 1922년 12월 10일, '내가 겪은 20세기 (6) 청람 정구영 씨', 『경향신문』, 1972년 2월 5일.
183) 중요기사, 『계명』 24호, p.29.

"우리 집안은 아이들을 학대하지 않는다는 전통이 있어요. 그래서 어른들이 아이들을 부를 때 모두 경칭을 쓰지요. 어머니도 나를 부를 때 '찬기씨' 했지. 이것은 조부가 계명구락부를 창설하면서 내린 지침이에요. 아이들을 학대하지 말라. 애들도 인격이 있나니, 그들을 누르니 노예가 된다는 취지였어요. 우리가 일본의 노예가 되고 말았는데 독립만 해서 뭘 하나, 내적으로 독립을 맞이할 준비를 해야 한다는 것이고, 그런 뜻에서 아이들에게 희망을 걸어야 한다는 것이 할아버지 뜻이었던 것 같습니다."[184]

후손의 회고를 통해 박승빈이 신생활 운동의 실천에 얼마나 진력했는지를 엿볼 수 있다. 계명구락부의 활동이 더욱 활발해지면서 박승빈도 더욱 바빠지기 시작했다.[185]

"누구나 다 짐작할 일이다마는 尹致昊씨의 산보, 金性洙씨의 儉朴, 兪星濬씨의 부즈런, 申興雨씨의 하이칼라, 韓相龍씨의 거드름, 朴勝彬씨의 똑똑함가튼 것은 실로 京城의 명물됨을 不失한다. (중략) 그 가장 慶賀할 일은 啓明俱樂部의 결의사항 수가 느러감에 따라 朴씨의 「똑똑」이 더 만히 발표될 기회를 엇는 것이다."[186]

이 시기는 계명구락부가 새롭게 출범한 지 반년쯤 지났을 무렵으로 구락부의 활동이 매우 활발했다. 박승빈이 장안에 '똑똑한' 인물로 각인되었다는 점으로 미루어 보아, 사람들이 그에게 얼마나 큰 기대를 했는지 짐작할 수 있다.

박승빈의 신문화 운동의 실천 의지는 실로 대단했다. 그것을 잘 보여주

---

184) 차손인 박찬기 교수의 『신동아』 2001년 10월호 인터뷰. 셋째 손자인 박찬도씨도 할아버지를 찾아가 인사를 드리면 자혜로운 표정으로 "찬도씨 왔어요"하고 말씀하던 기억이 난다고 회고했다.

185) 계명구락부는 박승빈의 집에서 걸어서 5분 거리 정도로 가까웠다.(박찬웅, 1993, 앞의 책, p.299)

186) '智之端 세태비평', 『개벽』 제14호, 1921년 8월 1일.

는 일화가 바로 부친상을 당했을 때였다. 1924년 7월 24일 박승빈의 부친 박경양이 서울 청진동 집에서 숙환으로 세상을 떠났다.[187] 박승빈은 이때 옷이 희다는 이유로 상복을 입지 않고 검은 연미복을 입어 주위를 놀라게 했다. 상중에 상주가 상복을 거부한 것은 있을 수 없는 일이기 때문이었다.

박승빈이 계명구락부의 신생활운동에 얼마나 몰두하고 있었는지를 단적으로 알 수 있는 또 하나의 일은 목요일 소찬이었다. 박승빈은 집에서도 매주 목요일에는 고기를 먹지 않고 간략히 식사를 하는 것으로도 유명했다.

"윤치호씨는 매 토요일마다 전가족을 다리고 양식집에 가서 양식을 자시고 박승빈씨는 매 목요일을 금육(禁肉)데로 하야 전 가족이 소찬을 한다고 한다."[188]

묘를 쓰는 일에서도 박승빈은 집안에서 새로운 상례문화를 실천했다. 5대 장손이었던 박승빈은 철원 절너머 여기저기에 흩어져 있던 조상의 묘를 1938년 봄에 이장하여 한 데 모았는데, 이는 후손들이 묘지관리를 편리하게 하는 것은 물론이고 국가적 견지에서 묘지가 차지하는 국토면적을 최소한으로 줄여야 한다는 생각 때문이었다. 또한 더 나아가 자신 대부터는 화장을 하게 하고 산소는 서울 망우리 공동묘지에 백 평을 사서 가족납골묘를 만들었으며, 제사때에는 곡을 없앴다.[189] 그의 상례에 대한 실천 의지를 엿볼 수 있는 대목이다.

박승빈은 우리 민족이 흐지부지병이 있다고 진단하고 무슨 일이든지 시작을 하면 끝까지 실행에 옮기려는 결단과 실천이 필요하다고 역설했다.

"조선사람은 너나 할것업시 세계적으로 자랑거리인 흐지부지병이

187) 1924년 7월 26일 『동아일보』에는 박승빈 부친 박경양 씨가 숙환으로 7월 24일 오전 11시에 경성부 청진동 자택에서 별세했다는 부고가 있다.
188) '多言生, 秘中秘話, 百人百話集', 『별건곤』 제69호, 1934년 1월 1일
189) 박찬웅, 1993, 앞의 책, pp.238-240.

잇고 거름이 넘으나 느저서 언제나 될른지 엇더케 기대리겟슴닛가. 올타고 생각하는 것은 얼른얼른 실행을 하여야 남에 나라를 쪼차가지 지금 것고잇는 이 거름대로 가다가는 언제든지 뒤떠러질 것이닛가"[190]

"조선 사람은 아모 일에나 시시부시한다. 흥하나 망하나 간에 무슨 일을 시작하면 끗까지 하지를 안코 하다마다 시시부시하야 그 일이 시작될 때에는 당초에 끗이 날 것갓지만은 조금 지내면 그만 흐지부지하고 맙니다. 개인의 일이나 단체의 일이 모도가 그런 것 가트닛가 그것을 곳치지 못하면 그저 지금처럼 무엇이나 시시부시하겟지요."[191]

박승빈은 기회가 될 때마다 신문에 기고하거나 대중 집회 등의 강연을 통해 구습을 타파하고 신생활 운동의 실행과 실천을 통해 우리 민족이 자립해야 함을 외쳤다. 서로의 인권을 존중하고 미신을 타파하며 사치와 허례허식을 배격해야 우리 민족이 독립국가로 다시 살아날 수 있다는 것이 그의 소신이었다.(자세한 것은 제I부 제2장 3. 참조)

4.3.2. 교육자의 삶

1925년 9월 27일 박승빈은 보성전문학교(고려대학교의 전신)의 제9대 교장에 취임한다. 40대 중반의 한창 나이에 변호사 일을 멈추고 재정난에 빠진 보성전문학교를 맡게 된 것이다. 박승빈이 보성전문학교를 맡았을 때는 일본인들의 간섭과 방해, 경제적 어려움 등이 계속되는 상태였다. 박승빈은 7년 동안 학교를 운영하면서 이러한 난관을 극복하고자 노력했다. 이로 인해 재임 기간 동안은 자신의 변호사 업무를 제대로 수행하지 못할 만큼 학교일에 매달렸다.

"朴勝彬씨는 보전교장이 된 후로 재판소 출입이 적은 까닭에 변호사

---

190) '愼思之篤行之, 二重過歲廢止策', 『별건곤』 제26호, 1930년 2월 1일.
191) '長短의 對照', 『별건곤』 제37호, 1931년 2월 1일.

공소의 바둑판이 먼지가 가끔 많더니 근일에는 학교의 학년시험과 졸업
식 준비에 더욱 다망하야 그의 뾰족한 매부리코 구경을 다른 변호사들이
잘 볼 수가 없다고 한다."[192]

1932년 김성수에게 교장직을 넘겨 줄 때까지 학교 발전을 위해 혼신의
힘을 다했다.

박승빈은 그 밖의 교육정책과 국민 교육에 대해서도 관심이 매우 컸다.
박승빈은 1928년 『동아일보』의 문맹퇴치 사업에 강연자로 나서기도 했으
며, 문맹퇴치의 방법으로 의무교육을 실시하는 방안을 제안하기도 했다.
또한 박승빈은 1935년 일제가 공학제(共學制)를 통해 우리말과 우리 교육,
나아가 우리 민족의 고유문화를 말살하려고 획책하자 이에 대항하여 적극
반대하기도 했다. (자세한 것은 제Ⅰ부 제2장 4. 참조)

4.3.3. 체육인의 삶

1920년 7월 13일 국내외 체육인들과 사회 유지들이 뜻을 모아 조선체육
회를 창립했다. 3·1운동 이후 조선 청년들에게 운동 사상을 고취하고
일반 체육을 장려하여 민족정기를 되살려보자는 취지였다. 체육은 국민
건강은 물론이고 정신 고양과 문화 증진에도 깊이 관련이 있기 때문에
뜻있는 사람들은 체육회에 많은 관심을 기울였다. 박승빈도 그 중 한
사람이었다.

박승빈은 1920년 조선체육회가 창립될 때부터 발기인으로 적극 참여하
게 된다. 그 후 조선체육회의 주요 임원을 두루 거치고 여러 대회 위원장을
맡을 만큼 핵심적인 인물로 활동했다. 한편 1931년부터는 조선체육연구회
를 설립하고 초대 회장으로 체육지도자 양성과 체육교육에도 앞장섰다.

박승빈은 1924년 5월에 제5회 전조선 야구대회 대회위원장을 역임했으

---

192) '法曹界 漫話 소식', 『별건곤』 제5호, 1927년 3월 1일.

며,[193] 1925년 7월 4일 제6회 정기총회에서는 20여명의 위원 중 한 사람으로 선출되었다. 당시 조선체육회는 위원 중심제로 운영되었으므로 위원들은 모두 핵심 지도부였다. 이후 조선체육회에서 박승빈은 중추적인 역할을 했다. 1926년 7월에는 조선체육회 위원장,[194] 1927년 7월에는 조선체육회 위원,[195] 1928년 10월에는 제9회 전조선 축구대회 본부위원,[196] 1929년 7월에는 조선정구협회 평의원회 회장에,[197] 1929년 10월에는 제10회 전조선 축구대회 대회위원장에 선임되었다.[198]

1930년대에도 박승빈의 체육회 활동은 계속되었다. 1931년 6월에 열린 전조선 야구대회와 정구대회 대회위원장,[199] 1931년 9월에는 조선체육연구회 회장,[200] 1932년 6월에는 제13회 전 조선야구대회 대회위원장,[201] 1933년 6월에는 조선체육회 이사,[202] 1933년 9월에는 조선축구협회 초대 회장에 취임했으며,[203] 1934년 2월에는 조선체육회 이사,[204] 1935년 6월에도 조선체육회 이사를 맡아 체육활동에 헌신했다.[205]

이와 같이 박승빈은 조선체육회, 조선체육연구회, 축구협회, 야구협회, 정구협회 등에 이르기까지 각종 체육협회에 참여하여 적극 활동했다. 이러한 활동의 배경에는 박승빈의 신문화운동의 철학과 더불어 이 시기 박승빈이 사회적 명망가였고, 특히 그가 보성전문학교 교장(1925-1932)이었다는 점도 어느 정도 영향을 미쳤겠지만,[206] 무엇보다도 박승빈 자신이

---

193) 『동아일보』, 1924년 5월 4일.
194) 『동아일보』, 1926년 7월 22일.
195) 『동아일보』, 1927년 7월 17일.
196) 『동아일보』, 1928년 10월 31일.
197) 『동아일보』, 1929년 7월 3일.
198) 『동아일보』, 1929년 10월 24일.
199) 『동아일보』, 1931년 6월 11일.
200) 『동아일보』, 1931년 9월 23일.
201) 『동아일보』, 1932년 6월 18일.
202) 『동아일보』, 1933년 6월 1일.
203) 『동아일보』, 1933년 9월 22일.
204) 『동아일보』, 1934년 2월 28일.
205) 『동아일보』, 1935년 6월 11일.

열렬한 스포츠 애호가였다는 점도 크게 작용했을 것이다.(자세한 것은
제I부 제2장 5. 참조)

4.3.4. 사회적 명망가의 삶

박승빈은 사회적 명망가로서 사회문화적 활동에 적극 참여했다. 단체를
조직하고 후원하는 등 민족문화의 계승과 발전을 위해 적극적으로 활동했
다.[207] 박승빈은 1921년 10월에 예술협회를 창립하는 데 발기인으로 참여
한다. 연극을 통해 가치 있고 우리 생활에 많은 교화를 주자는 취지에서
협회를 만든 것이었다.[208] 1922년 11월에는 조선인 최초 비행사 안창남이
처음으로 고국 방문을 하여 비행하게 된다는 소식을 듣고 박승빈은 환영
회와 후원회를 조직하기도 했다.[209] 1923년 7월에는 방한한 하와이 학생
들에게는 학교 건축비를 기부했으며,[210] 1926년 2월에는 자전거를 타고
세계를 일주하던 인도의 두 청년이 입국하자 여러 유지들과 함께 '인도청
년 환영 초대연'을 열기도 했다.[211] 또한 1934년 6월에는 보성전문학교에

---

206) 조선체육회는 창립 때부터 학교 체육의 비중이 매우 컸다. 조선체육회 평의원회에는
    학교장, 체육 교사 등 학교 관계자 등이 대거 포함되어 있었고, 조선체육회 발기인
    가운데에서도 전문학교와 고등보통학교 교장 또는 교원들이 대거 포진해 있었다.('110
    여 년 전 '교육 조서'를 살펴보며', 『아시아경제』, 2011년 8월 15일)
207) 조선은행회사요록(朝鮮銀行會社要錄)에 따르면 1920년대 박승빈은 몇몇 회사의 대주
    주로 활동할 만큼 재력가였다. 1923년판에는 한일은행(대표 민대식: 주주수 467명)
    총 4만주 가운데 박승빈은 717주를, 경성직뉴(사장 김성수: 주주수 17명)는 총 2천주
    가운데 박승빈이 70주를 가진 대주주였으며, 1925년판에는 동양흥산(사장 최인성:
    주주수 36명)은 총 1만주 가운데 박승빈이 490주로 대주주였고, 1929년판에도 중앙상
    공(사장 김성수:주주수 20명)의 경우 총 2천주 중에 박승빈은 700주를 소유한 대주주였
    다.(『한국사데이터베이스』, 국사편찬위원회)
208) 1921년 10월 15일『동아일보』 '예술협회출현 신극운동 제일성' 제목의 기사와, 1921년
    11월 22일『동아일보』 기사에는 박승빈이 예술협회를 위하여 오백원을 기부했다는
    내용이 나온다.
209) '열렬한 민족적 원호중에 대비행의 준비는 착착 진행', 『동아일보』, 1922년 11월 28일.
210) '과분한 초대보다도 학교건축비를', 『동아일보』, 1923년 7월 8일.
211) '인도청년 환영 초대연 이십일 식도원에서', 『동아일보』, 1926년 2월 20일.

거액을 기부한 고 김기중 선생 동상 건설금을 기부했으며,[212) 1936년
1월에는 과학박물관 건립을 위해서도 후원을 아끼지 않았다.[213)

사회적 명망가로서 박승빈의 활동은 여기서 멈추지 않았다. 1931년
5월에 '이충무공유적보존회'가 창립될 때도 커다란 기여를 했다. 이충무
공 묘소 위토, 사당, 유물 등을 영구히 보존하여 민족적으로 기념하기
위해 '이충무공유적보존회'가 창립되었는데,[214) 각 방면의 인사들과 함께
박승빈도 위원으로 동참했다.[215) 이와 더불어 1931년 6월에는 박승빈을
포함하여 20여명의 인사들이 이충무공유적보존회 성명서를 발표하고[216)
성금을 모집하면서 본격적인 활동을 시작했다.[217) 1932년 5월에는 보존회
위원장에 윤치호, 위원에 박승빈, 남궁훈, 정인보, 최규동, 조만식, 한용운,
김병로, 송진우 등이 선정되고, 충무공의 유물과 유적 및 기타 기념물을
완전히 보호하자는 결의를 하기도 했다.[218)

박승빈은 저명인사들의 장례에도 위원으로 참여했다. 1922년 1월 대학
자이며 문장가인 운양 김윤식이 세상을 떠나자 최초의 사회장으로 장례가
치러졌다. 1백여 명에 가까운 장례위원이 구성되었는데 박승빈도 위원으
로 참여했다.[219) 1927년 4월에는 월남 이상재의 장례식에서도 장례위원으
로 참여했으며,[220) 1930년 5월에는 남강 이승훈이 세상을 떠났을 때도

---

212) 『동아일보』, 1934년 6월 27일.
213) 1936년 1월 17일 『동아일보』에는 박승빈 1500원을 기부했다고 나온다.
214) 『동아일보』, 1931년 5월 25일.
215) 이충무공유적보존회에는 각지에서 추모의 성금이 답지했는데, 박승빈도 10원을 기부
    했다.(1931년 5월 28일 『동아일보』)
216) '이충무공유적보존회 성명서'에 참여한 사람은 "윤치호, 남궁훈, 송진우, 안재홍, 박승
    빈, 유억겸, 최규동, 조만식, 정광조, 김정우, 김병로, 정인보, 한용운, 윤현태, 임정구,
    노신태, 김은해, 이희천, 박인준, 조성학, 백경복, 이종숙, 문원칠" 등이다.(1931년 6월
    25일 『신한민보』)
217) 보존회 위원장에는 윤치호, 위원으로는 남궁훈, 유진태, 박승빈, 유억겸, 최규동, 안재
    홍, 조만식, 정광조, 김정우, 김병로, 정인보, 한용운, 윤현태, 송진우 등 15명이 선정되
    었다.(1931년 6월 25일 『신한민보』)
218) 『동아일보』, 1932년 5월 29일.
219) '근백(近百)의 명사를 망라한 운양 선생 사회장의 위원', 『동아일보』, 1922년 1월 27일.

박승빈은 장례위원으로 참여했다.[221] 당시 박승빈의 사회적 위상을 엿볼 수 있는 대목이다.

4.4. 국어학자의 삶

이 시기 박승빈은 사회운동가로서 뿐 아니라 국어연구자와 국어 운동가로서도 적극 활동했다. 박승빈의 국어 문법 이론과 그의 대표 저서인 『조선어학』이 바로 이 시기에 완성되며, 한글파와의 철자법 논쟁도 이 시기에 이루어졌기 때문이다. 어쩌면 이 시기에 박승빈은 국어학자로서 가장 치열한 삶을 살았다 해도 과언이 아니다. 이런 의미에서 그에게는 한편으로는 가장 바쁜 시기였지만 다른 한편으로는 학자로서 가장 행복한 시기였을 것이다.

박승빈이 자신의 문법 이론과 철자법의 골격을 완성한 것은 1908년 일본법전을 번역한『言文一致日本國六法全書』이었지만, 자신의 이론과 철학을 논문을 통해 구체적으로 세상에 선보인 것은 계명구락부의 기관지인『啓明』이 창간된 1921년 5월부터이다. 박승빈은 기관지『계명』을 통해 자신의 문법 의식과 문법 이론을 적극적으로 천명하기 시작했다. 1921년『계명』창간호에 실린 그의 논문 '조선언문(朝鮮言文)에 관한 요구'가 이를 잘 보여주고 있다. 박승빈은 논문의 서론에서 언어는 민족의 성쇠와 밀접한 관련을 맺는다고 말했다. 그가 우리말과 글에 왜 관심을 가지고 있었는지를 알 수 있는 대목이다. 더 나아가 문화가 높은 민족은 발달된 언문을 가지고 있고, 사회구조와 언문도 밀접한 관계가 있다고 주장했다. 박승빈이 우리말글을 얼마나 중요하게 생각했는지를 짐작할 수 있는 대목이다. 이러한 박승빈의 언어관은『조선어학』(1935)에도 그대로 나타나

---

220) '고 월남 이상재 선생의 휘보, 장일은 4월 7일',『동아일보』, 1927년 4월 2일.
221) 『중외일보』, 1930년 5월 14일.

있다.(자세한 것은 제II부 제1장 3. 참조)

박승빈은 계명구락부의 주축이었고, 구락부를 통해 신생활 운동을 적극 펼쳤다. 이와 더불어 언어에 관한 연구와 정책 등에 대해서도 자신의 생각을 정리하여 기관지『계명』을 통해 세상에 발표했다. 또한 박승빈은 대중 강연이나 공개 토론회 등에 나가 자신의 생각을 적극 설파하기도 했다. 1921년 10월 11일부터 3일간 중앙기독청년회관에서 열린 한글파와의 토론회가 바로 그것이다. 이 토론회는 이후 열린 한글파와의 기나긴 철자법 논쟁의 서막을 알리는 것이기도 했다.

이 시기에 박승빈은 대중을 위한 우리말글의 보급에도 각별한 노력을 기울였다. 1926년 11월 4일에 열린 훈민정음 탄생 480주년, 훈민정음 반포 제8회갑 기념식에서 위원으로 선정되었고, 같은 해 11월에 창립된 정음회(正音會)에도 위원으로 선정되어 훈민정음의 연구와 보급에 앞장 섰다.(자세한 것은 제II부 제4장 2.1. 참조)

박승빈이 1921년『계명』창간호부터 자신의 문법에 대해 소개하고 있지만, 주시경의 학설을 논문으로 본격적으로 비판하기 시작한 것은 1927년부터라 할 수 있다. 박승빈은 조선어 연구에 매진하면서 1927년『현대평론』에 "「ㆆ」는 무엇인가?"라는 논문을 발표하게 된다. 이후 같은 잡지에 같은 제목의 속편을 잇달아 발표하면서 그는 조선어 문법의 새로운 축을 확고하게 형성해 나갔다.(자세한 것은 제II부 제1장 4.2. 참조)

박승빈은 국어사전편찬 작업에도 심혈을 기울여 참여했다. 1927년부터 계명구락부는 국어사전편찬을 시작했는데, 주시경이 광문회에서 작업하다가 완성하지 못한 국어사전뭉치를 이어받아 마무리 작업을 시도한 것이다.[222] 1928년 1월 계명구락부 정기총회에서 만장일치로 회원들의 승낙을 얻으면서 사업에 박차를 가했다.[223] 박승빈은 물심양면으로 사전편찬 작업을 도왔다. 그러다가 계명구락부에서 작업이 여의치 않자 1929년 10월

---

222) 최경봉. 2005.『우리말의 탄생』. 책과함께. pp.131-148.
223) 고재섭. 1937. "조선어사전 편찬을 인수하면서",『정음』20호, p.3.

에 다시 '조선어사전편찬회'가 결성되었다. 이때 조선어학회와 계명구락부 회원 등 108명이 발기인으로 참여하는데 박승빈도 함께 했으며, 총21명의 위원에도 박승빈이 선정되었다. 사전편찬에 박승빈이 얼마나 많은 관심과 정렬을 기울였는지를 짐작할 수 있다. 그러나 뒤에 이 모임이 조선어학회 산하로 들어가면서 박승빈은 다시 독자 노선을 걸을 수밖에 없었고 1937년 조선어학연구회에서 다시 마무리 작업을 시도했으나 결국 숙원이었던 사전편찬은 마무리 하지 못하고 만다.(자세한 것은 제II부 제4장 2.3. 참조)

1921년 토론회 이후 잠잠했던 철자법 논쟁은 1928년 다시 촉발되었다. 『동아일보』는 1928년 11월 철자법 통일에 대한 기획특집을 마련하고, 전문가들의 의견을 지상 중계했다. 이것이 11월 3일부터 11월 28일까지 연재된 '한글 정리에 대한 제가의 의견'이라는 연재기사인데, 박승빈을 비롯하여 최현배, 이윤재, 신명균, 이병기, 이상춘, 김윤경 등 당시 가장 저명한 조선어 연구자들이 한글 철자법에 대해 자신의 견해를 밝혔다.[224] 여기서 박승빈은 주시경의 문법과 철자법에 문제가 있으며 자신의 문법과 철자법이 더 합리적이라고 주장했다.(자세한 것은 제II부 제3장 3.2. 참조)

이러한 철자법 논쟁은 1929년에도 계속되는데 이때는 총독부에서 새철자법 초안이 나온 직후였다. 잡지『조선사상통신』에서는 1929년 7월 3일부터 7월 26일까지 총 12회에 걸쳐 "총독부의 조선문철자법 개정안을 보고"라는 제목으로 특집 기사를 연재했다. 여기에는 박승빈을 비롯하여 지석영, 임규 등 20여명의 인사들의 의견을 실었다. 박승빈은 철자법 개정에 반대 입장을 보였다.

박승빈은 학교에서 우리말글을 직접 가르치기도 했다. 1930년『별건곤』 31호의 '엽서통신'란에는 보성전문학교 교장으로 있으면서 박승빈이 매주 3시간씩 조선어를 가르쳤다는 기록이 있다.

---

224)『동아일보』, 1928년 11월 3일.

"왜 朝鮮語專門科를 設置하지 안나요

시내 晉成專門學校에서는 매주 조선어를 세 시간식 교수하게 되엿는데 담임선생임은 교장 朴勝彬씨라고 한다. 이왕이면 철저하게 그 학교에 아주 조선어전문과를 설치하는 것이 엇더 할는지요.(시내 一希望生)"225)

이러한 박승빈의 활약은 조선어문 공로상 수상으로 작은 결실을 맺었다. 1930년에 동아일보사는 창간 10주년 기념사업으로 사회 각계에서 커다란 활약을 하고 있는 활동가에게 공로상을 수여했다. 박승빈은 다른 국어학자들과 함께 국어연구와 보급에 힘쓴 공로로 조선어문공로상을 수상했다.226)

이처럼 박승빈은 조선어 연구에 온 정성을 다 기울였다. 박승빈이 조선어 연구에 얼마나 매진했는지를 잘 말해 주는 일화가 있다.

"이와가티 틈틈을 리용하야 연구에 몰두하는 씨는 중대한 볼일이 잇는 것도 이지 바리고 새벽정신에 이러안저 오정이 훨신 지난뒤에까지 생불처럼 안젓다가 랑패한 일도 한두번이 아니엇다하며 또 사람을 맛나 자긔의 학술을 설명하게 되면 몃시간이라도 상대가 이러나기 전에는 갓처본 일이 업다한다.227)

너무 연구에 몰두하다 보니 중요한 일이 있어도 잊어버리기 일쑤이고, 새벽에 일어나 몇 시간 동안 생각에 잠겨 부처처럼 멍하니 앉아 있다가 낭패를 본 적도 한두번이 아니었다. 또 박승빈은 자신의 학설에 신념과 열정이 있었다. 자기 학설을 설명할 기회가 오면 상대방이 먼저 자리를 뜨기 전에는 결코 먼저 일어나는 법이 없었다고 한다.

---

225) ‘名士奇癖展覽會’, 『별건곤』 제28호, 1930년 5월 1일 觀相者.
226) 조선어문 공로자들은 김두봉을 비롯해 이상춘, 김희상, 권덕규, 이규방, 최현배, 신명균, 이윤재, 박승빈 등 총 9명이었다.(『동아일보』 1930년 4월 1일자)
227) ‘各 方面의 成功 苦心談(2), 國文界의 泰斗 朴勝彬氏(1)’, 『중외일보』, 1929년 10월 12일.

박승빈의 건강은 타고났을 정도로 굳건했지만 조선어 연구에 심혈을 쏟다보니 이내 허약해지기 일쑤였다. 그때마다 박승빈은 온천으로[228] 금강산으로 요양과 휴양을 떠나야 했다. 그런데 요양지에서도 오히려 조선어 연구에서 손을 떼지 못했다고 하니,[229] 그의 우리말 사랑과 우리말 연구에 대한 집념이 어느 정도였는지를 짐작할 수 있다.

1931년이 되자 박승빈은 두 권의 책을 출간한다. 첫째는 1931년 7월 13일에 출간한 『조선어를 羅馬字로 기사함의 규례』(경성:민중서원)이다. 이것은 박승빈의 로마자 표기안으로, 기존의 로마자 표기법의 문제를 수정하여 박승빈이 새롭게 만든 것이다. 이 책이 나온 지 며칠 후인 1931년 7월 30일, 박승빈은 두 번째 저서인 『조선어학강의요지』를 출간한다. 이 책은 1935년에 출간된 『조선어학』의 요약판으로 핵심적인 내용만을 간추린 문법서다.(자세한 것은 제II부 제1장 5. 참조)

1930년 2월 총독부에서는 새로운 철자법(『언문철자법』)을 발표했다. 새철자법이 발표되자 각계각층에서 찬반 의견이 들끓었다. 또 다시 철자법 논쟁이 벌어진 것이다. 1932년 4월에는 잡지 『동광』에서 철자법 논쟁에 대한 글을 실었고, 급기야 1932년 11월 『동아일보』에서는 박승빈 학파와 주시경 학파를 초대하여 3일간의 '철자법토론회'를 벌이기도 했다.(자세한 것은 제II부 제3장 3.3. 참조)

1933년 조선어학회에서 『한글마춤법통일안』을 공표하자 박승빈을 주축으로 하는 조선어학연구회에서는 새철자법에 대해 면밀히 검토하는 한편 문제점을 조목조목 비판해 나갔다. 그 사이 1934년 2월 조선어학연구회의 기관지 『正音』이 창간되었다. 1933년 1월에 『계명』이 폐간되면서 박승빈에게는 새 잡지가 더욱 간절했을 터였다. 『정음』지는 1941년 4월 폐간될 때까지 어문연구의 산실이자 조선어학연구회의 주장을 펼 수 있는

---

228) '各 方面의 成功 苦心談(2), 한글 硏究家 朴勝彬氏(2)', 『중외일보』, 1929년 10월 13일.
229) '各 方面의 成功 苦心談(2), 國文界의 泰斗 朴勝彬氏(1)', 『중외일보』, 1929년 10월 12일.

터전이었다.(자세한 것은 제II부 제4장 3.2. 참조)

1935년 7월『조선어학』이 세상에 나왔다. 이 책은 박승빈의 문법 이론을 총 집대성한 것으로 박승빈의 국어연구 업적 가운데 가장 대표적인 것이다. 총 393쪽 분량으로 서론, 음리급기사법, 문법 등 크게 세 부분으로 이루어져 있다. 1925년부터 집필을 시작하여 5년간의 자료수집과 다시 5년 동안의 집필을 통해 마무리한 것이다. 이 책을 집필하면서 박승빈은 책의 한 면이 원고지 한 장에 딱 들어맞도록 전용 원고지를 따로 만들어서 쓸 만큼 애착을 가지고 공을 들였다.230) 책은 나오자마자 세간의 주목을 끌었다. 신문에 책의 출간 소식이 실렸고, 성대한 출판기념회도 열릴 만큼 많은 이들이 관심을 가졌다.(자세한 것은 제II부 제2장 참조)

1936년 10월에는『「한글마춤법통일안」에 대한 비판』(경성:조선어학연구회)이라는 책을 출간했다. 이 책은 1933년에 발표된 조선어학회의『한글마춤법통일안』을 비판하고 그 대안을 제시한 것이다. 그 내용은 이미『정음』10호(1935년 9월)부터『정음』13호(1936년 4월)까지 "朝鮮語學會査定「한글마춤법통일안」에 對한 批判"이라는 제목으로 4 회에 걸쳐 발표한 것이었다. 박승빈은 이후에도 조선어학연구회를 통해 새철자법에 대한 문제를 제기하고 자신의 철자법을 소개하기 위해 부단히 노력했다.(자세한 것은 제II부 제3장 4.2. 참조)

1937년 8월에는『간이조선어문법』(경성:조선어학연구회)이 출간되는데, 박승빈의 마지막 저서였다. 이 책은『정음』창간호(1934.2.15)부터 7호(1935.3.15.)까지 "簡易朝鮮語文法"이라는 제목으로 연재된 것을 모아서 책으로 다시 펴낸 것이다. 이 책은 책의 제목에서 알 수 있듯이 중등학생과 일반 사람들을 위해 간편하고 쉽게 편집된 문법서였다.(자세한 것은 제II부 제1장 5.5. 참조)

---

230) 박찬웅, 1993, 앞의 책, p.300.

"과거 23년 간 생활은 朝鮮語學研究 그것입니다. 장래 10년 간? 아니 일생에 할 일도 또 그 것임으로 결정되야서 잇습니다."[231]

박승빈이 1930년 한 잡지와의 인터뷰에서 한 말이다. 과거 10년 동안 무엇을 했으며 앞으로 10년 동안에 무엇을 할 것인가 하는 물음에 답한 말이다. 박승빈이 국어 연구에 얼마나 심혈을 기울였는지를 잘 말해 주는 말이다. 이 말대로 박승빈은 생을 다할 때까지 국어 연구에 매진했다.

5. 끝까지 철자법을 사수하다(1937-1943)

일제는 1931년 만주사변을 일으키고 1937년 다시 중일 전쟁을 일으킨 후 전시체제를 강화하면서 우리 민족의 의식과 저항을 잠재우고 전쟁협력을 강요하기 위해 일련의 황국신민화 정책을 폈다. '내선일체(內鮮一體)'를 내세우고, "우리는 대일본제국의 신민이다. 우리는 합심하여 천황폐하께 충성을 다한다."는 내용의 '황국신민서사(皇國臣民誓詞)'를 만들어 제창하게 하고, 나아가 1938년에는 학교에서 조선어 교육을 모두 폐지하고 일본어를 상용케 하였으며 창씨개명을 강요하는 등 역사상 유례없는 민족말살정책을 자행했다.[232]

5.1. 지속적인 철자법 주장과 『정음』지 폐간

암흑의 시기, 박승빈은 1943년 세상을 떠날 때까지 이전부터 해오던 연구 및 사회문화 운동을 지속적으로 펼쳐갔다. 먼저 국어연구와 국어강연 활동을 계속해 나갔다. 1937년 훈민정음기념일에 한 강연에서 박승빈

---

231) '過去 十年에 한 일 將來 十年에 할 일', 『삼천리』 제4호, 1930년 1월 11일.
232) '민족말살정책', 『한국근현대사사전』, 2005, 가람기획.

은 훈민정음이야말로 "조선문화사 상에 최대의 위업"이라 말하면서 훈민정음의 정신과 철자원칙을 따라야 함을 다시한번 강변했다. 이후 1938년부터 1939년까지 『정음』(27호-30호)에 "철자법강석(綴字法講釋)"을 네 차례 나누어 게재했다. 자신의 철자법의 원칙을 자세히 정리하여 다시금 세상에 공개한 것이다. 이 논문은 박승빈의 마지막 학술 논문이 되었다. 박승빈은 이후 세상을 떠날 때까지 국어연구에 대한 글은 더 이상 발표하지 않았다.(자세한 것은 제II부 제3장 5. 참조)

일제의 민족말살정책은 기관지 『정음』에도 영향을 미쳤다. 일제는 '황국신민의 서사'를 제정하고, 1937년 10월 2일 모든 조선인이 내용을 외우도록 강요했으며, 각급 학교와 모든 집회에서 이를 제창하도록 했다. 또한 각종 출판물에도 이를 게재토록 하였다.[233] 『정음』지도 여기에 예외일 수는 없었다. 1938년 9월에 발간된 『정음』 26호부터 1941년 4월 폐간될 때까지 목차 윗부분에 '황국신민의 서사'를 실어야 했다. 어두운 시대적 분위기의 결과가 아닐 수 없다.

5.2. 끊임없는 신생활 운동

박승빈의 신생활 운동은 1930년 후반에도 계속되었다. 1938년 1월 1일 『동아일보』에서는 구습타파를 위한 사회각계 인사들의 고견을 듣는 자리를 마련했다. 박승빈, 서광설, 이만규, 김선, 이극로, 김용무 등이 참가한 좌담회가 열렸는데, 주제는 백의폐지-색복착용, 축발(蓄髮)금지-단발단행, 양력시행-이중과세(二重過歲)폐기, 조혼금지-적령혼장려, 기타 관혼상제 제의(諸儀) 개선 등이었다. 이 자리에서 박승빈은 다음과 같이 말했다.

"박승빈: (중략) 문제는 이것을 어떠케 구체적으로 실행하느냐 하는

---

233) 정운현. 2011. 『친일파는 살아 있다』, 책보세, p.82.

것이겟지요. 내가 관계하는 계명구락부에서 이런 것을 생각한 일이 잇엇고 또 결정해 논 일이 잇습니다. 그런데 이런 문제는 결국 실행 문제인데 이것에 대해서는 당국도 만히 생각하고 잇는 터로 아무쪼록 여러분도 이 촉진 운동을 하셔야 할 줄 압니다. 그러고 유력한 신문사 같은데서 그 키를 잡아 주어야 할 줄 압니다. 언론 기관이 먼저 백의동포이니 백의의 무엇이니 하는 백의에 대한 용어부터 쓰지 말고 또 개인 간에도 그랫으면 합니다. 양력시행에 대해서는 시장일 기타 기념일은 시행되는 모양인데 일반 가정에서만 시행치 안흐나 이것도 곧 시행되겟지요. 혼과 상에 대해서는 소화9년에 중추원에서 『의례준측(儀禮準則)』이라고 하는 것이 낫는데 그것을 잘들 시행하는지요? 확실히 혼례와 상례라는 것은 종래의 것으로는 경제적으로 보나 시간적으로 보나 너무 번잡하므로 유력한 언론기관, 기타 단체에서 지도해가고 개량해 가지 안흐면 안 될 줄 압니다."[234]

박승빈은 계명구락부를 통해 그동안 신생활 운동을 펼쳐왔으나 결국 이 운동이 뿌리내리기 위해서는 더욱 철저히 시행하고, 이 운동을 촉진하기 위해 언론에서 앞장서야 한다고 역설한다. 또한 1939년 9월에는 신문에 '아주 안해 먹을수 업스면 떡쌀을 한되라도 주리자'라는 제목으로 쌀을 절약하자는 박승빈의 이야기가 실려 있다. 남쪽 지방이 가뭄으로 흉년이 들어 양식이 부족할 염려가 있다는 소식을 듣고 쌀 소비를 줄이자는 취지에서 나온 말이다.[235]

이 시기에도 박승빈은 다양한 후원활동을 통해 교육활동을 적극 장려했다. 1937년 12월에는 바둑 국수인 회산 채극문 선생 추도회에서 박승빈은 애도사를 낭독하기도 했으며,[236] 1938년 1월에는 동광학원후원회에 실행위원으로 참여하기도 했다.[237] 동광학원은 만주 봉천 소재에 있는 학교로

---

234) '舊慣陋習打破', 『동아일보』, 1938년 1월 1일.
235) 『매일신보』, 1939년 9월 25일.
236) '고 채회산 추도회 성황 종료', 『동아일보』, 1937년 12월 7일.
237) 실행위원으로는 조동식, 박승빈, 오긍선, 하준석, 방규환, 조병상, 유억겸을 선임하다.

만주에 있는 한국인들이 기금 10만원을 모아 설치한 학교로, 170명의 생도를 수용하고 있는데, 이번에 40만원의 재단법인을 계획하게 된 것이다.[238] 1938년 12월에는 동덕고등여학교의 30주년기념사업 일환으로 박승빈이 기부금(2백원)을 내기도 했다.[239]

박승빈은 1937년 이후에도 다양한 체육활동에 참여했다. 1937년 7월에 열린 조선체육회 총회에서는 회장 선출위원으로,[240] 1938년에는 조선체육회 진행위원으로 활동했다.[241] 이즈음 박승빈이 애착을 가지고 공들여 왔던 조선체육연구회가 해산되었다. 1937년 총독부의 황민화 정책으로 말미암아 체육단체가 일원화 되면서 조선체육연구회는 일제에 의해 강제 해산되고 만 것이다. 창립부터 해산될 때까지 회장직을 맡으면서 박승빈은 조선체육연구회에 많은 애착을 갖고 있었다. 체계적인 연구 활동, 대중을 위한 강습 활동 등을 통해 조선체육계와 전문가 양성을 위해 매진했다. 이런 의미에서 1937년까지 조선체육연구회는 체육 경기력 향상과 과학적인 연구 등을 통해 대중 보건 운동에 이바지 했으며, 다양한 강습회 등을 통해 이러한 활동을 전국적으로 전개해 나가 체육의 대중화에도 크게 기여했다.[242](자세한 것은 제I부 제2장 5.2 참조)

박승빈은 바둑에도 조예가 깊었다. 이미 장안에는 대표적인 고수로 소문이 나 있었고, 실제로도 실력은 전문가 수준이었다. 계명구락부에서도 1933년 바둑대회를 개최한 적이 있으며,[243] 1938년에는 명사와 고수가 맞붙는 바둑대결의 장(名流對高段碁戰譜)이 열렸는데 이때 명사 대표로 대국을 할 정도였다.[244] 박승빈은 전 조선 바둑선수권대회에 심판위원으

---

238) 『동아일보』, 1938년 1월 27일.
239) 『동아일보』, 1938년 12월 17일.
240) 『매일신보』, 1937년 7월 5일.
241) 『동아일보』, 1938년 7월 5일.
242) 손 환. 2011. "일제강점기 조선체육연구회의 활동에 관한 연구", 『한국체육학회지』 50권 6호, pp.1-9.
243) '圍碁會記', 『계명』 24호(1933), p.35.
244) 『매일신보』에서는 1938년 6월 15일부터 6월 26일까지 열흘 동안 기전을 해설을 곁들

로 참여하기도 했다.[245]

박승빈의 축구에 대한 관심은 매우 높았던 것으로 보인다. 보성전문교장으로 있을 때는 보전 축구부를 창설하기도 했으며, 1938년 12월 조선축구협회에서 일본에서 조선의 위용을 떨치고 당당히 개선한 축구선수를 위로하는 환영회를 개최했을 때는 내빈측 대표로 축사를 하기도 했다.[246] 박승빈은 1939년 3월 조선송구협회 초대회장으로 추대되었다.[247] 그러나 일제가 황국신민화의 일환으로 1942년 2월 전 조선 체육단체를 포함하는 조선체육진흥회를 설립할 때 송구 단장으로 위촉된다.[248] 박승빈은 당시 송구협회 회장을 맡고 있어 자동적으로 송구 단장에 임명된 것이다.[249] (자세한 것은 제I부 제2장 5.3 참조)

이처럼 박승빈은 1943년 세상을 떠나기 직전까지 조선체육운동에서 중요한 역할을 담당했다. 조선체육회와 조선체육연구회를 만들고, 각종 단체를 통해 후진을 양성하는 등 조선체육 발전에 커다란 기여를 하였다. 대한체육회는 1949년 10월 30주년 기념행사에서 박승빈의 이와 같은 공로를 인정하여 공로상을 수여했다.[250]

여 지상중계 할 만큼 세간의 관심이 높았다. 이때 박승빈의 대국 상대는 일본의 마쯔모토(松本薰) 2단이었고, 해설은 후에 조훈현 국수의 스승이 되는 세고에 겐사쿠(瀨越憲作) 7단이 맡았을 정도로 비중이 있었다.

245)『동아일보』1938년 7월 21일자에는 전 조선위기선수권 제2차대회에서, 1940년 7월 13일자에는 제4회 전 조선 위기선수권대회에서 박승빈이 심판위원으로 경기규정을 발표했다는 내용이 나온다.

246)『동아일보』, 1938년 12월 31일.

247)『동아일보』, 1939년 3월 19일.

248) 이 단체는 대동아 전쟁 하에 조선 대중의 체육운동을 지도통제하고 황국신민으로서 전력증강을 배가하자는 취지하에서 각종 운동단체를 하나로 조직한 것이다.(『매일신보』, 1942년 2월 15일)

249) '조선체육진흥회에는 20여개 가까운 단체와 그 장들로 구성되었다.',『매일신보』, 1942년 2월 15일.

250)『동아일보』, 1949년 10월 17일.

5.3. 일제 협력과 쓸쓸한 죽음

일제의 황국신민화 정책은 박승빈에게도 넘을 수 없는 산이었을까? 평생을 꼿꼿한 민족주의자로서 신념을 지키며 살아온 박승빈도 말년에 일제 협력이라는 굴레에서 벗어날 수 없었다. 박승빈이 국민정신총동원연맹 사건과 조선임전보국단 사건에 이름을 올린 것이다.

일제는 1938년 6월 조선의 각 종교단체와 사회단체 등 총 59개 단체를 중심으로 하는 국민정신총동원연맹을 조직하였다. 1937년 만주사변으로 중일전쟁이 발발하자 일제는 국가총동원계획령을 내리고 이듬해 국민정신총동원연맹을 조직한 것이다.[251] 1938년 11월에는 연맹에서 전국 순회강연을 계획하고 각 도별로 연사를 파견했는데, 이때 박승빈도 전북지역의 연사로 동원이 된다.[252]

그러나 박승빈이 국민정신총동원연맹에 얼마나 적극적으로 참여했는지는 알 수 없다. 이 연맹에 포함된 59개 단체 가운데 계명구락부와 조선변호사협회, 조선체육협회(조선체육회와 통합)가 있는 것으로 보아[253] 박승빈도 이러한 연유로 해서 참여하게 되었을 것으로 짐작할 수 있다. 1939년 2월에는 조선어학회도 이 연맹에 가입하여 이름을 '국민총력조선어학회연맹'으로 바꾼 것으로 보아 당시 거의 모든 사회단체가 강제로 연맹에 가입된 것으로 보인다.[254]

1938년 5월 1일자 『삼천리』에 실린 이정섭의 '총독회견기'를 보면 계명구락부의 박승빈은 총독과의 접견에서 계명구락부 활동을 설명하고 "啓明俱樂部는 생활 개선에 공헌함이 사명이고 정치에 관하여서는 전연 관계

---

251) 이 시기 박승빈이 국방헌금을 냈다는 기록도 나온다. 1937년 9월 1일자와 9월 2일자 『동아일보』에는 박승빈이 경성군사후련(後聯) 취급분 국방헌금과 위문금으로 50원을, 조선군애국부(愛國部) 취급분으로 1백원을 헌금한 것으로 되어 있다.
252) 1938년 11월 1일 『동아일보』 보도에 따르면 총35명이 연사로 동원되어 각도에 약 3명씩이 배정되었다.
253) 박광종. 1996. "자료소개-국민정신총동원 조선연맹 조직대강", 『민족문제연구』 12권.
254) 박용규. 2014. 『조선어학회 33인』, 역사공간, p.254.

하지 아니하는 단체임을 말하얏습니다."라고 말했다. 당시 계명구락부의
입장과 박승빈의 정치적 입장을 엿볼 수 있는 대목이다.

1941년 10월 22일 태평양 전쟁이 확전 일로에 있자 총독부에서는 황국
신민사상을 강화하고 국책 사업에 협력하라는 취지의 단체 결성을 종용했
고, 윤치호, 최린, 김동환 등을 중심으로 조선임전보국단(朝鮮臨戰報國團)
을 결성했다.[255] 조선임전보국단의 모체는 「임전대책협력회」였는데,
1941년 8월 25일에 김동환의 초청으로 사회 각 방면 인사 120여명이
모여 결성한 것이다. 당시 협의회를 위한 안내장에는 다음과 같은 취지가
적혀 있다.[256]

"국제정세의 긴박에 호응하여 當夜의 공기는 처음부터 끝까지 터질
듯이 긴장하고도 엄숙한 가운데 진행되었다. 정각 전부터 우리사회의
사상계, 교육, 재계, 언론, 종교 등 각계인사가 參集하기 시작 하여 총
수백 20명의 다수를 算하였다. 그 중에는 尹致昊, 崔麟, 申興雨, 李光洙氏
의 얼골도 보이고 재계로는 韓相龍, 閔奎植, 朴興植氏등의 얼굴도 보이
고 李軫鎬, 高元勳, 金時權등 전일의 고관들의 얼굴도 보이였다."

이때 참석한 120여명의 인사 중에는 박승빈의 명단도 확인이 되며,
후에 조선임전보국단의 평의원으로 이름을 올린다.[257]

박승빈은 1943년 10월 30일 세상을 떠났다. 『매일신보』 1943년 10월
31일자 1면 인사(人事)란에는 아래와 같이 부고가 실렸다.

"朴勝彬氏 卅日 京城府內 寬勳町 197의 10號 自宅에서 別世."

---

255) '二千萬總力의 愛國運動 實踐에 歷史的發足 昨日, 빛나는 臨戰報國團結成', 『매일신
보』, 1941년 10월 23일.
256) '本社主催大座談會 臨戰對策協議會', 『삼천리』 제13권 제11호, 1941년 11월 1일.
257) "자료소개-조선임전보국단", 『반민족문제연구』 1993년 여름호.

그리고 같은 신문 같은 날 3면에는 박승빈의 사진과 함께 다음과 같은 내용의 부고문(訃告文)이 게재되었다.

"계명구락부의 창설자로서 생활개선운동 등 조선문화 운동에 공로를 이룬 학범(學凡) 박승빈(朴勝彬)씨는 숙환으로 가료중이든 바 10월 30일 오전 9시 마침내 부내 관훈정(관훈정 197의 10) 자택에서 64세를 일기로 하야 별세하였다. 영결식은 11월 3일 오전 9시부터 자택에서 집행하고 발인은 같은 날 오전 10시이며 장지는 홍제정(弘濟町)에서 화장한다."

박승빈이 말년에 병으로 집에서 요양 중이었다는 기록으로 보아 박승빈은 대외활동을 하기가 어려웠을 것이라 짐작이 된다. 박승빈이 어떤 병이 있었고 어떻게 요양을 했는지 등에 대한 기록을 찾을 수 없어 박승빈의 말년 모습을 구체적으로 파악하는 데에는 한계가 있으나 그의 죽음과 관련하여 한 가지 중요한 사건에 주목할 필요가 있다.

어느 날 일본형사들이 박승빈의 관훈정 집에 예고도 없이 갑자기 들이닥쳐 서재에 있던 한글 관련 책과 자료들을 모두 끌어내어 앞마당에 쌓아놓고 불태워버렸다고 한다. 한글 자료들이 활활 불타는 장면을 보면서 박승빈은 하염없이 눈물을 흘렸고 이 사건으로 홧병을 얻어 몸져 누웠다가 얼마 안 있어 세상을 떠났다는 것이다.[258]

일본형사의 한글 자료 분서 사건이 정확히 언제 일어났는지는 알 수 없지만 이것이 이른 바 당시 한글 운동의 폐지와 조선민족 노예화에 방해가 되는 단체와 지식인을 탄압하고 민족말살정책을 폈던 일제의 정책과 관련이 있을 것으로 보인다. 대표적인 사건이 1942년 10월에 일어난 조선어학회사건이다. 사전편찬과 우리말 연구를 독립운동으로 간주하고 관련된 사람들을 검거한 것인데, 박승빈도 이러한 탄압에서 자유롭지 못했을

---

258) 박승빈 손자의 증언에 따르면 자신의 어머니(박승빈의 며느리)가 그러한 사실을 목격하고 살아생전에 이를 후손들에게 증언했다고 한다.

가능성이 있다.

박승빈이 말년에 일제에 협력했던 점을 고려할 때 이 사건은 박승빈의 말년의 행적과 관련하여 여러 가지 점을 생각하게 한다. 첫째, 박승빈도 일제의 우리말 연구자에 대한 탄압에서 자유롭지 못했다는 점이다. 그가 일제에 협력을 하기는 했으나 매우 소극적이었을 가능성이 많다.

둘째, 박승빈의 국어 연구는 지속적이고도 공개적으로 이루어져서 일제의 눈에도 몹시 거슬렸을 것이다. 조선어학연구회와 그 기관지『정음』이 1941년 4월에 폐간될 때까지 우리말글 운동에 앞장섰던 박승빈이었기에 조선어학회 사건의 여파가 박승빈에게도 미쳤을 가능성이 있다. 다만 박승빈이 일제에 협력했다는 점을 고려하여 탄압의 강도가 분서 사건 정도에서 그쳤던 것이 아니었을까 추측해 본다.

박승빈은 자신의 평소 뜻대로 화장하여 망우리 공동묘지 가족묘에 유골이 안치되었다. 묘비에는 다음과 같이 적혀 있다.

"檀紀 4213年 9月 29日生 大韓帝國 檢事, 辯護士, 普成專門學校長, 著 朝鮮語學, 檀紀 4276年 10月 30日 卒"

망우리 박승빈 묘소
겉은 일반묘소처럼 보이나 속에는 가족납골묘이다. 현재 박승빈과 처 송수경, 장남 박정서의 유골이 안치되어 있다.

묘비명 그대로 박승빈은 근대화의 격변기에 태어나 근대학문을 익히고 대한제국의 검사가 되고 나라의 운명이 기울자 과감히 검사직을 박차고 변호사로서 억울한 이를 위해 식민지 법정에 섰다. 보성전문학교를 맡아 학교 재건과 발전에 힘쓰는 등 국민개량운동에 앞장섰으며,『조선어학』을 위시하여 여러 저서를 집필하는 등 부단히 우리말글 연구에 평생을 바쳐 온 힘을 기울였다.

박승빈은 자녀로 3남(정서, 건서, 유서) 1녀(성원)를 두었으며 친손주 16명(찬웅 외)과 외손주 4명이 있다. 몇몇 후손들을 간략히 소개하면 다음 과 같다.

박정서(朴定緖 · 1903-1969)는 아버지 박승빈과 마찬가지로 일본 중앙 대학 법과를 졸업하고 변호사로 활동했다. 해방 후 1954년 정경해, 김노산, 양제칠 등과 함께 대한어문연구회를 조직했다. 아버지의 뜻을 받들어 1955년 7월 28일부터 8월 2일까지『동아일보』에 "한글철자법소고"라는 논문을 발표하기도 했다. 1955년 9월 14일과 15일에는『조선일보』에 "한 글문자의 표의성능(表意性能)"이란 논문을 발표하여 한글의 순수한 표음 문자로서의 중요성을 강조하면서 현행 철자법의 문제점을 비판했다.[259]

예를 들어 '없으며'의 경우 현행 철자법에서는 발음을 무시하고 어간 '없'과 어미 '으며'를 구분하여 '없으며'로 적는다는 것인데, '없'이 표의성 능이 있는 어간이고 이것이 변하지 않기 때문에 구분하여 적은 것이라면, 다른 어간들도 변하지 않아야 하는데 실제로 어간이 변하는 예는 많다는 것이다. '갑시다'의 경우 앞의 어간의 개념을 살리자면 '가씨다'로 적어야 맞고, '지으며'의 경우도 '짓으며'로 쓰고 [지으며]로 읽어야 하고, '노랗고, 노라면'의 경우도 '노랗면'으로 적고 발음만 [노라면]으로 해야 이치에 맞지 않느냐는 주장이다. 아버지의 학설을 다시 주장하면서 현행 맞춤법 의 비원칙성을 지적한 것이다.[260]

---

259) 이 글은 박정서. 1968.『국어의 장래와 한자의 재인식』(장문사)에 재록.
260) 위의 책, pp.123-125.

1920년대초 박승빈 가족사진

아랫줄 가운데 갓쓴 이가 아버지 박경양, 두번째줄 왼쪽 첫번째가 차남 건서, 두번째가 부인
송수경, 네 번째가 박승빈, 맨뒷줄 왼쪽 첫번째가 장남 정서.(사진제공: 손자 박찬도)

1939년경 박승빈 가족사진

회갑을 즈음하여 온 가족이 모여서 찍은 것으로 보인다. 한가운데가 박승빈 송수경 부부, 아랫줄
왼쪽 첫 번째가 손녀 수정, 두 번째가 딸 성원, 세 번째가 큰며느리와 손녀 혜정, 네 번째 아기가
손자 찬형, 부인 송수경의 오른쪽이 둘째며느리와 셋째며느리, 뒷줄 왼쪽부터 손자 찬도, 찬기,
찬웅, 네 번째가 장남 정서, 다섯째가 차남 건서, 여섯째가 3남 유서, 맨 오른쪽이 사위 서재원.
(사진제공 : 손자 박찬형)

또한 1968년에는 『국어의 장래와 한자의 재인식』(장문사)이라는 소책자를 발간하여 한글 전용에 반대하고 한자 폐지는 국가적 손실이라는 점을 주장했다. 이 부분은 박승빈의 주장과 상통하며 박승빈의 손자이자 박정서의 장남인 박찬웅도 후에 같은 견해를 밝힌 바 있다. 박정서의 부인 여윤숙(呂允淑)은 몽양 여운형의 사촌동생으로 여운형은 평소 박승빈을 무척 존경했다고 한다.[261]

차남 박건서(朴健緖 · 1910-1994)는 일본 중앙대학을 졸업하고 금융인으로 살다가 일본에서 세상을 떠났으며, 삼남 박유서(朴有緖 · 1915-2008)도 일본 중앙대학을 졸업하고 서울시공무원교육원 교수를 역임했다. 장녀 박성원(朴成媛 · 1918-1988)은 경성여자고등보통학교(경기여고 전신)를 졸업하고 일본 동경여자고등사범학교에서 일본문학을 전공했으며 모교 교사를 거쳐 한국외국어대학 일어일문학과 교수를 지냈다. '박성원 일본어'의 저자로서 잘 알려져 있으며, 그의 남편 서재원 변호사는 6.25 사변 때 납북되었다.[262]

장손 박찬웅(朴贊雄 · 1926-2006)은 경성사범부속 제2소학교와 경기중을 졸업하고 서울법대 및 뉴욕대학교행정대학원을 졸업했다. 덕성여대와 인하대학교 부교수(1969-1975) 및 중 · 고야구연맹 이사를 지냈다. 1975년 캐나다로 이주한 뒤로는 해외 반독재운동 및 북한인권운동에 헌신했다. 1993년에 도서출판 아우내에서 시리즈로 『박정희독재와 전두환독재』를 비롯하여 『자유주의와 남북통일논의』, 『정치 · 사회 · 문화평론』을 펴냈다.

1972년과 1973년에 통문관에서 『조선어학』과 『한글마춤법통일안 비판』을 영인 발간할 때 큰 역할을 했다. 박찬웅의 책 『정치 · 사회 · 문화평론』에는 가정교육의 중요성을 강조하는 대목에서 아이들에 대한 인격교육을 제일 중요시했다. 그 가운데서도 "인격교육은 부모의 친절하고 점잖은

261) 차손인 박찬기 고려대 명예교수의 『신동아』 2001년 10월호 인터뷰.
262) 김효전. 2000. "변호사 박승빈", 『시민과 변호사』 6, p.85.

말투로부터 시작된다."고 말하고 있어 박승빈의 신언어운동(아동에게 경어를 쓰자)을 연상케 한다.263)

차손인 박찬기(朴贊機·1928-)는 서울대 독문과를 졸업했으며 한국독어독문학회 및 괴테학회 회장을 역임했다. 현재 고려대 명예교수와 괴테전집간행위원회 회장으로 있다.

박찬웅과 박찬기는 1972년 10월 30일 박승빈의『조선어학』복사판을 통문관에서 간행하여 세상에 다시 내놓았는데, 그때 박찬웅은 복사판 서문에서 조부 박승빈에 대해 다음과 같이 소회를 밝혔다.

"著者는 이 著書를 通해서 訓民正音創製 以來 五百年동안 우리 祖上의 손으로 作成된 書籍에 使用된 우리겨레의 傳統的인 國文記寫方式은 그 大原則에 있어서 매우 論理的이고 科學的이었다는것, 도리혀 周時經氏가 主張하기 시작한 새로운 記寫方式과 그 背景理論이, 歷史的으로는 勿論, 訓民正音의 古訓으로나 學理的으로나 全然 不當하다는 것을 緻密한 理論體系로서 主張하였으며, 또 이 새로운 記寫方式의 使用은 우리 祖上의 文化遺産을 沒却하는 處事일뿐 아니라 一般實用上에도 크게 不便을 주는 것으로서, 이는 尊貴한 民族의 言文에 對한 不忠이라고 소리높이 외쳤든 것이다. 그러니까 그는 '꿈, 또'를 '꿈, 쏘'로 쓰고, '먹으며, 잡으며'를 '머그며, 자브며'로 쓴 五百年 繼走의 最終走者가 되었다가 손에 그 '바톤'을 쥔채 이 世上을 떠난 것이다."

---

263) 박찬웅은 자신의 책『정치·사회·문화평론』(1993)에서 조부인 박승빈의 외롭고 힘든 삶과 자신의 삶이 어쩌면 유사하다고 소회를 밝힌 적이 있다.
"학범은 63세에 작고했는데 나는 지금 65세가 됐습니다. 학범은 조선어문법이 병든 것을 좌시하지 못하고 사명감을 가지고 평생을 바쳤는데 욕만 먹고 그 학설이 죽어버렸고, 나는 나라가 독재자의 수중에 떨어지는 데에 의분을 느끼고 국내에서 저항을 시도하려다가 해외로 나가 반독재운동에 헌신하여 한국정부와 많은 교민으로부터 백안시(白眼視) 당했고, 지금은 북한의 김일성독재에 강경발언을 거듭하니까 좌경세력으로부터 별별 욕을 다 먹고 있는 것이, 선조부의 일생과 일맥상통하는 것을 느낍니다."(pp.302-303.)

6. 마무리

이 장에서는 박승빈의 출생부터 세상을 떠날 때까지 전 생애를 근현대 사의 큰 사건을 중심으로 시기를 구분하여 간략히 다루었다. 1절에서는 근대 문물이 유입되던 격변기에 태어난 시기부터 한일병합이전까지를 다루었다. 박승빈의 출생과 유년기, 상경과 첫 관직, 그리고 일본 유학 생활과 귀국 후 법조인 생활까지의 과정을 담았다. 출생과 유년기의 활동 에 대한 사료가 많지 않아 기술에 어려움이 있으나 군데군데 남아 있는 단편들과 후손들의 회고담을 중심으로 박승빈 사상의 토대가 되는 유년기 와 집안 배경 등을 살펴보았다.

박승빈은 철원에서 서양 유학이라는 꿈을 품고 1898년에 서울로 상경했 다. 서양 유학을 가서 어떤 공부를 하려고 했는지는 알 수 없으나 그가 근대 지식인과 정치인들에게 큰 호감을 갖고 있었던 점, 당시 지식인들이 동양보다는 서양에 매료되었던 점 등을 고려할 때, 박승빈도 선각자들과 비슷한 길을 걷고자 했을 것이다. 박승빈은 그 다음해 서양 유학의 준비 일환으로 외부의 판임관이 된다. 아마도 자신이 행정가나 법률가를 꿈꾸 었고 이를 위해 사전 학습의 차원에서 일시적으로 관직에 나갔을 가능성 도 있고 서양 유학을 위한 경제적 필요성으로 관직에 나갔을 가능성도 있다. 아무튼 외부주사를 하면서 박승빈은 흥화학교와 중교의숙에서 영어 등 신학문을 공부하면서 서양 유학을 준비했으나 러일전쟁으로 각국 공사 관이 문을 닫으면서 서양 유학의 꿈은 포기하고 일본 유학으로 방향을 튼다.

박승빈은 법률가가 되기 위해 일본에 유학을 떠났고, 동경에서도 활발 하게 유학생회 활동을 했다. 이러한 활동이 박승빈의 초기 사상의 밑거름 이 되었을 것이다. 특히 1907년 『대한유학생회학보』에 실린 박승빈의 대담 내용은 그의 사상의 단면을 엿볼 수 있는 자료이다. 유학 시절 박승빈 의 애국애족의 사상과 리더십 등은 후에 박승빈이 펼치는 다양한 애국계몽활동과 국어연구 등의 자양분이 된다. 유학 시절부터 싹트기 시작한 박승빈의 우리말글에 대한 관심은 이후 박승빈의 국어연구에 고스란히 연결된다.

2절에서는 한일병합에서부터 3·1운동까지의 시기를 다루었다. 박승빈은 판검사를 재직하다가 얼마 지나지 않아 이를 그만두고 변호사로서 새로운 인생을 펼쳤다. 당시 그는 몇 안 되는 조선인 변호사 중 하나였고, 일본 유학파에 판검사 출신의 변호사라는 점에서 많은 주목을 받았을 것이다. 일제의 무단통치가 시작되자 여러 시국 사건이 발생했고 사회적 이슈가 되는 중요 사건 등에 적극 참여하여 변론에 앞장 서는 한편, 한양구락부와 같은 조직에 몸담으면서 지식인들과 교류했다.

또한 조선을 대표하는 변호사로서 그 입지도 확실히 굳힐 수 있었다. 이로 인해 장안의 화제가 되는 큰 사건은 자연스레 박승빈에게 의뢰가 갔고, 명성과 더불어 경제적인 면에서도 커다란 성공을 거두게 되었다. 이러한 개화기 선각자의 소명의식과 넉넉한 재정적 여건은 향후 박승빈이 다양한 사회 참여 활동을 벌이는 데에 중요한 밑거름이 되었다.

3절에서는 3·1운동부터 중일 전쟁으로 민족말살정책을 펴기 직전까지의 시기를 다루었다. 이 시기야말로 박승빈이 자신의 일생에서 여러 방면에서 가장 활발하게 활동한 시기이다. 법조인의 생활 이외에 계명구락부와 잡지『계명』을 중심으로 펼친 사회운동가, 교육자로서의 면모와 조선체육회와 조선체육연구회를 중심으로 한 체육인으로서의 활동, 그리고『계명』지를 통해 자신의 학설을 펼치면서『조선어학』을 통해 자신의 학문을 집대성한 저서를 세상에 내 놓은 모습을 살펴보았다.

4절은 일제의 민족말살정책이 시작되던 1937년부터 박승빈이 세상을 떠난 1943년까지를 다루었다. 박승빈은 세상을 떠날 때까지 이전부터 해오던 연구 및 사회문화 운동을 끊임없이 펼쳐갔다. 그러나 일제의 탄압이 증가되고 민족말살정책이 구체화되자 조선어학연구회의 기관지인『정음』도 폐간이 되고, 박승빈이 몸 담았던 여러 단체도 정부에 의해 통폐합

되는 운명을 맞는다. 나아가 우리말글을 위해 민족을 위해 평생을 바쳐온 박승빈도 일제 협력이라는 어두운 굴레에서 결국 벗어나지 못하고 만다.

제2장

활동

1. 둘러보기

박승빈의 초기 사상은 앞서 언급했듯이 유학 생활에 품었던 애국애족, 개화를 통한 자주자립의 사상이 핵심인데, 이러한 사상을 구체적으로 실천한 것은 변호사로서의 다양한 정치 경제 활동과 1918년에 탄생한 계명구락부 활동이었다. 박승빈은 계명구락부를 통해 민중계몽 운동에 앞장선다. 특히 아동 경어사용, 음력설 폐지와 두루마기에 단추달기 등 의식주에 걸친 신생활 운동을 강력히 전개했다. 또한 박승빈은 기회가 될 때마다 신문에 기고하거나 대중 집회 등의 강연을 통해 우리 민족의 자립과 자주독립을 외쳤다.

그리고 이를 위해서는 무엇보다도 구습을 타파하고 의식과 생활의 근대화가 선행되어야 함을 역설했다. 서로의 인권을 존중하고 미신을 타파하며 사치와 허례허식을 배격해야 우리 민족이 독립국가로 다시 살아날 수 있다는 것이 그의 소신이었다.

박승빈이 보성전문학교(고려대학교의 전신)의 제 9대 교장에 취임한 것은 그의 나이 45세(1925년)때였다. 한창 나이에 변호사 일을 멈추고 재정난에 빠진 보성전문학교를 맡게 된 것이다. 박승빈이 보성전문학교를 맡았을 때는 일본인들의 간섭과 방해, 경제적 어려움 등이 계속되는 상태였다. 박승빈은 7년 동안 학교를 운영하면서 이러한 난관을 극복하고자 노력했다.

박승빈은 조선체육회의 주요 임원을 두루 거쳤으며, 조선체육연구회 회장으로 체육지도자 양성과 체육교육에도 앞장섰다. 또한 조선축구협회를 비롯하여 다양한 체육단체의 장을 맡으면서 우리나라 체육의 틀을 다지는 데 커다란 역할을 하기도 했다.

따라서 이 장에서는 민족주의자 박승빈의 변호사로서, 사회운동가로서, 교육자로서, 체육인으로서 펼쳤던 애국계몽 운동과 근대화 운동의 모습들을 정치 경제 운동, 애국계몽사상, 교육사상, 체육활동 등 크게 네 부분으로 나누어 자세히 살펴보기로 한다.

2. 정치 경제 운동

2.1. 자치운동 사건

1919년 3 · 1운동 이후 일본 정부는 대만과 조선의 식민지 정책을 수정한다. 점진적 내지연장주의(內地延長主義)가 그것인데, 그 배경은 일본이 서구 제국의 식민제도를 모방한 것은 커다란 과오였고 조선과 일본에서 같은 제도를 실시해야 한다는 것이다. 이는 동화책이며 유화책이었다.[1] 이와 관련하여 박승빈, 이기찬 변호사를 비롯한 몇몇 한인들이 일본을 방문했다. 이들은 8월 1일 일본 수상 하라 다카시(原敬)를 방문하여 과거의 무단통치를 비판하고 민족동화는 도저히 불가능하며 내지연장주의도 조선의 사정으로 보아 부적절하다고 말했다. 그리고 그 대안으로 조선의

---

1) 신주백. 2001. "일제의 새로운 식민지 지배방식과 재조일본인 및 '자치' 세력의 대응 (1919-22)", 『역사와 현실』 39, p.46.

회를 설치하고 일본인 총독 아래 조선정부를 두어 조선인의 손으로 조선을 다스리게 할 것을 주장하였다. 일본 수상 하라는 이것은 독립과 다름이 없다고 하면서 거부한다.[2] 이른바 자치설을 주장한 이들이 귀국하자 이들에 대한 성토가 대단했다.[3] 임시정부에서 발행하는 1919년 8월 26일자 『독립신문』에는 이들에 대한 통렬한 비판이 실렸다.

> "韓族의 要求는 오직 獨立이니 總督政治의 改良도 아니오 參政權도 아니오 自治도 아니라 十三道 二百餘郡 四百餘回의 示威運動에 六百餘萬 韓人이 叫號한 것이 오직 獨立이 아니뇨. 二三의 宋秉畯一派의 賣國奴外에 어느 韓人이 總督政治政善을 要求하엿스며 朴勝彬等 五六人의 賄賂 밧은 者外에 어느 韓人이 自治를 要求하더뇨. 韓族은 일즉 韓族의 名으로 總督政治의 改善이나 日人의 所謂日鮮無差別이나 其他의 善政을 要求한 일이 無하엿고 百 번 千 번 소리쳐 叫號한 것은 오직 韓國의 獨立뿐이라."

우리에게 필요한 것은 선정이나 자치나 참정권이 아니라 오직 독립이라는 말이었다. 타협적 민족주의자들에게는 자치운동이 나름대로의 단계적 독립론 정도로 인식되었는지는 몰라도, 저항적 민족주의자들에게는 자치운동을 주장했던 이들은 매국노나 다름없었다. 자치설을 주장한 이들이 대부분 구한말 정치운동을 했거나 일본유학을 경험한 인물이었다는 점에서, 이들 부르조아 세력이 식민지 상황에서 나름대로의 새로운 대응 방식을 모색한 결과로 보는 측면도 있다.[4] 당시 일제의 지배를 현실로 인정하면서도 통치방식은 바뀌어야 한다고 본 것이다. 이후 자치운동세력은 1921년 12월 초순 유민회(維民會)를 결성하는데, 박승빈도 평의원으로

---

2) 『原敬日記』 1919년 8월 1일자에는 이에 대해 하라는 '병합과 상용(相容)될 수 없는 것으로서 즉 독립을 바라는 것'이라고 하며 '조선통치사견(朝鮮統治私見)'에 있는 것과 같은 내용을 언급하였다고 한다.(신주백, 앞의 논문, p.58)
3) 『신한민보』, 1919년 10월 2일.
4) 이태훈. 2001. "1920년대초 자치청원운동과 유민회의 자치구상", 『역사와현실』 39, p.76.

참여한다.[5)]

한편, 자치운동세력 가운데 박승빈, 고희준, 이기찬 등은 다른 이들과 달리 한때 독립을 표방하기도 했다는 점에서 과연 기존의 자치운동세력과 동일하게 처리되어야 하는가에 대한 문제가 남아 있다.[6)] 1919년 7월 11일 자 윤치호 일기에도 박승빈의 일본 방문 계획과 그의 입장이 소상히 적혀 있다.

"어제 오전 박승빈 씨가 잠깐 들렀다. 그는 이기찬씨를 비롯한 몇몇 인사와 함께 일본 정계 지도자들을 만나러 도쿄에 갈 것이라는 사실을 내비쳤다. 그는 조선인들이 원하는 건 자치이며, 동화는 불가능하다고 말했다. 그는 또 자기를 포함한 조선인들이 감옥에 가는 걸 두려워하지 않게 되었다고 말했다. 박씨는 정직하고 사리 분별력이 있는 사람이다. 그래서 내가 서울에서 흉금을 터놓고 얘기할 수 있는 극소수 조선인 중 한 사람이다."[7)]

위의 일기를 통해 박승빈은 자치를 원하며, 동화는 불가능하고, 이를 위해서는 기꺼이 감옥에 갈 각오가 되어 있다는 것을 알 수 있다.[8)]

---

5) 이태훈, 위의 논문, p.81.
6) 이들의 독립 표방이 어디까지나 자치운동에 대한 비난을 피하기 위한 방편이었다고 보는 측면도 있다.(이태훈, 위의 논문, p.80.)
7) 김상태 편역. 2001.『윤치호일기 1916-1943』. 역사비평사, pp.124-125.
8) 일제시대 활동한 지식인을 일본의 지배 인정 여부와 동화 가능성, 참정권 획득 유무, 독립 유무 등을 기준으로 크게 세 가지로 구분한다면 '저항운동자, 분리형 협력운동자, 동화형 협력운동자'로 나눌 수 있다. 세 가지 유형의 특징은 다음과 같다. 저항운동자는 일본의 지배를 부정하고, 양민족의 동화는 불가능하며, 참정권은 필요없고, 즉시 조선의 독립이 이루어져야 한다고 주장한 반면, 분리형 협력운동자는 일본의 지배를 일시적으로 인정하고, 양민족의 동화는 불가능하며, 조선의회를 설치하여, 장래적으로는 조선의 독립이 이루어져야 한다고 주장한 반면, 동화형 협력 운동자는 일본의 지배를 영구적으로 인정하고, 양민족의 동화는 가능하며, 제국의회에 참가하는 것으로 참정권을 얻고, 조선의 독립은 필요 없다는 것이다. 이 기준에 따르면 박승빈은 분리형 협력운동자로 규정될 수 있을 것이다.(김동명. 2009. "일본제국주의에 대한 저항과 협력의 경계와 논리: 1920년대 조선인의 정치운동을 중심으로",『한국정치외교사논총』31-1, p.49.)

2.2. 조선 독립선언 사건과 보합단 사건

박승빈은 정치적 사건에 대한 변론에도 적극 참여했다. 1912년 애국당 사건의 변론을 맡은 것 이외에도(자세한 것은 제I부 제1장 3.1. 참조) 1919년 3·1운동에 참여하여 일본 경찰에 검거된 소위 조선 독립선언 사건의 변론에도 참여했다. 1920년 8월 9일 저동 특별법정에는 조선 독립선언 사건의 손병희 외 47인과 수원사건 김현묵 외 28명에 대한 공소가 있었다. 같은 독립운동의 사건이라도 이 사건만은 온 조선 민족의 주목이 한곳에 모인 까닭에 전날 저녁부터 지방법원 앞에 20여명이 모여 입장권을 얻어가지고 8시 전에 방청석은 가득 찼다. 박승빈을 위시한 조선인 변호사들이[9] 출석하여 변론한 끝에 이 사건도 결국 공소(公訴)는 수리치 않게 되었으며,[10] 결국 판결에서도 공소를 수리치 않는다는 판결이 내려졌다.[11]

이 사건의 결과는 커다란 파장을 불러 일으켰다. 공소를 수리하지 않겠다는 '공리불수리' 판결은 그 말 자체가 피고인들이나 가족, 그리고 일반 조선인들에게는 매우 난해했겠지만, 결국 그러한 해석이나 법리보다는 독립운동 사건을 제대로 공소하지 못함으로써 이를 통해 기소자측(나아가 일제 전체)에 대해 무언가 통쾌한 일격을 가했다는 기쁨은 엄청났다. 3·1운동 재판이 세간의 웃음거리가 되고 총독부재판소의 권위가 땅에 떨어지는 모습을 보고 조선민중들은 커다란 통쾌감을 느꼈을 것이다.[12]

박승빈은 보합단(普合團) 사건의 변호사로서도 활동한다. 보합단 사건은 김도원 등 20여명이 1920년 12월 4일에 종로경찰서 형사 3명을 권총으로 쏘아 죽인 사건이다. 김도원 등은 경성지방법원에서 사형을 선고 받고

---

9) 이때 변론을 맡은 변호사들은 허헌, 대부고, 최진, 정구창, 김우영, 박승빈, 김정묵 등이었다.
10) '가관할 고동법원의 면목 사십팔인 공소도 불수리판결(不受理判決)', 『동아일보』, 1920년 8월 10일.
11) '公訴不受理問題의 控訴公判은 卄日부터', 『동아일보』, 1920년 9월 18일.
12) 한인섭. 2012. 『식민지 법정에서 독립을 변론하다』 경인문화사. p.96.

경성복심법원에 공소한 후로 여러 번 재판이 연기되었다.[13] 이 재판에 박승빈을 비롯하여 최진, 장도, 이한길, 이승우, 강세형, 김병로 등이 변호인단으로 참여했다.[14] 조선인 변호사의 헌신적인 노력에도 불구하고 재판은 1922년 12월 27일 사형이 최종 언도되었다.[15]

2.3. 주식회사 설립

일제는 1910년 조선을 식민지로 강점한 이후 소위 '조선토지조사사업'을 실시하여 자신들의 경제적 기반을 마련하려 한 종합적인 식민정책의 하나였다. 토지조사사업에 의해 토지의 소유권이 결정되고, 각 토지의 지위등급 조사 후에는 재정확보의 중요한 재원이 되는 지세부과액이 결정되기 때문이다.[16]

이를 위해 먼저 조선 황실의 재산과 조세권을 인수하기 위해 황실이 보유한 방대한 역둔토에 대해 실지 조사를 벌였다. 이를 통해 일제는 방대한 무주지(無住地)를 국유지로 편입하고 동인도회사를 모방하여 만든 동양척식주식회사에 국유지를 유상불하해 줌으로써 식민지의 경제적 수탈이 본격화되었다.[17] 회사는 이 토지를 소작인에게 빌려주어 50%가 넘는 고율의 소작료를 징수하고 영세 소작농에게 빌려준 곡물에 대해서는 20% 이상의 고리를 추수때 현물로 가져갔다.[18]

박승빈은 이러한 일제의 토지 찬탈 움직임을 막기 위해 조선인이 '주식회사'를 만들어 대항해야 한다고 주장했다. 주식회사가 세워지면 토지를

---

13) '보합단과 암살계획의 김도원 등 예심결정', 『동아일보』, 1921년 7월 24일.
14) 한인섭. 앞의 책. pp.61-62.
15) '김도원은 결국 사형', 『동아일보』, 1922년 12월 28일.
16) 남기현. 2009. "일제하 조선토지조사사업 계획안의 변경 과정", 『사림(성대사림)』(수선사학회) 32권. p.137.
17) 김봉준, 이한경. 2013. "조선 토지 조사 사업에 관하여", 『경영사학』(한국경영사학회) 65권, p.63.
18) '동양척식주식회사', 『두산백과』.

사서 소작인들이 좋은 조건으로 토지를 살 수 있도록 하자는 생각이었다. 1919년 11월 윤치호 일기에는 당시의 대화 내용이 담겨 있다.

> "박승빈 씨가 찾아와 주식회사를 설립해서 총독부가 팔 예정인 역둔토(驛屯土)를 가능한 한 많이 사들이자고 제안했다. 일본인들이 모든 걸 다 사들여 조선인들에게서 드넓은 논을 단숨에 빼앗아버린다면, 그건 큰 위기가 아닐 수 없다. 박씨 그룹은 소농민들이 할부로 역둔토를 매입하는 걸 도와주어 이런 재앙을 예방하고자 한다."[19]

박승빈은 일제의 경제적 수탈 및 조선 경제의 파멸을 심히 걱정하고, 우리가 정신을 차리고 대동단결하지 않으면 그 처지가 더욱 어려워진다고 주장했다. 『동아일보』에서는 1922년 4월 1일자에 '新生을 追求하는 朝鮮人'이라는 제목으로 현재 무엇이 가장 문제인지를 각계 명사들에게 들어보는 특집을 마련했다. 여기서 박승빈이 강조한 것은 '경제적 독립'이었다. 특히 현재의 상태는 곧 나라가 파산할 지경에 이르렀는데도 토지를 팔아 생계를 유지하고 있다고 비판한다. 박승빈은 경제적 독립을 이루지 못하면 나라의 미래도 없으며 이를 위해서는 우리의 단합을 공고히 한 후 어떠한 형태로든 정치적 독립을 이루어야 한다는 점을 강조했다.

> "조선사람의 급한 일은 한두 가지이겠슷닛가. 정신상으로나 물질상으로나 무엇하나 급하지 아니한 것이 업지마는 나는 무엇보다도 먼저 조선인의 손으로 정사(政事)하는 권리를 잡아야 하겟다고 하옵니다. 교육을 하려 하야도 조선인의 손으로 정권을 잡아야 하겟고 산업을

---

19) "Mr. 朴勝彬 called and told me of the proposed organization of a stock company for buying as much as possible the state lands which the Government General is going to sell. There is a great danger—probability—of the Japanese buying out the whole thing thus dispossessing the Koreans at a stroke of pen a vast extent of rice fields. Mr. 朴 and his friends hope to prevent this calamity by helping the small farmers to buy the state lands on easy payment plan." <1919.11.4. 『윤치호일기』 7권>

진흥식히려 하야도 조선인의 손으로 정권을 잡아야 하겟습니다. (중략) 그래도 사는 것은 이상스럽지마는 내 싱각에는 그런 중에도 죽지 안코 사라가는 리유는 한편으로 조선 토디가 무역품이 되야 년년히 남에게 팔녀서 그것으로 사라가는 줄 아옵니다. 그런 즉 상업도 업고 공업도 업는 조선인이 다만 손에 가진 것이 쌍뿐인대 그것을 파선먹어가닛가 몃해 아니되여 조선인은 모두 거지가 될 터이니 참으로 현재 조선인 경제계는 극히 위험한 시긔인데 이것을 얼마간이라도 부지하도록 방법을 연구하자면 정치의 힘으로 토산(土産)장려를 하여 경제상 독립을 하게 하여야 하겟고 그 다음은 조선인이 피차간에 더욱 단합을 공고히 할 것이니 만일 우리의 손으로 정치의 권리를 가지드래도 단합이 업스면 결국 일장 란장판이 되고 말터이라. 조선인이 장래 사라보자면 우리의 단합을 공고히 한 후 엇더한 형식으로든지 정권을 가저야 하겟소."[20]

박승빈은 실업자를 위해 노동소를 설치하자는 제안을 하기도 했다.

"어렵지만은 인간의 성격(性格) 수양의 기관을 설치하야 인간의 양성에 그 돈을 쓰게 되엇스면 좋겟다. 즉 대중의 정신보육이 조선에는 특별히 필요한 줄로 생각하니 강담사(講談社) 같은 것도 일반의 정신수양에는 필요하겟다. 그러함에는 돈도 필요하지마는 먼저 사람을 적당히 배치해야 될 것이다. 그리고 노동소를 만들엇으면 좋겟다고 생각된다. 대채 행로병자가 잇고 일하고자 하되 일터가 없어 빈궁하야 먹을 것이 없게 되는 것은 무어라 변명해도 국가의 시설이나 정치가 불완전함에 인함이라 아니할 수 없다. 그러므로 걸인과 행로병자며 일자리 없는 노동자에 대해서는 국가가 책임을 져야 한다. 그러므로 도모지 다른데 일자리가 없을 때에는 먹을 만한 최저노동 임금으로서라도 일하여서 밥을 먹게 시설을 해 주엇으면 좋겟다. 50만원의 돈으로 적당히 운용을 햇으면 이상의 두 가지 목적에 달함이 잇을 줄로 믿는다."[21]

---

20) '新生을 追求하는 朝鮮人, 現下急務는 果然 何인가', 『동아일보』, 1922년 4월 1일.
21) '失職者 退治할 勞働所 要望 啓明俱樂部 朴勝彬氏', 『동아일보』, 1933년 4월 27일.

행로병자는 일자리가 없는 노동자가 생기는 것은 전적으로 국가와 정치의 책임이라는 지적이다. 실업자를 퇴치할 노동소도 필요하며 적은 돈으로도 밥을 먹을 수 있는 시설도 필요하다고 역설했다. 국가가 사회적 약자를 위해 적극 나서야 한다는 주장이다.

2.4. 조선물산장려운동

박승빈은 우리나라가 농업 이외에 다른 산업이 발달하지 못해 해마다 모든 물건을 수입해야 하고 이로 인해 조선인의 빚은 커져만 간다고 역설했다.

> "현상 그대로 내버려두기만 하여도 조선인은 몃칠이 못되여 멸망하겟습니다. 년년히 주러가는 조선인의 경제상태는 몃해가 못되여 모다 말너 죽고 말겟습니다. 조선사람의 손으로 생산하는 것은 다만 쌀뿐이고 그 외에 다른 것은 모다 외국인이 만든 것을 쓰기 째문에 년년히 수천만원식 수입이 초과되여 경제학상으로 보면 조선사람들은 벌서 모다 거지가 되엿슬 터인대"[22]

이즈음 민족적 경제단체의 조직과 조선물산장려 운동과 같은 대중적 경제운동을 펼치자는 주장이 제기되면서 사회 각 계층의 관심이 고조되어 갔다.[23] 조선물산장려 운동은 평양의 조선물산장려회, 경성의 조선물산주식회사, 연희전문학생들의 자작회 등이 주도적으로 추진했다.

> "조선물산장려운동의 기운이 점차 앙양되자 서울에는 물산장려주식회사, 자작회 등이 나오고 평양에는 조선물산장려회가 조직되었는데

---

22) '新生을 追求하는 朝鮮人, 現下急務는 果然 何인가', 『동아일보』, 1922년 4월 1일.
23) 독립기념관, 『한국독립운동의 역사』 제36권, 『경제운동』

물산장려주식회사란 것은 3·1운동 직후 변호사 최진, 박승빈 씨 등이
중심이 되어 설립한 것으로서 물산장려를 주창하면서 암암리에 독립사
상을 고취하였고, 자작회는 1922년에 연희전문학교생 염태진, 박태화
등 50여명의 발기로서 서대문에 점포를 개설하고 순국산품만을 진열하
여 애국시민에 싼 값으로 팔았다. 그리고 평양의 조선물산장려회는 조선
산 '깐디'라는 애칭을 듣던 조만식 씨와 그 동지 김동원 등이 중심이
되어…(하략)"[24]

 3·1운동이 있은 1919년 가을에 박승빈은 변호사 최진, 문필가 안국선,
심의성 등과 함께 물산장려주식회사를 설립하여 물산장려와 독립사상을
고취했다. 물산장려운동의 대표적인 선전구호 "내 살림은 내 것으로"
"조선사람 조선 것"도 바로 이때 만들어졌다. 1922년 12월 1일 조선청년회
연합회에서는 조선물산을 장려하기 위한 내용의 표어를 현상 모집하였는
데,[25] 이들이 당선작으로 뽑힌 것이었다.[26]
 조선물산장려회는 1923년 2월 16일 대대적인 토산장려를 위한 가두행
렬을 계획했다. 그러나 총독부의 행렬금지로 인해 가두행렬 행사는 취소
되고 회원들과 일반일들의 분노는 하늘을 찔렀다.

 "오늘! 오늘을 긔약하야 토산장려의 선전대행렬(宣傳大行列)을 하려
든 장려회의 계획은 작보와 가치 경찰당국의 추상갓흔 금지로 부득이
중지하게 되야 그 회의 회원 일동은 물론 선전당일의 자세한 보도를
손곱아 기다리든 일반민중은 한가지로 섭섭하게 녁이는 터이나 이 운동
의 근본정신으로 말하면 단순한 행렬갓흔 것이 아님으로 그 회에서는
원대한 압길을 위하야 이왕에 정하얏던 회원 간친회(懇親會)와 선전대

24) 신태악, 1969. '물산장려운동의 전개', 『신동아』 1969년 10월호, p.312.
25) 독립기념관, 『한국독립운동의 역사』 제36권, 『경제운동』.
26) 이때 당선작(1등)은 없었고 2등이 "내 살림은, 내 것으로"와 "내 살림 내 것으로", "조선사
   람, 조선 것"이었고, 3등이 "조선 사람, 조선 것으로", "우리는 우리 것으로 살자", "우리
   것으로만 살기", "不寶遠物, 唯土物愛" 등 이었다.(『동아일보』 1922년 12월 25일자)

강연(宣傳大講演)이나 대대덕으로 하리라 하야 오늘 오후 2시에 경운동 텬도교당에서 먼저 간친회를 열고 이 운동의 쯧을 아름답게 하기를 서로 맹서할터이라는 바, 이왕 입회한 회원은 물론 기타 일반인사들도 각각 본목으로 두루마기와 치마를 하여 입고 한사람이라도 더 만히 참석하여주기를 바란다 하며"[27]

가두행렬과 강연회 행사에는 각계각층에서 지원과 후원이 잇따랐다. 특히 조선일보와 동아일보를 비롯한 언론계에서도 회의 성립과 아울러 장래를 축하한다는 축사가 이어졌고, 같은 날 오후 7시부터 천도교당과 종로 중앙청년회관에서는 선전대강연을 열어 토산장려를 위한 외침이 전국 방방곡곡에 사무치게 하였다. 등단할 연사는 박승빈을 비롯하여 10명이었다.[28]

조선물산장려회에서는 조직 재건을 위해 1928년 4월 30일 열린 제6회 정기총회에서 임원들을 대폭 교체한다.[29]

"본격적인 조직 재건은 1928년 4월 30일 열린 제6회 정기총회를 통해서 이루어졌다. 이 총회에서 물산장려회는 감리교 목사로서 명제세 등과 함께 조선민흥회 결성을 주도한 바 있고 신간회 간부로 활동하고 잇었던 조화영을 3대 이사장으로 선출함으로써 그간 친일인사를 조직대표로 내세웠던 관행을 벗어났다. (중략) 총회에서는 또한 "각계 인사를 망라하여 본운동을 적극적으로 한다"는 방침 아래 각 방면의 저명인사들을 영입하여 35명의 이사진을 구성하였다. 지식층 사회유지들로서는 부흥총회 당시 이사였던 안재홍, 이종린, 심상민 외에 종교, 사회운동계의 명용준, 유각경, 한용운, 송준우, 허헌, 교육계의 김미리사, 박승빈, 남기만, 최규동, 최두선 등 잘 알려진 민족주의 인사들과 물산장려회 지방지

---

27) '토산장려 금일부터 실행 자작자급', 『동아일보』, 1923년 2월 16일.
28) 강연자는 이승훈, 유성준, 설태희, 이종린, 박승빈, 김필수, 이순탁, 김철수, 김홍식, 이강 등이었다. (『동아일보』, 1923년 2월 16일.)
29) '물산장려회이사회 개최', 『중외일보』 1928년 5월 15일.

회 대표들을 이사로 선임하였으며 (하략)"[30]

친일인사로 알려진 유성준, 이규완 등을 빼고 오화영, 박승빈 등과 같은 민족주의 계열의 참신한 인사를 새로 기용했다는 것이다. 박승빈은 이때 다시 장려회 이사로 선임되어 활동한다.

결국 조선물산장려운동은 박승빈에게는 민족의 경제적 자립을 위한 운동의 일환이었다. 국권상실 후 일제의 경제침략이 더욱 거세어지자 민족의 자각을 촉구해 민족의 단합된 힘으로 근대기업을 일으켜 자주 · 자립경제를 수립하고, 일제의 침략으로부터 우리 민족의 경제권을 수호하고자 일으킨 운동이었다. 운동은 1930년대 초까지 활발하게 전개되었으나 일제는 이 운동을 일종의 항일 민족독립운동으로 보고 탄압하였고, 이러한 탄압으로 그 뒤 조선물산장려회는 특별한 활동 없이 명맥만 이어지고 말았다.[31]

2.5. 사회적 지원 활동

2.5.1. 『개벽』과 『신천지』 필화 사건

1920년 12월 28일 동대문 경찰서에서 『개벽』 발행인을 호출하여 몇몇 기사에 대해 사회질서를 해치는 불온한 기사라 하면서 50원의 벌금형으로 즉결처분하였다. 12월호에 실린 「각지청년단체에 대한 요구(各地靑年團體에 對한 要求)」 등의 기사가 문제라는 것이었다. 『개벽』은 이에 불복하여 정식 재판을 청구했고, 이 사실을 안 조선변호사들은 박승빈을 위시하여 장도, 김찬영, 이기찬, 이승우 등이 변론에 나서게 되었다.[32] 『개벽』 필화사건과 언론탄압에 대한 변호사들의 자발적인 변론은 화제가 되었고

---

30) 방기중. 1996. "1920 · 30年代 朝鮮物産獎勵會 研究"『국사관논총』제67집. pp.105~106.
31) '조선물산장려운동', 『한국민족문화대백과』, 한국학중앙연구원.
32) '本誌筆禍의 顚末', 『개벽』제8호, 1921년 2월 1일.

국민들의 관심은 이 사건에 집중되었다. 1921년 3월 『개벽』의 독자가 기고한 글에는 당시 이 사건이 얼마나 세간의 관심사였는지, 그리고 조선 변호사들의 변론이 사회에 얼마나 큰 영향을 미쳤는지가 잘 드러나 있다.

"城市와 촌락을 물론하고 우리 開闢君에 대한 여론이 담베떨 사이업시 이악이 거리가 되던 중 일즉 변호사계에 중진이 되어 每樣人權과 언론의 擁護에 意를 致하던 張燾, 朴勝彬, 金瓚永, 李基燦, 李升雨 5氏가 今般 우리 開闢君을 위하야 특히 多大한 同情을 표하와 결국 승부의 여하는 막론하고 爲先 該事件을 一切 引受하엿다 함은 편집부 여러 선생님과 가티 우리 독자된 사람은 우리 사랑하는 開闢君을 위하야 무한한 동정을 주시는 여러분게 대하야 감사의 意를 表하는 동시에 開闢君에게 대한 결국의 어찌될는지 독자된 이 몸은 눈이 감도록 기다리고 바라는 바이며 開闢에 큰 사명을 가진 君은 自今 일층 더 更進하야 원만한 理想과 고상한 포부와 견고한 실력으로써 半島에 新文明 新知識을 선전하야 醉夢에 잠든 동포를 각성케 하며 아울러 昏衢에 燈燭과 가티 압길에 인도자가 될지며 마즈막으로 開闢君의 영원무궁한 壽命으로써 우리의 겻을 떠나지 안키를 바라나이다."[33]

잡지 필화사건은 계속되었다. 『개벽』사건 이후 총독부는 1922년 9월 네 잡지에 대해 정치, 시사를 다룰 수 있는 권리를 부여했으나, 그로부터 채 2개월이 못 돼, 『신천지』, 『신생활』 잡지 필화사건이 다시 터진 것이다.[34] 이번에도 잡지에 실린 몇몇 글이 문제라는 것이었다. 예를 들어 『신천지』11호에는 "일본위정자에게 고함"이라는 글이 있는데 그 내용은 "조선사람도 깨어있다. 참정권이나 내정독립 같은 것으로 조선인의 인심을 진정할 수는 없으니, 그 실례로 참정권 운동자 민원식이가 양근환의 칼날에 죽고 황천대의사를 끌어온 내정독립파의 분란을 보라...."는 등의

---

33) '讀者 交情欄 잡저 갑을병정 本誌筆禍의 顚末을 읽고 長連 白德敎', 『개벽』 제9호, 1921년 3월 1일.
34) 최수일. 2008. 앞의 책, p.55.

내용을 문제 삼은 것이다.[35] 『개벽』 잡지에는 당시 정황을 자세히 설명하고 있다.

"京城地方檢査局에서는 11월 21일 朝에 월간잡지 新天地의 主幹 白大鎭氏 同印刷人 張在洽氏를 引致 取調한 후 곳 拘引狀을 發하야 西大門監獄으로 압송하고 越 20일에는 又 復 週刊雜誌 新生活의 編輯 兼 發行人 朴熙道氏와 同印刷人 魯基禎氏를 引致取調한 후 역시 拘引狀을 發하야 西大門監獄으로 압송하고 후 25일에는 更히 新生活社의 기자되는 金明植, 俞鎭熙, 辛日鎔의 3氏를 引致 囚監하는 이외에 관계자의 가택을 수색하며 인쇄기계를 差押하야 朝鮮의 언론계에는 暴風烈雨가 일시에 來迫하는 감이 有하엿다."[36]

이것은 일본이 검열체제를 다시 가동하여 조선인의 입을 틀어 막겠다는 의도였다. 『개벽』 사건이 있은 지 얼마 되지 않아 또다시 이런 탄압이 가해지자 법조계와 언론계가 다시 연합하여 대응을 했다. 1922년 11월 27일 오후 5시에 언론 자유를 위하여 언론계의 유지와 법조계의 유지가 모처에 모여 의논한 결과 다음과 같은 결의문을 채택하기에 이른다.[37]

〈決議文〉
言論 取締에 屬한 新天地社와 新生活社의 筆禍事件에 對한 當局의 處置가 太히 苛酷함으로 認함. 吾輩는 言論의 自由를 擁護하기 爲하야 協同 努力함을 期함.
◇ 參席한 有志
法曹界側: 朴勝彬, 崔鎭, 許憲, 金瓚泳, 卞榮晚
言論界側: 廉尙燮(東明), 李在賢(開闢), 崔國鉉(朝鮮日報), 南泰熙(時事評論), 金原璧(新生活), 吳尙殷(新天地), 宋鎭禹(東亞日報)

---

35) '신천지필화사건, 십팔일 백대진씨의 공판', 『동아일보』, 1922년 12월 19일.
36) '當局의 言論壓迫과 民衆의 輿論激昂', 『개벽』 제30호, 1922년 12월 1일.
37) '言論의 擁護를 決議', 『동아일보』, 1922년 11월 29일.

한 걸음 더 나아가 언론계와 법조계는 언론사상의 자유를 저해하는 신문지법과 출판법을 개정해야 한다는 데 의견을 같이하고 '신문지법출판법개정기성회(改正期成會)'를 1923년 3월 17일 구성했다. 이 개정기성회는『동아일보』,『조선일보』를 비롯하여 홍순필, 이종린, 김진헌, 고유상, 진학문, 김용무, 박승빈 등의 잡지와 출판사대표, 그리고 변호사 등이 뭉쳐 결성한 것으로, 이들은 4개항의 건의서를 만들었다. 첫째는 출판법의 개정과 관련하여 일본인과 조선인을 구분하지 말고 법규를 적용할 것이며, 둘째는 예약 출판법을 조선인에게 적용할 문제, 셋째는 저작권 등록에 관한 시설 설치를 요구하며, 넷째는 신문지법의 개정에서도 일본인과 조선인을 구분하지 말라는 등이 주요 내용이다.[38]

즉 조선인은 일본인보다 더 엄한 법의 적용을 받았고 출판허가도 받기가 아주 힘들기 때문에 이런 차별적 문제를 시정하라는 건의문이었다. 기성회에서는 3월 27일 총독부 경무국에 건의서를 제출했으나 일본 정부로부터 부결되어 실효를 거두지 못했다.[39] 그러나 이것은 단지 상업적인 측면을 넘어서 조선 문화 발달이라는 측면에서 커다란 의미가 있는 사건이었다.[40]

2.5.2. 인권 탄압에 맞서다

전남 고흥군에서 태을교도(太乙敎徒)의 장외 기도대회 중에 일본 경찰이 난입하여 정당한 이유없이 총을 난사하여 무고한 양민을 살상한 사건이 벌어졌다. 이에 국민들은 분개했고, 민우회와 뜻있는 사람들이 이 사건에 대한 '민권옹호 대연설회'를 개최하기에 이르렀다. 1922년 9월 5일 오후 8시, 종로 청년회관에서 연설회가 열렸는데, 문제가 문제인 만큼 수많은 사람들이 운집했다. 연설회 연사로 나선 박승빈은 단에 올라 다음

---

38) '우리문화(6) 도서 출판(6)',『동아일보』, 1923년 3월 29일. 최 준(1960)의『한국신문사』참조.
39) '문단 반세기(21) -검열과 필화',『동아일보』, 1973년 5월 11일.
40) '출판법 개성을 기하여',『동아일보』, 1923년 3월 19일.

과 같이 발언했다.

"여러분은 도수장 엽헤 여러머리 소가 잇고 소가 한머리식 드러가 죽되 제 일 아니닛가 상관업시 알다가 결국은 모다 죽게되는 것을 보앗 스리다. 그러나 그것들은 짐승이라 인권(人權)이 업슴으로 그러케 죽지 마는 사람은 짐승과 달나 인권이 잇기 쌔문에 소가치 얼마든지 마저 죽지안코 인권을 주장하나니 여러분은 아못조록 인권을 주창하야 도수 장에서 어림업시 마저 죽는 소가 되지말라."

"그다음은 경찰은 인민을 보호하기 위하야 우리의 먹을 것을 먹지 못하고 입을 것을 입지 못하고 세금을 바치어 먹이어 살리는 것인대 우리의 밥과 우리 옷을 어더가지고 사는 것들이 우리를 보호하지 아니하 고 총을 노아 죽이엇다 함은 참 희한한 일이다."[41]

박승빈의 연설이 끝나자 우레와 같은 박수소리가 성대히 일어났다. 연설회 말미에 박승빈의 낭독으로 결의문을 채택하고 5개 항의 조항을 촉구했다. 그리고 이를 당국에 교섭할 위원으로 장덕수, 소태희, 박승빈이 선정되었다.[42]

〈決議文〉

1. 殺人한 巡査의 刑事上 責任에 對하야 當該 官憲은 特히 嚴正하며 且 公平한 態度로 審査를 進行함을 要望함.

2. 良民을 銃殺하는 不祥한 事變을 惹起함에 至케 한 當該 警察署로 하야금 其 責任을 明白히 함이 可함.

3. 警務監督官署는 其 監督上의 責任을 明白히 함을 期함.

4. 宗敎 其他 一般 集會에 對하야 警察官吏는 從來와 如한 橫暴의 態度를 除去하고 敬意의 愼念으로써 取扱함이 可함.

5. 適當한 方法으로써 右記 諸項의 實現을 期함.

41) '人權擁護의 第一聲', 『동아일보』, 1922년 9월 7 · 13일.
42) '人權擁護의 第一聲', 『동아일보』, 1922년 9월 7 · 13일.

3. 애국계몽사상과 활동

3.1. 계명구락부의 재탄생

한양구락부(漢陽俱樂部)는 1918년 1월 27일 서울에서 조직되었던 사교기관 단체였으나[43] 3·1운동 이후 애국계몽단체로 탈바꿈한다. 이것은 3·1운동 이후 일제가 무단통치에서 문화정치로 지배전략을 수정한 결과이기도 했다. 언론과 출판, 집회 등의 자유가 부분적으로 허용되면서 지식인들이 좀 더 적극적으로 계몽과 개량 운동에 앞장섰기 때문이다. 한양구락부는 회원들의 친목과 교류를 주목적으로 했으나 1921년 1월 16일 제6회 정기총회에서 명칭을 계명구락부(啓明俱樂部)로 바꾼다. 정기총회에서 제시한 규칙 31조 가운데 중요한 내용을 보면 다음과 같다.[44]

第1條. 本俱樂部는 啓明俱樂部라 稱함

第2條. 本俱樂部는 朝鮮의 文化를 增進케 함에 貢獻하며 俱樂部員間
　　　　의 親愛를 圖함으로써 目的으로 함

第3條. 前條의 目的을 達하기 爲하야 左記 事項을 行함

一, 言文, 禮儀, 衣食住 其他 日常行事의 改善의 方向을 研究 宣傳하는 事

一, 新聞 雜誌 其他 必要한 書籍을 刊行하는 事

一, 隨時로 講演을 行하는 事

一, 高尙, 活潑한 遊戲를 行하는 事

이름을 '한양'에서 '계명'으로 바꾼 이유는 '한양'이라는 단어가 특정한 지역만을 일컫는 것이어서 다소 국부적이기 때문이었다. '계명'은 계발문명과 대야장명(大夜將明)에서 따온 것으로 '일성이 찬연히 서광을 돋는다'는 뜻을 담고 있다.[45] 이처럼 새롭게 출발한 계명구락부에서는 언문(言文)

---

43) '중요기사', 『계명』 24호, p.29.
44) '본구락부규칙', 『계명』 24호, p.33.

생활, 혼례 상례 등의 예의 생활, 간편한 의식주 등 일상생활에서 근대적 정신을 함양하고 선진 문화를 수용 발전시키고자 노력하는 것을 목적으로 삼았다. 『계명』 3호 권두사에는 '계명'의 의미와 소명에 대해 다음과 같이 소개하고 있다.

> "啓明은 單純히 말하면 두 가지 意義가 잇습니다.
> 一, 啓明은 文明을 啓發한다 함일지오
> 二, 啓明은 啓發하여 文明하게 한다 함이외다."

그러면서 우리가 우리 문호를 굳게 닫고 세계 문화를 도외시하면 그러한 상태를 문명이라 할 수는 없다고 강변한다. 또한 "우리의 모든 발동은 허위(虛僞)인 의식에만 급급하여 흡사히 가장행렬을 일삼듯 하던 그때의 상태를 가르쳐 문명이라 할 수 없습니다."라고 언급하면서 신생활 운동의 필요성을 역설했다.

1921년 1월 16일 열린 정기총회에서는 다음과 같은 4가지 결의사항이 채택되었다.

1. 남녀의 경칭으로 「씨(氏)」를 사용함.
2. 이인칭대명사의 연구. 이인칭대명사의 연구위원으로 류문환, 장도, 방태영, 김동성, 이용문을 선정함.
3. 의복은 심색으로 입도록 장려함.
4. 잡지 경영방법은 위원 5명에게 연구케 함. 잡지 경영방법 연구위원으로 강번, 오상현, 이승우, 윤정하, 김동성을 선정함.

---

45) '중요기사', 『계명』 24호, p.29.

잡지『계명』창간호 표지	잡지『계명』권두사
(출처: 최덕교. 2004. 『한국잡지백년3』. 현암사)	(연세대학교 국학자료실 소장)

1921년 1월 16일 정기총회에서는 잡지『계명』발간에 대한 언급이
나온다. 이때 강번, 오상현, 이승우, 윤정하, 김동성46) 등 5인을 잡지 경영
방법 연구위원으로 선정했고, 그 결과 기관지『계명』은 1921년 5월 1일에
창간되었다.

잡지『계명』의 창간은 일제의 문화정치와도 깊은 관련이 있다. 3·1운
동 이후 무단통치의 한계를 느낀 총독부가 유화책으로 문화정치를 내세우
면서 언론, 출판의 자유를 부분적으로 허용하자『조선일보』(1920.3.6.),
『동아일보』(1920.4.1.),『개벽』(1920.6.25.),『신천지』(1921.7.10.) 등 일련
의 신문과 잡지가 창간되었기 때문이다. 계명구락부의 기관지『계명』도

---

46) 김동성(金東成)은 1908년 미국 오하이오 주립대학에 유학하였으며, 귀국한 뒤 1920년
    4월에『동아일보』사에 입사한 후 1921년에『동아일보』제2대 조사부장이 되었으며,
    1924년 5월에 퇴사하고, 1924년부터 1926년까지 조선일보 발행인 겸 편집인으로 활약
    하였다. 해방 후에『계명』지 발행 및 편집을 맡았던 남상일과 함께 합동통신사를 창립하
    기도 했다.(『한국민족문화대백과』)

이러한 시대적 변화와 움직임에 맞춰 등장한 것이다. 이러한 시대적 소명 의식은 『계명』잡지에도 그대로 반영되어 있다.

> "啓明期는 悲哀와 苦痛과 奮鬪의 犧牲期이다. 慘憺한 過去의 殘骸에
> 曙光이 비추어 우리의 眼前에 展開될 째에 우리는 얼마나 悲痛하랴.
> 그를 破壞하고 새로이 建設하랴면 얼마나 고달프랴. 그러나 그에 森嚴한
> 神意가 한께 쌀으고 壯快한 意氣가 가티 이르를지니 모든 犧牲을 아끼지
> 말지어다." (『계명』2호 머리말)

계명구락부에서는 계명의 시기를 비애와 고통과 분투를 위한 희생의 시기라고 명명했다. 참담한 조국의 현실을 직시하고 이를 극복하기 위해 고달프지만 모두가 함께 힘을 모아서 희생을 아끼지 않을 때 조국에도 서광이 비칠 것이라고 다짐하고 있다. 그리고 그러한 운동에 계명구락부가 앞장서겠다는 맹세이기도 했다.

잡지 『계명』의 내용은 크게 논문, 시/가/소설, 감상문 등으로 이루어졌는데, 편집 겸 발행인은 남상일, 주간은 심우섭, 발행소는 계명구락부, 인쇄는 신문관에서 담당했다. 창간호는 국판 66쪽 분량으로 고원훈의 "조선교육문제에 대하여", 박승빈의 "조선언문에 관한 요구(1)", "언문후해(1)", 강매의 "생활과 사조", 김찬영의 "인생의 의의" 등의 논문이 실려 있다. 『계명』은 이후 1933년 1월 27일 폐간될 때까지 통권 제24호를 내면서 민족 계몽과 고전 연구 활동에 크게 기여했다.[47]

계명구락부에서는 여러 가지 잡지와 서적을 간행하고 보급하는 한편, 강연회를 개최하는 등 대중 계몽과 학술 연구 활동을 위해 주력하였다.

---

47) 『계명』이라는 잡지는 1933년에 폐간되었지만 계명구락부 활동은 이후에도 계속되었다. 1935년 2월 26일에는 계명구락부를 재단법인으로 확장하고 회관을 신축하기로 결정했으며 이를 위해 기성회를 설립했는데 위원장에는 윤치호, 부위원장에 박승빈이 선정되었다.(『동아일보』 1935.2.26) 또한 1939년 11월 10일자 『매일신보』에는 박승빈이 계명구락부 이사장을 맡고 있다고 한 것으로 보아 이때까지도 계명구락부는 존재했다고 볼 수 있다.

계명구락부에서 결의한 중요사항을 정리해 보면 다음과 같다.

<重要決議事項>48)

1. 姓名下 敬稱의 普遍的 用語는 男子와 女子의 姓 又는 姓名下에 「氏」라 稱할 事 (1921년 1월 16일 제6회 정기총회 결의)

2. 衣服은 深色을 勵行할 事 (1921년 1월 16일 제6회 정기총회 결의)

3. 第二人稱代名詞는 敬語로 「당신」(當身)이라 稱할 事 (1921년 5월 28일 제7회 정기총회 결의)

4. 兒童 互相間에 敬語를 使用케 할 事을 期圖함 (1928년 1월 31일 제22회 정기총회 결의)

5. 新曆의 正朝를 勵行하고 舊曆의 觀念을 除去할 事 (1928년 1월 31일 제22회 정기총회 결의)

6. 族譜 刊行의 慣習을 排除할 事 (1931년 1월 31일 제28회 정기총회 결의)

7. 一般通用의 婚禮式을 制定한 事 (1931년 1월 31일 제28회 정기총회 결의)

계명구락부는 60여명의 회원들이 모여 활동한 것으로 보이는데,49) 활동 자금은 회원들의 회비와 유지들의 성금으로 이루어졌다.50) 일 년에 여러 차례 정기총회와 임시총회를 개최하고 이사회 및 평의원회를 통해 의식주 개혁을 위해 토론회와 연구회 활동을 매우 활발히 벌여 나갔다. 1921년 2월부터 같은 해 9월까지의 활동 내역을 간략히 살펴보면 다음과 같다.51)

---

48) 중요결의사항은 『계명』 15회(1933년 1월 27일)에 정리되어 있다.

49) '계명구락부록사', 『계명』 3호.

50) 『계명』 3호 말미에는 유지부원 성명과 출연금액이 다음과 같이 기록되어 있다. 오동준 50원, 엄주익 50원, 윤태영 50원, 김성환 50원, 민규식 40원, 권혁판 30원, 민형기 40원, 안종원 30원.

51) '중요기사', 『계명』 24호, p.29. '계명구락부록사', 『계명』 3호, 4호.

- 2월 5일: 언문연구, 습속개량에 관한 강연회를 종로중앙기독교청년 회관에 열다.
- 4월 16일: 여자 급 아동의 의복개량에 대하여 연구위원회를 열다.
- 5월 1일: 본구락부의 사명되는 연구사항을 발의하며 동감자의 비평을 박채하기 위하야 「계명」지를 발행하다
- 5월 12일: 여자의복제도연구위원회를 열고 본안에 관하여 토의하다.
- 5월 14일: 이사회를 열다. 학동상호간에 경어를 사용케 할 일을 조선총독부 학무당국과 각 보통학교장에게 건의할 일을 결정하다. 이사의 출근시간을 매일(일요일 제함) 오후 3시 30분으로부터 5시 까지로 결정하다.
- 5월 22일: 평의원회를 열다. 학동 상호간에 경어를 사용케 할 일을 조선총독부 학무국과 각 보통학교장에게 건의하기로 한 이사회의 결의를 승낙하고 이를 다음 총회에 제안하기로 결정하다.
- 5월 28일: 임시 총회를 열다. 출석원은 63인이다.
  제2인칭 대명사의 보통적 사용어는 평의원회의 제출한 원안대로 "당신, 當身"으로 일치가결되다.
  학동상호간에 경어를 사용케 할 건의안은 다음의 수정안으로써 일치가결되다.
  아동 상호간에 경어를 사용케 할 일을 기도(期圖)함.
  이를 실행하기 위하여 조선총독부 학무국과 각 보통학교장에게 건의하며 기타 필요한 방법을 취할 일.
- 6월 13일: 평의원회를 열다.
  학동상호간에 경어를 사용케 하기 위하여 조선총독부 학무당국과 각 보통학교장에게 제출할 건의서의 작성을 위원 3인에게 부탁하기로 하고 다음과 같이 3인을 위원으로 선정하다. 강매(姜邁), 김동성(金東成), 고원훈(高元勳)
- 6월 26일: 이사회를 열다.
  학동상호간에 경어를 사용케 할 건의서작성위원으로부터 건의서를 제출하여 이를 인쇄에 부치기로 하다.
- 7월 1일: 이사회를 열다.

7월 1일에 발행할 잡지 제3호는 사정에 의하여 8월 1일에 발행하기로 하다.

- 7월 16일: 오후 3시 30분에 본 구락부 안에서 제8회 정기총회를 열다. 출석인원은 43인
  본회의 시록(時錄)을 보고하여 착오가 없으므로 통과되다.
  본 년도상반기 수지결산의 보고에 당하여 승낙하다.
  서무, 연구, 사교, 편집 각부 소장 이사로부터 각히 당해 소장사무의 처리상황을 보고하다.
- 8월 16일: 이사회를 열다.
  8월 1일에 발행기로한 잡지 제3호는 출판허가의 지연으로 인하여 9월 1일에 발행기로 하다.
- 8월 17일: 총무이사 민대식, 이사 박승빈,·이사 고원훈 3씨가 아동경어안의 건의서를 소지하고 총독부 학무국에 가서 이를 제출하다. 학무과장(학무국장은 여행 중임으로)에게 그 이유를 설명하다.
- 9월 19일: 이사회를 열다.
  아동경어안에 당하여 각 신문잡지 기자 중 유력한 인사를 초대하여 그 실행에 관한 협의를 하기로 하다.
- 9월 22일: 각 신문잡지 기자 중 요력한 인사 제씨를 경성부 서대문정 청송관에 초청하여 아동경어안 실행에 당하여 협의한 바 내빈 제씨는 일치 찬성하고 그 기성에 협력할 일을 선언하다.

이즈음 최고의 화두는 아동의 경어 사용 문제였다. 아동 상호간에, 또한 어른들이 아이들에게 경어를 사용하자는 운동이었다. 계명구락부의 활동은 자체적인 운동 차원을 넘어서 총독부와 언론 등을 상대로 매우 체계적이고 적극적인 활동을 이어갔음을 알 수 있다.

한편 계명구락부는 1927년 주시경의 『말모이』 원고를 인수하여 『조선어사전』 편찬에 착수하기도 하는 등52) 조선어학연구회의 모체 역할도

---

52) 최남선은 조선광문회 때 주시경 등이 편찬하다 중단된 '말모이' 사전의 편찬을 이어가게 하기 위해 백방으로 노력했다. 계명구락부를 자주 출입한 이유 중 하나도 이 때문이었고,

했다.53)

3.2. 박승빈의 계명구락부 활동

박승빈은 계명구락부를 통해 어문 정리 및 통일에 대한 논문을 발표하는 한편(자세한 것은 제II부 제1장 3절 참조), 조선어 사전편찬에도 관여하였고(자세한 것은 제II부 제4장 2.3. 참조), 특히 가정에서 실천할 수 있는 생활 개혁 운동에도 앞장섰다. 그 가운데서도 언어 사용 문제, 양력 사용 문제, 채색옷 착용 문제 등 가족 상호간에 존중하고 검소한 생활을 해나갈 수 있도록 하기 위한 신생활 운동에 적극 참여했다.

3.2.1. 경어 사용 문제

3.2.1.1. 아동간 경어 사용

먼저 언어 사용 문제와 관련하여 박승빈이 주창한 내용은 다름 아닌 아동간에 경어를 사용하자는 것이었다. 『계명』 창간호(1921.5.)에 실린 박승빈의 논문 "朝鮮言文에 關한 要求."에서는 당시 계명구락부에서 초미의 관심사였던 아동의 경어사용 문제를 다루었다. 주요 내용은 다음과 같다.54)

> "玆에 兒童 互相間이라 함은 爲先 實行하기 易한 方面을 云함이오 此로 爲始하야 漸次로 社會 改善狀況에 隨하야 大人 兒童에게 敬語를 用하는 習慣을 作 함을 圖함이니 其必要되는 理由는 左와 如함. 1. 兒童 으로 하야금 敬身의 觀念을 生하게 함, 2. 兒童互相間에 人을 尊重히

박승빈과 함께 사전 편찬에 대한 열의가 대단했다고 한다.(최학주, 2011, 앞의 책, p.184)
53) '계명구락부', 『한국민족문화대백과』, 한국학중앙연구원.
54) 이에 대해서는 1933년 1월 27일에 발행된 『계명』 15회에도 같은 내용이 나와 있다.

여기는 習慣을 馴致함, 3. 互相親愛의 情을 養하며 進하야 一般社交上의 齟齬를 除去함을 得함, 4. 社會交際의 實施學習이 됨, 5. 從前의 門閥에 依한 階級制度의 習慣을 怨滑하게 平等의 觀念에 引導하는 方法이 됨."

박승빈이 아동의 경어사용 문제를 시급한 문제로 여긴 것은 이미 오래 전으로 보인다.

"明治 43年 中에 余家의 兒童이 某普通學校에 通學하는 時에 余가 所感이 有하야 該當學校에 對하야 學生 互相間에 敬語를 用하게 指導함 을 要求하얏스나 何의 結果가 無하얏고..."[55]

위의 글은 박승빈이 아동의 경어 사용 문제에 대해 최소 1910년(명치43년)부터 심각하게 고민했음을 보여준다. 자신의 자녀 학교에 아동의 경어 사용 문제에 대해 건의했으나 아무런 결과가 없었다는 것을 후일에 밝힌 것이다.

이후 박승빈은 계명구락부를 통해 아동의 경어사용 문제를 본격으로 제기하고 이를 위한 계몽활동에 앞장 선 것이다. 1921년 7월에 조선총독부 학무국 및 조선 각지 보통학교장에게 이에 대한 건의서를 제출하였다. 그 전문은 다음과 같다. (현대역)

〈건의서〉
학동 호상간의 언어(조선어)에 경어를 사용하게 할 일
다음을 건의함.

이유
모든 언어의 사용 방법의 여하는 아동 교육상 그 지능을 계발하며 덕성을 함양함에 극히 중대한 관계를 가진 것이라. 그러한데 현시 조선

---

55) "조선언문에 관한 요구(3)", 『계명』 3호, 1921년 9월, p.13.

의 사회제도에는 아동에 대하여 절대로 경어를 사용하지 아니하여 대인의 아동에 대한 경우에는 물론이고 아동 호상간에도 또한 그러하여 항상 애비 조폭한 언어로써 이에 대하는지라. 이는 진실로 종전의 사회제도의 결함에 기인한 것이지마는 또한 아동 교육의 방법이 그 적의(適宜)를 득하지 못한 점이 없음이 아님을 상상할지로다. 이와 같은 제도는 하루라도 일찍 개선하지 아니하지 못할 중요문제라고 믿는다. 그러한데 이것의 개선에 당하여서는 당국의 적의한 지도와 민간 식자의 절실한 도움에 기대어 그 목적을 달성함을 얻을지오. 단지 이를 교육자에게만 맡겨버릴 것이 아니지마는 우선 실행에 용이하고 또 효과의 위대한 실지 교육가의 노력에 의뢰하여 먼저 학교 아동으로 그 범위를 좁혀서 점차로 이를 일반 아동에게 미치고 상차(尙且) 대인의 아동에 대한 관계에도 보통으로 경어를 씀에 이르르게 함을 희망함이라.

경어 사용의 효과로 하여 인정할 가장 중요한 것을 열거하면 다음과 같다.

1. 아동으로 자중심(自重心)을 함양하게 함.
2. 아동 호상간에 예의의 습성을 순치(馴致)함.
3. 사교상 친애의 정을 양성함을 얻음.
4. 사교의 도를 실지로 수득함을 얻음.
5. 종전의 문벌적 계급제도에 기초한 폐풍을 교정하여 인류 평등의 관념을 조장함의 효력이 있음.

건의서에는 아동끼리 경어를 사용하면 아동 스스로도 존중감을 갖게 되고, 서로간에 인격을 존중하게 되며, 사교성이 높아지고, 종전의 계급적 사회질서를 바로잡는 데 도움이 되기 때문에 아동간 경어사용을 대대적으로 전개해야 한다는 것이다. 이러한 주장은 박승빈의 언어관과 깊이 관련되어 있다. 박승빈은 언어가 민족형성의 가장 중요한 요소이며, 언어는 한 나라의 문화와 제도, 그리고 계급 등에 깊은 영향을 미친다고 여겼기 때문이다(자세한 것은 제II부 제2장 2.2. 참조).[56]

56) 고영근. 2008.『민족어의 수호와 발전』, 제이앤씨. p.315.

1921년 9월 22일 박승빈과 계명구락부는 시내 청송관으로 경성의 각급 명사 40여명을 초대하고 아동간 경어사용 건의서를 제출하게 된 경위를 보고하였다.

> "아동 사이에는 피차 『해라』를 하야 자연 서로 경홀이 녁이는 마음이 나고 남을 경홀히 녁이는 데서 부지중 욕설로써 서로 대하게 되어 교육 상의 가장 중요한 유년교육에 덕성(德性)을 기를 수 업게 됨은 국민교육 상 큰 결덤이니 우리는 속히 이에 대하야 개량을 도모하고자 건의서를 총독부학무국에 뎨출하얏스나 이와 가튼 일은 관력에만 맛길 것이 아니 라 각 사람의 가뎡에서도 어린 아해들끼리 공경하는 말을 쓰게 하야 어려서부터 남을 공경하는 례절을 가르칠 것이라고"[57]

아동끼리 경어를 사용해야 서로 존경하는 마음이 생기고 유년에 덕성(德性)을 함양할 수 있다는 생각이었다. 보고회에서 박승빈이 열변을 토하자 내빈객으로 와 있던 장덕수는 다른 나라에서는 어른들도 아이들에게 공경하는 말을 써서 덕성을 기르게 하더라라고 찬성하는 답사를 했다. 계명구락부에서는 박승빈이 주동이 되어 아동 경어 사용을 대대적으로 홍보하고 총독부 학무국에 건의서를 제출했다. 그런데 이러한 아동 경어 사용은 아동에만 그치는 것이 아니었다.

> "그 구락부의 리사 되는 박승빈씨가 종릭의 조선사람들은 여러가지로 사회상 계급을 두어 말에 구별이 심히 만흔 째문에 자연 피차 융화단합 하는 아름다운 결과를 엇지 못하고 서로 배척 기긔하는 폐해를 일으킨 것을 말하고..."[58]

박승빈은 과거 계급 사회에서 말의 구별이 있었고 이로 인해 사회 전체

---

57) '아동간의 경어사용', 『동아일보』, 1921년 9월 25일.
58) '아동간의 경어사용', 『동아일보』, 1921년 9월 25일.

가 하나로 융합하지 못했다고 지적하면서 계급이 없는 오늘날 말도 차별과 구별없이 서로 공경하는 자세로 사용해야만 사회도 융화하고 단합할 수 있다는 생각이었다. 언어와 계급, 그리고 사회성의 문제를 정확히 짚고 있다고 볼 수 있다. 모든 차별과 갈등은 말에서부터 시작되고, 특히 어렸을 때 말버릇이 성인이 되어서도 그대로 고착되기 때문에 우선적으로 아동의 말하는 습관을 먼저 바꾸어야 한다고 역설한 것이다.

같은 날 『동아일보』 사설에는 이러한 건의서에 찬성을 보내면서 아동간 경어사용 문제가 조선의 문화를 발달시킬 수 있는 구심점 역할을 할 것이라고 했다.

> "此 學童間의 敬語使用 問題는 그 實朝鮮의 文化를 發達함에 構出發點을 構成하는 것이라 하야도 過言이 아니니 人格을 本位하지 아니하고 그 무슨 道德이 存在하며 敎育이 存在하며 싸라 革新과 進步와 發達이 成就하리오."[59]

아동 경어 사용 문제는 지속적으로 제기되었다. 그러나 그 성과는 빠르게 나타나지는 않았다. 그만큼 실천하기가 어려웠기 때문이다. 1922년 4월 8일 계명구락부에서 학무당국, 시내 각 보통학교장, 유치원장 및 신문과 잡지사 기자 등 교육계와 언론계에 종사하는 유지 50여명을 해동관에 초대하여 간담회를 열고 아동 경어 사용에 대해 보고회를 가졌으나,[60] 참석자들은(특히 아동교육의 책임이 있는 보통학교장들은) 대체로 취지에는 찬성했으나 실행하기가 곤란하다는 의견이 많았다.[61]

이러한 사정은 윤치호 일기에도 나타나 있다. 1933년 1월 27일 윤치호 일기에는 계명구락부의 창립기념행사의 모습이 생생히 기록되어 있다.

---

59) '사설, 학동간경어사용을 장려 계명구락부의 건의', 『동아일보』, 1921년 9월 25일
60) '중요기사', 『계명』 24호, p.29.
61) '아동경어문제 대개는 찬성 계명구락부 간화회', 『동아일보』, 1922년 4월 10일.

"오후 5시부터 장장 5시간 동안 계명구락부가 정성을 다해 준비한 프로그램들을 가지고 창립 15주년 기념행사를 거행했다. 그중에서도 4명의 핵심 회원들(조동식, 백남규, 박승빈, 옥선진)이 행한 강연이 가장 중요한 프로그램이었는데, 그 주제는 다음과 같았다. (1) 계명구락부의 사명 (2) 양력 실행에 대하여 (3) 아동에게 경어를 사용함에 대하여 (4) 심색의(深色衣) 장려 등이었다. 모두 다 훌륭했다. 하지만 자녀들에게 반말을 사용하는 습관이 우리 민족을 불행에 이르게 한 근본 원인이라는 박승빈 씨의 주장에 대해서는 선뜻 동의할 수가 없다."[62]

이날 연사는 (1) 조동식 (2) 백남규 (3) 박승빈 (4) 옥선진이었다. 계명구락부의 신생활운동에 찬동하였던 윤치호도 박승빈의 강연(아동에게 경어를 사용하자)에는 여전히 고개를 갸웃거리고 있었다.

박승빈의 주장은 계속되었다. 현대 조선교육 제도의 문제를 해결하기 위해서는 경어사용 문제가 가장 시급하다는 점을 강조했다.

"朝鮮敎育制度에 對한 缺陷 말삼임닛가? 그것을 말하라면 누구나 다― 우리의 남달은 處地를 말하고 거기로붓터 生하는 缺陷을 根本問題로 삼어 말삼할 줄암니다. (중략) 그것보다도 우리의게 固有한 큰 缺陷을 말하려 함니다. 卽 兒童의게 對하야 敬語를 使用치 안는다는 것임니다. 나는 兒童의게 對하야 敬語를 쓰자는 것을 十數年來로 主張하야 왓슬 쑨 안니라 紙上으로도 宣傳한 일이 퍽 만엇슴니다만은 아직도 實行되는 傾向을 볼 수 엇슴니다. 實狀 言語와 敎育이란 것은 至大한 關係를 맷고 잇는 임으로 온갓 缺陷을 죄다 補充한다 하더라도 이 問題에 解決이 업시는 敎育에 對한 完全한 成果를 엇기 甚히 어려울 줄 암니다."[63]

박승빈은 교육이란 지식을 얻는 것만이 아니라 적어도 인격을 숭고하게

---

62) 김상태 편역. 2001. 앞의 책, p.307.
63) 박승빈. 1927. '現代朝鮮敎育制度缺陷에 對한 諸名士의 高見: 敬語使用에 對하야', 『現代評論』 제1권 제2호, p.92.

하며 덕성을 함양하게 하여 기개를 신장하는 것이라고 보았다. 따라서 공경하는 말로부터 교육과 생활이 시작되어야 한다는 것이다. 어른들로부터 아동의 인격이 존중되어야 하고 아동끼리의 인격도 존중되는 것이 인권 신장의 기본이고 이를 위해 서로 경어를 사용하도록 해야 한다고 주장했다. 생활과 의식의 출발이 언어라고 본 것이다. 이는 언어에 실질적 사물을 유도하는 기능이 있다고 믿었던 박승빈의 언어관과도 관련이 있다.[64]

3.2.1.2. 성명 아래 경칭의 보편적 용어로 '-씨'를 쓰자

아동간 경어 사용문제와 함께 박승빈이 언어생활에서 새롭게 제기한 문제는 성명 아래에 붙이는 경칭의 용어 문제였다. 결론적으로 박승빈은 '000 씨'를 쓰자는 주장이었다. 1921년 5월『계명』창간호에 실린 그의 논문에 자세한 내용이 나와 있다.

> "朝鮮은 일즉이 階級制度를 極端으로 崇尙하야 言語에 니르러서도 種種 階級에 依하야 卽 門閥의 階級, 男女의 階級, 官爵의 階級 及 年齡의 階級에 싸라 그 使用을 다쓰게 하얏다. 此에 그 言語가 階級的으로 非常히 整備되엇으나 이는 平等制度를 理想으로 하야 無差別을 要求하는 現時의 社會에서는 實로 無用의 長物이오, 現社會는 各 階級에 普遍的으로 使用함에 可合한 用語를 緊切히 要求하는 바이다. 그러나 從前 數百年間 앞서 記述한 바와 가티 階級的 言語를 崇尙하얏는 故로, 慣習上 普通的 用語의 缺乏에 니르러 社會上 日常 不便을 만들어내는 事例가 甚히 만토다."[65]

박승빈은 기존의 계급적 사회질서 속에서 조선은 언어 또한 계급적으로 사용했음을 지적하고, 이제 평등사회가 된 만큼 이러한 사회적 분위기에

---

64) 이에 대해서는 고영근. 2008. 앞의 책, p.316 참조.
65) 박승빈. 1921.5. "姓名下敬稱語의 決定",『계명』1.

걸맞게 언어사용도 변해야 한다는 것을 강조하고 있다. 더불어 영어와 일본어가 무차별적으로 유입되면서 언어생활이 더욱 불합리하게 혼탁해지고 있으며, 이러한 시대적 배경 때문에 새로운 용어를 만들어 보급해야 한다고 주장했다.

> "近者에 니르러서는 한 不合理한 狀態가 나타낫다. 英語를 若干 배운 사람은 <미스터>를 使用하고 日本語를 若干 배운 사람은 <상>을 使用하야 <미시터김 이리 오시오> <김상 이리 오시오>의 말을 흔히 듯게 되엇다. 그것이 얼마나 不合理的이며 얼마나 羞恥스러운 事實인가. 우리는 外來語를 絕對로 排除하는 바도 안이다. 그러나 이와 가튼 言語에 <미스터김> <김상>은 外來語로서 朝鮮語化한 또는 朝鮮語化할 性質의 것이 안이다. 實力에 비록 弱하나 言文禮儀 等에 當하야서는 相當한 自存의 마음을 가지고 잇는 朝鮮人으로 남들이 使用하는 바 <미스터>나 <상>에 該當할 말이 업서서 남의 말을 빌려서 不合理되는 言語로 겨우 그 意思를 發表한다 함은 이 어찌 참을 수 있는 苦痛이랴. 此에 우리 俱樂部는 이와 가튼 社會의 缺點을 補足하고자 하야 言語改善의 硏究에 着手한 바, 第一로 우리들의 日常에 用語 缺乏에 因하야 最高로 困苦을 겪든 姓 또는 姓名의 아래에 使用할 普通的 敬稱語를 定하기로 爲하야 數個月間 委員會, 平議員會 及 總會에서 主催한 調査와 細密한 討議를 거쳐 <씨(氏)>를 使用하기로 決定하얏도다...."[66]

1920년대에 상대방을 부를 때 마땅한 경칭어가 없어 여러 가지가 사용되었다. 영어를 아는 사람은 <미스터 김>으로, 일본어를 아는 사람은 <김 상>으로 불렀다는 것이다. 그러나 이러한 말들은 순수한 조선어라 할 수 없기 때문에, 이에 대해 조사와 토의를 거쳐 1921년 1월 16일 계명구락부 제6회 정기총회에서 "씨"를 사용하기로 결정했다는 내용이다. 박승빈은 이런 언어생활을 몸소 실천했다. 1930년에 나온 잡지에는 박승빈이

---

66) 박승빈. 1921.5. "姓名下敬稱語의 決定", 『계명』 1.

남을 부를 때에 항상 '-씨'를 붙여 존대를 했다는 기사가 있다.

"氏는 남을 불을 때에 姓名이나 號를 불으지 안코 꼭 씨를 붓치여서 李某면 李氏 金某면 金氏라고 (氏의 關係하는 啓明俱樂員은 다 氏란 말을 실행한다)"[67]

3.2.1.3. 제이인칭대명사의 경어로 〈당신〉을 사용하자.

이밖에도 박승빈은 제2인칭 대명사의 경어로 <당신>(當身)을 사용하자는 주장을 했다. 이 의견은 1921년 5월 28일 계명구락부의 제7회 정기총회에서 결의된 것으로, 주요 내용은 다음과 같다.

"第二人 卽 對話者를 指稱함에 使用할 代名詞에 當하야서도 從來에 階級的 儀式으로 使用하야 온 말은 그 數가 甚히 만치만은 現代의 要求되는 普遍的으로 使用될 用語는 缺乏이 되엇다. 그러하야서 日常 社交上에 어긋남이 만히 生하고 싸라서 不便과 不合理로 因한 苦痛이 만흔 바이라. 此에 因하야서 생겨난 가장 不合理되는 幼稚한 談話式을 보게 된 것이 잇다. 卽 對話者를 指摘함에 그이의 姓 쏘는 姓名을 불러서 指摘하는 그것이다. 이某가 김某와 對話하는 中에 <김씨, 김덕보씨 또는 김선생의 집은 어데이오?> 이러한 對話式은 朝鮮에서만 볼 수 잇는 幼稚한 談話法이다. 外國語로 飜譯하야 <Where is Mr. Gim's house?> 쏘는 <金樣ノ家ハ 何處テスカ>의 말은 이것이 普通으로 김某 그이에 對하야 談話하는 말은 될 수 업슬 것이다. 이 어찌 幼稚한 말이 안이며 羞恥스러운 狀態가 아닐까? 그러나 그것은 普遍的으로 使用할 用語가 準備되어 잇디 안흠에 因하야 不得已하야 그와 가튼 不條理한 말을 使用하까지 니르른 것이다.

此에 本 俱樂部는 그 社交的 缺陷을 補足하고자 하야 理事會, 平議員會 及 總會의 主導한 調査와 綿密한 討議를 거쳐 第二人 代名詞 敬語에

---

67) '관상자 名士奇癖展覽會', 『별건곤』 제28호, 1930년 5월 1일.

<당신>을 使用하기로 決定한 바이라.”

서로 대화할 때 마땅한 호칭어가 없기에 '김씨, 김선생' 등을 사용하고 있는데, 이는 외국어의 경우와 비교할 때 어색한 것이며 유치한 것이라고 비판하고 보편적인 2인칭 호칭어로 '당신'을 사용하자고 제안했다.

3.2.1.4. 일본말보다 우리말을 사용하자.

박승빈은 신생활의 실천은 가정에서부터 해야 한다고 주장했다. 박승빈은 1926일 1월 23일 명월관에서 열린 친목과 가정개량을 목적으로 한 동부인 신년회에서 개회사로 다음과 같이 말했다.

“조선은 지금까지 재래의 잇던 모든 풍속과 습관이 파괴되여가는 상태에 잇다. 파괴가 잇는 곳에는 반드시 건설이 잇서야 된다. 여러 가뎡과 가뎡이 째째로 모혀 정의를 존수하는 가운데 건설자가 되자.”[68]

신생활 운동은 새로운 문화와 풍속을 건설하는 것이고 그 출발은 가정(家庭)이라는 생각이다. 이와 더불어 언어 사용도 가정에서 시작되어야 한다고 했다.

“조선민족은 언어가 업서지지 아니하는 이상 결단코 멸망하지 아니한다. 새 국민의 어머니가 되는 이들은 말을 잘 알아야 된다. 요사이 일본말 석거하는 것은 조치 못한 증조다.”

또한 비록 식민지하에 있지만 우리말이 없어지지 않으면 결코 우리 민족은 멸망하지 않을 것이고, 따라서 모국어를 잘 지키는 것이 그만큼 소중하다는 말이다. 박승빈은 요즘 가정에서 일본어를 섞어 쓰는 집이

---

68) '동부인신년회', 『동아일보』, 1926년 1월 25일.

늘어난다고 하면서 이는 좋지 못한 것이며, 가정에서부터 모국어 교육을 철저히 해야 하며 그 중심에는 어머니가 있음을 강조했다.

이렇게 박승빈은 계명구락부를 통해 치밀한 조사와 연구를 거쳐 실생활에서 바람직한 언어 사용의 용법을 제시하고, 모국어를 지키고 발전시키기 위하여 각고의 노력을 기울였다. 이러한 조치들은 오늘날의 관점에서 보아도 바른말 사용의 사정(查定)에 대한 좋은 모범이 될 만하다.[69]

3.2.2. 양력을 사용하자

박승빈의 신생활 운동 가운데 빼 놓을 수 없는 것이 양력 사용이다. 박승빈은 음력과 양력을 모두 쇠는 것은 이중과세이며, 실생활에서도 낭비가 많으므로 둘 중 하나로 통일을 하자고 주장했다. 둘 중 어느 하나로 통일해도 상관이 없지만 되도록 양력으로 하자고 했다. 그것은 세계적인 대세이며, 대한제국 시대에도 그런 취지를 살려 연호까지 건양원년으로 삼았던 취지를 살리자는 것이었다.

> "과세(過歲)를 양력으로 하고 아니하는 근본 문뎨에 대하야는 다 각각 자긔 마음대로 할 것이나 세계 각국이 모다 양력으로 과세를 할 쑨 아니라 조선에서도 한국시대에 순전히 인민에게 양력을 쓰도록 한다는 의미로 년호까지 건양원년(建陽元年)이라고 한일이 잇스닛가 내 싱각에는 양력으로 과세하는 것이 여러 가지 방면으로 보아 당연한 줄로 생각하오."[70]

당시에 음력설은 조선의 명절이지만 양력설은 일본의 명절이므로 음력설을 쇠어야 한다는 생각으로 음력설을 고집하는 경향이 많았고, 박승빈은 형식적으로는 양력을 기준으로 하면서 설만 음력으로 쇤다는 것은

---

69) 고영근. 2008. 앞의 책. p.315.
70) '新舊併用의 弊', 『동아일보』, 1922년 1월 4일.

모순이라 하면서 양력 사용을 주장했다.[71] (현대역)

"거기에는 물론 실행하려 하여도 못하는 난관이 더러 있을터이나 내가 광무칠년(光武七年)부터 이래 실행하여 보아도 그다지 곤란한 것은 없습디다. 과거는 어찌 되었든 명년부터는 그것이나마 일치하게 실행하였으면 좋을까합니다. 그외에도 여러 가지로 실행할 일이야 많지만은 이러한 일을 잘 실행하지 못한다면 다른 일도 역시 실행하기가 어려울 줄로 압니다."[72]

한편 박승빈은 물론 양력 사용이 실천하기 어렵지만 몸소 실천해 보니 충분히 실행이 가능하다고 하면서 양력 사용을 권장했다. 1924년 2월『동아일보』기사에는 이러한 박승빈의 소식이 다음과 같이 소개되어 있다.

"한 例는 辯護士 朴勝彬氏의 家庭이다. 그 집에서는 이미 十數年前부터 新年을 陽曆으로 맛는 것은 姑舍하고 忌祭祀와 生日잔치까지도 全部 陽曆으로 換算하야 實行하여 온 結果로 至今은 아주 陰曆을 이저바리고 말엇다 한다. 대개 各 家庭에서 陽曆을 쓰기에 第一 困難한 問題는 恒常 祭祀와 儀式에 關한 것인데, 그 月日을 全部 換算한 것은 第一 根本的으로 實行한 것이다. 이는 第一 撤廢한 方法이라 하겟다."[73]

십수년째 양력설을 쇠고, 제사와 생일까지도 양력으로 치른다는 박승빈 가족을 소개하면서 양력 사용의 문제를 다루고 있다. 1930년 2월『별건곤』 25호에 박승빈은 양력 사용에 대한 논설을 발표한다. (현대역)

"그러나 이 음력을 폐지하게 되는 것이 당장에 일제히는 되지 못할

---

71) '陽曆을 잘 實行하자, 歲暮에 안저서 새해를 볼 때에 생각되는 일', 『별건곤』 제10호, 1927년 12월 20일.
72) '논설', 『별건곤』 제10호, 1927년 12월 20일.
73) '풍문생(風聞生)에 찬성하여', 『동아일보』, 1924년 2월 3일.

것이라고 하여도 장래에 있어서는 될 것입니다. 그러나 조선사람은 너나 할 것 없이 세계적으로 자랑거리인 흐지부지병이 있고 걸음이 너무나 늦어서 언제나 될런지 어떻게 기다리겠습니까. 옳다고 생각하는 것은 얼른얼른 실행을 하여야 남에 나라를 쫓아가지 지금 걷고 있는 이 걸음대로 가다가는 언제든지 뒤떨어질 것이니까 그저 신문 잡지로 작고 떠들어서 그러한 관념을 넣어주고 실행을 하도록 촉진을 시킬 것입니다. 그리고 신문이나 잡지로 음력정월이 왔느니 오늘이 설날이니 하고 일러 주지 않을 것입니다. 신문에 음력을 아니 쓴다고 음력을 잊어 버려질 것은 아니겠지만 그렇게 하여서 차차 관념을 고쳐주자는 것입니다."[74]

양력 사용을 꾸준히 추진해야 하며, 실생활에서도 지속적으로 실천하면 지금 당장 양력 사용이 정착되지는 않겠지만 장래에는 충분히 가능성이 있다고 주장했다. 이와 더불어 양력 사용 정착을 위해 언론에서 적극적으로 홍보에 나서줄 것을 촉구하기도 했다.

1934년에도 박승빈의 양력 사용을 권장하는 글이 발견된다. 박승빈은 잡지 『별건곤』 제70호에 이중 과세의 폐해라는 제목의 논설을 실었다. (현대역)

"조선서도 양력을 쓰기 시작한 것이 37년쯤 전이지만 일본은 그보다 조금 먼저 서양 것을 가져다 썼을 뿐입니다. 37년 동안이면 사람의 일생이 변하는데 그 동안에 이것하나 변통해 놓지 못한 것은 역시 흐지부지 병이 있는 까닭입니다. 옛날 쇄국(鎖國)시대는 세계의 대세가 어떤지 모르고 외국과의 경제적 연락이 없음으로 그랬거니와 시대가 변하고 대세가 이렇게 되었는데 음력을 그대로 쓰고 있다는 것은 이것 한가지로 미루어 다른 일도 상상할 수가 있을 것입니다. (중략) 개혁사상을 가지고 있는 사람들이 나서서 부르짖고 고쳐 쓰면야 더욱이나 문제가 없이 벌써 되었겠지만 그렇지도 못하니까 첫째 가정에서부터 실행을 하는

74) '愼思之篤行之, 二重過歲廢止策', 『별건곤』 제26호, 1930년 2월 1일.

도리밖에 없겠습니다."[75]

양력설이 제대로 지켜지지 않은 것은 조선 사람의 흐지부지하는 병
때문이라고 비판하면서, 양력설이 실행되기 위해서는 신문과 잡지 등에서
더욱 각별히 홍보하고 실천해야 한다고 했다.[76]

3.2.3. 의복제도 개선 문제

박승빈은 간편한 생활을 위해 흰옷을 입지 말고 색깔이 있는 옷을 입자는
운동도 펼쳤다. 박승빈은 흰옷은 쉽게 더러워지기 때문에 경제적이지 못하
고, 또 몸맵시 내려고 흰옷을 입는 경우가 많아 허례허식이라고 보았다.

> "빈민계급은 대개 광목을 입는데 광목은 실용적인 외에 검은 물을
> 드려 입으면 오래 입을 것은 사실이나 어디 중산계급 이상은 광목을
> 입나요. 따라서 백의폐지 운동이라는 것도 나는 빈민계급을 상대하고
> 장려하는 것보다 차라리 중산계급에 하고 싶습니다. 백의를 입는 것은
> 꼭 중산계급에서 몸맵시 내려고 입는 것이라고 보입니다. 더욱이 서울
> 부인네들이 흰옷을 만히 입습니다. 시골은 벌서 흰옷은 상제 외에는
> 없다고 생각합니다. (중략) 구체적인 방법을 하나 말슴하겠습니다. 그저
> 백의 입는 것을 흉을 보게 하여야지요. 흉을 보게 하는 방법은 위선
> 기생이나 기타 천한 사람들을 백의를 입힐 것입니다. 그러면 기생과
> 혼동되는 것을 실혀하야 가정부인은 죄다 색의를 입을 것입니다."[77]

창피를 주어서라도 새로운 생활습관을 만들겠다는 박승빈의 생각은
신생활 실천의 의지가 얼마나 강했는지를 알 수 있다. 단지 흰옷뿐이

---

75) 『별건곤』 제70호, 1934년 2월 1일.
76) 1936년 1월 1일 『매일신보』에도 '陽曆쓰는 家庭(1)'란에 '光武八年頃부터 三十年間을
   實踐 正朝會開催하고 賀詞도 交換 大先覺者 朴勝彬氏'라는 제목의 기사가 소개되었다.
77) '舊慣陋習打破', 『동아일보』, 1938년 1월 1일.

아니었다. 박승빈은 비단옷을 입지 않고 모시옷도 두껍고 튼튼한 것을 입어 근검하고 실용적인 면을 강조했다. 이런 점들은 장안에 화제가 될 정도였다. (현대역)

"입때까지 전 가족이 몸에다 무늬있는 비단옷을 입지 않음은 물론이고, 여름철에도 朝鮮 모시나 기타 무슨 천이던지 살이(肉) 비치는 엷은 옷감은 입지를 않고 모시는 中國모시 같이 굵고 튼튼하여 살이 잘 비치지 아니 하는 옷감을 입습니다. 음식도 물론 우리와 정도(收入으로)가 같은 다른 사람의 가정에 비하면 또한 질소(質素)한 편이 많습니다. 그것은 다만 금전을 절약하기 위하여 그러는 것이 아니라 본래에 우리 가풍을 그와 같이 짓기 위하여 그러는 것이올시다."[78]

박승빈은 집에 있을 때는 내의에다 두루마기만 입었고, 두루마기에 단추를 달아서 사용하기도 해 그의 신생활이 장안의 이야깃거리가 되는 일이 많았다.[79] 또한 의복제도 개량을 위해 부인의 가슴을 매지 않도록 하자고 제안하기도 했다. 조선여자의 전통의복은 가슴을 단단히 매는 것인데 이는 위생에도 좋지 않고 보기에도 좋지 않으므로 이를 개량하자는 것이다.[80]

박승빈은 기회가 될 때마다 신문에 기고하거나 대중집회의 강연을 통해 우리 민족의 자립과 자주정신을 외쳤다. 그리고 이를 위해서는 무엇보다도 구습을 타파하고 의식과 생활의 근대화가 선행되어야 함을 역설했다. 서로의 인권을 존중하고 미신을 타파하며 사치와 허례허식을 배격해야 우리 민족이 독립국가로 다시 살아날 수 있다는 것이 그의 소신이었다. 이런 생각은 집에서도 직접 실천으로 옮겼다. 혀례허식을 피하고 소박하고 검소한 생활을 실천하자는 박승빈의 신생활 실천 소식은 종종 잡지에

---

78) '설문 新生活을 하야본 實驗', 『별건곤』 제16 · 17, 1928년 12월 1일.
79) '관상자, 京城의 人物百態', 『개벽』 제48호, 1924년 6월 1일.
80) '家庭生活의 改造(七)', 『동아일보』, 1921년 4월 10일.

소개되곤 했다.[81] (현대역)

"우리 집 생활은 별로 새생활이라고 할 것 없습니다. 보시는 바와 같이 가옥은 洋制로 짓고 삽니다마는 다른 것은 모두가 질소(質素), 소박(儉朴)으로만 위주를 합니다. 현대에 소위 유행의 신생활이라 할 것 같으면 그 가정의 남녀가 대개는 『모-덴뽀이』『모-덴걸』로 의복, 음식, 거처, 행동까지 모든 것이 다 유행을 따라서 하는 생활을 의미할 것입니다. 그러나 나는 본래에 성질부터 그러한 시대풍조에 딸려 다니는 浮華虛榮의 생활은 절대배척할 뿐 아니라. 世世의 家規가 전혀 근검절약을 위주하는 까닭에 모든 생활이 남보다 質素儉朴 합니다. (중략) 다만 木曜日을 素食日로 정하야 그날에는 절대로 육식을 금합니다. 일주일커녕 일주년이 다 가도록 육식을 못하는 사람이 많은 터에 일주간에 날마다 육식을 하다가 하루만 육식을 금하다는 것도 미안한 말씀입니다마는 나의 생각까지는 육식을 하는 일반가족에게 素食을 하는 습관도 짓게 하고 또 節儉하는 가풍을 일으키게 하려고 그리 합니다."[82]

그는 집안에 비단 등 사치한 물건을 들여놓지 않고 가난한 학생들을 위해 장학금을 지급했다. 식구들에게는 근검절약을 강조하는 한편 흰옷을 입히지 않고 색의(色衣)를 입게 했다.

3.2.4. 혼례와 상례 간소화

박승빈은 예식도 간편하게 바꾸자고 주장했다. 박승빈이 창안한 새로운 결혼예식은 장안에 화제가 되어 일명 '계명구락부식 결혼'이라는 말까지 등장할 정도였다. (현대역)

---

81) 1928년 12월 1일 『별건곤』 제16 · 17호에는 '남자들이 지나친 음주를 삼가야 한다'는 박승빈의 부인 송수경의 담화가 실려 있다.

82) '설문 新生活을 하야본 實驗', 『별건곤』 제16 · 17, 1928년 12월 1일.

"結婚儀式은 내가 한가지 創案한 것이 있습니다. 세상에서는 그것을 啓明俱樂部式이라고 까지 부릅디다마는 (중략) 在來의 舊式가치 形式만 혼란스럽게 갖추고 內容이 없으면서 空然한 費用반 많이 드린다든가 또 宗敎의 信者가 아니면서 敎會式으로 한다든가 하는 것은 크나큰 矛盾이겠습니다. 또 이러한 폐단도 있습니다. 가령 基督敎를 믿는 여자가 天道敎나 다른 宗敎를 믿는 남자와 結婚을 하게 된다면 敎會式으로는 한다더래도 基督敎式으로 한다면 남자편이 섭섭할 것이고 天道敎式으로 한다면 여자편이 섭섭한 것이고 그러니까 내가 創案안 儀式은 이리로 기울지도 아니하고 저리로 기울지도 아니하고 그저 일반에게 보편적으로 쓰이도록 한 것입니다. (중략) 設備로는 여러가지가 있으나 제일 중요한 것인 정안수를 新郎新婦가 마시는 것입니다."[83]

우리 전통에 정안수를 떠 놓고 기도하는 풍습을 응용하여 결혼식 때 신랑신부가 정안수를 떠 놓고 혼례의식을 치른 후 함께 마시게 한다면 간소하기도 하면서 그 의미도 깃들 것이라는 생각이다. 그리고 논설에서는 새로운 양식을 제안하는 것이 모든 형식을 하나로 통일하자는 것은 아니라고 박승빈은 말했다. 다만 공연히 폐스러운 관념이나 비싼 비용이 드는 것을 막고 근검절약하는 취지라는 것이다.

박승빈은 결혼 피로연도 간소하게 바꾸자고 주장했다. 가까운 친척과 친한 사람들이 모여 간단한 음식을 먹거나 하객들에게 과자 등을 주는 것으로 간소화하자고 했다.

"근일에 유행됨과 가튼 피로연은 폐지함이 가합니다. 아모 필요가 업고 만흔 폐해가 잇을 뿐입니다. 혼가에서 새 사람을 맞는 날의 질거움을 표하기 위하야서 가장 가까운 친척이며 특수한 관계가 잇는 사람이 모여서 극히 간단한 음식을 향응함은 가합니다. 그것은 피로연이라고까지 말할 것이 아닙니다. 또 일부 특수계급에서 경축을 위하야 혹 사교방

83) '우리가 가질 結婚禮式에 對한 名士의 意見', 『별건곤』 제28호, 1930년 5월 1일.

법으로 널리 빈객을 청하야서 연회를 베푸는 일도 아조 업어지지는 아니할 것입니다. 그러나 그것은 특수계급의 사람의 특수한 행사로 인정하고 일반이 그것을 모범으로 생각하지 아니하면 그만입니다. 또 그러한 연회를 하는 사람은 따로 날을 정하고 손님을 청함이 가하고 혼인 당일에 행함은 불가합니다. 피로연의 대안으로 온 손님에게 과자를 진정하는 일이 최근에 만히 실행되는데 그것이 연회하는 것보다는 매우 적당한 방법입니다."[84]

1933년에 발간된 『계명』 24호에 실린 '상례변개안심의'에는 계명구락부가 예식을 간소하게 바꾸고자 하는 취지가 잘 드러나 있다.

"우리朝鮮의 冠婚喪祭의 節次에 對하야는 距今二百餘年前에 成된 「四禮便覽」이 常用되는 禮書이다. 그런데 今日에 와서는 到底히 實行키 不能한 것이라. 저절로 空文虛禮가 되야버려 可謂 無禮無儀의 狀態에 다못 痼弊惡習이 날로 느러갈 쑨이다. 정말 禮出於情인 根本意義조차 업서디고 마랏고 近日 某處統計에 依하건대 婚禮의 宴樂 喪葬의 冗費等이 우리 生活費用의 約八割을 차지한다고 한다. 實로 驚歎不己할 일이다. 이에 對하야 一般人士는 누구나 憂慮하는 바이다. 그러나 改革의 擧를 아즉 듯지 못하얏다. 이는 個人의 改善實行이 貴하거니와 各團體로서 먼저 硏究 改善 宣傳 實行이 必要한 일이다."

과거 수백년 동안 『사례편람』에 의거하여 관혼상제의 예식을 치렀으나 오늘에 와서는 현실에 맞지 않아 저절로 허례로 변해버렸고 이에 소요되는 비용도 일반인들의 경우 생활비의 8할이나 차지할 만큼 부담스러운 폐습이 되었다는 것이다. 이러한 악습의 폐해를 우려하고 이를 개선해야 한다는 점은 누구나 알고 있으나 개인이 나서서 실천하기는 어려우니 계명구락부와 같은 단체가 나서야 한다고 주장한다. 계명구락부에서는

---

84) '家庭으로부터 出發할 우리의 新生活運動 (三) 結婚披露宴의 是非', 『동아일보』, 1935년 1월 3일.

1931년 1월 정기총회에서 일반통용의 혼례식을 제정한 이래, 1932년 7월부터는 상례변개(喪禮變改)를 토론하고 연구하여 왔는데, 박승빈은 이 사업의 연구부 주임이사로서 활동하였다. 박승빈을 위시한 연구부는 1933년 2월 18일 정기총회에 상례변개안을 7개 항으로 정리하여 다음과 같이 제안하였다.[85] (현대역)

〈상례변개안〉

상기 - 거상기간을 단축

상복 - 상복을 간이통속(簡易通俗)의 방법으로 함

곡 - 곡을 전폐함

장의 - 장의는 경건절략(敬虔節畧)의 방침을 취하고 번화성대(繁華盛大)를 숭상하는 풍습을 방지함.

제전(祭奠) - 제수의 설비에 정략(精略)을 요하며 제(祭)의 수(數)를 감소함이 가함. 우는 제전의 예를 행하는 사람에게 한한 규정임.

공궤(供饋) - 상장(喪葬)시와 제(祭)시에 타인에게 술과 음식을 급여하는 풍습을 전폐함.

태도 - 상가의 인이 애도경건의 태도를 지킴은 물론이고 타인도 애도경건의 태도를 지킴을 요하며, 일면으로는 상가의 경제상 보호에 유의함을 요함.

박승빈의 신생활 운동은 계명구락부의 신생활 운동의 핵심이자 핵심이었다. 계명구락부에서 실천사항으로 제시했던 주요 내용을 입안하고 실천하는 데에도 박승빈은 주도적으로 참여했으며, 이를 사회 문화 운동으로 발전시켜 민중들이 일상생활에서 근대 시민 의식을 함양하도록 힘썼다.

---

85) '계명구락부 총회', 『동아일보』, 1933년 2월 19일.

4. 교육사상과 활동

4.1. 보성전문학교 교장

박승빈의 교육 활동 가운데 가장 빛나는 일은 보성전문학교(고려대학교의 전신) 교장을 맡아 학교와 조선 교육계를 발전시킨 일이다. 1925년 9월 27일 보성전문학교 교장에 선임된 이후 1932년 3월 26일 보성전문학교 평의원회에서 김성수에게 교장직을 넘겨 줄 때까지 박승빈은 약 7년 동안 보성전문학교 교장직을 수행했다.

보성전문학교는 1905년 선각자 이용익이 교육 구국의 인재를 양성하기 위해 설립한 학교다. 설립 초기 경영 위기에 봉착하였고 1910년에는 천도교의 손병희가 존폐위기에 있던 학교를 인수하여 재정을 정상화하면서 신교사를 건축하고 모든 설비를 개선했다. 그러나 1915년 총독부에서 사립학교 규칙과 동시에 전문학교 규칙을 공포하면서 전문학교 설립의 조건을 까다롭게 만들어 당시 보성전문학교는 전문학교가 아닌 보성법률상업학교로 불릴 수밖에 없었다. 이때 교장은 간도동흥중학교의 교장을 역임한 윤익선이었는데, 1919년 3·1운동으로 투옥되자 당시 교감이던 고원훈이 교장직을 물려받았다.[86]

고 교장은 취임하자마자 학교를 살리기 위해 총독부에 전문학교로의 승격을 타진하는 한편, 서상환, 이승우, 김병로 등은 재단법인 기성회를 조직하여 사회 독지가들로부터 기금을 마련하기 시작하였다. 이에 전국 각지에서 뜻있는 인사들이 십시일반 기금을 마련해 그 총액이 43만 3000원에 달하였고, 이리하여 1921년 12월 28일 마침내 총독부의 인가를 얻어 보성전문학교라는 교명을 부활하기에 이르렀다.[87]

그러나 손병희가 3·1운동으로 인해 영어(囹圄)의 몸이 된 이후 총독부

---

86) '闘志滿腹의 歷代巨頭 소식', 『삼천리』 제5권 제4호, 1933년 4월 1일.
87) '보성학교', 『한국민족문화대백과』, 한국학중앙연구원.

의 끊임없는 간섭과 물가의 변동에 따라 경영난이 해소되지 않았다. 그런 가운데 교장 고원훈파와 대표이사 김기태파가 서로 갈리어 학교 운영은 점점 더 나빠졌다. 그러다가 1923년 11월에 교장 고원훈이 사임하고 공석이 되자 재단법인 이사회는 교장 후보로 1. 주정균, 2. 허헌. 3. 조성구, 4. 박승빈을 추천하게 된다.[88]

이후 6대 교장에 변호사 허 헌이 취임을 하였으나 재단법인으로 인가를 받을 때 기부금을 많이 낸 김기태가 대표이사직에 계속 머무르면서 표면적으로는 분규가 해소 된 듯하였으나 속으로는 여전히 문제를 안고 있었다. 또한 재단법인 보성전문학교를 유지하기 위해서는 막대한 기부금이 필요했으나 이를 모금하는 것이 쉽지 않았고, 빚도 여전히 많아서 재정 운영 상태가 좋지 않았다. 1924년 6월 20일 학교 이사회에서는 14명의 이사진을 7명으로 줄이고, 이사 임기가 종신이던 것을 5년으로 줄이고, 이사 고원훈, 김병로, 서광우 등은 사임했다.[89]

상황이 이렇게 되자 1925년 8월 학교 평의원회에서는 사건 해결을 위해 사건의 전말을 좀더 분명히 알 필요가 있다고 판단하여 검사위원으로 김병로, 박승빈, 윤익선 세 사람을 선정하기에 이른다. 이들은 분규의 중요한 쟁점이 된 당해 연도 예산안과 식산은행과 관련된 삼만원의 유래를 검사하라는 요구를 받는다.[90]

허헌 교장의 뒤를 이어 강원도지사를 지낸 유성준이 7대 교장으로 취임했으나 학교 분규 사태는 쉽게 해결되지 못했다.[91] 1925년 9월 분규가 해결되지 못한 상황에서 이사와 감사가 전부 사임을 하는 일이 벌어져 평의회에서는 다시 이사와 감사를 선정했다. 감사에는 오동준, 주정균, 이종성, 이사에는 김기태, 박승빈, 이기찬, 이항종, 황태연이 선정되었다.

---

88) '교장사임으로 폭발된 보전교 분규의 내막', 『동아일보』, 1923년 11월 11일.
89) '普成專門財團은 리사회각서교환으로 일단락', 『동아일보』, 1924년 6월 39일.
90) '檢査委員 選定, 辭職受理도 檢査後 -普專問題 速報', 『시대일보』, 1925년 8월 31일.
91) '鬪志滿腹의 歷代巨頭', 『삼천리』 제5권 제4호, 1933년 4월 1일.

그러다가 1925년 9월 27일 보성전문학교 이사회에서는 교장에 변호사이자 휘문고보 이사인 박승빈을 선임하고 대표이사에 이기찬을 선임했다. 1925년 9월 28일 취임한 박승빈은 취임사에서 이렇게 말했다.

> "뜻밧게 중임을 맛게 되여 어써하다고 말할 수 업습니다. 사위사정과 친우 여러분이 네가 나가야 학교에 대한 당면의 불이라도 쓴다 하기에 그저 끌려 나왓습니다. 본래 학계(學界)에 대한 경력(經歷)도 업고 평소에 가젓던 포부도 업스니 일반사회와 나가라고 한 여러분에게 쎄를 쓰는 수밧게 업습니다. 장래는 엇지 될는지 몰으겟스나 위선은 나의 업무에 대하야 새 사건은 수리 아니 하기로 하엿습니다. 본래 교댱이 멧 달간 업시 지내온 까닭에 사무의 전후가 모도 뒤숭숭합니다. 하여간 지성것 학교를 위하야 힘쓰려 합니다."[92]

제 8대 교장으로 박승빈이 취임한 후 학교는 기본 재산을 없애지 않고 이자만 가지고 학교를 유지하겠다고 발표하면서 학교가 정상화되는 듯했으나 이내 교장단에 대한 불신임안이 평의원회에 제출되고 다시 내분에 빠지게 되자, 박승빈은 그해 11월에 사표를 제출하였다. 이에 평의원회에서는 사표를 반려하고 유임할 것을 권고했으나 박승빈은 사임하겠다는 뜻을 굽히지 않았다.[93]

> "어제 (이십팔일) 저녁 평의회에서 결의된 것과 가치 학교의 분규가 긋난 것 가튼데 새삼스럽게 감사, 리사가 태도를 결뎡하엿다 하면 세상에서도 이상스럽게 알 것임니다. 우리 감사, 리사들은 어제까지도 학교를 위하야 일을 하려고 애를 썻슴니다마는 리면에 가리여잇는 흑막을 발견하고는 단연 돌려보내는 사표는 아니 밧기로 결뎡하엿슴니다. 감사 중 오동준, 주뎡균 량씨가 참예를 못하엿슴니다마는 우리와 보됴를 가치

92) '辯護士 朴勝彬氏를 新任敎長으로 推薦', 『동아일보』 1925년 9월 29일.
93) '普傳校 又復 紛糾', 『시대일보』, 1925년 11월 27일.

취할 줄로 압니다"하고 말하더라."[94]

학교가 내분으로 치닫자 학생들도 가만히 있지 않았다. 학생회를 중심으로 사표를 제출한 박승빈 교장과 이사 세 사람을 유임시켜야 한다고 진정을 낸 것이다. 그 즈음 교장 박승빈이 당국과 교섭하여 졸업생들에 대해 고등문관시험을 철폐하도록 건의하는 등 학생들 입장에서는 새로운 교장이 학교와 학생들을 위해 백방으로 노력하고 있다고 생각했기 때문이다. 학생들은 모임을 갖고 해결책을 강구하던 중 평의원회에서 교장과 이사의 사표를 반환하기로 의결하자 해산하고 사태는 진정이 되었다.[95]

박승빈이 보성전문학교의 교장에 취임한 것은 그의 나이 46세(1925년) 때였다. 한창 나이에 변호사 일을 멈추고 재정난에 빠진 보성전문학교를 맡게 된 것이다. 그때의 사정을 후일 『동아일보』는 다음과 같이 서술하고 있다.

"유성준씨도 1년을 다 못하야 그만두고 다시 서상환씨가 대리를 보다가 대정14년 9월에 현재 교장 박승빈씨가 취임한 후 오늘까지 7, 8년 동안을 하로가티 학교를 유지하야 나가기에 전력하얏다. 그 어려운 경영을 마터가지고 나감에는 물론 그 뒤에 학교를 살리기 위하야 정성을 앳기지 안은 몃몃 리사의 도움이 컷다 할 수 잇지마는 박 교장의 쓰거운 정성은 학교 력사에 영원히 남어 잇슬 것이다.

존폐의 기로에 직면하기가 몃 번이며 뜻잇는 이의 눈물을 자아내기가 몃 차례되든고. 춘풍추우 30년 조선의 풍운의 소장과 더부러 부침하는 동안에 파란 만흔 그 생애가 얼마나 쓰라리엇든고! 그러나 사나운 풍설을 헤치고 피여나는 한썰기 매화꼿가티 어두운 밤 가튼 조선사회에 1천 3,4십이라는 밝은 등불을 켜 노핫다. 육영사업의 위대함이어!"[96]

94) '絶對辭任을 決議', 『동아일보』, 1925년 11월 30일.
95) '教長 留任 運動, 학생회의 태도', 『동아일보』, 1925년 11월 30일.
96) '甫成學校來歷 3', 『동아일보』, 1932년 4월 1일.

유길준의 동생이자 이승만과 한성감옥의 동기였던 유성준이 보성전문학교 제7대 교장이었으나 학교 운영은 매우 어려웠다. 『고대 60년지』(1965) 서문에는 당시의 상황이 이렇게 묘사되어 있다.

"1922년은 실로 본교 역사상 하나의 획기적인 해였다. 그러나 그 후의 진로는 반드시 평탄하지는 못하였으니, 그것은 일본인의 직접, 간접의 간섭과 물가의 변동, 재단운영의 부진 등 정치적, 경제적인 요인이 연유된 것이었다. 이러한 만성적 위기에 당시 세계적 공황의 영향도 겹쳐 마침내 1932년경에 난관은 극복하기 어려운 경지에 처하게 되었다."

박승빈이 보성전문학교를 맡을 때 학교가 얼마나 힘든 상황이었는지를 알 수 있다. 일본인들의 간섭과 방해, 경제적 어려움 등이 계속되었다. 박승빈은 7년 동안 학교를 운영하면서 이러한 난관을 극복하고자 노력했다. 재정을 확충하고 토지를 구입하는 등 학교 정상화를 위해 백방으로 뛰어다녔다. 박승빈의 노력으로 1926년 이후로는 재단이사회나 평의원회의 혼란은 보이지 않았고 재단운영도 다시 궤도에 오르게 되었다. 그는 1927년 2월에는 경기도 일원에 많은 토지를 구입하는 등 본격적인 활동을 전개하였다.[97]

---

97) 천소영. 1981. 앞의 논문. pp.21-22.

역대 보성전문학교 교장(右로부터) 유성준, 고원훈, 허헌, 박승빈

— 1932월 6월 2일 『동광』 제34호

　교장이 된 이후에도 학생들 사이에서 교장 박승빈은 신망이 두터웠던 것으로 보인다. 그 한 예로 1926년 6월 10일 순종 장례식에 벌어진 소위 '6.10 만세사건'을 들 수 있다. 시내 곳곳에서 만세 운동에 참여하다 수백 명의 학생들이 체포당하는 일이 벌어졌다.[98] 그 때 현장에서 무장경관에게 체포당한 이백 여명의 학생과 수십 명의 군중은 장의행렬이 끝나자마자 즉시 십여대의 자동차로 전부 종로서에 이송되어 엄중한 조사를 받았다. 이때 교사들도 배후 조종을 한 혐의로 체포되었는데 보성전문학교장 박승빈도 이러한 이유로 검거되어 조사를 받았다.[99]

---

98) 대략 학교별로 수감된 학생 현황을 보면 경성제대 2명, 연희전문 50명, 세브란스의전 30명, 보성법률전문 40명, 중앙고보 60명, 배재고보 4명, 양정고보 3명, 모여자고보 1명, 도립사범학교 10여명 등이었다. <1926년 6월 11일 『시대일보』>

학생들에 대한 박승빈의 열망은 매우 큰 것이었다. 1927년 5월 6일 개교 23주년 기념식에서 박승빈이 학생들에게 한 훈화에서 그러한 열망을 엿볼 수 있다.[100]

> "23년 전에 아직 조선의 문물이 극히 유치할 때에 신문명을 수입하는 유일의 최고 학부로 탄생되여 이 학교의 졸업생으로 말미암아 근대문명 이 조선사회에 공헌 된 바가 만흐니 학생 제군의 책임이 광채 잇는 넷일을 도라보아 더욱 중대하다."

박승빈은 교장을 맡으면서 학교 정상화와 인재육성에 매진했다. 이로 인해 재임 기간 동안은 자신의 변호사 업무를 수행하지 못할 만큼 학교일 에 정성을 다했다. 1930년 10월『별건곤』잡지 제33호에 실린 대담 내용을 보면 이러한 사정이 잘 드러나 있다. (현대역)

> 기　자: 요사이도 法廷에 들어가십니까?
> 박승빈: 웬걸요. 法廷에 나가지 않은지가 벌써 4,5년이나 됩니다. 學校 일을 맡고부터 그만둔 셈이지요. 더구나 朝鮮語硏究에 全精 力을 다 쓰고 있는 터이니 어디 그런 걸 돌아나 볼 餘暇가 있나요. 시방은 所屬된 곳이 없이 그저 辯護士란 이름만 가지 고 있습니다.[101]

박승빈의 이러한 노력에도 학교의 재정 상황은 그리 녹녹지 않았다. 세계 경제 공황에 식민지 조선의 한계가 어두운 그림자를 계속 드리우자 박승빈과 학교는 새로운 운영자를 물색하게 된다. 그때 등장한 이가 같은 계명구락부 회원이며 민족사업가인 인촌 김성수이다. 『고대 60년지』

---

99) '자동차로 속속 검거. 생도 교사 2백여명, 주요한 학교에 모두 관련된 듯',『시대일보』, 1926년 6월 11일.
100) '23週年 맛는 普專의 記念式',『동아일보』, 1927년 5월 6일.
101) '一問一答記(7)',『별건곤』제33호, 1930년 10월 1일.

(1965)에는 당시의 상황을 다음과 같이 설명하고 있다.

"이와 같이 교장 박승빈은 재단법인의 재정 확보에 대하여 부심하고 학교발전에 힘써 신교사의 건설을 지향하였으나 당초의 기부정서에 대한 독촉과 정리가 여의치 못하고 재원은 점차로 궁핍하게 되어, 1931년 가을부터 학교를 부활시킬 특지가를 백방으로 물색하게 되었다. 그러던 중, 1932년 3월 27일에 새로이 임명된 재단법인 보성전문이사회는 이사 박승빈저(邸)에서 이사회를 개최하고 교장의 사표를 수리하면서 후임에 인촌 김성수를 초빙하였다. 그러나 김성수는 당분간 박승빈의 협조를 청하매 김성수가 정식으로 교장에 취임한 것은 동년 6월이었다. 따라서 그동안의 복잡한 재단의 이사회와 평의원회의 파쟁 속에서 거중조정(居中調停)에 온갖 노력을 경주하여 학교경영에 진력한 교장 박승빈의 노고는 크게 위로되어야 할 일이었다."

"박 교장의 뜨거운 정성은 학교 역사에 영원히 남아 있을 것이다."라는 세인들의 평가처럼 교육운동에서도 박승빈은 커다란 족적을 남겼다.[102]

4.2. 교육철학

박승빈도 개화기 지식인들이 공통적으로 관심을 가진 문맹퇴치와 국민교육에 대해 지대한 관심을 가졌다. 박승빈이 문맹퇴치의 방법으로 가장 효과적이라고 생각한 것은 의무교육을 실시하는 방안이었다. 또 전국 각지에 보통학교 숫자를 많이 늘리고, 학령 아동의 취학문제를 근본적으로 해결하려면 의무교육 제도를 실시해야 한다고 주장했다.

---

[102] 보전 창립 30주년 기념사업을 위해 박승빈이 일천원의 기부금을 냈으며(1935년 3월 5일 『동아일보』), 보전30주년 기념사업회에서 삼십만원 기부금 모집을 위한 실행위원으로 박승빈이 선정되었다.(『매일신보』, 1933년 11월 6일)

"글 모르는 사람을 업시하는데야 의무교육(義務敎育)을 식히는 것이
데일이겟지요마는 이것을 실행할 수가 잇슬는지 업슬는지가 문데이지
요. 현금 우리 조선사람 생활이 자녀로 하여곰 의무교육을 밧게 할 만한
여유가 업는 것이 사실이지마는 여하간 제도(制度)나 의무교육제로 되
엿스면 엇더할가 합니다. 그리고 조선 각도 각디에 보통학교 수효를
훨신 느려서 학령아동의 취학문데 갓튼 것도 해결을 하여야 할 일이지
요."103)

그러나 현실적으로는 의무교육을 실시하고 보통학교를 증설하기 위해
서는 막대한 예산이 든다는 점을 지적하면서 당국에서 성의만 있다면
가능할 것이라고 강조했다.

박승빈은 문맹퇴치 사업에 힘을 실어주기 위해 강연자로도 적극 참여했
다. 1928년『동아일보』는 창간 8주년 기념사업의 하나로 조선의 8할 이상
이나 되는 '글장님'에게 글을 가르치는 문맹퇴치 운동을 대대적으로 일으
키고 있었다.

"… 그렇면 諸君은 이 父兄의 그러고 鄕黨의 至愛와 歡待를 받으면서
如何하다 생각하느뇨. 호을로 諸君의 一身을 깃버하는가. 돌아다보아
諸君이 責任이 重大함을 늣기는가. 自我의 一身을 獨尊하다 생각하는
이는 그만두어라. 그러나 多少라도 自我의 存在와 責任을 回顧할 사람이
면 諸君의 周圍의 現實을 凝視하라. 諸君의 故鄕에는 朝鮮 文字를 모르
고 算術數字도 모르는 이가 얼마쯤 잇는가. 그러고 諸君의 故鄕人은
얼마나한 非衛生的 非保健的 狀態에 잇는가. 아마도 한 고을의 7割의
人民은 文盲의 狀態에 잇고 9割 以上은 非衛生的 非保健的 狀態에 잇슬
것이다. 諸君은 이것들을 그대로 보랴는가. 한 글자라도 가르치고 한
가지라도 改良시키랴는가. …"104)

---

103) '文盲退治의 實際的方案如何(二) 普成專門 朴勝彬',『동아일보』, 1927년 1월 6일.
104) '社說, 奉公的 精神을 涵養하라',『동아일보』, 1931년 7월 16일.

동아일보사의 브나로드 운동

　박승빈은 문맹퇴치 운동을 독려하는 강연회에서 강연자로 나서기도
했다. 그러나 이 운동은 일본 경무당국으로부터 탄압을 받기도 했다. 『동
아일보』는 1928년 4월 1일을 기점으로 문맹퇴치 운동을 대대적으로 벌이
기 위해 몇 달전부터 경성 본사와 조선 각도 각지에 산재한 수백명의
분국원이 모든 힘을 기울이고 있었다. 사회 각 방면에서도 열렬한 후원을
보내주었고 모든 준비가 끝나가고 있던 시점인 3월 28일 갑자기 경무당국
으로부터 문맹퇴치의 선전운동을 일체 금지한다는 명령이 내려온다.[105]
　보성전문학교 교장으로 있으면서 박승빈은 중등교육의 개선방안에 대
해서도 구체적인 견해를 피력했다. 현행 사회제도와 교육령 아래서는
중등교육의 문제가 크게 나아질 수 없다는 견해를 밝혔다. 구체적으로
수학여행과 학교 교사를 일반인에게 개방하는 문제에 대해서도 입장을
밝히기기도 했다. 수학여행의 목적지를 선택하는 데 학생들에게 선택권을

---

105) ‘萬般準備가 完成된 今日 文盲退治 宣傳 突然 禁止’, 『동아일보』, 1928년 3월 29일.

주는 문제, 현장에 가서 무엇을 보고 배울 것인가 하는 점도 충분히 연구하여 개선할 필요가 있으며, 학교 개방 문제에 대해서는 사회사업을 위해 방과 후 학교를 개방하는 것도 의의가 있지만 학교의 사정을 고려하여 실시해야 하고 개방 이전에 학교의 낙후된 시설을 먼저 개선해야 한다는 점을 언급하기도 했다.[106]

4.3. 민족교육을 수호하다

일제는 일선융화(日鮮融化)와 내지연장주의(內地延長主義)를 실현하기 위해 학교에서 공학제(共學制)를 추진했다. 공학제란 조선인과 일본인이 함께 공부하는 제도로 총독부가 이 제도를 밀어붙이려는 움직임이 일어나자 사회 각층에서는 이에 대한 우려의 목소리가 높았다. 『동아일보』 1928년 4월 16일자 사설에는 "共學問題에 對하야"라는 제목으로 공학제의 우려를 나타냈다.

> "當局이 共學制를 쓰라는데는 表面上 理由로 하는 經費節約이 重大한 것이 아니라 그 實 그 裏面에 그네가 말하는 日鮮融化를 圖하야 內地延長主義를 徹底히 實現하려는 것이 보다 重要한 目的인 줄을 吾人은 推測한다."

공학제에 대한 반발이 거세지자 일제는 슬그머니 이를 철회했다. 그러다가 1935년에 다시 공학제를 꺼내들었다. 그해 10월 『조선일보』는 이러한 움직임을 간파하고 공학제에 대한 사회 각층의 인사들의 여론을 수렴하는 특집기사를 연속해서 실었다. 공학제의 문제를 다시금 세상에 알리고 여론을 한 곳으로 모으기 위한 것이었다. 10월 10일에는 이에 대한 박승빈의

---

106) '現實에서 빗처본 中等敎育 改良方針 問題 설문', 『별건곤』 제33호, 1930년 10월 1일.

의견이 실렸다. "상상만해도 비참, 고유한 민족문화 옹호를 위하야"라는 제목에서 알 수 있듯이 공학제에 대한 박승빈의 반대 입장은 단호했다.

"일전에 모신문의 보도에 의하면 학무당국자의 책임잇는 말이라하야 당국이 공학제 실시방침을 부인하엿고 또 공학제를 실시한다드라도 조선어과를 폐지할 방침은 아니라고 하얏스니 그것은 대단히 모호한 말입니다. 지금 위정자가 공학제를 실시하려는 방침은 어제오늘에 생각 난 일이 아니고 이미 오래전부터 유형무형한 가운데서 준비하여온 사실 로 남은 것은 단지 시일문제 뿐이 아닌가 생각할 만한 근거가 잇슴은 더 말할 것 업습니다. 이 공학제가 실현되는 날이면 조선어와 이를 긔초 로 삼는 조선의 고유문화라는 것이 점점 쇠퇴하여지고 나종에는 존재까 지 위태하여 질 것은 당연한 귀결이라고 봅니다. 그러치 안허도 요사히 소위 청년학도들중에 조선글과 조선말을 변변히 아는 자가 심히 적어 한심한 일인데 그나마 조선어과를 업시하게 될 경우에 이른다면 불원간 조선말이란 것은 극소수의 언어학자나 고고학자의 연구자료로서의 가 치박게 갓지 못할 비참한 결과나 맷지 안흘까 걱정됩니다."[107]

공학제가 시행되면 자연스럽게 조선어 대신에 일본어로 수업을 할 것이 고 조선어과는 물론 조선인학교도 문을 닫게 될 상황이었다. 박승빈은 바로 이러한 점을 깊이 우려했다. 머지않아 조선어는 사라지고 박물관 언어로 전락할 것이며 이에 따라 조선문화는 쇠퇴할 것이고 종국에 가서 는 민족의 존립까지도 위태로워질 것이라 우려했다.

"한민족의 정치적 변동이 그 민족의 고유문화를 표현하는 「언어」를 발전시키기도 하고 쇠퇴시키기도 하는 경험은 우리가 력사상으로 흔이 볼 수 잇는 일이지만 그 종족이 절멸되지 안는 이상 언어가 소멸되기는 대단히 어려운 일인 줄 압니다. 만약 공학제가 실시되어 그 결과로 조선말

---

107) '共學制와 各界輿論(4)-朝鮮語學研究會 朴勝彬 談', 『조선일보』, 1935년 10월 10일.

이 완전히 소멸될 수 잇는 것이라 가정해 봅시다. 그 결과로 혈통과 언어, 풍속 등이 판이한 어린애들이 감정의 충돌이 업시 원만히 나갈 수는 긔대 하기 어려운 일이니 여긔에도 위정자로서의 큰 두통꺼리가 항상 남어 잇슬 것이며 따라서 여러 가지 폐해가 만흘 것도 사실입니다. 요컨대 공학제도란 것이 고유의 언어와 문화를 업시하고 언어와 문화를 통제하는 결과를 맺는 대단히 중대한 내용을 가진 안으로 생각하면 그러케 될 것도 가트나 그는 목전의 공적만을 재촉하는 도로에 들긔하고 현명한 정치가가 대국적 견지에서 생각하는 정책과는 전혀 성질이 다른 것입니다."[108]

박승빈은 정치적인 행동이나 결정이 그 나라 언어에 미치는 영향은 실로 크다고 지적하면서 공학제가 시행되면 그 폐해는 매우 심할 것이라 예측했다. 우리말은 사라지고 혈통과 풍속도 서로 달라져 아이들은 서로 이해하지 못하고 충돌할 것이며 그 미래는 어둡기만 할 것이라 했다. 그리고 이렇게 부작용이 심각한 제도를 밀어붙인다면 그 위정자는 눈앞의 이익만을 쫓는 현명치 못한 사람이 될 것이라고 비판했다.

"하여간 지금 당국의 방침이 법령에 나타내지 안코 장차 이가튼 방침 의 유무를 확실히 말치 안는다 하드라도 오늘날 조선교육계의 추세로 보아서 자칫하면 이러한 방침이 나오지나 안흘까 하는 념려를 가지게 됩니다. 이 중대한 「모멘트」에 귀보가 널리 사회 각층의 여론을 듯는다 는 것은 시세에 가장 적합한 일로 생각합니다. 이긔회에 널리 여론을 이르켜 공학제도의 불가를 철저히 주창하여야 할줄 밋습니다."[109]

그러면서 일제가 머지않아 공학제를 밀어붙일 것을 대비하여 언론들이 적극 나서서 각계각층의 여론을 모아 거국적으로 이에 대비해야 한다고 촉구했다.

---

108) '共學制와 各界輿論(4)-朝鮮語學硏究會 朴勝彬 談', 『조선일보』, 1935년 10월 10일.
109) '共學制와 各界輿論(4)-朝鮮語學硏究會 朴勝彬 談', 『조선일보』, 1935년 10월 10일.

5. 체육 활동

5.1. 박승빈과 조선체육회

박승빈은 1920년 조선체육회가 창립할 때부터 그리고 이후 각종 경기단체가 만들어질 때마다 크고 작은 산파역을 마다하지 않을 만큼 체육에 관심이 많았으며 체육회의 발전에 크게 기여했다. 조선체육회가 창립된 것은 1920년 7월 13일이다. 물론 일본체육인이 중심이 되어 1919년 2월 1일에 조선체육협회를 조직한 적이 있으나 이는 일본체육협회의 조선지부 성격이었다. 이러한 상황에서 3·1운동이 일어나고 1920년에 일본에서 돌아온 유학생과 조선의 체육인이 힘을 모아 조선체육회를 만든 것이었다.[110]

1920년 7월 13일 저녁 8시 경성 인사동 중앙예배당에서 조선체육회 창립총회가 열렸다. 체육은 국가 사회의 건강과 관련되고 민족문화 증진에도 깊이 연관이 되기 때문에 조선체육회 창립은 매우 뜻 깊은 일이었다. 이날 장덕수가 대표로 읽은 창립 취지서에도 이러한 체육회의 의미가 잘 드러나 있다. (현대역)

<조선체육회 창립 취지서>
"(상략) 사람은 원래, 이 약동의 생명과 충실의 생명과 웅장한 생명을 수(受)하여 생(生)한지라. 그 신체는 다시 소나무와 같이 웅건하매, 그 정신은 다시 일월과 같이 명쾌할 것이어늘, 이제 그러하지 못하여 그 안색은 다색(茶色)같이 아무 광채가 무(無)하며, 그 신체는 세류(細柳)의 마른 가지 같아서 아무 기력이 무(無)하고 정신이 오직 혼미함은 하고(何故)요?

이는 안일한 생활에 떨어지며 조리(條理) 없는 처신에 빠져서 천리(天理)를 거슬러 생명의 창달을 도모치 못함이니, 이 개개인의 불행을 작(作)할 뿐 아니라 국가사회의 쇠퇴를 초래하여 현재에 지(止)할 뿐 아니라

---

110) 대한체육회. 1965. 『대한체육회사』, p.66.

또한 장래에 유전하여 써 자손에 급(及)할지니, 정(正)히 멸망의 도(途)를 자취(自取)함이라, 그 어찌 오인(吾人)의 한심(寒心)할 바 아니리요.

차(此)를 회복하여 웅장한 기풍을 작흥(作興)하며 강건한 신체를 양육(養育)하여 써 사회의 발전을 도모하며 개인의 행복을 기망(企望) 할진대, 그 도(途) 오직 천부의 생명을 신체에 창달케 함에 재(在)하니, 그 운동을 장려하는 외(外)에 타도(他道)가 무(無)하도다.

우리 조선 사회에 개개의 운동 단체가 무(無)함이 아니라. 그러나 이를 후원하며 장려하여서 조선 인민의 생명을 원숙 창달하는 사회적 통일적 기관의 흠여(欽如)함은 실로 오인(吾人)의 유감이고 또한 민족의 수치로다. 오인은 자(玆)에 감(感)한 바 유(有)하여 조선체육회를 발기하노니, 조선사회의 동지 제군자(諸君子)는 그 내(來)하여 찬(贊)할진저."
1920년 7월 13일

신체가 강건하지 못하고 기력이 쇠하면 정신까지 혼미하여 개인의 불행은 물론이고 국가와 사회가 쇠퇴하는 첩경이라는 말이다. 이를 극복하여 개인의 행복과 사회의 발전을 도모하고자 체육 단체를 만들었다는 내용이다. 조선체육회의 창립을 축하하며 『동아일보』에서는 그 사설에서 창립의 취지와 의미를 다음과 같이 설파했다.

"民族의 發展은 健壯한 身體로부터 아침날에 빗나는 大理石의 雄壯한 建築物은 하날이 그대로 준 바 아니오, 사람으로 하야금 美에 醉하야 恍惚한 境地에 入하게 하는 彫刻의 妙絶한 藝術品은 쏘한 自然이 그대로 준 바 아니라. (중략) 슯흐다 兄弟여 吾人의 體力은 能히 그를 許하는가? 보라 西洋人의 體格과 吾人의 그것과를. 쏘는 그의 "에나-지"와 吾人의 그것과를. 그 醜함과 그 劣함이 엇지 이에까지 過大하얏든고 이 世上은 優勝劣敗의 世上이라…智力으로 그러하고 體力으로 쏘한 그러하도다. 그러나 知와 德의 發達向上은 오즉 努力으로써 來하나니 體力이 弱한 者 그 個人과 民族은 勿論하고 엇지 그 激烈한 努力에 堪할 수 잇스리오 이에 吾人은 말하노라. 民族의 發展을 健壯한 雄强한 身體로부터 來한다고…."[111]

민족의 발전이야말로 건장한 신체로부터 나오고 건강한 신체를 노력을 통해 얻어질 수 있으니 조선체육회가 이러한 사명을 실천하는 단체가 되어야 한다는 당부이다. 식민지하에서 조선체육회에 거는 각계의 기대는 매우 큰 것이었다.

박승빈은 90여명의 조선체육회 창립 발기인 중 한 명이었다.[112] 박승빈이 조선체육회 임원으로 등장한 것은 1925년 7월 4일 제6회 정기총회를 통해서였다. 이때 박승빈은 20여명의 위원 중 한 사람으로 선출되었는데 이때 체육회는 회장단이 아니라 위원 중심의 집단지도체제였다.[113] 그 다음해인 1926년 7월에 있은 제7회 정기총회에서도 위원으로 선출된다.[114] 총회가 열린 지 며칠 후 종로의 중앙기독교 청년회관에서 조선체육회 위원회가 열렸는데 박승빈은 위원장으로 선정되어 조선체육회의 총 책임자가 된다.[115] 1927년 7월 15일 조선체육회 제8회 정기총회에서도 박승빈은 위원으로 선출되었다.[116] 1928년 7월 23일에 열린 제9회 정기총회에서는 다시 회장과 이사제로 체육회가 운영되었다. 이때 박승빈은 20명의 이사 중 한 명으로 선출되었다.

이후 1930년대에도 박승빈은 체육회 활동을 꾸준히 했다. 1933년 6월에 열린 제14회 정기총회에서는 회장에 윤치호, 부회장에 유억겸, 이사에 박승빈, 여운형, 송진우, 김성수 등이 선출되었으며, 전형위원으로 여운형, 박승빈이 선정되었다.[117] 1934년 2월의 신문보도에도 박승빈은 조선체육회 임원으로 소개되어 있으며,[118] 1934년 7월에 있은 조선체육회 주최

---

111) '社說, 朝鮮體育會에 對하야', 『동아일보』, 1920년 7월 16일.
112) 대한체육회. 앞의 책, p.69.
113) 당시 위원 명단은 "鄭大鉉 尹致昊 金圭冕 玄相允 姜邁 嚴柱益 朴勝彬 徐丙義 韓基岳 李相協 元達鎬 申興雨 崔麟 鮮于全 俞億兼 李重國 洪性夏 金道泰 薛義植 俞鎭億" 등이다.(1925년 7월 6일 『동아일보』)
114) 『동아일보』, 1926년 7월 18일.
115) 『동아일보』, 1926년 7월 22일.
116) 『동아일보』, 1927년 7월 17일.
117) 『동아일보』, 1933년 6월 1일.
118) 『동아일보』, 1934년 2월 28일.

하기체육강습회에서는 박승빈이 회장을 맡아 개회사를 했다는 기록이
있다.[119)

1935년 6월 10일에 개최된 제16회 정기총회에서는 회장에 윤치호, 부회
장에 유억겸, 상임이사에 박승빈 등 10여명이 선임되었다.[120) 1937년 7월
에 열린 제18회 정기총회에서는 회장에 윤치호가 유임되었으나 사양하여
부회장인 유억겸이 회장에, 부회장에는 김규면이 당선되었고 박승빈은
이사에 선정되었다.[121)

그러다가 1937년 중일전쟁 후 일제는 내선일체를 목적으로 1938년
7월 국민정신총력조선연맹을 발족하여 모든 민간단체의 일본화를 도모했
다. 그 직전 조선체육회는 1938년 5월 제19회 정기총회를 열고 1년간
사업계획까지 세운 터였으나 조선총독부는 체육회 임원들을 불러 해산을
강요했다. 이러한 분위기 속에서 7월 4일 조선체육회는 긴급이사회를
열고 조선체육협회와 통합을 선언하게 되는데, 이때 박승빈 등 4명이
진행위원으로 선정이 되었다. 사실상 강제 흡수통합이었고 조선체육회는
해산의 길을 걸었다.[122)

5.2. 박승빈과 조선체육연구회

조선체육연구회는 1931년 6월 22일 백합원에서 창립된 체육지도자들
의 연구 모임이다. 창립 당시에는 10명의 회원에 불과하더니 3년이 지나자
남녀 합하여 30여명에 달하고 지방으로 동래, 개성, 안악, 정주, 평양 등지
에까지 확장되었다. 그리하여 전조선의 체육지도자를 거의 망라하는 체육
연구단체가 되었다.[123) 초대임원으로는 이사에 김보영(보성고보), 김태식

---

119) 『동아일보』, 1934년 7월 26일.
120) 『동아일보』, 1935년 6월 11일.
121) 대한체육회. 앞의 책, pp.87-88.
122) 『동아일보』, 1938년 7월 5일, 대한체육회. 앞의 책, p.88.
123) '전조선 체육단체 순례 12', 『동아일보』, 1934년 3월 8일.

(중앙고보) 등이 맡았으나 회장은 사회의 명망있는 인사를 모시기 위해 공석으로 두었다. 그러다가 1931년 9월 20일에 열린 임시총회에서 보전교장 박승빈이 회장에 추대되었다.[124]

조선체육연구회에서는 1931년 11월 제1회 체육 강연회를 열어 민중에게 크게 선전하였고, 그해 겨울부터 민중보건체육법안을 고안하여 20여회의 심의를 신중히 거듭하여 드디어 1932년 5월에 완성하여 세간에 발표하였다. 1933년 여름 학생체조반원 강습회, 전조선 순회 체조강습회부터 이 고안교재(考案敎材)를 실시하였다.[125] 조선체육연구회에서는 1932년에도 7월에 중앙기독교청년회와『동아일보』의 후원을 받아 제1회 하기 체육강습회가 열렸으며, 제2회 체육강습회는 1932년 11월 12일『동아일보』학예부의 후원으로 종로 중앙기독교청년회관에서 열렸다.

박승빈은 조선체육연구회의 회장직을 계속 맡으면서 활동을 이어갔다.[126] 특히 박승빈은 소년과 청년들을 교육하는 각급 학교에서 스포츠맨십에 대한 교육의 중요성을 강조했다.

"『運動家精神』이것의 普及을 圖謀하는 施設이 생기기를 要望합니다. 朝鮮體育會를 비롯하야 各 運動에 關係하는 團體와 靑年 少年의 體育을 마타가지고 잇는 各 學校와 가서루 協致하야 때때로『運動家精神』에 關한 校內講演 가튼 일을 하얏스면 만흔 效果가 잇슬 줄로 생각합니다.『스포-츠맨쉽』이라고 하는 用語는 恒常듯는 말입니다. 그러나『스포-츠맨쉽』의 內容에 關한 講話는 그것을 드를 機會가 너무 저급니다. 講道 施設업시 그 道의 宣布되기를 바람은 자못 無理입니다. 故로 運動家精神에 當하야서도 一般이 그 內容을 정확하게 理解하는 道이 그리 滿足하지 못한줄로 생각되는 點이 잇습니다. 하물며 그것을 讚頌하며

---

124)『동아일보』, 1931년 9월 23일.
125)『동아일보』, 1933년 3월 3일, 1934년 3월 8일.
126) 1933년 조선체육연구회 제3회 정기총회에서 회장으로 박승빈이 선출되었으며(1933년 5월 20일『동아일보』), 1934년 조선체육연구회 제4회 정기총회에서도 박승빈은 회장직에 유임된다.(1934년 6월 29일『동아일보』)

崇敬하는 域에 이르르기에는 非常한 努力을 要하는 것으로 생각합니다. 더욱이 새로 자라나는 少年들을 爲하야서는 그 敎導의 施設이 切實히 必要합니다. 각 學校에서 各種 運動部를 두고 生徒에게 運動을 獎勵합니다. 그것은 그 精神的 涵養과 鍛鍊을 爲하야서 時間과 金錢을 犧牲하면서 그와 가튼 行事를 하는 것입니다. 만일 運動家精神을 除去하고 본다하면 그것은 人造로 맹그러 노흔 꽃과 가튼 것입니다. 運動家精神은 單純히 選手에게만 必要한 것은 아니라는 말을 斷言하고자 합니다. 後援 團員이며 一般人士까지도 다 가티 理解하여야 우리의 運動界의 品位가 노파질 것입니다. 나는 選手는커냥은 運動競技에는 入門도 못하야 본 사람입니다. 그러나 運動家精神 그 稀迷하게 認識하고 잇는 運動家精神에 當하야서는 高度의 崇拜心을 가지고 잇는 바입니다. 『스포-츠맨쉽』은 即 『맨쉽』이라고 생각하는 까닭에 그러합니다. 우리 運動界를 爲하야서 少年 靑年을 指導하는 地位에 게신 여러분에게 向하야 새해에는 『運動家精神』 보급에 더욱 努力하야 주시기를 바랍니다.”[127]

위의 기사는 1935년 신년 대담에서 조선체육연구회장 박승빈이 정신보급의 필요성과 각급 학교에서 스포츠맨십이 중요하니 청년 학생들을 위해 교육자들이 이에 대한 교육을 널리 펴줄 것을 당부한 것이었다. 박승빈이 학교 체육과 청소년의 정신수양 증진을 위해 얼마나 많은 노력을 기울였는지를 알 수 있다.

이즈음 전 조선체육단체를 한 데 통합하자는 움직임이 있었다. 조선체육연구회 회장 박승빈은 이에 대해 다음과 같은 견해를 피력했다.[128]

문1) 朝鮮體育團體統一에 對한 貴會의 意見은?
답변) 統一이란 어느 意味로의 말인지 모르나 縱이건 橫이건 規模잇고 系統잇게 同種類似 團體의 統一은 意義 없지 안흔 일이라

---

127) ‘精神普及에 機會를 지으라-朝鮮體育研究會長 朴勝彬氏 談-’, 『조선일보』, 1935년 1월 1일.
128) ‘全朝鮮 體育團體에 檄함(1)’, 『동아일보』, 1935년 1월 1일.

본다.

문2) 어떠케 하면 統一할 수 잇을까?

답변) 우리의 體育團體는 부끄러운 일이지만 事實에 잇어서 貧弱하
야 能力으로도 物質로도 사람으로도 그러하다. 그러함으로
完全한 活動을 하기에 若干의 힘이라도 얼마나 잇는가 疑心되
는 바다. 모든 感情, 思想을 떠나서 體育을 目標로 참으로 조흔
일이라고 생각하고 잇는 일에 좀더 지금까지 가지고 잇는 힘을
盛意 잇게 當任한 이들이 가지고 잇으면 될 일이라고 본다.

문3) 新年의 新希望은?

답변) 우리 團體로서의 新希望은 熱心히 일하는 幹部들의 懸案이
잇을 것이지만 나 個人으로서는 先手들의 運動에 對한 참 精神
樹立에 좀 더 努力하야 늘 '페어플레이'를 하여 주엇으면 한다.

체육단체가 하나로 통일되는 것도 의미가 있는 일이지만, 각 단체의
역량을 먼저 키우는 것이 급선무라 주장한다. 또한 단체들이 감정과 사상
을 떠나 체육을 목표로 해서 순수하게 성의 있게 노력하는 것이 체육인이
해야 할 일이며, 선수들이 페어플레이를 할 수 있도록 정신수양을 먼저
갖추기를 바라고 있다. 1935년에도 박승빈은 회장에 유임되었다.[129] 1936
년 7월 25일부터 5일간 제1회 체육댄스강습회가 열렸고 이때 조선체육연
구회 주사 최세은이 강사로 참여한 기록을 볼 때 1936년에도 조선체육연
구회의 활동은 계속되었을 것으로 짐작된다.[130]

그러다 1937년 총독부의 황민화 정책으로 말미암아 체육단체가 일원화
되면서 조선체육연구회는 일제에 의해 강제 해산되고 말았다. 창립부터
해산될 때까지 회장직을 맡으면서 박승빈은 조선체육연구회에 많은 애정
을 갖고 있었다. 체계적인 연구활동, 대중을 위한 강습 활동 등을 통해
조선체육계와 전문가 양성을 위해 매진했다. 이런 의미에서 1937년까지

---

129) 『동아일보』, 1935년 6월 24일.
130) 『동아일보』, 1936년 7월 14일.

조선체육연구회는 체육 경기력 향상과 과학적인 연구 등을 통해 대중 보건 운동에 이바지 했으며, 다양한 강습회 등을 통해 이러한 활동을 전국적으로 전개해 나가 체육의 대중화에도 크게 기여했다고 볼 수 있다.[131]

5.3. 조선축구협회와 그 외 단체

5.3.1. 축구협회

"축구가 한국스포츠의 지배종목이었던 만큼 중량감 있는 정재계 인사들이 축구협회를 이끌었다. 1933년 발족한 전조선축구협회 초대 회장은 박승빈 보성전문학교 교장이었다."[132]

박승빈이 조선축구협회 회장이 된 것은 1933년이었지만, 그 이전부터 축구와 인연을 맺었다. 1928년 10월에 열린 제9회 전조선 축구대회에서 박승빈은 본부위원으로 활동한다.[133] 이후 1929년 제2회 전조선 중등교 축구대회에서는 회장을,[134] 1929년 10월에 열린 제10회 전조선 축구대회에서는 대회 위원장을 맡는다.[135] 이후 1931년 제4회 전조선 중등교 축구대회 대회 회장을 맡아 개회사를 하기도 했다.[136] 그러다가 1933년 9월 19일 백합원에서 조선축구협회가 창립되었는데 초대 회장에 박승빈, 부회장에 홍성하 등이 선임되었다.[137]

박승빈의 축구에 대한 관심은 매우 높았던 것으로 보인다. 보전교장으로 있을 때는 보전 축구부를 창설하기도 했으며, 1938년 12월 조선축구협

131) 손 환. 2011. 앞의 논문, pp.1-9.
132) '한국스포츠 50년(6) 축구', 『경향신문』, 1995년 1월 16일.
133) 『동아일보』, 1928년 10월 31일.
134) 『동아일보』, 1929년 10월 12일.
135) 『동아일보』, 1929년 10월 24일.
136) 『동아일보』, 1931년 5월 27일.
137) 『동아일보』, 1933년 9월 22일.

회에서 일본에서 조선의 위명을 떨치고 당당히 개선한 축구선수를 위로하는 환영회를 개최했을 때는 내빈측 대표로 축사를 하기도 했다.[138]

5.3.2. 조선야구협회

박승빈은 조선야구 발전에도 큰 기여를 했다. 조선체육회 주최로 1924년 5월 15일부터 정동 배재운동장에서 열린 제5회 전조선 야구대회에 박승빈은 대회위원장으로 참여했다.[139] 개회식에는 130명 선수가 입장하고, 5천여 관중의 환호하에 성대히 치러졌다.[140] 1930년 9월에 『동아일보』와 4개 구락부 야구연맹이 공동주최한 제6회 구락부 야구연맹전이 계동 휘문고보 구장에서 열렸는데,[141] 박승빈이 직접 시구를 하기도 했다.[142] 1931년 6월에 전조선 야구대회와 정구대회가 동시에 열렸는데 박승빈은 대회위원장에 선임되었다.[143] 1932년 6월에 열린 제13회 전 조선야구대회에서도 박승빈은 대회위원장을 맡아 시구를 했다.[144]

5.3.3. 조선정구협회

박승빈은 정구대회에도 관심을 쏟았다. 1926년 6월에 열린 제6회 전조선 정구대회에서 위원으로 활약하였으며,[145] 1929년 7월 31일 조선정구협회 평의원회에서는 회장에 선임되었다.[146] 1931년 6월에 전조선정구대회가 야구대회와 함께 열렸을 때는 대회위원장에 선임되었다.[147] 1933년

---

138) 『동아일보』, 1938년 12월 31일.
139) 『동아일보』, 1924년 5월 4일.
140) 『시대일보』, 1924년 5월 17일.
141) 『동아일보』, 1930년 9월 27일.
142) 『동아일보』, 1930년 9월 27일.
143) 『동아일보』, 1931년 6월 11일.
144) 『동아일보』, 1932년 6월 18일.
145) 『동아일보』, 1926년 6월 3일.
146) 『동아일보』, 1929년 7월 3일.

6월 8일에 열린 조선체육회 주최 13회 전조선정구대회에서는 박승빈이 대회위원장으로 개회사를 했다.[148]

5.3.4. 조선송구협회

1939년 새로운 경기인 송구가 도입되자, 보성전문학교에서는 그해 3월 송구부를 신설했으며, 조선송구협회 초대회장으로는 박승빈이 추대되었다.[149] 송구협회 회장은 박승빈에게는 영광스러운 자리만은 아니었다. 1942년 2월 총독부가 전 조선 체육단체를 포함하는 조선체육진흥회를 설립했는데, 이 단체는 대동아 전쟁 하에 조선반도의 2천4백만 대중의 체육운동을 지도통제하며 체육의 건전한 보급을 꾀한다는 미명 아래 황국 신민으로서 심신의 연성과 전력증강을 배가하자는 취지를 내세우며 종래의 각종 운동단체를 해산하고 하나의 단체를 조직한 것이다. 박승빈은 당시 송구협회 회장을 맡고 있어 자동적으로 진흥회에서 송구 단장으로 위촉된 것으로 보인다.[150]

5.3.5. 각종 종목

박승빈은 조선체육회 임원과 조선체육연구회 회장으로서 각종 경기대회에 참석하여 격려와 후원을 아끼지 않았다. 대략적인 예를 보이면 다음과 같다.

1925년 6월 제2회 전조선 육상경기 금품 기증 (1925년 6월 27일 『동아

---

147) 『동아일보』, 1931년 6월 11일.
148) 『동아일보』, 1933년 6월 9일.
149) 『동아일보』, 1939년 3월 19일.
150) '조선체육진흥회에는 20여개 가까운 단체와 그 장들로 구성되었다.', 『매일신보』, 1942년 2월 15일.

일보』)

1929년 6월 제10회 전조선 경기대회 대회위원장 (1929년 6월 13일 『동아일보』)

1931년 11월 양정고보 김은배군 마라손 세계신기록 표창식 준비위원 (1931년 11월 12일 『동아일보』)

1932년 3월 마라손 경주대회 금품 기증 (1932년 3월 24일 『동아일보』)

1932년 6월 권투선수 황을수군 도미 금품 기증 (1932년 6월 30일 『동아일보』)

1932년 9월 김은배군 환영회 발기인 (1932년 9월 14일 『동아일보』)

1932년 9월 김은배군 환영회 환영사 (1932년 9월 17일 『동아일보』)

1933년 7월 제2회 율동유희 하기강습회 회장 (1933년 7월 30일 『동아일보』)

1935년 9월 세계제패를 목표로 한 올림픽의 밤, 격려사 (1935년 9월 11일 『조선중앙일보』)

1935년 9월 제16회 종합경기대회 이사 (1935년 9월 27일 『조선중앙일보』)

1935년 12월 조선일보사 종합경기소감 비판좌담회, 사회 (1935년 12월 13일 『동아일보』)

박승빈은 1943년 세상을 떠나기 직전까지 조선체육계에서 중요한 역할을 담당했다. 조직을 만들고, 후진을 양성하면서 조선체육 발전에 커다란 기여를 하였다. 이것은 민족의 발전은 건강한 신체로부터 나온다는 박승빈의 철학에 기인한다. 박승빈이 체육계에 이바지한 공로는 사후에 인정받았다. 대한체육회는 1949년 10월 15일 30주년 기념행사에서 박승빈의 공로를 인정하여 공로장을 수여했다.[151]

---

151) 『동아일보』, 1949년 10월 17일.

6. 마무리

이 장에서는 박승빈이 법조인은 물론이고 사회운동가로서 활약했던 내용을 중심으로 다루었다. 특히 법조인의 생활 이외에 계명구락부와 잡지『계명』을 중심으로 펼친 계몽운동가, 교육자로서의 면모와 조선체육회와 조선체육연구회를 중심으로 한 체육인으로서의 박승빈의 활동과 모습을 살펴보았다.

먼저 정치 경제적 측면에서의 활동을 살펴보았다. 박승빈을 비롯한 몇몇 지식인이 3·1운동 이후 자치운동을 벌였는데, 이에 대해서는 논란이 분분하다. 소극적 독립운동으로 봐야 할 것인가, 매국노로 봐야 할 것인가, 아니면 타협적 민족주의적인 생각으로 봐야 할 것인가. 이에 대해서는 역사학계에서 아직도 논란이 있다. 따라서 여기에서는 이에 대한 평가보다는 객관적 사실을 중심으로 기술하려고 했다.

박승빈이 애국당 사건이나 조선 독립선언 사건의 변론에 참여했던 것을 보면 박승빈의 정치적 입장이나 견해를 미루어 짐작할 수 있을 법도 하다. 또한 일제의 경제 침탈에 맞서 주식회사를 설립하고 조선물산장려운동을 펼친 것을 보아도 박승빈의 민족주의자로서의 모습을 엿볼 수 있다. 특히 잡지 필화 사건이나 인권 탄압에 맞서 저항한 일 등도 민족주의자로서의 박승빈의 면모를 잘 대변해 주고 있다.

계명구락부와 기관지『계명』은 박승빈의 사상과 계몽 운동의 전초적 기지 역할을 했다. 계명구락부를 통해 같은 생각을 가진 지식인들을 규합하고 교류했으며, 여기서 마련된 신생활 운동을 지속적이고도 효과적으로 전개하는 데 계명구락부는 큰 역할을 했다. 또한 구락부에서는 지속적으로 대중 강연과 강습회를 주최하여 사람들에게 새로운 생각을 전파시키려고 노력했다. 잡지『계명』을 통해서는 이러한 생각을 문자로 기술하여 좀 더 많은 사람들이 오랫동안 보고 배울 수 있도록 했다. 그런 의미에서 계명구락부는 박승빈에게는 생각의 중심지이자 실천의 장이었다. 박승빈

은 세상을 떠나는 순간에도 계명구락부 이사장이라는 직함을 갖고 있을
만큼 애정이 강했다.

　박승빈은 신생활 운동을 자신이 직접 실천하면서 사람들에게 모범을
보였다. 인도의 마하트마 간디(1869-1948)가 신생활 운동을 몸소 실천하
면서 국민들을 설득했던 것처럼 박승빈도 자신의 주장을 생활 속에서
실천했다. 박승빈이 구체적으로 간디를 언급한 일은 없으나 당시 간디가
박승빈보다는 11살 위였고 변호사이면서 민족해방운동의 지도자로 역할
을 하고 있었다는 사실은 잘 알고 있었을 것이다. 간디가 도덕적 자기개선
을 통해 진리에 다다를 수 있다고 믿었던 것처럼[152], 박승빈도 새로운
사상과 새로운 문화를 통해 우리 민족이 깨어나야 독립할 수 있다고 믿었
던 것은 아닐까 생각해 본다.

　박승빈은 1925년부터 보성전문학교 교장을 맡으면서 교육 일선에서
다양한 활동과 교육 철학을 몸소 실천했다. 주업인 변호사 일을 모두
포기하고 학교일에 매달릴 정도로 박승빈은 온 힘을 쏟았다. 학교 행정은
물론이고 조선어문법 등을 가르치면서 교육 현장을 경험했다. 박승빈이
교장을 인촌 김성수에게 넘긴 것도 우연만은 아닐 것이다. 법률가와 자본
가로 두 사람이 걸어온 길은 다르지만 민족을 바라보는 관점은 서로 같지
않았나 생각해 본다. 그밖에 문맹퇴치교육, 의무교육, 학부모 참여 교육
등의 아이디어는 선진적인 생각이 아닐 수 없다. 또한 일제의 공학제
추진에 맞서 조선어와 조선문화를 수호하고자 하는 강력한 의지를 엿볼
수 있었다.

　박승빈이 체육단체에 참여한 것은 무엇보다도 그가 정신과 건강이 함양
된 근대인을 양성하는 데 관심이 많았기 때문이다. 3·1운동 이후 문화정치
기에 체육 활동은 조선인들이 자신들의 울분을 표출할 수 있는 창구 역할도
했다. 그런 의미에서 박승빈은 체육 활동이 중요하다고 생각했음이 분명하

---

152) '간디', 『철학사전』, 2009, 중원문화.

다. 박승빈이 축구, 야구, 송구 등을 비롯해 거의 모든 종목에 관심을 가졌던 것은 그의 스포츠에 대한 철학을 잘 보여준다. 또한 그가 당시 사회적 명망가였다는 점, 그리고 무엇보다도 보성전문학교 교장이었다는 점도 박승빈이 체육 활동에 적극 참여하게 된 중요 요인이었을 것이다.

박승빈은 1936년 이후 세상을 떠날 때까지 이전부터 해오던 다양한 사회문화 운동을 지속적으로 펼쳐갔다.

제II부 | 국어연구와 국어운동

국어연구 활동

1. 둘러보기

이 장에서는 박승빈의 국어연구에 대해 조망한다. 먼저 박승빈이 우리 말글에 관심을 가졌던 일본 유학 시절, 그리고 검사로서『일본국육법전서』 를 우리말로 번역하여 출간한『언문일치일본국육법전서(言文一致日本國 六法全書)』에 대해서 다룬다. 이 번역서를 통해 박승빈이 자신의 문법 이론과 철자법을 세우고자 노력했던 내용도 살펴볼 것이다.

두 번째로는 박승빈의 초기 언어 의식과 문법 의식에 대해 살펴본다. 박승빈은 1921년 계명구락부 기관지『계명』이 창간되자마자 기다렸다는 듯이 자신의 언어관, 문법과 철자법, 그리고 우리말글에 대한 견해를 지상 으로 발표한다.『계명』창간호부터 3회에 걸쳐 연속으로 실린 그의 논문 '조선언문(朝鮮言文)에 관한 요구'(1)(2)(3)을 통해 박승빈이 당시에 가지 고 있었던 우리말글에 대한 인식의 세계는 어떠했는지를 살펴본다. 이와 더불어 박승빈이『계명』창간호부터 8호까지 연재한 "언문후해(諺文後解: 언문뒤푸리)"에도 그의 문법 의식이 잘 드러나 있다.

세 번째로는 박승빈의 초기 문법 이론을 다룬다. 박승빈이 주시경 학설 로부터 영향을 받았지만 점차 독자적인 길을 걷게 되고, 1927년 "「ㅎ」는 무엇인가?"라는 연속 논문을 통해 박승빈은 학술적으로 주시경의 학설을 공개적으로 비판하면서 자신의 문법 이론을 제시한다. 이 논문에 담겨 있는 내용과 이 논문이 갖는 의미가 무엇인지를 고찰할 것이다.

마지막으로 박승빈의 주요 저서에 대해 살펴본다. 1931년에 민중서원에서 출간한 『조선어를 羅馬字로 기사함의 규례』를 비롯하여 1931년에 출간한 『조선어학강의요지』, 박승빈의 대표저서인 『조선어학』(1935), 1936년 조선어학연구회에서 발행한 『조선어학회사정「한글마춤법통일안」에 대한 비판」』, 그리고 박승빈의 마지막 문법책인 『간이조선어문법』(1937)에 이르기까지 박승빈의 주요 저서에 대해 요약·정리하고 그 의미를 간략히 살펴볼 것이다.

2. 국어연구의 시작

박승빈이 우리말 문법에 관심을 기울인 것은 일본 유학시절부터였다. 어릴 때는 한문을 공부했으나 서울로 상경하여 신학문을 접하고 일본 유학을 가서는 법률 공부를 하면서 우리말글에 대한 관심을 가졌다.

> "어릴 째에는 공자 맹자 시전 서전이니하고 한문공부만 하다가 젊을 째에 들어서서는 법률학을 마초고 변호사의 생활에까지 연장햇섯습니다마는 일본서 법률방면으로 연구할 쌔 그쌔부터 나의 가슴에는 조선어에 대한 애착이 싹을 트기 시작햇든 것입니다. 지금 생각하면 생각할스록 우연치 안흘 일만 가틉니다."[1]

박승빈이 일본 유학시절 조선어에 관심을 가졌다면, 25세 때에 일본 유학을 떠났고 28세 되던 1907년 7월에 학업을 마치고 귀국했으니, 1904

---

1) '書齋人 訪問記(七) 普專校長 朴勝彬氏', 『동아일보』, 1928년 12월 18일.

년부터 1907년 사이라고 볼 수 있다. 후일의 신문 인터뷰에도 이를 뒷받침
해 주는 내용이 있다.

> "과거 23년 간 생활은 朝鮮語學研究 그것입니다. 장래 10년 간? 아니
> 일생에 할 일도 또 그 것임으로 결정되어서 있습니다."[2]

위의 내용은 1930년 잡지 『삼천리』에서는 신년을 맞아 사회 저명인사들
에게 과거 10년에 한 일과 장래 10년에 할 일을 설문하는 기사에서 박승빈
이 한 말이다. 1930년 1월을 기준으로 했을 때 23년 전부터 조선어 연구를
시작했다는 점을 고려하면 1907년 정도가 된다.

그렇다면 박승빈은 법률 공부를 하면서 왜 우리말과 우리글에 대해
관심을 가졌을까? 이에 대한 구체적인 자료를 찾을 수 없으나 그 실마리가
되는 자료가 바로 『言文一致日本國六法全書』라는 책이다.

『언문일치일본국육법전서』〈헌법〉 표지와 판권
(고려대학교 육당문고 소장)

---

2) '過去 十年에 한 일 將來 十年에 할 일', 『삼천리』 제4호, 1930년 1월 11일.

이 책은 1908년 10월 20일 서울 신문관에서3) 출간되었다. 박승빈이 귀국 후 1907년부터 판검사로 재직하면서 일본의 법전을 우리말로 번역하는 작업을 했고, 마침내 1908년에 번역서를 완성하여 세상에 내놓은 것이다.4)

이 번역서는 일본의 헌법, 민법, 상법, 민사소송법, 형사소송법, 구형법 등 여섯 가지의 법률을 우리말로 번역한 것으로, 책 제목에 '언문일치'라 붙인 것은 전문가 뿐 아니라 일반인도 알기 쉽게 쉬운 언문일치체(즉 담화체)로 번역했음을 말해준다.『황성신문』1909년 1월 15일자 광고란에는 이 책에 대해 다음과 같이 소개하면서 신형법과 그 시행법도 조만간 출간할 것이라 말하고 있다.(띄어쓰기 필자)

> 學凡 朴勝彬先生 譯, 言文一致日本國六法全書
> 合冊(洋裝美本) 定價二圜二十錢 分冊憲法三十五錢 △民法八十錢 △商法六十錢 △刑法(舊)二十五錢 △民事訴訟法七十錢 △刑事訴訟法二十五錢 △新刑法과밋 그 施行法도 不遠出售 △郵送費不要 (但 合冊은 今月念間出售)
> 此書는 法學界의 泰斗 朴勝彬先生이 學界의 便益을 圖ᄒ야 年餘를 研精ᄒ야 言文一致로 譯成ᄒᆫ 것이니 法學界에는 毋論이오 日文의 譯法과 國語의 文典을 研修코자 하ᄂᆫ 者에게도 無等ᄒ 好叅考라
> 漢城南部絲井洞五十九統五戶
> 総發售處 新文舘

---

3) 신문관(新文館)은 1907년 최남선이 설립한 출판사로『소년』,『청년』등의 근대 계몽을 위한 잡지를 편찬 보급했다. 안창호 등이 1907년에 설립한 '신민회(新民會)'가 새로운 국민인 '신민'을 이상으로 내 걸었다면, '신문관'은 새로운 말과 글로 된 새로운 문화인 '신문'을 이상으로 내걸었다. 신문관에서는 국주한종(國主漢從), 언주문종(言主文從) 등 글보다는 말을 더 강조했으며 글도 구어체로 쓰는 것을 권장했다.(최학주, 2011, 앞의 책, pp.139-144). 이런 점을 고려할 때, 1908년 박승빈이 언문일치 번역서를 신문관에서 출간한 것도 일본 유학시절부터 맺었던 최남선과의 인연도 있었겠지만, 신문관의 이상과도 맞았기 때문이 아니었을까 추측해 본다.
4) 박승빈이 1921년 9월에『계명』3호에 발표한 논문(朝鮮言文에 關한 要求 (3))에는 "명치 40년에 내가 언문일치 일본국육법전서라는 책을 번역하여 동 41년에 간행하였는 바"라는 대목이 나온다.

分售處 京鄉各書舖

법학계는 물론이고 일본어 번역이나 국어의 문법을 연구하고자 하는 사람에게도 매우 유용할 것이라는 말은 이 책의 법사학적 가치는 물론이고 언어학적 가치와 의미를 엿보게 한다.

개화기 우리나라 뿐 아니라 일본이나 중국에서도 언문일치운동이 활발하게 전개되었는데, 이는 국민들을 위한 계몽사업의 첫걸음이었다. 쉬운 일상적 문체로 정보를 전달하여 좀더 빨리 국민들을 각성시키자는 취지였다. 흥화학교에서 신학문을 접하고 일본에 유학하여 선진화된 문물을 몸소 체득한 박승빈으로서는 법률도 일반인이 쉽게 알 수 있도록 해야 한다는 생각을 했을 것이다.[5]

이러한 박승빈의 계몽에 대한 생각은 그의 유학시절에 확고히 형성되었을 것이다. 앞서 생애 부분에서 언급했듯이 박승빈은 '국민지법률적정치적 사상지발전(國民之法律的政治的 思想之發展)'이 '애국의 목적'을 달성하는 데 중요한 요인 중 하나라고 했다. 따라서 박승빈은 국민들이 법률적으로도 깨어 있어야만 진정한 개화인이 될 수 있다고 믿었고 그래서 법전을 번역한 것이다.

또한 이 책의 성격이 번역서, 훈독문, 언문일치라는 점도 주목할 만하다. 박승빈이 일본 유학 당시 일본은 이미 번역과 훈독문, 그리고 언문일치 사상이 보편화되어 있었으며 진보와 계몽의 상징이었다. 서양의 저서를 일본어로 번역할 때 한문 대신에 훈독문으로 번역하였고, 그 실용성으로 인해 점차 세력을 넓혀가면서 구어성을 반영하기 위해 언문일치체와 만나게 되면서 훈독문은 현대문으로 자리 잡았던 것이다. 훈독문이 '탈(脫)'한

---

5) 이러한 내용은 박승빈의 큰딸 박성원의 회고에서도 엿볼 수 있다. "조선 사람을 위해 조선어로 된 법전 편찬의 필요성을 절감하게 됐고 그 법전을 제대로 만들기 위해 조선어를 연구하게 됐다. 아버지(박승빈)은 일본 유학시절에 익숙해진 일어, 영어, 독어 등 외국어 문법체계와 맞먹는 조선어 문법체계를 독자적으로 만들고자 했다."(최학주, 2011, 앞의 책, p.183)

문'의 성격이었다면, 언문일치체는 '반(反)한문'의 성격이었다.6) 박승빈은 유학 시절 이 점에 주목하고, 귀국 후 법전을 번역하면서 이를 몸소 실천한 것이다. 이런 면에서 이『言文一致日本國六法全書』라는 책은 남다른 의미가 있다.

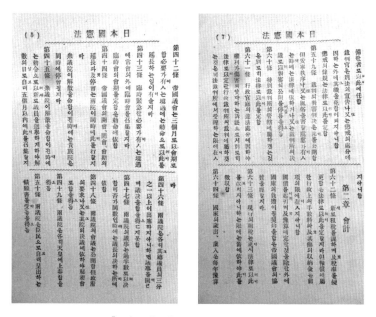

『言文一致日本國六法全書』의 일부

이 책을 통해 박승빈이 언문일치와 조선어의 특징, 그리고 일본어와 조선어의 차이에 대해 전문가적인 식견을 이미 갖추었다는 것을 알 수 있다. 책의 본문의 사례를 통해 박승빈의 언문일치체와 철자법의 실상을 좀더 구체적으로 살펴보자. (세로쓰기를 가로쓰기로 바꾸었고, 현행 규범에 맞게 띄어쓰기를 했다)

---

6) 사이토 마레시 지음, 황호덕 등 옮김. 2010. 『근대어의 탄생과 한문』, 현실문화, pp.254-255.

日本國憲法

第一章 天皇

第八條

此^이勅令은 次^{다음}會期에 帝國議會에 提出할지며 若^만일 議會에서 承諾하지 아니하는 時^째에는 政府는 將來에 向하야 其^그效力을 失^이름을 公布할지라.

第二十三條

日本臣民은 法律에 依함이 아니고 逮捕, 監禁, 審問, 處罰을 受^바ㄷ는 일이 無^업슴

日本國商法

第十八條

會社가 아니고 上號中에 會社임을 示^보이는 文字를 用^쓰ㅁ을 得^으ㄷ지 못함 會社의 營業을 讓受한 時^째에라도 亦^쏘한 同^가틈

第六十百七十八條

(상략) 保險金額의 支撥에 當하야 期間의 定함이 有^이ㅅ는 時^째에는 그 期間은 保險者가 第一項의 通知를 受^바든 時^째로自^브터 此^이를 起算함

박승빈은 이 언문일치 번역책에서 자신의 문법(그리고 철자법)의 특징을 선보였다. 몇 가지 특징을 정리하면 다음과 같다. 첫째, 이 책에서는 언문일치체를 선보였다. 박승빈은 구어체에 입각하여 말과 표기를 일치시키기 위해 노력했다. 일반사람들이 쉽게 읽을 수 있도록 하기 위해서였다. 둘째, 한문훈독법을 이용했다. 이 방식은 박승빈이 일본의 한문훈독법을 차용한 것으로 보이는데, 예를 들어 '示^보이는, 若^만일, 無^업슴, 得^으ㄷ지, 同^가틈, 有^이ㅅ는, 受^바든, 自^브터' 등과 같이 실제 한자는 전체 어휘의 뜻을 나타내지만, 그 훈은 어휘의 일부분만을 보이고 나머지는 뒤따르는 요소와 합쳐져 온전한 어휘가 완성되는 방식이다.

셋째, 용언의 표기 방식은 박승빈의 문법(용언활용법)을 따랐다. 즉, 훈독이 용언일 경우 받침을 쓰지 않고 받침에 해당하는 요소를 다음 음절

로 넘기는 방식을 취하고 있는데, 이는 박승빈 문법에서 용언의 어간을 표시한 것이다. 박승빈은 용언인 단어를 어간과 어미로 나누고, 어미는 한 단어의 최후의 어절을, 어간은 그 어미 위에 있는 음 전부를 가리켰다. 예를 들어 '높'의 경우, '노프'가 원형이고, 이 원형 가운데 '노프(니), 노파(서)'와 같이 변동되는 부분(노프 → 노파)인 '프'는 '어미'이고 변동되지 않는 '노'가 어간이 된다(이때 '니'와 '서'는 조사로서 별도의 단어다). 따라서 박승빈의 문법에 따르면 위의 용언의 예들은 원형이 '이스, 브트, 가트, 바드, 으드, 업스' 등이고 이 가운데 변하지 않는 '어간'은 '이, 브, 가, 바, 으, 업' 등이 된다. 바로 박승빈은 자신의 문법에 의거해 용언을 어간과 어미를 분석하고 변하지 않는 어간을 훈독에 작게 표기하고 변하는 부분은 구분하여 일반 줄에 표기한 것이다.

넷째, 번역서에는 겹받침 표기를 허용하지 않았으며(예: 업시), 다섯째, 받침은 8종성가족용의 원칙을 따랐고(예: 밋(及)), 여섯째, 경음 표기로 된시옷을 사용했다(예: 쏘, 쌔, 쯧).

이러한 문법(철자법)의 특징은 후에 박승빈의 저서『조선어학』(1935)에 나타난 문법과 정확히 일치한다. 따라서 이 번역서를 작성할 때 이미 박승빈의 문법(또는 철자법)의 큰 얼개가 완성되었다는 것을 알 수 있다. 이러한 사실은 박승빈이 후에 회고한 기록에도 잘 나타나 있다.

"明治 四十年에 余가 言文一致日本國六法全書라 題한 冊을 繙譯하야 同 四十一年에 刊行하얏는 바 此에 漢文訓讀法을 取하고 諺文을 余의 所定法則에 依하야 써 事會에 意見을 提供하얏스나 亦 何의 反響을 認하지 못하얏든 바, 今에 余는 此 事會의 意識의 變遷이 有함에 鑑하야 更히 此 問題를 提供하야 實際上 解決을 要求하는 바이나이다."[7]

위의 글에서 박승빈은 1907년부터 번역을 시작하여 1년 동안 작업을

---

7) "朝鮮言文에 關한 要求(3)", 1921년 9월. 『계명』 3호.

진행한 끝에 1908년 일본육법전서를 출간했다는 것을 알 수 있다. 또한 문체는 한문훈독법을 취했으며, 여기에 자신만의 독창적인 문법에 따라 표기하였음을 밝히고 있다.

이 책에서 사용하고 있는 언문일치체는 당시 통용되던 문법가의 국한문 혼용체(또는 언문일치체)와 비교해도 확연히 달랐음을 알 수 있다. (세로 쓰기를 가로쓰기로 바꾸었고, 현행 규범에 맞게 띄어쓰기를 했다)

(1) 第三 男子가 其戀愛ᄒᆞᄂᆞᆫ 女子가 有ᄒᆞ되 本來一面의 相知도 無ᄒᆞ면 其女子의 親友되ᄂᆞᆫ 女子를 尋訪ᄒᆞ야 書詞로 自己의 懷를 其女子에게 通ᄒᆞ기 請ᄒᆞ고 不然ᄒᆞ면 紹介書를 求ᄒᆞ야 其女子에게 躬往ᄒᆞ야 議ᄒᆞᄂᆞ니 女子의 道ᄂᆞᆫ 第二條와 同ᄒᆞᆫ事
   　　　　　-1895년 유길준의 『西遊見聞』 際十五編 婚禮 중에서-

(2) 言語ᄂᆞᆫ 人의 思想을 聲音으로 發ᄒᆞᄂᆞᆫ 者라. 言語ᄂᆞᆫ 八種으로 分ᄒᆞ니... ᄉᆡ깃 돌절구라 ᄒᆞᄂᆞᆫ 時에 [ᄉᆡ]及[돌]이 皆形容詞라 ᄒᆞᆯ지나 其原語의 變化가 無ᄒᆞ니라.
   　　　　　-1906 유길준의 『조선문전』 중에서-

(3) 第二課 人의 道理
   (상략) 집을 興이르키는 쟈ᄂᆞᆫ 사람의 도리를 修닥그며 나라를 사랑ᄒᆞᄂᆞᆫ 者쟈ᄂᆞᆫ 사람의 도리를 守직히며 샤회를 正발ᄒᆞ는 쟈ᄂᆞᆫ 사람의 도리를 扶붓드나니 진실로 이러ᄒᆞ면 家집에 在잇셔ᄂᆞᆫ 良어진 아달 되고 나라에 잇서ᄂᆞᆫ 어진 民백성되고 샤회에 잇셔ᄂᆞᆫ 어진 人사람되나니라
   　　　　　-1908 유길준의 『노동야학독본』 중에서-

(4) 第一課 初聲의 性質
   我國의 發音에 最要ᄒᆞᆫ 것은 初聲이니 其音이 自在ᄒᆞ되 自發치 안이ᄒᆞ고 中聲에 依附ᄒᆞ여 發ᄒᆞ는 故로 轉換無窮ᄒᆞ니 卽自然의 音이요 自然의 文이라.
   第三課 國文字初母聲의 名稱
   字母二十八字의 性質을 隨ᄒᆞ여 類에 分ᄒᆞ니 十七字는 初聲이요

十一字는 중성이라.

-1909 주시경의 『고등국어문전』 중에서-

　위의 글은 개화기 유길준과 주시경의 저서에 나오는 것으로, 이들의 문체와 철자법은 박승빈의 그것과는 명확한 차이가 있다. 훈독법을 이용하여 언문일치체를 처음 시도한 사람은 유길준이다. 위의 (3)의『노동야학독본』이 가장 대표적인 예인데, 이것과 박승빈의 번역서를 비교해보면, 용언 표기에서 명확한 차이를 보인다.

　또한 언문일치의 특징을 고려한다면 그 차이는 더욱 명확하다. 박승빈의 경우 훈독에 해당하는 부분과 나머지 부분을 이어서 읽으면 자연스러운 우리말이 되지만 주시경이나 유길준의 경우는 그렇지 않다. 예를 들어 주시경의『고등국어문전』(위의 (4))은 유길준의『대한문전』(위의 (2))와 매우 유사한데, '隨ᄒ여, 分ᄒ니' 등을 훈독법으로 읽는다면 '따라, 나누니' 정도로 읽을 것이고, 그렇지 않고 음독법으로 읽는다면 '수하여, 분하니'로 읽을 것인데, 음독법은 말할 것도 없고, 훈독법으로 읽는다 하더라도 '隨ᄒ여, 分ᄒ니' 표기를 '따라, 나누니'로 변경하여 읽는다는 것이 그리 쉬운 일이 아니다. 이 점에서 박승빈의 표기가 언문일치체에 가장 가깝다고 할 수 있다. 박승빈이 '언문일치'라는 말을 제목에 넣은 이유가 여기에 있는 것이 아닌가 생각한다.

　이밖에도 철자법상의 몇 가지 특징을 찾아 볼 수 있는데, 먼저 박승빈의 표기에는 아래아 'ㆍ'를 찾아볼 수 없지만, 다른 두 저서에는 여전히 아래아를 사용하고 있다. 받침의 경우 박승빈과 유길준은 당시 통용되던 철자법(8종성가족용)을 따르고 있지만,[8] 주시경은 '없어, 없는것이니, 잃엇다, 젊은학생, 높은' 등과 같이 종성부용초성의 철자법을 따라 받침으로 모든

---

8) 유길준의『대한문전』(1909)에는 '비를 맛고, 꼿, 놉흔, 밧이 농부에게' 등의 표기형태가 나오고,『조선문전』(1906)에는 '업ᄂ니라, 밧침 업ᄂ, 만소이다, 달 발고, 물이 말근, 만흐니라' 등의 표기형태가 등장한다.

초성을 표기했으며, 박승빈과 유길준이 겹받침을 허용하지 않은 반면, 주시경은 이를 허용했다.

당시 철자법의 혼란도 눈에 띈다. 박승빈의 번역서에서는 '받침'을 '바팀'으로 표기했지만, 유길준의 저서에서는 '밧침'이라는 표기가 등장하여 같은 8종성가족용의 철자법이라 하더라도 서로 다른 형태가 나타날 수 있다는 점을 보였다. 이 점에서는 주시경도 예외는 아니다. 주시경의 『대한국어문법』(1906)에서는 겹받침의 경우 '업슬'의 형태가 등장하는데[9], 주시경의 『고등국어문전』(1909)에서는 '없어, 젊은' 등의 분철표기 방식이 등장한다.

이상에서 볼 때 박승빈은 유학했을 당시 일본에서 일본어를 비롯해 영어, 독일어 등의 외국어를 배웠으며, 당시 일본에서 유행했던 훈독문과 언문일치 사상을 접했다. 이를 바탕으로 법률을 공부하고 법전을 우리말로 번역하면서 자연스럽게 우리말과 글에 관심을 갖게 되었고, 나름의 우리말 문법체계(철자법)를 완성했다고 할 수 있다.

3. 우리말글에 대한 인식

3.1. 『계명』에 나타난 언어와 문법 의식

박승빈은 1921년 계명구락부의 기관지 『계명』이 창간되자 자신의 주장을 본격적으로 세상에 내놓게 된다.

> 박승빈. 1921년 5월 "朝鮮言文에 關한 要求". 『啓明』 1.
> 박승빈. 1921년 5월 "諺文後解 (1)". 『啓明』 1.

---

9) 주시경의 『대한국어문법』(1906) 13문답란에는 '유익홈이 업슬 뿐 아니이라 도로혀 번잡ㅎ여 큰 폐를 짓ㄴ이다.'라는 내용이 나온다.(띄어쓰기는 필자)

박승빈. 1921년 5월 "姓名下 敬稱語의 決定".『啓明』1.

박승빈. 1921년 6월 "朝鮮言文에 關한 要求 (2)".『啓明』2.

박승빈. 1921년 6월 "諺文後解 (2)".『啓明』2.

박승빈. 1921년 9월 "朝鮮言文에 關한 要求 (3)".『啓明』3.[10]

박승빈. 1921년 9월 "諺文後解 (3)".『啓明』3.

박승빈. 1921년 11월 "諺文後解 (4)".『啓明』4.

박승빈. 1922년 5월 "諺文後解 (8)".『啓明』8.[11]

박승빈. 1922년 5월 "諺文에 關한 參考".『啓明』8.[12]

박승빈은 계명구락부의 주축이었고, 특히 언어에 관한 연구와 정책 등에 대해 주도적인 활동을 하면서, 자신의 생각을 정리하여 잡지에 발표 했다. 이 가운데 박승빈의 초기 언어 의식은『계명』창간호에 실린 그의 논문 '조선언문에 관한 요구'(1921)에 잘 나타나 있다. 박승빈은 논문의 서론에서 언어는 민족의 성쇠와 밀접한 관련을 맺는다고 말했다.

"一 民族의 言文은 其 民族과 盛衰를 共히 하는 것이라. 文化가 高한 民族은 發達될 言文을 有하고 未開한 民族은 幼稚한 言文을 使用하며 勇武한 民族은 其 言文이 健實하고 文弱한 民族은 其 言文이 浮虛하며 平等制度를 崇尙하는 民族은 其 言文이 普遍的으로 成立되고 階級制度 를 崇尙하는 民族은 其 言文이 差別的으로 組織되야 其 民族이 盛하면 其 言文도 盛하고 其 民族이 衰하면 其 言文도 衰하는 것이오."

문화가 높은 민족은 발달된 언문을 가지고 있고, 사회구조와 언문도 밀접한 관계가 있다고 주장했다. 평등제도에서는 언문이 보편적으로 성립

---

10)『계명』3호는 본래 7월 1일 발행이었으나 사정으로 8월 1일로 연기되었다가 다시 출판 허가 지연으로 인해 9월 1일에 연기되어 발행되었다. ('계명구락부록사',『계명』4호)

11) 박승빈의 '언문후해'는『계명』창간호부터 8호까지 연재되었으나 현재『계명』5-7호가 남아 있지 않아 내용은 확인할 수 없다.

12) 이 논문은 무기명으로 되어 있으나 저간의 상황을 고려하면 박승빈의 글로 보인다.

되지만 계급제도에서는 차별적으로 성립된다고 했다.

박승빈은 같은 글에서 언문이 사회의 핵심적인 구성요소라는 견해를 제시했다. 사회 문물, 제도, 관습, 계급 등과 같은 '사회의 실질적 사물의 형식'은 언어로 표현되고 언어로 유도되며 견제된다고 하면서, 이를 통해 결국 그 사회의 문화가 증진된다고 보았다.

> "斯와 如히 言文은 其 社會의 實質的 事物을 形式에 表現하는 것이며
> 尚히 그뿐 아니라 言文은 其 社會의 實質上의 事物을 誘導하며 且 牽制
> 하는 效力이 有하야 發達된 言文은 文化의 增進을 促하고 幼稚한 言文은
> 此를 妨碍하며 健實한 言文은 武勇의 性質을 涵養하고 浮虛한 言文은
> 此를 妨碍하며 普遍的 言文은 平等思想을 喚起하고 差別的 言文은 此를
> 妨碍하는 것이로다. 以上과 如히 社會의 實質上 事物과 形式上 言文은
> 互相으로 誘導하며 牽制하야 文化增進上 互相으로 原因과 結果가 되는
> 至極히 重要한 關係를 有한 것이오."

이 논문에서 박승빈이 말한 사회의 실질적 사물이란 사회 문물, 제도, 관습, 계급 등을 포괄적으로 나타내고 있는데, 이러한 생각은 사회 진화론과 일맥상통하며 홈볼트의 민족정신 내지 세계관과도 유사한 측면이 있다.[13] (자세한 것은 제II부 제2장 3.1. 참조)

또한 박승빈은 민족의 관습 가운데 가장 중요한 것이 언문이며, 따라서 조선 언문을 연구하고 개선하여 세계적으로 완전한 민족의 언문이 되도록 하는 것이 조상과 후손을 위해 해야 할 책무라고 생각했다.

> "且 各 民族은 各其 發展된 歷史에 隨하야 各其 習俗을 異히 하는데
> 其 習俗의 主要되는 것은 言文, 禮儀, 衣, 食, 住 等이오, 其 中에도
> 最히 重要한 것은 卽 言文이라 하나이다. 故로 我 朝鮮에서 禮에 脫帽와

---

13) 이런 이유로 박승빈이 홈볼트 언어이론으로부터 어떤 영향을 받았을 가능성이 제기되었다.(고영근, 2008, 앞의 책, pp.18-19.)

握手를 行할지라도 衣에 洋服과 洋靴를 着할지라도 食에 麵包를 供할지라도 住에 煉瓦와 煖爐를 用할지라도 此로써 直히 朝鮮民族의 存否에 關한 問題를 云爲할 바는 아니로다. 然하나 言文에 至하야서는 然하지 아니하니 (중략) 然한 즉, 吾人은 朝鮮 言文에 當하여 研究하며 改善하야 世界上 完全한 一 民族의 言文이 되는 價値를 發揮하게 할 事는 我 先世에 對하야 忠을 盡함이오 我 後裔에 對하야 慈愛를 施함이니 卽 吾人의 重大한 責務라 謂하나이다."

박승빈은 그 민족의 습속을 구성하는 여러 가지 중요한 요소가 있지만, 예의와 의, 식, 주 등의 요소보다도 언어야말로 최고로 중요한 것이라 했으며 민족의 존재여부도 언문에 달려 있다고 밝혔다. 이러한 박승빈의 언어 의식은 1935년에 발간된 『조선어학』에도 그대로 반영된다.

또한 "조선언문에 관한 요구"에서는 당시 계명구락부에서 초미의 관심사였던 아동의 경어사용 문제를 다루었으며, 같은 호의 "성명하경칭어(姓名下敬稱語)의 결정"이라는 논문에서는 호칭어로 이름 다음에 '씨(氏)'를 붙여서 사용하자는 주장을 한다. 이렇게 경어 문제에 관해 박승빈이 관심을 가진 이유는 언어의 계급화를 타파하고 평등주의 사회를 구현하기 위한 일환이었다. 사회 진화론에 입각한 박승빈의 언어관을 엿볼 수 있는 대목이다.

"朝鮮은 曾往에 階級制度를 極端으로 崇尙하야 言語에 至하야서도 各其 種種의 階級에 依하야 卽 門閥의 階級, 男女의 階級, 官爵의 階級 及 年齡의 階級에 隨하야 各히 言語의 使用을 異히 하얏는디라. 故로 그 言語는 階級的으로는 非常히 整備되얏스나 此는 平等制度를 理想으로 하야 無差別을 要求하는 現時社會에서는 實로 無用의 長物이오, 現社會는 各 階級에 普遍的으로 使用함을 得할 用語를 緊切히 要求하는 바이로다. 然하나 從前 數百年間에 前記와 如히 階級的 言語를 崇尙하얏는 故로, 慣習上 普遍的 用語의 缺乏을 致하야 社交上 日常 의 不便을

感하는 例가 甚히 多하도다.”[14]

다음으로 『계명』 3호에 나타난 그의 언어 의식을 좀 더 살펴보자.[15] 박승빈은 1921년 9월에 발행한 『계명』 3호에 “조선언문에 관한 요구(3)” 이라는 논문을 싣게 되는데 여기에 다음과 같은 내용이 나온다.

“物이 有하면 則이 有함이라. 조선의 言이 有하고 其言을 其音대로 書하는 文 卽 諺文이 有하니 諺文의 使用에 豈히 一定한 法則이 無하리오”

모든 사물에는 나름의 법칙이 있듯이, 조선의 말에도 소리대로 표기하는 언문이라는 것이 있으니 여기에도 당연히 일정한 법칙이 있어야 한다는 말이다. 사물의 원리처럼 언어에도 법칙이 있다는 생각이니 매우 실증적인 접근이라 할 수 있다.

박승빈은 같은 논문에서 일본 유학시절부터 조선어의 문법체계를 밝히려고 노력했고, 자신의 문법의 일면을 1908년의 번역서에 구현했다고 밝히고 있다.

“前記學派와 方針을 異히 하는 바의 余의 文法에 當하야 其 例를 示하며 其 理由를 述함은 甚히 煩瑣하야 一括하야 此 論文에 述하기 難한 故로 此를 停止하고 唯其二者의 差異 中 最히 重要한 部分의 要旨만을 左에 記하야 讀者諸氏의 參考에 供하나이다.(余의 採用한 文法은 明治 41年에 刊行한 『言文一致日本國六法全書』라 題한 拙擇 冊子가 有하오니 惑 參考로 閱覽하실지?)”

여기서 전기학파란 주시경 학파를 말하는데, 이에 따르면 박승빈은

---

14) 박승빈. 1921년. “성명하경칭어의 결정.”, 『계명』 1.
15) 『계명』 2호(1921년 6월)에 발표한 “조선언문에 관한 요구(2)”에서 박승빈은 한자의 훈독을 허용하자는 주장을 했다.

1908년 당시 이미 주시경 학파와는 다른 문법을 갖고 있었으며, 이것이 1908년에 간행했던 『언문일치 일본국육법전서』에 반영되어 있다는 의미이다. 논문에서는 주시경의 철자법과 자신의 철자법이 무엇이 다른지, 자신의 문법이론의 기준은 무엇인지에 대해 동사의 어미활용과 ㅎ 종성 여부 문제를 중심으로 밝히고 있다.[16) 동사의 어미활용에 대해서는 다음과 같이 언급하고 있다.

> "前記學派의 法則은 動詞의 語尾의 變化를 否認하고 此에 代하야 助動詞 及 接續詞의 頭字의 變化를 主張함이니, 卽 前述한 敎科書에 對한 批評 2의 1의 法則을 採用하야 其 學說을 貫徹하기 爲하야 同上 2의 2의 用例를 總히 其 2의 1의 法則에 統一할 事를 主張함에 在하고, 余는 此에 反하야 動詞의 語尾의 變化法則을 採用하고 助動詞의 頭字의 變化를 否認함이니 卽, 前記 2의 2의 法則을 採用하야 其 2의 1에 使用된 語도 總히 2의 2의 法則에 統一할 事를 主張함에 在함."

위의 내용은 박승빈이 조선총독부에서 편찬한 교과서의 표기를 비판한 것으로, 이때 2-1번의 법칙이란 '먹으니, 잡어서, 읽어'처럼 동사활용을 표기한 주시경 식을 말하고, 2-2 법칙이란 '바드니, 차즈면, 긋쳐서, 흘너'와 같은 박승빈식 표기를 말한다. 즉, 주시경 학파에서는 동사의 어미의 변화를 인정하지 않지만 박승빈은 인정한다는 점이 주요 골자이다. 두 번째로는 "前記學派는 ㅎ를 終聲(바침)으로 使用함을 主張하고 余는 此를 否認함."에서 알 수 있는 것처럼 주시경 학파는 ㅎ를 종성(받침)으로 사용하자고 주장하지만 박승빈은 이를 허용하지 않는다는 것이다.

---

16) 박승빈은 『계명』 3호(1921년 9월)에서 언문 정리를 위한 기본 전제 조건으로 다음과 같이 7가지를 제시했다. 1) 발성원리의 천명, 2) 실용상 편이, 3) 원소어(元素語)의 보호, 4) 고유조선어와 한문자의 배합, 5) 각 지방의 언어의 채용, 6) 역사상의 언어의 채용, 7) 타민족의 어와 대조연구

3.2. 〈언문후해〉란에 나타난 문법 의식

박승빈의 초기 문법관은 『계명』 창간호부터 8호에 이르기까지 연재한 "언문후해(諺文後解:언문뒤푸리)"에도 잘 드러나 있다. '언문뒤풀이'라는 제목처럼 박승빈은 이 고정란을 통해 연속적으로 한글에 대한 자신의 생각을 풀이하여 기고한다. 자음의 명명, 모음의 조직, 반절의 각 줄, 경음과 격음, 장음의 부호에 이르기까지 우리 문자에 대한 자신의 입장을 발표했다. 이것은 박승빈이 그동안 조선어 연구에 매진한 결과 자신만의 학설을 세웠음을 의미하는 것이기도 했다.

> "병덕으로 계속되는 씨의 한글연구는 이제 이르러 각 방면에서 공명자를 내이여 확실히 일가를 형성하여 가고 잇스니 훈민정음(訓民正音)의 정통학술(正統學術) 이라고 자신잇게 주장하기까지의 연구는 실로 태산을 어는 것가탓스며 대해를 떠미는 힘에 비하고도 남앗슬 것이다. 그리하야 금일에는 거운 구테덕 학설의 긔초가 스게된지라. 씨의 연구의 일반 학설 발표에도 적지 안은 힘을 쓰고 잇서 처음으로 연구한지 십유여년에 비로소 계명구락부(啓明俱樂部)의 긔관잡지 계명(啓明)을 통하야 『언문뒤푸리』 라는 론문을 발표하얏스며 그후 째째로 신문자(신문사(新聞社) 동광 등 잡지와 신문지상을 통하야 금옥가튼 학술덕 론문을 발표하엿다."[17]

십수년의 조선어 연구의 결과 이제 자신 있게 자신의 학설을 주장할 수 있게 되었고, 그 발표장이 '언문후해(언문뒤푸리)'였다고 말하고 있다.

이들 논문의 내용을 좀더 자세히 살펴보자. 먼저 창간호에 실린 "언문후해(1)"은 크게 '서언'과 '제1절 자음의 명명'으로 이루어져 있는데, 서언에서는 우리글에 대한 전반적인 소개와 박승빈의 관점이 보인다.

---

17) '各 方面의 成功 苦心談(2), 한글 研究家 朴勝彬氏(2)', 『중외일보』, 1929년 10월 13일.

"우리의 諺文은 참 잘 만드른 것이오. 우리 民族의 말의 發音을 正確하게 表示할 수가 잇고 또 배우기가 매우 쉬워서 兒孩들이라도 가갸줄 한 줄만 가르쳐 주면 그 다음 줄은 우의 글자 한아만 드른 즉, 그 아레는 무러보지 아니하고 다 나려 일급니다. 그러나 무슨 일이던지 前 사람이 조흔 制度를 創設하거든 後 사람은 그 制度의 理致를 硏究하야 發達되게 하며 不足한 곳이 이스면 이를 補充하며 缺點이 이스면 이를 改良하야 써 前 사람의 事業을 完美하게 하며 그 社會의 便利를 增進함이 當然한 일이오 後 사람의 職責입니다."

첫 부분은 우리글의 장점과 전통의 소중함을 강조한다. 한글은 훌륭한 문자이며 우리 민족의 발음을 정확하게 표기할 수 있고 배우기도 쉬워서 아이들도 어렵지 않게 익힐 수 있을 만큼 좋은 문자다. 이렇게 좋은 문자를 만들어주신 조상에게 감사하고 이를 계승발전 시켜야 하는 것이 후손의 도리이자 책임이라고 강조한다.

"그런데 우리 諺文은 創設된 以後로 後 사람이 前述한 직책을 게을리 하고 그대로 放棄한 故로 至今 完全한 글이 되지못하얏소. 卽 最初에 設定하얏든 便用法이 中間에 遺失된 바도 잇고 補充되지 못한 不足한 곳도 잇고 改良을 요하는 缺點도 이습니다. 그런 故로 나는 이 「諺文뒤푸리」라 하는 한 題目을 設하야 나의 생각하는 바를 短篇的으로 생각나는 대로 좀곰식 發表하야 讀者諸씨와 함께 硏究하고자 함이오. 讀者諸씨도 諺文뒤푸리를 좀 써나이셔서 智識을 交換하게 하심을 바랍니다."

이어서 박승빈은 '언문후해'라는 코너를 만든 이유와 배경에 대해 설명한다. 선조들의 문자와 철자법은 훌륭했으나 후손들이 그 전통을 계승발전시키지 못하여 오늘날과 같이 문제가 많은 새로운 철자법(주시경식 철자법)의 등장이라는 국면을 맞이했다고 평가하면서, '언문뒤풀이'라는 코너를 통해 우리글과 철자법을 더 잘 연구하여 계승 발전시킬 수 있는 계기를 만들자는 제안이었다.

언문후해(1)에서 서언 다음에는 '제1절 자음의 명명'이 이어지는데, 여기서는 한국어 자음에 대해 명칭과 체계를 소개하고 자신의 견해를 밝혔다.

> "第一節 子音의 命名
> 子音은 ㄱㄴㄷㄹㅁㅂㅅㅇ(ㅇ과 달른 것이오)ㅈㅊㅋㅌㅍㅎ의 열네 字가 잇는데 其中에 ㄱ으로부터 ㅇ까지의 여덜字는 各各 불르는 確定한 이름이 이스나 그 다음 여섯 字는 이름을 웃지 못하야 엇더하게 불를 수가 업소. 讀者諸氏가 우의 쓴 것을 일그실 째에도 ㅈ 字에 이르러서부터는 아모 소리가 잘 나오지 아니하야 잠잠하고 눈으로 봐 나려 가기만 하실 것이오. 이와 가틈은 우리에게 대단히 不便한 일이고 硏究上 큰 障碍입니다. 그런즉 不可不 그것들의 이름을 지어야하갯소." (p.37)

ㄱㄴㄷㄹㅁㅂㅅㅇ의 여덟자의 이름은 확정된 것이 있으나 나머지 ㅈㅊㅋㅌㅍㅎ의 이름은 사람마다 다르고 기준마다 다르니 여러 가지 가능성이 있다고 했다.

(1) 기억 니은 디귿 리을 미음 비읍 시웃
(2) 기윽 니은 디읃 리을 미음 비읍 시웃 이웅
(3) 극 는 듣 를 음 븜 슷 웅
(4) 그 느 드 르 므 브 스 으

위에서 (1)은 통속적인 독법에 의한 것이라 했는데, 이것은 최세진의 『훈몽자회』에 따른 것을 말한다. 그러나 박승빈은 발성원리에 따른다면 최초에는 (2)와 같았을 것이라고 했다. 따라서 나머지 글자들도 이 원리에 따라 명명하는 것이 가능하다고 덧붙였다. 그런데 발성원리를 명료하게 하기 위해서는 (3)이나 (4)와 같이 명명하는 것도 가능하다고 했다. 박승빈이 자음의 명칭 문제를 얼마나 체계적이고 이론적으로 연구했는지를 잘 알 수 있는 대목이다.

나머지 자음의 명칭은 위의 (2)에 기준하여 아래와 같이 명명할 수 있다.

(5) ㅈ 지으ㅈ, ㅊ 치으ㅊ, ㅋ 키으ㅋ, ㅌ 티으ㅌ, ㅍ 피으ㅍ, ㅎ 흐

이는 (2)의 기준에 따랐지만 나머지 자음이 받침으로 사용되지 않은 것이니 이렇게 표시한 것인데, 언중들이 익숙지 않을 것을 염려하여 편의상 아래 (6)과 같이 부른다고 했다.(pp.38-39)

(6) 지읏 치읏 키윽 티읏 피읍 흐

유독 나머지 자음 가운데 'ㅎ'만을 '흐'로 명명한 것은 'ㅎ'는 받침으로 사용될 수 없다고 생각했기 때문이다.(자세한 내용은 제II부 제1장 4.2. 참조) 참고란에서 이를 다시 언급하고 있는데 ㆁ의 발음은 지금은 받침으로만 사용되고 있으며, 초성의 ㆁ은 자음도 모음도 아무것도 되지 않는 것으로 다만 반절에서 자음이 있는 초성 계열과 맞추기 위해 무의미하게 들어간 것이라고 해석하면서, 'ㅎ'와 'ㆁ'의 두 글자는 발음원리에서 어긋나 있으면서도 현재 통용되어버려 우리말 연구에서 커다란 장애가 되고 있다고 평가했다.

언문후해(2)에서는 우리말 모음의 조직에 대해 견해를 피력하고 있다. 박승빈은 먼저 모음의 명칭에 대해서 다음과 같이 언급했다.

"母音은 ㅏ ㅑ ㅓ ㅕ ㅗ ㅛ ㅜ ㅠ ㅡ ㅣ ㅘ ㅝ 열두 字가 잇소. 이것들을 아 야 어 여 오 요 우 유 으 이 와 워 라고 일급니다." (p.37)

언문후해(1)의 말미에서 언급한 것처럼 이때 ㅇ는 공(空)이고 발음상 아무 힘도 없는 것이며, 따라서 'ㅑㅑ'는 '아 야'와 'ㅜ ㅠ'는 '우 유'와 그 형상은 다르지만 그 발음이나 성질은 똑 같다고 했다.(p.37)

박승빈은 모음 조직표에서 아래아(ㆍ)자를 뺐는데, 그 이유를 다음과 같이 설명하고 있다.

"左記의 母音中에 「ㆍ」가 싸젓소. 通俗的으로 ㆍ를 ㅣ의 다음에 쓰고 그것을 ㅑ라고 發音하야 아레 ㅑ字라고 하는 것이오. 卽 ㆎ는 아레 아, ㅑ는 아레 가 라고 하오. 그러나 여러 方面으로 考究하야 보면 암만하야 도 ㆍ가 ㅑ와 가튼 音을 가진 字라고 하지 못하갯는 理由가 만히 잇고 한 音에 當하야 아 字만을 두 字를 쓸 必要도 업는 故로 그 字는 싸여 버렷슴이오."

아래아는 여러 방면으로 연구해 볼 때 글자가 다른 ㆍ와 ㅑ를 같은 소리라 할 수 없고, 발음 [아]에 대해 유독 ㆍ와 ㅑ로 두 글자로 표기하는 것도 합리적이지 않아서 아래아를 모음에서 뺐다는 말이다.

또한 주시경의 ㅣㅡ 합음자설에 대해서도 언급했다.

"或者는 ㆍ는 ㅡ의 陰音 (陰音의 說明은 뒤에) 卽 ㅣ音에 ㅡ음을 加한 두 音의 容量을 압착하야 한 音이 되게 한 것이라고 說明하는데 나도 쏘한 그 說에 찬동하고자 하오. 그러나 이는 한 學者的으로 하는 硏究에 그칠 것이고 實用的으로 活用을 圖謀함은 不可하오. ㆍ는 ㅑ와 가튼 音으로 一般에 慣用된 것을 아주 달른 音으로 고치기는 容易한 일이 아닐지오. 쏘 朝鮮말에 그 音(ㅡ 의 陰音)을 使用할 必要한 境遇도 업는 故로 이는 한갓 수구럽고 利益이 업는 일이니 더퍼두는 편이 가장 득책 입니다."(p.37)

주시경이 아래아(ㆍ)는 ㅣㅡ 합음자라 주장했고 지석영이 이 학설을 따라 자신의 '대한국문설(大韓國文說)'(1905)에서 다시 주장한 바 있는데,[18] 박승빈은 바로 이 점을 말한 것이다. 합음자설에 자신도 찬동하지마는 실용적인 측면에서는 효용이 없으니 모음에서 빼자는 것이다.

박승빈은 열두 모음을 다시 양음(陽音)과 음음(陰音)으로 나누고 홀수 열의 음(ㅏ, ㅓ, ㅗ, ㅜ, ㅡ)과 마지막 두 음(ㅘ, ㅝ)을 양음으로, 나머지를 음음으로 구분했다. 예를 들어 ㅑ는 ㅏ의 음음이 되고 ㅕ는 ㅔ의 양음이 된다고 했다. 모든 양음은 ㅡ 음으로부터 발원이 되는 것으로 파악했다. 초등교과서에는 'ㅘ, ㅝ'를 重中聲(이중모음)으로 간주하고 모음 조직에 포함하지 않았으나 여러 가지 이로운 점이 많기 때문에 12모음 조직에 포함시켰다고 했다.

> "前記 十二段中 ㅣ段을 除한 外의 各音에 ㅣ音을 加한 두 音을 壓搾하야 한 音이 된 音이 이스니 普通으로「외」를 그것다고 일르는 것이오. 重中聲의 分類를 取하는 者는 이것들을 重中聲이라 稱하는 것이오.
> 或者가 重中聲이라 說明하는 것은 바침이 업는 한 音 即 母音이 終末에 잇는 音의 다음에 또 한 母音이 連續된 境遇에 이것을 두 音으로 보지 아니하고 그 連續音을 合하야 한 音으로 看做하는 境遇에 이를 重中聲의 音이라 稱함입니다. 그러나 朝鮮語의 音에는 前記와 가티 두 母音이 連續된 境遇에 이것을 그대로 한 音으로 看做할 境遇가 잇지 아니하오 前記와 가티 連續된 境遇에 이것을 그대로 볼 째에는 두 音이 될 것이오. 또 이것을 壓搾하야 한音으로 發할 째에는 다른 音과 가티 單純한 한 音이 됩니다."

다른 학자들이 重中聲(이중모음)으로 간주하는 경우도 실제 우리말에서는 두 모음이 연속된 경우에 그대로 한 음으로 간주되는 경우가 없으니 문제라고 지적한다. 다만 두 음이 압착하여 한 음으로 되는 경우는 '외'와

---

18) 주시경과 지석영의 아래아(·)의 ㅣㅡ 합음자설에 대해서는 김민수. 1986. 『주시경연구(증보판)』, 탑출판사, pp.190-193 참조.

같은 예가 있다고 했다.

"重中聲을 論함은 漢文語의 音을 說明하는 째에 가장 그 必要가 이슴
이라. 元來 漢文語의 音은 한 字가 한 音을 有한 것이라. 그러한데 中華語
의 音과 日本語의 音에 보면 그 한字의 音에 前記한 連續音으로서 壓搾
되지 아니한 音을 發함이 만흔지라. 故로 이와 가튼 境遇에는 이를 重中
聲인 한音이라고 일를지로다. 例로 日本語의 開, 內 字의 音." (p.39)

다만 중국어나 일본어의 경우 한 글자에 연속되는 모음이 연달아 발음
되는 경우도 있음을 지적하고, 그러나 우리말에서는 그와 달리 압착하여
하나의 소리가 되어 발음이 된다고 했다.

"그러나 朝鮮語의 音에는 母音 여럿이 合한 性質이 잇는 漢文語의
音이라도 그것들을 壓搾하야 單純한 한音으로 發합니다. 開, 內 字 가튼
것은 勿論이오 几, 毁 字와 가튼 세 母音이 合한 것도 다 壓搾하야
한音으로 發합니다. 右와 가튼 故로 그 音들을 發音의 硏究上 術語로
合成音이라 論述함은 格別이고 實用上에 特히 重中聲이라 하야 音의
分類法을 사믐은 別로 그 價値를 認하지 못하겟도다."(p.39)

즉, 開(개), 內(내) 字의 경우 중국어나 일본어에서는 이중모음으로 발음
이 되지만, 우리말에서는 단모음으로 발음이 된다는 점을 강조한 것이다.

언문후해(3)에서는 언문에 대한 세 번째 이야기로 '반절의 각 줄(行)'에
대해 소개했다. 박승빈은 반절의 각줄을 지금 통용하는 순서에 따라서
다음과 같이 구분했다. (p.31)

가, 갸, 거, 겨, 고, 교, 구, 규, 그, 기, 과, 궈
나, 냐, 너, 녀, 노, 뇨, 누, 뉴, 느, 니, 놔, 눠
:

아, 야, 어, 여, 오, 요, 우, 유, 으, 이, 와, 워

:

하, 햐, 허, 혀, 호, 효, 후, 휴, 흐, 히, 화, 휘

위에서 제8행 즉 아야 줄에 쓰인 ㅇ은 있어도 없음과 마찬가지고 아야는 ㅏㅑ의 음으로 읽을 것이라 했다. 그리고 자음 ㅇ(이웅)으로 쓰는 줄은 관습상 쓰지 않으므로 그 한 줄은 빼버렸다고 했다.

이와 더불어 박승빈은 반절표에서 된음(경음)을 표기하는 방법에 대해서도 언급했다.

　　"反切의 各行 中에 '가 다 바 사 자'의 다섯줄의 音에는 된音(硬音)이 이스니 된音을 쓰는 法은 그 子音의 왼편에 ㅅ을 쓰고 이것을 된시옷이라 고 일릅니다. 例로, 가의 된音은 까, 더의 된音은 써, 지의 된音은 찌, 이와 가티 쓰는 것이오." (p.31)

그러면서 각자병서 표기에 대해 견해를 덧붙인다. 이 된음의 성질은 그 자음 둘이 연거푸 된 음과 같기 때문에 학자 중에는 그 관계를 분명히 하기 위하여 된음을 같은 자음 둘을 쓰는 사람이 있는데, 그 방법은 쓰기도 어렵고 보기에 매우 불편한 문제가 있으며 발음의 이치에도 어긋난다고 지적했다. 이런 이유 때문에 자신은 종래의 습관에 따라서 된시옷을 쓴다 고 했다. 그리고 앞서 언급한 된음의 각행을 반절표에 넣으면 다음의 다섯행이 추가된다고 했다.

까, 꺄, 써, 쎠, 쏘, 쑈, 쑤, 쓔, 쓰, 씨, 쫘, 쒀

:

짜, 쨔, 쩌, 쪄, 쪼, 쬬, 쭈, 쮸, 쯔, 찌, 쫘, 쭤

박승빈은 ㄹ 된소리에 대해서도 언급한다. 지금은 관습상 라줄에는

된시옷을 쓰는 일이 없어서 라줄에는 된음이 활용되지 않는 것으로 생각하나 우리말의 어음의 변화되는 방법을 규례로써 정리하여 보면 그 음이 확실히 사용되는 것을 알 수 있기 때문에 이를 따라 그 음을 쓸 필요가 있다는 것이다. 따라서 그 음의 한 줄을 더 추가하면 다음과 같다.

사, 샤, 써, 셔, 쏘, 쑈, 쑤, 슈, 쓰, 씨, 쏴, 쒭

이를 종합하여 박승빈은 새로운 반절표를 제시했는데, 먼저 순서는 먼저 평음 여덟 자를 쓰고 다음에 탁음 한 줄을 쓰고 다음에 경음 여섯줄과 격음 다섯줄을 썼다. 모음의 경우 평음의 아행은 자음의 평음 뒤에 놓았고, 모음의 격음인 하행은 자음의 격음 뒤에 배치했다.

(자음)	(평음)	(탁음)	(경음)	(격음)
ㄱ	가갸 行		까꺄 行	카캬 行
ㄴ	나냐			
ㄷ	다댜		따땨	타탸
ㄹ	라랴		싸쌰	
ㅁ	마먀			
ㅂ	바뱌		빠뺘	파퍄
ㅅ	사샤	자쟈	싸쌰 / 짜쨔	차챠
(모음)	아야			하햐

언문후해(4)에서는 제4절로 경음과 격음에 대해 설명하고 있다. 평음에 무엇을 가하면 경음이 된다고 하고, 그 무엇이라 하는 것은 경음성 즉 경음조라 불렀다. 이때 경음조를 미지물로 쓸 때에는 기호 X(엑스)로 표시하고, 기지물로 쓰는 때에는 「ᄽ」를 경음부호로 가정했다. 이미 경음

을 나타내는 부호는 된시옷이 있지만 설명상 자음시옷과 혼동할 우려가 있기 때문에 인위적으로 새로 부호를 만들었다고 밝히고 있다.(p.23). 격음의 경우도 비슷하다. 평음에 무엇을 가하면 격음이 되는데, 그 부호는 미지물을 Y(와이), 기지물 즉 격음표를 「V」로 설정하면서, 이에 해당하는 몇 가지 사례를 설명하고 있다.

이를 구체적으로 살펴보면, 경음(된음)은 평음에 X를 가한 것으로 X는 그 평음의 앞에 놓이는 것이라 했다.

가+X = X가 = ↗가……싸
다+X = X다 = ↗다……짜
바+X = X바 = ↗바……빠
　X = ↗………된시옷

그리고 이때 X의 정체를 어떻게 처리하는 것이 합당한지에 대해 견해를 밝혔다. 『훈민정음』에 각자병서와 합용병서가 존재하는데, 학자마다 견해가 다르다는 것이다. 그 중에서 경음을 중(겹)자음으로 쓰는 것이 옳고 된시옷(된시옷)을 쓰는 것은 착오이기 때문에 폐지해야 한다는 주장(주시경의 주장)에 대해 그것이 과연 합리적인 의견인지를 고찰하고 있다.

경음은 그 평음의 자음이 거푸된 음이라.
가 + X = 까; X = ㄱ
다 + X = 따; X = ㄷ
바 + X = 빠; X = ㅂ

이렇게 주장하는 사람은 다음과 같이 연속음의 발음으로써 증명이 가능하다고 한다.(p.24)

아X가 = 악가 = 아ㄱ가 = 아까; X = ㄱ

아X다 = 앋다 = 아ㄷ다 = 아따; X = ㄷ
아X바 = 압바 = 아ㅂ바 = 아빠; X = ㅂ

위의 견해를 따르면 X는 환경에 따라 서로 다르게 나타난다. 이런 주장에 박승빈도 수긍을 하기는 하지만, 경음 현상 전체를 고려해 보면 이 의견이 타당하지 않다고 주장한다. 박승빈이 제시한 이유는 다음과 같다.

첫째, 위에서 X는 어느 경우에든지 동일한 것이지 환경에 따라 달라지는 것이 아니라는 점이다. 어느 평음에든지 X를 추가하여 된음이 되는 경우 그 X 즉 된시옷은 동일한 성질의 것이지 다른 것이 아니라는 것이다. 이런 까닭에 실제로 아동이 언문을 배울 때에도 '가' 자에 된시옷하면 '까', '다' 자에 된시옷하면 '따'가 되는 것을 미루어서 알 수 있다고 했다. 평음에 무엇(Y)을 가하면 격음이 되는데 어느 줄의 경우에든지 Y가 동일한 것이듯이(카 = Y가; 타 = Y다; 파 = Y바), 경음의 X도 동일한 것이라는 생각이다.

둘째, X는 어느 자음도 아니라는 것이다. 즉, 어떤 모음 다음에 X가 있고 그 다음에 평음의 자음이 오는 경우에 그 자음이 기지물인 때에는 X가 그 자음과 같은 음을 발하지만 그 자음이 미지물인 때에는 ㄱ ㄷ ㅂ ㅅ 자음 중의 어느 음도 발하지 못한다고 지적한다.

아X가 = 아ㄱ가; X = ㄱ
아X다 = 아ㄷ다; X = ㄷ
아X바 = 아ㅂ바; X = ㅂ

위에서 '가, 다, 바'의 음을 미지물로 가정하고 그 음을 삭제하면 '아X'가 남는데, 이때 '아X'는 '아ㄱ 아ㄷ 아ㅂ'의 어느 음에도 속하지 않는 것이므로 실제 X는 'ㄱ ㄷ ㅂ'의 어느 자음도 아니라는 것이다. 만약 혹자의 주장처럼 X가 'ㄱ ㄷ ㅂ' 등의 자음이라면 '혀ㄱ기리, 손ㄷ두께, 제쥬ㄱ고ㅅ

시, 반남ㅂ박ㅅ시'라 표기해야 할 텐데 이것은 문제라고 덧붙였다.

셋째, X는 경음을 발하는 한 음조라는 주장이다. 박승빈은 우리 발음의 예를 들어 다음과 같이 설명한다.

혀 X 기리 = 혀 X기리; X기 = ㅅ기
혀 X 두쎄 = 혀 X두쎄; X두 = ㅅ두
혀 X 바닥 = 혀 X바닥; X바 = ㅅ바
손 X 기리 = 손 X기리; X기 = ㅅ기
손 X 두쎄 = 손 X두쎄; X두 = ㅅ두
손 X 바닥 = 손 X바닥; X바 = ㅅ바
제쥬X고X시 = 제쥬ㅅ고ㅅ시 = 제쥬ㅅ시ㅅ고
라쥬X뎡X시 = 라쥬ㅅ뎡ㅅ시 = 라쥬ㅅ시ㅅ뎡
반남X박X시 = 반남ㅅ박ㅅ시 = 반남ㅅ시ㅅ박
故로 X = ㅅ………된시옷

위에서 보는 것처럼 우리 어음 중에는 경음조가 있으니 그 음조의 다음에 평음의 자음이 오면 그 자음은 경음으로 발음된다. 따라서 경음의 자음은 그 평음에 경음조를 가한 것이니 X는 이와 같은 경음조라 할 수 있다는 설명이다. 그리고 여러 자음 중에 X의 음조와 가장 유사한 것을 찾자면 'ㅅ'이며, 이런 이유 때문에 경음 표기를 다음과 같이 하는 것이 통례라고 했다.

혀ㅅ기리 혀ㅅ둑게 손ㅅ둑게 손ㅅ바닥 제쥬ㅅ고ㅅ시 반남ㅅ박ㅅ시

그 외에 동사의 어미변화에도 우리가 경음조를 ㅅ으로 발음하는 규례가 있는데, 예를 들면 '지으 고, 지으 다'에 어미 '으'가 경음조로 변하는 규례에 따라 '지ㅅ고, 지ㅅ다' 또는 '지ㅅ 고, 지ㅅ다'라고 표기와 발음이 가능하다는 것이다. 이러한 이유로 종래부터 'ㅅ'으로 X를 표시하는 경음

표를 삼아왔던 것이라고 밝히고 있다. 박승빈은 이 때문에 경음을 표기하는 방식에서 자음 둘을 연거푸 쓰는 것보다도 된시옷을 쓰는 것이 순리라고 말한다. 따라서 겹자음의 방법을 버리고 경음표시로 된시옷의 방법을 취하는 것이 가장 적합하다고 주장했다.

언문후해(5)-(7)은 자료를 구할 수 없어 여기에 해당하는 언문의 제5절, 제6절의 내용이 무엇인지는 정확히 알 수 없다.[19] 언문후해(8)에서는 제7절로 우리말의 장음 부호에 대해 설명한다.

> "쪽 가튼 子母音으로써 組織된 글字에도 그 音이 쌀르고 길고 하야 그 글字의 形狀은 가트나 그 發音은 달른 境遇가 만히 잇소 例로 말(馬) 과 말(言), 東과 動의 發音. 이와 가티 한 말과 다른 한 말과 그 音義가 달르며 쏘 그 發音이 달르되 그 發音을 形狀으로 쓰는 子母音의 組織은 區別이 업슴으로 實用上에 이로 因하야 生하는 不便과 眩亂과 錯誤가 적지 아니하며 쏘 理論으로도 諺文은 言語의 發音을 形狀으로써 標示하는 것인데 發音上 둘의 서로 달른 것을 글시로는 이를 標示하지 못한다 함은 매우 不滿足한 일입니다. 그러함으로 예ㅅ날로브터 가튼 子母音으로 組織된 글字의 發音의 長短이 달른 境遇에 그 區別을 符號로써 標示하랴는 考案이 이섯습니다." (p.38)

소리의 장단에 따라 의미가 구별되는 단어가 있는데, 이를 구별하여 표시하지 않으면 실용면에서 불편하고 착오가 생길 수 있으므로, 이를 위해서 구별 부호가 사용되어 왔다는 설명이다. 그런데 박승빈은 이때 과거 중화 문물을 과도하게 숭배하는 결과로 우리말에도 없는 중국어의 사성을 억지로 모두 표시하려는 시도가 있었다고 꼬집고 있다. 그 대표적인 예로 『규장전운(奎章全韻)』과 『훈민정음』에서의 사성 표기를 언급했다.

---

19) 이때 빠진 제5절, 제6절의 내용을 『조선어학』(1935)의 차례배열을 고려하여 음절과 받침의 표기를 다루었을 것으로 추정하는 이도 있으나(고영근, 2008, 앞의 책, p.321), 언문후해(4)의 제목이 '된음과 격음(1)'로 되어 있으므로 제5절은 '된음과 격음(2)'일 가능성이 높으며, 여기서는 주로 격음에 대해 언급되었을 것이다.

"(1) 奎章全韻(韻册)에 漢子의 音에 四聲의 符號를 設하야 平聲標 ㅇ, 上聲 ㄤ, 去聲 █, 入聲 ● 이와 가튼 네가지 符號를 使用하얏고

　　(2) 訓民正音에 諺文字의 音에 四聲을 區別하기 爲하야 平聲은 標가 업시 거저 쓰고 去聲은 글字 왼편에 한 點을 찍고 上聲은 거긔에 두點을 찍고 入聲은 上聲 (去聲)과 가티 點을 찍되 그 音이 促急하다 註釋 하얏더라." (p.39)

박승빈은 이와 같이 음에 사성을 구별하려 하는 것은 우리말을 기준으로 생각한다면 아무런 필요가 없는 것이며, 우리말 발음에 입각하면 오직 음의 장단을 구별하면 된다고 주장했다. 그러면서 장음을 단음과 구별하기 위한 표시로 다음과 같은 두 가지 방법이 사용되고 있다고 소개했다.

　　"(1) 글字 곁에 한 點을 찍는 方法, 그 點을 왼편에 찍는 方法과 오른편에 찍는 方法과 두 가지로 나노혓습니다

　　例로, 다(皆), 눈(雪), 가(可), 동(動)

　　다●, 눈●, 가●, 동●

　　(2) 글字 아래에 한 點을 나려긋는 方法 (세로쓰기 형태를 가로쓰기 형태로 필자가 바꿈)

　　例로, 다ㅣ, 눈ㅣ, 가ㅣ, 동ㅣ"

이와 더불어 과연 위의 두 가지 방법 가운데 어떤 방법이 더 설득력이 있는지에 대해 고찰했다.

　　"第一의 方法은 그 왼편에 點을 찍금은 訓民正音의 四聲標 中 一部分을 襲用한 것이고 그 오른편에 點을 찍금은 日本 子母音의 濁音標에 依倣하야 考案한 바이라. 그러나 諺文은 元來 그 字樣이 縱橫으로 錯雜하야 그 子母音을 構成한 劃이 互相間 類似한 것이 만서서 이것을 일글 쌔에 視線이 眩亂되야 조차서 그 辨別이 더드어서 時間이 虛費되는 缺點이 잇는 것이라. 참 이것은 우리의 훌륭한 諺文의 唯一의 缺點으로

다." (p.39)

박승빈은 첫 번째 방법은 적절하지 않다고 주장한다. 그 이유로 글자 왼편에 점을 찍는 방식은『훈민정음』의 사성표 방식을 그대로 따른 것이고 오른편에 점을 찍는 방식은 일본 자모음의 탁음표를 모방한 방식이라는 것이다. 이는 읽을 때도 혼란스럽고 시간도 더 많이 든다는 문제가 있다고 지적한다. 문제가 이런데 글자 옆에 점을 더 찍는 방식을 채택하면 더 혼란이 가중될 것이라고 말한다.

> "그런데 또 글字 곁에 點을 더 찍는 制度를 베풀면 그 弊端을 더욱 크게 하는 結果를 이루일 터이니 實際 應用上에 작지 아니한 損害가 될 것이오. 또 한편으로 論理上으로 살필진댄 元來 長音이라는 것은 그 音을 構成한 子母音 中에 母音이 길게 되는 것이고 子音은 何等의 異相이 업는 것입니다. 그러한 것을 그 母音에 標를 부티지 아니하고 그 글字의 왼편이나 오른편에 함부로 點을 찍는 것은 不條理한 일이고 또 글字에 짜라서 어쩌한 境遇에는 그 點이 母音과 位置가 서로 쩌나서 아주 子音에 附着된 形狀을 定하게 됩니다. 因하야 初學者로 하야금 子母音의 發音에 關한 觀念을 錯亂케 하는 結果도 생깁니다 이들과 가튼 理由에 因하야 第一의 方法은 適宜한 考案이 아닙니다." (pp.39-40)

또한 소리의 장단은 모음이 결정하는 것인데 실제 글자 옆에 점을 찍는 방식은 이를 잘 나타낼 수도 없는 방식이라는 지적이다. 이런 이유로 첫 번째 방식은 적절하지 않다고 결론을 내린다. 그럼 두 번째 방식은 어떠한가. 두 번째 방식은 한 음을 표시한 글자 아래에 기다란 획을 추가하여 그 음이 길다는 것을 보인 것인데, 예를 들어 어떤 글자 아래에 모음 ㅣ자를 그은 형태를 말한다. 물론 이것은 세로쓰기에서 나온 것이므로 가로 쓰기라면 글자 다음에 ㅡ자를 덧붙여(가ㅡ) 길게 소리가 난다는 것을 표시하는 방식이다.

박승빈은 여기에도 몇 가지 문제가 있다고 지적한다. 하나는 모음 ㅣ자를 사용하면 동일한 부호를 가지고 두 가지 기능으로 활용하였으므로 혼란스러울 수 있고, 또 하나는 첫 번째와 마찬가지로 여기서도 모음이 길다는 것을 정확하게 표시해 줄 수 없다는 한계가 있다는 것이다. 이런 이유 때문에 두 번째 방법 또한 적절하지 않다고 주장한다. 그리고 마지막으로 박승빈은 자신의 대안을 제시한다.

> "나의 拙案으로는 第二의 方法에 조곰 修正을 加하야 符號(ㅣ)를 長音되는 母音의 다음에 너허서 씀이 比較的 가장 良策일 줄로 생각합니다."

박승빈은 예를 들어 (가로쓰기라면) '누ㅡㄴ(雪) 마ㅡㄹ(言), 다ㅡ(皆), 도ㅡㅇ(動)'처럼 쓰자는 제안인데, 이렇게 쓰면 장음을 표시할 수도 있고, 모음이 길게 소리가 난다는 점을 확실하게 나타낼 수 있다는 장점이 있다.

글의 말미에 '언문후해'의 연재를 마치면서 간략한 소회를 적었다. 이제까지는 우리말의 발음에 관한 사항을 주로 다루었는데, 우리말 문법에 대해서는 차후에 쓰고자 하니 독자들은 좀 기다려 달라는 부탁도 함께 하고 있다. 총 8회에 걸쳐 박승빈이 언문후해를 통해 우리말 발음과 관련된 내용에 대해 자신의 견해를 피력했으며 이후 문법에 대해서도 계속 견해를 제시하겠다는 의지를 밝힌 것이다.(p.41)

3.3. 우리말글에 대한 정리와 입장

언문후해(8)과 함께 『계명』 8호에 실린 또 하나의 글이 "언문(諺文)에 관한 참고"라는 글이다. 이 내용은 글쓴이가 명시되어 있지 않으나 박승빈의 저작으로 추정된다. 이 글은 제목에서 알 수 있듯이 우리글의 연원과 최근 우리글에 대한 연구 추세를 간략히 정리하여 향후 연구의 참고자료로 만들기 위해 작성한 것이다.

"大概 最近 其十年間 諺文에 대한 趨向을 說하랴 하면 먼저는 李太王 三十一年으로써 端緖를 비롯하랴 한다. 諺文이 公私文書에 漢子와 交用되기는 此時로써 嚆矢라 하겟다. 李能和氏가 字典 및 辭典 制定에 關하야 當時 學部에 그 意見書를 提出함도 此時이오, 周時經氏가 國文學校를 新設하야 子弟를 敎育함도 此時에 비롯한 것이다. 諺文에 대한 覺醒은 此時로써 一轉期라 할 것이오, 諺文研究의 曙光이 朝鮮人의 頭腦에 빗추인 것도 此時로써 비롯하얏다 할 것이다." (p.48)

최근의 한글에 대한 연구는 갑오개혁(1894)을 기점으로 한글이 공사문서에 한자와 함께 국문으로서 사용되기 시작한 시점을 계기로 보았다. 이즈음 이능화는 국문과 사전 제정 등에 대한 의견을 학부에 제출했으며 (1906년에 제출된 "국문일정법의견서(國文一定法意見書)"를 말함), 주시경 등은 한글에 대해 연구와 교육을 하는 등 우리말글에 대한 본격적인 연구가 우리 자신에 의해 시작된 것이었다고 평가했다.

이때 대한제국 정부가 주도적으로 언어 정비에 나선 것이 바로 지석영의 『신정국문(新訂國文)』(1905)으로 나타났다. 『신정국문』은 경성 의학교장인 지석영의 고찰로 이루어진 것이며 학부(學部)에서 심의한 후 공포한 것이라 했다. 박승빈은 먼저 『신정국문』에 대해 크게 다섯 가지로 나누어 소개했다. 신정국문 오음상형변(五音常形辨), 신정국문 초중종 삼성변(三聲辨), 신정국문 합자변(合字辨), 신정국문 첩음산정변(疊音刪正辨), 신정국문 중성리정변(重聲釐正辨) 등으로 나누어 핵심적인 사항을 자세히 소개하고 있다. 박승빈은 『신정국문』의 내용적 가치는 별문제로 하더라도 당시 언문 연구의 효시를 이루었다는 사실은 의미가 있다고 평가했다.

박승빈이 두 번째로 주목한 것은 국문연구소 설립에 관한 것이다. 국문연구소는 1907년 7월에 학부에 설치되었던 한글연구기관으로 당시 학부대신 이재곤의 주청에 의하여 설치되었다고 한다. 이 연구소는 지석영의

『신정국문』이 공포되자 학자간에 여러 의견이 대두되고 특히『 ·』자 폐지
와 대안으로 만든『=』자에 대해 논란이 거듭되자 학부에서 한글의 체계적
인 연구를 위해 연구소를 설치한 것이라 했다. 당시 위원장으로는 학무국
장 윤치오가 임명되고 위원으로는 장헌식, 이능화, 현 은, 권보상, 주시경,
상촌정기(上村正己), 어윤적, 이종일, 이억, 윤돈구, 송기용, 유필근, 이민
응 등이 위촉되었다. 국문연구소에서는 1907년 9월부터 1909년 12월까지
23회의 회의를 거쳐 여러 문제를 다루었는데, 대략적인 것을 보이면 다음
과 같다고 한다.

    (1) 諺文의 淵源 及 字體發音의 沿革
    (2) 初聲 ㅇㆆㅿㆁㅱㅸㅍㆄ 8字 復用의 當否
    (3) 初聲에 在한 ㄱㄷㅂㅅㅈㅎ 6字 幷書 書法의 一定
    (4) 中聲 '='字를 刱製하고 '·'字를 廢止하는 當否
    (5) 終聲 ㄷㅅ 2字의 用法 及 ㅈㅊㅋㅌㅍㅎ 6字를 終聲에도 通用하는 當否
    (6) 字母의 7音과 淸濁의 區別 如何
    (7) 四聲標의 用否 及 朝鮮語音의 高低
    (8) 字母音讀의 一定
    (9) 字順行順의 一定
    (10) 綴字法

  이러한 문제에 대해 국문연구소에서는 나름의 연구 결과를 도출하고
여기에 연구소의 의견을 첨부하여 학부대신(이용직)에게 제출하였으나(『
국문연구의정안(國文硏究議定案)』과 8명의 위원의 연구안을 말함) 이는
공포되지 못하고 유야무야 되어 버려 너무 아쉬웠다고 적었다.

  마지막으로 박승빈은 한일병합 후에 조선총독부가 주관한 국문철자법
연구에 대해 소개하고 있다. 보통학교에서 사용되던 조선어독본의 언문철
자법이 번잡하여 교육상 아동의 학습에 불편하여 이를 바로 잡기 위한
취지로 학무국 주재하에 위원회가 성립된 것이라 했다. 그 위원으로는

국분상태랑(國分象太郎), 신장순정(新庄順貞), 염천일태랑(鹽川一太郎), 고교형(高橋亨), 현 은, 유길준, 강화석, 어윤적 등이었다. 1911년 7월 28일에 제1회 회의를 개최하였고 이후 12월까지 5회의 회의를 개최한 결과 1912년 4월에 『보통학교용언문철자법』을 확정했다고 했다. 그리고 그 주요 항목을 소개하고 있다.

4. 초기 문법 이론

4.1. 박승빈과 주시경

초창기 박승빈은 주시경의 문법을 탐독했다. 특히 주시경의 『국어문법』(1910)과 『말의소리』(1914)는 조선어 연구에 불을 지핀 획기적인 책이라고 평가했다.

> "비로소 근 27,8여년전 조선에는 암야의 혜성과 가티 도라간 주시경(周時經)씨가 『국어문법(國語文法)』과 『말의소리』라는 책을 통하야 조선말의 학술덕 연구를 조선과 세상에 발표하얏스니 이것은 실로 효두의 경종과 가텃스며 암야의 거화(炬火)와 가터서 조선어 연구열은 섬에 부튼 불과 가티 한째는 맹렬하게 타올낫다. 그리하야 주시경씨의 학설은 그후 완전히 일가를 이루엇다."[20]

박승빈은 주시경이야말로 조선어 연구의 선각자이며, 최고의 공훈자로서 존경 받아야 마땅하다고 생각했다. 또한 자기 자신도 주시경의 연구에 직간접적으로 영향을 받았으므로 그의 제자로 불리는 것이 당연하다고 할 만큼 주시경의 업적에 경의를 표했다.

---

20) '各 方面의 成功 苦心談(2), 國文界의 泰斗 朴勝彬氏(1)', 『중외일보』, 1929년 10월 12일.

"周先生은 近代에서 最先으로 朝鮮語法의 研究에 努力한 先覺者이며 高勳者이라. 其後 苟히 朝鮮語의 法則을 云爲하는 者는 거의 全部가 先生의 直接 又는 間接의 弟子이라. 余도 처음에 先生의 著書에 依하여 研究의 길을 進行한 者로서 周先生의 弟子의 一人이라 닐름을 어들 者이라."[21]

박승빈의 학설이 모든 면에서 주시경의 학설과 차이를 보인 것은 아니다. 오히려 차이점보다는 공통점이 더 많았던 것으로 보인다. 1922년 박승빈의 강연 내용은 이를 잘 말해 주고 있다.

"그런데 本人의 研究한 바가 周氏式으로 더브러 相異한 點을 말하자 하면 거의 相同하고 相異한 點으로는 10의 2, 3에 不過하고 10의 8, 9는 相同합니다."[22]

그러다가 주시경 학설의 문제점을 하나둘씩 발견하면서 점차 독자적인 생각을 갖게 된다.

"그러나 이 주시경씨의 학설이 발표되든 이십삼년전 동경(東京) 중앙대학(中央大學)을 졸업하고 나온 표표한 일개 서생인 박승빈(朴勝彬)씨는 다소의 아한 덤을 발견하얏스니 오늘날이 박승빈씨가 조선어 학설의 일가를 짜로 형성하게 된 원 동긔가 이것이엿든 것이다."[23]

일본 유학에서 돌아와 일본법전을 우리말로 번역하면서 우리말 문법의 체계를 세운 박승빈으로서는 이제까지 절대적인 존재로만 보이던 주시경의 학설에 의문점을 발견하게 되었고 이것이 박승빈의 본격적인 조선어

---

21) 박승빈. 1928년 1월. "「ㆆ」는 무엇인가?(續)", 『현대평론』 2-1. p.257.
22) 박승빈. 1922년 6월. "조선문법에 대하야.", 『시사강연록』 4집.
23) '各 方面의 成功 苦心談(2), 國文界의 泰斗 朴勝彬氏(1)', 『중외일보』, 1929년 10월 12일.

연구의 동기가 되었다.

1927년에 『현대평론』에 발표한 "「ㅎ」는 무엇인가?"라는 논문 말미에 주시경에 대한 소회가 나온다.

"그러나 余는 硏究를 前進함에 조차서 어썬 部分에 當하야서는 先生의 解說에 盲從함을 어ㄷ지 못하겟슴에 니르러서 스스로 愼重하게 考究함이 이제 20星霜이 되야스나 考究의 結果는 드드여 先生의 解說과 岐路를 나누게 決定된 部分이 적지 안흔지라. 그러하야 이제 이 著述로써 先生의 解說과 서로 反對되는 解說의 一部를 發表함에 저음하야 衷心에 不安의 늣김을 禁치 못하는도다. 그러나 思惟하건대 周先生은 朝鮮語에 對하야 忠誠한 學者이라. 決코 自己의 學說만을 固執하랴는 無誠意한 狹量者가 안이오. 後輩로서 自由의 思考力으로써 硏鑽에 힘써서 尺寸이라도 朝鮮語의 法則을 闡明함에 도움이 잇슬지면 이것이 實로 先生의 本懷일 것이로다. 余는 今後 機會에 싸라서 從來 余의 硏究한 解說을 發表하랴 하며 먼저 이 글을 發表함에 저음하야 거듭 周先生에게 對하야 敬意를 表하노라."[24]

그동안 주시경의 문법을 따라 우리말글에 대해 연구를 진행했으나, 그 가운데 모순점을 발견하여 나름대로 연구를 진행하다가 자신만의 문법을 세우게 되고 이를 세상에 내 놓게 되었다는 내용이다. 또한 자신의 연구 결과가 주시경의 학설과 다르고, 주시경을 존경하지만 지금부터는 본격적으로 주시경의 학설과는 다른 길을 걷게 되었음을 표방했다.

덧붙여 주시경 학설의 문제점을 지적하고 바로 잡는 것이 진정으로 주시경의 뜻을 따르는 것이라고도 말한다. 문법현상을 객관적으로 연구해야 한다는 학자적 자세에서 볼 때 주시경의 견해에도 문제가 있으며 이를 바로 잡는 것이 주시경을 진정으로 존경하는 것이라는 박승빈의 생각을 엿볼 수 있다. 그러나 주시경과 맞서는 듯한 박승빈을 곱지 않은 시선으로

---

24) 박승빈. 1928. '「ㅎ」는 무엇인가?(續)', 『현대평론』 2-1. p.257.

바라보는 이도 많았다.

> "현재 한글을 연구하는 다른 분들과 가티 나도 처음에는 오로지 주시
> 경씨의 주장을 목표 삼고 음미하는 동시에 어느 정도까지 공명(共鳴)햇
> 섯습니다마는 근년에는 그의 흠집만이 발겨질쑨임으로 자연히 나의
> 신안(新案) 즉 나의 독단덕(獨斷的) 의견만 날노 늘어갈 싸름입니다.
> 그럼으로 동료들에게 상서롭지 안흔 주목과 비평을 밧고 잇습니다. 여긔
> 서 나는 다만 『진리』는 당시에는 손가락질을 당할지언정 영구불변으로
> 싯까지 남게 되리라는 신임(信任)만 가지고 나의 연구를 힘잇게 세워나
> 갈 작뎡입니다."25)

박승빈이 주시경과 다른 주장을 내놓자 조선어를 연구하는 동료들 사이
에서 좋지 않은 시선과 평가가 있었던 것으로 보인다. 이런 시선에도
아랑곳하지 않고 박승빈은 조선어에 맞는 새로운 학설을 세워보겠노라고
연구에 매진한다.

> "하로일즉 깁흔 연구를 쌓은 주시경씨의 학술 더구나 세상에서 이미
> 적지 안흔 공명지를 어더 노흔 이 주시경씨의 학술의 접함과 아울러
> 만국성음학회(萬國聲音學會)에서 주장하는 성음학원리(聲音學에原理)
> 에 결함이 잇다는 엄청난 새 학설을 세우고 이십여년을 하로가티 연구에
> 힘을 썻스며 압흐로 죽는 날까지 연구를 놋치 안켓다는 씨의 금일까지의
> 고심담은 실로 후진에 대한 금언이 아니고 무엇일까!"26)

박승빈은 그야말로 병적일 만큼 조선어 연구에 매진하고 있었다. 후에
그의 회고담에서 당시의 상황을 엿볼 수 있다.

---

25) '書齋人 訪問記(七) 普專校長 朴勝彬氏', 『동아일보』, 1928년 12월 18일.
26) '各 方面의 成功 苦心談(2), 國文界의 泰斗 朴勝彬氏(1)', 『중외일보』, 1929년 10월
    12일.

"집에서 밥을 먹을 째와 쏘다른 일을 할 째나 저녁째 가튼 째 좀 머리를 쉬이게 할 차로 계명(啓明)구락부에 가서 친구들과 롱담만담을 할 째나 문득 머리에 써올른다든지 혹은 입에서 흘러나오고마는 것이 조선어에 관한 생각과 소리쭌입니다. 전혀 병덕이라고 할 만큼 요사이 나는 그편으로만 기울릅니다."[27]

자나깨나 친구들과 만날 때나 일을 할 때도 머리에는 온통 조선어 연구만 가득 찼다. 스스로 병적일 만큼 박승빈은 연구에 매진했다. 어떨 때는 자신의 학설을 주장하기 위해 엿새 동안 열두 시간이나 되는 강의를 마다하지 않을 만큼 조선어 연구와 학설 전파에 힘을 쏟기도 했다.

"그러고 최근에는 열두시간의 강의를 엿새동안에 나누어 계속하야 텅강자의 실증을 내인 일이 업도록 열심히 학설을 면수한 일이 잇다하니 씨의 오롯이 이 연구와 면파에 힘쓰고 지나는 것은 실로 후진의 본다들 것이요 쏘 치하할 것이다."[28]

이렇게 연구에 매진할 수 있었던 것은 그의 타고난 체력과 집안의 가보로 내려온 비책 『훈민정음』과 『용비어천가』 때문이기도 했다.

"이 부단의 로력과 연구는 건강한 씨의 테격이 아니엇드면 도뎌히 계속되지 아니하엿슬 것이며 쏘 씨가 비장하여 둔 오즉 조선에 한책인 고간(古刊) 훈민정음(訓民正音)과 용비어천가(龍飛御天歌)를 어렷슬 째부터 읽고 배웟다는 것 남다른 편리가 잇섯든 까닭인데"[29]

박승빈이 몸을 사리지 않고 조선어 연구에 온 힘과 정렬을 쏟다보니 타고난 강한 체력도 이내 지치고 병들어 갔다. 박승빈은 온천으로 금강산

---

27) '書齋人 訪問記(七) 普專校長 朴勝彬氏', 『동아일보』, 1928년 12월 18일.
28) '各 方面의 成功 苦心談(2), 한글 硏究家 朴勝彬氏(2)', 『중외일보』, 1929년 10월 13일.
29) '各 方面의 成功 苦心談(2), 한글 硏究家 朴勝彬氏(2)', 『중외일보』, 1929년 10월 13일.

으로 요양과 휴양을 떠나야 할 정도였다.

"사년전부터는 매년 일월에 유성(儒城) 온천(溫泉) 봉명관(鳳鳴館)에
드러안저 한가지 연구를 반다시 마치고 도라온다고 한다."[30]
"그리하야 자나깨나 조선어연구에 심혈을 다하야 원래 건장하얏든
씨는 일시 건강을 몹시 해한적도 잇서 지난 하긔에는 금강산(金剛山)에
드러가 휴양하얏스나 금강산에 휴양하러 드러간 것이 일층 연구하기에
머리를 알엇다 하니 씨의 조선어 연구는 일층병덕으로 계속되어 가는
것이다."[31]

그러나 요양차 휴양차 갔던 온천과 금강산에서조차 그는 조선어 연구에
서 손을 떼지 못했다. 오히려 휴양지에서 연구에 더욱 박차를 가했던
것이다. 그야말로 박승빈은 온 몸을 불살라 조선어 연구에 매진했다.

4.2. 「ㅎ」는 무엇인가?

박승빈이 자신만의 문법과 철자법의 체계와 특징을 세운 것은 이미
1908년 일본법전을 번역하면서부터이고, 1921년 『계명』 창간호부터 자신
의 문법에 대해 소개하고 있지만, 주시경의 학설을 논문으로 본격적으로
비판하기 시작한 것은 1927년 논문부터가 아닌가 싶다. 박승빈은 조선어
연구에 매진하면서 1927년 『현대평론』에 "「ㅎ」는 무엇인가?"라는 논문을
발표하게 된다. 이후 같은 잡지에 같은 제목의 속편을 잇달아 발표하면서
그는 조선어 문법의 새로운 축을 확고하게 형성해 나갔다.

박승빈. 1927년 9월 "「ㅎ」는 무엇인가?", 『현대평론』 1-8.

---

30) '各 方面의 成功 苦心談(2), 한글 硏究家 朴勝彬氏(2)', 『중외일보』, 1929년 10월 13일.
31) '各 方面의 成功 苦心談(2), 國文界의 泰斗 朴勝彬氏(1)', 『중외일보』, 1929년 10월
12일.

박승빈. 1927년 10월 "「ㅎ」는 무엇인가?(속)", 『현대평론』 1-9.

박승빈. 1928년 1월 "「ㅎ」는 무엇인가?(속)", 『현대평론』 2-1.

박승빈이 학술적으로 주시경의 학설과 대립하여 본격적으로 논쟁을 벌이게 되는 출발점이 바로 위의 논문 3편이 시발점이기 때문이다. 박승빈은 이 논문을 쓰는 데 3년간이나 심혈을 기울일 만큼 공을 들였다.

> "그리하야 최근에는 재작년 가을에 현대평론(現代評論)에 『ㅎ』는 무엇인가라는 장편의 론문을 발표하엿는데 이 발표되는 론문은 실로 세련한 직공이 심혈을 다하야 짜은 비단과 가터서 한편의 론문은 오래 끌면 삼년간이나 두고 쓴일이 잇섯다 하니 이 비단가튼 론문을 탈고 할째의 환희는 씨와 학자만 가질 수 잇는 위대한 환희일 것이다. 그런 까닭에 씨는 이 환희를 맛볼 째마다 수명이 길어지는 것과도 가트며 학이나 타고 오색이 영롱한 운무에 노는 것 갓터서 이 학자의 법렬(法悅)에 취하면 새로운 힘을 엇으며 또 피곤하엿든 머리는 씨슨 듯이 맑어저 다음과뎨의 연구에 착수하얏다고 한다."[32]

박승빈이 이 논문을 쓴 후에 학자로서의 기쁨이 얼마나 컸는지, 또 그에게 이 논문이 얼마나 중요한 의미를 갖는지를 알 수 있는 대목이다.

이 논문의 핵심은 'ㅎ'를 지음(支音 final consonant)으로 사용할 수 있도록 인정할 것인가의 여부였다. 주시경은 'ㅎ'를 지음, 즉 받침으로 사용할 수 있도록 인정하고 그 근거로 'ㄱㅎ'과 'ㅎㄱ'이 동일하게 'ㅋ'가 된다고 주장한 반면, 박승빈은 'ㅎ'를 지음으로 사용할 수 없으며, 'ㄱㅎ'과 'ㅎㄱ'이 이론적으로 결코 동일하지 않다는 점을 강조했다. 이제 논문의 대략적인 면을 소개하면 다음과 같다.

먼저 1927년 9월의 논문 "「ㅎ」는 무엇인가?"에서는 1) 'ㅎ'는 조선어에 하햐행(行)의 음을 표시하는 자음이며, 이는 일본어의 は행의 음을 발하는

---

32) '各 方面의 成功 苦心談(2), 한글 研究家 朴勝彬氏(2)', 『중외일보』, 1929년 10월 13일.

자음이나 영어의 h의 음과 동일한 작용을 가진 것으로 파악했다. 그리고 표준음의 개념을 도입하고 그 음과 극히 인접한 음을 다 종합하여 그 표준음에 편입함으로써 한 표준음을 결정한다고 했다. 이는 오늘날 변이음과 음소의 개념과 유사하다. 2) 'ㅎ'는 형식상 자음이지만 그 본질은 다른 자음과는 달리 모음의 속성을 갖고 있다고 했다. 즉, 'ㅎ'는『훈민정음』의 발음 분류법에 따르면 아음, 설음, 순음, 치음, 후음 가운데 후음의 일종이며, 『훈민정음』에서는 'ㅇ, ㆆ, ㅎ, ㆅ'의 네 가지 종류의 후음을 인정했다고 주장한다. 그리고 'ㅎ'는 지금의 성음학상의 분류법에 따르면 폐찰음의 일종이라 했다.

박승빈은 'ㅎ' 음의 발성과정을 자세히 설명하면서 그 음가가 자음보다는 모음에 가깝다고 주장한다.

> "하햐行音은 그 音聲을 發하는 저음에 母音을 發하는 째보담 比較的 急激한 수움이 母音을 發하는 째보담 比較的 緊張된 聲門을 通過하기 째문에 聲門에 廢擦作用이 生하야 이에 因하야 母音, 卽 平然한 喉音과 서로 區別할 수 잇는 一種의 喉音 하햐行의 音을 形成하는 것이며, 喉頭 以外에서는 다른 調音器管의 障碍를 바듬이 업시 口外에 나가는 狀態는 조곰도 母音과 달름이 업ㅅ다. 이 點에 이서서 하햐行音은 모든 子音이 반듯이 各 調音器管의 障碍를 바ㄷ는 그것과 슌혀 그 性質이 달른 特徵을 가진 것이라. 故로 이 狀態에 依하야 觀察할 째에는 하햐行音은 아야行音 卽 母音의 變態인 一種의 音으로 認定되는 것이라. 余가 하햐行音을 母音性이 잇는 音이라고 닐르며 또 母音을 喉音의 平音이라고 닐름에 對하야 하햐行音을 喉音의 激音이라고 닐르며, 나아가서 또 하햐行音은 母音의 激音이라고도 닐름은 右와 가튼 作用을 表明하는 意味이다."(pp.252-253)

이러한 'ㅎ' 음의 성질을 고려할 때, 'ㅎ'는 다른 자음과는 다르기 때문에 받침으로 사용될 수 없다는 것이다. 'ㅎ'의 속성은 자음성이 아니라 모음성이며, 다른 자음과는 달리 여음 작용이 나타나지 않는 특징도 있다고 한다. 여음이라고 하는 것은 한 자음이 그 전부작용으로써 지음의 작용을 하여 그 본음을 낸 후에 그 자음의 본질상 잔존되는 음향을 지칭한 것(조음기관의 작용이 있으나 경약(輕弱)하고 모음성을 띤 자음과 비강음을 띤 자음)이다. 예를 들어 영어의 bat를 '쌔ㅌ'로만 발음하지 않고 '쌔트'라고 발음하는 식이다. 지음은 자음이라야 하는데, 후음은 이와는 성질이 다르므로 여음이 안 된다는 논리다.

1927년 10월의 『현대평론』 1-9호에서도 논의는 계속된다. 여기서의 쟁점은 주시경이 'ㅎ' 받침 사용의 근거로 제시한 '섞음소리'에 대한 것으로 예를 들어 'ㄱㅎ'과 'ㅎㄱ'이 순서를 바꾸어도 동일하게 'ㅋ'가 되느냐 하는 문제이다. 이 또한 주시경의 학설에 대한 반론의 성격이다.

박승빈은 이것은 성음의 원리상 문제가 있다는 것이다. 다른 자음의 경우 그 위치를 바꾸어 결합할 때 다른 음이 되는데, 왜 'ㅎ'만 다른가 하고 반문하고 그럴 이유가 없다고 주장한다.

아ㅂ가 = 압가: 아ㄱ바 = 악바
가ㅂ사 = 갑사: 가ㅅ바 = 갓바

위에서 알 수 있듯이 'ㅂ ㄱ'은 'ㄱ ㅂ'과 다르며, 'ㅂ ㅅ'은 'ㅅ ㅂ'과 다르다. 이 논리에 의하면 'ㅎ ㄱ'이나 'ㄱ ㅎ'이 모두 'ㅋ'가 된다는 설이 설득력이 없다는 것이다. 그러면서 이를 좀더 상세히 논하고 있다. 1) 발음의 결과만을 보면 '악하'와 '아카', '압하'와 '아파'는 구별하기 어려우며, 동사 수동태의 예에서도 규칙적으로 나타나기도 한다('마ㄱ히'→ '마키', '자ㅂ히'→ '자피', '무ㄷ히'→ '무티'). 그러나 발음의 원리를 고려하면 그 구별이 있다는 것이다.

(가) 아ㄱ하 = 아 카

아ㅂ하 = 아 파
(나) (ㄱㅎ)+ ㅏ = 카
    (ㅂㅎ)+ ㅏ = 파
(다) ㄱ+하 = 카
    ㅂ+하 = 파

　박승빈은 발음의 결과상 (가)와 같이 나타나지만, 그 동인은 (나)가 아니라 (다)와 같은 과정을 거쳐서 발음된다는 것이다. 즉, 'ㄱ'이 '아'음과 결합하려는 순간에 '하'의 음을 내면 그 음은 마치 '카'와 같은 음과 동일한 음향을 발하는 것이지, (나)와 같이 결탄코 'ㄱ ㅎ' 두 자음이 함께 전부(前部)작용을 완성하고 그 다음 후부(後部)작용에 모음 '아'의 음이 배합되는 것이 아니라는 점이다. 이에 반해 '아파'의 음은 'ㅏ'에 입술의 작용에 의한 'ㅍ'의 전부작용이 완료되고 연속하여 그 후부작용에 모음 'ㅏ'가 결합되어 형성되는 음이기 때문에 이때 격음조는 입술의 파장(破障)작용의 급격함으로 인하여 생기는 것이지, 후두음의 폐찰작용에 의하여 생기는 것이 아니라는 주장이다. 2) 'ㅎㄱ'은 'ㅋ'이 되고 'ㅎㅂ'은 'ㅍ'이 된다고 하는 주장은 전혀 발음의 원리에 합치되지 않는 설로서, 'ㅎ'는 독립하여 지음이 될 성질이 없는데, 'ㅎㄱ'의 경우 먼저 'ㅎ'가 지음이 된다고 하는 것은 성립하지 못한다는 것이다.
　이와 더불어 박승빈은 조선어의 경음조와 격음조를 균형 있게 처리하기 위해서도 'ㅎ'를 받침으로 인정할 수 없다고 주장한다. 우리말은 '으'와 '흐'가 축약하면서 각각 경음조와 격음조를 유발하는데(대의 가지=대→가지 / 만흐다 = 만타) 이 점을 고려하여 'ㅎ' 받침 문제를 재고해야 한다는 주장이다.

(가) 가ㅎ다 = 가타
　　만흐지 = 만치

(나) 갛다 = 가타

많지 = 만치

　　만약 '많지'와 같이 'ㅎ'의 축약으로 인해 'ㅎ'가 앞음절의 지음(받침)이 되어 그 지음의 음이 그 다음의 자음과 결합하여 '만치'와 같이 격음으로 발음되는 것으로 설명한다면, '갛다'와 같은 이상한 형태를 가정해야 하는 문제가 생긴다는 것이다. 또한 경음조의 설명도 어려워진다는 문제도 생긴다.

대의 가지= [대까지], 대ㅇ가지= [대까지], 댕가지= [대까지]

　　위에서처럼 '대의 가지'의 경우, 'ㅇ'은 남고 'ㅡ'만 생략되었다고 한다면(마치 '만흐지'에서 'ㅡ'만 생략되고 '많지'로 된 것처럼), '대의 가지'는 '댕가지'로 표기해야 하는데 이런 설명이 과연 가능한가 하는 지적이다. 경음조와 격음조를 일관되게 설명하기 위해서라도 'ㅎ'의 종성은 허락해서는 안 된다는 것이다.

　　또한 '정직ㅎ다'의 경우처럼, 이를 '정직ㅎ 다'를 거쳐 '정직타'가 되었다고 가정하면 사실 받침으로 '정짛다'와 같은 형태를 가정해야 하는 문제가 생긴다.('금ㅎ지'는 '긇지', '답답ㅎ다'는 '답닳다' 등이 허용되어야 하는 문제가 생긴다. 만약 이렇게 되면 수많은 겹받침이 생겨나서 또 다른 문제가 될 수도 있다는 점이다)

　　그리고 주시경 학설을 지지하는 사람들은 『훈민정음』에 'ㅎ' 지음 사용을 지지하는 문구로 "종성부용초성"을 끌어오고 있는데, 박승빈은 이 주장도 설득력이 없다고 반박한다. 『용비어천가』에는 'ㅎ'를 종성으로 사용한 예가 하나도 없고 '됴코'의 경우도 결코 '됴ㅎ고'라고 쓴 예는 없다는 것이다. 그리고 '종성부용초성'이라는 문구는 종성에 다시 모든 초성을 쓴다는 뜻이 아니라 종성에 사용 가능한 음이 있는 경우 그 종성의 자를 쓸 때에는 다시 초성의 자를 쓰라는 뜻으로 해석해야 한다고 주장한다.

1928년 1월『현대평론』2-1호에서는 논문의 마무리로서 전체적인 내용을 요약하고 자신의 소회를 밝혔다. 박승빈은 조선어의 관례에 따라 고찰하더라도 'ㅎ'는 더욱 지음(받침)이 될 가능성이 없다고 주장한다.

"朝鮮語엣 支音도 聲音의 原理에 조차서 以上 論述한 子音 竝 支音의 關係의 法則에 準할 것임은 勿論이지마는 特히 朝鮮語에 當하야 論及할 必要가 잇는 慣習上의 特徵이 잇다. 한 子音을 支音으로 使用하는 境遇에 그 子音의 다음에 母音이 連續한 째에는 그 子音과 다음에 오는 母音과가 配合되야 그 狀態는 完全音을 發하는 째와 달음이 업슴으로 이와 가튼 境遇는 論述한 바가 업ㅅ고 그 支音인 子音이 獨立하야 終止하거나 쏘는 그 다음에 쏘 子音이 連續되는 境遇에는 그 子音의 前部作用을 오로지 主要히 여기고 그 後部作用은 거의 等閒에 부치는 것이라. 故로 數個의 달른 子音으로서 그 前部作用의 서로 가튼 것들은 그 後部作用이 서로 달음에 거릿기지 아니하고 다 同一한 發音이 된다."(p.256)

예를 들어 '나ㅈ 이'처럼 뒤에 모음이 오는 경우 모음과 함께 이어서 발음을 하면 되지만, 아무것도 오지 않고 단독으로 끝나는 경우나('한 나ㅈ') 자음이 올 경우에는('나ㅈ 보담') 뒤에 오는 음과는 상관없이 발음은 '나ㅌ'이 되며 '나ㅅ, 쇼ㅊ, 쓰ㄷ' 등의 경우도 결국 '나ㅌ, 쇼ㅌ, 쓰ㅌ'이 되어 다 같은 소리로 끝나게 된다는 것이다. 이것은 조선어의 여음불발의 법칙과 관련이 있는데, 'ㅎ'는 여음불발이 되지 않으므로 받침으로 쓸 수 없다고 주장한다.

또한 박승빈은 경음과 격음의 형평성을 고려할 때에도 'ㅎ' 받침설은 여전히 문제가 된다고 밝히고 있다.

"그러며 그 解說을 主張하는 學者의 多數는 一面으로 硬音을 說明할 째에는 "平音이 硬音으로 되게 하는 것은 各各 그 子音이 重複된 音이라고 하야서 從來 使用하야 오는 된시읏(硬音의 符號인 ㅅ)도 이를 排斥하고 반듯이 「ㄲ, ㅃ, ㅉ」과 가티 그 子音의 文字를 竝書하야야만 올흐다고 主張한다. 그러면 平音에 硬音을 주(與)는 것은 同一한 것이 안이요. 各 境遇에조차 各히 달른 것이라고 하며 平音에 激音을 주는 것은 다 同一한 것이라고 解釋함은 그 解說의 自體가 條理上 서로 矛盾됨이라."

ㅎ를 받침으로 주장하는 학자들은 경음을 설명할 때에도 전통적인 된시옷 표기 대신에 평음이 중복된 병서로 표기한다고 하는데, 이는 평음을 가지고 경음과 격음을 만드는 방식을 고려할 때에도 문제가 된다는 것이다. 예를 들어 격음 ㅋ는 평음 ㄱ과 ㅎ(또는 ㅎ과 ㄱ)이 결합하여 만들어진다고 했는데(둏고 → 됴코), 그렇다면 경음 ㄲ도 ㄱ과 ㄱ이 결합하여 만들어진 것으로 봐야 하기 때문인데 경음 ㄲ은 ㄱ과 ㄱ의 결합 뿐 아니라(악가→아까) ㅋ과 ㄱ이 결합해도 경음 ㄲ이 된다는 주장이다(앜가→아까).(자세한 것은 제II부 제2장 2.3.4. 참조)

5. 박승빈의 저서

5.1. 『조선어를 라마자로 기사함의 규례』(1931)

박승빈의 국어 관련 저서 가운데 가장 첫 번째 것은 1931년 7월 13일에 출간된 『朝鮮語를 羅馬字로 記寫함의 規例』(경성: 민중서원)이다. 이는 박승빈이 만든 로마자표기법이다. 당시 로마자표기법이 없지 않았으나 사람마다 다르게 쓰는 바람에 매우 혼란하였다. 이러한 상황에서 박승빈은 로마자 표기안을 새롭게 만들어 제안한 것이다.

비록 몇 쪽 되지 않은 분량이지만 이 로마자 표기안을 만들기 위해 박승빈은 5년 정도 시간이 걸렸다. 우리말을 중심으로 하여 로마자를 대응하는 작업이 쉽지 않았기 때문이다. 로마자 규례의 초안이 만들어지자, 박승빈은 약 8개월간에 걸쳐 총 6차례 심의를 거쳐 최종안을 만들었다. (자세한 것은 제II부 제3장 2.2. 참조)

朝　鮮　語
를
羅　馬　字　로　記　寫　함
의
規　　例

KEY TO
THE ROMAN LETTERS
AS ADOPTED
TO REPRESENT
KOREAN SOUNDS

BY
BAG SŬNGBIN

『조선어를 라마자로 기사함의 규례』 표지

5.2. 『조선어학강의요지』(1931)

박승빈의 두 번째 국어학 저서는 1931년에 출간한 『朝鮮語學講義要旨』 (경성: 보성전문학교)라는 문법서다. 『조선어학강의요지』는 총 195쪽 분량으로 국한문 혼용으로 쓰여 있다. 전체는 제1편 서론(6쪽), 제2편 음리급기사법(74쪽), 제3편 문법(115쪽) 등으로 이루어져 있다. 이를 『조선어학』과 비교해 보면, 『조선어학』은 총 393쪽 분량이며 역시 국한문 혼용으로 쓰여 있고, 제1편 서론(12쪽), 제2편 음리급기사법(156쪽), 제3편 문법(224쪽) 등으로 이루어졌으니, 『조선어학』의 반절 정도의 분량이라고 할 수 있다.

『조선어학강의요지』 표지

『조선어학강의요지』는 제목에서 알 수 있듯이 보성전문학교에서 조선어를 가르칠 때 교재로 쓰기 위해서 박승빈이 집필 중이던 『조선어학』에서 핵심적인 내용만을 추려서 모은 것이었다. 『동아일보』에서는 이 책의 출간 소식을 다음과 같이 소개하고 있다.

"『朝鮮語學講義要旨』 朴勝彬 著. 朝鮮語學界에 잇서 그 獨特한 方法과 主張으로 相當히 注目되는 著者가 研究 二十餘年의 結果를 體系化한 것이다. 第一編은 言語와 文字에 關한 一般論, 第二編은 音理及記寫法, 第三編은 文法으로 全文 約 二百頁 (發行所 京城府 松峴洞 三四番地 普成專門學校 非賣品).”[33]

독특한 방법과 주장으로 주목받아 왔으며 20여년의 연구 결과를 한 권의 책으로 체계화했다고 소개했다. 『조선어학강의요지』는 1935년에

33) '신간소개', 『동아일보』, 1931년 10월 9일.

출간된 『조선어학』에서 핵심적인 내용만을 간추려 미리 발간한 것이었다. 이러한 사정은 이 책의 머리말에 잘 나타나 있다.

"謹啓 奉呈하는 册子 『朝鮮語學講義要旨』는 拙著 『朝鮮語學』(題目 未確定)의 原稿에서 그 要旨만을 摘拔하야 刊行한 것입니다. 이 册子는 普成專門學校 朝鮮語 敎授에 使用하기 爲하야 非賣品으로 發行한 것입니다. 拙著 『朝鮮語學』은 拙生이 18年 間 專心 考究한 끝에 著述에 着手하야 執筆한 後 5個年인 昨年 夏期까지에 材料의 蒐集을 마치고 今年 夏期까지에 增册 洗鍊을 加하야 現今 原稿 淨寫 中이오며 明年 中에는 그것이 發行될 豫定입니다." -머리말에서-

이러한 이유 때문에 책의 목차도 『조선어학』과 대동소이하다. 이 책의 주요 목차를 보면 다음과 같다.

第6節 冠形詞

第7節 副詞

第8節 接續詞

第9節 感歎詞

第10節 合成語

第3章 文

第1節 文의 成分

第2節 文의 種類

第3節 單語의 配置와 單語의 省略

第4節 文의 分析

목차에서 『조선어학』과 약간의 차이를 보이는 부분은 제1편 제5장 제3절 '라랴행 발성음의 경음'과 제4절 'ㅟ' 항목이다. 이 부분은 『조선어학』에서는 제3절 '발성음 ㄹ의 경음 'ㅅㄹ'로 통합된다. 또한 제2장 '조선어의 음자'는 제2장 '조선어의 자모(字母)'로 역시 이름만 살짝 바뀌었고, 제1절 '바팀의 여음불발의 법칙'도 제1절 '바팀되는 발성음의 여음불발의 법칙'으로 제목이 조금 달라졌다. 제13절 '음의 잠적과 음절의 병합'도 『조선어학』에서는 제15절 '어음의 생략과 음절의 병합'으로 조금 이름이 변경되었다. 『조선어학강의요지』에는 없는 항목이 『조선어학』에 새로 추가된 것은 제5절 '간음(間音)의 도태(淘汰)' 부분이 유일하다.

『조선어학강의요지』는 1933년 9월 206쪽의 정보(訂補)판을 발행하게 된다.[34] 조선어학연구회에서 박승빈은 1932년 3월에 열린 6회 월례회부터 1933년 4월 17일 월례회까지 약 1년 동안 『조선어학강의요지』를 교재로 해서 이를 회원들이 돌아가면서 읽고 토론하고 질의 응답하는 시간을 가졌고, 여기서 나온 의견을 모아서 『조선어학강의요지』 정보(訂補)판을 낸 것이다.

34) 1933년 9월 18일에 열린 월례회에서는 『조선어학강의요지』가 정보(訂補) 발행된 것에 대하여 박승빈이 강의와 설명이 있었다는 기록이 있다.(본회록사(本會錄事)-『정음』 창간호(1934년 2월 15일))

5.3. 『조선어학』(1935)

박승빈의 국어학 관련 세 번째 저서는 1935년에 출간된 『朝鮮語學』이다. 박승빈의 국어 문법을 집대성한 그의 대표 저서이며(제목 밑에 '全'자를 붙인 것도 이러한 연유일 것이다) 조선어학연구회에서 발행했다. 이 책은 앞서 소개한 1931년에 출간한 『조선어학강의요지』를 발전시킨 것이다. 박승빈은 이 책을 1925년부터 집필하기 시작하여 완성하기까지 10년 가까이가 걸렸다. 수년간의 자료 조사와 자료 수집, 수년간의 집필과 교정을 거쳐 1935년에 출간한 것이다. 박승빈은 이 책을 위해 별도의 원고지를 제작하여 집필을 할 만큼 열정적으로 온 힘을 쏟았다.

『조선어학』의 분량은 393쪽이며 국한문 혼용으로 되어 있다. 내용의 구성을 보면 제1편 서론(12쪽), 제2편 음리급기사법(156쪽), 제3편 문법(224쪽) 등으로 크게 세 부분으로 이루어져 있다. (자세한 것은 제II부 제2장 참조)

『조선어학』 표지

5.4. 『「한글마춤법통일안」에 대한 비판』(1936)

박승빈은 1936년 10월『朝鮮語學會査定 「한글마춤법통일안」에 對한 批判』이라는 책을 조선어학연구회에서 발행했다. 분량은 총 75쪽이며 국판 반양장으로 되어 있다. 이 책은 1933년 10월 29일에 조선어학회가 「한글마춤법 통일안」을 발표하자 이를 비판하고 대안을 제시하는 내용이다.

이 책은 출간하기까지 여러 차례 논의와 논문 게재 등의 절차를 겪었다. 먼저 이 책의 시작은 1933년 12월 4일에 열린 조선어학연구회의 월례회까지 거슬러 올라간다. 조선어학회에서 새철자법을 발표하자 박승빈은 이에 대해 검토와 비판을 시도하고 조선어학연구회의 월례회에서 이를 회원들에게 공개한다. 월례회에서 박승빈이 먼저 새철자법에 대해 검토와 비판을 하고 나면, 이후 회원들은 다시 이에 대한 검토와 감상을 하는 식으로 전개해 나갔다.

이렇게 학회에서 회원들과 함께 검토하고 비판한 내용을 다시 다듬어 조선어학연구회 기관지인 『정음』에 1935년 9월(10호)부터 1936년 4월(13호)까지 4차례에 걸쳐 연속해서 발표했다. 그리고 이를 다시 책으로 묶어 1936년 10월에 『「한글마춤법통일안」에 대한 비판』을 출간했다. (자세한 것은 제II부 제3장 4.2. 참조)

『「한글마춤법통일안」에 대한 비판』 표지

5.5. 『간이조선어문법』(1937)

『簡易朝鮮語文法』은 1937년 8월 경성에서 조선어학연구회가 발행한 박승빈의 마지막 문법책이다. 이 책은 제목에서도 알 수 있듯이 1935년의 『조선어학』을 교육용으로 간추려 발간한 것이다. 책의 일러두기란에 이러한 취지가 잘 드러나 있다.

> "本書는 中等 程度의 學生과 其他 朝鮮語를 曉解하는 사람으로서 常識이 잇는 사람의 文法的 考察에 提供함을 目標로 하야 簡易를 主旨로 하야 編纂한 것이라."

이러한 취지에 맞춰 박승빈은 『조선어학』에 있던 방대한 내용은 대폭 줄이고, 가장 핵심적인 내용만을 쉽게 풀어 다시 편찬한 것이다.

> "本書는 朝鮮語의 法則을 아모ㅅ조록 簡易하게 說示함을 主眼으로

한 것임으로써 左와 가튼 方針에 依하야 編纂된 것이다.

   (1) 語音과 文法에 當하야 그 法則을 直說하고 必要한 境遇에 例를 보임에 그치고 그것에 關한 理論과 說明은 다 省略한 것이라.

   (2) 外國語의 註釋 쏘는 對照 說明은 다 省略한 것임. 極히 少部分으로 外國語의 記述이 이스나 오직 그것을 아으는 사람의 考察에 便易함을 爲하야 參考로 記載한 것일 쑨이요 本書를 讀解함에 外國語의 知識을 必要로 하게 된 것은 안이라."

위의 '일러두기'의 내용에서 알 수 있듯이, 어려운 문법 이론이나 외국어와의 대조 부분 등은 과감히 생략하고 중등생들이 볼 수 있을 만한 수준으로 다시 편찬했음을 알 수 있다. 그리고 일러두기 발미에 "본서의 독자로서 음리상 또는 문법상의 이론과 변증을 요구하시는 사람은 졸저 『조선어학』, 『조선어학강의요지』(증보3판 발행)에 취하야 심구하심을 바라노라."고 밝혔듯이 더욱 심도 있는 논의와 이론에 관심이 있는 사람은 『조선어학』을 참고하라고 소개하고 있다.

『간이조선어문법』 표지

『간이조선어문법』의 목차는 『조선어학』과 큰 차이가 없다. 다만 체제상 『조선어학』에서는 제1편 서론, 제2편 음리급기사법, 제3편 문법 등으로 이루어졌는데, 이 책에서는 제1장 음리와 기사법, 제2장 단어, 제3장 문으로 구성된 것이 다르다. 그리고 『조선어학』에서 기술한 언어 일반론과 음리의 일반론 등은 모두 생략되었다. 또 '음리와 기사법'의 내용도 『조선어학』에서는 총 16절로 되어 있지만, 이 책에서는 12절로 줄었고, 문법의 총론 부분도 이 책에서는 생략되었다. 『간이조선어문법』의 대략적인 목차를 보면 다음과 같다.

　한편,『조선어학』에서 제시했던 경음부호와 격음부호를 편리상 사용하지 않았다는 점이 특징이라 하겠다. 경음부호는 과거 부호를 언급하지 않고 'ㅅ'을 경음부호로 사용한다고 했으며, 격음부호에 대해서는 'ㅡ' 부호에 대해서 설명한 후, 그러나 일반적으로는 이 부호가 통용되지 않기 때문에 이 책에서는 사용하지 않고, '그러→고 → 그러코'로, '적막→고 → 적막코'로, '노→네 → 노ㅅ네'로 적는다고 했다.(pp.6-9)

　이밖에 특징으로는『조선어학』에는 없던 '조선어 체계 일람'이라는 표가 책의 뒤에 부록처럼 덧붙어 있는 점이다. 마치 문법의 요약정리표라는 느낌을 주고 있는데, 이것은 이 책이 청소년과 일반인을 대상으로 하고 있기 때문에 학습적인 면을 고려한 것으로 보인다. 몇 개의 표를 보이면 다음과 같다.

'조선어 체계 일람' '용언활용 일람'

6. 마무리

이 장에서는 박승빈의 국어연구 활동에 대해서 자세히 살펴보았다. 유학 시절부터 싹트기 시작한 박승빈의 우리말글에 대한 관심은 번역서인 『言文一致日本國六法全書』라는 책으로 1차적인 결실을 맺었다. 언문일치를 강조하고 훈독법을 활용하여 표기한 이 번역서는 박승빈의 문법과 철자법이 이때 이미 상당 부분 완성이 되었다는 것을 말해 준다. 박승빈 개인에 대한 연구는 물론이고, 언문일치와 철자법, 그리고 국어문법 연구에서 이 책이 차지하고 있는 비중은 그만큼 크다고 할 수 있다.

다음으로 박승빈의 우리말과 글에 대한 인식의 체계를 고찰했다. 계명구락부 창설을 주도했고 기관지 『계명』의 발간에도 핵심적인 역할을 했던 박승빈은 1921년 『계명』이 창간되자마자 자신의 국어학적 견해를 세상에 쏟아 놓았다. 박승빈은 이미 검사 시절인 1908년에 우리말과 글에 대한 인식과 독자적인 문법체계를 가지고 있었으며 자신의 문법을 철자법 등 언어생활에 적용하려는 시도를 하고 있었다. 또한 이를 학술적으로 정리하여 대외적으로 공표하고 자신의 문법과 우리말글에 대한 철학을 적극적으로 발표했는데, 잡지『계명』이 중요한 매개 역할을 담당했다.

『계명』을 통한 박승빈의 활약에 자극을 받아 조선어학회가 재결집하고『한글』지가 태동하게 되었으니 박승빈의 역할과 국어학계에서 차지하고 있는 의미는 결코 작지 않다.『계명』지에 발표한 글의 성격을 보면 이미 이때 박승빈의 문법의 얼개가 완성되었음을 짐작할 수 있다. 실증주의에 바탕을 둔 박승빈의 치밀한 언어분석관은 근대 신학문의 소산이라 생각하며, 특히 논리적인 법학을 공부한 박승빈의 학문적 배경도 이와 무관하지 않다고 본다. 또한 철자법에서 전통성과 실용성을 한꺼번에 강조하면서도 문법원리에 입각한 치밀한 논증과정을 강조한 것도 박승빈 문법의 특징이라 할 수 있다.

다음으로 박승빈의 초기 문법 이론을 고찰했는데, 특히 1927년과 1928년에 세 차례 걸쳐『현대평론』에 발표했던 논문 "「ㅎ」는 무엇인가?"를 중심으로 그의 문법 이론을 살펴보았다. 박승빈이 'ㅎ'에 이렇게 천착한 이유는 이것이 그만큼 그의 문법 이론과 철자법에서 핵심적인 부분을 차지하고 있기 때문이다. 이 논문을 통해 주시경의 문법을 정면으로 비판하고 있는 점도 눈에 띈다. 이로 인해 주위 학자들에게 질시와 좋지 않은 평가를 받고 있다는 대목에서는 정음파와 한글파의 대립이라는 당시 학계의 분위기도 엿볼 수 있다.

박승빈의 저서들에서 1931년 출간한『조선어를 라마자로 기사함의 규례』(경성:민중서원)의 경우 5년 동안의 집필과정과 시험과정을 거쳐서 완성했다고 하니 박승빈의 치밀함과 이론과 현장을 아우르려는 그의 연구 방법과 철학이 고스란히 드러난다. 1931년에 출간한『조선어학강의요지』는 1935년에 출간될『조선어학』의 요약본이다. 이 책을 통해『조선어학』이 얼마나 오랫동안 준비된 것인지, 왜 이 책이 박승빈의 국어연구의 집대성이라 하는지를 알 수 있다.『조선어학』은 다음 장에서 별도로 자세히 다룰 것이므로 여기서는 간략히 기본적인 정보만을 언급했다.

1936년 출간된『조선어학회사정「한글마춤법통일안」에 대한 비판』은 조선어학회가 1933년에 발표한 '한글마춤법통일안'에 대해 체계적으로 비판한 책이다. 이 책을 통해 박승빈의 철자법에 대한 견해, 조선어학회의 새철자법의 특징과 문제점 등을 일목요연하게 파악할 수 있다. 이에 대해서도 철자법 운동 부분에서 자세히 다룰 예정이어서 여기서는 간단하게만 다루었다.

『간이조선어문법』(1937)은 중등 학생과 일반 사람들을 위해 교육 현장에서 간편하게 사용할 수 있도록『조선어학』(1935)의 내용을 교육용으로 간추려 발간한 책이다. 책의 취지에 맞도록 이론적인 부분과 외국어에 대한 주석 등은 과감히 제외하고 조선어의 어음과 문법의 중요 법칙을 간추려 쉽게 정리한 것이다. 박승빈이 자신의 문법을 교육 현장에서도 적극 전파하고자 노력했던 흔적일 것이다. 조선어학회 회원 가운데는 일선학교 교장이나 국어교사가 많아 교육현장에서 자신들의 문법과 철자법을 전파하는 데 매우 유리한 조건이었다. 아마도 박승빈은 이러한 현실도 고려하여 이 책을 만들지 않았나 싶다.

제2장 ──────────

『조선어학』과 문법 이론의 완성

1. 둘러보기

이 장에서는 박승빈의 『조선어학(朝鮮語學)』(1935)을 중심으로 박승빈이 그동안 추구해 왔던 우리말의 음성이론 및 문법체계, 그리고 철자법에 이르기까지 박승빈 문법의 완결성과 특수성에 대해 고찰한다. 여기에서는 『조선어학』의 체제를 비롯하여, 언어관과 문법관, 음성이론, 품사 및 형태이론, 그리고 통사이론에 이르기까지 박승빈 문법의 내용을 구체적으로 살펴보고, 박승빈 문법이 갖는 국어학사적 의의에 대해서도 살펴보기로 한다.

먼저 박승빈의 언어 의식에서는 박승빈의 언어철학, 문자관, 그리고 언어이론과 철자법의 관계에 대해 알아볼 것이며, 박승빈의 문법 의식에서는 문법과 언어직관, 언어와 문법 연구 등을 통해 문법 의식의 면모를 들여다볼 것이다. 음성이론에서는 일반적 음성이론, 조선어의 자모(字母), 조선어의 음리(音理), 경음, 격음, 음절문자와 철자법, 음의 조화와 생략, 그리고 음운론을 위한 방법론에 이르기까지 박승빈의 음성 및 음운이론에 대해 조망할 것이다.

품사 및 형태이론에서는 단어, 어근, 어간, 어미의 개념, 품사 분류,

용언어미 활용 등에 이르기까지 박승빈 문법의 핵심적인 내용을 다룬다. 단어의 종류는 체언과 용언 등 12품사에 대해 알아보고, 특히 용언어미의 활용에서는 용언어미 불변설 같은 주시경 학설에 대한 비판도 들어있다. 이와 더불어 박승빈 문법의 특징인 조용사 및 조사 체계, 그리고 관형사, 부사, 접속사, 감탄사 등의 품사에 대해서도 다룬다.

통사이론에서는 문(文)의 개념과 종류, 그리고 분석 사례 등을 중심으로 살펴볼 것이다. 마지막으로『조선어학』에 나타난 박승빈의 독특한 언어관과 문법관, 선진적인 음성학과 음운론, 창의적인 문법론 등을 중심으로 박승빈의 국어문법의 특징을 고찰해 보고자 한다.

2. 『조선어학』의 완성과 그 체계의 특수성

2.1. 들어가기

박승빈은 1935년에는『조선어학』이라는 책을 간행하였다. 박승빈의 국어연구 업적 가운데 가장 핵심적인 것이 바로 이『조선어학』이다. 이 책은 1931년에 출간한『조선어학강의요지』를 발전시킨 것이다. 더 정확히 말하면『조선어학강의요지』는『조선어학』의 핵심 내용을 간추린 책이므로, 이미 1931년에도『조선어학』이 거의 집필이 끝나가고 있는 상황이었다.『조선어학강의요지』의 일러두기에는 다음과 같이 그간의 정황이 상세히 기록되어 있다.

"謹啓 奉呈하는 冊子『朝鮮語學講義要旨』는 拙著『朝鮮語學』(題目未確定)의 原稿에서 그 要旨만을 摘拔하야 刊行한 것입니다. 이 冊子는 普成專門學校 朝鮮語 敎授에 使用하기 爲하야 非賣品으로 發刊한 것입니다. 拙著『朝鮮語學』은 拙生이 18年間 專心 考究한 끝에 著述에 着手하야 執筆한 後 5個年인 昨年 夏期까지에 材料의 蒐集을 마치고 今年

夏期까지에 增册 洗練을 加하야 現今 原稿 淨寫 中이오며 明年 中에는 그것이 發行될 豫定입니다." 그 著述은 菊版 5號 活字 約 5百頁의 內容으로 되야 잇는 것입니다. 그 著述은 拙生의 生命 中 이믜 24個年의 期間을 專占한 것이오며 따라서 조고마한 拙生의 生活은 그 全部가 오직 이 著述쑨이개씁니다.

『朝鮮語學』의 著述로브터 붓을 무쓰힘에 當하야 새삼스럽게 늣긴 바는 人類의 言語의 活用은 그 條理가 매우 活煩하며 微妙함을 쌔다라쓰며, 創始的 探索은 그 解決이 매무 難澁한 것임을 맛봐쓰며 自己의 精力의 豊裕하디 못함을 歎息함입니다. 未成한 研究와 整理를 他日에 期하고 그 著述을 終結하얏고 爲先 이믜 印刷된 그 要旨를 敢히 高眼에 供하오며 만흔 叱正을 나리심을 期待하나이다.

辛未 9月 朴勝彬"

위의 글에 따르면 박승빈은 오래전부터 우리말에 대해 연구를 했고, 1925년부터 『조선어학』 집필을 시작했으며 5년간 자료 수집을 마치고 집필을 마무리 중이라는 사실을 알 수 있다. 서문에는 1932년 쯤에는 책이 발간될 것이라 했지만 박승빈의 예상과는 달리 『조선어학』은 3년이나 더 지난 1935년 7월 2일에야 비로소 출간이 된다. 이 책에는 그의 문법이론과 철자법 등이 체계적으로 집대성 되어 있다.

이 책은 출간 당시에도 세간의 주목을 받았다. 『동아일보』 1935년 7월 13일자에는 "朴勝彬 朝鮮語學全 박승빈 저. 정가 이원, 발행소 경성부 인사동 152 조선어학연구회"라는 책의 출간 소식이 나와 있고, 며칠 후에는 10명 인사들이 발기하여[1] 출판기념회를 연다는 소식이 다시 소개되었다.[2]

---

1) 출판기념회의 발기인은 윤치호, 송진우, 김성수, 방응모, 김용무, 여운형, 박한영, 이상협, 조동식, 김인식 등 10명이었다.(『조선일보』, 1935년 7월 16일)
2) 당시 신문에는 출판기념회 소식을 다음과 같이 전했다. "조선어학 출판기념회합은 예정과 같이 18일 오후 6시부터 부내 명월관에서 각계인사 150여명의 참석아래 성대히 개최되엇다. 윤치호씨의 간단한 사회사로 축하식은 진행되엇는데 임규씨의 『조선어학』의 내용에 관한 대강 설명이 잇은 후 본사 사장 송진우씨, 보전교장 김용무씨, 연전교수 정인보씨의 의미심장한 축사가 잇엇고 뒤를 이어 박승빈씨의 간단한 답사와 및 조선어학을 연구하

"어학연구에 반생을 기우려 十八日에 記念會合. 박승빈(朴勝彬)씨의 조선어학에 대한 연구의 깊은 것은 일반이 다 아는 바인데 이번에 그의 거의 반생의 심혈을 기우린 남저지에 비로소 끝을 마친 그의 저서『조선어학(朝鮮語學)』의 출판을 보게 된 데 대하야 한편으로는 저자의 고심한 바를 위로하고 또 한편으로는 일반 학계의 발전을 축하는 의미로 다음과 같이 회합을 이루기로 되엇다 한다."[3]

신문에서는 이 책을 반평생 동안 심혈을 기울인 끝에 결실을 맺은 저서라고 평가했다. 조선어학연구회 기관지인『정음』9호가 1935년 7월 15일자로 발행되었는데, 이 잡지의 제일 뒤편에도 며칠 전에 발행한『조선어학』에 대한 광고가 등장한다.

"朴勝彬 先生 著『朝鮮語學』
우리의 言語와 文字가 世界에서 가장 優越하다는 자랑을 가지면서도 이째까지 沈滯하야오든바 朴勝彬 先生의 三十年間 心血을 傾注하야 研究하신 結果가 이제 나타나매 우리는 자랑의 眞正함을 알게 되얏고 우리 言文의 眞理는 이로써 밝혀뎌씁니다. 朝鮮 全體의 幸甚을 感謝하는 同時에 모든 것을 제쳐 노코 먼저 本書의 一讀이 업디 못할 바입니다.
發行所 朝鮮語學研究會"

『조선어학』은 총 393쪽 분량으로 국한문 혼용으로 쓰여 있다. 전체는 제1편 서론(12쪽), 제2편 음리급기사법(156쪽), 제3편 문법(224쪽) 등으로 이루어졌는데, 대략적인 주요 목차를 보면 다음과 같다.

第 1 編 緖 論
第1章 言語와 文字

게 된 동기와 연구의 자미스러운 이야기가 잇은 후 동 9시경에 무사히 폐회하엿다.'(『동아일보』, 1935년 7월 19일)
3) '朴勝彬氏, 苦心의 著『朝鮮語學』出版', 『동아일보』, 1935년 7월 16일.

『조선어학』 서론에는 언어와 문자에 대한 박승빈의 철학이 등장하고, 2편에서는 음리이론과 우리말 자모의 종류와 특징, 그리고 주시경식 철자법에 대한 비판과 더불어 박승빈이 추구하는 전통적 철자법의 특징들도 원리에 따라 정리되어 있다. 마지막 문법편에서는 구어체와 문어체의 구분, 품사별 고찰과 형태이론과 통사이론이 설명되어 있어 박승빈의 문법체계를 엿볼 수 있다. 이 책 서문에서도 밝혔듯이 박승빈은 영어문법과 일본어문법에도 정통하였고 이들과 대비하여 체계적인 국어문법을 저술하였다. 책의 군데군데에는 영어나 일본어와 비교하여 한국어의 특징과 그에 따른 문법기술의 필요성, 철자법의 필요성이 자세히 기술되어 있다.

> "著者는 英語의 文法과 日本語의 文法의 糟粕을 解得한 關係로 聯想的으로 朝鮮語 文法에 關한 思考가 頭腦의 一部分에 侵入하야씀은 巨今 26年前브터이얏다. 한번 侵入한 그 思考는 頭腦로브터 써나디 아니하고 時日의 經過에 싸라서 漸漸 그 量과 度가 加重되야 드드여 頭腦의 全部를 專占한 狀態를 이루엇다. 8年前에 니르러서 著者는 多年間 苦心으로 審究한 收穫物을 湮滅에 歸하게 함을 앗갑게 생각하여 이를 蒐集 扁題하야 斯學 研究者의 參考에 供하고자 하야 드드여 붓을 잡기로 하야서 爾來 8年間에 辛苦를 繼續하야 겨우 이 粗略한 稿를 마첫노라." -『조선어학』(1935) 序言에서-

박승빈의 26년전(1909년)부터 우리말글에 관심을 가지고 부단히 연구했으며 8년 동안 영어와 일본어 문법과 비교하면서 조선어문법을 완성했다는 말이다. 당시『동아일보』는『조선어학』출간을 기념하는 사설을 발표했는데, 이를 통해 이 책의 의의와 당시 사회적 반향을 짐작해 볼 수 있다.

> "朝鮮語學이란 著書가 朝鮮語學研究會의 朴勝彬氏에 依하야 最近에 出版된 것이다. 再昨 18日에 이 書籍의 出版을 記念하게 되엇든 것이었다. 우리 語文이 제법 學問的으로 研究하게 된 것은 最近의 事實에 屬한 것이니 曾往에는 우리는 漢文字의 學習에만 沒頭하엿든 것이었다. 우리 文字가 벌써 四百餘年前의 世宗朝에 잇어서 完成되엇엇지마는 그 研究

가 繼續되지 못하엿엇고 또 甚한 時代에는 그것을 虐待賤待할 뿐만 아니라 그 使用을 嚴禁하고 또 解得者를 뿔랙리스트에다가 올리게까지 되엇든 것이니 燕山君의 禁令은 苛酷한 點에 잇서서 特筆大書할 性質의 것이엇다.

그리다가 30餘年前에 故 周時經氏가 다시 그 硏究를 唱導하야 艱難한 가온데서도 그 心血을 다하야 朝鮮語의 體系를 세윗엇으니 그後의 朝鮮語學者는 大部分 그 流를 汲한 것이엇다. 그런데 朴勝彬氏는 周氏에 依하야 啓發되면서 또 異點을 發見하야 26年間 硏究의 結果 自己로서는 自信잇는 體系를 만들어 널리 江湖에 뭇게 되엇으니 그것이 즉 『朝鮮語學』인 것이다. 우리는 그 長久한 時日 동안의 不斷한 著者의 努力을 多타고 하는 바이며 또 그 學說 自體의 價値 如何는 지금 斷定할 수 없는 바이지마는 그로因하야 적어도 우리 語學界에 큰 刺戟을 줄 것을 생각하고 따라서 그 發展을 助長할 수 잇을 것을 기뻐하는 바이다.”4)

사설에서는 세종대왕이 『훈민정음』을 만들었지만 이를 학대하고 천대 했으며, 이에 대한 연구가 계속되지 못했는데, 주시경이 이에 대한 연구를 시작하여 심혈을 다하여 우리말의 체계를 세웠다고 경위를 설명하면서, 그 뒤를 이은 국어학자들은 대부분 주시경의 설을 따르기에 급급했는데, 박승빈은 26년간 연구를 통해 주시경과는 다른 점을 발견하고 이를 발전 시켜 자신만의 문법체계를 세상에 내놓았고, 그것이 바로 『조선어학』이라 는 것이다. 그 학설의 가치를 이 자리에서 따질 수는 없지만 적어도 우리 국어학계에 큰 자극을 줄 것이며 앞으로 국어학을 더욱 발전시킬 계기가 될 것이라고 평가했다.

---

4) ‘「朝鮮語學」 朴勝彬氏의 出版記念[社說]’, 『동아일보』, 1935년 7월 20일.

2.2. 언어 의식과 문법 의식

2.2.1 박승빈의 언어 의식

2.2.1.1 언어철학

박승빈은 언어는 민족의 유산이며, 조상으로부터 물려받은 유전자라고 굳게 믿고 있었다. 따라서 언어생활은 전통에 따르는 것이 중요하다고 역설했다. 언어와 민족의 상관성을 언어관의 기저에 두고 있음을 알 수 있다.

> "各 民族은 各其 發展된 歷史에 싸라서 各히 다른 習俗을 가지고 잇다. 그 習俗의 主要한 것을 드러 말할디면 言語, 例義, 衣, 食, 住 等이라. 그러나 習俗은 時代의 進行에 싸라서 變易되는 것이라. (중략) 그러나 言語에 니르러서는 그 發音이며 內容에 若干의 變換 增減이 이슬디라도 大體로 現代의 朝鮮人의 言語가 古代에 그 祖上의 頭腦로 組織된 遺傳物임은 論辯을 要하디 아니 하는 明白한 事項이라. 이와 같히 言語는 그 民族의 形成에 가장 重要한 關係를 가진 遺傳物이니 그 後孫은 반드시 敬虔의 態度로써 이에 臨함이 可함이라." -『조선어학』 (1935) 序言에서-

박승빈은 언어가 조상의 두뇌로 조직된 유전물이며 그 민족의 형성에 가장 중요한 관계를 가진 유전물이라고 주장하고 있어 언어를 사회 진화론적이고도 실증적인 관점에서 바라보고 있다.(자세한 것은 제II부 제2장 3.1 참조)

이와 더불어 박승빈은 언어와 문화, 언어와 문명의 상관성도 자세히 언급했다. 문화가 높은 민족은 언어도 발달해 있고, 문명이 발달한 민족은 언어도 발달해 있다고 주장했다.

"한 民族의 言語는 그 民族과 盛衰를 함의 하는 것이라. 文化가 높은 民族은 發達된 合理的 言語를 가젓고 未開한 民族은 幼稚한 言語를 使用하며 武勇한 民族은 그 言語가 健實하고 文弱한 民族은 그 言語가 浮虛하며 平等制度를 尙하는 民族은 그 言語가 普遍的으로 成立되고 階級制度를 尙하는 民族은 그 言語가 差別的으로 組織됨이라. -『조선어학』(1935) 序言에서-

이러한 박승빈의 언어관은 이미 1921년 『계명』 창간호에 실린 그의 논문 '朝鮮言文에 關한 要求'에 잘 나타나 있다. (자세한 것은 제II부 제1장 3.1. 참조).

박승빈은 서언에서 조선어 문법은 상당한 수준에서 정비가 되었으며, 세계 어느 언어 문법과 비교해도 손색이 없는 정도라고 자신 있게 말한다.

"近來에 外國語를 배호는 數量이 자못 만하서 짜라서 文法으로도 外國語의 文法을 曉解하는 사람이 그 數가 적디 아니한 關係와 朝鮮語의 文法에 當하야서는 아직 그 規範이 闡明되야 잇디 못한 關係에 因하야서 朝鮮語의 文法은 外國語의 文法에 比較하야 不整齊한 組織으로 되야 잇는 줄로 臆測하는 사람이 적디 아니 하다. 이것은 왕청ㅅ된 誤解이라. 朝鮮語 文法에도 部分的으로 短處가 업슬 수는 업겟디마는 大體로 말하면 그 組織의 整齊함과 理論의 徹底함은 世界 各 民族의 言語에 그 싹이 드믄 優越한 言語이라."

『조선어학』 제1편 서론에도 박승빈의 언어관과 문법관이 드러나 있다. 서론은 총 5개의 장으로 다시 세분되는데, 제1장은 언어와 문자, 제2장은 학리(學理)와 기사법(記寫法)의 처리, 제3장은 문법정리와 언어와의 위이(違異), 제4장은 조선어문전과 성음(聲音)원리, 그리고 제5장은 신기사(記寫)방법의 사용 등이다. 여기서 제1장 '언어와 문자'에서 박승빈의 언어관의 단편을 엿볼 수 있다.

"人類가 다른 사람의 聽覺에 對하야 聲音으로써 意思를 標示하는 것은 言語(俠義)이오. 다른 사람의 視覺에 對하야 劃定한 記號로써 意思를 標示하는 것은 文字이라. 그러함으로 言語와 文字는 同一한 事物로서 서루 表裏가 되는 것임."

박승빈은 언어란 사람의 의사(意思)를 사람이 내는 소리(말)로 표시하는 것이며, 이는 청각을 통해 다른 사람에게 전달되는 것이며, 반대로 문자는 사람의 의사를 정해진 기호로 표시한 것이고 시각을 통해 다른 사람에게 전달되는 것이라 정의했다.

"그러한데 言語는 먼저 成立하고 文字는 그 이믜 成立하야서 存在한 言語를 記寫하기 爲하야 後에 作成된 것이라. 그러한 故로 言語의 法則을 硏究 整理함에 當하야 文字에 拘泥하야 言語에 對한 觀察에 妨碍를 이루임은 本末을 顚倒하는 것이니 恒常 坦平한 觀察로 써 言語를 對象으로 하야 考察함이 可함."

박승빈은 언어가 먼저이고 이를 기호를 표시한 것이 문자이므로 언어의 법칙을 연구할 때에도 문자적인 관점을 벗어나 언어적인 관점에 서야 한다고 주장했다. 이 말은 언어를 연구할 때에 뜻보다는 소리를 중심에 놓고 법칙을 찾아야 한다는 것으로, 이러한 소리 중심의 관점은 박승빈의 문법관과 철자법 형성에 있어 매우 중요한 부분을 차지한다. 이러한 소리 중심의 문법관은 '성음'과 '음절'이라는 개념으로 제시된다.

"言語는 聲音의 集合이니 言語를 構成한 聲音上 單位는 各 發音 卽 音節이라(訓民正音에 「凡字 ㅣ 必合而成音ᄒᆞ느니」라고 說示한 音의 뜻은 이 音節을 意味한 것이다) 한 音節은 音質과 音韻의 結合으로 成立된 것이니 音節의 成分은 音質 音韻 等으로 分解되는 것이라. 쏘 言語를 文典上으로 觀察하는 單位는 單語이니 單語는 一個의 音節이 又는 複數

의 音節이 連合하야서 一定한 意義를 가진 말이 된 것이라." (pp.1-2)

박승빈은 언어는 성음(소리)의 집합이며, 성음은 음절로서 최소 단위를
이룬다고 지적했다. 한국어가 자음과 모음이라는 음운으로 이루어져 있지
만, 이들이 합해져야만 하나의 소리단위가 만들어지므로 결국 소리를
중심으로 한 언어의 단위는 음절이 된다는 것이다. 박승빈은 성음상의
단위는 음절이고 문전상의 단위는 단어이며, 단어는 의미를 가진 음절(소
리단위)이라 했으니 현대 언어학에서의 형태소에 해당한다고 볼 수 있다.
따라서 박승빈은 철자법에서도 음절단위의 법칙이 근간이 되어야 한다고
말한다.

"朝鮮文의 制度는 右記한 言語의 原理에 隨應하야 音節을 表示하는
音節文字가 記寫法의 單位로 되고(例로 가, 몬) 한 音節文字의 內容은
각 發聲音字와 中聲音字 卽 字母가 이서서(例로 ㄱ, ㅏ, ㅁ, ㅗ, ㄴ) 그것이
結合하야서 한 字를 組織하는 것이오 또 一個의 音節文字가 又는 複數의
音節文字가 連合하야서 單語가 되는 것이라(例로 콩(大豆), 보리(麥),
아니(不), 시므(植))" (p.2)

음절단위가 철자법에서도 중요한 기준이 된다는 것이다. 만약 음절이
여러 개인 단어가 있을 경우 그 단어는 음절 각각이 중요한 것이 아니라
여러 음절이 연속적으로 발음되는 전체 덩어리가 중요하다고 한다.

"數個의 音節文字로써 한 單語를 記寫하는 境遇에는 그 各 音節文字
의 內容이 되야 잇는 各 音字의 連續的으로 連合한 發音이 무슨 單語의
意義를 나타나히는 것인 바, 그것을 音節로 區別하야 記寫하는 것이오,
그 各 音節文字로 區分된 한 덩어리씩이 固定的으로 別立하야서 文典上
으로 무슨 意味가 잇는 것은 안이라." (p.3)

이는 철자법에서 주시경식의 형태주의 철자법의 문제점을 언급한 것이다. '머거요'를 '먹어요'로 분리하여 적지 말고 단어의 한 덩어리의 전체 발음을 기준으로 적어야 한다는 뜻이다. 이 부분은 박승빈 문법에서 용언의 원단활용이라는 특수한 개념과 연결된다.

> "그러함으로써 그 各 音節文字가 한 音節로 發音됨을 要함은 勿論이
> 디마는 發音될 수 잇는 限度內에서는 그 各 字가 絕對的으로 固定不變되
> 는 것은 안이라. 故로 語音의 促略으로 因하야 音節에 變動이 생기는
> 境遇에는 그 記寫되는 字形에도 쏘한 變動이 생기는 것이라.(例로「아니
> 가오-안가오, 가디마는-가디만, 콩을 시므고-콩을 심고, 가고시프다-가
> 고싶다」)" (p.3)

위의 내용은 박승빈 철자법에서 용언의 변동단에 해당하는 내용이다. 박승빈이 원단과 변동단이라는 개념을 도입한 기저에는 소리와 음절 중심으로 언어를 바라보려는 그의 철학이 내재해 있다.

2.2.1.2. 박승빈의 문자관

이제까지가 언어에 대한 박승빈의 기본 입장이었다면 그 다음으로는 박승빈이 문자에 대해 갖고 있는 기본 입장이 천명된다.

> "우리의 語音을 記寫하는 文字 즉 諺文의 音字는 果然 우리의 言語의
> 發音을 記寫함에 適合한가 否한가를 詳細히 考察하야 萬一 語音과 文字
> 가 서루 適合하디 못 한 點이 이스면 쏘한 그 文字에 拘泥하디 말고
> 言語에 適合되도록 記寫의 方便을 考慮함이 必要함. 우리의 가진 文字가
> 語音을 記寫함에 適合한가 否한가를 考察함에는 自然 두 方法의 考察에
> 歸할디라." (p.4)

한국어가 소리와 음절을 중심으로 이루어진 언어라면 이를 기호로 효과

적으로 표기할 수 있는 철자법은 무엇인가 하는 점이 박승빈의 두 번째 관심사였다. 박승빈의 기본 입장은 우리말을 표기하는 데 필요없는 문자가 있다면 그것은 폐지해야 하며, 표기하는 데 있어 부족한 점이 있다면 새로운 부호를 만들어서라도 체계적으로 표기할 수 있는 철자법을 만들어야 한다는 것이다.

박승빈이 폐기해야 하는 문자로 지적한 것은 이미 사용하지 않는 문자라든가(예를 들어 'ㅿ, ㅸ' 등) 현재 쓰고 있지만 우리말을 기록하는 데 적합하지 않은 문자도 폐지해야 한다고 했다. 예를 들어 ㄲ, ㄸ, ㅃ, ㅆ과 같은 쌍서는 '虯 뀽ᅙ, 洪 뽕ㄱᅙ' 등에서처럼 고유어가 아니라 한자어를 표기하기 위해 만들어진 것이므로 사용하지 말자는 것이다. 이는 박승빈이 철자법에서 쌍서 대신에 전통적인 된시옷 표기를 주창한 것과 관련이 된다.

또한 철자법에 새롭게 도입할 필요가 있는 부호는 체계의 통일성을 위해 과감하게 도입하자는 것이다. 예를 들어 경음과 격음을 체계적으로 표시하기 위해 ㄹ의 경음표시 ㅅㄹ을 새로 만든다는가 격음을 표시하기 위해 '→' 같은 부호를 신설하는 것 등이다.

2.2.1.3. 언어이론과 철자법

이 절에서는 언어에 대한 이론적 연구와 철자법의 처리에 대해 논의하고 있다. 박승빈의 견해는 먼저 이론적으로 완전한 체계를 만든 후에 이를 바탕으로 철자법을 만들어야 비로소 완성된 철자법이 된다고 주장한다.

> "文典을 硏究함에는 먼저 言語에 當하야 그 學理的 硏究를 遂하고 그 確立된 學理的 見解를 基礎로 하야가지고 그 後에 記寫 方法의 處理 를 考察함이 可함." (p.5)

만약 이론적 연구가 완성되지 않은 채 철자법을 만들게 되면 여러 가지 문제가 발생할 뿐 아니라 실제 표기에서도 많은 불편함이 따르게 된다는 생각이다.

> "一. 言語는 文字가 作成되기 前에 이믜 一定한 法則에 依하야 組織된 것이니 그 言語를 記寫할 文字의 組織이 如何히 되야씀에 거릿기디 말고 먼저 그 言語의 學理的 見解를 밝혀야 될 것이며 萬一 그 學理的 考察이 明確히 分解되기 前에 그 記寫方法의 處理에 손을 다흐히랴고 하면 그 結果는 한갓 枝末의 形式에 붓들려서 學理에 맛디 아니하는 왕청ㅅ된 錯誤를 나힘에 니르를디라." (p.5)

언어의 이론적 고찰과 철자법은 불가분의 관계에 있지만 이 선후관계를 명확히 하지 않고 적당히 혼합하여 처리하면 더 큰 문제가 생긴다는 지적이다.

> "二. 言語에 對한 學理的 見解와 그 記寫法의 處理와는 서로 써나디 못 할 密接한 關係를 갓고 잇는 것임은 勿論이라. 그러나 이 둘은 各別히 考察할 事項이고 混合하야 一介의 事項으로 觀察할 것은 아니라. 그러하 야 學理的 見解가 明確히 된 後에 그 學理를 根據로 하야서 다시 그 處理方法을 考察함을 要함이라."(pp.5-6)

언어의 이론적 체계와 실제 사용에서의 편리성, 그리고 과거의 철자법의 전통 등을 모두 고려하여야 합리적인 철자법이 만들어질 수 있다는 생각이다. 박승빈이 철자법에서 한글파와 대립한 부분이 바로 이 대목과 연관이 된다. 주시경식 철자법은 전통 방식을 버리고 새 방식을 취한 것이고, 주시경의 문법이론이 완벽하지 않은 상태에서 이를 바탕으로 철자법을 만든다면 그것은 사상누각(沙上樓閣)에 불과하다는 생각이 깔려 있다.

"記寫方法의 處理를 考察함에는 學理的 分解를 研究함과 같이 單純한 理論만으로는 進行되기 어려울 것이오. 實際 使用의 便宜, 從來의 瞥慣 其他 여러 가지의 方面에 顧慮하야 決定하디 아니 하면 아니 될 바이라. 그러함으로 그 處理方法은 學理的 見解와 같이 絕對的이 안이라. 싸라서 그 方法이 반드시 唯一無二한 것이 안일디라." (p.6)

2.2.2 박승빈의 문법 의식

2.2.2.1. 문법과 언어직관

박승빈은 『조선어학』(1935) 서언에서 문법이란 전문가를 위해 별도로 존재하는 것이 아니라, 그 나라 말을 사용하는 대중들의 직관을 반영하는 것이라고 말했다.

"朝鮮語를 曉解하는 사람은 다 朝鮮語 文法을 曉解하는 사람이라. 言語學의 研究에 屬한 分類分析, 明命, 說明 等 여러 가지의 考察은 專門 研究者의 任務에 屬한 것이디마는 言語가 文法에 마자쓰며 틀려쓰며의 結果는 常識的 直判으로 普通 사람도 다 認識하는 바이라."

과거 문법이 언어를 사용하는 데 편리함을 주는 도구적 역할에 그쳤다는 점을 고려할 때, 박승빈이 일반인의 직관을 바탕으로 문법을 세우려한 것은 매우 선진적인 생각이라 할 수 있다. 그런 면에서 보면 박승빈의 언어관은 생성문법의 언어관과도 일맥상통한다고도 할 수 있다.

2.2.2.2. 언어와 문법 연구

박승빈은 문법 정리는 종류의 구분과 활용의 상태를 합리적으로 설명할 법칙을 찾아내는 것이라 했다. 소리에서는 그 음질과 유형을 분류하고 문법에서는 품사와 성분을 분석하고 그것이 조사와 어미와 결합할 때 일어나는 다양한 활용법을 탐구하는 것이 문법 정리의 핵심이라는 뜻이다.

> "文法 整理의 研究는 이믜 存在한 言語에 當하야 그 種類의 區分과
> 活用의 狀態를 合理的으로 說明할 法則을 探究함에 잇는 것이고 새로히
> 規則을 設定하야 가지고 旣存한 言語를 그 規則에 符合되도록 改廢하거
> 나 創造함은 결코 許容되디 못 하는 바이라." (p.6)

박승빈은 현재 존재하는 언어라는 것이 이미 오랜 동안 사용되어 온
것이므로 과거의 문법 정리도 충분히 고려되어야 함을 강조한 것이다.[5]

> "故로 만일 어느 學說이든디 그 規則이 旣存한 言語와 符合되디 아니
> 하는 境遇에는 곧 그 學說의 錯誤되야씀을 證明하는 것이고 決ㄱ고
> 言語의 不合理됨을 云爲하야 그 改廢를 圖하랴 할 수는 업는 것이라."

2.2.2.3. 조선어 문법과 성음(聲音) 원리

박승빈은 문전학과 성음학을 구분하고 있다. 문법을 연구하는 것과
소리를 연구하는 것은 서로 다른 분야이지만 아직 조선어의 경우는 연구
가 시작되는 시점이므로 이들을 함께 다룰 수밖에 없으며 나아가 철자법
까지 연관지어 연구해야 한다고 언급했다.

> "文典學과 聲音學은 그 部分이 서루 다른 것이라. 짜라서 그 研究者의
> 專攻하는 領域이 서루 다름이라. 그러나 朝鮮語는 아직 그 文典의 解決
> 이 完城되디 못 하야쓸 쑨 안이라 그 記寫의 方法까지가 未決의 問題로
> 되야잇는 故로 朝鮮語에 當하야서는 그 文典의 解決을 攻究하는 同時에
> 그 記寫方法의 解決에 必要한 聲音의 原理를 아오사 研究하야 써 그

---

5) 박승빈은 그러나 발음의 경우 그 병합에 따라 다양한 변형이 가능하다고 하면서 그럴
경우는 그 본래의 음을 고찰하여 표기할 필요가 있다고 했다. 예를 들어 '暗 어둔 밤,
好 돈 집'을 '어드운 밤, 됴흔 집'으로 표기한다는 것이다.(『조선어학』 p.6)

記寫의 方法을 決定하디 아니 하면 아니 될 事勢이라." (p.7)

『조선어학』에서 소리에 대한 고찰과 문법에 대한 고찰, 그리고 그 철자법에 대한 고찰까지를 모두 포함하고 있는 이유를 이렇게 설명한 것이다. 그럼에도 불구하고 박승빈은 소리에 대한 연구가 우선적으로 중요하다고 했는데("조선어의 문전을 연구함에는 성음 원리에 당한 연구를 중시함을 요함.") 그 이유는 아직 조선어 사전이 없기 때문이라고 했다.

"쏘 朝鮮語에는 아직 完全히 決定된 辭書가 업슴으로 써 그 言語의 흡은 아직도 不同하는 狀態에 이서서 一定하게 準據할 바를 알디 못 하는 것이 만흐다. 故로 文典을 整理하랴 함에는 쏘한 그것에 必要한 音理를 硏究하야 그 單語의 흡과 및 그 記寫法을 決定하디 아니하면 完全한 解決을 얻디 못 할 바이라." (p.7)

소리에 대한 연구가 완성되어 각 단어의 통일된 소리가 확정되고 이것이 사전에 등재된다면 문법의 연구는 사전을 기반으로 진행하면 되겠지만, 아직 사전이 만들어지지 않았고, 소리는 확정된 표준을 마련하지 못했으니 소리에 대한 연구와 문법에 대한 연구 그리고 그 철자법을 동시에 진행할 수밖에 없다는 것이다.

그리고 이와 더불어 철자법의 체계를 위해 새로운 부호를 도입할 필요성에 대해 언급했다. 첫째는 경음조(硬音調)를 위한 부호가 필요하다는 점, 둘째는 격음조(激音調)를 위해 새로 만든 부호를 도입하자는 것, 그리고 셋째는 ㄹ의 경음 부호로 「ㅅㄹ」자를 도입할 필요성에 대해 언급했다. 이들에 대해서는 뒤에서 자세히 언급할 것이므로 여기에서는 생략하기로 한다.

2.3. 음성이론의 정립

『조선어학』제2편은 음리(音理)와 철자법에 대해 언급하고 있는데, 여기에 박승빈의 음성 및 음운이론의 체계가 드러나 있다. 먼저 『조선어학』의 체제를 살펴보자. 제2편은 총 세 개의 장으로 다시 구분되는데(제1장 일반적 음리, 제2장 조선어의 자모(字母), 제3장 조선어의 음리와 기사) 제1, 2장은 개론에 해당하고 제3장이 각론에 해당한다. 제1장에서는 성음의 부정수(不定數)와 각 민족의 표준음, 각 발성음의 독립성과 단일성에 대해 다루고, 제2장 조선어의 자모에서는 자모의 창조와 성질, 조선식 발성 중성과 서양식 부음 모음과의 제도의 차이, 그리고 음자의 분류와 배열 등에 대해 언급하고 있다.

제3장이 제2편의 가장 중심이 되는 부분이라 할 수 있는데, 여기에는 다시 16개의 절로 나누어 '조선어의 음리와 기사'에 대해 설명하고 있다. 먼저 제1절에서는 받침의 여음불발(餘音不發)의 법칙, 제2절은 중성「ㅡ」에 대해, 제3절은 중성「ㆍ」에 대해 다루고, 제4절에서는 후음과 후음 이외의 음(즉 ㅎ 등)에 대해 다룬다. 제5절은 간음(間音)의 도태(淘汰), 제6절은 으 단음(段音)과 그 약음, 제7절은 ㄹ 계통의 발성음(發聲音)의 종류, 『훈민정음』의 예 등 총 5가지로 나누어 자세히 언급한다. 제8절에서는 ㄷ 계통의 발성음의 이단(段) 및 야, 여, 요, 유단의 발음을, 제9절은 경음을, 제10절은 격음을 다룬다.

그리고 제11절에서는 음절문자, 제12절은 받침되는 발성음자의 기사방법, 제13절은「르」의 화성(化成)된 장음(長音)의 기사방법을 설명하고, 제14절에서는 중성음의 조화, 제15절은 어음(語音)의 생략과 음절의 병합, 그리고 마지막절인 제16절에서는 어음의 검찰(檢察)의 방법에 대해 설명한다.

박승빈은 『조선어학』에서 음리 및 철자법에 대해 전반적으로 다룬 것이 아니라 학계에서 논쟁이 되고 있는 주제를 중심으로 다루었음을 밝히고 있다.

> "여긔에 論述하랴 하는 것은 聲音 原理에 關한 內容의 全部에 亘하야 順序的이며 排列的으로 그 全篇을 記述하랴 함이 안이고 쏘 朝鮮語의 記寫方法에 當하야서도 그 全部에 亘하야 順序的이며 排列的으로 그 全篇을 記述하랴 함도 안이오 오직 現今 朝鮮語 法則 整理上에 빗나잇는 여러 가지 疑問되며 論爭되는 부분에 當하야 考察하며 硏究함에 必要한 參考가 될 것으로 認定되는 몇 가지의 講論을 單行的으로 記述하랴 함이라." (p.13)

따라서 『조선어학』에서 우리는 박승빈의 음성이론에 대해 개괄적인 면과 더불어 핵심 쟁점을 중심으로 좀더 심오하고 체계적인 이론의 면모를 파악할 수 있다.

2.3.1 일반적 음성이론

2.3.1.1 표준음

박승빈은 여기서 표준음이라는 개념을 도입하면서 다음과 같이 정의하고 있다.

> "그와 같히 不定數로 存在하야 잇는 音ㅅ 가운데에서 各 民族이 各히 그 言語를 使用함에 當하야 各各 그 標準音이 定하야더서 그 標準音을 中心으로 하고 그 標準音에 接近된 某 範圍까지의 안에 잇는 音은 그 標準音으로 看做하야 處理하는 것이라.... 同一한 民族이 同一한 標準으로 하야 發音하는 境遇에도 그 音의 內容은 반드시 쏙가틈이 안이오. 오직 그 標準音의 範圍內에 이슬 쑌이라." (p.14)

나라마다 비슷한 소리는 있지만 각 나라가 자신들의 어음으로 인정하는

소리는 각기 정해져 있으며, 이는 표준음을 중심으로 이루어진다는 것이다. 즉, 예를 들어 조선어음의 '가'와 일본어음의 'カ'는 그 중심이 서로 다른데, 'カ'는 조선어음을 기준으로 하면 표준음인 '가'음의 범위 내에 있는 음으로 간주되고 따라서 조선음은 그 'カ'음을 '가'의 음으로 간주하여 처리한다는 것이다. 이를 표로 보이면 다음과 같다.(p.15)

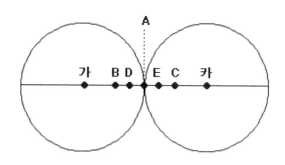

가 점(點)은 가 음(音)의 중심(中心)

카 점은 카 음의 중심

가 점을 포위한 권선(圈線)은 가 음의 범위

카 점을 포위한 권선은 카 음의 범위

A 점은 가 음과 카 음과의 중간음의 중심

B 점은 가 음과 A 음과의 중간음의 중심

C 점은 카 음과 A 음과의 중간음의 중심

D 점은 A 음과 B 음과의 중간음의 중심

E 점은 A 음과 C 음과의 중간음의 중심

위의 그림은 '가'와 '카'의 음을 비교하여 설명한 것으로 여기서 A점은 '가'와 '카'의 중간음을 말하고, 왼쪽 원은 '가'의 범위를, 오른쪽 원은 '카'의 범위를 가리킨다. '가'점과 '카'점은 각각 원 안에서 가장 중심이 되는 표준음이 되는 셈이다. 이러한 가정에서 우리가 어떤 소리를 들었을 때, 설령 B나 D점에 해당하는 소리라 하더라도 우리는 이것을 '가'로 인식하고, E나 C점에 해당하는 소리라 하더라도 우리는 표준음 '카'로 인식한다는 것이다.

> "또 朝鮮人의 '가'의 標準音에 의하여 發音한 것이라도 그 사람의 男女에 依하며 老少에 依하며 聲帶의 銳鈍에 依하며 發音狀態의 緩促에 依하야 그 音은 반드시 쪽 가트디 아니 함이라. 그러나 그 發音은 모두 '가'의 標準音의 範圍內에 이슴으로써 말금 다 同一한 '가'의 音으로 認定하는 것이라." (p.14)

이것은 마치 오늘날 변이음과 음소의 관계와 매우 유사하다. 어떤 음의 실제 음성 형태는 매우 다양하지만 우리가 그것을 하나의 소리(즉, 음소)로 인식하는 것은 그 소리가 비슷한 소리의 중심, 즉 대표음이 되기 때문이다. 이것을 음소라 한다면 박승빈의 표준음은 음소와 비슷한 개념이라 해도 무관할 것이다.[6]

2.3.1.2. 발성음

『조선어학』에서 '발성음'은 소위 자음을 말하는데, 『훈민정음』에서 각 초성으로 쓰게 된 음자(音字)의 음을 가리키는 말로 영어의 부음(consonant)과 유사한 것이다.(p.17) 박승빈의 가정은 "인류의 어음 중에 각 발성음의 음은 다 독립한 음이며 단일의 음이라."는 것이다. 그리고 발성음이 자기 고유한 성질을 가진 독립한 단일의 음을 가진다고 했다. 예를 들어 '까'와 같이 겹자음을 사용한 경우에도 'ㅺ'가 'ㅅ'와 'ㄱ'의 음이 별도로 나는 것이 아니라 경음으로 하나로 난다는 것이다.

---

6) 표준음을 '음소'의 개념으로 볼 수 있다는 견해는 송석중(1976), 김완진(1985)에서도 엿볼 수 있다. 김완진(1985:175-176)에서는 이러한 박승빈의 선진적 시각은 스위트나 존스의 저서를 어떤 형식으로든지 참조했을 가능성이 있다고 했다.

2.3.2 조선어의 자모(字母)

2.3.2.1. 자모의 생성과 성질

『조선어학』에서는 자모의 탄생과 성질과 관련하여 『훈민정음』의 체계를 그대로 따르고 있다. 훈민정음의 명칭은 언문, 정음 등으로 쓰이다가 언문으로 통용되었으며, 음자는 28자 (초성 17자, 중성음자 11자)이고, 초성은 발성음이 한 음절의 발음의 시작에 있을 때 나는 소리를, 종성은 발성음이 한 음절의 발음의 끝에 있을 때 나는 소리를 뜻한다고 설명한다. 그러면서 『훈민정음』의 자음과 모음체계를 다음처럼 표로 제시했다.(p.19)

〈발성음자〉

ㅇ 業	ㅋ 快	ㄱ 君	牙音
ㄴ 那	ㅌ 吞	ㄷ 斗	舌音
ㅁ 彌	ㅍ 漂	ㅂ 彆	唇音
ㅅ 戌	ㅊ 侵	ㅈ 即	齒音
○ 欲	ㅎ 虛	ㆆ 挹	喉音
		ㄹ 閭	半舌音
		△ 穰	半齒音

〈중성음자〉

吞	ㆍ
即	ㅡ
侵	ㅣ
洪	ㅗ
覃	ㅏ
君	ㅜ
業	ㅓ
欲	ㅛ
穰	ㅑ
戌	ㅠ
彆	ㅕ

음질의 종류는 아음, 설음, 순음, 치음, 후음, 반설음, 반치음 등의 순으로 분류하고 각 초성음의 내용은 한자를 가져와서 '如某字初發聲'(어떤 글자의 첫소리와 같다)라는 식으로 표시했다. 표에서는 그 배열의 순서와 인용한 한자를 보이고 있다. 중성자의 경우, 그 내용(음의 운)은 한자를 이끌어서 '如某字中聲'(어떤 글자의 가운뎃소리와 같다)라는 식으로 표시한 것이다. 그 배열 순서와 인용한 한자는 앞의 표와 같다.

3.3.2.2. 조선식 자음 모음과 서양식 자음 모음

『조선어학』에서는 우리말의 발성음과 중성음은 서양식의 자음(consonant: 박승빈은 부음이라 했다)과 모음(vowel)과 유사하지만 동일하지는 않다고 설명한다. 개화기 서양 학문이 유입되면서 우리도 모르게 모든 기준이 서양 것으로 되었고 소리에 대한 연구도 예외가 아니라는 비판이다.

"近代는 모든 學術을 다 西洋으로브터 배화오는 時代이라. 因하야 文典學이나 發音學도 쪼한 西洋의 言語와 音字에 當한 講論과 解析을 基礎로 하게 되얏는디라. 그러하야서 朝鮮에서 朝鮮語音을 記寫하기 爲하야 創造되야 使用되는 朝鮮音字를 觀察하는 째에도 문득 西洋音字에 當한 分類法과 그 分類된 名稱과 그 名稱에 含有된 性質과를 다 그대로 가지고 이를 論述하며 解決하랴고 하는 形勢가 되야잇다. 그리하야서 夫音(consonant)과 母音(vowel)과의 名稱과 및 그 內容으로써 朝鮮 文字를 料理하랴 하는 形勢가 되야이슴. 그러하야서 發聲音(初聲 終聲 並)은 英語의 夫音으로, 中聲音은 그 母音으로 얼른 斷定하야 버리고 英語 夫音의 音理에 關한 解說을 그대로 朝鮮語의 發聲音에 應用하며 母音의 音理에 關한 解說을 그대로 中聲音에 應用하랴 하며 짜라서 朝鮮語의 初聲이나 終聲에 關하야 生하는 疑問이 이스면 그 夫音에 關한 解說로써 이를 解決함을 圖謀하며 中聲에 關하야 生하는 疑問이 이스면 그 母音에 關한 解說로써 이를 解決함을 圖謀하랴 하는 形勢이라." (p.20).

그러나『훈민정음』의 음자의 어음은 서양의 로마자로 조직된 어음에 대한 관찰과는 근본적으로 다르기 때문에 음자 제정에 대한 제도와 성질과 활용방법이 서로 다르다는 주장이다. 따라서 조선문의 음리를 연구하는 데 영어의 음리의 결과를 그대로 적용해서는 곤란하다고 했다. 그러면서 책에서는 다섯 가지 차이점을 제시하고 있다.(pp.20-21)

첫째,『훈민정음』은 어음의 성분을 음질과 음운으로 분석하여 음질의 구별을 표시하는 발성음자를 만들어 이를 초성이라고 했으며, 음운의 구별을 표시하는 중성음자를 지어 중성이라고 하고 그 둘이 합하여 일정한 발음이 결정된다고 했다. 예를 들어『훈민정음』에서는 초성 'ㄱ'은 가갸 행의 음질을 표시하는 음자이고, 중성 'ㅗ'는 오단의 음운을 표시하는 음자여서 이 둘이 합하면 '고'로 발음이 되는 것이다. 박승빈의 견해는 글자면에서 보면 영어의 경우는 모음 단독으로도 소리가 나지마는『훈민정음』의 경우는 초성과 중성자가 반드시 합하여 하나의 음절을 이룰 때만 소리가 난다고 간주했다. '凡字必合而成音'이라는 대목을 염두에 둔 내용이다. 따라서 우리말과 영어는 차이가 있다는 것이다.[7]

둘째, 영어는 모음이 단독으로 쓰이지만,『훈민정음』에서는 중성은 독립하여 발음되지 않고 반드시 초성 'ㅇ'가 있어야만 가능하다고 했다. 예를 들어 '가무, 감우'는 모두 가능하지만 '감ㅜ'의 형태는 불가능하다는 주장이다. 반면에 영어의 경우는 모음이 음질과 음운을 함께 표시하는 제도여서 우리와 다르다고 한다.

"英語는 母音만으로 아야行의 어느 發音 즉, 그 音質과 音韻을 아울러 標示하는 制度인 故로 다시 그 發聲의 種類를 標示할 夫音을 따로 둘 必要가 업게 된 것이라." (p.22)

---

7) 박승빈은 영어의 경우 모음을 한 단위의 발음으로 정하고 모음 이외의 발음의 종류에 속한 음질은 다 자음으로 간주했으며, 이것을 각종의 발음의 재료로 하여 모음에 어떠한 자음이 첨가되면 그것에 해당하는 발음이 생성되는 체계라 규정했다. 예를 들어 'GO'는 부음 'G'를 머리에 쓴 모음 'O'의 발음이라고 했다.

셋째로 영문 자모에는 'W, Y'가 음두에 있을 때(WA, YO), 이를 부음으로 관찰하여 전자는 부음 W, 모음 A의 결합으로, 후자는 부음 Y, 모음 O의 발음으로 처리한다. 그러나 우리말 자모에서는 '워, 요'의 경우, 그 음질은 다 아행음에 속하여 초성 'ㅇ'로 표시하고, 그 음운은 전자 '워'는 'ㅜ'와 'ㅓ'의 결합으로, 후자 '요'는 'ㅣ'와 'ㅗ' 중성의 성분이 합하여서 성립되는 것으로 해석한다는 것이다.

넷째, 우리말의 음자에서 초성은 음질을 나타낸다. 각 음질은 그 본질에 따라서 종류별로 나누어 '아, 설, 순, 치, 후'의 음으로 구별하였는데, 영어의 경우는 이와 같은 계열 분류가 없다.

다섯째, 영어에는 유성음과 무성음의 구별이 있고 음자도 이를 반영하고 있는데, 우리말에서는 유성음과 무성음을 구분하지 않는다는 점이 다르다는 것이다. 예를 들어 영어의 'Bat'는 조선어음으로는 '뱉'이나 '쌔트'로 발음되는데, '쌔트'로 발음하는 경우의 '트'에 중성 'ㅡ'가 자동으로 들어가지만 그 음은 원래 영어에는 없던 것이므로 '트'는 유성음이 아니라 무성음이라는 해석이다.

박승빈은 우리말의 초성과 중성의 체계가 영어의 자모체계와는 다르지만, 일본어음과 그 문자체계와는 취향이 같다고 했다. 이것은 동양의 공통적인 모습으로 해석하면서 당연한 결과라 했다. 물론 일본문자는 초성과 중성으로 구분되어 있지 않고 하나의 글자가 하나의 음절을 나타내는 방식이지만 자세히 살펴보면 음질과 음운의 운용면에서 공통점이 있다는 주장이다.

> "日本文은 字形으로는 音質을 標示하는 音字와 音韻을 標示하는 音字와를 짜로 만들지 안니하얏는 故로, 얼른 보면 初聲 中聲이나 夫音 母音의 音理와 對照할 수가 업는 것 가트디마는 그것은 字形으로 보는 皮相的 觀察일 쌴이라. 그 語音의 本質과 및 假名 組織의 內容을 探究하야보면 서로 對照 硏究하기에 조곰도 틀림이 업는 것이라." (pp.27-28)

2.3.2.3. 음자(音字)의 분류와 배열

박승빈은 발성음(이하 자음)과 중성음(이하 모음)[8]을 『훈민정음』의 체계와 원리에 맞게 그 종류를 배열했다. 자음의 경우 훈민정음 시대에 사용된 자음 전부를 '아, 설, 순, 치, 후'의 다섯 계열을 중심으로 나열하였고, 모음의 경우는 음양과 옅음과 짙음을 기준으로 다음과 같이 표로 제시했다.(pp.31-33)

〈발성음의 체계〉

喉音		齒音		唇音		舌音			牙音		
ㅇ	ㆆ	ㅅ	ㅈ	ㅁ	ㅂ	ㄹ	ㄴ	ㄷ	ㆁ	ㄱ	
아	하	사	자	마	바		나	다	아	가	平音
		싸	짜		쌔			짜		까	硬音
	하		차		파			타		카	激音
			ㅿ	ㅱ	ㅸ	라					間音
ㅇ야	ㆅ	쌰	짜		빠		쌰	따		까	特別音
			ㅿ	ㅱ	ㅸ	ㄹ					備

〈중성음의 체계〉

太極音		
` 1		淡音
陰陽		
ㅣ ㅡ 3 2		準濃音
ㅛ ㅗ 8 4		淡
ㅑ ㅏ 9 5		音
ㅠ ㅜ 10 6		濃
ㅕ ㅓ 11 7		音

---

8) 박승빈은 우리말의 발성음과 중성음이 영어의 사음 모음과 동일하지 않다고 하였으나 논지 전개의 편리함과 독자의 이해를 돕기 위해 '발성음'은 '자음'으로, '중성음'은 '모음'으로 부르기로 한다. 물론 문맥에 따라 꼭 필요한 경우는 발성음, 중성음이라는 용어를 그대로 사용할 것이다.

	는 半 齒 音	는 唇 輕 音	는 唇 輕 音	는 半 舌 音			考

(*숫자는 배열 순서임)

이와 더불어 박승빈은 반절의 음자 배열법에 맞춰 언문일람표를 정리하여 다음과 같이 제시하기도 했다. 음절로 만든 반절 일람표는 세종대왕 시절부터 중국어 반절법에 영향을 받아 사용되었고 『훈몽자회』에도 이러한 일람표가 등장한다고 지적했다. 또한 그 사이 도태되어 사라진 문자('ㆆ'는 'ㅇ'과 합병되고 자형 'ㆁ'는 도태되고, 발성음 ㅿ가 도태되고, ㄷ 받침이 ㅅ으로 통일됨)들도 반영하여 실용적인 언문일람표를 만들었다고 한다.(pp.35-36)

〈발성음의 분류와 배열〉

喉音	齒音		唇音			舌音			牙音	
ㅇ	ㅈ	ㅅ	ㅂ	ㅁ	ㄹ	ㄷ	ㄴ	ㄱ		
아		사	바	마	라	다	나	가	平音
	자								濁音
	짜	싸	빠			따		까	硬音
하	차		파			타		카	激音

<中성음의 분류와 배열>

	低母音(開口音)		中母音(半開口音)		高母音(閉口音)			
陽	ㅏ	ㅓ	ㅗ	ㅜ	ㅡ		ㆍ	太極
陰	ㅑ	ㅕ	ㅛ	ㅠ	ㅣ			

새로운 배열표에는 『훈민정음』과 비교할 때 몇 가지 특징이 나타난다. 먼저 중간음 ㅿ, ㅸ의 음자는 폐지되어 버리고 ㄹ은 평음으로 처리하여 간음란이 없어졌다. 둘째, 특별음 전부가 도태되어서 그 란이 없어졌다. 셋째, 아행음과 하가 합병되어 그 중 하나를 도태함에 따라 ㅇ가 남고 ㆁ는 제거되었다. 넷째, ㅇ과 ㆁ의 자형이 혼동되어서 동일한 자형이 ㅇ의 초성과 ㆁ의 종성되는 발음 작용을 가지게 되었다. 다섯째, 사행음과 자행음 중에 사행음을 기본음으로 하여 그 평음으로 처리하고 자행음을 그 변태음으로 처리했다. 여섯째, 경음 초성의 부호가 ㅅ으로 통일되었다. 일곱째, 전체 순서에 후음 이외의 음(조음기관의 조절작용이 있는 음)의 평음을 열거해 기록하고 그 다음에 후음의 평음인 아행음을 기재하고 또 그 다음에 후음 이외의 음의 변태음인 탁음과 격음을 배열하고 그 다음에 후음의 변태음인 하행음을 기재하였다.

모음의 경우는 다시 음양과 개구도에 따라 분류한 것인데, 개구도의 경우 개구도가 가장 낮은 경우를 고모음으로, 중간인 경우를 중모음으로, 개구도가 가장 큰 경우를 저모음으로 분류했다.

그리고 박승빈은 각 발성음의 음질의 위치(상호간의 관계)를 도식으로 보이고 있는데 다음과 같다.(p.38) '조선발성음위치구분도'는 우리말의 자음을 성질에 따라 평음을 기준으로 상하좌우 분포를 그림으로 나타낸 것인데, 상우에는 경음, 상좌에는 격음, 하우에는 탁음, 하좌에는 간음(間音)으로 구분하여 배치했다. 또한 이들의 성질에 따라 중간의 위치에 경탁음, 격간음 등을 세분하기도 하는 등 음의 성질에 따라 자음을 체계적으로 분석하고 분류했다. 더 나아가 영어, 일본어, 에스페란토어의 예도 이 좌표에 함께 표시하여 다른 언어의 자음과 객관적인 비교가 될 수 있도록 했다.

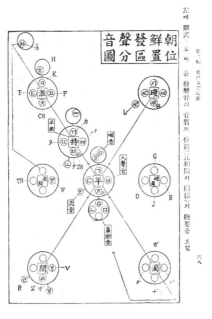

〈조선발성음위치구분도〉

2.3.3. 조선어의 음리(音理)

2.3.3.1. 여음불발(餘音不發)의 법칙

여기서는 조선어의 음리에 따라 어떻게 표기를 할 것인가 하는 문제에 대해 기술했다. 이 문제는 조선어 문법뿐만 아니라 조선어 철자법 논의에서도 매우 중요한 부분이었기 때문에 박승빈은 자신의 책에서 가장 비중 있게 다루고 있다.

박승빈은 조선어에는 받침에 여음불발의 법칙이 적용된다고 주장했다. 즉, 받침의 소리는 여음(餘音)으로 나지 못한다는 말이다.

"한 發聲音이 그 前部作用으로써 衆聲音에 바팀이 된 後에 聲音을 아주 거둬버리디 아니하고 그 바팀을 하기 爲하야 構成되엇든 調音器管의 屈折狀態를 풀면 거기에 輕微하게 그 後部作用의 音響이 放出되야서 그 發聲音이 初聲으로 된 으段音과 가튼 音이 나타나니 그 音을 發聲音의 餘音이라고 니름한 것이라." (p.40)

예를 들어 'Bat'의 경우 '뺕'으로 발음하기 하고 '쎄트'로 발음하기도 하는데, 후자의 경우처럼 'ㅌ' 받침이 모음 'ㅡ'와 만나 다시 '트'가 되면서 초성의 소리가 나는 경우, 이 소리를 '여음'이라고 한 것이다. 반대로 'ㅌ'가 앞말의 받침으로 작용할 때는, 즉 '뺕'처럼 발음할 때는 받침의 'ㅌ' 소리는 제 음가를 다 내지 못하고 (불파음이 되어) 촉급하게 닫히는 소리가 되는데, 이때는 여음이 불발된 것으로 간주한다. 우리말 받침의 경우 받침에 쓰이는 자음은 모두 '뺕'처럼 받침소리의 여음이 불발하게 된다는 것이 '여음불발의 법칙'이다. 따라서 '쎄트'의 경우 'ㅌ'은 '트'로 인해 여음이 되어버려 받침이 될 수 없는 것이다. (p.41)

박승빈은 여음이 불발하는 환경과 그 결과를 다음과 같이 자세히 설명하고 있다. 서로 다른 자음이 받침으로 쓰일 때, 그 앞부분의 상태(전부작용)가 서로 같은 것들은 그 뒷부분의 상태(후부작용)가 서로 다를 경우라도 항상 같은 발음이 된다거나 하면서 바로 이런 현상이 여음이 생기지 않는 것인데, 그것은 그 뒷부분 음의 영향으로 인해 각 받침의 음색이 드러나지 못한 것이라고 설명했다. 이를 예를 보이면 다음과 같다.(p.42)

〈여음 불발의 환경〉

藁짚에	家집에	田밭을	意쓸을	花꽃을	午낫이	鎌낫이	從屬的 發音의 아行音連續 表現	後部作用의 區別잇는 音
지페	지베	바틀	쓰들	소츨	나지	나시		
저짚	이집	콩밭	큰쓷	이꽃	한낫	그낫	終止	後部作用의 區別업는 音
짚도	집도	밭과	쓷과	꽃보담	낫보담	낫보담	終止의 아行以外獨立的 아行音連續	
짚열단	집열간	밭아래	쓷업는	꽃울타리	낫오	낫아홉개	아行音連續的	
집	집	받	쓷	꼳	낟	낟	發音의 表現	

한편, 박승빈은 받침의 소리가 그 다음 초성의 성질에 따라 달라질 수 있다고 했다. 소위 자음동화를 말한 것인데, 이 경우는 원래 음과 달라진 음이 동일한 음이 되어 혼동이 되는 경우도 생긴다고 지적한다. 예를 들어 '국민'의 경우 [궁민]으로 발음되면 본래의 '궁민'과 혼동이 될 수 있다는 것이다. 또한 이때 자음동화는 같은 성질의 음들이 계열별로 일정

한 법칙을 이루고 있다고 하였다. 이를 도식으로 보이면 다음과 같
다.(p.43)

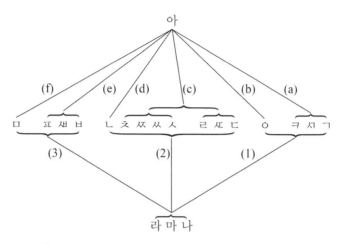

(a) (1)과 (b) (1), (c) (2)와 (d) (2), (e) (3) 과 (f) (3) 으로 연결된
발음의 음향이 혼동됨을 보힘이라

위의 그림에서 각 계열의 받침이 '라, 마, 나' 등과 만날 때는 각 계열
가운데 가장 기본적인 음으로 변한다는 것이다. 예를 들어 'ㄱ, ㅅ, ㅋ'가
받침일 경우 이어지는 음이 '라, 마, 나'라면 'ㅇ'으로 바뀌고, 'ㅍ, ㅄ,
ㅂ' 받침일 경우는 'ㅁ'으로 바뀌는 식이다. 또한 이 그림은 『훈민정음』
당시의 한자음 경음표시에도 그대로 적용될 수 있다는 설명이다. 예를
들어 『훈민정음』에는 다음과 같이 경음을 표시할 때 받침의 소리에 따라
경음부호를 다르게 사용했다.

ㅇ下에 ㄱ......洪^ㅎㄱ字
ㄴ下에 ㄷ......君군ㄷ字
ㅁ下에 ㅂ......覃땀ㅂ字

즉, '洪'의 경우는 받침에 'ㅇ'이 오고 경음부호는 'ㄱ'이 쓰였으며, '君'의 경우는 받침에 'ㄴ'이 쓰이고 경음부호로는 'ㄷ'가 쓰였다는 것이다. 이러한 현상을 위의 그림에 대입한다면 각 계열에서 가장 기본적인 음이 받침으로 올 경우 경음부호는 각 계열의 대표적인 평음이 삽입된다고 할 수 있다.

2.3.3.2. 중성 「ㅡ」

조선어에는 '으'단의 음운을 표시하는 중성글자로 'ㅡ'가 쓰인다고 하면서, 각 초성에 그 중성을 쓰면 각기 음질이 다른 '으단음'이 만들어진다고 했다.(예: 으, 그, 느, 쓰, ᄲ, 즈, 크, 프, 흐) 그리고 여기에 영어와 일본어의 중성과 비교하여 다음과 같이 설명하고 있다.

먼저 영어의 경우는 모음에 으단의 음운을 표시하는 음자가 없고, 또 각 자음의 으단음을 표시할 방법이 없다고 한다. 예를 들어 bat에서 '으'가 삽입되지 않는다. 그러나 우리 발음으로는 '쌔트'가 되는 것은 으단 모음과 모음자 'ㅡ'가 있기 때문이라는 것이다. strong의 경우도 영어 철자에는 'str'가 자음으로만 되어 있지만 우리 발음으로는 '스트롱'이라고 하는 것은 다 으단 모음과 모음자 'ㅡ'가 있기 때문이라는 것이다.(p.47)

한편, 조선어와 일본어는 매우 자세하게 비교했다. 수년간 일본에서 유학했고 일본 법전을 우리말로 번역한 경험이 있었으므로 박승빈의 일본어 실력은 매우 뛰어났을 것이다. 그런 까닭에 영어에 비해 일본어와의 비교는 매우 구체적으로 기술되어 있다. 책에서는 일본어에는 모음 없이 자음만으로 받침이 되는 경우는 없고, 또 표기할 때도 가명문자를 이용하여 음절을 통째로 표시하기 때문에 예를 들어 'カ'는 우리의 'ㄱ + ㅏ'에 해당한다고 했다.

그러나 일본어 발음을 보면 'h' 이외에도 자음이 받침으로 사용되는 경우가 있는데, 이 소리를 표시할 음자가 없기 때문에 가명문자(가나문자)

로 표기할 뿐이라고 했다.(p.50)

	日本文		英文記寫	朝鮮文記寫
學校	(原音)ガクユウ		Gaku ko	가　구　고
	(略音)ガッコウ		Gak ko	가　ㄱ　고
私	(原音)ワタクツ		Wataku shi	와 다 구 시
	(略音)ワタッツ		Watak shi	와 다 ㄱ 시
發展	(原音)ハッテソ		Hatsǔ ten	하쯔(두)데ㄴ
	(略音)ハッテソ		Hat teh	하 ㄷ 데 ㄴ

또 다른 차이점은 일본어에는 으단음이 없기 때문에 우단음이 조선어의
으단음의 임무를 한다는 점이다.(p.51)

	朝鮮語音		日本語音
防	(原音) 마그니 Magǔni		マクニ Makuni
	(略音) 마ㄱ고 Maggo		マッコ Makko
抱	(原音) 아느라 Anǔra		アヌラ Anura
	(略音) 아ㄴ다 Anクda		アヌ(ソ)タ Anta

위에서 조선어와 비교하면 일본어에는 '그'의 대신에 '구'가, '느'의
대신인 '누'가 사용된다는 것이다. 이렇게 본다면 각 나라마다 언어가
다르고 언어에 따라 그 표기방법이 서로 다를 수밖에 없는 것이지만,
그럼에도 발음상에 나타나는 음리는 서로 같은 것이라고 했다. 조선어,
영어, 일본어를 비교 정리하여 표로 보이면 다음과 같다.(p.52)

A. 1. 朝鮮語音		A. 2. 英文記寫	A. 3. 日本文記寫
防 마그	原音 마그니	magŭni	マクニ
	略音 마ㄱ고	maggo	マックグ
B. 1. 英語音		B. 2. 朝鮮文記寫	B. 3. 日本文記寫
Back	餘音有 Baku	째크	バク
	餘音無 Bak	째ㅋ	バック
C. 1. 日本語音		C. 2. 朝鮮文記寫	C. 3. 英文記寫
學 ガク	原音 ガクモン	가구모ㄴ	Gaku mon
	略音 ガックウ	가ㄱ고	Gak ko

박승빈은 위의 표에서 각 언어가 그 표기 방법은 서로 다르지만 발음상
에 나타나는 음리는 서로 같다고 주장했다. 즉 조선어음에서 '마그니'처럼
발성음에 으단 음운이 배합되어 있는 것이 음이 촉약(促略)될 경우에
'막고'처럼 그 발성음의 받침만이 되는 관계는 영어에서 'baku-bak'의
관계와 같으며, 일본어에서는 'ガクモン-ガックウ'의 관계와 동일한 것으
로 본 것이다.(p.51)

2.3.3.3. 중성 「·」

박승빈은 중성 「·」는 모든 중성음의 발원이 되는 소리라 했다. 즉,
(1) 각 중성의 태극음이며, (2) 각 중성의 중심음이며, (3) 각 중성의 공통성
을 가진 음이며, (4) 각 중성 중에 가장 약한 음이며, (5) 그 음운의 위치가
확고하지 못한 음이라고 했다.(p.53)

박승빈은 「·」 소리의 성질은 "음세가 가장 약한 'ㅡ'음을 얼마간 'ㅏ'음
으로 향하여 발음하는 소리"로 보았다. 그러면서 이와 관련한 여러 가지
설을 소개했다.

"近日 通俗的으로는 「‧」와 'ㅏ'를 同一한 音으로 使用한다. 그러하나 그 두 音의 原音이 同一한 것이 아님은 訓民正音에 두 字形을 各各 制定하고 各各 서로 다른 漢字로써 註釋하얏음에 鑑하야 明白한 事項이라. 그러하면 그 原音은 어써한 것이엇나? 從來에 여러 人士가 惑 'ㅏ'와 가튼 音韻이오 音勢가 弱한 것이라, 惑 'ㅡ, ㅣ'의 間音이라, 惑 'ㅡ'의 拗音이라, 惑 'ㅏ, ㅗ'의 間音이라 하는 說明을 試하얏음. 나는 「‧」의 原音은 音勢가 가장 弱한 'ㅡ'音을 얼마간 'ㅏ'音에 向하여 發하는 音으로, 바꾸어 말하면 閉口의 'ㅏ'音이고 音勢의 가장 弱한 音으로 推測함." (p.53)

그러면서 옛 「‧」음이 어떻게 변천을 거쳐 현대의 다른 소리로 변해왔는지를 세 가지 유형으로 나누어 설명했다. 첫째는 음운의 규례에 따르는 법칙이 있는 경우는 '으'로 변했으며, 둘째로 한자음이나 기타 음운의 규례와 관계가 없는 경우는 대부분이 '아'로 변했으며, 셋째로 몇몇 단어에서는 일관성이 없이 '으'나 '아'로, 심지어는 '오'와 '우'로 변하는 경우도 있다고 한다. 이를 표로 보이면 다음과 같다.(pp.54-56)

(1) 어음의 규례에 관계가 있는 음은 'ㅡ'에 귀속되었음.

原 語		現 行		原 語	現 行
助詞	ᄋᆞᆫ	은	用言語尾	如 ᄀᆞ튼 (訓)	가튼
	ᄂᆞᆫ	는		高 노ᄑᆞᆫ (訓)	노픈
	ᄋᆞᆯ	을		纖 자ᄇᆞ시니 (訓)	자브시니
	ᄅᆞᆯ	를		放 노ᄒᆞ샤 (訓)	노흐샤

(2) 한자음이나 기타 어음의 규례와 관계가 없는 음은 대부분이 아단음에 귀속되었음.

原 語	現 行	原 語	現 行
字 ᄌᆞ (訓)	자	人 사ᄅᆞᆷ (訓)	사람
此 ᄎᆞ (訓)	차	風 ᄇᆞᄅᆞᆷ (訓)	바람
使 ᄉᆞ (訓)	사	如 ᄀᆞ튼니라 (訓)	가트니라
呑 ᄐᆞᆫ (訓)	탄	飛 ᄂᆞᄅᆞ샤 (訓)	나르샤

(3) 그 외에 나머지 약간은 어음이 고정되지 못하고 여러 개의 중성음으로 사용되는 것이 있음.

原 語	現 行
語 말ᄊᆞᆷ (訓)	말씀 말쌈
只 ᄯᆞᄅᆞᆷ (訓)	짜름 짜람
天 하ᄂᆞᆯ (龍)	하놀 하눌 하늘 하날
針 바ᄂᆞᆯ (蒙)	바놀 바눌 바늘 바날
胸 가ᄉᆞᆷ (蒙)	가슴 가심 가삼

2.3.3.3. 후음

(1) 후음과 후음 이외의 음의 성질

박승빈은 『훈민정음』의 자음 다섯 계열 가운데(아음, 설음, 순음, 치음, 후음) 후음(喉音)은 나머지와 크게 다르다고 했다.

"喉音은 發音이 發音管을 通過하는 사이에 調音器官의 調節作用에 因한 障碍를 바듬이 업시 平坦한 發音管을 通하야 口外에 放出되는 것이오 喉音 以外의 音은 發音管을 通過하는 사이에 各 調音器官의 調節作用에 因한 障碍를 바다서 各히 다른 音質을 形成하는 것임." (pp.56-57)

다른 자음은 발음관을 통과할 때 장애를 받아서 생기는 소리이지만, 후음은 아무런 장애를 받지 않고 마치 모음처럼 공기가 그대로 방출되면서 나는 소리라는 것이다. 이러한 후음의 특성은 철자법에서도 그대로 연결이 된다. 이는 박승빈이 'ㅎ' 받침을 허용하지 않는 중요한 근거가 되기 때문이다.

후음 이외의 음의 경우 그 음질은 조음기관의 작용으로 이루어지는데, 이때 조절작용은 초성의 경우와 받침의 경우가 조금 다르게 표현된다.

> "(1) 調音器官이 調節作用을 일으켜서 바야흐로 어쩌한 發聲音을 發하랴 하는 形狀을 짓고 그 形狀을 中聲의 發音으로써 풀면 그 調節作用과 發音作用과의 두 가지가 서로 合하야서 그 發聲의 音質을 가진 한 音을 形成함. 이째 그 音質의 表現은 訓民正音에 初聲이라 니른 것이니 例로 '가, 브'의 音의 'ㄱ, ㅂ'와 가튼 것이라.
>
> (2) 위에 中聲音이 發音될 째에 連續하야 調音器官이 어쩌한 調節作用을 일으켜서 그 作用을 完結하야 發音을 完了하는 째에는 그 위에 잇는 平然한 音聲에 어쩌한 障碍를 줘서 그 發音이 變更됨. 이째의 그 音의 表現은 바팀이라 니르는 것이니 例로 '악, 곱'의 音의 'ㄱ, ㅂ'과 가튼 것이라." (p.58)

초성과는 달리 받침의 경우 어떤 장애를 주어서 발음이 달라지게 하는데 이것을 다른 말로 여음불발의 법칙이 적용된다고 하는 것이다. 이와는 달리 후음의 음질은 조음기관이 작용하는 것이 아니라 평탄한 성음관에 발음이 그대로 방출되어 형성되므로 일반적인 받침으로 사용되는 자음과는 다르다는 것이다.

(2) ㅎ

음자 'ㅎ'는 『훈민정음』의 음질 분류에 의하면 후음의 일종이지만, 성음학상으로 분류한다면 마찰음에 속한다고 했다. 이런 이유로 'ㅎ'를 아행음과 같은 계통인 후음의 마찰음 정도로 규정하고 있다. 따라서 'ㅎ'가 초성으로 발음될 때는 나머지 자음과는 그 양상이 다르게 나타난다고 한다. 예를 들어 '바'라는 소리를 낼 때는 먼저 조음기관에서 무음의 '읍' 소리를 내고(두 입술을 합하여 발음관을 막음) 그 다음에 '아'음을 발음하면 그 조음기관의 굴절 상태가 풀리면서 그 후부작용이 중성과 합쳐져 '바'라는 소리가 만들어진다. 그러나 후음 'ㅎ'의 경우는 이러한 준비작용이 필요 없다는 것이다.(pp.60-61)

박승빈은 후음 ㅎ의 특성으로 인해 발음상에 여러 가지 특수한 현상이 생길 수 있음을 지적했다. 예를 들어 '만흐며'가 '만으며'로, '노하라'가 '노아라'로 발음되면서 'ㅎ'와 'ㅇ'가 혼동이 생길 수 있다는 것이다. 또한 후음의 특성으로는 ㅎ는 받침을 사용될 수 없다는 점이다. 박승빈은 이에 대해 세 가지 근거를 제시하면서 매우 상세하게 다루고 있다. 조선어학회와의 철자법 논쟁에서 ㅎ받침 사용 여부가 첨예하게 대립되었던 까닭이다.

첫째, 'ㅎ'는 음리상 받침이 될 성질이 없다는 것이다. ㅎ는 다른 자음과 성질이 다르므로 받침이 될 수 없고, 특히 여음을 만들어 내기 때문에 'ㅎ'의 받침은 불가능하다는 것이다. 둘째, 『훈민정음』에서도 'ㅎ'의 종성을 인정하지 않았다는 점이다. 『훈민정음』과 『용비어천가』 등에는 'ㅎ'를 종성으로 사용한 예가 없다고 지적한다. 셋째로 'ㅎ' 받침을 주장하는 기존의 학설에 형식적 모순이 존재한다는 점이다.

먼저 『훈민정음』의 '종성부용초성'이라는 말에 근거하는 의견의 경우, 이 말은 종성으로 사용할 수 있는 음이 있는 경우를 전제로 하고, 그 종성의 음자를 쓸 때에는 다시 그 초성의 음자를 쓴다는 뜻으로 해석해야 하는데 이를 잘못 해석하고 있다는 점, 그리고 'ㅎ' 도 초성의 하나니까 다른 초성과 마찬가지로 받침으로 쓸 수 있다고 하는데, 앞서 언급한 대로 ㅎ는 다른 초성과는 성질이 아주 다르다는 점 등을 이유로 ㅎ받침설이 문제라고 박승빈은 주장한다. 또한 영어의 경우도 'h'가 자음이므로 우리말의 ㅎ도 자음으로서 받침에 쓸 수 있다는 주장도 설득력이 없다는 것이다. 왜냐하면 영어의 'h'도 모음에 붙어서 받침으로 사용되는 음이 없고, 'h'가 마지막 자음으로 오는 경우라도 소리가 나지 않기 때문이다.

박승빈은 '간음'을 후음 이외의 음으로 그 조절성이 심히 약하고(조음기관의 조절작용이 불완전함) 거의 낭음성(朗音性)을 띤 자음을 가리킨다고 했다.(p.71) 예를 들어 'ㅸ, ㅿ'이나 'ㄹ' 계통인 '간음ㄹ' 등이 여기에 속한다. 이 세 가지 어음 중에 'ㅸ'와 'ㅿ'는 그 어음과 음자가 함께 도태되어 버렸고, ㄹ 는 그 음자는 그대로 있으나 그 음자에 포함되어 있던 '간음ㄹ'의 어음은 도태되었다고 했다. 이에 대해서는 뒤에서 자세히 다루기로 한다.

2.3.3.4. 으 단음(段音)과 그 약음

조선어에는 으단음(원 ᄋᆞ단 포함)은 그 약음으로 발음되는 규칙이 있는데, 그 내용은 다음과 같다. 먼저 후음 이외의 음에서 약음의 경우, 음의 으단음이 촉급히 발음되는 때에는 그 음의 음운을 표시하는 중성 'ㅡ'가 생략되고 그 자음만 남아 그 앞에 있는 음의 받침 소리가 되는 경우가 있다 했다. 예를 들면 '미드며'의 경우 중간의 'ㅡ'가 생략되면서 '미ㄷ고'가 되는 현상이다.

박승빈은 이러한 약음 현상은 일본어의 약음 현상과 유사하다고 했다. 일본어에 '學ガク'의 'ク'가 촉급한 발음으로 날 때에는 그 우단 음운이 생략되고 'ㄱ' 받침과 같이 되어서 '學校=ガッコゥ'의 발음이 되는 상태와 같다는 것이다. 또한 영어의 경우에도 비슷한 예가 있는데 예를 들어 'back'을 '쌔크'처럼 발음할 수도 있지만, 촉급하게 발음을 할 때에는 '쌕'과 같은 발음이 되는데 이것이 조선어의 약음과 같은 현상이라는 것이다.

다음으로 후음의 약음에 대해 설명한다. 후음의 으단음의 경우는 약음으로 중성 'ㅡ'가 생략되면 '으'의 경우에는 경음조가 생기고, '흐'의 경우에는 격음조가 생긴다고 주장했다.(p.75) 구체적인 예를 보이면 다음과 같다.

(가) '으'가 略되고 硬音調로 發音되는 例

A 樹枝	原音	나무 으 가지= 나무 의 가지
	略音	(1)나무 ʼ 가지=(2)나무 ㅅ 가지=(3)나무 까지
B 春風	原音	봄 으 바람= 봄 의 바람
	略音	(1)봄 ʼ 바람=(2)봄 ㅅ 바람=(3)봄 빠람
C 兄主	原音	형님 으 긔 = 형님 의 게 = 형님 께
	略音	(1)형님 ʼ 긔 =(2)형님 ㅅ 게 =(3)형님 께
D 作	原音	지 으 고
	略音	(1)지 ʼ 고 =(2)지 ㅅ 고=(3)지 꼬(다른 說明도 이슴)
E 抱	原音	안 으 고=아느 고
	略音	(1)안 ʼ 고 =(2)아느 (ㅅ)고 =(3)안 꼬
F 植	原音	심 으 고 =시므 고
	略音	(1)심 ʼ 고 =(2)시므 (ㅅ)고 =(3)심 꼬

(1)은 으음이 생략된 대신에 경음조가 발생한 것을 나타낸 것이고, (2)는 그 경음조를 ㅅ으로 표기하는 보통 표기를 보여준 것이고, (3)은 그 발음을 표시한 것이다.

(나) 'ㅎ'가 略되고 激音調로 발음되는 例(p.77)

		現行語音	略音되는말	音의內容	古書記載對照
A	原 音 略 音	可	올흐 며 올 타	올흐 다 올 타	울흐 다 올ㆍ다	올ㅎ시니 龍 39 올타 龍 107
B	原 音 略 音	放	노흐 며 노 코	노흐 고 노 코	노흐 고 노ㆍ고	노ㅎ샤 龍 41

C {原 音 / 略 音}	好	됴흐 며 / 됴 코	됴흐 고 / 됴 코	됴흐 고 / 됴ㄱ 고	됴코 龍 2
D {原 音 / 略 音}		便安하(흐) 게 / 便安 케	便安하(흐) 게 / 便安 케	便安흐 게 / 便安ㄱ 게	便安ㅋ 訓 3
E {原 音 / 略 音}		離間하(흐)거든 / 離間 커든	離間하(흐)거든 / 離間 커든	離間흐 거든 / 離間ㄱ 거든	離間커든 龍 119

(註) '하고, 하다'의 '하'는 元來 '흐'임. '흐'는 '흐'와 共通되야 略音되는 規例가 同一함.

　이러한 약음과 경음조, 격음조가 생기는 현상은 조선어의 발음 습관에 따른 것이며, 일반적인 음리에 해당하는 것은 아니라고 했다. 또한 원음이 약음으로 발음되는 것도 습관에 의해 성립된 규례라 했다. 다만 그 상태가 복잡다단하여 다양하게 나타나지마는 이것은 언어의 활용에는 아무런 장애가 되지 않는다고 했다.

　그러나 '안고, 심고'의 경음화 과정을 '나무가지'나 '봄바람'의 사이시옷 현상과 동일시 한 것은 무리가 따른다. 물론 '안고, 심고'의 경음화의 원인이 형태론적인 것이므로 이에 대한 명쾌한 답을 구하기 어렵다는 점을 고려한다 해도, '아느고' '시므고'에서 'ㅡ'와 '나무의 가지', '봄의 바람'에서의 '의(으)'를 동일시 할 수 있는지에 대해서는 의문이다. 이들의 문법적 기능과 자격이 서로 다르기 때문이다.

2.3.3.5. ㄹ 계통의 발성음

(1) ㄹ 계통음의 종류

　박승빈은 'ㄹ'에 해당하는 문자는 하나뿐이지만, 그 소리의 특성에 따라 구분한다면 크게 세가지로 나눌 수 있다고 했다. 평음 ㄹ, 경음 ㄹ, 간음 ㄹ이 바로 그것이다.(p.81) 먼저 평음 ㄹ 은 보통 우리가 인식하는 ㄹ의 발음이다.(예, 무르며, 부르며, 거르니 등). 둘째로 경음 ㄹ(즉 'ㅅㄹ')이고,

셋째가 간음 ㄹ이다.

여기서는 간음 ㄹ에 대해 알아본다. 간음 ㄹ은 평음 ㄹ보다는 조절성이 약한 음질로 영어의 R음과 흡사한 음이라 했다. 글자 모양은 다른 ㄹ자와 구분하기 위해 기존의 'ㄹ'자에 한 가운데 줄을 그어 만들었다. 이 음질은 조절성이 매우 약하고 풍부한 낭음성(후음성)이 있으므로 그 음질을 종성으로 사용하려면 여음 없는 발음은 되지 못한다고 했다. 또 그 발음은 미약한 '르'의 음을 빠르게 발음할 때와 같다고도 했다.

간음 ㄹ은 결국에는 ㄹ의 어음에 모두 귀속되게 되는데 이를 표로 자세히 보이면 다음과 같다.(p.84)

原語	아 行 音 된 音			ㄹ 된 音
	으음으로됨	長音으로됨	省略됨	
松 솔	소으 나무	소＿ 나무	소 나무	솔닢
遊 노르(놀), 노라	노으 니	노＿ 니	ㅡㅡㅡㅡ	놀고, 노라 서
吹 부르(불), 부러	부으 니	부＿ 니	ㅡㅡㅡㅡ	불고, 부러 서
生 사르(살), 사라	사으 오	사＿ 니	ㅡㅡㅡㅡ	살며, 사라 요
磨 가르(갈), 가라	가으 니	가＿ 니	가 니	갈고, 가라 서
[潤 부르, 부러]	부르 니			붇고, 부러 서

(마지막 '부르' 줄은 평음 ㄹ의 대조임)

이제 ㄹ 계통의 세 종류음에서 용언 어미의 발음 상태를 구체적으로 살펴본다. 평음 ㄹ, 경음 ㄹ, 간음 ㄹ인 예를 통해 비교해 보면 다음과 같다.(p.85)

1. 평음 ㄹ

潤 부르	며, 오, 시니
ㄹㅅ(ㄷ)	고, 다, 디
러	서, 도, 야

2. 경음 ㄹ---ㅅㄹ

呼 부쓰	며, 오, 시니
	고, 다, 세
써	서, 도 야

3. 간음 ㄹ---ㄽ

$$吹\ 부ㄽ=\begin{cases}르 & 오, 시니 \\ 으(ㅡ) & 오, 시니 \\ ㄹ & 며, 마\end{cases}$$

$$ㄽ=\begin{cases}ㄹ & 고, 다, 세 \\ 으(ㅡ) & 다, 세\end{cases}$$

$$ㅭ=러\qquad 서, 도, 야$$

위에서 '부ㄽ'에는 어미에 약음을 쓰는 습관이 없기 때문에 '고, 다' 등의 승접어(조사)가 원음에 붙는 것이며, '짜ㄽ'의 약음은 아직 관례상 익숙하게 사용되지 않고 그 원음 '짜ㄽ고, 짜ㄽ다'로 발음하는 것이 보통 이다. 간음 ㄹ의 음은 앞에서 논술한 바와 같이 후대에 평음 ㄹ이나 아행음 으로 귀속된 것이지마는 아직도 그 발음의 습관이 확고하게 되지 않아서 예시 중에도 동일한 언어가 두 가지로 발음되는 예가 많다고 했다.(예: 吹 = 부르오, 부으오, 遊 놀세, 노으세(노ㅡ세)).

박승빈은 경음 ㄹ 부호인 'ㅿㄹ'에 대해 종래에 사용하지 않던 새로 만든 부호이므로 일반적으로 바로 통용되기는 어렵다는 점을 인정하고 다음과 같이 'ㄹㄹ'로 표기하자고 제안한다.(p.87)

$$\left.\begin{array}{ll}呼\ 부ㄽ며, & 短\ 짜ㄽ며 \\ 부ㄽ고, & 짤\ 고 \\ 부써서, & 짜ㅼ서\end{array}\right\}를\left\{\begin{array}{ll}불르며, & 짤르며 \\ 불르고, & 짤\ 고 \\ 불러서, & 짤라서\end{array}\right\}로\ 기사함$$

(2) 간음 ㄹ 발음의 잔재

여기에서는 '닭'의 받침 'ㄹㄱ' 가운데 'ㄹ'가 간음 ㄹ이라는 주장이다. '닭'에서 겹받침은 동시에 발음되는 것이 아니라, ㄹ이 먼저 되고 다시

ㄱ이 그 뒤에 붙은 것이라 한다. 그 과정을 보면 ㄹ은 '다'의 중성 'ㅏ'의 받침이 되고 ㄱ은 다시 ㄹ에 받 침이 되는 것이라는 해석이다. 이때 ㄹ은 간음ㄹ이며, 발음시에 조절작용이 미약하여 발음관을 완전히 폐색하지 못한 채로 발음된 것이다. 그 때문에 그것을 이용하여서 ㄱ의 받침이 다시 붙을 수 있다는 설명이다.

(3) ㄹ 음에 관한 『훈민정음』의 기사예

박승빈은 ㄹ음에 대해서는 『훈민정음』에도 그 사례를 찾을 수 있다고 하면서 한자의 받침일 경우와 고유어 받침일 경우 그 표기방법이 다르다고 말한다.(p.90)

1. 漢字의 音 ㄹ 바팀된 境遇엣 記寫에 다른 發聲音이 바팀된 境遇의 記寫와 다씀이 이슴.
   (例) 不붏相 (訓)　日싫用 (訓) 彆볋字 (訓) ‥‥‥ ㆆ와 並書함
   對照 新신制 (訓)　欲욕言 (訓) ‥‥‥‥‥‥‥‥‥‥‥‥ 바팀만을 씀
   　　　君군ㄷ字 (訓) 覃땀ㅂ字 (訓) ‥‥‥‥‥ 것늘音 ㄷ, ㅂ을 씀
2. 固有 朝鮮語 ㄹ 바팀된 境遇의 記寫에
① 그 記寫法이 서로 다씀이 이슴.
(例一) 이실씨라 (訓), 스믈여듧字쭝를 밍ㄱ노니 (訓), 날로 뿌메 (訓), 갈바쓰라 (訓)
(例二) 홇배 (訓), 홇짜ㄹ미니라 (訓), 오싫제 (龍), 갏길 (龍)
② 'ㄹ'가 語尾로 된 用言에 그 音을 省略하고 記寫한 것이 이슴.
(例) 밍ㄱ노니 (訓) ‥‥‥ 製하노니
③ ㄹ 바팀된 音의 다음에다가 中聲이 承接되는 語音을 使用한 것이 이슴.
(例) 입시울(脣)와 (訓) ‥‥‥ 對照 - 엄(牙)과 혀(舌)와 입시울(脣)와
④ 現今에는 硬音 ㄹ(ㅼ)이 發音되는 말에 ㄹ만을 쓴 것이 이슴.
(例) 슴 어우러사 (訓), 誘 달애시니 (龍)

(4) ㄹ의 중간 받침

박승빈은 'ㄹㄱ'이나 'ㄹㅂ'과 같은 겹받침의 경우 대부분 각각의 소리가 실현되었으며, 이때 ㄹ는 간음의 성격을 띤다고 했다.(p.94) 여기서 몇 가지 특징적인 내용이 있는데 예를 들어 '밟고'의 발음은 '바읍고' 또는 '바릅고'로 되며, 간음ㄹ이 쓰인 '바릅고'의 발음은 실제에서는 보통 사용되지 않는다고 했다. 그러나 '젊고'의 발음은 '저음고'로 되지 간음ㄹ이 사용된 '저름고'로는 되지 못한다고 했다.

이와 더불어 철자법에서 '값, 넋'으로 표기하려는 주시경 학파의 시도에 대해서는 문제를 지적한다. 주시경 학파에서는 '갑시 싸다, 넉슬 일헛다'에서처럼 ㅅ의 음가가 있기 때문에 '닭, 밝'처럼 '값, 넋'으로 써야 한다고 주장했다. 박승빈은 이러한 견해는 착오라는 것이다. '넋업는 사람'의 경우 '넉섭는 사람'이 아니라 '너겁는 사람'으로 발음되며, '값아홉돈'은 '갑사홉돈'이 아니라 '가바홉돈'으로 발음되기 때문에 '값, 넋'은 '갑, 넉'일 뿐이라는 것이다.(p.97) (이에 대해서는 제II부 제2장 3.2.4. 참조)

2.3.3.6. ㄷ 계통 발성음과 단(段)

이 절의 내용은 소위 구개음화에 해당하는 것이다. 'ㄷ, ㄸ, ㅌ' 등이 중성 'ㅣ'나 'ㅑ, ㅕ, ㅛ, ㅠ'와 결합될 때에는 그 발음이 'ㅈ' 계통의 소리로 변한다는 것이다. 이것은 일반적인 음리로 공인된 것이라고 박승빈은 말하고 있다. 혹자가 이것을 음리상의 착오라 한 경우가 있는데 그것은 잘못이며 외국어음에도 일반적으로 나타나는 현상이라는 것이다.(p.102)

education = du = 쥬
picture = tu = 츄
reading = ding = 딩

그러나 이를 표기할 때는 '디, 댜, 더...' 대신에 '지, 쟈, 저...' 등으로 한다면 그것은 문제라는 것이다. 원래부터 '지, 쟈, 저...'의 음가가 있었던 것이 아니라 '디, 댜, 더...'가 환경에 따라 변한 것이기 때문이다. 예를 들어 '미다디'는 발음은 '미다지'로 나지만, 구개음화 현상에 의한 것이므로 '미다디'로 적어야 하지 만일 '미다지'로 적으면 안 된다는 것이다. '바티=바치' '쓰디=쓰지' 등도 마찬가지의 경우라 했다. 또한 역사적으로도 모두 '디, 댜, 더...'로 적었음을 강조했다. 이렇게 박승빈이 강조한 이유는 총독부 교과서 때문이었다. 당시 총독부 교과서에는 다음과 같이 구개음화된 음으로 표기를 했기 때문이다.

> "朝鮮總督府 敎科書에 '미다디'를 '미다지'로, '밭이'를 '밭치'로, '같히'를 '같치'로 쓰기로 된 것은 '디, 티'의 第1式 發音을 無理하게 否認하고 그 結果로 생기는 破綻을 不合理的 方法으로 彌縫한 것이니 判然한 錯誤이라."(p.105)

2.3.4. 경음

2.3.4.1. 경음조

경음 부분에서는 경음조가 발생되는 상태, 경음조의 작용, 경음조의 기사방법에 대하여 비교적 상세히 기술하고 있다. 먼저 경음조가 발생하는 유형으로 세 가지를 제시하였는데, (1) 고유한 경음: 꿈, 짜름, (2) 평음의 어음에 습관상 경음조를 첨가하여 경음 음질로 발음하는 것: 둥구러-뚱구러, 조곰-쪼꼼 / 자써서-짜써서, 니저버려-니저쌔려, (3) 한 음이 생략되며 그 대신에 경음조가 발생되는 것: 봄으 바람=봄ㅅ바람=봄쌔람, 시므고=심으고=심ㅅ고=심꼬 등이었다.

다음으로 경음조의 작용에서는 발음상 표현되는 다양한 유형을 다음과 같이 소개하였다.(p.107)

(1) 그 음조의 다음에 연속하는 초성(평음)을 그 음질의 경음으로
표현되게 함.

語音의內容	어제ㅅ바람	봄ㅅ구름	(抱)안ㅅ고
現行 記寫	어제ㅅ바람	봄ㅅ구름	안ㅅ고
發音의表現	어제 빠람	봄 꾸룸	안 꼬

<'안ㅅ고'와 같은 말에는 일반적인 암묵적 규약에 의하여 ㅅ을
생략하고 '안고'만으로 기사함이 통례이라>
(2) 그 음조의 다음에 연속하는 초성이 경음이 없는 평음인 경우에
그 전에 있는 음이 중성인 때에는 그 연속하는 초성과 동종류에
속한 입성음의 받침이 됨과 같은 발음으로 표현됨.

語音의內容	어제ㅅ눈	바다ㅅ물	坡州ㅅ閔氏
現行 記寫	어제ㅅ눈	바다ㅅ물	파주ㅅ민씨
發音의表現	어젠 눈	바담 물	파줍 민씨

(3) 그 음조의 앞에 있는 음이 입성 받침인 경우에는 경음조는 발음상
에 표현되지 못함.
[예] 새벽ㅅ바람 = 새벽바람, 집ㅅ비둘기 = 집비둘기
(4) 그 음조의 다음에 연속하는 초성 음질이 이미 경음이나 격음의
발성음인 경우에는 경음조는 발음상에 표현되지 못함.
[예] 파주ㅅ쌀 = 파주쌀, 수원ㅅ콩 = 수원콩
(5) 그 음조의 다음에 연속하는 초성 음질이 경음이 없는 평음이고
그 앞에 잇는 음이 받침이 있는 음인 경우에는 경음조는 발음상에
표현되지 못함.
[예] 봄ㅅ눈=봄눈, 산ㅅ나물=산나물

위에서 (3)(4)(5)의 경우에 경음조가 표현되지 못하는 것은 음리상 경음조
가 표현될 여지가 없기 때문이라고 하면서 구체적인 예를 통해 경음조의
표현되고 안 되는 경우를 다음과 같이 정리하여 보여주고 있다.(pp.109-110)

昨 風, 어제ㅅ바람 = 어제ㅅ바람 = 어제 싸람……앞의 (1)에 속함

春 風, 봄ㅅ바람 = 봄ㅅ바람 = 봄 싸람……앞의 (1)에 속함

晨 風 새벽ㅅ바람 = 새벽ㅅ바람 = 새벽 바람……앞의 (3)에 속함

昨 雪, 어제ㅅ눈 = 어제ㅅ눈 = 어젠 눈……앞의 (2)에 속함

春 雪, 봄ㅅ눈 = 봄ㅅ눈 = 봄 눈 …… 앞의 (5)에 속함

晨 雪, 새벽ㅅ눈 = 새벽ㅅ눈 = 새벽 눈 ……앞의 (3)(5)에 속함

家 後 桑, 집뒤ㅅ뽕 = 집뒤ㅅ뽕 = 집뒤 뽕 ……앞의 (4)에 속함

山 桑, 산ㅅ뽕 = 산ㅅ뽕 = 산 뽕 …… 앞의 (4)에 속함

家 桑, 집ㅅ뽕 = 집ㅅ뽕 = 집 뽕 …… 앞의 (3), (4)에 속함

家後大豆, 집뒤ㅅ콩 = 집뒤ㅅ콩 = 집뒤 콩 ……앞의 (4)에 속함

山 大 豆, 산ㅅ콩 = 산ㅅ콩 = 산 콩 …… 앞의 (4)에 속함

家 大 豆, 집ㅅ콩 = 집ㅅ콩 = 집 콩 …… 앞의 (3), (4)에 속함

(註) 上衣를 '웃옷'이라고 함은 이 규례에 의한 발음이 습관이 된
    것이라.

2.3.4.2. 경음조의 기사방법

다음으로 경음을 어떻게 표기할 것인가 하는 문제를 살펴보자. 당시
조선어학회 측은 경음 표기를 위해 쌍서표기(ㄲ, ㄸ, ㅃ, ㅆ)를 주장하고
있었기에 이 부분은 박승빈에게는 무척 중요한 대목이 아닐 수 없었다.
박승빈은 경음조의 표기방법으로 전통적인 된시옷 표기를 주장했다. 그
이유는 종래 『훈민정음』을 비롯하여 모든 옛문헌에 주로 'ㅅ'을 쓰고 약간
의 경우 'ㅂ'도 써 왔는데, 그 이후에 점차로 변하여 근대에는 'ㅅ'으로
통일된 것으로 보았기 때문이다. 그리고 쌍서표기가 왜 문제가 되는지를
구체적인 근거를 들어 자세히 논증한다. 이를 간략히 정리하면 다음과
같다.(p.112)

(1) 쌍서식은 음리에 맞지 않다.

쌍서식을 주장하는 학설에서는 다음과 같은 이유를 근거로 제시했다.

한 발성음의 경음은 동일한 발성음 둘이 거듭 있어서 성립된 것이라는 것이다.

$$아ㄱ가 \begin{cases} 發音 = 아\ X가 \\ 綴字 = 아\ 까 \end{cases} \therefore X가 = 까,\ Xㄱ = ㄲ$$

$$아ㄷ다 \begin{cases} 發音 = 아\ X다 \\ 綴字 = 아\ 따 \end{cases} \therefore X다 = 따,\ Xㄷ = ㄸ \qquad \left.\begin{array}{l} \text{x는 硬音調를 未知} \\ \text{物로 示表함에 그 符} \\ \text{號로 便用한 것임} \end{array}\right.$$

$$아ㅈ자 \begin{cases} 發音 = 아\ X자 \\ 綴字 = 아\ 짜 \end{cases} \therefore X자 = 짜,\ Xㅈ = ㅉ$$

박승빈은 위와 같은 설명이 국부적으로 고찰할 때에는 음리에 적합한 듯 보이지만, 그것은 국부적인 견해에 지나지 못하며, 모든 언어의 발음을 종합하여 좀더 심오한 고찰을 해보면 그 견해가 타당하지 않다고 주장했다. 그 몇 가지 근거는 다음과 같다.

(A) 첫 번째 근거는 '아 ㄱ 가'만이 '아까'로 발음되는 것이 아니라 '아ㅋ가'의 경우도 경음이 되므로 쌍서로는 모든 경음을 다 표시할 수 없다는 것이다.(p.113)

$$아 \left\{\begin{array}{l} ㄷ \\ ㅆ \\ ㅌ \\ ㅅ \\ \\ ㅆ \\ ㅈ \\ ㅉ \\ ㅊ \end{array}\right. \left\{\begin{array}{l} 다 = 아\ X다 \therefore\ x\ 는\ ㄷ\ 쑨이\ 안임 \\ \\ 사 = 아\ X사 \therefore\ x\ 는\ ㅅ\ 쑨이\ 안임 \\ \\ 자 = 아\ X자 \therefore\ x\ 는\ ㅈ\ 쑨이\ 안임 \end{array}\right. \left.\begin{array}{l} \text{「다, 사, 자」의 音은 그} \\ \text{우에 잇는 「아」에 ㄷ 乃} \\ \text{至 ㅊ 의 八個의 發聲音} \\ \text{中 어느 것이 받침이 되} \\ \text{든디 그 連發音이 「아따,} \\ \text{아싸, 아짜」 卽 硬音과} \\ \text{같히 表現됨} \end{array}\right.$$

다시 언어의 실례로써 보이면 다음과 같이 다양한 환경에서 경음이
실현된다는 것이다. 즉 연발음에 Xㄷ, Xㅈ, Xㅅ 등은 'ㄸ, ㅆ, ㅉ'만으로
성립되는 음이 아니라는 말이다.(p.114)

受하다　바ㄷ다　ㄷㄷ ⎫　　　　受하세　바ㄷ세　ㄷㅅ ⎫
任하다　마ㅌ다　ㅌㄷ ⎪　　　　任하세　마ㅌ세　ㅌㅅ ⎪
脫하다　버ㅅ다　ㅅㄷ ⎬ = Xㄷ　脫하세　버ㅅ세　ㅅㅅ ⎬ = Xㅅ
索하다　차ㅈ다　ㅈㄷ ⎪　　　　索하세　차ㅈ세　ㅈㅅ ⎪
從하다　조ㅊ다　ㅊㄷ ⎭　　　　從하세　조ㅊ세　ㅊㅅ ⎭

受하자　바ㄷ자　ㄷㅈ ⎫
任하자　마ㅌ자　ㅌㅈ ⎪
脫하자　버ㅅ자　ㅅㅈ ⎬ = Xㅈ
索하자　차ㅈ자　ㅈㅈ ⎪
從하자　조ㅊ자　ㅊㅈ ⎭

(B) 두 번째 근거는 두 단어의 사이에 경음조가 독립하여서 활용되는
것이 있으므로 쌍서식의 견해로는 이러한 예를 설명할 수 없다는 것이
다.(p.115)

言語의 內容	現行記寫例	雙書式에 依하면
어제ㅆ구룸	어제ㅅ구룸	어제ㄱ구룸
어제ㅆ달	어제ㅅ달	어제ㄷ달
봄ㅆ구룸	봄ㅅ구룸	봄ㄱ구룸
봄ㅆ별	봄ㅅ별	봄ㅂ별
濟州ㅆ高氏	濟州ㅅ高氏	濟州ㄱ高氏
潘南ㅆ朴氏	潘南ㅅ朴氏	潘南ㅂ朴氏

박승빈의 입장에서는 쌍서식을 주장하는 사람들도 위와 같은 경우에는
그 경음조의 표기에 당연히 'ㅅ'을 쓰고 있으니 그 'ㅅ'은 과연 어디에서

온 발성음이며 그것을 어떻게 해석한다는 것인가 라고 묻고 있다.

(C) 그리고 'ㅺ, ㅼ' 등의 음도 성음 원리상 독립한 단일의 발성음이지 각각의 소리가 합쳐지는 것이 아니다. 따라서 쌍서의 주장처럼 'ㄱ'이나 'ㄷ' 둘이 각각 발음이 되어 이것이 합쳐져 경음이 되는 것이 아니라는 것이다.

(D) 다음의 근거는 전통적인 예에서도 된시옷 계열이 경음을 표시해 왔다는 것이다. 조선어에 있는 'ㄱ, ㅺ, ㅋ' 계열의 음은 그 음의 강약청탁에 의해서 'ㄱ'이 그 평음이 되고 그 평음에 대한 경음은 'ㅺ'로, 그 평음에 대한 격음은 'ㅋ'로 쓰는 것이 전통적인 철자법이라는 주장이다.

(2) 쌍서식은 역사적 철자법을 무시하는 것이다.(p.116)

박승빈의 두 번째 근거는 쌍서식을 주장하는 사람들이 『훈민정음』의 기록을 언급하지만, 이와 같은 견해는 『훈민정음』의 내용을 잘못 해석했다는 것이다. 박승빈이 제시한 근거는 다음과 같다.

(A) '竝書'의 의미는 횡으로 가지런히 씀이라는 뜻일 뿐이지, '동일한 초성'을 의미하는 것이 아니다.

(B) '初聲을 合用홇디면 則竝書ᄒᆞ라'의 문구는 경음의 음을 표기할 때에 쌍서식을 쓸 수 있다는 뜻이 아니다. 그 의미는 반드시 동일한 초성을 거듭 쓰라는 것이 아니고 어떠한 초성이든지 초성 둘을 함께 쓸 때는 그 자형을 횡으로 가지런히 쓰라고 한 것이다. 또한 'ㄱᄂᆞᆫ 牙音이니....... 初聲合用則竝書'의 기술은 오직 자형상(字形上) 각 음자의 위치를 규정한 것이지 음질의 내용과는 아무런 관계가 없다.

(C) 'ㄱᄂᆞᆫ...竝書ᄒᆞ면 如虯字初發聲' 이하 'ㄷ, ㅂ, ㅈ, ㅅ, ㅎ' 등의 쌍서표기에서 보인 한자음, 즉, 虯, 覃...등의 음은 모두 조선어의 경음이 아니라 한자음이다.

(D) 『훈민정음』과 『용비어천가』에서 경음 표기한 예를 살펴보면 원칙

적으로 'ㅅ'을 사용했고 'ㅂ'도 약간 사용했다.

① 고유한 경음을 기사한 것(p.121)

쓰디라	(意이라)	訓 三		쀠니	(貫하니)	龍 二三
쓰는	(用하는)	訓 五		쏘샤	(射하샤)	龍 三六
쓰르미니라	(耳,쑨이라)	訓 六		쏜	(獨)	龍 四四
쓰면	(書하면)	訓 七		싸호아	(鬪)	龍 六九
쐘리	(促急히)	訓二七		쭈르시니	(跪하시니)	龍 八二
쏘	(亦)	龍 九		뻐딜	(隕할)	龍 八七
말쏨믈	(言을)	龍一三		쒸을	(雉를)	龍 八八
쭈므로	(夢으로)	龍一三		쏜릐	(女의)	龍 九六
써리샤	(忌하샤)	龍一五		쯰	(橫要 帶)	龍一一二
쐬한	(點,쐬만흔)	龍一九		쁴	(饌時)	龍一一三

② 각립(各立)한 경음조를 그 윗음에 종성으로 'ㅅ'을 붙인 자형으로 기사한 것(p.122)

나랏말	(國之語)	訓 一		아두닚긔	(子主에게)	龍二五
가온딧소리	(中聲)	訓一八		아바닚뒤	(父主之後)	龍二八
웃닛머리	(齒頭)	訓二九		한잣사싀	(一尺之間)	龍三一
아랫니	(下齒)	訓二九		하닔벼리	(天星이)	龍五〇

③ 각립한 경음조를 각립한 'ㅅ'으로 기사한 것.

齒頭ㅅ소리	(齒頭之聲)	訓二九		西水ㅅ ᄀᆡ	(西水之滸가) 龍 六
正齒ㅅ소리	(正齒之聲)	訓二九		東海ㅅᄀᆡ	(東海之濱이) 龍 六
狄人ㅅ서리	(狄人之處)	龍 四			

④ 각립한 경음조를 그 다음에 있는 초성에 'ㅅ'을 붙여서 기사한 것.

| 엄쏘리 | (牙音) | 訓 六 | 입시울쏘리 | (脣音) | 訓一一 |
| 혀쏘리 | (舌音) | 訓 九 | 니쏘리 | (齒音) | 訓一二 |

박승빈은 이와 같이 자세히 근거를 제시하면서 이상의 내용을 종합해 볼 때 쌍서식으로 표기한 것은 조선어의 경음이 아니라는 것은 분명하고, 다만 그 정확한 음가가 무엇이고 왜 그러한 표기를 했는지를 연구하는 것이 학자의 몫이라고 했다.(p.124)

> "『訓民正音』과 『龍飛御天歌』에 硬音은 主로 'ㅅ'으로써 記寫하얏고 初聲 雙書式으로써 記寫한 곳은 하나도 업스며 『訓民正音』에 初聲 雙書 式으로 記寫한 것에 該當하는 發音은 다 朝鮮語音에 硬音을 나히는 音이 안이라. 그러한데 틀림업시 朝鮮語의 硬音을 記寫한 實用例는 全部 度外視하야버리고 朝鮮語音에 硬音으로 發音되지 아니하는 雙書式의 字形을 드러가지고 이것이 朝鮮語의 硬音을 記寫하는 方法으로 敎示된 것이라 하는 解釋을 取함은 너무도 荒誕한 錯誤된 說이라."

그렇다면 『훈민정음』에 쌍서식으로 표기한 것은 과연 어떠한 음을 표시한 것일까? 이에 대해 박승빈은 한자의 출처인 중국의 음을 참고로 하여 조선어의 표준음과 좀 다른 어떠한 음을 취하여서 각기 한자음으로 시험적으로 사용해본 것이 아닐까 추측했다. 그리고 그 음의 내용은 조선어음의 평음에 가까우며 약간 격음의 음질이 가미된 음으로 추정했다.[9] 그리고 이렇게 추정하는 이유를 다음과 같이 제시했다.(pp.125-126)

---

9) 박승빈은 [주석]에서 쌍서 초성(ㄲ, ㄸ, ㅃ 등)의 음질은 조선에 통용되어 있는 발음이 아니며 그러한 자형으로 표기한 음의 내용은 조선어음 평음(ㄱ, ㄷ, ㅂ 등)과 흡사하며 약간 격음 ㅋ, ㅌ, ㅍ 등의 성질을 함유한 것임이 분명하다고 했다.(p.133)

① 『훈민정음』 전편을 통독하여 보면 그 기사방법이 한자의 음을 기사함에 쓴 방식과 고유 조선어를 기사함에 쓴 방식으로 두 가지의 아주 서로 다른 제도로 되어 있으며

② 한자음의 기사는 조선어음에 맞지 아니 하는 예가 심히 많으며

③ 쌍서의 자형은 그 후 불과 80년에 전부 폐지되었고

④ 그 한자의 음은 각기 평음의 음으로 실행되었고

⑤ 그 중에 소수가 격음의 음질을 가진 것이 있으며

⑥ 음리상 한 계통의 음에 평음, 경음, 격음 이외에 또 한 음질을 인식하려 할지면 평음과 격음과의 중간음이 가장 출현되기 쉬운 일이라는 점 등이다.

그리고 '히ᅇᅧ', '치ᅘᅧ', '다ᇇ니라' 등에 나타난 쌍서에 대해서는 그 음이 탁음이 아니라 맑은 음이라는 것을 강조하기 위해 쌍서로 표기했다고 주장한다. 또한 쌍서의 자형은 당시에 한자의 음에 많이 사용되었다가 미구에 폐지된 사실에 비추어서 그것이 중국음의 모방으로 사용된 것으로 추정된다고 했다.(p.128)

(3) 실용상의 불편

박승빈은 초성 쌍서식의 자형이 실제 사용에서 매우 불편하다고 주장했다. 특히 쌍서식을 쓰는 사람 중에는 그 모양을 변형하여 쓰기도 한다고 하면서, 어떤 이는 쌍서 되는 음자 중 왼편에 있는 음자를 조금 작게 만들어서 하나는 작고 하나는 큰 쌍서 글자를 쓰기도 하고, 또 어떤 이는 두 음자를 겹쳐 쓰되 간격을 두지 않고 딱 붙여서 쓰자고 주장하는 사람도 있다는 것이다. 이런 움직임은 모두 쌍서식의 사용이 불편하다는 것을 인정하는 꼴이 아니냐는 지적이다. 그러면서 마지막으로 쌍서식은 적합한 철자법이 아니고 역사적으로 근거가 분명한 된시옷을 경음 부호로 쓰자고 강변한다.

"끝으로 말하노니 한 民族의 一般的으로 使用하는 言文의 記寫方法
을 變更함은 容易한 일이 안이니 假使 學理上으로 一村의 長이 잇는
것일디라도 그것을 變更하디 아니 하디 못할 不得已한 必要가 잇는
것이 안이면, 一般的 慣例를 尊重하여 襲用함이 可함이어늘 音理에도
古訓에도 맛디 아니하는 自己做出의 方法을 主張하야서 歷史的 文化인
從來의 書籍을 全部 沒覺하고 全民族의 一致되야 잇는 記寫法을 攪亂하
야 眩亂한 狀態에 싸디게 하고 쏘 一般的 實用上에 크게 不便을 무릅쓰
게 함은 尊重한 民族의 言文을 自家의 弄物로 處理하는 不忠實한 態度이
라." (p.133)

2.3.5. 격음

박승빈은 격음(激音) 부분도 경음(硬音) 못지않게 매우 자세하게 다루
고 있다. 이것은 박승빈이 경음과 격음을 동일 선상에 놓고 설명하고
있기 때문이다. 또한 경음부호와 더불어 격음부호를 새로 만들자고 제안
한 것도 이런 맥락으로 이해된다.[10] 먼저 격음조의 발생은 크게 세 가지로
구별하고 있는데 이 세 가지 유형을 나누는 기준도 경음과 동일하
다.(pp.134-135) (1) 고유한 격음: 칼, 치우니, (2) 평음의 어음에 습관상
격음조를 첨가하여 격음 음질로 발음하는 것: (A) 벌렁벌렁-펄렁펄렁,
줄줄-출출 (B) 언어의 의미에 영향이 없는 것: 조밥-조팝, 안밭-안팥, (3)

---

10) 철자법 논쟁을 벌이던 조선어학회에서 된시옷 'ㅅ'이 부호가 아니라 자음이며 이를
   경음부호로 쓸 경우 혼동이 될 수 있다는 비판을 피하기 위해 박승빈은 새로운 경음부호
   를 만든다. 그리고 새 경음부호와 균형을 이루기 위해 새 격음부호도 만든다(경음조:
   ᄼ, 격음조: ᅴ). 그러나 전통적 철자법을 중시하고 새로운 경음부호를 만들지 말자고
   철자법 토론회때 주장했던 박승빈으로서는 새로 제안한 부호들이 실제로는 부담이
   아닐 수 없었다. 박승빈의『간이조선어문법』(1937:6-9)에서는 새로 만든 부호들이 일반
   적으로 통용되지 않기 때문에 이 책에서는 사용하지 않는다는 대목도 이런 고충을
   말해주고 있다고 본다. 김민수(1985:259)에서도 "전례없는 경음조와 격음조의 부호
   및 된ㄹ을 역설한 것은 최대의 결함이다. 이론상 필요하더라도 개인이 글자를 만들어놓
   고 대중이 따라오기를 바랄 수 없기 때문"이라고 했으며, 김완진(1985:192)에서도 새로
   운 기호 도입이 박승빈 철자법이 실패한 요인 중의 하나로 간주했다.

한 음이 생략되며 그 대신에 격음조가 발생 되는 것: 너흐고 → 너⇀고 → 너코, 可ㅎ다 → 可⇀다 → 可타.

다음으로 격음조의 작용인데, 박승빈은 발음상에 표현되는 격음조의 예를 다음과 같이 상세히 기술하고 있다.

① 그 음조의 다음에 연속하는 초성 음질을 그 음질의 격음으로 표현하게 함.
  예 만흐고=만⇀고=만코
② 그 음조의 다음에 연속하는 초성 음질이 격음은 없고 경음만 있는 평음인 경우에는 경음조와 동일한 발음으로 표현됨
  예 싸흐세 =싸⇀세=싸ㅅ세=싸쎄
③ 그 음조의 다음에 연속하는 초성 음질이 격음도 없고 경음도 없는 평음이고 그 전에 있는 음이 중성인 때에 그 작용은 그와 동일한 경우의 경음조 작용과 같다.
  예 싸흐네=싸⇀네=싸ㅅ네=싸ㄷ네
④ 격음조가 음리상 표현되지 못하는 경우는 경음조와 동일함.
  예 寂寞ㅎ고=寂寞⇀고= 寂寞코

마지막으로 격음을 어떻게 표기할 것인가의 문제를 다룬다.(p.136) 박승빈은 격음부호로 이미 'ㅋ, ㅌ, ㅍ' 등이 있으므로 본래부터 격음을 가지고 있는 소리를 표기할 때에는 이 격음자들을 사용하면 되지만, 그 이외에도 음과 음이 결합하면서 격음이 생기는 경우가 있는데, 이런 경우 통일적으로 격음을 표기하기 위해서는 새 부호(⇀)가 필요하다고 주장했다. 그러나 주시경 학파 쪽에서는 ㅎ를 받침으로 사용하면 별도의 부호를 만들지 않아도 격음의 문제를 해결할 수 있다고 주장했다. 이에 박승빈은 앞서 ㅎ는 다른 자음과는 성질이 다르기 때문에 받침으로 사용할 수 없다고 했다.

다음으로 주시경 학파가 주장하고 있는 '섞음소리'의 문제점을 자세히

논증했다. 박승빈은 모두 7가지의 근거를 제시하면서 '섞음소리'가 왜 문제가 되는지를 강변한다.(p.138) (1) 주시경 학파에서는 2개의 서로 다른 자음이 두 중성 사이에 있는 경우, 그 두 자음이 선후를 바꿔도 동일한 발음이 된다고 하는데, 이것은 음리상 수긍할 수 없다는 것이다.

아ㅂ ㄱㅏ = 압가
아ㄱ ㅂㅏ = 악바
가ㄴ ㄷㅏ = 간다
가ㄷ ㄴㅏ = 간나

위에서 보듯이 자음이 순서를 바꾸면 그 음가는 달라지기 때문에 <ㄱ+ㅎ/ ㅎ+ㄱ → 격음>이 된다는 '섞임소리'의 주장은 무리한 가설이라는 것이다.

(2) ㄱㅎ은 ㅋ와, ㅂㅎ은 ㅍ와 같다고 하는데, 이것은 형식상의 결과일 뿐이지 실제로는 그렇지 않다고 했다. 예를 들어 '악하'와 '아카', '압하'와 '아파'는 연발음상에 서로 같지만, 그 발음의 작용을 따져보면 그때에는 구별이 된다고 지적한다.

(3) 주시경 학설에 의하면 ㅎ는 온갖 자음 받침의 다음에 첨가되어서 받침이 된다고 하는 부조리한 결과가 나타나게 된다.(p.140)

	原音	略音發音	周說見解	받침
正直	정직ㅎ 다	정직→ 다 = 정직 타	正直ㅎ 다 = 정짏 다	ㄱㅎ
多	만흐 고	만→ 고 = 만 코	많 고	ㄴㅎ
可	올흐 디	올→ 디 = 올 티	옳 디	ㄹㅎ
禁	금ㅎ 디	금→ 디 = 금 티	禁ㅎ 디 = 긂 디	ㅁㅎ
贊	답답ㅎ 다	답답→ 다 = 답답 타	답닯 다	ㅂㅎ
似	비슷ㅎ 다	비슷→ 다 = 비슷 타	비슿 다	ㅅㅎ
分明	분명ㅎ 디	분명→ 디 = 분명 타	分明ㅎ 디 = 분몋 디	ㅇㅎ

박승빈은 주시경의 논리대로라면 '정짊다'와 같은 표기도 인정해야 하는데 과연 이러한 표기를 인정할 수 있느냐고 묻고 있는 것이다.

(4) 주시경의 학설에 의하면 ㅂㅎ =ㅍ 라고 하고 또 '앐다'의 발음이 '압타'로 된다고 하는데, 만약 그렇다면 '앞다=앐다=압타' 등이 가능해야 한다. 그러나 실제 '깊다'는 '깁타'의 음이 아니고 '높고'는 '놉코'의 음이 아니지 않느냐고 지적한다.

(5) 또한 주시경 학설에 의하면 "ㄴㅎ=ㅎㄴ, 야ㄴㅎㅏ =아ㅎ ㄴㅏ, 안하= 앐나"가 되어야 하는데, 실제로는 불가능하다는 점이다. '積쌓노라'의 발음은 '쌘호라'가 아니며, '놓네'의 발음은 '논헤'와 같지 않다고 논박한다.

(6) 원래 용언 어미 '흐'음(ㅎ음 포함)인 것이 약음으로 발음될 때에는 '흐' 음이 생략되고 그 아래에 있는 평음이 격음으로 되는데(됴ㅎ고 > 됴코, 피ㅎ고 > 피코), 주시경 학설에서는 '됴코'는 '돟고'의 연발음의 결과이고, '만타'는 '많다'의, '가타'는 '갏다'의 연발음의 결과라고 해석하다 보니 '돟, 많, 갏'을 용언이라고 한 것이다.(p.142)

(7) '됴ㅎ며 > 됴코'의 어음과 '가ㅎ며 > 가코'의 어음은 똑같은 발음의 규칙에 의한 것인데, 후자의 경우 '가ㅎ'가 용언의 원형이라고 해석하면서 전자는 '돟'이 원형이라고 한다면 이는 균형이 맞지 않는 정리 방법이라는 주장이다.

2.3.6. 음절문자와 철자법

박승빈은 조선문은 음절문자의 법칙이 있고 철자법도 이에 따라야 한다고 주장한다. 우리말은 자모가 따로 있지만 이들이 서로 합하여 한 발음을 표시할 때 이것을 한 자(字)라고 부를 수 있다고 했다.(예: 가, 분, 화, 쉥) 그리고 이와 같이 만들어진 문자는 즉 음절문자라고 했다.(p.145) 이는 『훈민정음』의 '초성과 중성자가 반드시 합하여 하나의 음절을 이룰 때만 소리가 난다'(凡字必合而成音)는 대목을 염두에 둔 내용이다.

조선어의 받침은 여음불발의 법칙이 존재한다는 것은 이미 앞서 언급했고, 여기서는 받침이 되는 자음을 어떻게 표기할 것인가 하는 문제에 대해 논의를 한다. 박승빈은 받침의 경우 그 소리는 크게 두 가지로 나누어 설명한다. 하나는 본음이 그대로 발음되는 것이고, 다른 하나는 대표음으로 소리가 나는 경우다.

먼저 본음으로 발음되는 경우를 살펴보면, 단어의 끝에 받침이 있는 음이 다음의 조건이 구비된 경우에는 그 본음으로 발음된다고 한다.(p.148) (1) 그 단어의 다음에 아행음이 연접할 때, (2) 그 연접한 단어와 그 위의 단어가 문법상 종속적 관계를 가질 때를 말한다. 예를 들어 보면 다음과 같다.

鎌 낫이 (나시) 낫을 (나슬) 낫에 (나세) 낫이라 (나시라)
晝 낮이 (나지) 낮을 (나즐) 낮에 (나제) 낮이라 (나지라)
花 꽃이 (쏘치) 꽃을 (쏘츨) 꽃에 (쏘체) 꽃이라 (쏘치라)
意 뜻이 (쓰디) 뜻을 (쓰들) 뜻에 (쓰데) 뜻이오 (쓰디오)
田 밭이 (바티) 밭을 (바틀) 밭에 (바테) 밭이다 (바티다)
家 집이 (지비) 집을 (지블) 집에 (지베) 집이다 (지비다)
藁 짚이 (지피) 짚을 (지플) 짚에 (지페) 짚이다 (지피다)

括弧內엣 記寫는 그 連發音의 結果를 表示한 것임

두 번째로 대표음으로 발음되는 경우는 앞의 조건이 갖춰지지 않은 경우에, 그 동일 계열에 속한 자음 중 대표적인 자음이 계열을 대표하여 표현된다. 이를 표로 보이면 다음과 같다.(p.149)

	終止	아行 以外音連續	獨立的 아行音連續	發音의 表現
鎌	그 낫	낫 보담	낫 아홉개	낟
午	한 낮	낫 보담	낫 오	낟

花	이 꽃	꽃 도	꽃 울타리	쏟
意	큰 쁜	쁜 과	쁜 업는사람	쁜
田	콩 밭	밭 과	밭 아래	받
家	이 집	집 도	집 일곱간	집
薰	저 짚	짚 도	짚 일곱단	집

< '낫 보담 꽃도'와 '낫 아홉 개, 꽃 울타리' 등도 역시 음의 종지에 속한 것이라. 전자는 음의 연결적 관계로, 후자는 문법상 관계로 윗음이 종지되는 것이라>

위의 첫 번째, 두 번째와 같이 받침의 음은 그 다음에 연속되는 말에 따라서 변동되는 것이므로 그 철자법을 정하는 것은 매우 중요하다고 지적하고 있다. 박승빈은 여기에는 크게 세 가지 방법이 존재한다고 말한다. (1) 본음주의, (2) 대표음주의, (3) 응용주의가 그것이다. 박승빈은 이들에 대해 간략히 예를 들어 설명하고 있다.(p.150)

본음주의란 본음의 음자로 표기하는 것인데, 그 음자는 경우에 따라서 발음에 변화가 생겨도 그냥 본음으로만 적는 방법이다. 예를 들어 <꽃이, 꽃과, 꽃 울타리>는 발음이 <쏘치, 쏟과, 쏟 울타리> 등으로 소리가 나기 때문에 본음 표기만을 고집하면 실제 소리와 부합되지 않는다는 단점이 있다고 지적했다. 그러나 이런 발음의 변동은 여음불발 법칙의 결과이므로 그 법칙으로써 설명이 가능하다고 덧붙였다.

두 번째 대표음주의는 말 그대로 대표음의 음자(단어의 발음이 종지되는 때의 음)으로 적자는 것이다. 예를 들어 <쏟 울타리, 쏟과, 쏟이>으로 적는 것인데, 이 경우에도 <꽃이>의 예에서 알 수 있듯이 표기와 발음이 일치하지 않는 결점이 생긴다고 했다. 그리고 마지막으로 응용주의는 이 두 가지 방법을 혼합한 것인데, 그때그때 발음의 변화에 따라 표기하자는 것이다. 예를 들어 <꽃이, 쏟과, 쏟 울타리>로 적자는 것이다. 이것은 발음은 수용할 수 있지만 한 단어의 음자를 두 가지로 표기해야 하는 결점이 있다고 지적한다. 세 가지 방법을 구체적인 예로 비교해 보면

다음과 같다.(p.155)

① 옷이 업서서 오감을 사다가 옷 아홉벌을 지어쓰오 (본음주의)
② 온이 업서서 온감을 사다가 온 아홉벌을 지어쓰오 (대표음주의)
③ 옷이 업서서 온감을 사다가 온 아홉벌을 지어쓰오 (응용주의)
① 앞 마당에 잇는 앞 울타리를 쓰덧드니 앞이 환하오 (본음주의)
② 압 마당에 인는 압 울타리를 쓰덛드니 압이 환하오 (대표음주의)
③ 압 마당에 인는 압 울타리를 쓰덛드니 앞이 환하오 (응용주의)

박승빈은 이 세 가지의 처리 방법에 대해 각각 장단점이 있으나, 자신의 철자법은 첫 번째 본음주의를 따르고 있다고 설명한다. 이론적으로는 응용주의가 가장 합리적으로 보이지만 여러 가지 현실적인 면들을 종합해 볼 때 본음주의로 적는 편이 낫다는 것이다.(p.152)

"나의 現在 使用하는 記寫法은 이 方法 卽 本音主義에 依한 것임. 그러나 이것은 完全한 合理的이라고 認定함은 아님. 즉 代表音主義는 記寫가 語音과 맛지 아니하는 缺點이 잇스며 그것을 發音에 맛도록 記寫하랴면 다시 不合理的 手段을 加함을 要하게 됨을 (例로 발흘, 집헤) 이라. 그러한데 이와 가튼 手段은 文典的 觀察로 아주 不合理한 것인 故로 (2)의 方法, 卽 代表音主義는 이를 採用할 合理的 道理가 업슴이라. (3)의 方法 卽 應用主義는 한 單語의 音字가 境遇에 싸라서 두 가지로 記寫됨이 그 缺點이라. 그러나 理論으로 말하면 이것이 가장 進步된 合理的 記寫方法일지라. 이 方法의 缺點인 한 單語가 두 가지의 音字로 記寫됨은 卽 語音 自體가 그와 가티 變動되는 것이니 그 語音의 變動을 認定하디 아니할 수 업는 以上에는 語音을 記寫하는 文字의 形式에 變動이 생길 것은 當然한 結果라고 이르지 아니하지 못할 것이 라."(p.152)

박승빈은 본음주의에 입각하여 철자법을 설명했으나 여기에는 예외도 있어 보인다. 그 대표적인 예가 경음 부호인 된시옷이 약음으로 쓰일 때이다. 예를 들어 '무싀며'가 약음으로 '묽고'가 되었을 때는 경음부호를 생략하고 대표음인 '묵고'로 쓰자는 것이다.(p.153) 박승빈은 그 근거로 다음의 네 가지를 제시했다.

① 약음은 원래 이미 원음으로부터 변경이 있는 음이다.
② 약음으로 인한 발음에는 원음의 발성음과 다른 음을 사용하는 예가 많다.
③ 경음은 독립한 음자가 없고 부호를 첨가하여 기사하는 제도이다.
④ 약음으로 인하여 생기는 받침에는 본음이 나타나는 경우가 없다.

이러한 근거를 토대로 '묽고' 대신에 '묵고'를 쓰자는 것이었다. 그러나 받침 표기에 이러한 예외를 두면서까지 경음부호를 생략한 것은 예외를 두지 않았을 경우 자칫 겹받침을 전면 허용해야 하는 문제가 생길 수 있기 때문일 것이다. 박승빈의 철자법은 'ㄹ, ㄻ' 등을 제외한 나머지 겹자음은 받침으로 허용하지 않고 있으므로, '묽'과 같은 예가 생긴다는 것은 겹받침의 원칙에도 문제가 될 수 있기 때문이다.

2.3.7. 'ㄹ'의 화성(化成)된 장음의 기사방법

ㄹ 음의 계통에 속한 간음 ㄹ이 도태되고 그 음은 나뉘어서 아행음과 평음 ㄹ에 귀속된 상태는 이미 앞에서 언급했다.(2.3.3.5. 참조) '르'의 음이 장음으로 변한 어음의 기사방법은 아직 일정한 관례가 없고 또 그 음의 발음 상태도 아직 고정되지 않은 상태에 있으므로 그 음의 철자법을 결정하는 것은 매우 어렵다고 밝히고, 다만 다른 간음 '스, 브'가 '으, 우'에 귀속된 기사예에 따라(예: 지스니 → 지으니, 부스니 → 부으니, 쉬브니 → 쉬우니, 두터브오 → 두터우오) '르'도 귀속된 그 음을 '으'로

표기하는 것이 가능하다고 했다.(p.156)

2.3.8. 음의 조화와 생략

이 부분은 모음조화에 대한 것으로, 조선어에는 모음조화의 법칙이 있으며, 이는 모음의 옅고 짙음으로 구분된다고 했다. 그러나 모음조화에 예외적인 경우도 더러 있는데 예를 들어 "마셔라, 어른다오며, 나무, 매우, 가벼오며, 기다리며" 등이 그것이라 한다. 이와 더불어 음의 생략과 음절이 축약되는 현상도 설명한다.(만흐며 → 만으며, 어드운 → 어둔, 글쓰이 → 글씨, 기프고 → 깊고, 사이 → 새).(p.161)

2.3.9. 방법론

박승빈은 『조선어학』에서 자신의 음성 이론을 위한 방법론을 소개하고 있다. 제2편의 마지막에 실린 방법론은 어음을 합리적으로 분석하고 추출해 내기 위한 것으로 이것은 마치 구조주의 언어학에서 음소를 추출해 내는 방법을 연상케 한다.(p.163) 대략 6가지 방법을 소개하고 있는데, (1) 지방어에 의한 고찰, (2) 고어에 의한 고찰, (3) 아동의 언어에 의한 고찰, (4) 일본어의 대조, (5) 연발음의 구두(句讀), (6) 어음의 호접 검찰 등이 바로 그것이다. 여기서 박승빈이 소개한 방법론을 간략히 살펴보자.

첫째, 지방어에 의한 고찰 방법이다. 이것은 각 지방의 서로 같지 않은 어음을 비교 대조하여 고찰함으로써 어떤 어음의 원리를 찾을 수 있다는 것이다. 예를 들어 '미다디門, 田氏뎐씨'의 어음이 경성과 평양에서 서로 다른 발음으로 표현되는데, 그러한 어음은 '디, 뎌' 등의 음이 음리상 두 가지로 표현된다는 구체적인 근거가 될 수 있다는 것이다. 또한 '깊다'(경성)의 어음과 '기프다'(경상도)의 어음을 대조해 보면 '프'와 'ㅍ'의 공통, 즉 으단음의 원음과 약음의 음리를 고찰할 수 있다는 것이다. 그리고

'지으며, 쉬으며'의 어음을 '지스며, 쉬브며'의 어음으로 사용하는 지방이 있으므로 이를 통해 고대음 '스'가 '으'와 '스'로, '브'가 '우'와 '브'로 귀속되었음을 밝힐 수 있는 근거로 사용할 수 있다고 했다.

두 번째, 고어에 의한 고찰 방법이다. 박승빈은 고어는 언어가 유전되어 온 근원이라고 정의하고, 그 때문에 고찰이 필요하다는 생각이다. 예를 들어 '쉬브'가 '쉬우며, 쉬ㅂ고'로 '두터브'가 '두터우며, 두터ㅂ고'로 된 관계를 통해 '브'가 '우'로 되고 그 약음은 'ㅂ'으로 된 음리를 고찰할 수 있으며, 용언 어미에 '우'와 'ㅂ'이 사용되는 단어는 고어 '브'로부터 유래한 것임을 파악할 수 있고, 그래야만 비로소 그 어음의 합리적 관계를 이해할 수 있다고 설명한다.

세 번째 아동의 언어에 대한 고찰이다. 유아가 처음으로 말을 배울 때에는 유추적 직각(直覺)만 있고 습관에 의하여 변동된 발음은 아직 익히지 못한 상태이기 때문에, 순리적이며 규칙적인 원음으로 발음할 때가 많다는 것이다. 예를 들어 아이들은 '머그자, 만흐다, 가트다' 등의 어음을 사용하는데, 그 약음 '먹자, 만→다, 같다'의 습관이 익기 전의 어음은 위와 같은 음일 것이라는 단서를 찾을 수 있고, 따라서 이를 통해 원음, 약음의 관계를 고찰할 근거를 마련할 수 있다고 한다. 이는 생성문법에서 아이들이 'went' 대신에 'goed'라 말하고 나중에 불규칙인 것을 알고 다시 'went'로 쓴다는 일화를 연상시킨다. 생성문법에서는 이러한 아이들의 오류를 통해 아이들이 스스로 규칙을 만들 수 있는 언어능력이 있다는 점을 강조하고 있는데, 박승빈의 방법도 이와 대동소이하다.

넷째로는 일본어와 대조해 보는 것이다. 예를 들어 고대음 'ㆁ'의 초성, 'ㅿ'의 초성으로 된 한자음이 일본음에 각각 が행, ざ행의 음으로 되어 있는 경우가 있는데 (예: '業업, 愚우'가 <グフ, グ>로, '穰 샹, 人신'이 <ヅヤウ, ヅソ>) 이러한 대조 방법은 고대음의 음가를 추출하는 데 근거로 활용할 수 있다는 것이다.

다섯 번째 방법은 연발음의 구두(句讀)이다. 언어 중에는 한 음이 윗단어에 붙은 것인지 아랫단어에 붙은 것인지 혼동이 되는 경우가 있는데, 이때는 연발음의 구두를 고찰함으로써 해결이 가능하다고 한다.

(예) 당신 이 나 를 미드 셔 야 하야(해) 요
(대조) 당신 이 나 를 믿 으시 어야 하 야요 (이것은 주시경 학설의 것임)

마지막 방법은 어음의 호접(互接) 검찰법이다. 즉, 동일한 단어에 발음이 두 가지로 나는 경우, 또는 문전상 같은 규칙에 발음이 두 가지로 나는 경우가 있는데, 이때 그 중 어느 발음이 원칙음이고 어느 발음이 변칙음인가를 가려내기 위해서는 이 호접 검찰법이 적절한 방법이라고 했다. 호접 검찰법은 각 언어에 상하를 교환하여 (A)(b)와 (B)(a)로 접속시키고 그 결과를 고찰하는 것으로, 그 결과는 원칙음일 때는 발음이 좀 서툴지라도 의미가 통한다는 특징이 있고, 변칙음은 아주 의미가 통하지 못한다는 특징이 발견된다는 것이다.(p.165)

예를 들어보면 다음과 같다. 이것은 동일한 단어에 승접되는 단어를 교환하여 검찰한 것이다.

普通發音		互接檢察	普通發音		互接檢察
(1)松	솔(A) 소(B)	닢 (a) 나무(b)	솔 나무 소닢	(2)粟	조(A) 좁(B)	죽(a) 쌀(b)	조 쌀 좁 죽
(3)食	머그(A) 머ㄱ(B)	마(a) 자(b)	머그 자 먹 마	(4)如	가트(A) 가ㅌ(B)	며(a) 고(b)	가트 고 같 며

다음 단어는 원음이 도태된 것으로 위와는 차이가 있다.

| (1)署 | 더우(A)
더ㅂ(B) | 며(a)
고(b) | 더우 고
덥 며 | (2)吹 | 부으(A)
부ㄹ(B) | 니(a)
고(b) | 부으 고
불 니 |

다음은 동일한 규칙일 경우, 즉 으단 용언의 변동단음이 어단과 아단의 두 가지로 발음될 때 그 윗음을 교환하여 검찰한 것이다.(p.167)

	普通發音		互接檢察		普通發音		互接檢察
(1)	食머(A) 防마(B)	거(a)(서) 가(b)(서)	防마거(서) 食머가(서)	(2)	堅구(A) 直고(B)	더서(a) 다서(b)	直고더(서) 堅구다(서)

박승빈은 이러한 어음 검찰법을 자세히 소개함으로써 자신의 문법 연구가 이와 같이 체계적이고 합리적인 방법을 통해 이루어졌다는 것을 보여주고 있다.

2.4. 품사 · 형태이론의 정립

2.4.1. 들어가기

박승빈의 품사 · 형태이론은 『조선어학』의 문법편에 집약되어 있다. 『조선어학』의 문법편은 크게 세 개의 장으로 나뉘는데, 1장은 총론, 2장은 단어, 그리고 3장은 문(文)이다. 이 가운데 2장 단어가 가장 비중 있고 체계적으로 기술된 부분이다. 이 장은 품사론 및 형태론에 해당하는 부분인데 이 부분이 강조된 것은 개화기 문법서의 틀에서 보면 자연스러운 결과라 할 수 있다. 총론은 문법의 개괄적인 면을 기술한 것이고, 3장의 문은 통사론에 해당하는데 문장의 성분, 종류, 분석 등에 대해 간략한 설명만 나와 있다.

박승빈은 문법편에서 두 가지 점을 강조한다. 하나는 이 책이 일반인에게 조선어 문법을 소개하려는 것보다는 연구자들을 위한 책이라는 점, 그래서 전반적인 내용을 체계적으로 기술하기보다는 쟁점이 되는 부분을 중심으로 기술했다는 점을 언급했다.

"本著는 朝鮮語를 알디 못하는 사람에게 朝鮮語를 배우도록 함이 主된 目的이 안이고 朝鮮語를 알고 그 文法的 解決을 考察하랴 하는 사람에게 參考로 提供하랴 함이 主된 目的이라. 故로 普通으로 觀察하야 特히 講論을 할 必要가 업는 部分에 當하야서는 極히 簡單한 文句로 그 意義를 說示함에 그치고 講論할 必要가 있는 部分에 當하야서는 比較的 詳細한 論述을 하랴 함." (p.169)

그리고 다른 또 하나는 쟁점 가운데서도 용언의 활용 부분이 제일 중요한 부분이며 박승빈 자신도 그 부분을 가장 심도 있게 연구한 부분이라는 점이다.

"元來 文法 研究 中 가장 重要한 部分은 用言의 活用이라. 그러할 뿐 안이라 著者의 專攻的으로 研究한 것도 쏘한 그 部分에 關한 것인 故로 用言 活用에 關한 部分이 以下 論述 中에 가장 重要한 眼目이 될 것임." (p.169)

2.4.1.1. 구어체와 문장체

박승빈은 말소리로 의사를 표시하는 것이 언어이고 이것이 구어라 했으며, 그 언어를 기사한(표기한) 것이 문장이라고 했다.

"聲音을 發하야서 意思를 表示하는 것이 言語이니 이것이 卽 口語이오 그 言語를 記寫하는 것이 文章이라."-『조선어학』 제3편 문법 제1장 총론-

그리고 구어와 문어는 반드시 일치되어야 한다는 점을 강조한다. 즉, 언문일치(言文一致)를 강조한 셈이다.

"그러함으로 理論上 口語와 文章은 그 組織이 반듯이 一致되야야

可할 것임. 그러나 다른 民族의 言語의 組織에 보면 두 가지가 서로 그 法則을 달리 하는 일이 잇음. 이는 缺點이라.”

다른 나라 언어에 비해 조선어는 구어체와 문장체가 서로 다름이 없이 일치하는 데 이것이 우리말과 글의 장점이라고 했다. 그러면서 문어체에만 쓰이고 구어체에는 쓰이지 않는 예도 있는데, 이것은 습관상의 문제이지 문법의 조직상의 문제는 아니라고 했다.

“朝鮮語 中에도 어써한 單語는 文章體에는 使用하야도 口語體에는 使用하디 아니하는 것이 若干 잇음. 그러나 그것은 習慣上 그 單語를 使用하며 아니하는 差異가 잇을 뿐이고 文法의 組織上에는 何等의 差異가 업슴이라. 故로 文法을 講論함에는 口語體와 文章體에 何等의 區別이 업슴이라.” (p.170)

2.4.1.2. 언어의 구성

박승빈은 “사람의 성음으로서 意義가 있는 것의 단위”를 ‘단어(Word)’라 하고, 우리말의 “눈(雪), 오(來), 시(존경조용사), 이(조사), 오(조사), 벌써(早速히), 아(감탄사)” 등이 여기에 해당된다고 했다. 그리고 다시 단어가 모여서 완결된 의사가 표시되는 것을 ‘문(文, Sentence)’이라고 정의했다.

그런데 박승빈은 ‘문(文)’이라는 용어는 통상적으로 사용한 것이기에 쓰는 것이지만 그리 바람직한 용어는 아니라는 의견을 제시한다. 주석란에서 ‘문’이라는 용어에 대해 다음과 같이 설명하고 있다. ‘문’은 보통은 언어를 표기한 것, 즉 문장의 의의(뜻)으로 해석되기 때문에 혼동의 우려가 있다는 것이다. 오히려 문(文)의 의의를 표시하는 용어로 ‘성어(成語)’라는 말을 쓰면 더 낫겠다는 의견을 피력했다. (pp.171-172)

2.4.2 단어

『조선어학』에는 단어와 관련하여, 단어의 종류, 각 품사에 대한 설명(체언, 용언, 조용사, 조사, 관형사, 부사, 접속사, 감탄사), 마지막으로 합성어(合成語)에 대한 설명을 덧붙이고 있다. 이에 대해 좀 더 자세히 살펴보자.

2.4.2.1 단어의 종류

『조선어학』에서는 언어의 단위는 단어이며, 단어의 종류를 품사라 했다. 또 품사를 다음과 같이 12개로 설정했다.(p.175) 먼저 주성부분과 종속부분으로 나누고 전자는 다시 체언과 용언으로 나눴다. 체언에는 명사, 대명사를 설정했다. 용언은 다시 용언과 보조용언으로 나누고, 용언에는 존재사, 지정사, 형용사, 동사를, 보조용언에는 조용사를 두었다. 종속부분에는 조사, 관형사, 부사, 접속사, 감탄사를 설정했다. 이를 표로 정리하면 다음과 같다.[11]

---

11) 송석중(1976:137)에서는 박승빈의『조선어학』의 백미는 문법 편이며 기술이 매우 체계적이라 하면서, 특히 용언의 4가지 분류(존재사, 지정사, 동사, 형용사), 그 가운데서도 지정사의 분석은 탁월한 시각이라 했으며, 시제, 문장 분석 등도 매우 설득력이 높다고 평하였다.(자세한 것은 제II부 제2장 3.3. 참조)

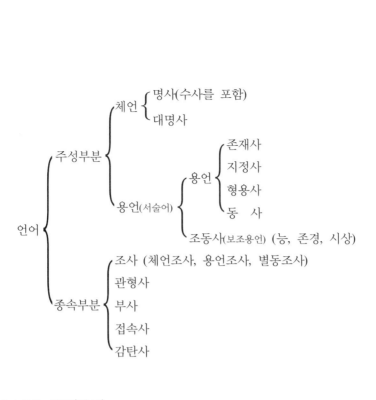

2.4.2.2. 체언(體言)

◎ 명사

명사의 종류로는 보통명사, 고유명사, 무형(無形)명사, 표수(表數)명사로 분류했다. 여기서 무형명사는 소위 추상명사를 말하는 것으로, 형용사나 동사로부터 명사로 전성된 것이 많다고 보았다. 그 전성과정과 예를 보이면 다음과 같다.(pp.178-179)

예 (1) 高 노피......노프아→노피→노피 　　＜노프＞의 略音 ＜높＞에 加 야→높이
　 (2) 長 기리......기르아→기리→기리 발음＝ ＜기르＞의 略音 ＜갈＞에 加 야→길이
　 (3) 遊 노리......노르아→노리→노리 　　＜노르＞의 略音 ＜놀＞에 加 야→놀이
　 (4) 食 머기......머그아→머긔→머기 　　＜머그＞의 略音 ＜먁＞에 加 야→먹이

표수명사는 수사를 말하는데, 예를 들어 '하나, 둘, 셋, 첫째, 삼분지일(三分之一)' 등이다. 표수명사는 독립된 품사지만 사물을 표시하는 것이므

로 명사에 포함될 성질이라 말하고 있다. 또한 표수명사는 그 본질이 무형명사에 속한 것이지만 문법상 특수의 관계가 있기 때문에 별도로 분류한다고 했다. 표수명사는 다시 기수사, 서수사, 배수사 등으로 분류된다. 덧붙여 표수명사는 그 기능에 따라 명사나 관형사로도 쓰인다고 했다.

　　예 오는 사람이 다섯이오.　　　　다섯……명사
　　　　다섯 사람이 오오.　　　　　　다섯……관형사

　　그리고 이중주격에 대해서도 설명을 덧붙인다. 특히 표수명사는 다른 명사와 동일한 표격조사로 다른 명사의 다음에 거듭 쓰이는 경우가 많다고 했다.

　　예 말이 둘이 다라나오.
　　　　연필을 다섯을 삿다.

　　박승빈은 격(格)을 명사 부분에서 다루고 있다. 문의 조직에 대한 명사의 관계를 명사의 격이라고 부르고, 그 종류로는 주격, 목적격, 부사격, 소지격, 보어격, 호격 등을 설정했다.

　　예 이덕보(주격)가 학교(부사격)에서 법률(목적격)을 배호오.
　　　　갑동(호격)아 이것(목적격)을 봐라.
　　　　이도령(주격)이 춘향이(목적격)를 안해(보어격)를 사맛다. 춘향이
　　　　(주격)가 이도령(소지격)의 안해(보어격)가 되얏다. 그래서 춘향
　　　　이(주격)가 이도령(소지격)의 안해(보어격)이라.

　　그리고 '쎄서'는 주격조사인데 원래는 조사가 아니라 '으(之)긔(處)서(於)'의 구가 조사로 전성된 것이라고 했다.(p.184)

◎ 대명사

대명사의 종류로는 인칭대명사, 지시대명사, 의문 및 부정대명사로 분류한다. 그 가운데 의문 및 부정대명사를 표로 정리해 보면 다음과 같다.(p.189)

	의문대명사		부정대명사
	의문용	부정(不定)용	아모
인칭	누구	누구	
일반명사	무엇	무엇	
처소	어데	어데	
시간	언제	언제	
수량	얼마, 몇	얼마, 몇	암만

2.4.2.3. 용언(用言)

◎ 존재사

존재사(存在詞)는 사물의 존재를 표시하는 단어로 정의하고 예로 '이스'와 '업스'를 들고 있다.(① 이스(有, 存, 在): 방에 사람이 이스오 ② 업스(無, 不存, 不在): 쓸에 나무가 업스며) 박승빈은 「이스」는 원래 「이시(잇, 이셔)」인데 어음이 변천하여 중성 「ㅣ」가 「ㅡ」로 변경된 것으로 보았고, 용언이 관형사형으로 사용될 때에는 조사가 첨가하여 관형사구가 성립된다고 보았다.(이스ㄹ 사람, 업든 나무). 그리고 존재사는 영어와 일본어에는 동사에 포함되어 있는데, 조선어에는 존재사가 독립된 품사라는 점을 강조하고 이는 조선어의 장점이라 했다.(pp.190-191)

◎ 지정사

지정사(指定詞)는 박승빈 문법에서 가장 특이한 부분 중의 하나다. 지정사를 사물의 시비(是非)를 지정하는 단어로 규정하고, 지정사의 단어는 「이(是)」라 했다. (예: 공자는 성인이시다, 선생이ㄴ 사람)[12]

지정사는 그 성질상 다른 단어의 보충이 없이는 그 의미가 완성되지 못하는 특징이 있다고 지적하고, 그것을 보충하는 단어를 '지정사의 보어'라고 불렀다. 예를 들어 "그 사람이 선생이오."라는 문장에서 지정사 '이' 앞에 있는 성분 '선생'이 지정사의 보어가 되는 것이다. 보어와 지정사가 합하여 하나의 서술어가 된다고 보았다.[13]

또한 주(註)에서는 지정사와 관련된 다양한 부가적인 설명을 덧붙이고 있다. 먼저 부사를 지정사의 보어로 사용하는 경우에는 부사를 명사로 간주하고 사용하는 것으로 보았다. 예를 들어 "그 말이 제법이오."라는 문장에서 '제법'은 부사가 아니라 명사가 된 것이다.

박승빈은 지정사 '이'와 '하'는 같은 용언의 일종이며 대조적으로 같은 계열적 기능을 한다고 보았다. 즉 용언 활용 '이오, 이시다, 이야요, 이ㄴ, 이든, 이ㄹ'을 '하오, 하시다, 하야요, 하ㄴ, 하든, 하ㄹ'과 대조를 이루는 것으로 보고, 이때 '이'와 '하'는 같은 용언의 일종이라고 했다. 이는 현대 문법에서 '이'와 '하'를 대용언으로 보고 '학생이다'와 같은 경우는 '이'가 결합하고 '공부하다, 부지런하다'와 같은 경우는 '하'가 결합한다고 보는 견해와 일맥상통한다.

지정사의 부정에는 지정사 '이' 앞에 부정부사 '아니'의 약음 '안'을 넣어서 '안이'가 된다고 보았다. 예를 들어 "고래는 어류가 안이오 / 선생이

---

12) 김완진(1985:179)에서는 박승빈 문법에서 존재사와 지정사의 개념은 매우 선구적이며, 해방 후 문법 논쟁에서 존재사와 지정사가 이희승 문법과 최현배 문법의 한 특징을 이루고 있다고 하면서 이들은 이미 박승빈의 문법체계에 들어 있던 것이라 했다.

13) 『조선어학』 149쪽에도 지정사의 보어에 대한 언급이 나온다. '낫이라, 낮이라'의 '이'는 지정사이고 그 윗 명사는 그 지정사의 보어인데, 그 두 말이 합하여서 한 서술어와 같이 사용되는 것이라 했다.

안이ㄴ 사람" 등의 문장에서 '안이'가 부정표현이다. 부정부사는 용언 앞에 와서 용언와 밀접하게 연결되어 사용되는 것으로 그 유형을 보면 다음과 같다.

[예]1 부정사만의 '아니' …… '아니'의 다음에는 용언이 결합
　　　말이 아니(안) 가오
　　　말이 가디 아니(안) 하오
[예]2 부정 부사와 지정사와 연속된 경우의 '안이' …… '안이'의 다음
　　　에는 용언조사가 옴
　　　오늘은 휴일이 안이오
　　　휴일이 안이ㄴ 날

박승빈은 '아니'와 '안이'는 보통으로 혼용되고 있으며, 지정사는 영어에는 동사에 포함되어 있고, 일본어에는 그와 같은 용언이 없으므로, 오직 우리말에만 있는 독특한 품사라고 언급했다.(p.194)

◎ 형용사

형용사는 사물의 상태를 서술하는 단어로서(예) 집이 크오, 날이 더우며) 그 종류는 크게 보통형용사, 지시형용사, 의문 및 부정형용사 등 세 가지로 나누었다. 먼저 보통형용사는 "착하오, 미련하오, 만흐오, 머르오, 저그오, 거므오…" 등의 단어를 말하는데 주요한 종류를 열거하면 다음과 같다.(p.195)

(1) 性質, 例 착하오 미련하오 구드오 더우오
(2) 形狀, 例 크오 둥그르오 노프오
(3) 色彩, 例 불그오 거므오 희오
(4) 數量, 例 만흐오 저그오
(5) 時間, 例 이쏘오 느즈오

(6) 距離, 例 <u>갓가오오</u> <u>머르오</u>

(7) 意志, 例 <u>시프오</u> <u>실흐오</u>

지시형용사는 "<u>이러하오</u>, <u>요로하며</u>, <u>그러하다</u>, <u>저러하니</u>..."의 단어를, 그리고 의문 및 부정 형용사로는 "형편이 <u>어쩌하오</u>?"와 같이 의문을 나타내거나 "눈치가 좀 <u>어쩌하다</u>"처럼 부정을 나타내는 단어가 포함된다.

형용사의 구성은 단순한 형용사로 구성된 단어(크, 노프)와 형용사 파생어가 있는데, 후자의 경우 다시 세 가지로 나뉜다. ①「다오」의 첨가: 꼿다오며, 情다오니, ②「스러우」의 첨가: 썬썬스러우오, ③ 어미「하(ᄒ)」형용사: <u>서늘하오</u>, <u>부지런하다</u>, <u>정직하오</u>, <u>둥글둥글하다</u> 등이다.

특히 여기에서는「하(ᄒ)」형용사에 대해 상세히 설명하고 있는 점이 특징이다. '하'는 실질적 의미가 있는 것이 아니라 형식적인 품사를 결정해 주는 요소라는 주장이다.

> "形容詞「하(ᄒ)」는 形容詞의 勢를 表示하는 말이니 品詞의 分類에 形容詞에 屬한 한 單語가 됨이라. 形容詞「하」는 事物의 무슨 特定한 狀態를 表示하는 意味를 含有하디 아니 하고 오즉 狀態를 表示하는 意味 卽 形容詞의 勢만을 表示하는 單語이라. 그러하야서 이것이 무슨 語幹에 語尾로 添加되야서 使用되는 境遇에는 그 語幹과 語尾가 合하야서 한 形容詞의 單語로 構成되며 이것이 獨立하야서 使用되는 境遇에는 形容詞의 勢만을 表示하는 한 單語가 되는 것임."(pp.197-198)

'하'는 '상태'라는 의미가 있는 것이 아니라 오직 앞의 요소를 형용사로 만들어주는 역할만을 한다는 뜻이다.

형용사	동사
서늘(凉) 하오	사랑(愛) 하오
公平하 오	活動하 오

위에서 '하'는 아무런 의미를 첨가하지 않고 다만 '서늘', '공평'을 형용사로 바꾸어주는 역할을 한다. 그런 면에서 동사 '하'와 같은 기능을 한다고 할 수 있다. 오늘날 '하'를 기능동사로 간주하는 것과 비슷한 설명이라 볼 수 있다. 동사의 '하'와 마찬가지로 형용사 '하'도 보어에 분리되어 독자적으로 사용될 수 있다.(p.199)

불완전형용사는 형용사에 다른 단어의 보충이 없이는 의미가 완성되지 못하는 것을 말하는 것으로 소위 보조형용사를 가리킨다. 박승빈은 이때 보충하는 단어를 불완전형용사의 보어라고 했다.(pp.202-203)

(1) 다오········ 그 사람이 男子 다오니
(2) 스러우····· 行動이 精誠 스러우오
(3) 가트········ 얼굴이 玉 가트오
(4) 시프········ 내가 자고 시프다
(5) 실흐········ 나는 가기 실흐오
(6) 보·········· 비가 올가 보다
(7) 부쯘········ 일이 될성 부쯘오
(8) 시브········ 일이 될듯 시브다

형용사가 동사로 사용: 조선어의 형용사는 단어의 형상이 변함이 없이 그대로 동사로도 사용된다고 했다(예: 아이가 잘 크오, 날이 밝는다, 날이 어드윗다)(p.203)

형용사와 동사의 구별: 조선어의 형용사와 동사는 그 사용되는 형상에는 조금도 차이가 없다. 그러하여 단어의 외형상만으로 구별되지 않는다. 문의 조직과 내의(內意)를 고찰하여야 비로서 둘이 구별된다고 했다.(pp.203-206) 그 대별 방법을 다음과 같이 소개하고 있다.

① 조사 중에 동사에 사용되고 형용사에는 사용되지 못하는 것이 있음(예: 는다(ㄴ다), 느냐?, 나?, 는 등). 그러나 본래 형용사에 이러한 조사가 붙은 때에는 그 형용사가 동사로 사용된 것임.

② 조사 중에 형용사에 사용되고 동사에 사용되지 못하는 것이 있음 (예: 냐?, ㄴ가?, 이 등)

③ 형용사와 동사에 동일한 조사가 승접된 경우에 문법적 관계가 서로 다르게 되는 것이 있음(예: 山이 높다 / 차ㄴ 물 (현재), 戰爭이 니러나다 / 가ㄴ 사람 (과거))

④ 그 문의 외형상으로는 아무 구별이 없고 그 문의 속뜻을 고찰하여서 구별하게 되는 것이 있음(예: 孫子가 어리오 (형용사) / 祖父가 늘그오 (동사))

조용사「디」의 첨가: 형용사에 조용사「디」가 첨가되면 형용동사의 자격이 된다(예: 커디오, 노파딥니다, 됴하디갯네...) (pp.206-207)

◎ 동사

동사는 사물의 동작을 표시하는 단어이며, 예를 들어 '가(往), 자브(捕)' 등이 그것이다. 동사의 종류는 자동사와 타동사로 구분된다.(p.207)

○자동사와 타동사: 동사의 동작이 그 주어 자신에 그치는 것을 자동사라고 하고, 동사의 동작이 그 주어 자신에 그치지 않고 다른 사물에 미치는 것을 타동사라고 한다. 그리고 한 단어가 자동사와 타동사로 통용되는 것이 있다.

예	지나(過)	時間이 지나서 ··	自動
		山을 지나서 ··	他動
	그치(止)	비가 그치고 ··	自動
		아이가 우름을 그치고 ································	他動

① 자동사는 그 동작이 그 주어 자신에 그치는 것이므로 목적어를 요하지 않는다.(예: 아이가 자오, 새가 우러요) 참고로 자동사가 타동사로 사용되는 경우가 있는데 다음과 같다.(pp.208-210)

- 동사와 목적어가 전연 동일한 어원으로 조성된 경우 (예) 아이가 잠을 자오
- 동사와 목적어가 어원은 다르나 동일한 또는 유사한 의의를 가진 경우
  (예) 馬夫가 길을 가오, 저 사람이 病을 알흐오
- 단김의 목적지를 지적하는 경우 (예) 釜山을 가오
- 동사의 내용인 동작의 분량적 관계를 표시하는 경우
  (예) 세 時間을 자오, 十里를 거러쓰오

② 불완전 자동사는 자동사에 다른 단어의 보충이 없이는 그 의미가 완성되지 못하는 것을 말하는데, 그것을 보충하는 단어를 불완전 자동사의 보어이라고 한다. 보어에는 주로 명사가 사용되며 혹 부사도 사용된다고 한다. (예: 徐君이 학자가 되얏다, 밝든 電燈이 어두워딤). (p.210)

③ 타동사는 그 동작이 주어 자신에 그치지 아니 하고 다른 사물에 미치는 것인 것이므로 목적어를 필요로 한다. (예: 매가 쒱을 자브오 學生이 冊을 보ㅂ니다).

참고로 타동사가 자동사로 사용되는 경우가 있다고 했는데, 이는 타동사가 지정된 목적에 한정되지 않고 일반적인 의미로 사용되는 때에는 그 목적어가 생략되어 자동사로 사용된다는 것이다. (예: 갓난 아이가 보네, 말이 차ㄴ다).

타동사 중에 목적어를 둘을 필요로 하는 것이 있는데 그 예는 다음과 같다. (예: 李君이 金君을 册을 줘ㅅ다). (pp.210-211)

④ 불완전 타동사는 타동사에 목적어 이외에 또 보어를 요하는 것을 말한다. (예: 農夫가 밭을 논을 맨드럿다). (p.211)

○「하(ㅎ)」동사: 무슨 말이 어간이 되고 「하(ㅎ)」가 어미로 첨부되어서 동사를 만드는 경우가 있다.

假語	번(曙)하 ㄴ다	求하 오	定하 며
名詞	사랑(愛)하 오	活動하 며	決定하 고
形容詞	부러워(羨)하 오	됴하(好)하 며	스러(悲)하 오
副詞	번썩(閃)하 네	출렁(搖貌)하고	굽실(俯屈)하 며

박승빈은 이때 동사 '하'도 형용사 '하'와 마찬가지로 어떤 의미가 있는 것이 아니라 선행성분을 품사만 동사로 만들어 주는 역할을 한다고 했다. 즉 기능동사 '하'로 본 것이다.(p.214)

◎ 용언과 그 분류

박승빈은 용언의 정의를 "사물을 서술하는(문의 서술어 되는) 단어"라고 하면서 그 종류로 존재사, 지정사, 형용사, 동사를 설정했다. 용언의 기능은 사물을 서술하는 것이니 체언을 서술어로 사용되게 하는 것이 그 본질적 사명이라 했다. 그 외에 용언에 조사를 첨가하여 관형사형, 명사형, 부사형 등으로 응용된다고 기술한다. 박승빈은 그 중에 가장 중요한 것은 관형사형이며, 체언을 수식하는 기능을 한다고 했다.(p.215)

예 1 용언의 서술적 사용

學校에 사람이 <u>이스</u> 오	「이스」 ················· 존재사
그 사람이 先生 <u>이</u> 오	「이」 ················· 지정사
그 先生이 <u>착하</u> 오	「착하」 ················· 형용사
先生이 數學을 <u>가르치</u> 오	「가르치」 ················· 동사

예 2 용언의 수식적 사용

學校에 <u>잇</u> 는 사람	「잇」 ················· 존재사
敎育者 <u>이</u> ㄴ 先生	「이」 ················· 지정사
<u>착하</u> ㄴ 先生	「착하」 ················· 형용사
先生이 數學을 <u>가르치</u> 는 先生	「가르치」 ················· 동사

용언과 문의 관계에서는 용언은 문을 구성하는 데 필요한 단어이므로 용언이 없이는 문이 구성되지 못한다는 것이다.(pp.215-216) 용언의 종류로는 존재사, 지정사, 형용사 및 동사와 같은 네 종류로 분류하는 것은 언어의 원리에 가장 잘 부합되는 것이라고 하면서 이것이 바로 조선어의 우월한 점이라 강조했다. 그러면서 용언의 특징을 다른 언어와 체계적으로 비교하여 어떤 장점이 있는지를 자세히 설명한다. 그 대략을 살펴보자.

영어와 대조: 우리말과 영어의 예를 비교하면 다음과 같다.(pp.216-225)

(1) 房에 사람이 <u>이스</u> 오(存在)······A man <u>is</u> in the room
(2) 그이가 나의 벗<u>이</u> 오(指定)······He <u>is</u> my friend
(3) 그이는 매우 크 오(形容)······He <u>is</u> very large
(4) 그이가 英語冊을 닐그 오(動)······He <u>reads</u> the English book

박승빈은 영어의 경우 'be' 동사의 특이점에 대해서도 자세히 언급하고 있다. 영어의 'be'를 그 사용되는 경우에 따라서 다시 계사(지정사로 사용된 경우)와 불완전자동사(상태를 서술하는 경우에 형용사인 보어를 필요

로 함)으로 구분했다. 또한 'be'는 ① 인칭과 시상에 따라서 사용되는
예가 심히 복잡하고 ② 그 중에도 그 단어의 원형(root)인 be가 기본 시상
현재에 사용되지 못하는 것은 매우 기이한 현상이며 ③ 그 단어는 경우에
따라서 조동사로도 사용된다고 했다.(p.217)

일본어와 대조

박승빈은 용언을 일본어와도 대조하고 있다. 일본어에는 서술어로 사용
되는 품사가 형용사와 동사인데 조선어에서 동사로 표기되는 서술어는
일본어에도 동사로, 형용사로 표시하는 서술어는 형용사로 표시된다고
설명한다. 따라서 두 종류의 용언을 사용하는 경위는 조선어와 같다고
했다.(p.218)

특히 용언 가운데 존재사와 지정사를 대조하고 있는데, 존재사의 경우
는 조선어의 존재사에 해당되는 용언은 일본어에는 그 의미의 단어가
있으며 그것을 문전상 존재사라고 설정한 경우도 있지만, 존재사를 동사
의 한 종류로 처리하고 동사의 정의를 "사물의 동작 또는 존재를 표시하는
단어"라고 하고 있으므로 조선어와는 다르다고 했다.

그러면서 존재사를 형용사에 포함할 수 없는 이유가 있다고 주장한다.

(1) 그 성질이 서로 맞지 아니함. 존재사는 사물의 존부(存否)를 나타냄.
(2) '이스'를 형용사로 처리함은 외국어와 비교하는 관념상에도 그
    예가 없음.
(3) 존재사는 그 활용이 형용사와 다른 점이 있음. 용언에 조사가
    연결되어서 관형사형으로 사용되는 경우에 형용사에는 'ㄴ'이 첨
    가되지만 존재사에는 '는'이 첨가됨.

지정사에 대해서는 일본어에는 조선어의 지정사에 해당하는 용언이
없다고 하면서 다음과 같이 그 특징에 대해 자세히 기술하고 있다.

"오직 朝鮮語는 言語의 原理에 依하야 用言의 네 種類가 整然히 分立
되야 이스며 쏘 그 네 種類의 用言의 活用 法則은 一絲不亂의 整然한
狀態로 組織되야 이슴이라. 그러한데 爾來 朝鮮語를 論議하는 사람에
指定詞를 看出하디 못하고 畸形的 狀態에 잇는 日本語에 當한 先入主見
으로 朝鮮語의 用言인 指定詞 '이'와 그 다음에 連結되는 用言助詞(例로
'다, 며')를 合하야 '이다, 이며'를 한 單語로 보고 그 品詞의 名稱을
或 助動詞, 或 助詞, 或 助用詞이라고 닐컫는 일이 만흠. 이는 譬喩하야
말하자면 성한 사람이 病身의 슝내를 나힘과 가틈이라." (pp.222-223)

박승빈은 주시경의 지정사 처리에 대해서도 비판하고 있다. 종래 주시
경의 학설에 '이다, 이며'가 한 단어로 처리되어서 그 학파에 속한 사람들
도 다 그렇게 인식하고 있고, 또 총독부 학무국의 인사들도 다 그런 식으로
처리하며 일본인측 조선어학자도 다 같은 식으로 지정사를 처리한다는
지적이다. 이 때문에 그 단어를 지칭하는 품사의 명칭은 서로 다르지만
그 문전적(文典的) 관찰은 다 서로 같다고 했다. 그리고 그들은 박승빈이
'이'를 용언으로 처리하는 것에 대해 경이의 눈으로 바라보고 있다는
말도 덧붙였다.

이러한 설명과 더불어 박승빈은 '이'가 용언이라는 사실을 명백히 하기
위하여 다른 용언과 그 사용되는 상태를 대조하여 다음과 같이 표로 정리
하여 보였다.(pp.223-224)

(예)	용언	조용사	조사
今日에는 내가 宿直	이		다……지정사
今日에는 바람이	차		다……형용사
今日에는 先生님이 宿直	이	시	고·……지정사
今日에는 비가	오	시	고·……동사
來日은 休日	이	개ㅅ	다……지정사
來日에는 결흘이	이ㅅ	개ㅅ	다……존재사
昨日 蹴球는 어려운 競技	이야	쓰	ㅂ니다……지정사
昨日에는 蹴球를	하야	쓰	ㅂ니다……동사

위에서 지정사의 다음에 용언조사가 오며 조용사가 첨가되는 상태가 존재사, 형용사, 동사의 상태와 조금도 다름이 없으며 또 용언 이외의 말에는 그와 같이 용언조사나 조용사가 승접될 이유도 없고 따라서 그러한 예도 없으므로 '이'는 용언이라고 주장했다.

2.4.2.3. 용언어미의 활용

박승빈의 문법에서 가장 중요시 하는 부분이 바로 용언의 활용이다. 기존의 학설과 용어나 분석 방법이 다르기 때문에 많은 오해를 불러일으킨 부분이기도 하다. 박승빈이 왜 새로운 개념을 도입했는지, 용언 활용의 체계는 얼마나 합리적인지, 그리고 주시경식의 용언 활용과는 어떤 차이가 있는지 등에 대해 살펴보기로 하자.

◎ **어간과 어미**: 박승빈은 용언인 단어를 어간과 어미로 나누고, 어미는 한 단어의 최후의 음절을, 어간은 그 어미 위에 있는 음 전부를 가리켰다.

바	라	노	프	기다	리
어간	어미	어간	어미	어간	어미

위의 예에서 '바라' 는 용언이며, 이 가운데 '라'는 어미, '바'는 어간이 된다. 물론 '가, 쯰, 지'처럼 한 단어가 한 음절로 된 경우에는 그 음절은 어간이자 어미가 되는 것이다. (pp.225-226)[14]

◎ **어간과 어근**: 박승빈은 어간/어미의 구분은 단어의 음절을 기준으로 한 것이므로, 즉 발음을 기준으로 한 것이므로 뜻을 기준으로 한 '어근'이라는 용어를 쓰는 것은 적절치 않다고 생각했다. 따라서 최현배식의 어간/어미와 정의가 다르다. 다음을 보자.

---

14) 김완진(1985:186)에서는 박승빈의 어간 개념을 '머그니, 업스니'에서 '머그'와 '업스'까지를 어간으로 보고 있다고 했으나 실제로 박승빈은 '머, 업'을 어간으로, '그, 스'를 어미로 분석했으니 김완진(1985)의 분석은 잘못된 것으로 보인다.

박승빈은 「어간」이라는 술어는 종래에 「어근」이라고 일컫는 일이 많았으나 「어근」은 영어의 Root의 의의(意義)에 해당되는 것이므로 오해를 일으킬 소지가 많다고 지적했다. 그러므로 '어근'이라는 용어를 피하고 '어간'이라는 용어를 썼다고 했다.

여기서 어근은 영어의 Root를 말하는데, 이는 한 동사의 원형(기본형)을 지칭하는 단어이며 하나의 완성된 단어라고 했다. 예를 들어 waited, asks 같이 일부 어미를 첨가하여 굴절하든, ran, tried와 같이 원형의 음자가 변경되든 박승빈은 Root인 wait, ask, run, try는 완전한 한 단어라고 본 것이다.(어근에 대해서는 아래 2.4.2.5 참조)(p.226)

> "朝鮮語 「기다리, 무르」는 그 動詞의 Root에 該當하는 것이라. 語幹과 語尾의 槪念으로 보면 「기다리, 기다려」의 「기다」, 「자브, 자바」의 「자」는 語幹에 該當하는 것이니 「語幹, 語尾」의 用語는 單語의 音節의 區分에 關한 말이오 意義에는 無關係한 것임." (p.227)

박승빈은 용언의 단어 가운데 변하는 부분은 어미로, 어미를 제외한 나머지 부분을 '어간'으로 규정한 것이다. 즉, '기다리, 기다려'라는 발음의 덩어리가 하나의 단어이며 이 가운데 변하는 부분인 '리, 려'를 어미로 간주하고, 이를 제외한 나머지 부분인 '기다'를 어간으로 본 것이다. 물론 어근의 개념을 가져오자면 '기다리'가 하나의 어근이다.

박승빈의 어간/어미 개념은 많은 혼동을 초래했다. 특히 현행 학교문법에서 통용되고 있는 어간/어미의 개념과는 일치하지 않기 때문이다. 그리고 이러한 새로운 개념의 용어는 한글파의 공격의 주요 대상이 되기도 했다.15)

---

15) 송석중(1976:145)에서도 박승빈 문법에서 어간 어미의 구분, 원단과 변동단을 설정한 것은 심히 복잡한 체계이며, '바드며, 받고, 바다서'와 같은 분석은 그릇된 분석이라고 했다. 그리고 이러한 문법체계의 복잡성이 많은 추종자를 얻지 못한 주원인이 된 것으로 생각했다. 이러한 주장의 문제점에 대해서는 3.3.4.를 참조.

그러나 박승빈의 어간/어미 개념을 객관적으로 고찰해 보면 그 체계성을 이해할 만하다. 먼저 박승빈은 '단어'라는 개념에서 최현배와는 다르다. 예를 들어 '바라고'라는 말이 있을 때 최현배는 '바라고' 전체를 하나의 단어라 본 것이고, 박승빈의 경우는 '바라'를 하나의 단어로 본 것이다.

단어의 정의와 범위가 다르기 때문에 용언의 활용이라는 개념도 당연히 다를 수밖에 없다. 즉, 활용이라는 것이 단어의 끝바꿈이기 때문이다. 최현배의 활용은 '먹고, 먹으니, 먹으면, 먹다' 등에서 변하는 부분인 '고, 으니, 으면, 다' 등이 활용요소 즉 어미가 되고 이들이 변하는 양상이 용언의 활용이라고 본 것이다.

이에 반해 박승빈은 '머그고, 머그니, 머그면, 머그다'에서 '고, 니, 면, 다' 등은 조사로 간주하고 제외한 후, '머그'만을 단어로 본 것이다. 그리고 '머그(면), 머거(서)'와 같이 단어 가운데 달라지는 부분인 '그, 거'를 어미라 하고 그 이외에 부분인 '머'를 어간이라 한 것이다. 문제는 어디까지를 단어로 보았느냐 하는 것이지 어간/어미의 개념이 맞느냐 맞지 않느냐 하는 문제는 아니었다.

그렇다면 박승빈은 왜 '바라고'에서 '바라'까지를 단어로 본 것일까? 그것은 체언과 용언의 형평성을 맞추기 위한 것으로 보인다. 즉, '밥이'에서 단어는 '밥이' 전체가 아니라 '밥'이라고 간주한 것과 마찬가지의 논리인 셈이다. 즉 '밥이'에서 '이'는 체언에 붙는 조사이므로(즉, 별도의 단어이며) 이것을 제외한 나머지 '밥'이 체언(명사)인 것이다. 이러한 논리를 용언에 적용한 것이 박승빈의 어간/어미의 개념이다. 박승빈의 문법에서는 '바라고'에서 '고'는 조사이므로(즉 별도의 단어이다), 이를 제외한 부분인 '바라'가 용언이 된다. 그리고 '바라'라는 단어에서 끝바꿈이 일어나는 부분이 어미이고, 어미 위에 있는 성분이 어간이 되는 셈이다.

따라서 박승빈의 어간/어미의 개념은 체언과 용언, 그리고 조사의 설정을 고려한 매우 체계적인 분석이었다고 할 수 있다.(자세한 것은 이 장의 3.3.4. 참조)

◎ **어미의 변동**: 박승빈의 활용법에서 어미는 용언의 사용에 따라서 규칙적으로 변동된다. 이에 따라 어미를 원단(原段)과 변동단(變動段)으로 구분하는데, 원단은 용언의 원형(Root)인 단계이고 변동단은 원단으로부터 변동되어진 단계이다.(pp.227-229) 이를 비유하자면 원단은 생성문법에서 심층구조에 해당하고, 변동단은 표면구조에 해당한다. 그리고 원단음은 기저형에 해당하고 변동단음은 표면형이라고 생각할 수 있다. 다음의 예를 보자.

원단음: 머그 (며) , 노프 (며) , 크 (며) , 주 (며)
변동단음: 머거 (서) , 노파 (서) , 커 (서) , 줘 (서)

원단음의 끝소리가 '아/어'와 만나면 그 소리가 변하게 되어 변동단음이 되는 것이다. 이때 원단은 발음을 조급하게 하는 습관에 의해 경우에 따라서 약음(略音)으로 발음되는 경우가 많다고 했다.

원음: 머그 (며) , 바드 (며) , 차즈 (며) , 노프 (며)
약음: 머ㄱ (고) , 바ㄷ (고) , 차ㅈ (고) , 노ㅍ (고)

원단의 원음이 약음으로 발음되는 것은 어미의 변동에 속한 것이 아니고 오직 촉급한 발음으로 인해 생긴 음편(音便)에 지나지 않지만, 박승빈은 편의상 이를 어미 변동에 합하여 처리하고 있다. 그 전체 활용의 체계를 보면 다음과 같다.

例 (1) 머그며 (2) 바드며 (3) 기프며 (4) 쓰며 (5) 이기며 (6) 바라며 (7) 가며
　　　 ㄱ고　　　 ㄷ고　　　 ㅍ고　　　 고　　　 고　　　　 고　　　 고
　　　 거서　　　 다서　　　 퍼서　　　 써서　　 겨서　　　 서　　　 서

(1)(2)(3)은 원음, 약음, 변동단음이 다 사용되는 단어이고, (4)(5)는 약음이 사용되지 않은 단어이며, (6)(7)은 약음이 사용되지 않고 변동단음도 원음에 변경이 없는 단어이다.

◎ **어미 변동의 의미**: 박승빈은 용언의 어미가 변동되는 것은 오직 그 음이 변동될 뿐 용언의 뜻과는 아무 관계가 없다고 했다. 조선어의 용언은 그 용언 자체에 함유한 단순한 의의를 표시할 뿐, 문법상 여러 가지 특정한 의미를 표시하는 것은 조사나 조용사의 몫이라는 것이다. 따라서 용언의 어미가 변동되어도 그 의미에는 아무 관계가 없으며 오직 그 다음에 오는 승접어와 연결되는 방법일 뿐이라는 것이다. 예를 들어 「바드, 받, 바다」는 그 변동과 관계없이 모두 「受」의 의미를 갖고 있다는 것이다.(p.229)

◎ **원단의 음**: 용언의 어미 원단에는 다음과 같은 총 7개의 단(段)이 있다고 가정한다.(p.230)

아단: 가(去), 차(冷), 바라(望)
어단: 서(立)
여단: 켜(鉅), 펴(敷)
오단: 오(來), 배호(學), 고오(麗)
우단: 꾸(借), 거두(收), 쉬우(易)
으단: 크(大), 기프(深), 시므(植)
이단: 지(負), 비리(腥), 가지(持)

그리고 이러한 단(段)에 따른 동사의 구별은 일본어의 동사분류와 상당히 유사하지만, 일본어와는 달리 우단과 오단은 특수한 이유로 성립된 경우라고 했다. 즉, 고대의 어음 'ᄫ'가 도태되어 용언 어미 '브'는 '우'로, 'ᄫᅵ'는 '오'로 변하고 그 약음은 'ㅂ'이 되었다는 것이다. 따라서 '브'의 변동단 '버'는 '워'로, 'ᄫᅵ'의 변동단 '바'는 '와'로 된 것으로 본다. 이를 정리하면 다음과 같다.(p.230)

원래 'ᄫ'는 그 음의 본질이 중성 'ㅜ'와 조화성이 있는 음인 까닭에 '브'의 발음은 '부'로 됨이 보통이다. 그러하여 그 음이 아행음으로 전성되는 때에 '으'음으로 발하지 않고 '우'음으로 발하게 된 것이라 한다. 본래 'ㅂ'의 계통에 속한 음은 '우'음과 조화성이 있는데 그 중에서도 낭음성(朗音性)을 띤 간음(間音)은 다음에서 보듯이 더욱 그 조화의 성질이 짙게 나타난다고 한다. 그 예를 보이면 다음과 같다.(p.231)

	原字	原音 發音		原字	原音	發音
영어	Have	해브 = 해부	한자음	不	블	불
	If	이으 = 이우		朋	븡	붕
	Play	프쎄이 = 푸쎄이		北	븍	북

『조선어학』에서는 특수 오단의 단어와 그 표기 예를 다음과 같이 세 유형으로 제시한다.

原　段 (1) (A)고우(며), 도우(며), 꽃다우며(며)
變動段 　　　(B)고워(서), 도워(서), 꽃다워(서)

原　段 (2) (A)고우(며), 도우(며), 꽃다우(며)

變動段　　(B)고위와(서), 도위(서), 꽃다위(서)

原　段 (3) (A)고오(며), 도오(며), 꽃다오(며)

變動段　　(B)고와(서), 도와(서), 꽃다와(서)

　　박승빈은 과거에는 위의 (2)의 방식을 채용했으나 새롭게 연구한 결과 다시 (3)의 방식이 가장 정당하다는 것을 깨달아 (3)을 특수오단으로 처리하고, (2)의 방식을 취소했다고 밝혔다.

　　◎ **변동단의 음**: 변동단음은 원단음에 「ㅓ」 또는 「ㅏ」를 가하여서 한 음절로 발전하는 음을 가리키는데, 다른 말로 하면 원단음으로부터 어단 또는 아단의 음으로 돌아가는 음이라 보았다. 이를 좀더 자세히 살펴보면 다음과 같다.(pp.233-234)

〈농음인 원단에 'ㅓ'를 첨가한 발음〉

例一 原　段 大 크(며) 附 부트(며) 深 기프(며) ⎫ [크,트,프에 [ㅓ]를 加한 音(한 音節)
　　　變動段　　 커(서)　　 부터(서)　 기퍼(서) ⎭ 은 [커,터,퍼]가 됨

例二 原　段 負 지(며) 勝 이기(며) 忌 쩌러(며) ⎫ [지,기,러]에 [ㅓ]를 加한 音은
　　　變動段　　 져(서)　　 이겨(서)　 쩌려(서) ⎭ [져,겨,려]가 됨

例三 原　段 給 주(며) 收 거두(며) 易 쉬우(며) ⎫ [주,두,위에 [ㅓ]를 加한 音은
　　　變動段　　 쥐(서)　　 거쥐(써)　 쉬위(서) ⎭ [쥐,뒤,위]가 됨

〈담음인 원단에 'ㅏ'를 첨가한 발음〉

例四 原　段 來 오(며) 學 배호(며) 麗 고오(며) ⎫ [오,호]에 [ㅏ]를 加한 音은
　　　變動段　　 와(서)　　 배화(서)　 고와(서) ⎭ [와,화]가 됨

〈으단 변동단에 원단음에 'ㅏ'를 첨가한 발음〉

例五 原　段 受 바드(며) 如 가트(며) 高 노프(며) ⎫ [드,트,프에 [ㅏ]를 加한
　　　變動段　　 바다(서)　 가타(서)　 노파(서) ⎭ 音은 [다,타,파]가 됨

이제 각 단의 원단음이 변동음단이 되는 어미 변동 규칙을 구체적으로 살펴보자.[16](p.235)

原 段 變動段	{ 아 아	{ 어 어	{ 여 여	{ 오 와	{ 우 워	으(元ㅇ) 어	又는 아	{ 이 여
	가(며)	서(며)	켜(며)	오(며)	쑥(며)	씌(며)	마그(며)	지(며)
	가(서)	서(서)	켜(서)	와(서)	쉬(서)	써(서)	마가(서)	져(서)
	바라(며)		펴(며)	배호(며)	거두(며)	미드(며)	고드(며)	그리(며)
	바라(서)		펴(서)	배화(서)	거둬(서)	미더(서)	고다(서)	그려(서)

이상에서 기술한 변동단의 음에 관한 규칙을 그림으로 정리하면 다음과 같다.

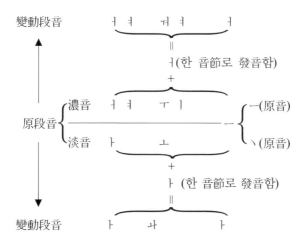

---

16) 『조선어학』에는 첨미(添尾) 용언이라 하여 원단음에 한 음절이 첨가되어서 변동단으로 되는 단어를 설명하고 있다. (예: 하 - 하야, 되- 되야, 이- 이야(이여), 씌 - 씌여, 쉬 - 쉬여)

◎ **첨미 용언**: 특별한 규례로 원단음에 한 음절(야 또는 여)가 첨가되어 변동단으로 되는 단어가 있다. 예를 들어 '하 → 하야', '되 → 되여', '이 → 이야(이여)' 등이 되며, '씌 → 씌여', '쉬 → 쉬여' 등이 되는 경우이다.

◎ **원단의 약음**: 용언의 어미에 약음이 사용되는 예가 있는데, 이것은 어미 으단의 단어와 특수 우단, 특수 오단의 단어에 나타난다고 한다.

(가) 으단의 약음: 이 경우 다시 후음 이외의 음과 후음으로 나뉜다. 먼저 후음 이외의 음에 해당하는 예는 '머그며 - 머ㄱ고, 시므며 - 시ㅁ며' 등이 대표적인데, 이밖에도 몇몇 특수한 경우도 있다고 한다. 이를 소개하면 다음과 같다.

① '르'의 약음 'ㄹ'이 다시 'ㄷ' 받침이 되는 경우.

		原音	略音	再轉音
	聞	드르며	드ㄹㅅ고	드ㄷ고
	潤	부르며	부ㄹㅅ고	부ㄷ고
對照	悲	스르며	스ㄹㅅ고	

위와 같은 예는 평음 ㄹ로 조직된 '르'에 있는 것이다. 이때 'ㄹ'과 그 다음에 나는 경음조의 촉급한 음세가 합하여서 'ㄷ'으로 전성된 음이다.

② '르'의 어미로서 원음과 약음에 승접되는 각 단어의 승접에 '르, 으, ㄹ'이 섞여서 사용되는 경우.(p.239)

예 吹 부르 오　ㅁ　　시며　⎫
　　부으 오　ㅁ　　시며　⎬原音에 承接될 單語의 連續된 것
　　부ㄹ 며　　면　　　　⎭

　　부ㄹ 다　세　자 고　⎫
　　　　　　　　　　　　　⎬略音에 承接될 單語의 連續된 것
　　부으 다　세　자　　　⎭

③ 어미음 전체가 약음이 되는 단어도 있음. (예: 업스며- 업고, 안즈며

- 안고, 언즈며 - 언고)

　한편 으단 어미가 약음으로 발음되는 때에는 경음조가 발생하는데, 경음조가 발생되는 경우에 발음상 경음조가 표현되는가 못 되는가와 그 표현되는 방식은 경음조에 관한 일반적인 법칙에 따른다고 하면서 다음과 같이 정리하고 있다.(p.241)

예	原音	略音	發音의 表現	
抱	아느 고	아ㄴˇ 고	안 쏘	⎫ 硬音調가 表現됨
植	시므 자	시ㅁˇ 고	심 쨔	⎬
悲	스르 다	스ㄹˇ 다	슬 쌰	⎭
食	머그 자	머ㄱˇ 자	먹 쌰=먹 자	⎫ 硬音調가 表現되디 못 함
捕	자브 고	자ㅂˇ 고	잡 쏘=잡 고	⎬
抱	아느 네	아ㄴˇ 네	안ㅅ네=안 네	⎭

　위에서 기술한 경음조의 발생은 그 음리적인 면을 말한 것이고 실제상 표기에는 종래의 관례에 따라 위에서 경음 부호의 표기는 생략하는 것이 일반적이라고 하였다.

　이제 으단의 약음 가운데 후음인 경우를 살펴보자. 어미 '으'가 약음으로 발음되는 때에는 '으'가 약음이 되고 경음조가 생기며 어미 '흐'가 약음으로 발음되는 때에는 '흐'가 약음이 되고 격음조가 생긴다고 설명한다.

　용언에 사용하는 '하' 즉 '하고, 하다'의 '하'는 원래 'ㅎ'이며 'ㅎ'의 음은 '흐'에 포함된 것이므로 그 약음은 '흐'와 동일하다는 견해다. 다음의 표를 보자.(p.242)

예	原音	略音	發音의 表現	
作	지으 며	지ˇ 고	지 쏘	⎫ 硬音調가 表現됨
酌	부으 며	부ˇ 다	부 쨔	⎬

放	노흐며	노ᄀ고	노코
可	가하며	가ᄀ다	가타
多	만흐며	만ᄀ디	만티
絶	싃흐며	싃ᄀ네	싃네……激音調가 表現되디 못 함

> 激音調가 表現됨

(나) 우단과 오단의 약음: 이 경우의 대표적인 예는 '쉬우며 - 쉬ㅂ고, 기우며 - 기ㅂ고, 고오며 - 고ㅂ고, 도오며 - 도ㅂ고' 등이다. 또한 약음이 완전히 정착되지 못하고 현재 약음을 쓰는 습관이 성립되어 가는 중에 있는 것, 즉 과도기에 있는 형태도 등장한다고 한다.

		原音	略音		原音	略音
例1	食	머그자	머ᄀ자	受	바드고	바ᄃ고
例2	植	시므고	시ㅁ고	可	가ᄒ다	가ᄀ다

박승빈의 용언 활용은 발음을 반영했다는 점, 체언과 용언의 균형을 맞춰 분석했다는 점, 이로 인해 조사를 일관성 있게 포착했다는 점, 그리고 원단과 변동단을 구분했다는 점 등은 여러 가지 새로운 시도라 할 수 있다.(이에 대한 자세한 평가는 이 장의 3.3.4.를 참조)

◎ **용언의 어미와 승접어:** 박승빈 문법에서 용언에 승접하는 단어는 주로 조사와 조용사다. 박승빈은 이에 대해 좀더 자세한 체계를 보이고 있다.(pp.245-246)

(가) 조사의 승접: 용언에 승접하는 관계에 의하여 다음과 같이 다시 분류된다.

(A)원단조사: 1. 원음조사: 원음에 승접하는 조사:

       (갑)ㄴ, ㄹ, ㅁ, ㄴ다, ㅂ니다, ㅂ시다

       (을)오, 마, 며, 리라, 나(접속조사), 니(접속조사)

2. 약음조사: 약음에 승접하는 조사

　　　　　　(갑)고, 게, 다, 세, 자

　　　　　　(을)나?, 네, 노라, 는, 느냐?, 는다, 니?

(B)변동단조사: 변동단에 사용되는 조사는 그 수가 극히 적음

　　　　　　예) 요, 라, 서, 도, 는, 야, 나

용언의 각종 조사가 승접하는 예를 정리하여 표로 제시하면 다음과 같다.

用言	原詞	用言	助詞
原 段 原音 植 시므	며……A1種	原 段 原音 高 노프	오……A1種
略音　　시ㅁ	고……A2種	略音　　노ㅍ	다……A2種
變動段　　　시머	서……B 種	變動段　　　노파	요……B 種

용언에 약음을 쓰지 않은 경우에는 A2종 조사가 원음에 승접하는 경우는 다음과 같다.

용언에 변동단음이 따로 있지 않은 경우에는 B종 조사가 원단음에 승접한다.

(나) 조용사의 승접: 조용사가 용언에 붙는 유형은 다음과 같다. (p.248):

(1) 존경 조용사 「시」의 승접에는 원음이 사용됨

去 가 　 ⎫ ⎧ 시 ⎫ ⎧ 며 　 　 大 크 　 ⎫ ⎧ 시 ⎫ ⎧ 며
勝 이기 ⎬ ⎨ 　 ⎬ ⎨ 고 　 　 作 지으 ⎬ ⎨ 　 ⎬ ⎨ 고
防 마그 ⎪ ⎩ 셔 ⎭ ⎩ 서 　 　 暑 더우 ⎪ ⎩ 셔 ⎭ ⎩ 서
受 바드 ⎭ 　 　 　 　 　 好 됴흐 ⎭

(2) 시상 조용사 미래 「개쓰」의 승접에는 약음이 사용됨 약음을 아니 쓰는 때에는 원음이 사용됨.

|예|1 防 막 ⎫ ⎧ 개쓰 며 　 예2 去 가 ⎫ ⎧ 개쓰 며 　 예2는 略音을 아
　 受 받 ⎬ ⎨ 개ㅅ 고 　 　 勝 이기 ⎬ ⎨ 개ㅅ 고 　 니 씀으로 原音에
　 暑 덥 ⎭ ⎩ 개써 서 　 　 植 시므 ⎭ ⎩ 개써 서 　 承接되는 例임

(3) 시상 조용사 과거 「쓰」의 승접에는 변동단음이 사용됨. 변동단음이 따로 있지 아니한 경우에는 원음이 사용됨.

예1 大 커 ⎫ ⎧ 쓰 며 　 예2 去 가 ⎫ ⎧ 쓰 며 　 예2는 變動段音이 따
　 受 바다 ⎬ ⎨ ㅅ 고 　 　 望 바라 ⎬ ⎨ ㅅ 고 ⎬ 로 있지 아니함으로
　 作 지어 ⎭ ⎩ 써 서 　 　 立 서 ⎭ ⎩ 써 서 　 原音에 承接되는 例임

(4) 변동태 조용사는 경우에 따라서 각단의 음에 승접됨.

예1 원음에 승접　　쓰(書)히 며, 밧고(換)히 고, 부르(呼)히 며, 시므(植)혀ㅅ 다
예2 약음에 승접　　잡(捕)히 며, 안(抱)기 고, 들(聞)리 오, 심(植)겨ㅅ 다
예3 변동단음에 승접 써(書)디 며, 아라(知)디 오, 커(大)디 오,

(다) 다른 용언의 승접: 다른 용언이 연달아 사용되는 경우에는 용언의 변동단에 승접하는 경우가 있다. 변동단음이 따로 있지 않은 경우에는 변동단에 승접할 단어가 원단에 승접되는 데 이는 조사의 승접 상태와 같다고 한다(예: 니어쓰라, 나라가오, 바다보고, 바라보고, 펴두고). (pp.249-250)

이상 용언 어미와 승접어의 관계를 정리하여 표로 제시하면 다음과 같다.(p.250)

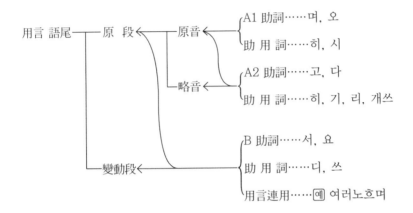

2.4.2.4. 용언어미 불변설에 대한 변증

박승빈은 『조선어학』의 용언 활용 부분에서 주시경 학설을 조목조목 비판하고 있다. 먼저 주시경 학설의 개요를 정리한 후에, 학설의 문제점이 무엇인지를 설명했다. 박승빈이 정리한 주시경 학설의 대강은 다음과 같다.(pp.251-252)

◎ **주시경 학설**

① 용언의 어미 활용을 인정하지 않음. 용언은 단어의 어형이 변하지 아니하는 것으로 간주함. 용언의 표준은 박설(박승빈 설) A2 조사 (다, 고)에 승접되는 음에 해당하는 음으로 일정함. 이를 박승빈

설과 대조하면

- 박설에 약음이 사용되지 아니하는 단어에는 박설 원음과 일치됨

  예 가, 바라, 서, 펴, 오, 배호, 두...

- 박설에 약음이 사용되는 단어에는 그 약음에 해당함

  예 막, 안, 곧, 슬, 감, 잡... 이것은 박설 원단 약음에 해당함.

② 조사의 두음의 첨가를 인정함. (pp.252-253)

- A2종 조사 (고, 다)는 변경됨이 없이 용언에 승접함

  예 가고, 크다, 매호다, 막고, 앉고, 끊다

- A1종 조사(며, 오)는 그 승접하는 용언의 어미에 따라서 변경됨

  (A) 용언의 끝이 중성음인 경우에는 그 조사가 원형대로 사용됨

  예 가며, 서오, 거두며, 쓰오, 아프며

  (B) 용언의 끝에 받침이 있는 경우에는 그 조사는 머리에 「으」 음이 첨가됨

  예 막으며, 곧으오, 같으며, 앉으며, 싫으오

- B종 조사(서, 야)는 그 단어의 머리에 「어 또는 아」를 가한 것을 그 조사의 단어로 함. 고로 「어 또는 아」가 가입되지 아니 한 단어는 불인함.

③ 용언이 연용되는 경우에는 두 용언의 사이에 「어 또는 아」 음이 따로 있으므로 인정함.(예: 열어 놓으며, 달아 나오) (pp.253-254)

박승빈은 이상 주시경의 학설을 총정리하여 다음과 같이 표로 제시했다.

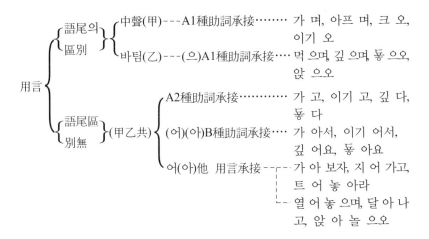

◎ 주시경 학설에 대한 변증

박승빈은 위에서 정리한 주시경 학설이 불합리한 부분이 많다고 지적하고 구체적으로 어떤 문제가 있는지를 자세히 설명하고 있다. 먼저 박승빈은 자신과 주시경 학설에는 다음과 같은 분석의 차이가 있다고 밝혔다.(p.254)

(1)	周說	먹 으며, 믿 으오, 찾 으랴고, 동 으니, 앉 으면
	朴說	머그 며, 미드 오, 차즈 랴고, 됴흐 니, 안즈 면
(2)	周說	먹 어서, 믿 어요, 찾 아라, 동 아요, 앉 아도, 가 아서, 지 어라
	朴說	머거 서, 미더 요, 차자 라, 됴하 요, 안자 도, 가 서, 져 라
(3)	周說	道 를 닦 으시 어야 마음 이 크 어디 어서 높 은 자리 에 앉 으십니다
	朴說	道 를 다끄 셔 야 마음 이 커 뎌 서 노픈자리 에 안즈 십니다

(가) 원단 관계: 두 학설의 차이 가운데 가장 큰 쟁점이 되는 것은 먼저 원단 관계이다. 즉, 원음 중 두 학설의 주된 쟁점은 '으'단 어미의 단어와 특수 '우'단, 특수 '오'단의 단어에 있다는 것이고, 그 외의 용언은 원단의

관계에서는 서로 다르지 않다고 한다. 그럼 문제가 되는 부분을 자세히 살펴보자.

(1) 먼저 '으'단의 문제이다. 여기서 핵심은 박승빈설에서 원음이 약음으로 발음되는 음을 주시경설에서는 원형으로 인정하고 용언 어미의 변동 자체를 인정하지 않고 있는데, 여기에는 몇 가지 문제가 있다고 한다.

(A) 일반적 어미에 나타나는 결함: 박승빈은 주시경 학설에 따르면 각 동일한 상태의 어미로 성립된 단어 또는 동일한 단어를 문법상 다른 종류로 처리하게 되어 다음과 같이 철자법이 달라지는 문제가 생긴다고 했다.(p.255)

(甲) 동일한 어미 활용으로 발음되는 단음 단어와 복음(複音) 단어

消 스 며 ⎫
束 무스 며 ⎬ 가 { 스 며 / 묶 으며 } 로, 汲 프 며 ⎫ 深 기프 며 ⎬ 가 { 프 며 / 깊 으며 } 로 되고

그 변동단음에는

消 써 서 ⎫
束 무써 서 ⎬ 가 { 스 어서 / 묶 어서 } 로, 汲 퍼 서 ⎫ 深 기퍼 서 ⎬ 가 { 프 어서 / 깊 어서 } 로 됨

(乙) 동일한 어미 활용으로 발음되는 두 복음 단어

痛 아프 며 ⎫
報 가프 며 ⎬ 가 { 아프 며 / 갚 으며 } 로, 正 바쓰 며 ⎫ 短 짜쓰 며 ⎬ 가 { 바쓰 며 / 짧 으며 } 로 되고

그 변동단음에는

痛 아파 서 ⎫
報 가파 서 ⎬ 가 { 아프 아서 / 갚 아서 } 로, 正 바짜 서 ⎫ 短 짜라 서 ⎬ 가 { 바쓰 아서 / 짧 아서 } 로 됨

(丙) 동일한 단어에 약음을 쓰기도 하고 아니 쓰기도 하는 단어

植 시므 며} 가 { 시 므 며 / 심 으 며 } 로, 루 이쓰 며} 가 { 이쓰 며 / 잃 으며 } 로 되고

그 변동단음에는

植 시머 서}가 $\left\{\begin{array}{l}\text{시므 어서}\\\text{심 어서}\end{array}\right\}$로, 루 이써 서}가 $\left\{\begin{array}{l}\text{이쓰 어서}\\\text{잀 어서}\end{array}\right\}$로됨

(丁) 동일한 용언에 지방에 의하여 또는 아동 언어에 약음을 쓰기도 하고 아니 쓰기도 하는 단어

深 기프며}가 $\left\{\begin{array}{l}\text{기프 며}\\\text{깊 으며}\end{array}\right\}$로, 如 가트 며}가 $\left\{\begin{array}{l}\text{가트 며}\\\text{같 으며}\end{array}\right\}$로 되고 그

변동단음에는

深 기퍼 서}가 $\left\{\begin{array}{l}\text{기프 어서}\\\text{깊 어서}\end{array}\right\}$로, 如 가타 서}가 $\left\{\begin{array}{l}\text{가트 아서}\\\text{같 아서}\end{array}\right\}$로 됨

주시경식으로 하면 용언조사를 체계적으로 수립하기가 어렵다는 지적이다. '며'와 '으며', '서'와 '아서' 등의 변종을 가정해야 하는 문제가 생기고, 어간을 주시경식으로 고정한다고 해도 '끄다'의 경우 '서'가 결합하면 '끄어서'가 아니라 '꺼서'가 되므로 어간을 뜻에 따라 고정하는 취지가 사라지게 되고, '끄어서'를 고집하게 되면 현실음과 괴리가 생기며, '꺼서'를 인정하게 되면 '끄어서'에서 어떻게 '꺼서'가 되었는지를 설명해야 하는 부담이 생긴다는 지적이다.(자세한 것은 이 장의 3.3.4 참조)

(B) 어미 원단 원음 「으」, 약음 「ㅅ」이 되는 단어에 나타나는 결함: 주시경 학설에서는 이 종류의 용언을 어미 「ㅅ」되는 단어로 하고 어미의 변동을 부인함으로써 일반적으로 통용되는 언어와 서로 허용되지 못하는 문제가 생긴다고 했다.(p.257)

作 $\left\{\begin{array}{l}\text{지으 며}\\\text{지ㅅ 고}\end{array}\right\}$가 $\left\{\begin{array}{l}\text{짓 으며}\\\text{짓 고}\end{array}\right\}$로, 注 $\left\{\begin{array}{l}\text{부으 며}\\\text{부ㅅ 며}\end{array}\right\}$가 $\left\{\begin{array}{l}\text{붓 으며}\\\text{붓 고}\end{array}\right\}$로 됨

위의 예에서 '지으며'는 주시경설에 따르면 기본형이 '짓으며'인데 이

는 통용되는 말이 아니고, 또한 '지으며'를 설명하려면 '짓으며'에서 ㅅ이 탈락했다고 해야 하는데, 이는 모순이라는 지적이다. 박승빈이 왜 이것이 모순인지를 다음과 같이 설명하고 있다.

(근거1) ㅅ이 탈락되는 경우 음리상 설명이 없음.(만일 박설 '스'가 '으'로 전성된 음리를 시인하면 '지으'가 용언으로 됨)

(근거2) '지'만의 음이 '作'의 의미를 표시하는 단어가 됨이라고 함은 (지(作)+으며(조사)) 도저히 수긍될 수 없는 망설임.

(근거3) 만약 '지으며'를 인정한다고 해도 '지'는 끝이 중성이라. 그러므로 주시경설에 의하여 조사 '며'가 승접되어서 '지며'로 될 것이고 '지 으며'가 되지 못할 것임. 이는 자가당착의 논법이 된 것이다.

(C) 어미 「흐」의 단어에 나타나는 결함: 박승빈 설의 어미 「ㅎ」의 단어를 주시경설의 규칙으로 처리하면, 다음과 같은 형식이 되는데, 이는 음리상으로 발음되지 못하는 단어가 되어 문제가 된다는 지적이다.[17]

$$
好\left\{\begin{array}{l}\text{돟 으며}\\\text{돟 고}\end{array}\right\}\quad
放\left\{\begin{array}{l}\text{놓 으며}\\\text{놓 고}\end{array}\right\}\quad
多\left\{\begin{array}{l}\text{맣 으며}\\\text{맣 고}\end{array}\right\}\quad
絶\left\{\begin{array}{l}\text{긇 으며}\\\text{긇 고}\end{array}\right\}
$$

만약 주시경의 학설을 따른다면 다음과 같은 경우가 되는데, 여기에는 두 가지 모순이 있다는 것이다.

---

17) 박승빈은 음리상 'ㅎ'가 빈침이 되지 못할 성질이라는 것과 '흐(ㅎ)'가 생략되고 격음조가 생기는 것에 대해서는 『조선어학』 제2편 3장 4절, 6절, 10절에서 기술했다. .

예1 好 됴흐(ㅎ) 며 } 를 { 둏 으며 } 로(1)
　　　　됴→　　고 　　　 둏　 고

예2 피 하(ㅎ) 며 } 를 { 피하(ㅎ) 며 } 로(2)
　　　 피→　　고 　　　 피ㅎ　　고

첫째는 위에서 (2)의 해설에 있어, 주시경설에서 '피ㅎ며'가 아래아가 탈락하고 '피ㅎ고'가 되는 것은 박설의 약음과 같고, 다만 주설에 '높으며'가 '높고'가 되는 것은 차이가 있다. 그리고 '피ㅎ 며'를 '피ㅎ+으며'로 분석하게 되어 문제가 되는 것이다.

두 번째는 예(1), (2)에서 '피ㅎ며'는 '피ㅎ고'가 되는데, '노ㅎ며'는 '노ㅎ고'가 아니라 '놓고'가 되는 것은 모순이라는 지적이다. 이것은 '놓+으며'로 분석하는 것과 다르지 않기 때문이다.

(D) 어미 '르'가 약음 'ㄷ'으로 발음되는 단어에 나타나는 결함: 주시경 학설에서는 '무르며, 무ㄷ고'가 '물으며, 묻고'가 되는데, 이렇게 하면 그 발음이 완전히 저촉되어 문제가 된다.

(E) 끝에 '으'와 'ㄹ'이 사용되는 단어에 나타나는 결함: 주시경 학설에 따르면 어음과 맞지 않는 것이 많이 나타난다.

(F) 어간의 끝에 받침이 있는 단어에 나타나는 결함: 주시경 학설에서는 다음과 같은 단어를 인정하나 이것은 음리와 발음에 맞지 않아 문제가 된다는 것이다. 예를 들어 ① '앉, 없'은 '안즈, 업스'에서 'ㅡ'를 제거한 것인데, 이들은 조선어의 발음법으로는 발음이 되지 않는다. ② '핥'은 '할트'에서 'ㅡ'를 제거한 것인데, '핥'에 '고, 으며'가 승접하면 '하ㅡㅌ고' '하ㅡㅌ 으며'로 발음될 것이니 '할ㅅ고'나 '할트며'의 실제 발음과는 맞지 않는다. ③ '젊+으며'의 경우도 발음은 '저ㅡㅁ 으며'로만 되고 '절므며'로는 되지 못한다.

(G) 존경 조용사 '시'의 사용에 나타나는 결함: 주시경 학설에서는 '시'가 조사의 허리를 끊고 들어가는 불합리가 생기는데 예를 들어 '안으며'

'안으시며'가 된다. 이것을 피하기 위해서는 주시경 학설에서는 존경 조용사가 '으시'가 되어야 하는 모순에 빠진다고 한다.

(H) 호접검찰의 결과에 나타나는 결함: '기프 며'나 '깊 으며, 깊 고'에서 ① '며, 고'가 조사라는 것은 양 학설에서 모두 같다. ② 주설에도 조사 '고'는 있지만, '으고'는 없다(가고, 깊고). ③ 그렇다면 주시경 학설에서 '깊 으며, 깊 고'에서 '으'의 진상은 무엇인가? '으고'라는 조사를 인정해야 하는데, 과연 문법에서 이것이 타당한 것인가 하고 묻고 있다. 따라서 그 단어의 원음은 '기프'이고 '깊'은 그 원음의 약음으로 처리해야 한다는 것이 박승빈의 생각이다.

(2) 이제까지 으단의 문제에 대해 알아보았는데 다음으로 특수 「우」단, 특수 「오」단의 단어에 나타나는 결함에 대해 알아보자. 박승빈은 특수 「우」단, 특수 「오」단의 어미 「우, 오」와 「ㅂ」으로 발음되는 단어는 어미 「ㅂ」으로 일정하므로 주시경설에 의하면 일반적으로 통용되는 언어와 서로 허용되지 못한다는 문제가 있다고 지적한다. 다음의 예를 보자.(p.265)

$$\left\{\begin{array}{l}구우\ 며\\구ㅂ\ 고\end{array}\right\}가\left\{\begin{array}{l}굽\ 으며\\굽\ \ \ 고\end{array}\right\}로,\ \left\{\begin{array}{l}고오\ 며\\고ㅂ\ 고\end{array}\right\}가\left\{\begin{array}{l}곱\ 으며\\곱\ \ \ 고\end{array}\right\}로\ 됨.$$

'구우며', '고오며'와 같은 발음을 주시경식으로 하면 '굽으며, 곱으며'로 써야 하는데 이것은 문제가 있다는 것이다. 바꾸어 말하면 '우'가 용언 어미에 있는 음이라 하면 '으'도 동일한 것이요, '으'가 조사의 어두에 있는 음이라면 '우'도 동일하게 해석해야지 이 둘을 서로 다르게 처리하면 문제가 있다는 것이다.(p.266)

易 $\left\{\begin{array}{l}쉬우\\쉬ㅂ\end{array}\right\}$ 은 (1) 쉬브 (2) $\left\{\begin{array}{ll}쉬붓 & (3)\ 쉬우\ 며\\\\쉬븡 & (3)\ 쉬ㅂ\ 고\end{array}\right.$

만약 동일하게 처리한다면 위에서 '쉬우며'의 '우'가 용언 어미에 속한 음이라고 볼 수 있고 동시에 '구브며'의 '브'의 중성인 'ㅡ'도 용언 어미에 속한 음이라는 것을 알 수 있다고 했다.

(나) 변동단 관계: 용언 활용에서 박승빈과 주시경의 차이 가운데 두 번째 큰 쟁점이 되는 것이 변동단 관계이다. 주시경 학설에서는 변동단으로 발음되는 용언의 어미 활용을 부인하고 '어(아)'음을 떼어서 조사의 머리에 첨가하는 방식을 취하고 있는데, 박승빈은 그 결과 다음과 같은 결함이 나타난다고 주장한다. 이를 자세히 살펴보자.

(1) 주시경 학설에 따르면 다음의 언어에 발음과 부합되지 아니하며 또 동일한 단어가 두 가지의 방식으로 처리하게 되어서 그 표기를 결정할 수 없는 경우가 있다.

(A) 어미 으단의 단음 단어: '스며, 써서'가 '스며, 스어서'로 되어 어음과 맞지 않는다.

(B) 어미 이단의 단음 단어: '끼며, 껴서'가 '끼며, 끼어서'로 되어 어음과 맞지 않는다.

(C) 어미 으단의 복음 단어 중 약음을 쓰지 않는 단어: '아프며, 아파서'가 '아프며, 아프아서'로 되어 어음과 맞지 않는다.

(D) 동일한 단어 동일한 발음을 두 가지의 다른 방식으로 처리하게 되며 그 중 하나는 어음과 맞지 아니하는 것이 있다. '시므며, 시머서'가 '시므며, 시므어서'로도 되고 '심으며 심어서'로도 되어 그 기사방법을 정할 수가 없다.

(E) 동일한 단어 동일한 발음을 지방에 따라(혹은 사람에 따라) 두 가지의 다른 방식으로 처리하게 되며 그 중 하나는 어음과 맞지 아니하는 것이 있다. '기프며, 기퍼서'가 '기프며, 기프어서'로도 되고, '깊으며, 깊어서'로도 되어 그 기사방법을 정할 수가 없다.

(F) 어미 아단의 단어: '가며, 가서'가 '가며, 가아서'로 되어 어음과 맞지 않는다.

(G) 어미 어단의 단어: '서며, 서서'가 '서며, 서어서'로 되어 어음과 맞지 않는다.

(H) 어미 어단의 단어: '켜며, 켜서'가 '켜며, 켜어서'로 되어 어음과 맞지 않는다.

(I) 위의 종류별 단어에 저촉되는 것이 있는데, 이때 원단 관계의 설명과 동일하므로 설명은 생략하고 다만 그 종류만 열거하면 다음과 같다. ① '지어 서'의 어음을 불인하게 됨. 혹은 '지 어서'라 하여 '지'만을 동사의 단어로 하는 경우도 있음. ② '노하서'가 '놓아서'로 됨. ③ '무러서'가 '묻어서'가 됨. ④ '안자서'가 '앉아서'가 됨. ⑤ '할타서'가 '핥아서'로 됨. ⑥ '절머서'가 '젊어서'로 됨.

(2) 주시경 학설에 따르면 용언이 연달아 사용되는 경우에 두 단어의 사이에 따로 있게 되는 '어(아)'음에 합리적 해결이 되지 못한다.

| (예) | 새가 날 아 가ㅅ다 | 책을 펴 어 놓 아라 |
| (대조) | 새가 나라가ㅅ다 | 책을 펴노하라 |

주시경은 이를 설명하기를 '어/아'는 독립된 단어인 조사이며 그 의미는 '어서'와 같다고 했다. 또한 그 쓰임새는 윗용언으로 하여금 아랫용언을 수식하게 하는 관계를 만들어 주는 것, 즉 윗용언을 부사형으로 만드는 것이라고 했다(주설에서는 '매임겻=관계토'라 함). 박승빈의 입장은 주시경의 견해는 어떠한 특수한 경우에는 국부적으로 일리가 있지만 언어의

모든 경우에는 관철되지는 못하므로 문제라는 지적이다.

이와 같이 용언이 연용되는 경우 그 관계는 여러 가지로 서로 다른 것이므로 통일된 설명이 불가능하다는 것이다. 즉, 윗용언에 조사 '어'가 첨가하여 아랫용언을 수식하는 것으로 일정하게 설명할 수 없다는 것이다. 또 '닛어'의 경우에도 '닛어서'의 '어'와 '닛어버려'의 '어'를 두 가지로 그 자격이 다르게 설명하는 것은 모순이라 지적한다.(p.272)

(3) 용언 변동단에 조용사 '디'가 첨가하여 수성태가 되는 경우에 '어'음을 따로 떼면 주시경 학설에 따르면 그 '어'는 무엇이라고 해야 하는지 문제가 된다. "옷이 버서 디오"를 "옷이 벗 어 디 오"로 분석할 수 있는가?

(4) 형용사의 변동단음을 어간으로 하고 어미 '하'가 첨가하여 어미 '하' 동사의 단어가 조성되는 경우에 '어'음을 떼면 주시경 학설에서는 그 '어'는 무엇이라고 설명해야 하는지 문제가 된다. 예를 들어 "부러워하오 - 부러우 어 하오"에서 '부러워, 됴하, 스러' 등은 도저히 그것이 두 단위로 분해될 성질의 것이 아니라는 것이 박승빈의 견해다.

(5) 용언 변동단에 조사의 첨가가 없이 종지되는 말은 반말이 되는데, 이 경우에 '어'음을 각립시키면 그 '어'는 무엇이라 해야 하는지 설명할 길이 없다는 것이다. 예를 들어 "가-가아, 머거-먹어, 그려-그리어" 등이 그렇다.

(6) 주시경 학설에 따르면 용언 '하'에서 '하야서, 하야도'로 되는데, 이때 '야'는 용언 '하'에만 사용되기 위하여 생긴 조사가 될 터이니 이 또한 불합리한 견해라고 주장한다.

2.4.2.5. 어근에 대한 고찰

박승빈은 어근에는 두 가지 의미가 있다고 한다. ① 기본되는 동사=root verb, ② 동사의 기본=root of verb. 그러므로 전자는 '根되는 語'인 뜻이고 후자는 '語의 根'인 뜻이라고 설명한다. 2번째의 root는 동사의 일부분으

로서 그 단어의 의미가 결정되는 기본으로, 그 다음에 문법상 어미가
첨가되어야 그 단어가 활용되는 각 형상이 완성되는 것이라고 했다. 영어,
에스페란토, 일본어의 예를 들면 다음과 같다.(p.275)

(예1: 영어의 어근)

待 Wait
終 End
受 Accept
는 各히 完成된 單語이며 그 形相에 다시 「ed, ing, s」等이 添加되는 各 單語(原形의 母音이 變更되는 것도 이슴 例로 Run의 Ran, Copy의 Copied)의 原形이라 即 Root verb=根되는 語이라

(예2: 에스페란토의 어근)

與 Doni donas donis donos donu 의 don
考 Pensi pensas pensis pensos pensu 의 pens
捕 Kapti kaptas kaptis kaptos kaptu 의 kapt
는 各히 그 單語의 意義가 決定되는 基本이라 그러나 아직 單語가 完成되디 못 한 것이라, 即 Root of the verb=語의 根이라 그 다음에 文法上 例에 依한 語尾 「i, as, is, os, u」等에 依하야 單語가 完成되는 것이라

(예3: 일본어의 어근)

Nobu
Nobe
의 Nob은 第二義의 루트이고 그것에 文法上 現例(下二段)인 u, e가 添加되야서 單語가 完成되는 것임

Noburu
Nobure
는 이믜 完成된 單語 Nobu에 다시 ru, re가 添加되는 것이니 그 Nobu는 Nobure第一義의 루트의 部類에 屬한 것임

    그러면서 박승빈은 조선어의 동사의 어근(root)은 외형상으로 보면 일본
어의 어미 활용의 형태와 매우 유사하지만, 그 내용상으로 상세히 고찰하면
제1의 어근의 의미(root verb)에 가깝다고 했다. 즉 '뿌리되는 말'로 해석한
다는 것이다. 이를 구체적인 예를 들어 다음과 같이 제시하고 있다.(p.278)

原形 根되는語	變種形	假想 語의根	原形 根되는語	變種形	假想 語의根	原形 根되는語	變種形	假想 語의根
望 바라	同	바르ㅍ	冷 시그	시거	시ㄱ	積 싸흐	싸하	싸ㅎ
敷 펴	同	ㅍ	捲 거드	거더	거ㄷ	挾 씨	쎠	ㅅㅣ
藏 감초	감촤	감ㅊ	植 시므	시머	심ㅁ	使 시기	시겨	시ㄱ
鬪 싸호	싸화	싸ㅎ	報 가프	가파	가ㅍ	畫 그리	그려	그ㄹ
收 거두	거둬	거ㄷ	通 아프	아파	아ㅍ	去 바리	바려	바ㄹ
消 ㅅㄹ	ㅆ	ㅅ	潤 부르	부러	부ㄹ	卸 부리	부려	부ㄹ
食 머그	머거	머ㄱ	坐 안즈	안자	안ㅈ	飮 마시	마셔	마ㅅ

박승빈은 조선어의 동사는 그 원형의 음만 알면 변동형의 음은 규칙적으로 저절로 알게 되는 것이며 '가상 語의 根'의 음만으로는 단어의 의미가 확정되지 못한다는 특성이 있다고 했다. 그리고 조선어의 동사는 이상 논술한 바와 같은 조직이기 때문에 앞서 기술한 원형의 음이 제1의 어근에 해당하는 것이고, '가상 語의 根'의 음을 제2의 어근으로 보는 것은 불가능하다는 것이다.

박승빈 문법에서는 '어근' 즉 루트(root)는 단어의 문법상 구분을 표준으로 하여 단어 성립의 기본을 의미하는 것이고, '어간'은 단어의 음절을 표준으로 하여 한 단어의 끝음절을 어미라고 하였으며, 어미의 위에 있는 음을 어간이라고 하였다. 예를 들어 '머그'는 어근이고 이때 '그'는 어미이며 '머'는 어간이 된다. 따라서 이 둘은 그 구별하는 기준이 서로 다르다는 점을 강조한 것이다.(p.279)

어음이 이중모음일 경우에는 이를 분해해서 그 성분을 논해야 할 필요가 있는 경우가 있는데, 예를 들면 다음과 같다.(p.280)

畫「그리, 그려」에 루트 = 그리; 려 의 中聲 ㅕ
狹「씨, 쎠」에 루트 = 씨; 쎠 의 中聲 ㅕ
負「지, 져」에 루트 = 지; 져 의 中聲 ㅕ
}는 分析하면 (ㅣ + ㅓ) → ㅕ

植「시므, 시머」에 루트 = 시므; 머 의 中聲 ㅓ ⎫
呼「부쓱, 부쎠」에 루트 = 부쓱; 쎠 의 中聲 ㅓ ⎬ 는 分析하면 (ㅡ+ㅓ)→ㅓ
消「쓱, 쎠」에 루트 = 쓱; 쎠 의 中聲 ㅓ ⎭

痛「아프, 아파」에 루트 = 아프; 파 의 中聲 ㅏ ⎫
坐「안즈, 안자」에 루트 = 안즈; 자 의 中聲 ㅏ ⎬ 는 分析하면 (ㅡ+ㅏ)→ㅏ

來「오, 와」에 루트 = 오; 와 의 中聲 ㅘ 는 分析하면 (ㅗ+ㅏ)→ㅘ

收「거두, 거둬」에 루트 = 거두; 둬 의 中聲 ㅝ 는 分析하면 (ㅜ+ㅓ)→ㅝ

어근과 기사방법

주시경 학설에 따라 '먹으며, 걸으며, 불으며, 앉으며, 쌓으니' 등의 철자법을 주장하는 학자 중에 그 근거로 '먹, 걷, 불, 앉, 쌓'이 그 동사의 어근이기 때문이라고 주장하는 사람이 있지만, 그들 중 어느 누구도 그 '어근'의 뜻이 '根 되는 語'인지 '語의 根'인지를 명확하게 설명하는 사람이 없다고 박승빈은 비판한다.

> "그러나 '먹, 걷, 불, 앉, 쌓, 닳'이 '語根'이 안임은 우에 이믜 論述한 바이어니와 假設로 그것이 語根이라고 하드라도 右와 같히 語根은 반드시 區分하야서 記寫할 것이라 함은 不當한 主見이라. 文法學上 語根을 論議하는 趣意는 各 單語의 成分에 對한 分析的 考察을 說明함에 잇는 것이오, 一般的으로 使用하는 言語의 記寫는 單語의 發音 그것을 記寫하는 것이라. 故로 言語의 記寫에는 첫재로 音節의 區分에 依하고, 다음에는 單語의 區分에 依하야 記寫하는 것이오, 單語의 語根이 記寫 區分의 標準으로 되는 것은 아니다." (p.281)

우리말 철자법의 우선적인 원칙은 단어의 음절(발음)을 중심으로 구분하고, 다음으로는 단어(품사)에 의해 구분하여 표기해야 한다는 주장이다. 이에 대해서는 박승빈이 1938년 "綴字法講釋(一)"(『정음』 27) 논문에서 다시 자세히 밝히고 있다.(이에 대해서는 제II부 제3장 5. 참조)

박승빈은 언어의 발음 단위는 음절이고 조선문은 음절문자의 제도로 성립되어 있다는 점을 대전제로 한다. 이 점을 증명하기 위해 외국어를 조선문으로 표기하는 경우(즉 외래어 표기법)을 그 근거로 들어 보이고 있다.(p.283)

英語 { Wait / End / Accept } (第一義 루트) + { ed / ing / er } 를 { 音節의 區分에 依하야 記寫하면 다음 (1)과 가틈 / 루트의 區分에 依하야 記寫하면 다음 (2)와 가틈

(1) { 웨이테드, 웨이팅, 웨이터- / 엔데드, 엔딩, 엔더- / 악셉테드, 악셉팅, 악셉터- }

(2) { 웨잍에드, 웨잍잉, 웨잍어- / 엔에드, 엔잉, 엔어- / 악셒에드, 악셒잉, 악셒어- }

에스페란토 { Don / Pens / Sign } (第二義 루트) + { as / is / o } 를 { 音節의 區分에 依하야 記寫하면 다음 (1)과 가틈 / 루트의 區分에 依하야 記寫하면 다음 (2)와 가틈

(1) { 도나스, 도니스, 도노 / 펜사스, 펜시스, 펜소 / 식나스, 식니스, 식노 }

(2) { 돈아스, 돈이스, 돈오 / 펜스아스, 펜스이스, 펜스오 / 싶아스, 싶이스, 싶오 }

日本語 { 聞 Kik / 勝 Kat / 飮 Non } (第二義 루트) + { u / i / e } 를 { 音節의 區分에 依하야 記寫하면 다음 (1)과 가틈 / 루트의 區分에 依하야 記寫하면 다음 (2)와 가틈

(1) { 기구, 기기, 기게 / 가두쭈, 가디, 가데 / 노무, 노미, 노메 }

(2) { 긱우, 긱이, 긱에 / 갇우, 갇이, 갇에 / 놉우, 놉이, 놉에 }

위에서 (1)은 발음을 중시하는 박승빈 식 표기이고 (2)는 주시경의 철자법에 기대어 본 형태주의 표기이다. 박승빈은 영어, 에스페란토, 일본어 등의 외래어 표기를 고려할 때, 외래어표기에서는 주시경 식의 형태주의 표기가 적합하지 않으며, 이를 소리나는 대로 음절단위로 적어야 우리 전통에 맞는 표기임을 강조하고 있다. 박승빈은 또 'Esperanto'라는 말을 표기할 때도 '에스페란토'로 쓰는 것은 음절을 고려한 것인데, 만일 주시경설에 따른다면 '에스펠앝오'로 적어야 하는데 이는 불합리하다는 것이다. 위와 같이 외국어에 그 어근의 한계가 명확하며, 또 그 원서(로마자 표기법)에는 음절문자의 제도가 없는 어음이라도 그것을 조선문으로 표기할 때에는 음절문자의 제도에 따라서 표기해야 한다는 것이다.

> "音節文字의 制度가 確定되야 잇는 自國語에 當하야서는 도로혀 音節文字의 制度를 沒却한 記寫法을 主唱함은 한갓 好奇心에 因한 錯誤된 言論이라"(p.284)

우리말의 특징을 고려하여 표기해야 하는데 그렇지 않고 외국의 이론만 좇아서 표기를 하고 있다고 비판하고 있다.

2.4.2.6. 조용사(助用詞)

◎ **조용사의 의의와 임무**

박승빈 문법에서 조용사는 용언에 연접하여 용언을 보조하여 그 내용에 특정한 의의를 첨가하는 단어로 규정한다. 조선어 조용사는 동사의 보조로만 사용되는 것이 아니고 각 종류의 용언에 다 사용되는 것이므로 조용사라고 부른다고 했다. 또한 '주된 용언'에 상대적인 개념으로 '보조용언'이라고도 한다고 했다. 조용사를 별도의 품사로 설정한 것은 박승빈 문법의 특징 중 하나이다. 조용사의 종류로는 용언의 태(態 Voice)를 표시하는 것과(예1), 존경을 표시하는 것과(예2) 시상(Tense)을 표시하는 것(예3) 등 세 가지를 설정했다.(p.285)

예1 쥐가 고양이에게 잡히오, 바람ㅅ 소리가 들리오, 잡히는 쥐… 수동태
　　麥酒를 어름에 차혀라, 말굽에 신을 신기ㄴ다, 차히ㄹ 麥酒… 사역태
　　日氣가 더워디오, 汽車로 한 時間에 가뎌요, 가디ㄹ 時間…… 수성태
예2 先生님이 오시오, 어마님이 아이를 아느셔ㅅ다, 오시는 先生님　⎫
　　당신은 思想이 노프시ㅂ니다, 孔子는 聖人이시다, 聖人이시ㄴ 孔子⎭존경
예3 李君이 가쓰ㅂ니다, 고양이가 쥐를 자바써요,가ㅅ든 사람이 와요⎫
　　어제는 퍽 더워ㅅ(ㅆ)다, 어제는 金氏가 當番이야쓰오,　　　　　⎬과거
　　아라쓰 ㄹ 理가 업다　　　　　　　　　　　　　　　　　　　　⎭
　　李君이 가개쓰ㅂ니다, 고양이가 쥐를 잡개써요, 가갯는 길　⎫
　　來日은 퍽 덥갯(갰)다, 밤에 달이 잇갯다, 알갯는 글　　　　⎬미래

　　조용사는 그 보조를 받는 용언에 일정한 의의를 첨가할 뿐이기 때문에 용언의 사용되는 관계를 표시하는 단어인 조사(용언조사)와는 구별된다.(p.286)

用言	助用詞	用詞		用言	助用詞	用詞	用言	助用詞	用詞
捕 자브	⎧히	며	去 가	⎧시	며	信 미드	⎧쓰	며
ㅂ	⎨	고		⎨	고	ㄷ	⎨ㅅ	고
바	⎩혀	서		⎩셔	서	더	⎩써	서

用言	助用詞	用詞
暑 더우	⎧개쓰	며
ㅂ	⎨개ㅅ	고
워	⎩개써	서

◎ **태**

박승빈은 용언의 태를 기본태와 변동태로 구분하고 변동태에는 다시 수동태, 사역태, 수성태 등으로 구분했다.(p.288)

동사의 기본태를 능동태라고 하며, 영어에는 태의 법칙이 동사에만 있고 또 태의 종류는 수동과 능동 두 가지 뿐이지만, 조선어는 이에 관한 제도가 영어와 달라서 영어의 술어를 그대로 사용하는 것은 적당하지 않다고 주장한다. 또 '수성(遂成)'을 '가능'이라고도 한다고 했다.

기본태는 용언의 기본 뜻을 나타내는 것이다. 따라서 태를 표시하는 조용사가 붙지 않고 용언만으로 그 뜻을 표시하는 것이다. 기본태에 조용사가 첨가되면 변동태가 되는 것이다. 마치 생성문법에서 심층구조에서 변형을 통해 표면구조가 나오는 것을 연상케 한다. 예를 들어 능동문을 기본으로 하고 여기에 변형규칙을 가해 수동문을 만들어내는 방식과 유사하다고 본 것이다.

(1) **수동태**: 수동태는 동사의 동작을 받는 체언을 주어로 하는 용언의 태를 말하는데, 기본태 가운데 동작을 나타내는 타동사만이 수동태가 된다고 했다.

기본태: 순사가 도적을 잡는다.
수동태: 도적이 순사에게 잡히ㄴ다.

박승빈은 우리말에서 수동태가 가장 취약한 부분이며 규칙을 세우기도 가장 어렵다고 토로하고 있다.

> "受動態되는 語音의 組織은 매우 多端하며 散亂하며 不確實하야서
> 文典 整理上 가장 困難한 바이니 이것은 朝鮮語의 組織 中에 唯一한
> 缺點이라." (p.290)

수동태에 사용되는 어음과 사역태(使役態)에 사용되는 어음은 대부분
서로 같으며 따라서 둘의 사용에 대한 모든 관계가 대개 서로 동일하다고
지적했다. 또한 어떤 단어의 경우 수동태를 사용하는 언어의 습관이 아주
생소하여 그것을 사용하기 어려운 경우가 있다고 하면서 다음의 예를
제시했다.

> 例 物品이 사히오, 사혀ㅅ다, 술이 마시키오, 마시켜ㅅ다, 길이 물리
> 오, 물려ㅅ다

이와 같은 변동태를 사용하는 습관이 확립되지 못한 타동사에 수동태의
조용사를 빌려서 이것을 수동태의 의미로 인정하여 사용하는 일도 있다고
한다. (이것은 '어지다' 수동을 의미함)

> 例 物品이 사디오, 사뎌ㅅ다, 술이 마셔디오, 마셔뎌ㅅ다

이들 예는 원래 수성태인데, 수성태로 사용되는 때에는 그 의의가 명확
하지만, 이를 수동태로 빌려쓰는 경우에는 그 의미가 달라진다고 했다.
수동태 조용사의 어음에 관한 규례는 몇 가지로 나누어 볼 수 있다.
첫째, 동사의 어미의 원음에 조용사 '히'가 붙어서 사용되는 경우, 둘째
동사의 어미의 약음에 조용사가 연접되는 경우가 있다. 예를 들어 'ㄱ,
ㄷ, ㅂ, ㅈ, ㅍ'에는 '히'가 붙고, 'ㄴ, ㅁ, ㅅ, ㅊ'에는 '기'가 붙으며, 'ㄹ'에는

'리'가 붙는 식이다.(p.292)

　동사가 수동태로 될 때, 동사의 어미의 음과 조용사의 결합 상태를 표로 정리하여 보면 다음과 같다. 여기서 숫자는 뒤에 나오는 예문의 번호를 뜻한다. (pp.294-295)

동　　사　　어　　미　　의　　구　　별							별	조용사	예시
아段						原音	ㅏ	히, 혀	(1)
여段						原音	ㅕ	히, 혀	(2)
오段	普通					原音	ㄴ	히, 혀	(3)
	特殊					原音	오		不明
						略音	ㅂ		不容
우段	普通					原音	ㄷ	히, 혀	(4)
	特殊					原音	우	히, 혀	(5)
						略音	ㅂ	히, 혀	(6)
으段	單音節					原音	ㅡ	히, 혀	(7)
	複音節	調節音	平音	有激音	無略音	原音	ㅡ	히, 혀	(8)
					有略音	原音	그	히, 혀	(9)
						略音	ㄱ	히, 혀	(10)
						原音	ㄷ		
						略音	ㄷ	히, 혀	(11)
						原音	ㅂ		
						略音	ㅂ	히, 혀	(12)
						原音	즈		
						略音	ㅈ	히, 혀	(13)
				無激音	無略音	原音	ㅡ		不容
					有略音	原音	ㄴ		
						略音	ㄴ	기, 겨	(14)
						原音	므	히, 혀	(15)
						略音	ㅁ	기, 겨	(16)

				原音	ㅅ		
				略音	ㅅ	기, 겨	(17)
				原音	ㄹ	히, 혀	(18)
				略音	ㄹ	리, 려	(19)
	硬音	無激音	無略音	原音	ㅡ	히, 혀	(20)
			有略音	原音	ㅆ	히, 혀	(21)
				略音	ㅆ		
	激音	無激音	無略音				
			有略音	原音	ㅌ	히, 혀	(22)
				略音	ㅌ		不容
				原音	ㅍ		
				略音	ㅍ	히, 혀	(23)
				原音	ㅊ		
				略音	ㅊ	기, 겨	(24)
	朗音(喉音) ···················· 無略音						
			有略音	原音	ㅇ	히, 혀	(25)
				略音	ㅅ, ㅿ	기, 겨	(26)
				原音	ㅎ	히, 혀	(27)
				略音	ㄱ(ㄴ下)	기, 겨	(28)
이段	單音節 ······························ 原音					히, 혀	(29)
	複音節 ······························ 原音				ㅣ	키, 켜	(30)

<예시>

(1) 쌍이 파히오

(2) 불이 켜혀ㅅ다

(3) 山이 보히네

(4) 잘 두히ㄴ 바독點

(5) 밤이 잘 구우혀ㅅ소

(6) 옷이 잘 깁(補)혀ㅅ다

(12) 盜賊이 잡혀ㅅ다

(13) 꽃이 꼿히오

(14) 아이가 안겨서

(15) 나무가 잘시므혀ㅅ다

(16) 나무가 심겨ㅅ다

(17) 물에 씻겨서

(22) 곰에게 할트혀서

(23) 돈이 다 갚혀ㅅ소

(24) 꿩이 매에게 꽂기느다

(25) 술이 가득히 부으혓소

(26) 노끈이 닛(續)겨ㅅ다

(27) 말이 노흐혀서

(7) 燈ㅅ불이 쇠히고　(18) 이집에 싸르(隨)히ㄴ담 (28) 길이 읜〃겨ㅅ다

(8) 물에 잠그혀서　(19) 물ㅅ 스리가 들리오 (29) 늘(板)사이에 끼혀서

(9) 못이 바그히오　　　칼이 잘 갈리ㄴ다　(30) 니불이 잘 가이켜ㅅ소

(10) 못이 박히오　(20) 證人으로 부쐬혀ㅅ다

(11) 門이 달히ㄴ다　(21) 나무가 싸쇠히오

　그러나 수동태가 위와 같은 규칙에 의해 형성되지 않는 불규칙한 사례도 있다.(pp.296-297) 예를 들어 '가두'는 '가티(갇히)'가 되고, '거두'는 '거티(걷히)'가 되는데, 이 경우는 동사 어미 '드'의 약음 ㄷ에 조용사 '히'가 붙어서 '티'로 발음되는 것으로 '다드 닫히 = 다티'나 '무드 묻히 = 무티'와 같은 것이라 했다. '씨스 - 씻기'나 '쌔아스 - 쌔앗기' 등은 동사 어미 '스'의 약음 ㅅ에 조용사 '기'가 붙어서 만들어진 것으로 '씨즈 찢 - 찢기'와 같은 식이다. '언즈 언 - 언치'는 '쇠즈'의 약음 '쏯'에 '히'가 붙어서 '쏘치'가 되는 방법과 같은 것이며, '만지 - 만치'의 경우는 '지'와 '즈'가 유사하여 '언즈, 언치'에 유추하여 성립한 것으로 설명했다.

　(2) 사역태(使役態): 박승빈은 주어인 체언이 다른 사물의 동작이며, 상태이며, 존재를 만드는 (또는 만들게 하는) 용언의 태를 사역태라고 했다.

　　기본태: 아이가 자오
　　사역태: 어마님이 아이를 자히오.

　사역태는 수동태와 마찬가지로 어음의 조직이 매우 다단(多端)하며 산란하며 불확실하여 우리말 문법에서 가장 곤란한 부분이라고 했다.(p.298)
　사역태를 표시하는 조용사의 단어는 용언의 어미의 음에 따라 여러

가지의 발음으로 되어 있어 그 단어는 여러 종류가 된다고 했다. 예를 들어 '자오 - 자히오', '지고 - 지우고', '신으오 - 신기오', '실으며 - 실리며' 등이다. 어떤 경우에는 한 가지 언어가 두어 가지의 방법으로 나타나는 경우도 있다.(예: 자며 - 자히며, 자이며 / 다쯔며 - 다쯔히며, 다쯔이며 / 노파서 - 노프혀서, 높혀서)

또한 어떤 단어에는 그 사역태를 사용하는 것이 생소하여 그것을 사용하기 어려운 예이 있다고 지적한다.

예 그 사람을 가[히]오 가[혀]ㅅ다, 말을(에게) 풀을 마시[키]고 마시
[켜]라

이와 같이 불완전한 경우는 조용사 대신에 '게(조사) 하(동사)'의 문구를 빌려서 사용하는 일이 많다고 했다.

예 그 사람을 가[게하]오, 말을(에게) 풀을 마시[게하]ㅂ니다

동사가 사역태로 될 때, 동사의 어미의 음과 조용사의 결합 상태를 표로 정리하여 보면 다음과 같다. 여기서 숫자는 뒤에 나오는 예문의 번호를 뜻한다.(p.302)

용 언 어 미 의 구		별	조용사	예시
아段 ···················· 原音		ㅏ	히, 혀	(1)
어段 ···················· 原音		ㅓ	히, 혀	(2)
여段 ···················· 原音		ㅕ	히, 혀	(3)
오段	普通 ············ 原音	ㅗ	히, 혀	(4)
	特殊 ············ 原音	오	不明	
	原音	ㅂ	不明	
우段	普通 ············ 原音	ㅜ	히, 혀	(5)

						原音/略音			
	特殊 ………………………………					原音	우	히, 혀	(6)
						原音	ㅂ	히, 혀	(7)
으段	單音節 ………………………………					原音	ㅡ	히, 혀	(8)
	複音節	調節音 平音	有激音	無略音		原音	ㅡ	히, 혀	(9)
				有略音		原音	그	히, 혀	(10)
						略音	ㄱ	히, 혀	(11)
						原音	드		
						略音	ㄷ	히, 혀	(12)
						原音	브		
						略音	ㅂ	히, 혀	(13)
						原音	즈		
						略音	ㅈ	히, 혀	(14)
			無激音	無略音		原音	ㅡ	히, 혀	(15)
				有略音		原音	ㄴ		
						略音	ㄴ	기, 겨	(16)
						原音	므	히, 혀	(17)
						略音	ㅁ	기, 겨	(18)
						原音	스	히, 혀	(19)
						略音	ㅅ	기, 겨	(20)
						原音	르		
						略音	ㄹ	리, 려	(21)
		硬音 無激音		無略音		原音	ㅡ	히, 혀	(22)
				有略音		原音	ㅆ	히, 혀	(23)
						略音	ㅅ		
		激音 無激音		無略音					
				有略音		原音	트	히, 혀	(24)
						略音	ㅌ	히, 혀	(25)
						原音	프		
						原音	ㅍ	히, 혀	(26)
						略音	츠		

		原音	ㅊ		
朗音 ·······················	無略音				
	有略音	原音	으	히, 혀	(27)
		略音	ㅅ,ㅆ	기, 겨	(28)
		原音	ㅎ	히, 혀	(29)
		略音	ㄱ(ㄹ下)	리, 려	(30)
이段　單音節 ····························		原音	ㅣ	히, 혀	(31)
				우, 워	(32)
複音節 ····························		原音	ㅣ	키, 커	(33)
				우, 워	(34)

다음은 구체적인 <예시>를 보인 것이다.(p.305)

(1) 아이를 자히오　　(13) 손목을 잡히고　　(24) 벼를 홀트(擦)히고

(2) 碑를 서히고　　(14) 音聲을 낮(低)히고　(25) 조희를 붙(付)히오

(3) 燈ㅅ불을 켜히ㄴ다　(15) 行人을 건ㄴ(渡)히오 (26) 담을 높히세

(4) 例를 보힘　　(16) 아이를 안(抱)기고　(27) 썩가루를 바ᄋ(碎)히오

(5) 춤을 추히며　　(17) 꽃씨를 시므(植)히고 (28) 술을 붓(酌)기며

(6) 患者를 누우(臥)히고 (18) 짚신은 삼(捆)기오 (29) 배를 다흐(着)히고

(7) 患者를 눕(臥)히고　(19) 돈을 업ㅅ(無)히ㄴ다 (30) 붓을 달ㄱ(耗)리ㄴ다

(8) 배를 쯔히고　　(20) 아이를 웃기며　(31) 짐을 지히고

(9) 大門을 잠그(鎖)히고 (21) 말을 달(走)리오　(32) 옷보퉁이를 니(戴)우고

(10) 어름을 노그(消)히ㄴ다 　연을 날리오　(33) 바을을 나리(下,自働)키오

(11) 눈을 녹(消)히ㄴ다　(22) 침을 흐ㄹ(流)히ㄴ다 (34) 구멍을 머이(塡)우ㄴ다

(12) 먹을 묻(塗)히오　(23) 그릇을 다ㅅ(磨)히오

그러나 수동태와 마찬가지로 사역태도 위와 같은 규칙에 의한 형성되지
않는 불규칙한 사례도 있다.(p.306) 예를 들어 '거두'는 '거티(걷히)'가

되고 '다드 닫 - 닫기'가 되고 '씻 - 씻기'가 되는데, 이 경우는 동사 어미 '드'의 약음 ㄷ에 조용사 '히'나 '기'가 붙거나, '스'의 약음 ㅅ에 조용사 '기'가 붙어서 만들어진 것이다. '언즈 언 - 언치'는 수동태에 이어 사역태 에도 등장하는데 '쇠즈'의 약음 '쇚'에 '히'가 붙어서 '쇠치'가 되는 방법과 같은 것이며, '안즈 안 - 안치'도 같은 연유로 형성된 것이다. 그밖에 불규 칙한 유형으로는 '도드 돋 - 돋우', '사르 살 - 살구', '니르 닐 - 니르키', '저즈 젖 - 적시' 등이 있다고 했다.

이 밖에 박승빈은 용언에 조용사 '히, 기, 리'가 연접하여 이미 사역태가 성립된 다음에 또 '우'가 첨가된 어음을 사용하는 관습이 있다고 했다. 오늘날 소위 이중사동에 해당하는 것이다. 이는 용언의 어미 이단음이 첨가된 다음에도 또 '우'음을 첨가하여 그 사역태의 어음을 더욱 명확히 하려는 현상이라 설명한다.

> [예] 자히고-자히우고, 서히며-서히우며, 안기고-안기우고, 날리며-날
> 리우며

수동태, 사역태의 어음에 대한 고찰

박승빈은 수동태와 사역태를 구성하는 조용사의 어음은 '히'가 그 기본 이라고 했다. 여기서는 과연 '히'에서 어떻게 '이, 기, 리' 등이 나왔을까 하는 문제를 자세히 다루었다.

(1) 용언 어미의 원음에 연접되는 '히'음은 보통 '이'음으로 발음된다. 이는 하야행의 발음은 그 음질이 아야행의 발음으로 혼동되는 일반적 상태에 의한 것이다. (2) 용언 어미의 약음에 연접되는 경우, 그 받침이 격음을 가진 평음이면 '히'가 연접되고, 그 받침이 격음을 가지지 않은 평음인 때는 그 음에 따라 특정한 음이 사용된다. 예를 들어 'ㄴ, ㅁ, ㅅ' 아래에는 '기'가 사용되며(안기오, 감기오, 웃기오), ㄹ 아래에서는 '리'가

사용된다. 또 그 받침이 격음 발성음인 경우에는 그 음이 이미 급격히 고양되는 음으로 되어 있는 것이므로 그 아래에 연접되는 음은 '히'와 '이'의 구분이 없이 혼용된다(덮히오 - 덮이오, 붙이오 - 붙이오).

(3) 용언 어미 이단에 조용사로 '키'음이 연접되는 경우가 있는데, 이것은 그러한 경우 '히'의 음은 명확하게 발음되기 어렵기 때문에 음질상 '히'와 가장 가깝고 명확하게 발음될 수 있는 '키'를 사용하게 된다.(니불이 잘 가이키고). (4) 용언 어미 으단의 원음에 조용사 '히'가 연접된 다음은 그 어미를 조성한 종성음의 이단음과 같은 발음이 된다. '히'는 '이'와 같이 발음되는 경우가 있으며 그 용언 어미에 있는 'ㅡ'는 매우 약한 중성음이어서 거기에 아행음이 연발되면 항상 그 음이 흡수되는 것이 보통이다.(쓰히오 - 쓰이오 - 씨오 / 노그하며 - 노그이며 - 노기며 / 잠그히네 - 잠그이네 - 잠기네)

> "그러나 그 各 部分의 言語 中에는 語音의 潛寂, 吸收 等의 關係로 實際에 使用되는 語音보담 너출디게 되는 境遇가 이슴이라. 이에 當하야 余는 그 語音의 眞相에 依한 理論에다가 다시 어써한 第2段의 法則을 加味하야서 實際上 使用에 簡便하게 되도록 整理하야 보랴고 實로 多大한 勞力을 消費하얏다. 그러나 그 結果는 어써한 局部的으로는 合理的 整理 方法이 認定되는 것이 업디 아니하나 全部를 統轄的으로 考察하랴는 째에는 各 言語에 理論이 서루 貫徹되디 아니하고 音理上 見解에 根據가 업서더서 文典的으로 合理의 整理法이 되기 어렵고 結局 그 語音의 眞相 그대로에 짜라서 整理함보담 優良한 方法이 업슴을 認定하는 바임."(pp.311-312)

그러나 합리적인 규칙으로 설명하기 어렵다는 것이 결론이다. 예를 들어 기본인 '히'가 상황에 따라 '이'로 달라지는데, 그 조용사의 '히'음을 전부 '이'로 정리할 수는 없고 결국 착난(錯亂)한 상태가 되었다고 소회를 밝히고 있다. 원래의 어음인 '히'를 버리고 전기와 같은 제2단 법칙을 인정할 필요가 과연 있을까? (노흐며 - 노으며, 서서히 - 서서이). 박승빈이 수동태가 조선어 문법에서 가장 취약한 부분이라고 한 이유가 바로 이러한 불규칙성 때문일 것이다.

(3) **수성태**: 박승빈은 정세(情勢)의 관념을 주된 의미로 하여, 한 용언이 가지고 있는 뜻으로 변한 결과를 기술하는 방법을 수성태(遂成態)라고 했다. 수성태의 조용사는 '디'며 그 변동단은 '뎌'이다.

> 예 燈ㅅ불이 켜디오 ……… 바람이 그쳐서
> 이야기가 滋味가 이서디ㄴ다 ……… 次次 佳境에 드러가서

*<u>동사의 수성태</u>: 자동사의 수성태와 타동사의 수성태로 나뉜다. 전자의 경우는 "저 사람이 자디오"나 "그 사람은 거름이 쌔싸서 두 시간에 가뎌ㅅ다."와 같은 예가 여기에 해당한다. 후자의 경우는 "오놀은 고기가 만히 자비디갯다."나 "글시가 아니 써디ㄴ다."와 같은 예가 여기에 속한다.

타동사의 수성태는 그 수동태와 의미가 서로 다른데, "도적이 잡히(수동)ㅅ다."는 '잡힌' 사실의 단순한 서술이고 '도적이 자바뎌ㅅ다'는 무슨 정세의 관념을 전제로 한 그 결과를 서술하는 말이다. 그러나 타동사의 수성태와 수동태는 그 의미가 매우 근접하여 있어 실제 언어에서 서로 혼용되는 경우가 많다고 한다.

*<u>형용사의 수성태</u>: 형용사가 그 형상이 변함이 없이 그대로 동사로 사용되는 언어와 형용사에 조용사 '디'가 첨가되어 사용되는 언어의 의의에는 미묘한 차이가 있다.

> 예1 형용사가 자동사로 사용된 것
> 날이 어듭는다, 아이가 커ㅅ다
> 예2 형용사에 수성태 조용사가 첨가된 것

구름이 덮혀서 날이 어뒤디ㄴ다, 바람을 너허서 고무공이 커뎌ㅅ다.

　(예1)의 언어는 주어의 자주적 관념을 함유한 언어이니 즉, '날이 저물어 감'이나 '아이기 자랐음'을 서술한 것이고 (예2)의 언어는 주어가 어떠한 정세로 인해 결과를 서술하는 언어이니 즉 '구름이 덮힘의 원인으로 어둡게 됨의 결과'를, '바람을 넣음의 원인으로 크게 되었음의 결과'를 서술한 것이다. 그러나 이 둘은 의미가 유사하여 실제로는 서로 혼동되는 경우가 많다고 했다.
　*존재사의 수성태: 존재사는 진행적인 형세가 없는 것이어서 그 단어 자체만으로는 동사로 사용되지 못하고 조용사 '디'가 첨가되어야 비로소 동사와 같은 의미로 사용될 수 있다.

　　예1 잇는다　업스ㄴ다　又는 업는다……使用되디 못 함
　　예2 滋味가 이서디ㄴ다　돈이 업서디ㄴ다……「디」의 添加로 使用됨

　존재사에 조용사 '디'가 첨가되어 동사처럼 사용되는 것은 유나 무의 내용을 진행적으로 서술하는 것이 아니고, 유나 무에 향하여 진행된다는 의미를 서술하는 것이다. 소위 진행형을 말한다. 그리고 속성상 지정사에는 그 수성태가 없다.

　◎ 존경 - 존경을 나타내는 조용사는 '시'이며, '시'의 변동단은 '셔'이다. 그 사용 예는 다음과 같다.(p.323)

　예　당신은 德이 이스시ㅂ니다　　德이 이스시ㄴ 당신
　　　栗谷은 偉人이시니라　　　　偉人이시ㄴ 栗谷
　　　先生님은 思想이 노프시오　　思想 노프시ㄴ 先生님

뎡님이 오셔ㅅ다   오시ㄴ 뎡님

어마님이 아이를 어브셔ㅅ다   아이를 어브시ㄴ 어마님

◎ 시상

박승빈은 시상(時相)으로 현재, 과거, 미래를 설정한다.

*현재시상: 현재시상은 용언의 기본이 되는 시상으로 이를 표시하는 조용사의 보조를 받지 않고 용언만으로 그 뜻을 표시한다. 예를 들어 "저긔 무엇이 이스오", "그 말의 빛이 거므이."와 같다. 박승빈은 우리말에는 영어와 같은 진행상(progressive)이 없고 진행도 현재시상에 포함되어 있다고 했다. 예를 들어 "그 말이 걷는다."는 현재시제도 나타내고 현재진행형도 나타낸다는 것이다.

박승빈은 현재시상의 의미로 다음과 같이 다섯 가지를 제시했다.(pp.324~325)

(1) 일반적 정리(定理)

예 太陽에는 光線이 이스오   불은 쓰겁고 어름은 차ㅂ니다
   소는 動物이오   해는 東에서 소사서 西으로 너머가ㄴ다

(2) 상습적 사실

예 범은 山에 이스오   그 사람은 거름이 쌔쓰오
   그 사람은 品行이 君子이ㅂ니다   그 先生은 數學을 가르치ㄴ다

(3) 현재의 상태(기존한 상태)

예 저것 봐라 東便 山 우에 무지게가 잇다   오눌은 쇄 덥다
   오눌이 中伏날이오

(4) 현재 진행하는 동작

예 李君이 自己의 뎡님에게 便紙를 쓰ㅂ니다
   날이 어듭는다

(5) 미래의 대용 (예정된 미래의 사실을 나타낼 때)

예 나는 來日 일이 이서요   그러하야서 學校에 못 오ㅂ니다

來日에는 金氏가 宿直이오

來日 됴흔 구경이 만흐오

당신 언제 서울 가오?, 來日 써나오

(6) 과거의 대용 (과거에 진행된 사실을 목전에 전개함과 같이 나타낼 때)

예 녜에도 한 사람이 이스오　姓名은 朴興甫이오　興甫가 박을 타느다

*과거시상: 과거시상은 용언의 이미 지나간 뜻을 표시하는 것으로, 과거시상을 표시하기 위해서는 용언에 조용사 '쓰'가 첨가되는데, '쓰'의 약음은 'ᄊ=ᄉ'이고 변동단은 '써'로 된다.

예 數日前에 蹴球大會가 이서쓰오 어느 學校가 優勝하야ᄉ나?

*반과거: 박승빈은 반과거를 설정했는데, 이는 어떠한 진행된 사실을 나타내서 그 결과인 현재의 상태를 표시함을 주목적으로 하는 것이다. 이러한 언어를 현재완료라고도 한다. 현재완료를 표시함에도 '쓰'가 사용된다. 우리말에는 영어처럼 현재완료(과거완료, 미래완료도 같음)을 나타내는 표시가 따로 없고 과거시상의 조용사 '쓰'가 과거분사의 내용을 겸한다고 했다. 따라서 현재완료는 조선어에서는 과거의 일종이 되며, 이를 반과거라 했다고 한다.

예 벌서 여섯時가 되야쓰오　해가 소사쓰ㅂ니다　일ᄉ군이 와ᄉ다

*중과거: 과거시상의 조용사 둘을 거듭 사용하는 경우가 있는데 이것을 중과거라 한다.

중과거의 조직으로 된 언어의 의의는 다음 두 가지의 내용으로 사용된다.

(1) 무슨 사실이 경과되고 그 결과인 상태가 현재에 존속되어 있지 않은 경우에 사용되며 이를 대과거라고도 한다.

예 어제 손님이 와써쓰오 (도로 간 후엣 말)

저 나무에 꽃이 푸여써쓰ㅂ니다 (꽃 써러딘 후엣 말)

(2) 과거의 한 시기를 표준으로 하고 어떠한 동작의 진행이 그때에 이미 완료되었음을 나타낼 때에 사용되며 이러한 언어를 과거완료라고도 한다.

예 李氏가 金君을 餞別하랴고 어제 막 車로 仁川에 왔다. 그러나 金君이 탄 배는 벌서 써나써ㅅ다.

동사와 과거 조용사의 관계를 표로 정리하면 다음과 같다.(p.329)

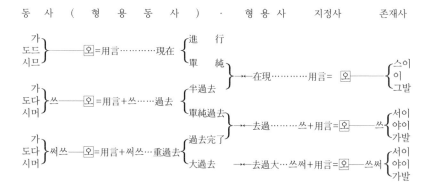

*<u>미래시상</u>: 미래시상은 용언의 장차 올 의미를 표시하는 것으로, 미래시상 조용사로 '개쓰'가 용언에 첨가되어 형성된다. '개쓰'의 약음은 '갰 = 갯'이고 변동단은 '개써'이다.

예 來日ㅅ 밤에 달이 잇<u>개쓰</u>오. 그러나 日氣가 매우 칩<u>개ㅅ</u>다.

미래시상을 표시하는 조용사 '개쓰'는 의지가 있는 미래와 의지가 없는 미래에 둘 다 쓰인다. 또한 가능성을 나타내는 미래에도 쓰이며 양을 추측하는 의미도 갖고 있다.

> 예 工夫하고 시퍼서 學校에 가개쓰오 ········· 유의지미래
> 來日은 日曜日이니까 사람들이 다 놀개쓰오 ········· 무의지미래
> 그 사람은 力士이니까 주먹으로 범을 싸려잡개쓰ㅂ니다 ········· 가능
> 그 나무는 시믄디가 三年이나 되야쓰니까 올에는 열매가 열개ㅅ다
> ········· 추량

미래시상 조용사 다음에 과거시상 조용사가 첨가된 '개써 쓰' 형태가 있는데 이것은 과거의 미래시상이 된다. 이 형태는 과거의 한 시기를 표준으로 하고 그 때의 미리시상의 의의를 표시하는 것이다.

> 예 그 아이에게 잘 니써써쓰면 이튿날 깃버서 學校에 가개써쓰ㅂ니다
> ········· 空然히 덕드려서 실허하야ㅅ디요.

'개쓰'는 용언의 미래시상을 제외한 경우 각 시상의 다음에 첨가되어서 그 사실의 추량의 의의를 표시한다.

> 예 그 나무가 올에는 열매가 열갯다 ········· 현재에 첨가
> 해가 도다ㅅ개쓰ㅂ니다 ········· 과거에 첨가
> 어제 손님 두 사람이 와써ㅅ갯다 ········· 대과거에 첨가

서로 다른 조용사가 함께 쓰일 때 그 사용되는 순서는 첫째 태, 둘째 존경, 셋째 시상의 순서이다. 예를 들어 "당신이 부쯔히시리다. 아기가 안기셔쓰오."와 같다.

2.4.2.7. 조사(助詞)

◎ 조사의 의의와 임무

박승빈은 조사를 한 단어(구 또는 절)에 첨가하여 다른 단어(구 또는 절)과의 관계나 또는 그 문에 대한 관계를 표시하는 단어라고 했다.(p.331). 현대 통사론에서 보면 조사는 단순히 체언에 붙는 것이 아니라 구(또는 문장)에 붙는 접사로 간주하고 있으므로, 박승빈 문법에서 조사의 설정과 역할은 현대적인 시각과도 조금도 다름이 없다.

*조선어와 조사

박승빈은 조선어의 조사는 대단히 중요한 지위를 점유하고 있다고 한다. 언어의 주성분인 체언과 용언이 다 조사의 조종에 따라 비로소 그 문에서 사용되는 기능을 갖게 된다는 것이다.

이를 토대로 조사는 다음과 같은 특징과 역할이 있다고 했다. (1) 체언의 격이 당한 관계를 표시하며 (2) 체언과 체언을 연결하고 그 연결되는 관계를 표시하며 (3) 서술어가 그 문에 사용되는 체법과 겸하여 대화자에 대한 대우의 관계를 표시하며 (4) 문의 중간에 들어서 각 단어, 구, 또는 절을 접속하며 응용하여 그것을 연결시킴의 관계를 표시하며 (5) 체언 또는 용언에 붙어 이들이 표별적(表別的)으로 되게 하며 협수적(協隨的)으로 되게 하는 관계를 표시한다.

그리고 조선어와 영어, 일본어를 대조하면서 우리말의 조사가 어떤 특징이 있는지를 비교 고찰하고 있다.

*영어와 대조: 영어는 본래 굴절어족에 속한 언어이기 때문에 첨가어족에 속한 조선어와는 언어의 조직 방법이 근본적으로 서로 다르다. 따라서 둘을 직접으로 대조할 수 없고 그 내용으로써 대조한 것이다.(p.334)

*일본어와 대조: 용언과 용언조사의 제도가 서로 같지 않다. 조선어는 용언에 반드시 조사가 첨가되며 용언에 조용사와 조사의 첨가되는 것이 철저한 이론에 의해 정연한 순서로 위치를 점유하고 있다. 그러나 일본어

는 그렇지 못하여 조선어의 제도에 비하여 자못 손색이 있다. 다음의
예를 보자. (pp.334~335)

예 1   用言,助詞   用言,助詞   用言,助詞
글을 닐그 며 글씨를 쓰 오 돈 을 바다 라
書ヲ ョ ミ── 字 ヲ カクー カネヲウケ──

예 2   用言,   助用詞,   助詞
(A) 사람이 가   ──(現在)⎫오
       가 개쓰(未來)⎬니
       쓰   (過去)⎭면

        用言,   助用詞,   助詞
(B) 山이 노프   ──(現在)⎫ㅂ니다
    노프(ㅍ) 개쓰(未來)⎬니
    노파   쓰 (過去)⎭면

예 3   用言,助用詞,助詞   用言,助用詞,助詞
獅子는 動物 이 ──── 라 獅子는 猛獸 이 ──── 오
獅子ハ 動物 ──── ナリ ── 獅子ハ 猛獸 ── テス ────

◎ **체언조사**

체언에 붙는 조사로 가장 일반적인 조사이다. 체언조사는 다시 표격조
사, 접속조사로 나누고, 표격조사는 다시 주격, 목적격, 서술격, 소유격,
보어격, 호격으로 구분했다. 접속격조사는 다시 연계와 선택으로 구분했
다. 이를 도표로 정리하여 보이면 다음과 같다.(p.337)

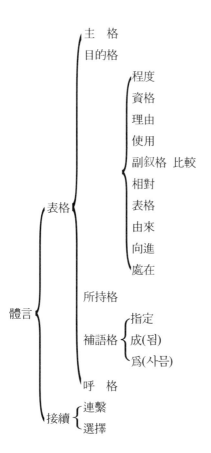

◎ 용언조사

용언조사는 용언에 첨가되는 조사로 그 종류는 종지조사, 중간조사, 부가조사 등으로 구분했다. 먼저 종지조사는 문의 종지 시에 문의 체법을 표시하는 조사를 말하는데 그 분류와 사용의 예는 다음과 같다.(p.343)

			非敬語		敬語		
			下待	忽待	平凡	禮遇	至恭
용언 조사	종지	평서 單純	는다(ㄴ다) 다	네 이,ㄹ세	오,소	ㅂ니다	옵니다
		約諾	마	ㅁ세	리다	리다	오리다
		質定	디	디	디요	ㅂ디요	옵디요
		報道	드라	데	ㅂ드이다	ㅂ드이다	옵드이다
		의문 單純	느냐,냐	나,ㄴ가	오,소	ㅂ닛가	옵닛가
		求命	랴	ㄹ가	릿가	릿가	오릿가
		質疑	디	디	디요	ㅂ디요	옵디요
		求報道	드냐	든가	ㅂ드잇가	ㅂ드잇가	옵드잇가
		명령 單純	라,너라 거라	게,소	오,(시)오	(시)ㅂ시오	(시)옵시오
		共同	자	세	ㅂ시다	(시)ㅂ시다	(시)옵시다
		감탄	는고나, 고나, 데그려, 는고면, 고면, 는고려, 고려 等				

중간조사는 문의 중간에 사용되어 단어, 구, 절 등의 연결을 관장하는 조사로, 다시 접속조사, 응용조사 등으로 대별했다. 먼저 중간조사의 분류와 각 종류에 사용되는 단어는 다음과 같다.(p. 346)

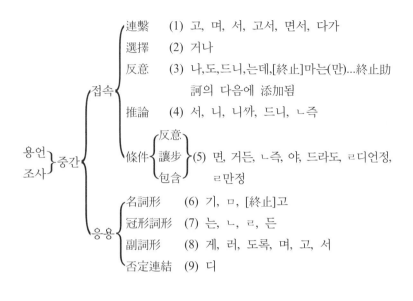

응용조사 중 관형사형을 구성하는 조사는 다음과 같다.(p.349)

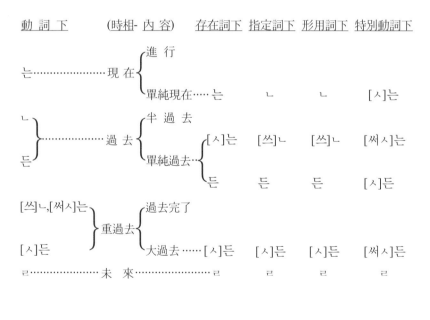

위에서 '든'은 특수한 의미를 가진 일종의 과거를 표시하는 것이다. '든'은 과거의 진행 또는 존속의 상태를 표시하되 현재의 상태와 위반되는 관념으로써 사용되는 것이라 했다.

부가(附加)조사에는 다음과 같은 두 가지 종류가 있다.

(1) 존경용: 이 조사는 대화자에 대하여 한층 더 존경의 의미를 표하기 위하여 다른 용언조사에 부가하는 것으로 '오, 옵'이 여기에 속한다.(예: 공부하오면, 오쏴가옵기가 어려워서)

(2) 의동(擬動)용: 이 조사는 무슨 동작이 바야흐로 시작되는 상태에 있음을 표시하기 위하여 다른 용언조사에 부가되는 것으로 '랴'를 들 수 있다. (예: 김군이 가랴오, 비도 오랴며 바람도 불랴네, 서울 가랴는 사람)

◎ **별동(別働)조사**

개별적으로 존재한 단어가 문장의 가운데에 들어와서 다른 말에 첨부하여 그 의의를 나타내는 경우가 있는데 이때 첨가되는 조사를 별동조사라 한다. 별동조사는 다른 조사와 같이 직접으로 성분간의 관계를 나타내는 것이 아니고 간접으로 그 조사가 첨부된 말의 구, 절, 또는 문에 있는 말이나 관계를 표시하는 작용을 한다. 이것은 소위 특수조사 또는 보조사 라고 일컫는 것이다. 그 예로는 '는, 나, 야, 만, 도' 등이 있다.

2.4.2.8. 관형사

박승빈은 관형사를 보통관형사, 수표관형사, 지시관형사, 의문 및 부정 관형사 등으로 구분했다. 여기서 지시관형사를 좀더 자세히 살펴보면 다음과 같다.(p.358)

예 이 洞里 그 洞里 저 洞里
　요 洞里 고 洞里 조 洞里

의문 및 부정관형사를 자세히 살펴보면 다음과 같다.

	疑問冠形詞		不定 冠形詞
	疑問用	不定用	
數量	몇	몇	암만
指示	어느	어느	아모
本色	무슨	무슨	아모
事由	웬	웬	

박승빈은 관형사라는 것은 보통의 관념으로 보면 형용사와 매우 유사하지만, 조선어에는 문전 상에 응용되는 자격이 서로 전혀 다르기 때문에 이 둘을 각기 다른 품사로 처리했다. 형용사와 관형사를 서로 다른 품사로 구분한 것은 주시경이 제일 먼저 시도한 것으로, 전자는 '얻', 후자는 '언'이라고 명명하였다고 밝혔다. 또 일본어의 형용사는 (1) 서술에 (2) 수식에 병용된다고 하고, 영어의 형용사(Adjective)는 관형사와 같고, 서술어로는 쓰지 못하고 보어가 될 뿐이라는 점도 지적하고 있다.(pp.173-174)

2.4.2.9. 부사

부사의 종류는 보통부사, 지시부사, 존재부사, 부정부사 등으로 구분했다. 먼저 보통부사를 살펴보면 다음과 같다. (p.360)

(1) 성상 또는 형편
예 그이가 말을 <u>正直히</u> 하오, 어름이 <u>단단히</u> 어러ㅅ나?, 집을 <u>높히</u> 지어쓰오,
꽃이 잘 푸여쓰ㅂ니다, 香氣가 <u>아마</u> 됴흐ㄹ걸, 그것은 <u>果然</u> 珍品이ㅂ니다

(2) 수량 또는 정도

예 비가 <u>만히</u> 오개쓰오, 구룸이 <u>조금</u> 덮혀ㅅ다, 일기가 <u>매우</u> 덥다

비가 <u>더 만히</u> 오개쓰오, 날이 <u>거진</u> 저무러쓰ㅂ니다

(3) 때

(a) 시기

예 沈君은 <u>일직</u> 니러나오, 가을이 <u>벌서</u> 와쓰ㅂ니다, 더위가 <u>아직</u> 이스오

(b) 기간

예 나는 <u>오래</u> 金剛山에 이서쓰오, 중은 <u>終日</u> 念佛을 하오

(c) 반복

예 비가 <u>每日</u> 오네, 賭博은 <u>다시</u> 하디 마라라

그 親舊를 <u>모처럼</u> 맛나서 반가웁니다

(d) 순서

예 <u>첫재</u> 到着하ㄴ 사람은 누구이냐?, <u>나종</u> 나ㄴ 쌀이 우쑥하다

톡기보담 거북이 <u>먼저</u> 가ㅅ다

(4) 처소(위치)

예 故鄕을 <u>멀리</u> 써나와ㅅ소, 그 사람은 우리집에 <u>갓가히</u> 사으는 사람이오,

나무를 <u>멀직멀직</u> 시므시오

지시부사는 '때(지금), 처소(이리, 거긔), 정도(고만, 이닥지)' 등으로 다시 구분되고, 의문부사 및 부정부사는 '때(언제), 처소(어데), 목적이나 이유(왜)' 등의 기능을 한다.

부정부사는 '아니, 못' 두 단어로 나타내는데, '아니'의 약음이 '안'이다. '아니'는 단순한 부정의 의미를, '못'은 불능의 의미를 가진 부정에 사용된다. 부정부사의 사용법은 보통 용언의 앞에 쓰고(배가 아니 가오, 말이 못 가오), 용언의 뒤에 쓰기도 하는데, 이 경우에는 용언에 조사 '디'가 첨가되고 그 다음에 부정부사를 쓰고 다시 '하'를 붙인다.(배가 가디 아니 하오, 말이 가디 못 하오)

이때 '하'는 위에 있는 용언을 대표하는 것이며 부정부사는 직접으로 '하'를 부정하여 간접으로 그 위에 있는 용언의 의의를 부정하는 것이라

했다. 이것은 현대문법에서 '하'를 대동사나 기능동사로 처리하는 것을 연상케 한다.

부사의 조직을 좀더 자세히 살펴보면 크게 본래 부사(잘, 과연, 매우), 전용 부사(내일, 거기, 얼마), 전성 부사 등으로 나뉘는데, 전성부사는 다시 명사 전성(나날이, 집집이), 관형사 전성(홀로, 새로), 형용사 전성, 그리고 존재사 전성(잇시, 업시) 등으로 구분된다. 형용사로부터 부사로 전성되는 어음의 규례를 살펴보면 다음과 같다.(p.366)

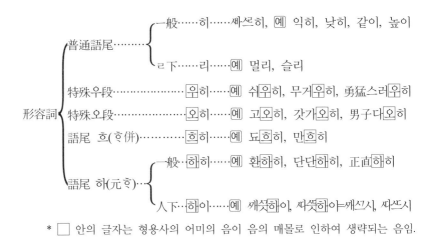

* □ 안의 글자는 형용사의 어미의 음이 음의 매몰로 인하여 생략되는 음임.

용언으로부터 전성된 부사는 용언에 '히'가 붙는 것과 '게'가 붙는 것이 있는데, 이들은 의미는 비슷하지만 포괄하는 범위는 서로 다르다고 했다.

　　예 석죽화가 빛이 [고오]히 푸엇다.
　　　　석죽화가 [빛이 곱]게 푸엇다.

박승빈은 '히'의 경우 부사구를 형성하지만, '게'의 경우는 부사절을 형성하는 차이가 있다고 했다.(p.369)

2.4.2.10. 접속사

접속사의 예로는 '및, 또는, 또, 그러나' 등을 설정했다. 접속사는 그 뜻에 따라 연계, 선택, 반의, 추론, 조건 등으로 나뉜다. 그 예를 좀더 자세히 살펴보면 다음과 같다.(p.370)

예1 連繫 山과 및 물이 奇麗하오
　　　　　甲童이는 正直하며 또(且) 부지런하오
예2 選擇 나는 山이나 又는(또는) 물에 놀러 가겠다
　　　　　그이가 글씨를 쓰거나 或은 그림을 그리디요
예3 反意 乙甫는 正直하다 그러나 좀 게으르다
　　　　　비가 오오 그래도 나는 길을 가야 하오
예4 推論 녀름에는 太陽에 對한 緯度 갓가와디오 故로 日氣가 더워디오
　　　　　A는 B와 같고 B는 C보담 크다 그러니까 C는 A보담 작다
예5 條件 自己가 사람을 사랑하디 그러면 사람도 自己를 사랑하오
　　　　　事物을 잘 處理하야야 하디 그래야 賞金을 받는다

2.4.2.11. 감탄사

감탄사의 사용되는 예를 좀더 자세히 살펴보면 다음과 같다.(p.375)

(1) 驚愕 아, 아이고, 에크, 무어
(2) 歎賞 아, 어, 아이고, 앗다, 에이, 에끄, 쯕
(3) 喜悅 아, 만세
(4) 悲哀 아이고
(5) 失策 아차, 아쑬사, 쩻쩻
(6) 覺惺 참, 올→디, 어썬디
(7) 違意 이런, 저런
(8) 贊成 올→소, 그러→디, 히어히어(英語로브터 온 말)

(9) 承認 녜, 응
(10) 否定 안이오, 아니, 웬걸
(11) 半承認 글세
(12) 決意 자, 에이끼
(13) 苦痛 아야, 아이고
(14) 輕蔑 저런, 앗다, 피이, 애개
(15) 痛恨 으응, 어어
(16) 注意 여보, 여보시오, 쉬
(17) 不平 제, 제기

2.4.2.12. 합성어(合成語)

박승빈은 합성어를 품사 부분에 포함하여 다루고 있다. 박승빈 문법에서 조어법이 따로 마련되어 있지 않아, 파생과 합성 부분을 간략히 여기에 포함한 것으로 보인다.

> "各 單語는 各히 個別的으로 생겨 이슴이 原則이나 言語의 本質上 또는 言語의 應用上 複數의 單語가 結合하야 한 單語의 資格으로 形成되는 것이 이슴." (p.376)

그리고 합성어의 유형으로 불완전 단어의 첨부와 완전 단어의 결합을 들었다. 먼저 불완전 단어의 첨부란 소위 접두파생을 말하는데, 그 예는 다음과 같다.

(1) 접두어의 첨부 - 시꺼머하오, 새빨가하다
(2) 접미어의 첨부 - 학생들, 사람마다, 오원쑨

완전 단어의 결합은 합성을 말하는데, 그 예는 다음과 같다.

(1) 숙어- 장국밥, 전기등, 전답, 자바다리(오), 도라보

(2) 첩어-집집, 버럭버럭

2.5. 통사이론의 정립

2.5.1. 문(文)

『조선어학』에서 통사론은 상대적으로 비중이 높지 않다. 그 이유는 이 책이 개론적인 성격이 아니라 논쟁이 되는 부분을 중심으로 기술한 이론적 성격의 책이기 때문이다. 음운론이나 형태론에 비해 통사론이 논쟁적인 부분이 상대적으로 적었다는 것을 의미하기도 한다. 『조선어학』에서는 문의 성분, 문의 구조, 문의 종류, 문의 분석 등에 대해 개략적인 내용을 소개하고 있다. 먼저, 문은 "단어가 집합하여 완결된 의사를 표시하는 것"으로 정의하고 그 기능에 따라 주어, 서술어, 목적어, 보어, 문주, 수식어 등으로 구분하고 있다. 여기서 '문주(文主)'라는 개념이 새로운데, 이것은 현대 문법에서 '주제어'에 해당한다. 박승빈은 '문주'를 언어의 형편에 의하여서는 서술어의 주제되는 명사, 즉 주어 이외에 그 문의 주제로 사용되는 단어라고 정의하고 그 예를 다음과 같이 제시했다.

> 예 코끼리는 크가 길다, 壯士는 머리털이 관을 씨쓴다.
> 會社事務는 幹事가 此를 처리함.

이들 문장은 소위 이중주어구문인데, 이것을 이중 주어로 보지 않고, 제일 앞 성분을 주제어, 그 다음을 주어로 본다는 점이 특징이다. 이것은 현대문법에서 주제어를 설정하는 논의들에 영향을 주었다고 할 수 있다. 문의 성분의 요건을 정리하면 다음과 같다.(p. 381)

$$
\text{文 의}\atop\text{成立의}\atop\text{要 件}
\left\{
\begin{array}{l}
(1)\ 主語\ 敘述語\cdots\cdots\cdots\cdots\cdots絕對的\ 要件\\[4pt]
(2)\ 主語\ 目的語\ 敘述語\cdots他動詞가\ 敘述語인\ 文\\[4pt]
(3)\ 主語\ 補語\ 敘述語\cdots\cdots補語를\ 要하는\ 用言(他動詞\ 以外)이\ 敘述\\[2pt]
\qquad\qquad\qquad\qquad\qquad\qquad\quad 語인\ 文\\[4pt]
(4)\ 主語\ 目的語\ 補語\ 敘述語\cdots\cdots補語를\ 要하는\ 他動詞가\ 敘述語인\ 文
\end{array}
\right.
$$

문장을 구조적인 면으로 보았을 때는 단어와 구로 구분할 수 있다. 구의 유형을 좀더 자세히 살펴보면 다음과 같다.(p. 383)

명 사 구	가기가 어렵다, 筆家는 글씨쓰ㅁ을 질기오
관형사구	불그ㄴ 꽃이 푸엿다, 크ㄴ 일을 處理하는 사람은 信用을 지키오
부 사 구	아이가 房에서 자오, 손이 크게 깃버하오 물이 살 같히 흐써가오
서술어구	先生이 性나히오, 빛이 불그며 푸르르며 하다
접속사구	A는 C와 가틈 故로 A의 三培는 C의 三培와 가틈, 그 사람이 늘것다 그러하나(그러나) 아직도 健康하오
감탄사구	됴→다 잘 한다, 아이고 어머니 여긔 배암이 이서요

2.5.2. 문의 종류

박승빈은 문의 종류를 그 기준에 따라 크게 두 가지로 먼저 분류한다. 첫째는 문의 체법에 의한 분류이고(평서문, 의문문, 명령문, 감탄문), 두 번째는 문의 구조에 의한 분류이다(단문, 복합문, 집합문, 혼합문). 복합문의 예로는 "장군이 성공하기는 확실하다" 등이고, 집합문의 경우는 "산이 높고, 물이 길다" 등, 혼합문은 이들 모두가 혼합된 형식으로 "김씨가 늘거쓰ㅁ은 확실하나, 그러나 그이가 아직 건강하다"와 같은 예를 말한다.

그리고 각 성분들의 배치와 상황에 따른 성분의 생략을 다음과 같이

정리하였다.(p.387)

(1) 主語는 首位에 在함
(2) 敍述語는 末位에 在함
(3) 目的語는 主語와 敍述語의 中間에 在함
(4) 補語는 敍述語의 우에 在함 故로 他動詞의 補語는 目的語의 다음에 在함
(5) 名詞의 修飾語는 그 名詞의 우에 在함
(6) 敍述語의 修飾語는 主語와 敍述語의 中間에 在함 目的語 又는 補語等과의 位置의 先後는 境遇에 짜라서 決定됨
(7) 文主는 一常 最初에 表示됨

2.5.3. 문의 분석

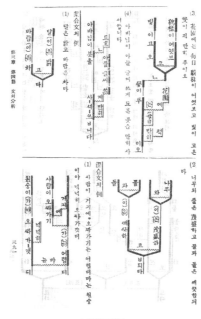

구문도해1

박승빈은 문의 유형에 따른 구문도해를 시도하고 있는데, 앞서 제시한 문장의 유형에 따라 단문의 구문도해, 복합문, 집합문, 혼합문의 구문도해를 시도하고 있다.

박승빈은 마지막 구문도해에서 생성문법의 심층구조와 표면구조와 같은 발상을 보여주고 있는데 예를 들면 다음과 같다.(p.389)

(가) 泰山이 높다 하되 하눌 아래 뫼이로다, 오ᄅ고 쏘 오ᄅ면 못 오ᄅᆯ 理 업것마는 사람이 저-아니 오ᄅ고 뫼를 높다 하도다.

(나) (世人이) 泰山이 높다(고) 하되 (그것이) 하눌(의) 아래(의) 뫼이로다, (사람이) 오ᄅ고 쏘 오ᄅ면 못 오ᄅᆯ 理(가) 업것마는 사람이 제 아니 오ᄅ고 (사람이) 뫼를 높다(고) 하도다.

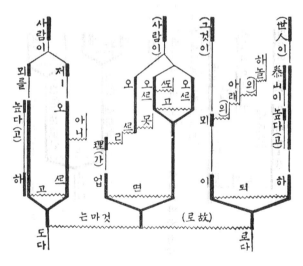

구문도해2

3. 박승빈 문법의 특징

박승빈은『조선어학』을 통해 수십 년 동안 연구했던 자신의 문법체계를 종합 집대성하였다. 박승빈의 문법체계는 매우 독창적이어서 기존의 다른 학자들과는 여러 가지 면에서 차이를 보인다. 앞서『조선어학』을 소개하면서 군데군데에서 박승빈 문법에 대한 평가와 특징을 언급하였으나, 이를 종합적으로 다시 정리하여 보면 다음과 같다.

3.1. 언어관과 문법관

3.1.1. 훔볼트적 언어관

박승빈은 언어가 조상의 두뇌로 조직된 유전물이며 그 민족의 형성에 가장 중요한 관계를 가진 유전물이라고 주장했다.

> "各 民族은 各其 發展된 歷史에 따라서 各히 다른 習俗을 가지고 잇다. 그 習俗의 主要한 것을 드러 말할디면 言語, 例義, 衣, 食, 住 等이라. 그러나 習俗은 時代의 進行에 따라서 變易되는 것이라. (중략) 그러나 言語에 니르러서는 그 發音이며 內容에 若干의 變換 增減이 이슬디라도 大體로 現代의 朝鮮人의 言語가 古代에 그 祖上의 頭腦로 組織된 遺傳物임은 論辯을 要하디 아니 하는 明白한 事項이라. 이와 같히 言語는 그 民族의 形成에 가장 重要한 關係를 가진 遺傳物이니 그 後孫은 반드시 敬虔의 態度로써 이에 臨함이 可함이라." -『조선어학』 (1935) 序言에서-

언어는 민족정신의 유전자이며 따라서 언어로서 그 민족이 형성된다는 것이다. 언어를 민족 정신의 유전자라고 인식한 것은 다윈이 주장한 생물 진화론을 언어와 민족에 적용한 것으로 보인다.[18] 언어는 민족의 DNA여서 떼래야 뗄 수 없는 관계라는 주장이다. 이런 점에서 훔볼트도 비슷한 관점에서 언어를 바라보았다.

> "한 민족의 정신적 특성과 언어형성은 서로 긴밀하게 융합되어 있기 때문에 하나가 주어진다면 다른 것은 완전히 그것으로부터 이끌어낼 수 있다. 그 까닭은 지성과 언어는 서로 상응하는 형식만을 허용하고 서로 북돋우어 주기 때문이다. 언어는 말하자면 민족정신의 외적 표출이다. 민족의 언어는 민족의 정신이며 민족의 정신은 민족의 언어이다."[19]

언어는 민족정신의 외적 표출이며 둘은 서로 떨어질 수 없는 관계라는 설명이다. 박승빈은 여기서 한걸음 더 나아가 언어를 사회적 구성요소로 보고 사회구조와 언문이 밀접한 관계가 있으며, 언어를 통해 그 사회의 문화가 증진된다는 생각을 폈다.

> "이와 가티 言文은 그 社會의 實質的 事物을 形式에 表現하는 것이며 그쑌 아니라 言文은 그 社會의 實質上의 事物을 誘導하며 쏘 牽制하는 效力이 이서 發達된 言文은 文化의 增進을 充足하고 幼稚한 言文은 이를 妨害하며 健實한 言文은 無用의 性質을 涵養하고 浮虛한 言文은 이를 妨害하며 普遍的 言文은 平等思想을 喚起하고 差別的 言文은 이를 妨害하는 것이로다. 以上과 가티 社會의 實質上 事物과 形式上 言文은 서루 誘導하며 牽制하여 文化增進上 서루 原因과 結果가 되는 至極히 重要한 關係를 갖는 것이오."[20]

---

18) 최기영. 2009. 『애국계몽운동II-문화운동』, 한국독립운동사편찬위원회, p.7.
19) Wilhelm von Humboldt. 1836. Über die Verschiedenheit des menschlichen Sprachbaus und ihren Einfluss auf die geistige Entwicklung des Menschengeschlechts. Berlin. Gedruckt in der Druckerei der Königlichen Akademie der Wissenschaften. 신익성 역. 1993. 증보판 『훔볼트 「언어와 인간」』, 서울대학교출판부, 제9장 언어의 더욱 명확한 검토를 향하여, p.87.
20) 박승빈. 1921년 5월. "조선언문에 관한 요구", 『계명』 1.

언문이 사회의 핵심적인 구성요소라는 견해다. 사회 문물, 제도, 관습, 계급 등과 같은 '사회의 실질적 사물의 형식'은 언어로 표현되고 언어로 유도되며 견제된다고 하면서, 이를 통해 결국 그 사회의 문화가 증진된다고 보았다. 이 점에서도 훔볼트의 세계관과 흡사하다.[21]

> "우리는 이제 인류의 원시적 형성 중에서 국민이 모든 더욱 높은 인간적 행위를 추구할 수 있기 위해서는 언어가 최초의 필수적 단계라는 것을 인식할 수 있었다. 언어는 정신력과 똑같은 조건하에서 함께 성장하면서 동시에 정신력에 생기를 주는 원리이다. 그러나 이 두 개의 사실은 차례가 있는 것도 아니고 독립되어 있는 것도 아니다. 그 둘은 떼어놓을 수 없는 지적 능력의 동일한 활동이다. 한 민족은 모든 인간활동의 도구로서의 언어를 발전시키기 위해서 민족의 내부로부터 자유를 생산함으로써 동시에 다른 더욱 높은 것을 구하고 달성한다."[22]

훔볼트는 국민이 더 수준 높은 행위를 추구하기 위해서는 언어가 가장 필수적인 요소라고 주장한 것이다. 언문이 사회를 구성하는 핵심적인 요소라는 박승빈의 주장과 일맥상통한다. 더 나아가 훔볼트는 다음과 같이 주장한다.

> "언어는 죽은 산물이 아니고 차라리 생산이라고 보아야 한다. 우리는 언어가 대상의 표시, 이해의 매개로서 작용하는 것을 도외시하고 차라리 주의 깊게 내적 정신활동과 긴밀하게 섞여 짜여진 언어의 기원과 그들(정신활동과 언어)의 상호간의 영향으로 거슬러 올라가서 고찰해야 된다."[23]

---

21) 고영근(2008:18-19)에서도 박승빈의 언어관을 훔볼트의 민족정신 내지 세계관과 유사하다고 보았다. 특히 박승빈이 사회의 실질적 사물이 언어에 의해 유도되고 견제된다고 했는데, 이것은 훔볼트가 말하는 언어와 세계관과의 상호파생의 관계와 매우 유사하다고 했다. 김하수. 1992. "일반언어학 분야에 대하여", 『한글』 216호에도 이에 대한 언급이 있다.

22) Wilhelm von Humboldt. 1836/ 신익성 역. 1993, 앞의 책, p.87.

23) 위의 책, 제10장 언어의 형식, p.89.

훔볼트는 언어를 도구로 보지 말고 내적 정신활동의 산물로 봐야 하며 살아 있는 생물처럼 역동적으로 역할을 하여 우리 정신과 삶에 영향을 미치는 요소로 보았다. 그리고 언어 연구는 바로 이들의 상관관계를 고찰하는 것으로부터 시작해야 한다고 주장했다. 박승빈은 언어가 민족의 성쇠와 문화의 수준 및 계급의 평등을 가져올 수 있다고 보았다.

"한 民族의 言語는 그 民族과 盛衰를 함쯰 하는 것이라. 文化가 높은 民族은 發達된 合理的 言語를 가젓고 未開한 民族은 幼稚한 言語를 使用하며 武勇한 民族은 그 言語가 健實하고 文弱한 民族은 그 言語가 浮虛하며 平等制度를 尙하는 民族은 그 言語가 普遍的으로 成立되고 階級制度를 尙하는 民族은 그 言語가 差別的으로 組織됨이라. -『조선어학』(1935) 序言에서-

훔볼트도 언어만이 국민의 정신과 성격을 밝힐 수 있는 요소이며, 언어로 인해 국민정신의 발전이 이루어진다고 보았다.

"국민의 정신과 성격이 인식될 수 있는 모든 표현 중에서 언어만이 국민의 가장 비밀스런 걸음과 주름까지 밝히는 데 적합한 것이다. 그러므로 언어가 계속되는 정신발전의 설명근거라고 생각된다면 언어가 지적 특성에 의해서 발생했다고 보아야 되지마는 각 정신에 있어서의 지적 특성의 종류는 언어의 구조 속에서 찾아내야 된다."

이처럼 박승빈의 언어관에는 훔볼트의 언어관과 유사한 점이 많다. 그러나 과연 박승빈이 훔볼트의 저서를 직접 참조했는지는 알 수 없다.24)

---

24) 19세기 말이나 20세기 초에 훔볼트의 책이 일본어로 번역되었다면 일본 유학 시절에 박승빈이 이를 접했을 가능성은 있으나 이에 대한 명확한 근거는 없다.

3.1.2. 실증주의적 언어관

박승빈은 언어를 객관적인 실체와 보편적 법칙을 지닌 실체로 바라보고 있다는 점에서 생물학적이고도 실증적인 언어관을 갖고 있다고 할 수 있다. 그는 자연과학에서와 같이 인과관계와 보편적 법칙을 발견하는 것을 지향하는 차원에서 언어를 바라보았다. 예를 들어 언어는 민족의 유산이며, 조상으로부터 물려받은 유전자라고 믿었다. 따라서 우리는 전통에 따라 언어생활을 할 필연적 이유가 있다고 했다.

> "그러나 言語에 니르러서는 그 發音이며 內容에 若干의 變換 增減이 이슬디라도 大體로 現代의 朝鮮人의 言語가 古代에 그 祖上의 頭腦로 組織된 遺傳物임은 論辯을 要하디 아니 하는 明白한 事項이라. 이와 같이 言語는 그 民族의 形成에 가장 重要한 關係를 가진 遺傳物이니 그 後孫은 반드시 敬虔의 態度로써 이에 臨함이 可함이라." -『조선어학』 (1935) 序言에서-

박승빈은 언어가 조상의 두뇌로 조직된 유전물이며 그 민족의 형성에 가장 중요한 관계를 가진 유전물이기 때문에 이 유전자를 가지고 있는 민족의 형성에 가장 핵심적인 영향을 미친다고 보았다. 이 점에서는 사회 진화론의 영향이 묻어나 있다.

또한 1921년 9월에 발행한 『계명』 3호에 "朝鮮言文에 關한 要求 (3)"에 서는 다음과 같은 내용이 나온다.

> "物이 有하면 則이 有함이라. 조선의 言이 有하고 其言을 其音대로 書하는 文 卽 諺文이 有하니 諺文의 使用에 엇디 一定한 法則이 無하리오"

모든 사물에는 나름의 법칙이 있듯이, 조선의 말에도 소리대로 표기하는 언문이라는 것이 있으니 여기에도 당연히 일정한 법칙이 있어야 한다는 말이다. 사물의 원리처럼 언어에도 원리와 법칙이 있고 이를 탐구하는 것이 언어를 연구하는 것이라는 생각이다. 이른바 언어를 객관적이고 체계적으로 탐구하는 과학적 방법을 지향했다고 할 만하다. 이러한 시각은 박승빈이 살았던 시대정신과 자신의 전공과도 무관하지 않다. 개화기 신지식인으로 근대학문을 접한 박승빈이었고, 일본 유학 시절 생물진화론과 사회진화론 등 서구의 과학정신을 몸소 익혔으며, 치밀한 논리와 논증을 요하는 법률을 전공했다는 점 등이 박승빈의 실증주의적 언어관의 밑바탕이 되지 않았을까 생각한다.

3.1.3. 소리 중심의 문법관

박승빈은 소리를 중심으로 언어를 연구해야 한다고 주장했다. "언어는 먼저 성립하고 문자는 그 이미 성립하여서 존재한 언어를 기사하기 위하여 후에 작성된 것"(『조선어학』(1935))이라는 말에서 알 수 있듯이 박승빈은 언어가 먼저이고 이를 기호로 표시한 것이 문자이므로 언어의 법칙을 연구할 때에도 문자적인 관점을 벗어나 언어적인 관점에 서야 한다고 주장했다. 이 말은 언어를 연구할 때에 뜻이나 기호보다는 소리를 중심에 놓고 법칙을 찾아야 한다는 것으로, 이러한 소리 중심의 관점은 박승빈의 문법관과 철자법 형성에 있어 매우 중요한 부분을 차지한다.

박승빈의 문법은 소리에 대한 고찰인 성음학과 문법에 대한 고찰인 문전학이 상호연결되어 있으며, 나아가 그 철자법까지도 함께 아울러 고찰하고 있다는 점이 특징이다. 여기에서도 박승빈은 소리에 대한 연구가 우선적으로 중요하다고 했다. 박승빈이 주시경의 형태주의적 철자법을 비판하고 전통적인 음소주의적 철자법을 주장한 것도 언어 연구에서 소리가 중심이라는 그의 생각과 관련이 깊다. 그가 단어에서 각각의 음절이 중요한 것이 아니라 음절이 연속적으로 발음되는 전체 덩어리가 중요하다고 주장한 것도 이와 같은 맥락에서 이해할 수 있다.

3.1.4. 언중의 직관을 중시한 문법관

박승빈의 문법은 언중들의 언어직관을 중요시한다는 측면에서 20세기 중엽에 대두된 변형생성문법을 연상케 한다. 박승빈은 문법이란 전문가를 위해 별도로 존재하는 것이 아니라, 그 나라 말을 사용하는 대중들의 직관을 반영하는 것이라고 말했다.

> "朝鮮語를 曉解하는 사람은 다 朝鮮語 文法을 曉解하는 사람이라. 言語學의 硏究에 屬한 分類分析, 明命, 說明 等 여러 가지의 考察은 專門 硏究者의 任務에 屬한 것이디마는 言語가 文法에 마자쓰며 틀려쓰며의 結果는 常識的 直判으로 普通 사람도 다 認識하는 바이라."-『조선 어학』(1935) 序言에서-

일반인의 직관을 반영한 박승빈의 문법관은 당시 다른 어떤 문법서보다도 선진적인 견해라 할 수 있다. 송석중(1976:133)에서는 이런 생각을 박승빈의 탁견이라고 평가했다. 그런 면에서 보면 박승빈의 언어관은 생성문법의 언어관과도 일맥상통한다고도 할 수 있다. 인간은 타고 난 언어에 대한 직관이 있으며 이것이 바로 언어능력(language competence)이라 했고, 이 언어능력을 파헤치는 것이 언어학의 소임이라고 했다는 점을 고려하면 박승빈의 언어관도 이와 별로 다르지 않았다고 본다. 생성문법이론보다 훨씬 앞선 시기에 이러한 주장을 했다는 것이 무척 고무적이다. 박승빈은 문법 설명에 있어서도 심층구조와 표면구조, 기저형과 표면형, 변이형태와 음소 등과 유사한 개념도 도입하고 있어 박승빈의 문법이 얼마나 선진적인지를 잘 말해 주고 있다.

3.1.5. 구어와 문어의 구분

박승빈은 문법을 기술하면서 구어와 문어를 명확히 구분하였다. "聲音

을 發하야서 意思를 標示하는 것이 言語이니 이것이 즉 口語이오 그 言語를 記寫하는 것이 文章이라."고 하면서 구어와 문어는 반드시 일치되어야한다는 점을 강조했다. 명실상부한 언문일치를 문법에서 표방한 것이다. 또한 문법기술에서 예문들이 철저히 구어표현에 입각하여 사용되었다는 점도 주목할 만하다.

이러한 박승빈의 문법 기술의 태도는 1910년대 20년대 연구자들에게서는 발견할 수 없는 진일보한 것이었다. 정승철(2007:46-47)에 따르면 당시의 문법가들도 구어와 문어를 개념적으로는 어느 정도 구분하기는 했지만 실제 문법을 서술하는 과정에서는 분명하게 구별하지 못했다고 했다. 그 예로 주시경의 문법서나 최현배의 『우리말본 첫재매』 등에서도 이러한 구분이 엄밀하게 이루어지지 못했다고 지적했다. 박승빈은 언문일치야말로 다른 나라 언어에서는 없고 조선어에만 있는 우리말의 장점이라고 했다. 박승빈 문법이 갖는 또 하나의 장점이 아닐 수 없다.[25)]

3.2. 선진적인 음성학과 음운론

3.2.1. 음절 중심의 소리 연구

박승빈은 언어는 성음(소리)의 집합이며, 성음은 음절로서 최소 단위를 이룬다고 지적했다. 한국어가 자음과 모음이라는 음운으로 이루어져 있지만, 이들이 합해져야만 하나의 소리단위가 만들어지므로 결국 소리를 중심으로 한 언어의 단위는 음절이 된다는 것이다. 그렇다고 해서 음절을 더 이상 쪼갤 수 없는 최소 단위로 간주한 것은 아니다. 음절은 다시 음질(音質)과 음운(音韻)으로 분석되고, 음질은 자음과 음운은 모음과 연관지어 설명하고 있다. 즉, 소리를 만들어 낼 때는 음절이 최소 단위이지만, 소리를 분석할 때에는 음질과 음운으로 나누어 설명하는 방식을 취했다.

---

25) 신창순 교수도 필자와의 대담에서 이 점을 강조하였다.

송석중(1976:134)에서는 음절 중심의 언어연구가 20세기 후반 일반 언어학 연구에서 다시 주목을 받는다는 점을 언급하면서 박승빈의 음절에 대한 견해를 높이 평가하였다. 예를 들어 실험음성학자에 의해 음절의 중요성이 재인식되고 있으며, 김진우 교수가 1971년 논문에서[26] 음절 (syllable)을 발음의 단위로 보려했다는 점, 맥콜리(J. McCawley) 교수가 일본어 액센트 체계를 다루면서 음절이라는 개념을 음운론의 단위로 도입한 점 등을 사례로 언급했다.

박승빈은 성음상의 단위는 음절이고 문전상의 단위는 단어이며, 단어는 의미를 가진 음절(소리단위)이라 했다. 조규설(1968:84-85)에서는 이를 박승빈이 언어의 이단구조의 체계를 형성하고 있다고 평가했으며, 나아가 박승빈은 음절이 여러 개인 단어가 있을 경우 그 단어는 음절 각각이 중요한 것이 아니라 여러 음절이 연속적으로 발음되는 전체 덩어리가 중요하다고 하여 소쉬르가 주장한 언어의 선조성을 연상케 한다고 했다.

3.2.2. 표준음 도입

박승빈은 표준음이라는 개념을 도입하고 있는데 이는 구조언어학에서 말하는 음소(phoneme)과 유사한 개념이어서 박승빈의 선구적 언어연구의 면모를 알 수 있다.

> "그와 같이 不定數로 存在하야잇는 音ㅅ 가운데에서 各 民族이 各히 그 言語를 使用함에 當하야 各各 그 標準音이 定하야더서 그 標準音을 中心으로 하고 그 標準音에 接近된 某 範圍까지의 안에 잇는 音은 그 標準音으로 看做하야 處理하는 것이라.... 同一한 民族이 同一한 標準으로 하야 發音하는 境遇에도 그 音의 內容은 반드시 똑가틈이 안이오. 오직 그 標準音의 範圍內에 이슬 쑨이라." (p.14)

---

26) Kim, Chin-W. 1971. "A new direction in phonetics." *Language Sciences* 16. pp.35-40.

우리가 어떤 소리를 들었을 때, 유사한 여러 가지 소리가 있을 수 있지만 우리가 이것을 특정한 소리(예를 들어 '가')로 인식하는 것은 각 언어마다 표준음의 개념이 있기 때문이라는 것이다. 이것은 마치 서양언어학에서 변이음과 음소의 관계와 매우 유사하다. 어떤 음의 실제 음성 형태는 매우 다양하지만 우리가 그것을 하나의 소리(즉, 음소)로 인식하는 것은 그 소리가 비슷한 소리의 중심, 즉 대표음이 되기 때문이다. 이러한 평가는 송석중(1976), 김완진(1985)에서도 엿볼 수 있다. 김완진(1985:175-176)에서는 박승빈의 표준음에 대한 설명이 다니엘 존스(Daniel Jones)의 음소설명과 유사하고, 음소와 변이음의 관계나 자유변이의 개념설명 등이 더욱 그러하다고 언급했다.

3.2.3. 선진적인 음성학 설명

박승빈의 음성학적 설명은 서구 언어학에 비해 결코 뒤지지 않았으며, 당대 다른 국어학자의 저술과 비교할 때에도 음성을 좀더 구체적이고 분석적으로 고찰하고 있음을 알 수 있다.

> "喉音은 發音이 發音管을 通過하는 사이에 調音器官의 調節作用에 因한 障礙를 받음이 업시 平坦한 發音管을 通하여 입밖에 放出되는 것이오. 喉音 以外의 音은 發音管을 通過하는 사이에 各 調音器官의 調節作用에 因한 障礙를 받어서 各히 달른 音質을 形成하는 것임." (『조선어학』 pp.56-57)

'조음기관, 발음관, 조절작용, 후음, 장애' 등의 용어에서 짐작할 수 있듯이 박승빈의 소리 형성에 대한 설명은 매우 사실적이고 구체적이어서 현대 조음음성학적 시각으로 봐도 전혀 어색하지 않을 정도이다. 김완진(1985:175-177)에서는 조음음성학적 개념이나 만국음성학회에 대한 논지,

'·' 음에 대한 여러 견해들을 언급한 점 등을 고려할 때 이러한 박승빈의 선진적 음운론의 시각은 스위트나 존스의 저서를 어떤 형식으로든지 참조했을 가능성이 있다고 했다. 그리고 그 경로로 존스의 음성학이 1930년대 초에 김선기 교수에 의해 소개되었는데 그 영향을 받은 것이 아닌가 하고 추측했다. 그러나 박승빈이 일반음성학 이론에 관심을 기울인 것은 그 이전으로 보인다.

> "하로일즉 깁흔 연구를 쌓은 주시경씨의 학술 더구나 세상에서 이미 적지 안흔 공명지를 어더 노흔 이 주시경씨의 학술의 접함과 아울러 만국성음학회(萬國聲音學會)에서 주장하는 성음학원리(聲音學에原理)에 결함이 잇다는 엄청난 새 학설을 세우고 이십여년을 하로가티 연구에 힘을 썻스며 압흐로 죽는 날까지 연구를 놋치 안켓다는 씨의 금일까지의 고심담은 실로 후진에 대한 금언이 아니고 무엇일까!"27)

위의 글은 박승빈이 1929년에 대담한 내용인데, 이때 오래전에 만국성음학회(만국음성학회)의 성음학원리를 검토하여 문제점을 발견하고 이를 보완하여 새 학설을 세웠다고 언급하고 있다. 이러한 점을 고려한다면 김완진(1985)의 추측과는 달리 박승빈이 서구언어학(또는 음성학)을 훨씬 이전에 습득했다고 볼 수 있다.

3.2.4. 원리적 탐구

앞서 박승빈의 언어에 대한 탐구가 실증적인 차원에서 이루어졌다는 점을 언급했다. 소리에 대한 연구에서도 이러한 관점은 그대로 유지된다. 박승빈은 원리와 법칙에 입각하여 우리말의 소리를 철처히 분석하고 이를 체계적으로 설명하려고 노력했다. 예를 들어 '여음불발(餘音不發)의 법칙'

---

27) '各 方面의 成功 苦心談(2), 國文界의 泰斗 朴勝彬氏(1)', 『중외일보』, 1929년 10월 12일.

이나 '조선발성음위치구분도' 등에 잘 나타나 있다. '여음불발의 법칙'은 받침에서 일어나는 내파(implosion) 현상을 말한 것으로 우리말의 받침의 경우 받침에 쓰이는 자음은 모두 영어의 '썝'처럼 받침소리의 여음이 불발하게 된다는 것이다.

박승빈은 여음이 불발하는 환경과 결과를 매우 체계적으로 설명하고 있다. 받침의 앞뒤에 어떤 음이 왔을 때 어떤 현상이 일어나는지를 체계적으로 밝혔으며, 이때 중화나 동화와 같은 현상이 발생하는데 이들이 계열별로 일정한 법칙을 이루고 있다고 주장했다. 나아가 이러한 체계성을 훈민정음 당시의 한자음 경음표시에도 적용하고 있는데 이는 공시와 통시를 망라한 박승빈의 치밀한 분석과 탁월한 체계성의 결과라 할 수 있다. 송석중(1976:135-136)에서도 박승빈이 낱낱의 현상을 관찰하여 기술하는 데만 만족하지 않고 이런 사실들을 기초로 하나의 원리나 법칙을 추출해 내서 그와 관련된 제 현상을 동시에 종합적으로 설명하려고 했다는 점을 언급하면서 이러한 점이 박승빈이 과학자다운 태도를 보여주는 것이라 하면서 높이 평가했다.

박승빈의 치밀한 분석은 『조선어학』 38쪽에 나오는 '조선발성음위치구분도'에서도 엿볼 수 있다. 이 그림은 우리말의 자음을 성질에 따라 평음을 기준으로 상하좌우 분포를 그림으로 나타낸 것인데, 상우에는 경음, 상좌에는 격음, 하우에는 탁음, 하좌에는 간음(間音)으로 구분하여 배치했다. 또한 이들의 성질에 따라 중간의 위치에 경탁음, 격간음 등을 세분하기도 하는 등 음의 성질에 따라 자음을 체계적으로 분석하고 분류했다. 더 나아가 영어, 일본어, 에스페란토어의 예도 이 좌표에 함께 표시하여 다른 언어의 자음과 객관적인 비교가 될 수 있도록 했다.

이러한 치밀한 분석은 우연히 나온 것은 아니다. 박승빈은 『조선어학』에서 자신의 음성 이론을 위한 방법론을 소개하고 있다. 제2편의 마지막에 실린 방법론은 어음을 합리적으로 분석하고 추출해 내기 위한 것으로 대략 6가지 방법을 소개하고 있는데, (1) 지방어에 의한 고찰, (2) 고어에 의한 고찰, (3) 아동의 언어에 의한 고찰, (4) 일본어의 대조, (5) 연발음의 구두(句讀), (6) 어음의 호접 검찰 등이 바로 그것이다.(p.163) 이것은 마치 구조주의 언어학에서 음소를 추출해 내는 치밀한 방법을 연상케 할 정도로 체계적이고 분석적이다.

한편 송석중(1976:136)에서는 겹받침 처리 문제와 관련하여 박승빈이 '넋' 대신에 '넉'으로, '값' 대신에 '갑'을 주장한 것은 자가당착이라고 비판했다. 그 근거로 형태소 경계에서는 겹받침 중 하나가 탈락하지 않지만(값+이→갑시), 단어 경계에서는 겹받침이 탈락하는데(값#아치→가바치/*갑사치) 박승빈이 이 규칙을 고려하지 못하여 기본형을 '넉, 갑'으로 주장한 것이라고 했다.『조선어학』(p.97)에는 '넋업는 사람'의 경우 '넉섭는 사람'이 아니라 '너겁는 사람'으로 발음되며, '값아흡돈'은 '갑사흡돈'이 아니라 '가바흡돈'으로 발음되기 때문에 '값, 넋'은 '갑, 넉'일 뿐이라는 주장이 있다.

그러나 여기에는 겹받침을 인정하지 않으려는 박승빈의 고뇌가 서려 있다. 박승빈은『조선어학』(p.97)에서 "ㄱㅅ, ㅂㅅ의 받침이 음리상 발음되지 못할 관계(한 중성에 그 두 발성음이 동시에 받침되지 못함)" 때문이라고 원인을 말하고 있기 때문이다. 즉, '값, 넋'이라고 쓸 때 겹받침은 동시에 발음되는 것이 아니므로 그렇게 쓸 수 없다는 것이다. 이런 이유 때문에 '값, 넋'의 받침이 원칙적으로는 단독 받침 '갑, 넉'이며, 겹받침을 사용되는 것은 변형된 변태음이라고 한 것이다. 즉, '갑시, 넉슬'의 경우는 '겁시, 겁슬'과 마찬가지로 '겁이, 겁을'이 변칙적으로 변하여 생긴 변태음이지 실제 규칙적인 발음이 아니라고 했다(『조선어학』 p.98).

이 논리대로라면 박승빈이 '넋' 대신에 '넉'을, '값' 대신에 '갑'을 주장한 것은 형태소와 단어의 경계를 구분하지 못한 측면도 있겠지만, 겹받침의 음리상의 문제(동시에 발음할 수 없는)와 '겁시, 겁슬'과 같은 예와 함께 '갑시, 넉시'도 변태음으로 규정했기 때문이다. 물론 그 배경에는 겹받침을 표기에서 허용하지 않겠다는 박승빈의 원칙이 갈려 있기도 하다.

이와 관련하여 우리는 이숭녕(1956)의 논의를 살펴볼 필요가 있다. 이숭녕(1956)에서는 이론적으로 볼 때 '값어치'에서 어간을 '갑'이라고 본 박승빈의 주장이 옳다고 주장했기 때문이다.

> "박승빈씨 이래 이 '값, 몫, 삯'을 중심으로 시비가 벌어져 오늘에 이른 것인데 이것을 옳다고 주장하기 위하여 어간은 '값'이라고 강력히 주장한다. 그러면 박씨파에서는 '값어치(발음 갑어치), 값있다(발음 갑있다), 값없는(발음 갑없는)'에서 '값'의 시옷인 s이 탈락되었으니 박씨 편에서는 '갑시, 갑슨, 갑의, 갑세, 갑스로' 쓰자고 주장한다. 필자는 발음나는 대로 쓴다면 한정이 없어 박씨설에는 정책상 절대 반대한다. 그것은 어간 표음화와 어미 단어화의 대원칙에 위반되기로이다. 그러나 필자는 이 '값어치'에서 어간은 '갑'이라고 봄이 옳고 이론상에서 주장하는 바이다."

이숭녕(1956:187-188)에서는 국어의 토씨가 고대로 올라가면 '리, 레, 를, 로라'의 토씨나 '식, 슬, 시, 스로'의 토씨도 있었는데, 그것이 중고 이후에 간략화 되고 도태된 나머지 오늘날의 '토씨'가 된 것이라고 했다. 또한 이들 가운데 국부적으로 표준어에 남아 있는 것이 '갑시, 갑슨, 갑슬, 갑세, 갑없는, 값어치'이며 이러한 과정을 고려할 때 '값어치, 값없는'에서 '값'의 'ㅅ'이 발음되지 않는 이유를 이해할 수 있다고 주장했다. 그리고 토씨가 '脈시 뛴다, 神色시 나쁩니다'에서는 '시'로도 나타난다고 했다.

이렇게 주장한 근거로 우리말 '토씨'와 알타이 제어와 비교, 방언에서의 흔적 등을 들었다. 예를 들어 처격(에)의 경우도 알타이 제어에서는 'tai, dai, te, ne...'이고 이것이 일본어에까지 가서 '데'가 되었고, 소유격(의)도 알타이 제어에서는 'ne, ...' 류로 사용되다가 일본어에서는 '노'가 되었다는 것이다. 이와 관련하여 현대 제주도방언에는 다음과 같이 '리, 레'라는 토씨가 아직도 남아 있다고 했다.

學校레 갑써 (학교에 가시오)
山地레 옵써 (산지에 오시오)
마리레(마루에), ᄀᆞ루레(가루에), ᄒᆞ루리(하루가)

또한 다른 방언에는 '기, 게'의 토씨도 남아 있는데((즐(冬)기, 즐게)) 그러므로 고대에는 '시, 슨, 슬, 세'의 토씨가 있었다고 볼 수 있으며, 다음과 같은 용언의 활용어미와 비교해 보아도 더욱 그러하다는 것이다.

갈(去)시, 갈ᄉᆡ, 갈ᄉᆞᆯ, 갈ᄉᆞᆫ, 갈ᄉᆞ로...

그러므로 고대에 '리, 레, 를, 로라'의 토씨나 'ᄉᆡ, ᄉᆞᆯ, 시, ᄉᆞ로'의 토씨도 있었다고 보아야 하며 오늘날 '값' 등에서 국부적으로 남아 있으니, 그 어간으로 '값' 대신에 '갑'을 써야 옳다는 것이다.

이숭녕(1956:185-187)에서는 된소리에 대해서도 이론적으로 볼 때 박승빈의 주장('ㅺ, ㅼ, ㅽ'이 된소리 표기다)이 옳다고 주장했다.

> "오늘날 된소리로 비록 'ㄲ, ㄸ, ㅃ'를 사용하기로 계약되었는데 여기 반대론을 막기 위한 이론전개로 과거부터 다음과 같은 것이 강력히 주장되어왔다.
> (1) 'ㄲ, ㄸ, ㅃ'는 훈민정음제정의 이론에 비추어 된소리다.
> (2) 'ㅺ, ㅼ, ㅽ'는 훈민정음과 기여(其餘)의 증명으로 sk-, st-, sp- 음이다.
> (3) 그럼으로 철자법이 'ㄲ, ㄸ, ㅃ'로 된소리를 표기함은 정당한 것이다.
> 그리하여 1930년 전후부터 박승빈씨 일파와 조선어학회와는 격렬한 논쟁이 벌어졌고 오늘날도 이것이 일부에서 주장되고 있다. 그러면 그 가부가 어떠한가는 이제야 국어학의 현실력(現實力)으로는 쉽사리 증명되어 가고 있다. (중략) 한글파동에 있어서 필자는 박씨파의 설을 사회정책적 의의에서 누르고 배격하여 왔지만 일부에 있어서는 학리상(學理上) 박씨 주장이 옳은 착안(着眼)이라고 느꼈던 때도 있었다. 지금 필자

는 진정을 토로하여 필자가 상대로 논쟁한 몇 분에게는 미안하게 생각하지마는 이미 후배 간에는 필자의 주장과 같은 소장학자가 늘어가고 있는 터이어서 이것을 공개함이 좋을 것이다."

이숭녕의 주장은 정책적으로는 이미 된소리 표기로 'ㄲ, ㄸ, ㅃ'를 사용하고 있어 이를 반대하지는 않지만 이론적인 측면에서 보면 박승빈의 주장이 설득력이 높다는 것이다. 이숭녕은 이에 대한 근거로 몇 가지를 제시했다. 먼저 이숭녕은 이론상 'ㅺ, ㅼ, ㅽ'의 발음이 과연 sk-, st-, sp-음인가에 의문을 표시한다. '잇다'는 'ista'로 발음되어야 하며, '갈쁜아니라'는 'kalspun-'처럼 발음되어야 하는데 그렇게 주장할 소장학자는 없다는 것이다. 'ㅅ'이 경음부호이고 'ㅺ, ㅼ, ㅽ'가 오늘날 철자법의 'ㄲ, ㄸ, ㅃ'에 해당한다는 것이다.

물론 박승빈의 음운론에도 문제점은 있다. 먼저 경음조와 격음조의 균형적인 기술을 너무 의식한 나머지 새로운 부호(경음조 부호, 격음조 부호)를 만들어 문법에 도입한 점이다. 박승빈 스스로 신문자나 새 부호의 도입을 비판했다는 점을 고려하면 새 부호의 도입이 이론적으로는 타당하다고 하더라도 실용적인 면에서는 번거로움을 가져왔을 것이다.

두 번째는 '심고, 안고'의 경음화현상에 대한 설명이다. 박승빈은 이들 예에 나타나는 경음화현상을 '시므고, 아느고'에서 '으'가 탈락하면서 경음조가 발생하는 것으로 설명했는데[28], 이때 일어나는 경음화현상이 사잇소리현상(나무의 가지, 봄의 바람)에서도 똑같이 일어난다고 본 것이다. 그러나 '나무의 가지'에서의 '의'와 '시므고'에서의 '으'는 그 성질과 기능이 다른 것이어서 이들을 같은 맥락으로 이해할 수 있을지 의문이다. 이와 더불어 '시므고'에서 '으'가 탈락하면서 경음조가 발생하여 '심꼬'가

28) '신다, 안고, 심다' 등에서 일어나는 경음화는 비음 종결 어간 뒤에서 일어나는 경음화현상으로 비음 가운데서도 어간 받침이 'ㄴ, ㅁ'인 특정한 단어에서만 일어나므로 형태론적 조건과 음운론적 조건을 모두 만족시켜야 하는 경음화이다.(신지영. 2011. 『한국어의 말소리』. 지식과 교양. pp.327-328)

되었다면, '드르고(聞)'에서도 '들꼬'가 되어야 하지만, 실제로는 '듣고'가 되기 때문에 이 점에서도 문제가 생긴다.

3.2.5. 비판적이고 독자적인 시각

20세기 초 국내 국어학계는 서양 선교사를 통해서나 일본을 통해서 음으로 양으로 서양이론을 접하고 이를 참고하여 우리말을 연구했다. 박승빈도 예외는 아니다. 그도 서양이론을 참조했고, 그 흔적은 『조선어학』을 비롯한 그의 저술에서 군데군데 나타난다. 그러나 박승빈은 무비판적으로 서양의 이론을 수용하지는 않았다. 박승빈은 우리말과 다른 나라 말이 근본적으로 다르기 때문에 서양의 언어이론을 무조건적으로 우리말에 적용하는 것은 문제라고 지적했다.

예를 들어 『훈민정음』 음자의 어음은 서양의 로마자로 조직된 어음에 대한 관찰과는 근본적으로 다르기 때문에 음자 제정에 대한 제도와 성질과 활용방법이 서로 다르며, 따라서 조선문의 음리를 연구하는 데 영어의 음리의 결과를 그대로 적용해서는 곤란하다고 지적했다. 그러면서 『조선어학』(pp.20-21) 에서는 우리말과 영어의 차이점을 다섯 가지로 나누어 제시하기도 했다.

> "朝鮮文 音字에는 初聲 'ㅇ'가 이서서 아야行의 音質을 標示하며 中聲은 獨立하야서 發音이 되디 아니함. 英語에는 母音만으로 아야行의 어느 發音 즉, 그 音質과 音韻을 아울러 標示하는 制度인 故로 다시 그 發聲의 種類를 標示할 夫音을 따로 둘 必要가 업게 된 것이라." (『조선어학』 p.22)

예를 들어 『훈민정음』의 제도는 초성 'ㄱ'은 가갸 행의 음질을 표시하는 음자이고, 중성 'ㅗ'는 오단의 음운을 표시하는 음자여서 이 둘이 합하면 '고'로 발음이 되지만, 영어의 제도는 모음만으로 소리가 나며, 자음은 여기에 합해지는 것이 아니라 첨가되는 것이라고 했다. 이를 박승빈은 부음 'g'를 머리에 쓴 모음 'o'의 발음이 'go'가 된 것이라고 했다.

이 부분에 대해서 한국어와 영어의 비교가 잘못되었다는 평가가 있다. 대표적인 논의가 김완진(1985: 177-179)인데, 그는 이 부분을 다음과 같이 비판하고 있다.

> "'아'도 음질 'o'과 음운 'ㅏ'의 결합이라는 설명에도 수긍이 간다. 그런데 영어에서의 a에는 'o'에 해당하는 기호가 앞에 오니 않으니 a는 이미 그 안에 음질과 음운을 가진 것이라고 하면서 따라서 영어의 go는 모음 o가 자음 g를 머리에 쓴 것이지 국어의 '고'에서처럼 'ㄱ'과 'ㅗ'가 합해진 것이 아니라고 주장하게 된 것이다.... 그러나 운학의 체계를 받아들여 모음으로 시작하는 음절을 자음 'o'으로 시작되는 것으로 해석하는 훈민정음의 이해방법을 그러한 모음 앞에 자음기호를 쓰지 않는 영어의 표기방법과 대비시켜 그것을 언어사실의 차이로 비약시켜 이해하려 했던 것은 학범이 저지른 가장 큰 과오였다고 지적하지 않을 수 없다."

김완진(1985:178)은 이 대목이 박승빈 문법에서 가장 커다란 비약이자 과오라고 평가했다. 김완진(1985)의 지적은 영어의 경우 모음자가 단독으로도 소리를 표시할 수 있고('a'처럼), 자음자와 모음자가 합하여 표시할 수도 있는데('go'처럼), 이를 훈민정음의 '아'와 달리 'go'의 경우 자음과 모음이 합해지는 것이 아니라 첨가되는 것(이를 박승빈은 부음 'g'를 머리에 쓴(冠) 모음 'o'의 발음이 'go')라고 보았다는 점이 문제라 했다.

그러나 이러한 비판은 박승빈의 설명을 제대로 이해하지 못한 결과가 아닌가 생각한다. 『조선어학』에서 문제가 되는 대목을 다시 살펴보면, 영어의 모음자는 훈민정음과는 달리 단독으로 발음을 표시하므로 다르다고 한 부분은 논란의 여지가 없다. 다만 그 다음, "즉, 그 음질과 음운을 아울러 표시하는 제도"라고 말한 대목이 논란이 된다. 박승빈은 훈민정음의 경우 초성자는 음질을 표시하고, 중성자는 음운을 표시한다고 했다. 이에 따르면 음질과 음운은 소리의 성질이고 이를 반영한 문자가 바로 초성자와 중성자인 것이다. 그리고 이 둘이 결합해야만 하나의 음절을 나타낼 수 있는 글자가 만들어진다는 것이다. 이것이 바로『훈민정음』의 '凡字必合而成音'이라는 내용이다.

다시 말하면『훈민정음』의 경우 '아'와 같이 음질을 표시하는 초성자 'ㅇ'와 음운을 표시하는 중성자 'ㅏ'가 결합해서 만들어지지만, 영어 알파벳은 'a'처럼 자음자 없이 모음자만으로도 발음을 표시할 수 있다. 여기서 다음과 같은 두 가지 가정이 가능하다. (1) 'a'에 음질과 음운이 모두 들어 있다. (2) 글자 'a'에는 음운의 성질만 들어 있다. 만약 음절(즉 성음) 은 반드시 음질과 음운으로 이루어져 있다고 한다면, (1)의 가정처럼 이를 표시하는 음절자에도 음질과 음운이 들어가 있다고 봐야 할 것이다.

만약 그렇다면 'a'의 문제는 어떻게 설명할 수 있을까? 예를 들어 'a'의 경우 하나의 음절을 표시하는 글자이고 음절에는 음질과 음운이 있어야 한다면, '0a'처럼 글자 앞에 보이지 않는 음질을 나타내는 영 '0'의 기호를 가정할 수도 있다. 이것이 번거롭다면 'a' 글자가 음질과 음운을 모두 갖고 있다고 보는 방법이 있다. 후자가 바로 박승빈의 생각이다.

이럴 경우 모음자에 자음자가 결합하는 'go'와 같은 경우는 어떻게 설명할 수 있을까? 만약 모음자 'o'에 음질과 음운이 다 들어 있다고 가정한다면 이미 'o'에 음질과 음운이 다 들어 있으므로, 'go'에서 'g'는 더 이상 음절을 구성하는 필수적인 요소가 아니다. 즉, 이때 또 다른 음질을 나타내는 'g'와 같은 글자는 필수적으로 모음자와 결합하는 것이 아니라 추가로 첨가되는(박승빈의 표현으로는 모음자가 머리에 덧쓴) 형태로 해석되는 것이다. 이것이 박승빈의 견해이다. 이러한 가정이라면 박승빈의 설명은 타당하다.[29]

---

29) 박승빈은 일본어에 대해서도 か의 경우 [가]라는 소리를 나타내는 글자는 か인데, 이 か에는 훈민정음처럼 자음자와 모음자의 결합을 발견할 수 없으나 글자 단독으로 [가]라

다만, 음절이 음질과 음운으로 이루어져 있다는 가정 자체가 잘못이라면, 다시 말해 음절은 음질과 음운의 결합으로도 가능하고, 음운만으로도 성립이 가능한 것으로 본다면, 박승빈의 설명은 문제가 될 수 있다. 즉, 박승빈은 음절의 정의를 하나로 정해 놓고 이 논리에 따라 논지를 전개한 것으로 보인다. 박승빈의 논의 절차는 문제가 없다. 그러나 음절에 대한 정의 자체가 문제라면 당연히 뒷부분에 논지 전개가 타당하더라도 해석은 달라질 수밖에 없다. 따라서 문제가 되는 것은 박승빈의 논리 전개가 타당한가가 아니라 그의 음절에 대한 전제가 타당한가 그렇지 않은가이다.

이밖에도 박승빈은 문법에서도 우리말과 영어, 일본어를 대조 비교하면서 우리말의 특징을 강조했다. 예를 들어 변동단의 개념, 어근의 개념, 태의 구분, 조사의 설정, 그리고 지정사와 존재사의 설정에 이르기까지 우리말이 영어와 일본어와 어떤 차이점이 있는지를 소상히 밝혔다. 한편, 박승빈은 이들 언어를 단순히 비교하는 데에서 그치지 않고 외국 문법을 무비판적으로 수용하는 세태도 비판했다.

> "오직 朝鮮語는 言語의 原理에 依하야 用言의 네 種類가 整然히 分立되야 이스며 쏘 그 네 種類의 用言의 活用 法則은 一絲不亂의 整然한 狀態로 組織되야 이슴이라. 그러한데 爾來 朝鮮語를 論議하는 사람에 指定詞를 看出하디 못하고 畸形的 狀態에 잇는 日本語에 當한 先入主見으로 朝鮮語의 用言인 指定詞 '이'와 그 다음에 連結되는 用言助詞(例로 '다, 며')를 合하야 '이다, 이며'를 한 單語로 보고 그 品詞의 名稱을 或 助動詞, 或 助詞, 或 助用詞이라고 닐컫는 일이 만흠. 이는 譬喻하야 말하자면 성한 사람이 病身의 숭내를 나힘과 가틈이라."(『조선어학』 pp.222-223)

는 소리를 나타내고 있으므로 여기에 음질과 음운이 모두 들어가 있다고 보고 있다. 일본의 가나문자의 경우 훈민정음과도 다르고 영어 알파벳과도 다르다고 언급했다.

위에서 박승빈은 우리말 문법과 일본어 문법을 치밀하게 비교하면서 일본어 문법을 무비판적으로 수용하는 세태를 '멀쩡한 사람이 오히려 병신 흉내를 내는 것'과 같다고 했다. 예를 들어 지정사 '이'를 설명하는 데 있어, 우리말이 일본어와 분명 차이가 있음에도 불구하고 이를 고려하지 않고 '이다, 이며'를 한 단어로 처리하는 것이야말로 일본어에 대한 무비판적인 선입견이라는 주장이다.

3.2.6. 자질문자 아이디어

박승빈의 음성학과 문자학에서는 영국의 언어학자 제프리 샘슨(Geoffrey Sampson) 교수가 1985년 자신의 저서『문자 체계(*Writing Systems*)』에서 말한 '자질문자(feature system)'의 개념과 유사한 대목이 나온다.

> "英文의 音字는 聲音의 第1分類를 母音과 夫音으로 區分하얏는 故로 아行音은 母音으로 分類되고 아 行音 以外의 音質을 標示하는 모든 音字는 죄다 夫音으로 分類되야서 하 行音을 내는 H(ㅎ)도 夫音 中의 하나로 되야 버려서 母音과 形式上 아주 各히 달른 分類에 歸屬되고 싸라서 둘이 그 發音의 本質로 同一한 種類에 屬한 것임을 얼른 看取하기도 어렵게 되야 잇다." (『조선어학』 p.24)

위의 내용은 한국어와 영어를 비교하면서 나온 것인데, 훈민정음의 'ㅇ'과 'ㅎ'은 소리의 성질도 같고 이를 문자로 나타낼 때 동일한 계열로 분류할 수 있지만, 영어 알파벳의 모음과 'H' 사이에는 이러한 공통점을 포착하기 어렵다는 것이다. 샘슨이 음성적으로 같은 계열에 속하는 글자들이 그 모양에서도 동질성을 포착할 수 있다는 점에서 한글을 음소문자보다도 한 차원 더 발달한 자질문자라고 주장한 것인데, 박승빈의 언급도 이와 유사한 측면으로 이해된다.

3.3. 독창적인 문법론

3.3.1. 분석적인 품사체계

박승빈의 문법에서 특기할 만한 것은 품사의 세분화이다. 기존의 문법가에 비해 12품사라는 세분화된 품사체계를 설정했다. 국어학자 가운데 가장 많은 품사를 설정한 사람이 바로 박승빈이다. 박승빈은 먼저 품사를 주성부분과 종속부분으로 나누고, 전자는 다시 체언(명사, 대명사)과 용언(존재사, 지정사, 형용사, 동사, 조용사(태, 존경, 시상 등의 보조용언))으로, 종속부분은 조사(체언조사, 용언조사, 별동조사), 관형사, 부사, 접속사, 감탄사 등으로 세분했다. 이를 표로 보이면 다음과 같다.

(1) 박승빈(1931/1935)의 품사체계

```
                  ┌ 체언 - 명사(수사포함), 대명사
         주성부분 ┤                ┌ 용언(주된용언) - 존재사, 지정사, 형용사, 동사
                  └ 용언(서술어) ┤
                                   └ 조용사(보조용언) - 태, 존경, 시상
언어 ┤
                  ┌ 조사 - 체언조사, 용언조사, 별동조사
                  │ 관형사
         종속부분 ┤ 부사
                  │ 접속사
                  └ 감탄사
```

이러한 품사분류에서 분석적 설명법과 관련하여 주목할 만한 점을 간추려 보면, 첫째, 주성부분과 종속부분으로 나눈 점. 둘째, 조사를 체언조사, 용언조사, 별동조사로 나누어 소위 조사와 어미를 모두 동등한 품사로 인정하고 보조사도 별도의 품사로 인정한 점. 셋째, 조용사를 품사로 설정하여, 체언조사와 용언조사와 별도로 처리한 점. 넷째, 조사와 어미의 통사적 성격을 부각한 점 등이다.

언어를 먼저 주성부분과 종속부분으로 나눈 것은 문장의 중심을 이루는 요소와 이를 수식해 주는 요소를 구분한 것이다. 특히 종속부분에 조사를 포함시킨 것은 조사가 문장 성분(단어, 구, 절)의 자격과 이들 간의 관계를 나타내는 역할을 하고 있다는 것을 뜻한다. 이것은 현대 문법에서 조사의 위상과 매우 흡사한 처리라 할 수 있다.

이를 주시경과 최현배의 문법과 간략히 비교해 보자. 박승빈과 달리 주시경의 『국어문법』(1910)과 최현배(1930/1937)에서는 모두 9품사를 제시했다.

(2) 주시경(1910)의 품사체계

임(명사), 엇(형용사), 움(동사), 겻(조사), 잇(접속사), 언(관형사), 억(부사), 놀(감탄사), 끗(어미)

(3) 최현배(1930/1937)의 품사체계

씨 {
　생각씨(관념어) {
　　으뜸씨(주요어) {
　　　임자씨 (이름씨, 대이름씨, 셈씨)
　　　풀이씨 (움직씨, 그림씨)
　　}
　　꾸밈씨(수식어) - 매김씨, 어찌씨, 느낌씨
　}
　걸림씨(토씨)(관계사 또는 조사
}

주시경과 최현배 문법은 모두 9품사체계이지만, 내용면에서는 조금 차이를 보인다. 주시경은 소위 조사와 어미를 모두 품사로 설정했으나, 최현배에서는 조사만을 품사로 처리했고, 접속사를 빼고 대명사와 수사를 추가했다. 이와 달리 박승빈의 품사체계는 12품사체계인데 수사를 명사에 포함시키고 조용사, 지정사, 존재사를 추가하였으며, 조사와 어미를 품사로 인정하고 있다. 이때 주시경과 달리 조사와 어미를 모두 하나의 '조사'에 묶어 처리했다는 점이 특징이다.[30]

---

30) '조사'에 대한 명칭과 품사 설정 여부는 초창기 학자마다 달랐다. 유길준(1906)에서는 조사를 후사(後詞)라고 부르고, '토다는 말'이라고 하였다. 옛 문법의 토(吐)를 후사라는 품사로 인정한 것이다. 그러다가 유길준(1909)에 와서는 '후사'를 다시 '접속사'로 고쳐

3.3.2. 토의 계승과 발전

박승빈은 소위 조사와 어미를 '조사'라는 하나의 독립된 품사로 분류하였다. 조사와 어미를 품사로 설정했다는 점에서 보면 주시경의 분석적 설명을 박승빈이 계승했다고 볼 수 있다. 그리고 조사를 다시 체언조사(격조사), 용언조사(어미), 별동조사(보조사)로 동등하게 처리했다는 점에서는 주시경과 부분적으로 다르고 최현배(1930)와는 근본적인 차이를 보인다.

박승빈은 조사를 한 단어(구 또는 절)에 첨가하여 다른 단어(구 또는 절)와의 관계나 또는 그 문에 대한 관계를 표시하는 단어라고 했다. 이러한 시각은 현대적인 분석과도 결코 다르지 않다. 현대 통사론에서 조사와 어미는 단순히 체언과 용언에 붙는 것이 아니라 구(또는 문장)에 붙는 통사적 요소로 간주되고 있기 때문이다.

박승빈은 언어의 주성분인 체언과 용언이 다 조사의 조종에 따라 비로소 그 문에서 사용되는 기능을 갖게 된다는 설명하고, 조사의 기능으로 다섯 가지를 제안했다. (1) 체언의 격이 당한 관계를 표시하며 (2) 체언과 체언을 연결하고 그 연결되는 관계를 표시하며 (3) 서술어가 그 문에 사용되는 체법과 겸하여 대화자에 대한 대우의 관계를 표시하며 (4) 문의 중간에 들어서 각 단어, 구, 또는 절을 접속하며 응용하여 그것을 연결시킴의 관계를 표시하며 (5) 체언 또는 용언의 사용에 그 취지가 표별적(表別的)으로 됨이며 협수적(協隨的)으로 됨의 관계를 표시한다.

이러한 기능을 바탕으로 박승빈은 조사를 다시 체언조사와 용언조사로

부르고, '언어의 중간에 삽입하여 전후를 연결하며 상하를 연결하여 그 의미를 서로 통하게 하는 말'이라고 정의하였다. 주시경(1908)에서는 조사를 격을 표시하는 '격표인접(格表引接)'이라는 말로 부르다가, 주시경(1909)에서는 '관련'이라는 용어가 등장하고, 다시 주시경(1910, 1914)에 와서는 '겻[助詞]'이라는 용어로 부르고 있다. 그리고 최현배(1930)에 와서 토씨[助辭]가, 박승빈(1931)에서는 '조사(助詞)'라는 용어가 등장하게 된다. 한편 조사(助詞, 助辭)라는 명칭은 일본인들의 한국어 연구서에서도 나타나는데, 前間恭作(1909), 高橋亨(1909)에서는 조사(助詞)라는 명칭이 등장하고, 藥師寺知曨(1909)에서는 조사(助辭)라는 명칭이 사용되었다.

구분했다. 체언조사는 다시 표격조사, 접속조사로 나누고, 표격조사는 다시 주격, 목적격, 서술격, 소유격, 보어격, 호격으로 구분했다. 접속격조사는 연계와 선택으로 구분했다. 용언 조사의 종류는 종지조사, 중간조사, 부가조사 등으로 구분했다. 종지조사는 다시 서법에 따라 '평서, 의문, 명령, 감탄'으로, 중간조사는 다시 접속, 응용으로, 부가조사는 존경(오, 옵)과 의동조사(랴)로 나누었다.

그렇다면 주시경과 박승빈이 조사와 어미를 모두 독립된 품사로 인정한 이유는 무엇일까?[31] 이것은 전통적인 토의 개념에 대한 현대적 계승이라고 볼 수 있다. 주시경(1908)에서는 품사체계를 원체부와 관계부로 나누고 조사와 어미를 관계부에 포함시켰는데,[32] 주시경(1910, 1914)에서도 앞서와 비슷하게 조사를 '겻'으로, 어미를 '끗'으로 설정하고 각각 독립된 품사로 인정하고 있다. 박승빈은 조사와 어미를 '조사'라는 하나의 독립된 품사로 설정하였다.

조사와 어미를 토씨로 보려는 견해는 주시경 이전에서도 널리 퍼져 있었던 것이 아닌가 한다. 언더우드(Underwood)(1890: 6)의 언급이 이를 뒷받침해 주고 있는데, 그는 저서에서 당시 한국의 문법가들이 대개 삼품사(명사/동사/토)를 가정하고 있다고 하였다. 이 내용은 두 가지 의미 있는 점을 시사해 주는데, 첫째는 당시 문법가들이 조사와 어미를 포괄하는 전통적인 개념으로 토를 가정했었고, 둘째는 토를 하나의 품사로 가정했었다는 점이다.

그렇다면 전통적인 토란 무엇인가? 국어에서 문헌상으로 토(吐)가 나타나는 것은 이두문이지만, 국어가 교착어라는 점을 고려하면 실제 언어생

---

31) 이 부분은 시정곤. 1999. "조사의 형태론적 연구"(『국어의 격과 조사』, 월인)를 토대로 하여 일부 내용을 보완했다.

32) 주시경(1908:80)에는 다음과 같은 설명이 있다. "관계부를 인접, 간접, 조성으로 나누고 이들의 직책은 장어식(長語式)의 관계를 들어내 설명하는 것이니, 곧 원체부, 명호, 형용, 동작 삼체가 장어식으로 조직되게 하는 것이라. 이럼으로 이 삼체는 장어식에 관계부니라. 전에는 이 삼체를 다 토라 하였다."

활에서는 훨씬 이전부터 사용되었을 것이다. 다만 표기상 토라는 것이 문헌에 등장한 것이 후대일 뿐이다. 문헌상으로 보면 토는 이두문, 구결문, 그리고 언해문에 이르기까지 국어의 기능적인 면을 표시하기 위해 사용되어 왔다.

> 凡鄕之約四伊尼(ㅣ니) 一曰德業常勤伊五(이오) ~ 衆伊(이) 推一人有
> 齒德者爲也(ㅎ야) ~
> -『呂氏鄕約』1장 앞-

위의 예는 구결문으로 한문구절에 한자의 음과 훈을 이용하여 토를 붙인 것이다. 이렇게 토를 사용한 문체에서 우리가 엿볼 수 있는 것은 당시 사람들의 형태분석의 시각이다. 즉, 이들은 국어의 형태를 크게 실사와 허사라는 두 부류로 나누고 있음을 알 수 있다.[33]

그렇다면 당시의 문법가들은 토를 품사로 인정했을까? 오늘날의 조사의 품사설정 문제는 바로 이 문제를 어떻게 바라보느냐에 달려 있다고 해도 과언이 아니다. 그러나 당시에는 오늘날과 같은 품사라는 개념이 없었으므로 이를 단정하기는 어렵다. 다만 한 가지 짐작할 수 있는 것은 당시의 토의 성격이 형태적이라기보다는 통사적이라는 점이다. 즉, 당시에 실사는 문장의 주요범주로 쓰였고, 허사인 토는 다만 문장 안에서 이들의 문법기능을 표시해주는 역할을 했다는 점이다.

이렇게 보면 당시의 실사와 허사의 이분법은 품사라는 범주보다는 오늘날 생성문법의 어휘범주와 기능범주의 구분과 일맥상통한다고 볼 수 있다. 그렇다면 이 대목에서 우리는 토의 전통이 주시경보다는 박승빈으로 이어져 왔다고 보는 것이 더 옳을지 모른다.[34] 왜냐 하면 주시경에서는

---

33) 안병희(1977:16-18)에서는 한문 주석상에 나타난 형태부류를 명사류, 동사류, 부사류, 허사류 등의 4가지로 나누고 있다.
34) 천소영(1981:100)에서는 박승빈 문법에서 조사의 적용범위를 체언과 용언으로 확대한 것은 조사와 어미를 허사(형태부분)란 한 가지 개념으로 통합시켜 첨가어에 속하는

토를 품사의 시각에서 바라보았지만, 박승빈은 토를 품사로 설정함은 물론이고, 조사를 한 단어(구 또는 절)에 첨가하여 다른 단어(구 또는 절)와의 관계나 또는 그 문에 대한 관계를 표시하는 단어라고 했기 때문이다.(박승빈 1935:331).

그렇다면 박승빈 문법에서 조사의 설정과 역할은 전통적인 토의 개념을 계승함과 동시에 현대 통사론에서 조사의 통사적 기능을 이미 오래전에 선보인 선구적인 문법이라고 할 수 있다.[35] 현대 생성문법에서는 굴절접사들이 각기 통사범주를 이루면서 선행어간에 결합하는 것이 아니라 구나 절에 결합하고, 이들이 구나 문장 전체를 수식하고 있다고 가정하는데, 박승빈(1931/1935)의 조사체계(체언조사와 용언조사 포함)는 이러한 시각을 이미 오래전에 반영한 것으로, 교착어인 우리말의 속성을 잘 반영한 분석이라 할 수 있다. 이러한 통사적 성격에 대한 설명은 주시경(1910)이나 최현배(1930)에서는 찾아 볼 수 없다.

3.3.3. 분석적인 어미 체계

박승빈은 어미 부분에서도 독특한 입장을 보인다. 또한 용언조사의 결합범위도 용언어간에 국한하는 것이 아니라, 구나 절에도 붙을 수 있다고 함으로써, 조사와 어미들의 형태론적 성격뿐만 아니라 통사적인 성격도 잘 드러내고 있다고 할 수 있다.[36] 용언 조사의 종류는 종지조사, 중간조사, 부가조사 등으로 구분했다. 이를 도표로 자세히 보이면 다음과 같다.

국어의 형태론상의 특징을 잘 반영시킨 것으로 평가했다.

35) 송석중(1976)과 천소영(1994)에서는 박승빈(1935)를 중심으로 그의 문법이 갖는 여러 가지 의의에 대해 언급하였다. 문법을 화자의 모국어에 대한 무의식적 지식으로 규정한 점이나, 심층구조와 표면구조의 개념을 제시하고 구문도해를 한 점, 그리고 조사 어미의 통사적 성격을 제시한 점, 지정사와 부정문에 대한 탁월한 해석 등에 대해 오늘날 생성문법의 이론과 비교해도 손색이 없다는 평가를 내리고 있다.

36) 이 부분의 내용은 시정곤. 2000. "최현배(1930)과 박승빈(1931)의 어미를 보는 눈"(『21세기 국어학의 과제』, 월인)의 내용을 주로 하고 부분적으로 보완하였다.

(4) 용언조사(1)

$$
종지
\begin{cases}
평서 \text{ -- 단순, 약허, 질정, 보도} \\
의문 \text{ -- 단순, 구명, 질의, 구보도} \\
명령 \text{ -- 단순, 공동} \\
감탄 \text{ -- 는고나, 고나, 데그려 ...}
\end{cases}
$$

(5) 용언조사(2)

$$
중간
\begin{cases}
접속 \text{ -- 연계, 선택, 반의, 추론, 조건} \\
응용 \text{ -- 명사형(기, 음, 고), 관형사형(는, ㄴ, 든) , 부사형(게,}
\end{cases}
$$
러), 부정연결(디)

(6) 용언조사(3)

$$
부가
\begin{cases}
존경 \text{ -- 오, 옵} \\
의동 \text{ -- 랴}
\end{cases}
$$

위에서 '종지'는 문장의 제일 끝에 오는 용언조사로, 다시 서법에 따라 '평서, 의문, 명령, 감탄'으로 나누었다. 중간용언조사는 다시 그 기능에 따라 '접속'과 '응용'으로 나누고, '접속'은 '연계, 선택, 반의, 추론, 조건'으로, '응용'은 다시 '명사형, 관형사형, 부사형, 부정연결' 등으로 나누었다. 부가조사는 추가적인 의미를 더하기 위해 다른 용언조사에 부가되는 조사로, 존경(오, 옵)과 의동(랴)으로 나누었다.

이러한 어미체계를 주시경(1910)과 최현배(1930)과 비교해 보면, 유사한 점도 있지만 다른 점도 있다. 예를 들어 주시경(1910, 1914)에서는 토씨에 겻씨, 잇씨, 끗씨 등을 포함하여 조사(겻씨)와 어미(끗씨)를 동등한 품사로 설정한 점, 연결어미를 모두 잇씨라는 품사로 설정하여 서양문법의 접속사 개념을 받아들인 점 등은 박승빈의 견해와 같다.[37]

또한 주시경(1910)에서는 'ㅁ, 음, 기'나 부사형 '게, 도록' 등과 같은 전성어미에는 독립된 자격을 주지 않았으나, 박승빈(1931/1935)에서는

---

37) 잇: 한 말이 한 말에 잇어지게 함을 이르는 여러 가지 기를 다 이름이라
  (예) 와, 과, 고, 면, 으면, 이면, 나, 으나, 이나, 다가, 는데, 아, 어

이들을 품사로 인정하고 모두 용언조사(응용)에 포함시킨 점이 다르다. 이 전성어미 부분은 최현배(1930)이 주시경(1910)의 분석적 설명법에 문제가 있다고 지적한 부분이기도 하다. 최현배(1930)에서는 잇씨, 끗씨, 그리고 전성어미를 품사로 설정하지 않고 어미의 끝바꿈으로 처리하고 있다.

다음으로 박승빈의 어미 체계에서는 조용사를 별도의 품사로 설정한 것이 특이하다.

(7) 조용사 { 태: 수동태, 사역태, 수성태
존경: 시
시상: 과거, 현재, 미래

조용사는 소위 선어말어미를 가리키는 것으로, 박승빈은 선어말어미에 해당하는 것을 하나의 독립된 품사인 '조용사(보조용언)'로 설정하였다. 조용사를 태, 존경, 시상으로 분류하여 기존의 시제, 존칭, 대우법 선어말어미 뿐 아니라 피사동 접사에 해당하는 '이, 히, 리, 기...' 까지를 이 범주에 포함시켰다. 그러나 주시경은 이를 끗씨에 포함시켰고[38] 최현배 문법에서는 보조어간으로 설정했다. 따라서 박승빈은 기존 학자들이 피사동 접사는 어간의 일부로, 선어말어미는 주로 어미로 분류하던 것과는 달리 분석적인 입장에서 이들을 모두 별도의 품사로 설정한 것이다. 또한 장형 피동의 '디'도 같은 부류로 보아 태를 나타내는 조용사에 포함시킨

---

38) 주시경(1910)(1910:92-94)에서는 '끗의 갈래'를 다음과 같이 네 가지로 분류하고 있는데, 이때 선어말어미들이 끗씨에 포함되어 있음을 알 수 있다.
이름: 이르는 말로 끗맺는 것: (예) 다, ㄴ다, 는다, 앗다, 엇다, 겟다, 리라, 으리라, 앗소, 옵나이다, 습나이다, 이더라, 시더라....
물음: 뭇는 말로 끗맺는 것: (예) 냐, 으냐, 이냐, 앗나냐, 엇겟나냐, 읍나이가, 더이가, 시더뇨...
시김: 시기는 말로 끗맺는 것: (예) 아라, 어라, 시오, 옵소서, 십시오...
홀로: 홀로 하는 말로 끗맺는 것: (예) 다, 이다, 리라, 도다, 겟지, 랴...

것도 특징이다.

따라서 주시경(1910)은 조사와 어미를 체언과 용언에서 각각 분리하여 동등하게 품사로 설정했다는 점에서 분석적 설명법을 취하고 있으나, 선어말어미를 끗씨에 포함시킨 점과 전성어미를 따로 품사로 인정하지 않고 품사변성으로 처리한 점 등을 고려하면 박승빈만큼 철저한 분석주의자는 아니었던 셈이다.

여기서 용언(풀이씨)의 정의에 대한 당시 학자들의 다양한 견해를 비교해 보자.

(8) 주시경(1910)　　　먹었다 (움끗)
　　김두봉(1916)　　　먹엇다 (움끗)
　　최현배(1930)　　　먹었다 (움)
　　박승빈(1931)　　　머그엤다 (동사조용사조사)

주시경(1910)에서는 '었다'를 분리하지 않고 하나의 품사로 보았으며, 김두봉(1916)에서는 '엇'을 동사 쪽에 포함시켜 논의하였고, 최현배(1930)에서는 '먹었다' 전체가 하나의 품사로 설정했다. 이와는 달리 박승빈(1931/1935)에서는 '먹었다'의 세 요소를 각각 동사, 조용사, 조사로 독립적으로 설정했다는 차이점이 있다.

최현배(1930)에서는 김두봉과 박승빈에 대한 비판이 보인다. 김두봉의 분석은 종합적 분석의 과정에 있으며, 박승빈은 극도의 분석주의라고 비판하고 있다. 이러한 비판은 최현배(1933)에서도 잘 나타나 있다.

　"앞에서도 말한 바와 같이 朴님은 항상 입만 열면 '周說'을 反駁하기를 일삼지마는, 우리로서 보면 그는 그 學問의 方法에서는 全然히 周先生의 分析的 方法을 고대로, 아니 훨신 더하게, 繼承하고 잇다. (중략) 이것은 分析을 爲主하는 態度에서 본다면 확실히 한 걸음 더 나아갓다 할 만한 것인즉(그러나 그의 나아간 것은 品詞分類의 分析的 態度뿐이요, 그 態度에 依한 分析 自體는 아직 未及한 點이 여간 많지 아니하다), 자랑이라면 一方의 자랑이라 해도 좋겠다. (중략) 대개 分析的 說明이란 것은 우리말의 綜合的 性質을 正當히 알 수 없기 때문이다. 이제 朴님의 極端의 分析的 態度에 依하야 본다면, '먹 이 시 엇 겟 습 더 이다'가 모두 여들개의 낱말(單語)로 되어야 한다.('습', '더'를 分析함은 그의 未及에 對한 나의 補充이다) 이와 같음은 實際의 語感과 一致되지 아니 할 뿐아니라, 도대체 品詞分類의 根本義를 忘却한 것이 된다. 이러한 極極의 分析的 分類에 依하야 品詞를 獨立시긴다면, 조선글을 읽기와 깨치기에 말할 수 없는 不便과 不利를 입어, 그 結果, 조선말은 到底히 西洋諸語에서와 같은 綜合的 發達을 일울 수 없을 것이다."39)

윗글에서 최현배는 박승빈의 문법에서는 '다, 는, ㄴ, ㄹ'과 '지, 기'는 물론 '히, 기, 시, 겟'까지도 모두 별도의 품사로 인정하고 있다고 비판한다. 그러면서 박승빈의 분석주의가 이론적으로 문제가 있는 것이 아니라 글을 읽기와 깨치기에 불편을 가져올 것 이라는 실용적인 측면을 강조하고 있다. 그리고 분석주의적인 시각에서 본다면 박승빈은 가장 철저한 분석 주의자였고, 주시경의 입장을 계승한 것이라는 최현배의 지적이 흥미롭 다. 주시경의 분석주의 방법을 박승빈이 발전 계승했으나, 최현배에 와서 그 전통이 종합적인 방법으로 달라졌다는 말이다.40)

이상 종합해 보면 박승빈은 주시경, 김두봉, 최현배 등의 문법가와는

---

39) 최현배 1933. "풀이씨의 끝바꿈에 關한 論",『한글』1-8. p.341.
40) 최현배는 당시 종합적 설명법을 신봉하고 있었던 것으로 보인다. 다음은 한글지에 실린 내용이다.
　'分析에서 綜合으로!' 이것은 今日의 言語學의 한 眞理이다. 近者에 日本의 新進文法家 들이 거의 다 이 綜合的 方面으로 나아가고 잇음은 事實이다. 일본 경도제국대학 교수요 일본에서도 言語學의 權威者인 文學博士 新村 出님 같은 이도 日本語法書 가운데 最良 書는 英人 Aston 著 日本文法과 Chamberlain 著 日本文法이라고 推薦하엿다. 이는 그네들의 著書가 品詞分類 및 語法의 說明이 모두 大槻 文彦님式의 分析法을 버리고 綜合性을 取한 때문이라. 이것도 確實히 參考할 만한 말이요, 그 책도 우리에게도 좋은 參考書일 것이다. 조선말본에 關한 外人의 著- 특히 Eckardt님의 著 같은 것은 다 이 綜合的 文法에 依한 것이다."(p.341)

달리 가장 철저한 분석주의자라고 할 수 있다. 그는 용언어간과 선어말어미, 어말어미 등을 모두 별도의 품사로 설정하였다. 또한 조사를 체언조사, 용언조사, 별동조사로 나눈 점이나, 체언조사를 표격과 접속으로 체계적으로 나눈 점, 그리고 용언조사를 다시 종지와 중간, 부가로 나누고 연결어미와 전성어미를 중간조사에 포함한 점 등이 가장 큰 특징이다. 따라서 박승빈이야말로 교착어인 국어의 성격을 제대로 파악한 문법가가 아니었을까 생각해 본다. 이런 의미에서도 박승빈의 논의는 국어문법사에서 새롭게 조명 받을 필요가 있다.

3.3.4. 독특한 용언활용 체계

박승빈 문법에서 가장 독특한 부분 중 하나가 용언의 활용체계이다. 박승빈의 용언활용 체계는 소리 중심의 용언활용 체계라는 점이 특징이다. 이에 비해 주시경의 용언활용 체계는 의미 중심의 체계라 부를 수 있다. 박승빈은 소리를 중심으로 하여 어간과 어미를 새롭게 정의하고 일본어를 참조하여 원단(原段)과 변동단(變動段)을 도입하는 등 새로운 개념을 제시했다. 한 단어가 여러 개의 음절로 이루어진 경우 각각의 음절이 중요한 것이 아니라 연속적으로 연합하여 발음되는 전체 덩어리가 단어의 의미를 나타낸다고 했다.[41] 이는 외래어 표기에서 극명하게 드러난다. 예를 들어 'waited, ending, accepter'를 한글로 적는다고 가정해보자.[42]

    (가) 웨이테드, 엔딩, 악셉터
    (나) 웨읻에드, 엔잉, 악셒어

---

41) "數個의 音節文字로써 한 單語를 記寫하는 境遇에는 그 各 音節文字의 內容이 되야 잇는 各 音字의 連續的으로 連合한 發音이 무슨 單語의 意義를 나타나히는 것인 바, 그것을 音節로 區別하야 記寫하는 것이오, 그 各 音節文字로 區分된 한 덩어리씩이 固定的으로 別立하야서 文典上으로 무슨 意味가 잇는 것은 안이라."(『조선어학』 p.3)
42) '사흘동안 백열전을 계속한 본사 주최 한글토론회 속긔록', 『동아일보』, 1932년 12월 16일.

박승빈의 주장은 외래어를 표기할 때 (가)와 같이 적지 (나)와 같이 적지 않는다는 것이다. 만약 주시경처럼 의미를 강조하여 분리하여 적는다면 (나)처럼 적어야 하는데 그럴 경우 현실성이 떨어진다는 주장이었다. 따라서 우리말 표기에서도 주시경처럼 소리를 무시하고 뜻만을 고려하여 어간 어미를 철저히 분리하여 적는다면 우리는 자신도 모르게 (나)와 같은 이상한 표기를 하게 되는 셈이라는 점을 지적한 것이다. 명쾌하고 일관된 논리가 아닐 수 없다.

그러나 이러한 소리 중심의 용언활용 체계는 당시 문법가들에게는 낯설고 복잡한 체계로 비춰졌다.[43] 이에 따라 기본도 모르는 학설이니[44] 일본 문법을 그대로 갖다 썼느니 하는 인신공격성 비난도 받게 되었다.[45] 최현배(1933)에서는 박승빈의 용언 활용법을 다음과 같이 비판했다.

> "사람의 말은 그 思想을 들어내는 것이요, 文法(말본)은 말의 법을 整理하여 밝히는 것인즉, 그 말본(文法)의 法則은 그 말의 表現하는 사람의 思想하고 무슨 關聯이 잇어야 할 것은 많은 말을 할것 없이 明白한 것이다. 그런데 이제 朴님의 段活用說은 思想과는 아무 關聯이

---

43) 송석중(1976:145)에서도 박승빈의 용언의 어미활용에 관한 설명은 필요 이상으로 복잡하여 큰 약점으로 드러나고 있다고 했다. 그는 불필요한 어간과 어미의 구별을 하여 원단과 변동단을 설정하는 등 심히 복잡한 체계를 세웠으며 과학적 기술은 간명할수록 좋은 것처럼 문법기술도 그래야 한다고 했다.

44) 이광정(1987:125)에서는 박승빈의 활용체계를 언어분석이 잘못되었고, 술어적용이 잘못되었다고 비판했다. 예를 들어 용언은 어간과 어미로 나뉘는데 어미의 정의가 잘못이며, 기본형의 설정부터가 잘못되었고 음절 위치에 따라 어간과 어미를 구분하는 것은 음운론적으로도 형태론적으로도 무의미한 것이라고 했다.

45) 최현배(1937/1986:170)에서는 "박승빈님은 풀이씨의 끝바꿈을 말하되, '머그'는 원단원음, '먹'은 원단약음, '머거'는 변동단이라 하니 이는 단순한 일본 말본에서 동사의 활용은 동일한 줄(行)에서 변동한다는 오십음도를 적용한 활용설의 말본스런(語法上) 진의를 이행하지 못하고 다만 피상적 관찰에서 단순한 同一行에서의 변형이란 형식을 모방하여 본 것에 지나지 아니한 것이다."고 했으며, 같은 책 181쪽에서는 "요새 박승빈님이 풀이씨의 끝바꿈을 말한다. 그러나 그의 활용은 단순하게 일본 말본을 흉내낸 것이어서, 한 줄에서의 말꼴(語形)의 변화를 말할 뿐이요, 그 변화가 말본에서의 아무 요긴한 뜻을 들어내지 아니하니 그러한 풀이는 말본에서의 아무 값이 없을 뿐 아니라…" 라는 대목도 나온다.

없고, 다만 소리의 變動을 論할 따름이다. 곧 '머그'가 '먹'으로 되고, 또는 '머거'로 되기는 하지마는, 그리 되는 것이 意義에는 아무 關係가 없는 것이다. 그러면 도대체 이러한 思想과는 아무 關聯이 없는 文法學 說이 말의 法則을 세우는 데에 무슨 必要가 잇을가? 우리는 이 朴님의 獨特한 段活用說의 根本的 意義를 疑心하지 아니할 수 없다. 全世界 어느 나라의 文法書를 보든지 그 文法上의 諸般 法則 따라 用言의 活用 은 다 그 思想과 關聯이 잇는 것인데, 唯獨 조선말의 끝바꿈(活用)만이 思想과는 아무 關聯 없이 된 것이라 함은 너무도 言語學 一般의 基礎가 없는 獨斷이라 아니할 수 없도다." (pp.330-331)

최현배는 사상과 관련이 없는 문법이란 아무 필요가 없다고 하면서 박승빈의 용언 활용설을 비판한다. 여기에는 두 가지 생각해 볼 문제가 있다. 첫째는 앞서 언급했듯이 박승빈의 용언활용체계는 소리를 중심으로 하고 있는데 반해, 주시경(또는 최현배)의 설은 의미를 중심으로 하고 있다는 점이다. 최현배는 이 차이점을 인정하지 않고 다만 사상(의미)를 담지 않는 문법이 무슨 소용이 있는가 하고 주장하고 있다.

둘째, 최현배는 박승빈의 소리 중심의 용언 활용법을 제대로 이해하고 있지 못하다는 점이다. 박승빈의 기본형 '머그'에는 아무 의미가 없는 것이 아니라 '食'이라는 의미가 있지만 '머그(며)'와 같이 '머그'로 발음될 때 비로소 그 의미가 나타난다는 주장이다. 이때 '머그(며), 머거(서)'에서 '머그'나 '머거'는 소리의 변동에 의해 달라질 뿐이지 의미는 같다는 것이다. 그런데 이러한 내용을 최현배는 "도대체 이러한 思想과는 아무 關聯이 없는 文法學說이 말의 法則을 세우는 데에 무슨 必要가 잇을가?"라고 이해했으니 최현배가 과연 박승빈의 문법을 제대로 이해하고 있었는지가 의문이다.

박승빈의 용언 활용체계가 일본문법을 단순히 본떴다는 것도 근거가 없다. 최현배(1933)에서는 이와 관련하여 다음과 같이 말했다.

"그러나 우리로서 본다면 日本文法의 用言의 活用은 決코 單純한 흡의 變化만이 아니오, 거기에는 반드시 文法的 意義가 잇는 것임은 識者의 다 아는 바이다. 그러므로 日本文法의 活用은 決코 한낱의 末흡 (朴님의 語尾)만이 同一行에서 變化하는 것만은 아니다. (중략) 이는 日本文法의 用言의 活用이 흡의 變化인 동시에, 뜻의 變化인 때문에, 한낱의 끝소리가 한줄에서만 바꾸힌다는 形式的 法則에 拘碍될 수 없는 까닭이다. 곧 語尾는 一흡으로 된 것도 잇지마는, 二흡, 三흡으로 된 것도 잇음을 認定한 것이다."(pp.331-332)

최현배의 말처럼 박승빈의 용언 활용체계는 용어 면에서 일본어문법과 유사하기는 하지만 내용은 분명히 다르다. 만약 박승빈이 우리말의 특성을 고려하지 않고 무작정 일본어문법을 그대로 모방한 것이라면 최현배가 말한 차이점이 발견되지 않았을 것이다. 『조선어학』에서도 원단과 변동단을 설명하면서 일본어문법과 비교하면서 차이점을 말하고 있다. 박승빈은 일본어문법을 참조하여 그 개념을 가져왔지만 그 체계를 단순히 모방한 것이 아니라 우리 문법에 맞게 새롭게 체계를 세웠다고 할 수 있다.

따라서 앞서 언급했듯이 대부분의 비판과 비난은 박승빈의 용언 활용체계를 치밀하게 고찰하지 않은 데서 온 것이다. 예를 들어 박승빈의 경우 용언의 활용은 '어간+어미+조사'의 구성을 이루지만 최현배 식으로는 '어간+어미'의 구성을 이룬다. 박승빈의 경우 용언(단어)에 조사(즉 최현배의 어미)가 붙으며, 활용의 대상은 '용언(단어)'가 된다. 그리고 단어는 다시 변하지 않는 부분과 변하는 부분으로 나뉘는데, 전자는 원단음, 후자가 변동단음이 된다. 이때 '단'이라는 것은 단계(level)이라고 해석하면 될 듯하다. 원단은 가장 기본형의 단계이고, 변동단은 동사 기본형에 '아/어'가 결합되어 형태가 달라지는 단계를 말한다. 예를 들어 간략히 살펴보면 다음과 같다.

(가) 바드-며, 바ㄷ-고, 바다-서 (박승빈 식)

(나) 받-으며, 받-고, 받-아서 (주시경 식)

위의 예에서 박승빈(1931/1935)은 '바드며'에서 '며'를 조사(별도의 단어)로 보았기 때문에 체언과 마찬가지로 조사를 제외한 나머지 부분을 용언, 즉 단어로 본 것이다. 따라서 '바드며'에서 '바드'가 단어가 된다. 그리고 '바드'에서 '바드(며), 바다(서)'처럼 달라지는 부분인 '드'를 어미로 본 것이다. 어미란 단어의 끝이기 때문이다. 그리고 어미를 제외한 변하지 않은 나머지 부분인 '바'가 어간이 되는 셈이었다. 기존의 어간, 어미의 정의와는 달랐지만, 박승빈의 기준에 따르면 철저히 체계적인 분석이었다. 이런 분석에서는 발음을 위주로 한 표기를 채택한 점, 체언과 용언의 분석을 일관성 있게 처리한 점, 기저형과 표면형 같은 이원적 이론도 가정할 수 있다는 점 등의 특징이 있다.

최현배(1933)에서는 (나)와 같은 주시경 식을 따르면서,[46] '으, 아'를 어간의 받침 유무에 따라 자연스럽게 개입하는 모음으로 처리했다. 예를 들어 '새'에는 '가, 는, 를, 와, 로'가 결합하고, '범'에는 '이, 은, 을, 과, 으로'가 결합하며 용언에서도 '가'에는 '시'와 '니, 면' 등이 결합하지만 '막, 읽'에는 '으시'와 '으니, 으면' 등이 결합한다는 것이다. 이 문제에 대해 박승빈(1931:122-140)에서는 (나)보다는 (가)가 이론적으로 장점이 더 많다고 주장했다. 예를 들어, (나)의 분석법에서는 '하'의 경우 '하며, 하고, 하야서'처럼 '야서'라는 특이한 형태를 어미로 인정해야 하는 문제

---

46) 최현배(1933:336)에서는 박승빈의 용언활용법을 비판하고 있지만 정작 '먹다'의 어간을 '먹'으로 설정해야 하는 근거는 뚜렷이 제시하지 못했다.
"오늘날의 말로써 보면, 앞에 든 보기말 '먹다'의 줄기의 으뜸꼴이 '먹'임이 分明한 事實이다. 이는 인제 幾個의 文法家가 새로 立論하는 바가 아니라, 一般의 言語意識에 비취어 보더라도 그러함을 알지니, 곧 누구를 勿論하고 識者는 반드시 '먹다, 먹어, 먹으니'로 적는 것은 그 一般的 言語意識이 '먹'는 줄기로 잡고 '으니'를 한 씨끝으로 잡는 的確한 證據이다."
일반적인 언어의식을 고려할 때 '먹'을 어간으로 보고 '으니'를 어미로 봐야 한다는 것이니 일반적인 당위론 이외에는 뚜렷한 근거는 제시하지 않았다.

가 생기고, 존칭어미 '시'가 결합되는 예에서(믿으시며) 만약 '으며'가 하나의 어미라면 '시'가 어미 사이에 삽입되는 문제가 생긴다고 했다. 물론 이것은 '시'를 다시 '으시'로 간주하면 해결될 수 있는 문제이지만, 그렇게 되면 이때도 '시, 으시'를 변이형태로 인정해야 하는 부담이 있다.

나아가 박승빈 문법에 따르면 용언조사(연결어미) '며, 고, 서' 등을 일정하게 추출할 수 있다는 장점이 있다. 물론 주시경 식으로 하면 어간 '받'을 고정시킬 수 있는 장점이 있다. 그러나 최호철(2004:79-80)에서 주장했듯이, 주시경, 최현배 식의 어간 고정 원칙도 문제를 야기한다. 예를 들어 '아프다/아파서, 걷다/걸어서, 날다/나니, 흐르다/흘러서, 곱다/고와서' 등에서 알 수 있듯이, 어간을 고정시켰음에도 불구하고 어간은 고정되지 않고 여러 가지 형태로 쓰이게 되었고, 어간을 고정시키다 보니 어미는 어미대로 고정되지 못하는 문제가 생긴다.('니/으니, 며/으며') 이와 더불어 이때 '으, 아'의 정체는 무엇인지를 별도로 처리해야 하는 부담도 있는 것이 사실이다.

박승빈도 『조선어학』(pp.255-256)에서 이 문제를 지적한 바 있다. 주시경식으로 하면 용언조사를 체계적으로 수립하기가 어렵다는 것이다. 예를 들어 '며'와 '으며', '서'와 '아서' 등의 변종을 가정해야 하는 문제가 생기고, 어간을 주시경식으로 고정한다고 해도 '끄다'의 경우 '서'가 결합하면 '끄어서'가 아니라 '꺼서'가 되므로 어간을 뜻에 따라 고정하는 취지가 사라지게 되고, '끄어서'를 고집하게 되면 현실음과 괴리가 생기며, '꺼서'를 인정하게 되면 '끄어서'에서 어떻게 '꺼서'가 되었는지를 설명해야 하는 부담이 생긴다고 지적했다.

이와 비교해 보면 (가)처럼 '으, 아'까지를 단어로 보면 이 단어는 다양한 이형태를 갖게 되지만 조사 '며, 고, 서'는 일관성을 유지할 수 있다는 장점이 있다. 박승빈은 바로 이 다양한 형태들을 원단음과 변동단음으로 설정한 것이다.

박승빈의 용언 활용체계는 알타이제어의 특징을 고려할 때 더욱 설득력을 얻는다. 신창순(2014)에서도 박승빈의 문법이 알타이제어의 특징을 잘 반영한 것이라고 주장한 바 있으나,[47] 이와 관련해서는 이미 최현배 (1933:333-334)에서 언급한 바 있다.

> "곧 우랄알타이 語族의 通性에 依하야 조선말에서도 받침소리는 나중에 생겨난 것이요, 그 처음은 다 홀소리(母音)로 끝지엇든 것이다. 그렇든 것이 뒤에 차차 받침소리가 생겨난 것이다. 그러한즉 '머그'를 줄기의 으뜸골(基本形)으로 보고, '먹'은 그 줄어진 꼴로 봄이 옳다고.
> 이 까닭은 꾀 자미스러운, 그럴듯한, 것이다. 오늘날 지방 사투리에서도 받침이 아직 완전히 굳어지지 못한 현상을 풀이씨에나(例 같다-가트다, 깊다-기프다, 싶다-시프다...) 임자씨에서나 (例 咸鏡道의 바부(食), 慶尙道의 사라무는(사람은)의 따위) 볼 수 잇다. 그러나 그것을 가지고 全體를 規律할 수는 없나니, 假令 '부르러, 부르다, 부르고' 따위는 잘 쓰이면서 '머그고, 머그지, 머그고'와 '우르다, 우르지, 우르고(泣)' 따위는 왜 도모지 쓰히지 아니하는가? 이것을 完全히 說明할 수 없으며, 또 우리말의 語族的 關係도 完全히 闡明되지 못한 오늘날에 잇어서, 그저 語族的 通性만을 가지고 想像的으로 說明方式을 決定함은 科學的 態度라 할 수 없다. 그뿐 아니라 設令 우리 조선말의 받침이 나중에 생겨난 것임이 확실한 사실임을 넉넉이 考證할 수 잇다 할지라도, 그 事實은 다만 歷史的 語源學的 事實일 따름이요, 決코 現在의 語法的 事實 그것은 아니다."

최현배(1933)에서는 박승빈의 용언 활용법을 비판하면서도 그 설이 갖고 있는 장점에 대해 위와 같이 알타이제어의 특징을 언급했다. 알타이 제어의 특징이 받침이 없는 것이므로 우리말도 기원적으로는 받침이 없었다가 이후에 차차 발달한 것이라 할 때, '먹' 대신에 '머그'를 기본형으로 잡는 것은 이러한 계통설에 부합된다는 설명이다. 그리고 현재 몇몇 방언

---

47) 정경해(1962:125)에서도 우리말은 우랄 알타이어족에 속하는 받침이 없는 말이었다는 점을 고려하여 받침의 숫자와 용언의 기본형을 잡아야 한다고 했다.

에 이를 뒷받침할 수 있는 예들도 남아 있다고 덧붙였다(같다-가트다, 깊다-기프다, 싶다-시프다, 밥-바부, 사람은-사라무는). 그러나 최현배(1933)은 이러한 장점이 있으나 이는 역사적 사실일 뿐 현재 방언의 일부에 흔적으로 나타나기는 하지만 이를 현재의 어법적 사실로는 볼 수 없다고 했다. 이유야 어쨌든 계통론의 입장에서 보면 박승빈의 용언 활용체계가 더 타당성이 있다는 점은 주목할 만한 사실이다.

박승빈은 불규칙을 설명할 때도 주시경 문법보다 자신의 표기방법이 더 설득력이 있다고 주장한다. 예를 들어 ㅅ불규칙의 경우, '지으며, 짓고' '부으며, 붓고' 등으로 나타나는 데, 이때 주시경(1910)의 설명은 '짓으며, 붓으며'에서 ㅅ이 탈락하여 '지으며, 부으며'가 되었다고 한다. 그러나 박승빈(1935)은 '지으며, 부으며'는 통시적 변화의 산물이지 공시적 규칙으로 설명될 수 없는 것이라고 하였다. 즉, '지으며'는 'ㅅ > ㅿ > ㅇ'의 변화에 따라 '짓으며 > 지스며 > 지으며'와 같은 변화를 거쳐 생겨난 통시적 결과이지, '잣+으 → 지으'가 되는 공시적인 규칙의 결과가 아니라는 것이다.

ㅂ 불규칙의 경우도 마찬가지로 설명이 가능하다. '굽고, 구우며'에서 '구우며'로 분석하느냐, 아니면 '굽-으며'로 분석하느냐의 문제가 있는데, 후자처럼 분석하려면 '굽+으 → 구우'로 변한다는 공시적 규칙을 설정해야 하나 음운론적으로 이러한 규칙이 가능한가 하는 문제가 생긴다. 주시경은 이러한 불규칙활용의 문제를 해결하기 위해 방언에서 그 실마리를 찾으려고 하기도 했다('짓다', '붓다'의 경우 '어'와 결합하면 '지어, 부어'가 되는데, 이는 속습어(俗習語)이며 방언인 영어(嶺語)에서는 '부어'가 아니라 '부서'라고 하므로 '붓어'라고 적자고 주장했다).[48]

이처럼 불규칙활용에서는 주시경식보다는 오히려 박승빈처럼 '굽으 > 구브 > 구부 > 구우'라는 통시적 규칙에 의해 형성된 어간으로 보는

48) 송철의. 2005. "근대국어학과 주시경", 『한국 근대 초기의 언어와 문학』, 서울대학교출판부, p.110.

것이 더 타당하다. 따라서 박승빈(1935)은 '짓'과 '지으', '굽'과 '구우'를 다 같은 계열로 보아야 한다는 주장이다. 이때 '지으, 구우'가 기본형이고 이때 'ㅇ'는 빈소리가 아니라 'ㅅ'의 흔적이 남아 있는 것으로 보고, 약음이 되면 숨어 있던 ㅅ과 ㅂ이 살아나 '짓, 굽'이 된다고 본 것이다. 불규칙의 설명에서는 주시경(1910)의 분석방법보다 박승빈의 방법이 이론적으로 더 타당성이 있다고 하겠다.

한편, 박승빈의 용언 활용법은 일본 학자에게도 영향을 준 것으로 보인다. 일본학계에서 한국어를 연구하는 학자들 사이에 용언 어기설(語基說)을 주장하는 이들이 있는데 이것은 바로 박승빈의 용언 활용법과 매우 유사하기 때문이다. 간노 히로호미(1997)에 따르면 일본학계에서 한국어의 용언 어기설을 주장하는 대표적인 학자로 고노 로쿠로(河野六郎)를 언급하고 있다. 그는 1946년 논문부터 어기설을 주장했는데 '-으-'와 '-아/어-'를 어간에 속하는 것으로 다루고 이들 모음을 thematic vowel(어기 모음)이라 보았다. '잡다, 잡으며, 잡아서'를 예로 들면, '-으-'가 포함되지 않은 형태를 제 I 어기(예: 잡-)로, '-으-'가 포함된 형태를 제 II 어기(예: 잡으-)로, '-아/어-'를 포함한 형태를 제 III 어기(예: 잡아-)로 설정한 것이다. 이러한 견해는 박승빈의 용언 활용체계와 맥을 같이 하는 것으로 고노 로쿠로(河野六郎)가 박승빈으로부터 영향을 받은 것으로 보인다.49)

고영근(2014:97-98)에서는 이러한 어기설의 시작은 마에마 교사쿠(前間恭作)가 자신의 저서 『韓語通』(1909)에서 일본어를 설명하면서 도입했으며, 후에 고노 로쿠로(河野六郎)가 중세 조선어를 논하는 자리에서 마에마의 '語基論'을 확대·발전시킨 것이라 했으나,50) 고영근(2014)의 지적대로 마에마는 일본어의 활용을 언급했을 뿐 조선어에 대해서는 오히려

---

49) 고노 교수의 제자인 신창순 교수는 필자와의 대담에서 고노 교수가 박승빈의 문법을 참조했을 가능성에 대해 언급한 바 있다.
50) 간노 히로호미(1997:1)에서는 고노 로쿠로(河野六郎)가 마에마 교사쿠(前間恭作)(1924)의 일본어 문법의 활용형을 확대 발전시켜 중세 조선어에 적용한 것이라고 했다.

어기가 없다고 했으므로[51] 고노 로쿠로(河野六郎)가 마에마 교사쿠(前間恭作)보다는 박승빈의 활용법에 영향을 받았을 가능성이 높다.

더욱이 박승빈의 용언 활용체계는 이미 그의 번역서인 『言文一致日本國六法全書』(1908)에 반영되어 있다는 점을 고려할 때, 박승빈이 일본 유학시절 일본어 문법을 접했겠지만 마에마 교사쿠(前間恭作)의 『韓語通』(1909)을 참조했을 가능성은 거의 없다. 박승빈은 번역서에서 자신의 용언 활용체계에 의거해 용언을 어간과 어미로 분석하고 변하지 않는 어간을 훈독에 작게 표기하고 변하는 부분은 구분하여 일반 줄에 표기하는 독특한 철자법을 제안한 것이다.(자세한 것은 앞의 제II부 제1장 2. 참조)

간노 히로호미(1997:10-11)에 따르면 어간모음을 어기에 포함하는 용언어기설은 유럽에서 전통적으로 사용되던 방법이며, 기술에 있어서 간편함이 있고, 언어학적 추상화에 필요한 모든 원칙에 비추어 보아도 어기설이 유리하며, 경상도 방언의 악센트와 중세국어의 성조 연구에서도 어기설의 장점이 있다고 주장하면서, 어기설에 대한 정당한 평가가 필요하다고 역설했다.

물론 박승빈의 용언 활용법에도 문제의 소지는 있다. 예를 들어 '받고'의 경우는 '바드고'에서 왜 '으'가 탈락되어 '바드고'가 되어야 하는지에 대해 설명을 해야 하기 때문이다. 이를 해결하기 위해 '약음(略音)'이라는 개념을 도입했으나, 약음도 문제가 없는 것은 아니다. '머그고'에서는 약음이 일어나야 하지만 '아프고'에서는 일어나지 말아야 하는데 이를 구분할 수 있는 법칙은 찾기 어렵기 때문이다. 김완진(1985:186-189)에서는 이러한 문제를 지적하면서 박승빈이 발음 위주의 표기를 인정했더라면 더 바람직했을 것이라는 의견을 제시하고 있다.

---

51) 마에마는 "우리나라의 동사에는 "活用" (活用形)이라고 불려 온 "語基"라고도 할 만한 형태가 있으며, a, i, u, e 등의 모음을 일단 語根에 더하여 안정시킨 후에 語尾를 접속하는 것이 보통이다. 그러나 조선어에는 "語基"는 없으며, 助動詞는 직접 語根에 접속된다." (고영근 2014:97-98).

그러나 이러한 문제는 박승빈의 용언활용법의 한계만은 아니다. 주시경이나 최현배의 문법에서도 비슷한 한계는 발견된다. '갚고'의 경우는 왜 '으'가 탈락되고, '갚으며'에서는 왜 '으'가 붙어야 하는지를 설명해야 하고, '갚고'에서는 '으'가 탈락되지만 '아프고'에서는 왜 탈락되어서는 안 되는지를 설명해야 하는 부담은 마찬가지로 존재한다.

또한 최현배(1933:334)에서 제시한 것처럼 박승빈의 활용법이 체언에는 왜 적용되지 않느냐 하는 점도 문제가 될 수 있다.

> "그러고 또 만약 풀이씨의 줄기를 이와 같이 想像的인 古法에 依하야 決한다면, 다른 이름씨(名詞)같은 것도 이와 같이 그 법을 마련하여야 할 것이다. 이를테면 끝낱내(末音節)에 받침없는 이름씨 '배(梨), 대추(棗)'가 토와 맞나서 '배나, 대추나, 배로, 대추로'로 됨에 對하여, 그 끝낱내에 받침잇는 이름씨 '감(柿), 덕(餠)'은 그와 같은 뜻의 토를 맞나서, '감이나, 떡이나, 감으로, 떡으로'로 되나니 이러한 경우에서도 '가미, 떠기, 가므, 떠그'로써 이 이름씨의 으뜸꼴(基本形)로 잡고, '감, 떡'은 그 줄어진 꼴로 잡아야 할 것인가?"

'먹으며' 대신에 '머그며'로 적는다면, '떡으로'도 '떠그로'로 적고 '떠그'를 기본형으로 잡아야 맞지 않느냐는 지적이다. 『훈민정음』에는 체언+조사나 용언+조사의 경우 모두 소리를 강조하여 연철하였는데(스로미, 머그며), 박승빈은 체언에서는 분철을 택하고 있기 때문이다. 이 부분을 최현배가 지적한 것이다. 그렇다면 박승빈은 왜 체언에서는 분철로(사람이) 적었을까?

김완진(1985)에서는 체언과 조사를 분리하여 적는 표기가 점차 증대되는 추세였기에 박승빈이 이러한 역사적 전통을 중시한 것으로 해석했다.[52] 박승빈이 자신의 문법은 주시경과 7, 8할은 일치한다고 말한 것도

---

52) 김완진(1985:195)에서는 조선조 중엽부터 체언과 조사의 결합에서 둘을 분리하여 적는 표기가 자연발생적으로 등장한 추세였기에 전통을 중시하는 박승빈의 철자법이 이를

이러한 맥락에서 이해할 수 있다. 이밖에도 몇 가지 가능성을 생각해 볼 수 있는데, 먼저 박승빈의 단어 설정 기준을 고려할 필요가 있다. 명사의 경우 '떡, 감' 등은 받침이 있어도 발음상으로 음절 자체가 단어가 되지만 용언의 경우 '먹, 앉' 등은 그 자체로 단어가 되지 못하고 '머그(며), 안즈 (며)'처럼 연속되는 음절과 함께 발음이 되어야만 단어가 된다고 보았기 때문이다.

또 하나는 한자어와의 형평성 문제이다. 박승빈은 체언에 한자가 직접 쓰였을 경우 '缺點이, 文의, 法則에' 등으로 표기되기 때문에 이것과 형평 성을 맞추기 위해서도 순우리말에서도 체언의 경우는 분리해서 적었을 가능성이 있다.

마지막으로 '缺點이, 文의, 法則에'와 같은 예에서 체언조사가 분리된다 는 점을 고려할 필요가 있다. 다시 말해 한자어에 체언조사가 결합되는 경우, 체언조사는 오롯이 분리되며 이때 체언조사는 하나의 단어라는 점이다. 이는 박승빈 문법에서 단어와 철자법의 상관관계를 암시해주는 중요한 단서이다.

이와 관련하여 박승빈이 1938년 『정음』지에 발표한 논문("綴字法講釋 (一)")을 참조할 필요가 있다. 이 논문에서는 단어의 개념과 철자법의 상관관계를 논하고 있기 때문이다. 여기서 박승빈은 철자법 원칙 중 하나 로 '단어 구분'이라는 개념을 제시했다.[53] 이는 철자법에서 먼저 소리를 기준으로 음절 단위를 중심으로 철자해야 하지만, 그 다음으로는 뜻을 기준으로 단어 단위도 고려하여 철자해야 한다는 주장이다.

손 을 긔 다 리 는 사 람 의 만 흐 오

따랐을 가능성을 제시했다. 신창순 (2003:120-122)에서도 이미 근대로 오면서 분철표기 는 대세로 굳어져 가고 있었고, 18세기에 오면 분철표기가 체언에서는 확고하게 나타나 고 용언의 활용에서도 일반적으로 등장한다고 했다. 박승빈도 이러한 전통을 이어받았 을 가능성이 있다.

53) 박승빈. 1938. "綴字法講釋(一)", 『정음』 27, p.5.

위의 예에서 '을, 는, 이, 오' 등은 모두 조사로서 단어이다. 따라서 단어 구분을 기준으로 하여 표기하면, '을, 는, 이, 오' 등이 모두 단어이므로 구분하여 적는 것이 원칙이라는 설명이다.(자세한 것은 뒤의 제II부 제3장 5. 참조) 이 원칙을 고려하면 박승빈의 철자법에서 용언 활용과 체언 활용에서 불균형을 이루는 것이 아니라 오히려 단어 기준에 따른 표기라는 체계성을 확보하게 된다. 즉 '缺點이, 文의, 法則에'에서 조사 '이, 의, 에'는 단어이므로 당연히 선행 단어와 분리해서 적어야 하며, 용언에서도 '머그며', '머거서'의 경우 조사 '며, 서'는 단어이므로 선행 단어와 분리해서 적어야 한다는 것으로 해석할 수 있다.

따라서 이러한 근거를 면밀히 검토해 보지 않고, 단지 박승빈의 용언 활용체계가 복잡하고 결함이 있는 것으로 평가하는 것은 문제가 아닌가 한다.

3.3.5. 지정사와 존재사 설정

박승빈 문법에서 지정사와 존재사를 설정했다는 점도 특징이다. '지정사'는 국어학계에서 박승빈 문법의 가장 중요한 공헌 중 하나로 인정받고 있을 만큼 탁월한 견해로 평가된다. 최현배도 박승빈의 영향을 받아 '지정사'와 '존재사(잇다, 업다)'를 설정하고 이를 용언의 하위 분류로 두었다. 따라서 용언이 네 부류 '존재사, 지정사, 동사, 형용사'의 체계로 설정된 것이 박승빈 문법의 특징 중 하나이다.

김완진(1985:179)에서도 존재사와 지정사를 설정한 것은 '학범 문법에서 가장 눈여겨 보아야 할 일 중의 하나'라고 평가하면서 박승빈이 형용사와 달리 존재사를 따로 설정해야 하는 근거 세 가지를 제시하고 있는데 이 또한 이후 연구에서 박승빈 이상의 근거를 제시하지 못했다고 평가했다.54) 강복수(1972:221)에서도 박승빈의 문법에서 관형사, 지정사, 존재

---

54) 박승빈(1935:219-220)에서는 존재사를 형용사에 포함해서는 안 되는 이유를 다음과

사, 어미활용 등은 영어문법이나 일본문법, 주시경 문법의 모방에서 벗어나 국어 고유의 특질을 밝히려 하고 있다고 평가했다.

박승빈(1935:222)에서는 "朝鮮語에는 指定詞로 使用되는 用言 '이'의 單語가 完全히 存在하야 文法的 活用의 一體의 關係가 다른 用言과 寸毫도 서로 틀림이 업스며 그 規則이 簡單하고 整然하야 應用上에 何等 錯雜되거나 쏘는 疑義가 生할 餘地가 업슴이라."고 주장하고 있는데, 송석중(1976:137)에서는 이를 참으로 간명하고 통찰 깊은 기술이라고 평가하고 '이다'의 부정인 '아니다'를 '아니+이다'로 분석한 점도 주시경보다 앞선 견해라 했다. 나아가 '이'에 대해서는 박승빈의 논의와 결론은 정확하고도 정당한 것이며, 해방 후의 국어학계의 문법기술이 이점에 관한 한 후퇴했다고 말하고 있다.

김완진(1985:181)에서도 '아니다'를 '아니+이다'로 분석한 점은 '이다-아니다'를 '있다-없다'에 대비시키며 동렬의 존재로 보는 견해보다 한 차원 더 깊이 들어간 분석이라고 했다. 표면에 나타나는 것을 그대로 받아들이지 않고 내재하는 단위들을 파악하려 한 노력으로 높이 평가될 존재라고 보았다. 박승빈은 '이'가 실제 발음에서 사라지는 경우도 내면에는 실체가 존재하지만 다만 발음상 생략되는 것으로 기술했는데, 이 또한 현대 문법이론의 관점에서 보아도 전혀 낯설지 않다는 것이다.

특히 존재사와 지정사를 영어와 일본어와 대조하고 있다. 예를 들어 일본어의 경우 우리말의 존재사에 해당되는 용언이 있고 그것을 존재사라고 설정한 경우도 있지만, 이때 존재사를 동사의 한 종류로 처리하고 있다는 점이 우리말과 다르다고 했다. 또한 지정사의 경우 일본어에는 우리말의 지정사에 해당하는 용언이 없다고 했다.

같이 세 가지로 제시하고 있다. (1) 그 성질이 서로 맞지 않음. 존재사는 사물의 存否를 나타냄. (2) '이스'를 형용사로 처리함은 외국어와 비교하는 관념상에도 그 예가 없음. (3) 존재사는 그 활용이 형용사와 다른 점이 있음. 용언에 조사가 연결되어서 관형사형으로 사용되는 경우에 형용사에는 'ㄴ'이 첨가되지만 존재사에는 '는'이 첨가됨.

3.3.6. 부정문의 새로운 해석

박승빈은 부정사가 동사 뒤에 오는 소위 긴 부정에 대해 다음과 같이 언급하고 있다.

> "否定副詞에 '아니, 못'이 이슴. 이 副詞가 用言의 우에 使用되는 言語
> 에는 助詞를 要하디 아니 함. 이 副詞가 用言(指定詞 以外)의 다음에
> 使用되는 言語에는 助詞 '디'의 連結을 要함. 그러고 그 否定副詞의
> 다음에 다시 '하'(動詞 또는 形容詞의 勢만 가진 單語)를 使用하야「...디
> 아니 하」로 됨. 動詞 '마르(勿)'가 使用되는 째에도 그 形態가 '아니
> 하'의 使用되는 째와 가틈." (pp.345-346)

긴 부정은 선행 용언 다음에 용언조사 '디'를 붙이고 아니/못 다음에 다시 '하'를 사용하여 만든다는 설명이다. 그러고 부정 명령문에서도 마찬 가지라고 주장했다. 송석중(1976:140)에서는 권유문이나 명령문의 부정이 서술문의 부정과 평행하다는 점을 지적했다는 점에서 매우 참신한 설명이 라고 평했다. 박승빈은 이때 '디'를 중간조사 중에서 '응용조사'로 설정하 고 "한 용언에 첨가하야서 그 용언의 자격에 변화를 줘서 그 용언 또는 용언이 속하야 잇는 구 또는 절을 문법상으로 연결하는 조사"로 명명했다. 그러고 그 하위에 다시 명사형, 관형사형, 부사형, 부정연결 등으로 구분했 는데, '디'는 바로 부정연결의 응용조사인 셈이다.(pp.345-346)

또한 긴 부정문에 나오는 '아니 하'의 '하'를 앞의 용언을 대표하는 것으로 설명하고 있는데, 이는 현대 언어이론에서 대동사나 기능동사의 개념과 꼭 같다.

> "배가 가디 아니 하오"에서 否定副詞의 다음에 쓰이는 '하'는 우에
> 잇는 用言을 代表하는 것이며 否定副詞는 直接으로 '하'를 否定하야
> 間接으로 그 우에 잇는 用言의 意義를 否定하는 것임."(p.363)

일반동사 '하'와 부정문에 쓰이는 '하' 사이의 차이는 변형생성문법에 와서야 주목을 끌고 있는데 이미 1930년대에 박승빈이 이 사실을 알고 있었다는 점은 그가 얼마나 예민한 관찰력의 소유자였는지를 잘 보여준다 (송석중 1976:140).

송석중(1976:140-141)에서는 무엇보다도 부정문 속의 '디'에 대한 박승빈의 해석이야말로 어학자로서의 그의 탁월한 재능과 깊은 통찰을 보여주는 것이라고 했다.

> "用言에 '디'가 添加한 것을 文의 成分의 當한 考察로 보면 亦是 한 名詞句로 成立되야서 補語 쏘는 目的語 資格으로 使用되는 것임. 그러나 '디'는 否定語를 連結함이 本質적 特徵인 故로 그것을 特別히 否定連結로 處理한 것임."(p.348)

예를 들어 박승빈의 예문에서 꺾쇠로 표시한 부분 "[범을 잡]디 못하얏다 / [당신 염려하]디 마르시오"이 명사구로서 보어나 목적어가 된다는 것인데, 송석중(1976:140-141)에서는 이러한 기술은 전적으로 옳고 자신의 견해보다 훨씬 앞선 것이라고 놀라움을 표시했다.

3.3.7. 문법현상에 대한 새로운 해석

먼저 보조사가 주어나 목적어 자리에 올 때 주격조사나 목적격조사가 떨어져 나가고 보조사가 이를 대체하는 현상이 있는데, 이에 대해서는 변형생성문법에서 변형규칙을 통해 설명을 시도하곤 했다. 그런데 박승빈의 문법기술에서 이와 같은 견해가 이미 나타난다.(송석중 1976:141)

> "別働助詞가 體言에 添加하는 境遇에 그 體言의 格을 標示하는 助詞 (이, 를 等)이 省略되는 일이 만흠. 그러나 그것이 文典上 下等 變更이 생기는 것도 안이고 쏘 別働助詞가 表格助詞의 代身되는 任務를 하는

것도 안임." (p.354)

　또한 박승빈은 'ㅁ, 기'가 명사파생접사와 동사구를 명사구로 만들어주
는 명사화소의 두 가지 기능을 함께 가지고 있다는 점을 이미 포착했다.
예를 들어 '잠, 거름, 그림, 순라잡기, 돈치기, 쓰레받기' 등은 용언의 위에
다른 단어가 있고 용언에 '기'가 첨부되어서 숙어로 명사가 성립된 것이라
했다(『조선어학』 p.179). 그렇지만 용언의 구나 절에 붙는 경우는 파생명
사가 아니라 명사절을 만드는 기능을 한다는 것이다. 'ㅁ, 기'를 명사화소
(Nominalizer)로 인식하고 있는 것이다.(송석중 1976:142)

　　"前記 'ㅁ, 기'는 用言助詞되는 單語이오. 單純히 한 音이 添附되는
　　것이 안임. 故로 普通의 境遇에는 用言에 'ㅁ' 쏘는 '기'가 添附되는
　　言語는 用言에 助詞가 添加되는 原則에 依하는 言語이며 그러한 言語는
　　그 用言과 助詞를 合하야서(쏘는 그 우에 잇는 單語까지 合하야서) 名詞
　　句 쏘는 名詞節이 되는 것임." (『조선어학』 p.180).

이에 대해 박승빈은 다음과 같은 예를 들었다.

　　(가) 용언의 주어나 목적어로 사용된 예
　　　　아이가 자ㅁ을 보고... / 돈을 치기가...
　　(나) 용언과 조사의 사이에 조용사가 사용된 예
　　　　거르시ㅁ을..., 거르시기가…
　　　　와쓰ㅁ으로, 와ㅅ기는…

　박승빈은 이런 경우는 'ㅁ, 기'가 파생명사를 만들어주는 것이 아니라
명사절을 만드는 조사라 본 것이다. 그가 우리말 문장의 성분 사이의
구조적 관계를 얼마나 철저하게 이해하고 있었나 하는 좋은 증거가 된다.
(송석중 1976:142)

또한 박승빈은 부사를 만드는 전성 용언조사 '히'와 '게'의 통사의미적 차이를 분명하게 구분했다. 이들은 의미는 비슷하지만 이들이 포괄하는 범위는 서로 다르다고 했다.(p.369)

> 예 석죽화가 빛이 [고오]히 푸엇다.
>   석죽화가 [빛이 곱]게 푸엇다.

위에서 '히'가 포괄하는 범위는 꺾쇠를 친 '고오'로 따라서 '히'는 이와 결합하여 부사구를 형성하지만, '게'의 경우는 '빛이 곱'이라는 절을 포괄하여 부사절을 형성한다고 했다. 이는 현대 통사의미론의 설명과도 전혀 차이가 없을 만큼 선진적이다.

박승빈의 시상(時相)에 대한 분석도 매우 탁월하다. 박승빈은 시상을 현재, 과거, 미래로 나누고, 현재시상의 경우 "용언의 기본 되는 시상이라고로 시상을 표시하는 조용사의 보조를 바듬이 업시 용언만으로 써 그 의의를 표시함."(『조선어학』 p.324)이라 말하고 있다.

> 예 저긔 무엇이 이스오
>   그 말의 빛이 거므이
>   그것이 말입니다
>   그 말이 걷는다

송석중(1976:142-143)에서 언급했듯이 우리말의 현재시상은 무표적(unmarked)이라 할 수 있는데, 박승빈은 이러한 사실을 잘 포착하고 있다.

그러나 송석중은 이보다 통사적인 측면에서는 다른 시상을 취해도 의미 면에서는 같은 뜻을 나타낼 수 있다는 점을 관찰했다는 점이 더욱 놀라운 분석이라고 했다.

예 돈이 생겨쓰오 - 돈이 이스오
손님이 와쓰오 - 손님이 이스오

왼쪽은 동사를 포함하고 있는 문장이며 시상은 과거이고, 오른쪽은 존재사를 포함하고 있는 문장이며 시상은 현재이지만 둘의 의미는 같다는 주장이다.55) 송석중(1976:143)에서는 이러한 발상은 생성의미론의 방법론과 비슷하며 박승빈이 언어를 여러 측면에서 관찰하고 분석하며 얼마나 깊이 연구했는지를 보여준다고 했다. 이와 더불어 동사와 형용사 사이의 시상의 엇갈림 현상도 흥미 있는 관찰이라고 했다. 또한 송석중(1976:144)에서는 박승빈의 구문도해에서 생성문법의 심층구조와 표면구조와 같은 발상이 엿보인다고 하면서 박승빈의 분석이 정확하고 타당하며, 오늘날 변형생성문법이론의 기본원리가 되는 문법과정(grammatical process)을 이미 그 이른 시기에 이해하고 있었다는 뚜렷한 증좌라 평가한 바 있다.

이밖에도 박승빈의 문법에서는 소위 이중주어구문과 관련하여 '주제어-주어'라는 구조를 설정하여 이에 대한 합리적인 대안을 제시하고 있는 것도 특징이다. "코끼리는 코가 길다."라는 문장에서 '코끼리'는 주어가 아니라 '문주(文主)'라는 것인데, 이때 문주는 '주어 이외에 그 문의 주제로 사용되는 단어'라고 정의했다. 이는 현대 문법에서 '주제어'에 해당하는 것으로, 주제어를 중심으로 한 한국어 문장 구조를 염두에 둔 것이며, 이중주어구문에 대한 심도있는 고찰이 이미 이루어졌음을 알 수 있는 대목이다.

---

55) 박승빈(1935:327)에서는 "동사 이외의 용언은 진행적 의의가 업는 것이라. 따라서 진행의 완료가 업스며 그 용언 자체가 기존의 현상을 서술하야 동사의 반과거=현재완료(영어엣 과거분사에 해당함)에 상대됨. 고로 동사 반과거로 표시함과 동일한 취지의 언어를 설시(設示)함에 그 현재형을 사용하야서 현상을 설시함으로 써 족함"이라고 했다.

4. 마무리

국어학사적 관점에서 보면 박승빈의 문법은 중요한 위치를 차지하고 있다. 새로운 언어관과 문법관, 오늘날 최신 언어 이론에 버금가는 창의적인 생각, 치밀하고 실증적인 원리와 법칙 탐구 방법, 비교언어학적 관점에서 체계적인 언어비교 등 언어를 접하고 다루는 데 있어 탁월한 안목을 지녔다는 것을 알 수 있다.

음성학과 음운론의 측면에서도 선진적인 개념 도입이나 음절 중심의 소리 연구를 지향한 점, 표준음과 같은 음소 개념을 제시한 점, 치밀한 음성학적 고찰을 시도한 점, 자질문자의 아이디어를 제시한 점 등 신개념의 사고와 논리로 앞선 이론체계를 구축했다고 할 수 있다.

문법론의 측면에서도 박승빈은 매우 독특하고 체계적인 문법체계를 제시했다. 단어를 가장 치밀하게 분석하여 12 품사체계를 제안하고 조사와 어미를 하나의 품사로 묶어 동등하게 처리했으며, 지정사와 존재사를 설정하고, 조용사를 설정하여 분석주의의 극단을 보여주는 문법체계를 제시한 점, 또한 소리 중심의 용언활용 체계를 통해 새롭게 언어 분석을 시도한 점 등은 매우 치밀하고 선도적인 문법체계의 면모라 생각한다.

강복수(1972:53)에서는 박승빈의 『조선어학』을 최현배의 『우리말본』과 더불어 국어문법에 이론적 근거를 주려고 노력한 최초의 논저로 꼽고 우리 문법연구에 커다란 영향을 끼쳤다고 평가했으며, 고영근(1985:305)에서도 "박승빈은 문법 연구에서 당시 최현배와 쌍벽을 이룬 학자로 주시경이나 최현배의 학설과는 전연 다른 이론으로 문법 체계를 수립하여 국어 문법의 또 다른 면에서 크게 공헌하였다."고 평가했다.

송석중(1976)에서도 "저자가 조선어학회와 정면충돌하여 치열한 논쟁을 벌였던 1930년대로부터 반세기 가까운 세월이 흐른 오늘날 다시 한번 냉철하게 그의 이론을 비판하고 재평가하는 것은 비단 역사적 의의가 있을 뿐 아니라 앞으로의 우리말 연구에도 도움이 되리라고 굳게 믿는다."

고 했다.

더 나아가 신창순(2014)에서는 박승빈이야말로 독창적인 문법을 창안했으며, 여러 학설을 참조하고 알타이제어의 특징을 잘 반영하여 우리말 문법을 만든 것이라고 하면서 박승빈과 『조선어학』을 높이 평가하고 있다.

> "그 위인은 박승빈이며 그 위대한 업적은 그의 『조선어학』이다. 그는 국어가 알타이어에 속한다는 것을 명백하게 인식하였고, 그 선에 따른, 그리고 거의 완전한 국문법을 조성하였다. 그도 일본학자의 업적이나 선인들의 업적을 참고하였겠지만 순전히 독창적으로 이 문법을 이룩하였다."[56]

그럼에도 불구하고 박승빈의 문법이 오늘날 주목받지 못하고 있는 이유는 무엇일까? 송석중(1976)과 천소영(1994)에서는 이에 대해 몇 가지 이유를 제시하고 있는데, 첫째가 철자법 논쟁에서의 패배했다는 점이다. 당시 조선어학회를 중심으로 한 한글파는 총독부에서 만든 '개정철자법'에 참여하면서 주시경(1910)의 형태주의 표기를 주장했고, 이에 대항하여 조선어학연구회를 중심으로 한 정음파는 『훈민정음』의 표기방법인 표음표기를 표방하면서 맞섰으나 한글파는 배경에 이론과 권력까지 갖춘 관계로 우위를 점하였고[57], 이러한 분위기는 해방 후 미군정 시절과 대한민국 정부 수립 후에도 계속되었다.

이러한 사정으로 인해 박승빈 문법은 일본문법을 모방한 이상한 문법쯤으로 간주되고, 박승빈의 철자법은 한글파의 철자법에 반기를 든 정도로 역사에 기술되고 언중들에게 인식된 것이다. 둘째로 박승빈이 새로운 용어와 개념을 도입하여 문법체계를 설명한 점이다. 이것은 학자들과 대중을 쉽게 설득하는 데 방해가 되었다. 마지막으로 여기에 하나 더

---

56) 신창순. 2014. "『우리말본』 활용설 비판과 국문법학사", 수고본, p.54.
57) 김민수. 1985. 『신국어학사((전정판)』, 일조각, pp.244-245.

덧붙인다면 박승빈이 1943년 세상을 떠난 후 그의 학설을 계승하고 발전
시킬 학파가 뚜렷이 형성되지 않았다는 점도 한 이유일 것이다.

제3장

철자법 운동

1. 둘러보기

이 장에서는 박승빈의 철자법 이론의 전개와 그 응용에 대해 살펴본다. 초기 철자법 운동의 전개 양상, 박승빈의 철자법 특징, 한글파와의 철자법 논쟁의 전모, 철자법을 지키기 위한 조선어학연구회 활동 등을 다룰 것이다.

1894년 갑오개혁으로 한글이 나랏글이 되자 표준이 되는 어문규범과 국어사전이 절실히 필요했다. 세종대왕 시절부터 통용되던 철자법이 있었으나 극심한 혼란을 겪고 있어서 철자법 통일이 무엇보다도 시급했다. 지석영과 주시경 등을 중심으로 1909년 『국문연구의정안(國文硏究議定案)』이 정부에 제출되었으나 한일병합이 일어나자 묻혀버리고 말았다.

이후 총독부의 3차례에 걸친 철자법통일안의 특징은 처음에는 표음주의를 택했다가 중간에는 표음주의를 원칙으로 하되 형태주의를 어느 정도 인정하게 되고, 1930년 『언문철자법』에 가서는 표음주의를 버리고 형태주의를 택했다는 점이다. 이러한 결과는 3년 뒤 만들어지는 『한글마춤법통일안』과 매우 유사한 형태를 띠게 된다. 철자법의 기본원리가 표음주의에서 형태주의로 돌아서게 된 것은 무엇보다도 주시경 학파의 활발한 한글 운동에 영향을 받은 것이다.

표음주의와 형태주의 사이를 왔다 갔다 하는 동안 여러 신문이나 잡지에서는 혼란스러운 철자법을 통일해 보자는 움직임이 있었다. 제일 먼저 1928년 11월 3일부터 28일까지 『동아일보』에 연재된 철자법 논쟁이 그것이다. 사계의 조선어 학자들에게 쟁점이 되는 문제들을 물어보고 답을 들어보는 식이었다. 두 번째는 1932년 4월 1일 잡지 『동광』 제32호에 실린 철자법 논쟁에 대한 글이다.

이때는 1930년에 총독부에서 『언문철자법』을 발표한 후였고, 이 철자법에 주시경식의 철자법이 대거 채택된 상태였기 때문에 조선어학회 측과 조선어학연구회 측의 대립은 가장 극단으로 치닫고 있었다. 박승빈이 7년 동안 맡아 온 보성전문학교를 1932년 6월 인촌 김성수에게 넘겨주면서 개인적으로 부탁한 것은 자신의 철자법을 동아일보사에서 계속 사용해 달라는 것이었다. 김성수가 동아일보사의 사주였기 때문에 이렇게 부탁한 것이었다. 박승빈의 철자법과 주시경의 철자법이 첨예하게 부딪혔던 당시, 박승빈이 자신의 철자법에 얼마나 애착을 가졌는지를 알 수 있다.[1]

대립이 계속되자 『동아일보』에서는 철자법 통일을 위한 '철자법 토론회'를 개최하기에 이른다. 토론회는 1932년 11월 7일부터 9일까지 장장 3일간 열렸다. 연사로는 조선어학회 측에서는 신명균, 이희승, 최현배가, 조선어학연구회 측에서는 박승빈, 백남규, 정규창 등이 대표로 나서 강연과 토론, 그리고 질의응답으로 쟁점에 대해 심도 있는 토론을 벌인 것이다. 이후 1933년 조선어학회는 '한글마춤법통일안'을 발표하고 박승빈은 다시 이를 비판하면서 1936년 『「한글마춤법통일안」에 대한 비판』을 출간한다.

---

1) 김완진 외(1985), 『국어연구의 발자취(I)』, 박승빈, 서울대학교 출판부. p.169.

2. 철자법 이론의 전개

2.1. 초기 철자법 운동

2.1.1. 철자법 통일의 시대적 배경[2]

철자법은 한글이 창제될 당시 이미 존재했다. 세종대왕이 훈민정음을 만들어 사용할 때 이미 철자법을 만들어 시행했었다. 즉, 자음과 모음은 한 음절을 이루어야 소리가 난다는 것 (合而成音)과 소리 나는 대로 쓰는 연철표기, 그리고 받침은 8자(ㄱ, ㆁ, ㄷ, ㄴ, ㅂ, ㅁ, ㅅ, ㄹ)로만 표시한다(8종성가족용(八終聲可足用)) 등이 가장 큰 원칙이었다. 그런데 이 8종성가족용의 원칙이 항상 유지되어 온 것은 아니다. 17세기에는 8종성이 7종성으로 바뀌었으나 대세는 8종성가족용 원칙을 지키는 쪽이었고, 19세기에도 이 원칙이 어느 정도 유지되었다고 할 수 있다.

한편 소리 나는 대로 쓰고자 하는 연철표기 방식은 서서히 변화를 겪게 된다. 연철표기란 말 그대로 받침을 조사나 어미에 연달아 쓰는 것으로, 훈민정음 창제 당시에는 잘 지켜지던 연철표기가 16세기부터 조금씩 무너져 갔고 이에 따라 명사와 조사, 용언과 어미를 분리하여 표기하는 분철표기의 방식이 생겨나게 되었다. 그리고 그 이후에는 연철과 분철을 혼합해서 사용하는 혼철표기가 등장하기에 이르렀다. 근대로 오면서 분철표기는 대세로 굳어져 가고 있었다. 18세기에 오면 분철표기가 체언에서는 확고하게 나타나고 용언의 활용에서도 일반적으로 등장하기 때문이다.[3]

그러다가 19세기 서양 선교사들이 들어오면서 근대 철자법 정비 작업이 시작된다. 이 가운데서 언더우드의 『한영문법』(An Introduction to the Korean Spoken Language, 1890)과 『한영자전』(A Concise Dictionary of

---

2) 이 절은 박영준 외『우리말의 수수께끼』(2000, 김영사)의 제11장의 내용(pp.186-194)을 주로 하되 부분적으로 수정하였다.
3) 신창순. 2003.『국어근대표기법의 전개』, 태학사. pp.120-122.

the Korean Language in Two Oarts: Korean-English and English-Korean, 1890)은 철자법 역사에서 의미 있는 저술로 평가된다. 물론 두 저서가 나오기 전에도 서양 선교사들이 어느 정도 정리된 철자법을 갖고 있었다. 예를 들어 아펜젤러가 1889년 대영성서공회(大英聖書公會)의 요청으로 로스가 번역한 '누가복음'과 '로마인서'를 개정하면서 "그 철자법을 바로 잡는 데에 2년 동안을 다 소비했다."고 했으므로 그가 이미 로스보다 더 다듬어진 철자법을 갖고 있었을 것이다. 그러나 철자법을 문법적인 규칙, 단어들의 철자형, 한자음 표기 등을 포함한 넓은 뜻으로 규정할 때는 언더우드의 두 저서가 시발점이 된다고 할 수 있다.[4]

그러다가 1894년 갑오개혁을 기점으로 당시 '언문(諺文)'이라 불리던 한글이 '국문(國文)'이 되면서 철자법에 대한 관심이 높아졌으며 철자법 통일의 움직임도 본격적으로 시작되었다. 『고종실록』 권 31, 31년(1894) 6월 28일, 관제(官制), 학무아문(學務衙門)에는 다음과 같은 기록이 보인다.

"편집국에서는 국문철자와 국문의 번역, 그리고 교과서 편찬 등의 업무를 관장한다..."

(編輯局, 掌國文綴字 各國文繙繹及敎科書編輯等事...)

고종은 1894년 11월 21일 칙령 제1호로 공문식(公文式)을 공표하는데, 여기 제14조에 다음과 같은 내용이 나온다.

"법률·칙령은 모두 국문(國文)을 기본으로 하되 한문(漢文)으로 번역을 붙이거나 혹은 국한문(國漢文)을 혼용한다."(第十四條 法律勅令總以國文爲本漢文附譯或混用國漢文)

공문식이란 법령의 상하관계와 그 제정절차와 형식 등을 규정한 법령이

---

4) 위의 책, pp.62-63.

므로 이때부터 한글이 국문의 지위를 얻었다고 볼 수 있다. 19세기 후반까지도 한문에 가려 국문의 지위를 얻지 못했던 한글이 국문으로 인정받게 되었으니, 이 사건은 일대 변혁이었다. 이러한 움직임은 사대모화 사상으로부터 벗어나 조선의 자주와 독립을 획득하고자 하는 실천적 노력의 결과였고, 이러한 분위기 속에서 개화기 지식인들은 자연스럽게 우리말과 글에 관심을 기울이게 되었다.

1894년의 갑오개혁으로 한글이 국문으로 인정되면서 철자법의 통일은 절박한 문제로 다가왔다. 더욱이 초중등학교와 같은 신식교육이 실시되면서 이를 위한 교과서 편찬 문제와 맞물려서 철자법의 통일은 매우 시급한 문제였다. 그러나 당시의 철자법은 전통적인 철자법과 이후 변형된 철자법을 혼용하고 있던 터라 혼란스러울 수밖에 없었고, 이를 체계적으로 정리하고 철자법을 통일시키기 위해서는 어느 정도 시간과 노력이 필요했다.

1897년에 지어진 최초의 순한글 책인 리봉운의 『국문정리』의 서문에 당시의 사회적 분위기가 잘 드러나 있다.

"나라 위ᄒ기ᄂ 려항의 션빅ᄂ 죠졍의 공경이ᄂ 츙심은 ᄒᆞ지기로 진졍을 말ᄒᄂ니 대뎌 각국 사름은 본국글을 슝샹하야 학교를 셜립ᄒ고 학습ᄒ야 국졍과 민ᄉ를 못홀 일이 업시ᄒ야 국부민강ᄒ것마ᄂ 죠션사름은 ᄂᆞᆷ의 나라글만 슝샹ᄒ고 본국 글은 아죠 리치를 알지 못ᄒ니 졀통ᄒ지라.

셰종죠끠읍셔 언문을 만드셧것만ᄂ 주고로 국문학교와 션ᄉᆡᆼ이 업셔 리치와 규법을 ᄀᆞᄅ치며 비호지 못ᄒ고 입만 놀녀 가갸거겨 ᄒᆞ야 음문 입에 올녀 안다 ᄒ딕, 음도 분명히 모ᄅᆞ니 흔심ᄒ지라. 금쟈에 문명진보ᄒ랴 ᄒᄂ 떠요, 또 태셔 각국 사름과 일, 쳥 사름들이 죠션에 오면 위션 션ᄉᆡᆼ을 구ᄒ여 국문을 비호기로, 반졀 리치를 무ᄅᆞ면 딕답지 못ᄒ 즉, 각국 사름들이 말ᄒ딕, 너희 나라말이 쟝단이 잇시니 언문에도 그 구별이 잇셔야 올흘거신딕, 글과 말이 ᄀᆞᆺ지 못ᄒ니 가히 우습도다ᄒ고 멸시ᄒ니 그러ᄒ 슈치가 어딕 잇시리오."

리봉운의 글에는 우리말과 글의 소중함, 국문 철자법의 통일의 필요성과 중요성이 절절히 드러나 있어 당시 지식인들의 우리말글에 대한 인식을 엿볼 수 있다.

2.1.2. 철자법 통일안의 변천과 박승빈의 철자법

그러나 한글이 국문이 되고 교과서를 만들어야 할 즈음에 이르자 기존의 8종성가족용 원칙에 입각한 표기는 매우 혼란스럽게 사용되고 있었다. 당시의 표기가 얼마나 혼란스러웠는지는 1906년 주시경이 지은 『대한국어문법』에서 찾아 볼 수 있다.

뜻	당시 사용 예
씻어도	씨서도, 씻서도
씻으면	씨스면, 씻스면
믿어도	미더도, 밋더도, 밋어도
믿으면	미드면, 밋드면, 밋으면
맡아도	마타도, 맛하도, 맛타도
맡으면	마트면, 맛흐면, 맛트면
덮어도	더퍼도, 덥허도, 덥퍼도
덮으면	더프면, 덥흐면, 덥프면

한글 표기가 매우 혼란스러운 상황이 되자 철자법을 통일해야 한다는 의견이 여기저기에서 나왔다. 이러한 철자법 통일의 움직임을 최초로 정리한 사람은 바로 지석영이었다. 그는 '신정국문(新訂國文)'이라는 통일안을 만들어 1905년에 고종 임금에게 상소문 형식으로 제출하였고, 마침내 고종의 재가를 얻어 이를 공포하기에 이르게 된다. 이는 6개 항목으로 된 최초의 한글 철자법통일안이라고 할 수 있다. 철자법과 관련한 내용으로는 받침으로 8개의 자음만을 쓰자는 종래의 표음주의를 채택했

다는 점과 아래아(·) 자를 없애고, 된소리는 된ㅅ으로 통일한다는 규정 등이다.5)

그러나 갑작스럽게 통일안이 발표되자 이에 대한 논란이 거세지고 반대 의견도 만만치 않았다. 특히 아래아(·) 대신에 새로운 글자 '='을 쓰자는 지석영의 의견에6) 반대하는 이가 많았고 사회적으로 큰 물의를 일으켜, 결국 이 최초의 통일안은 시행되지 못하고 만다. 이후 사회적으로 철자법 통일의 요구가 거세지고 논란이 확대되자 정부에서도 이 문제를 본격적으로 다루게 되었다.

이를 위해 정부에서 만든 것이 바로 '국문연구소'이다. 위원장에는 학부 학무국장 윤치오가 임명되고, 위원에는 장헌식, 이능화, 권보상, 일본인 우에무라(上村正己), 주시경 등이 임명되었다. 이후 어윤적, 이종일, 지석영, 이민응 등이 발탁되어, 1907년 9월 16일 제1차 회의가 열린 뒤 1909년 12월 27일까지 23차례 회의를 열어 논의를 한 결과, 1909년 12월『국문연구의정안(國文硏究議定案)』이라는 이름으로 최종보고서를 학부대신에게 제출하였다.

그 주요내용은 국문의 연원과 자체(字體) 및 발음의 연혁(可), 초성중 ㆆ, ㅿ, ㅸ 등 사용하지 않는 8자의 사용 여부(否), 초성 중 ㄱ, ㄷ, ㅂ, ㅅ, ㅈ, ㅎ 6자의 병서법의 일정화(可, ㆅ은 폐기), 중성 '='자의 창제와 ' · '자의 폐지 여부(否), 종성 ㄷ, ㅅ 2자의 용법과 ㅈ, ㅊ, ㅋ, ㅌ, ㅍ, ㅎ 6자의 종성 채용 여부(可), 자모 7음과 청탁(淸濁)과의 구별(5음과 淸, 激, 濁音으로 구분), 사성표의 사용 여부(否)와 조선어 음의 고저(장음 좌편 1점), 자모 음독일정(音讀一定), 자순과 행순의 일정(초성은 아설순 치후와 淸激, 중성은『훈몽자회』의 순), 철자법(『훈민정음』해례대로 모아

---

5) '지석영이 아뢴 대로 국문을 새로 고치다',『조선왕조실록』고종 42년(1905) 7월 19일(양력) 2번째 기사.
6) 지석영이 아래아(·) 대신 ㅣㅡ 합음자로 새로운 글자를 제안했는데, 이는 지석영의 생각이었다기보다는 주시경의 견해였고, 지석영이 이를 받아들여 새 글자를 제안한 것으로 보인다. 이에 대해서는 김민수(1986,『주시경연구(증보판)』, pp.190-193) 참조.

쓰기) 등이다.[7] 그러나 정부가 이 보고서에 대한 조처를 취할 겨를도 없이 한일병합이 되어 이 내용이 세상에 공포되지 못하고 말았다. 비록 세상에 공포되지는 못했지만, 의정안의 내용은 매우 새로운 것이었고 주시경의 견해가 많이 들어간 것이었다.

주시경의 입장에서는 전통적 표기법이 매우 혼잡스럽기 때문에 이를 통일하기 위해서는 새로운 국문 철자법이 필요하다고 생각했고, 당시 이미 대세로 굳어져 가고 있던 분철표기 방식을 전면적으로 채택하여 형태위주의 철자법을 제안한 것이다.[8] 초성의 모든 글자를 받침으로 쓰고, 소리보다는 뜻을 중심으로 단어의 원형을 밝혀 분리해서 적으며, 겹받침을 허용하자는 그의 생각은 실제 정착에는 많은 어려움이 있었던 듯하다. 주시경이 1914년에 출간한 『말의 소리』에서는 받침으로 단자음 10개(ㄱ, ㄴ, ㄷ, ㄹ, ㅁ, ㅂ, ㅅ, ㅇ, ㅈ, ㅎ)만을 허용하는 것으로 종전의 주장을 스스로 수정했기 때문이다. 아마도 받침이 수없이 늘어나고 일반인이 이해하기 어렵다는 한계를 느꼈으리라 해석된다.[9]

박승빈은 1907년 일본 유학에서 돌아온 후 검사로 활동하면서 일본법전을 우리말로 번역하는 작업을 시작했다. 법전을 번역하면서 처음에는 전통적인 철자법과 지석영의 철자법, 그리고 주시경의 철자법 등을 참조했던 것으로 보인다.

"周先生은 近代에서 最先으로 朝鮮語法의 研究에 努力한 先覺者이며 高勳者이라. 其後 苟히 朝鮮語의 法則을 云爲하는 者는 거의 全部가 先生의 直接 又는 間接의 弟子이라. 余도 처음에 先生의 著書에 依하여 硏究의 길을 進行한 者로서 周先生의 弟子의 一人이라 닐름을 어들 者이라."[10]

---

7) 김민수. 1985. 『신국어학사((전정판)』, 일조각, pp.208-209.
8) 위의 책, pp.120-122.
9) 김민수. 1985. 앞의 책, p.210.
10) 박승빈. 1928년 1월. "「ㅎ」는 무엇인가?(續)", 『현대평론』 2-1. p.257.

그러다가 문제점을 하나씩 발견하면서 박승빈은 독자적인 철자법을 주장하게 되었다. 실제로 1908년에 출간한『言文一致日本國六法全書』에는 기존의 철자법과는 다른 박승빈의 철자법이 드러나 있다.

"前記學派와 方針을 異히 하는 바의 余의 文法에 當하야 其 例를 示하며 其 理由를 述함은 甚히 煩瑣하야 一括하야 此 論文에 述하기 難한 故로 此를 停止하고 唯其二者의 差異 中 最히 重要한 部分의 要旨만을 左에 記하야 讀者諸氏의 參考에 供하나이다.(余의 採用한 文法은 明治 41年에 刊行한『言文一致日本國六法全書』라 題한 拙擇 冊子가 有하오니 惑 參考로 閱覽하실지?)"[11]

이 번역서에는 박승빈의 철자법이 그대로 반영되어 있다. 첫째, 훈독법을 이용한 언문일치체를 선보인 점, 둘째, 용언의 표기 방식은 박승빈의 문법(용언활용법)에 의해 이루어졌다는 점, 셋째, 번역서에는 겹받침 표기를 허용하지 않았으며, 넷째, 받침은 8종성가족용의 원칙을 따랐고, 다섯째, 경음 표기로 된시옷을 사용했다는 점 등이다. (자세한 것은 제II부 제1장 2. 참조).

언문일치체를 강조한 점이나 용언활용법 등은 매우 독특한 방법이었지만, 겹받침 표기를 허용하지 않고 8종성가족용의 원칙을 따른 점, 된시옷을 경음표기로 사용한 점 등은 전통적 철자법을 따른 것으로 보인다. 특히 이들이 지석영의『신정국문』의 내용과 큰 차이가 없다는 점에서 박승빈이『신정국문』을 주로 참조했을 가능성이 있다.『신정국문』은 1905년에 공표되었고, 박승빈이 일본법전을 번역하기 시작한 것이 1907년 즈음이니 그 가능성은 충분하다.

일제는 1910년 한일병합이 일어난 후『보통학교용언문철자법(普通學校用 諺文綴字法)』이라는 철자법통일안을 만들어서 1912년 4월에 공포한

---

11) 박승빈, 1921. "조선언문에 관한 요구(3)",『계명』3호.

다. 일제는 합방 후에 보통학교에 쓰이는 『조선어독본』의 언문철자법을 평이하게 할 목적으로 8명의 조사 촉탁원에게 지시하여 철자법을 결정하게 한 것이다. 조사원 가운데 일본인이 4명, 한국인이 4명이었는데, 한국인으로는 현은, 유길준, 강화석, 어윤적 등 4명이 포함되었다. 이들은 1911년 7월부터 11월까지 5차례의 회의를 거듭한 끝에 1912년 4월에 언문철자법을 확정하였다.

이 철자법은 받침으로는 'ㄱ, ㄴ, ㄹ, ㅁ, ㅂ, ㅅ, ㅇ, ㄺ, ㄻ, ㄼ'만 허용하고 된소리 표기를 '써, ᄭᅡ'처럼 ㅅ계로 통일하고, 'ㆍ'를 폐기하며 좌편 1점의 장음표시 등을 주요 내용으로 한다. 이 안은 국문연구소에서 만든 『국문연구의정안』보다는 그 이전에 만들어진 지석영의 『신정국문』의 내용과 크게 다르지 않았다.

이 철자법은 이후 1921년 3월 『보통학교용 언문철자법대요』라는 이름으로 다시 개정이 된다. 1921년 철자법은 1912년의 철자법의 내용과 대동소이했으나 한 가지 주목할 점은 논의사항에 주시경식 철자법의 가능성이 제기되었다는 점이다. 즉, 종전의 7개 자음만을 받침으로 했던 것에서 초성의 모든 자음으로 자유롭게 종성에도 사용하자는 제안이 있었던 것이다. 예를 들어 '곳'을 '꽃'으로 '깁다'를 '깊다'로 '닥는다'를 '닦는다'로 '갑스로'를 '값으로'로 쓰자는 주장이 제기된 것이다.

이러한 논의가 제기된 이유는 철자법개정 조사위원에 어윤적, 지석영 이외에도 최두선, 권덕규, 유필근 등 일선 학교의 교사와 교장들이 포함되어 일선 교육현장에서 현행 철자법의 혼란이 있다고 강력히 주장했기 때문이다. 특히 권덕규와 같이 주시경의 제자들은 주시경식 철자법을 관철시키기 위해 노력했다. 그러나 모든 초성을 받침으로 쓰자는 주장은 최종 채택되지 못하고 다만 논의 사항에 기록되는 것으로 만족해야 했다. 그때까지는 주시경 학파의 세가 아직은 더 무르익지 못한 때문이다.[12]

---

12) 신창순. 2003. 앞의 책, pp.283-295.

이 논의 내용은 향후 정음파인 박승빈의 주장과 한글파인 주시경의 주장의 차이점으로 다시 드러나게 된다. 박승빈은 1921년 9월『계명』 3호에 발표한 논문(조선언문에 관한 요구(3))에서 총독부에서 편찬한 교과서의 철자법을 비판하고, 주시경식 철자법의 문제점을 공표하면서 주시경 학파에 맞서게 된다.

> "(1) 前記學派의 法則은 動詞의 語尾의 變化를 否認하고 此에 代하야 助動詞 及 接續詞의 頭字의 變化를 主張함이니, 卽 前述한 敎科書에 對한 批評 2의 1의 法則을 採用하야 其 學說을 貫徹하기 爲하야 同上 2의 2의 用例를 總히 其 2의 1의 法則에 統一할 事를 主張함에 在하고, 余는 此에 反하야 動詞의 語尾의 變化法則을 採用하고 助動詞의 頭字의 變化를 否認함이니 卽, 前記 2의 2의 法則을 採用하야 其 2의 1에 使用된 語도 總히 2의 2의 法則에 統一할 事를 主張함에 在함.
>
> (2) 前記學派는 ㅎ를 終聲(바침)으로 使用함을 主張하고 余는 此를 否認함." (p.10)

위의 (1)(2)는 조선총독부에서 편찬한 교과서에 나타난 표기를 박승빈이 비판한 것인데, 이때 2-1번의 법칙이란 '먹으니, 잡어서, 읽어'처럼 동사활용을 표기한 것을 말하고, 2-2 법칙이란 '바드니, 차즈면, 긋쳐서, 흘너'와 같은 표기를 말한다. 따라서 2-1은 주시경식 표기이고, 2-2는 박승빈식 표기인 셈이다. 박승빈은 2-1의 부당함을 다시 언급하고 이들 예도 모두 2-2와 같이 표기해야 한다고 주장한 것이다. 또한 (2)에서는 박승빈은 주시경 학파와 달리 ㅎ를 종성(받침)으로 인정하지 않는다는 점에서 크게 차이가 난다고 했다.

박승빈은 이 논문에서 자신의 철자법을 정리하기 위해 다음과 같은 7가지 원칙을 고려했음을 천명했다.

1) 발성원리의 천명

2) 실용상 편이(便易)

3) 원소어(元素語)의 보호

4) 고유조선어와 한문자의 배합

5) 각지방의 언어의 채용

6) 역사상의 언어의 채용

7) 타민족의 어와 대조연구

이들 조건을 살펴보면 문법(철자법)을 정리할 때에 음성과 음운의 원리에 입각해야 하고, 실제 사용할 때 편해야 하며, 고유어를 중시하고, 고유어와 한자어를 함께 어울려 쓰며, 역사적인 측면이나 지역적인 측면, 그리고 더 나아가 다른 언어와의 대조연구를 통해 보편적인 특성과 개별적인 특성을 모두 고려해야 한다는 박승빈의 철학이 드러나 있다. 이러한 원칙의 이면에는 당시 대립을 이루었던 주시경식 문법(철자법)에 대한 비판이 담겨 있다. 발성의 원리를 고려하지 않는 형태주의 철자법을 비판하고, 주시경식 철자법이 실용적인 면에서 사용하기 어렵고, 한글전용이나 지나치게 새말을 만들어 사용하는 주시경학파의 주장을 암암리에 비판하고 있는 셈이다.[13] 이러한 박승빈 철자법의 주요 특징은 이후에도 계속 유지된다.

그러다가 총독부는 1930년 2월에 『언문철자법』이라는 이름으로 철자법을 다시 개정했다. 기존의 철자법이 10년 가까이 시행되는 동안에 교육계와 사회에서 문제가 제기되어, 학무국에서 다시 개정의 기초안을 만들어서 전문가로 구성된 제1차 조사회(1928년 9월~1929년 1월)와 제2차 조사회(1929년 5월~7월)의 심의를 거쳐 확정한 것이 『언문철자법』이다.[14]

주된 내용은 된소리는 'ㄲ, ㄸ, ㅃ, ㅆ, ㅉ'의 병서로 하고, 받침은 'ㄷ, ㅌ, ㅈ, ㅊ, ㅍ, ㄲ, ㄳ, ㄵ, ㄾ, ㄿ, ㅄ'을 더 쓰며 어간과 어미, 체언과 토는

13) 고영근. 2008. 앞의 책, pp.315-316.

14) '언문철자법', 『한민족문화대백과』, 한국학중앙연구원.

구분하여 적도록 한다는 것이었다. 심의 기간 동안 언론에서도 철자법 개정에 지대한 관심을 보였다. 그 일환으로 철자법 통일에 대한 지상토론과 논쟁이 본격적으로 일어났는데, 대표적인 논쟁이 1928년 11월 3일부터 28일까지 총 23회 『동아일보』에 연재된 '한글 정리에 대한 제가(諸家)의 의견'이다.[15]

총독부의 3차례에 걸친 철자법 개정의 방향은 1912년에는 표음주의를 택했다가 1921년에는 표음주의를 원칙으로 하지만, 형태주의를 어느 정도 인정하게 되고, 1930년에 가서는 표음주의를 버리고 형태주의를 택했다는 점이다. 이러한 결과는 3년 뒤 조선어학회의 『한글마춤법통일안』(1933)의 내용과 유사하다. 이처럼 철자법의 기본원리가 표음주의에서 형태주의로 바뀐 것은 무엇보다도 주시경 학파의 영향이었다.

더군다나 1930년 총독부의 언문철자법 심의 과정에 주시경의 제자들인 조선어학회 회원들이 대거 위원으로 발탁된 점도 철자법의 내용을 결정하는 데 큰 영향을 미쳤다. 심의위원 14명 중 7명(장지영, 이세정, 권덕규, 정열모, 최현배, 신명균, 심의린)이 조선어학회 사람이었기 때문이다. 해방 후 최현배가 옛날 동지 신명균을 회상하는 글 속에서 1930년 당시 신명균이 총독부 언문철자법 심의위원으로 활동한 내용이 소개되어 있다.

"주산 신명균 선생은 오랫동안 동덕여자고등보통학교에서 국어교사로 근무하면서 언제나 한글운동의 선봉이 되었다.(중략) 이보다 먼저 신명균 선생은 조선 총독부 학무국 편수과 일인직원 '다나까'를 가만히 설득하여 보통학교의 조선어독본의 '언문철자법개정'을 성취시키었으니 그의 활동은 비범하였다 하겠다."[16]

1930년 개정된 『언문철자법』에 대해 각계각층의 입장은 서로 달랐다.

15) 『동아일보』, 1928년 11월 3일.
16) '나의 사우록(師友錄)', 『경향신문』, 1967년 12월 18일.

이를 반영이라도 하듯이 1932년 4월 잡지『동광』에서는 철자법 논쟁에 대한 글을 실었고, 1932년 11월에는『동아일보』에서 '철자법토론회'를 주최하여 박승빈 학파와 주시경 학파가 3일 동안 공개토론을 벌이기도 했다. 이후 조선어학회에서는 1930년 개정된『언문철자법』심의에 참석한 7명이 주축이 되어 1933년『한글마춤법통일안』을 만들어 공표하게 된다.

이에 박승빈은『한글마춤법통일안』을 비판적으로 검토하고 이를 정리하여 조선어학연구회 기관지인『정음』에 1935년 9월(10호)부터 4차례에 걸쳐(1936년 4월 13호) 논문을 발표했다. 이때 발표한 글을 다시 책으로 묶어 1936년 10월에 출간한 것이『「한글마춤법통일안」에 대한 비판』이다. 또한 1935년에 출간한 박승빈의『조선어학』에서는 주시경 철자법의 문제점과 자신의 철자법의 타당성을 이론적인 면에서 치밀하게 검증하고 체계적으로 기술했다.

2.2. 박승빈의 로마자표기법

박승빈은 1931년 7월 13일에『朝鮮語를 羅馬字로 記寫함의 規例』(경성: 민중서원)를 발표한다. 이 규례안은 종전의 로마자 표기 체계가 국어의 어음을 제대로 반영하지 않았다고 생각하여 박승빈이 새롭게 규례를 만든 것이다. 책의 서언(序言)에는 다음과 같은 말이 있다.

"從來에 朝鮮語를 羅馬文字로서 記寫한 事實이 적디 아니하다. 그러나 그 記寫하는 方法에 니르러서는 朝鮮語音을 主體로 하고 그 語音에 該當(近似) 할 羅馬字의 安排法을 考定함이 안이고 反對로 羅馬字를 使用하는 英美의 語音에 依한 羅馬字의 音을 主體로 하고 그 音에 該當 或은 近似한 朝鮮語音을 記寫한 것이라." -서언에서-

우리말을 중심에 놓고 로마자를 대응시켜야 하는데, 실제로는 그 반대가 되어 문제가 많았다는 지적이다. 이로 인하여 기존 규례에 따르면 우리말에 완전히 다른 말이 로마자로는 같은 말로 표기되는 사례도 있다고 했다. 예를 들어 '발(足)'은 'pal'로 표기되는데, '팔(臂)'의 경우도 'pal'로 표기되어 구분이 되지 않으며, '조(栗) = cho'와 '초(醋) = cho'도 같아지며, '편(片)'씨와 '변(卞)'씨가 모두 'pyon'으로 표기되어 구별이 되지 못하여 문제라고 지적했다. 박승빈의 로마자 표기법에 의하면 이들은 '발 = bal'과 '팔 = pal', '조 = jo'와 '초 = cho'로 구분된다.

당시 로마자 표기는 사람마다 달리 쓰여 혼란이 가중되었고, 합리적이고 규칙적인 안이 만들어지지 않았으므로 박승빈이 새로운 규례를 만든 것이었다.

"또 그나마도 朝鮮語音 全體에 當하여서 定規로 記寫하는 方法이 서 잇디 아니하여서 同一한 語音을 記寫함에도 사람에 싸라서 各히 다른 羅馬字를 使用하는 일이 恒茶飯으로 보는 事例이다. 우와 가튼 狀態이므로 朝鮮語音을 羅馬字로 記寫하는 方法은 아직 全然히 업다고 말하야도 過言이 아이다. 싸라서 依據할 方法이 업는 記寫가 合理的이며 規則的으로 整頓되디 못할 것은 勿論이라. 余는 이를 慨惜하게 생각하야서 朝鮮語 硏究中에 한 副産物로 그 記寫 規例의 排定을 試하얏다."-서언에서-

그러나 로마자 규례를 만드는 작업이 쉽지만은 않았다. 우리말 소리의 종류가 매우 다양하고 우리말을 중심으로 로마자를 대응하는 작업도 매우 어려운 일이었다. 박승빈은 이 작업을 위해 5년 정도의 연구를 진행했다.

"그러한데 한 民族의 語音을 標示하는 文字로써 다른 한 民族의 語音을 標示함에 그 音에 서루 쏙쏙 適合되는 것이 이슬 수가 업슴은 理論上 當然한 結果이다. 하물며 語音의 種類가 甚히 豊足한 朝鮮語音에 當하야서 거기에 適用할 羅馬字를 排定함은 매우 어려운 일이얏다. 余는 그

規例를 排定하야 보랴고 붓을 잡기 始作한다는 4-5年前브터이야쓰며 考案을 다 꾸몃다가 缺點을 發見하고 廢棄함도 쏘한 4-5回얏다. 그 사이에 두고두고 여러 博識者에게 意見을 請하야서 自己의 思考에 補充이 된 바도 적디 아니하얏다. 그리하야서 이제 "朝鮮語를 羅馬字로 記寫함의 規例'를 音理的 理論과 實用上 便宜를 綜合하야서 別表와 같이 決定하야 이를 公表하며 斯界에 博識한 多士의 示教를 請하노라."

박승빈은 5년 동안의 작업으로 초안을 만든 다음에도 이를 다시 검토하여 4-5번 초고를 다시 폐기하는 과정을 거쳤다. 그리고 여러 식견 있는 사람들에게 자문을 구하여 로마자 규례를 완성했다고 한다. 특히 당시 박승빈이 보성전문학교 교장으로 재직하고 있었기 때문에 이 규례의 초안을 보성전문의 교사들에게 여러 번 심의를 거치기도 했다. 서문 말미에 다음과 같은 기록이 보인다.

"著者가 案을 普成專門學校에 提議하야 全校에서 教員會를 開催하고 1930年 6月브터 1931年 2月까지 6回의 會合을 거듭하야 愼重히 審査한 結果 原案에 一部分의 修正을 加하야 이를 採用하기로 決定하얏으며 著者도 그 修正에 同意하야 別表 記載와 같이 確定한 것임."

로마자 규례 초안을 가지고 약 8개월간 6차례에 걸쳐 교원들에게 심의토록 했고 이를 반영하여 최종안을 도출했다고 밝히고 있다. 그가 이 규례를 위해 얼마나 치밀한 과정을 거쳤는지 알 수 있다.

『조선어를 라마자로 기사함의 규례』

　로마자 규례 표에서 알 수 있듯이 'x'로 표시된 부분은 현재 사용하지 않는 음을 말한다. 'ㅅㄹ, ㅸ, ㅿ, ㆆ, ·, ㆌ' 등은 사용하지 않는 음이며, 'ㅇ'은 받침으로만 사용한다는 뜻이다.

　'ㄹ'의 종성에 'l'은 보통 받침 즉 끝 받침에 사용하고(예: 달 = dal') r 은 중간 받침(예: 닭 = darg)에 사용한다. 아래아 '·'는 쓰이지는 않지만 굳이 로마자로 표시한다면 두 가지로 구분할 수 있는데, 자형에 대한 고대의 원음과 현재의 음이 그것이다. 전자의 경우는 'ü'로, 후자의 경우는 'a'로 표기했다.

　중성 'ㅣ'의 경우는 실용상 구별할 필요가 있어 i, e, y의 세 음자를 사용한다. 예를 들어 단독 'ㅣ'의 경우는 'i'를, 'ㅢ'의 경우는 'ûe'를, 'ㅠ'의 경우는 'yu'를 사용한다. 그러나 그 음의 본질은 모두 같다고 했다. 중성 'ㅜ'의 음에는 u 이외에 w를 인용하여서 'ㅘ = wa', 'ㅝ = wó'의 기사방법을 취하는데 이 또한 동일한 관계라고 했다.

한편, '‿'와 같은 연결부호를 도입했는데, 이것을 ᵑᵍ 와 ᵒᵃ 에 응용할수 있다고 했다. 이것은 n과 g이나 o와 a가 각립한 경우의 발음과 혼동되는 것을 피하기 위한 것이라 했다.

예 Bangan (방안) - Bangan (반간)

Koan (관) - Koan (고안)

현대 로마자 표기법에서는 이 부호 대신에 '-'를 사용하여 혼동이 되는 경우 그 사이에 '-'를 삽입하고 있는데, 이 또한 같은 원리이다.

경음과 격음조의 부호는 로마자 표기의 경우에는 그 위치의 상부에 그 부호를 기입한다.

예 春風　봄ㅅ바람　　Bom˜baram
　　발음　ㅅ바━쌔　　˜ba═b^a
　　午風　마ㄱ바람　　ma ˉbaram
　　발음　ㄱ바━파　　ˉba═pa

3. 철자법 논쟁

박승빈 학파와 주시경 학파의 철자법 논쟁의 역사는 오래 되었다. 첫번째 논쟁은 1921년 10월 11일에 열린 "조선어연구대강연회"였다. 이후 잡지와 신문지상에서 논쟁이 계속되었는데, 1928년 11월 3일부터 28일까지 총 23회 『동아일보』에 연재된 '한글 整理에 對한 諸家의 意見'이라는 철자법 지상논쟁과[17] 잡지 『조선사상통신』에서 1929년 7월 3일부터 7월

---

17) 『동아일보』, 1928년 11월 3일.

26일까지 총 12회에 걸쳐 만든 "총독부의 조선문철자법을 보고"에 실린 글, 1932년 4월 1일 잡지『동광』제32호에 실린 철자법 논쟁에 대한 글이 있었다. 그리고 1932년『동아일보』에서 주최한 3일간의 '철자법토론회'에서 논쟁의 정점을 이룬다. 이제 이에 대해 좀더 자세히 살펴보자.

3.1. 제1차 철자법 논쟁

박승빈 철자법과 주시경의 철자법이 공개적으로 부딪힌 것은 1920년대 초반으로 짐작된다. 장지영의 회고록에서 그 실마리를 찾을 수 있다.

> "그 무렵 박승빈이라는 사람이 계명구락부를 조직하고 기관지『계명』을 내고 있었는데 그도 국어학에 관심을 가지고 의견을 발표하기 시작하였다. 그러나 그의 체계란 일본문법 그대로 흉내낸 것이다. 동사의 활용에 있어 일본의 4단 활용성을 흉내내어 국어에는 11단 활용이 있다고 한 것이라든지, 표기에 있어 '먹으니'를 '머그니'로, '잡으니'를 '자브니'로 적기를 주장하고 나섰다. 여기에 동조하는 이가 정규창, 최남선씨 등이었는데 기관지가 있고 하여서 그 세력이 굉장하였다.
> 그래서 우리는 개별적으로 그들과 논쟁하다가 어느 날 임경재, 최두선, 권덕규, 나 이렇게 모인 자리에서 이 문제를 논의한 끝에 그들과 공개토론으로 대결하여 그들의 그릇된 주장을 타도하기로 결정하였다. 그들도 우리 제의에 응락하였으므로 3일간 청년회관에서 공개토론회를 열고 그들 주장의 그릇됨을 통박하였다."[18]

회고록에 따르면 계명구락부에서『계명』지를 통해 박승빈이 자신의 문법과 철자법을 공개적으로 주장하자, 주시경의 제자인 장지영, 권덕규 등이 개별적으로 이에 대해 논박하다가 공개토론회를 제안했고, 3일 동안 중앙기독청년회관에서 공개토론회를 개최했다는 것이다. 그러나 회고록

---

18) 장지영. 1978. "내가 걸어온 길",『나라사랑』29 (외솔회). pp.29-30.

에는 토론회를 언제 열었는지 정확한 날짜가 언급되지 않아 시기를 가늠하기 어려우나, 1921년 10월 11일에 중앙기독청년회관에서 열린 강연회를 말하는 것일 가능성이 있다.[19]

1921년 10월 11일 저녁 7시에 중앙기독청년회관에서 열린 강연회의 제목은 "조선어연구대강연회"였으며 세 명의 학자(권덕규, 박승빈, 이필수)가 조선어에 대해 강연을 했다.[20]

> 조선어의 지위 – 권덕규
> 조선어문법에 대하야 – 박승빈
> 언문과 국민성 – 이필수

이 강연 내용은 자세히는 알 수 없으나 『시사강연록』 4집에 실린 박승빈의 논문(조선어문법에 대하야)에서 그 대략을 짐작할 수 있다. 논문 제목이 강연회 제목과 같고 논문의 시작 부분에 "10월 11일 하오 7시 중앙청년회관내 개최"라는 문구가 있는 것으로 보아 이 논문은 강연회에서 발표한 내용을 다듬어 발표한 것으로 보인다. 논문의 서두는 아래와 같이 시작한다.

> "그런데 朝鮮文法에 對하야 오즉 權悳圭氏가 多年을 學理的으로 硏究하기에 努力함은 여러분도 다 아시는 바이지마는 이에 對하여 本人도 一部分의 硏究함이 有함으로 今夕에 그 硏究한 바로써 大綱을 學理的의 硏究와 相異한 點을 比較하야보랴 합니다. 이는 學者의 專門的 硏究上에도 그 見解에 相異한 點을 서로 討論하야 보는 것이 無妨할 줄로 암니다.

---

19) 1921년 10월 11일 중앙기독청년회관에서 열린 조선어연구대강연회가 이 공개토론회라는 주장도 있으나 확신할 수는 없다. 이와 관련한 신문 기사에는 3일간의 공개토론회라는 내용은 보이지 않고 강연회 내용도 논쟁보다는 조선어의 특징에 대해 세 명의 학자가 대중에게 강연하는 형식을 취하고 있기 때문이다.(고영근. 2008. 『민족어의 수호와 발전』, 제이앤씨. p.322)

20) '朝鮮語硏究講演會', 『매일신보』, 1921년 10월 11일. 기사에는 회원과 초대권 지참자는 무료입장이었고, 그외 입장료 10전을 받았다는 기록이 있다.

그러나 몬저 權悳圭氏의 말과 갓치 文法上 硏究는 到底히 이러한 演壇에
서 短時間으로 說明할 수는 업슴니다."21)

위의 내용으로 보아 권덕규의 강연 다음에 박승빈의 강연이 있었고,
권덕규의 견해와 박승빈의 견해가 다르다는 것을 짐작할 수 있다. 강연에
서 박승빈은 당시 혼란스러운 철자법 상황을 다음과 같이 설명했다.

"그럼으로 다만 朝鮮의 現行하는 活用文字가 不規則한 것이 甚多한
바 大綱을 말할 것 갓흐면 不規則한 여러 가지 相異한 點은 置之하고
本人의 생각한 바로는 3派의 文法이 有하다고 함니다.
그 3派의 文法이란 것은 一은 官用式이니 至今 總督府에서 編纂한
敎科書에 用한 文法이오, 一은 周氏式이니 故 周時經氏의 傳受한 文法이
오, 一은 不敢하나마 本人의 硏究한 바이라 함니다. 그런데 官用式은
엇더하냐 하면 文法보담 通俗的임으로 文法上에는 不規則한 點이 甚多
함니다. 例컨대 '앞에(前)'를 '압헤'라 하는 例이니 綴字가 不規則함을
싸라서 字音이 變한 것이올시다."22)

박승빈은 당시 세 가지 종류의 문법(철자법)이 쓰이고 있다고 했다.
하나는 총독부의 철자법이고23), 또 하나는 주시경의 철자법이고 마지막으
로 박승빈의 철자법이 존재한다고 했다.
그러나 박승빈의 철자법이 전통적인 철자법만을 주장하거나 주시경의
학설과 전면 배치되는 것도 아니었다. 된시읏과 겹받침, ㅎ받침 사용문제,
용언의 활용 문제 등은 전통적인 철자법과 대동소이했고, 체언의 활용에
서는 분철을 한 점이나 ㅎ을 제외한 나머지 초성을 받침으로 허용한 것
등은 주시경의 생각과 비슷한 점이었다. 강연에서 박승빈 본인도 주시경

---

21) 박승빈. 1922년 6월. "朝鮮文法에 對하야.", 『시사강연록』 4집.
22) 박승빈. 1922년 6월. "朝鮮文法에 對하야.", 『시사강연록』 4집.
23) 1921년에 총독부에서 발표한 '보통학교용 언문철자법대요'를 이름.

의 학설과 8-9할은 같고 다만 2-3할이 다를 뿐이라고 언급했다.

"그런데 本人의 硏究한 바가 周氏式으로 더브러 相異한 點을 말하자 하면 거의 相同하고 相異한 點으로는 10의 2, 3에 不過하고 10의 8, 9는 相同합니다."[24]

그러나 『시사강연록』 4집에 실린 글에서는 강연회의 취지 등에 대해서만 소개되어 있고 문법과 철자법에 대한 구체적 강연 내용은 나타나 있지 않다. 자세한 내용을 알고 싶으면 『계명』 잡지를 보라는 말로 대신하고 있다.

"以下는 文法에 對한 說明이 支難하얏스니다만 文法에 對한 說明을 徹底히 考覽코저 하시는이는 맛당히 啓明俱樂部에서 發行하는 『啓明』 雜誌에 氏의 記事를 繼續 求覽하시오."

따라서 1921년 10월 중앙기독청년회관에서 열린 강연회에서 양측이 어떤 내용을 가지고 논쟁을 벌였는지는 알 수 없으나, 추측건대 이후 조선어학회와 철자법 논쟁을 벌이게 되었던 가장 핵심적인 쟁점(1. 된시옷과 병서문제, 2. 겹받침 사용 문제, 3. ㅎ받침 사용문제, 4. 용언의 활용 문제 등) 등이 논의되었을 것이라 생각한다.

박승빈의 철자법과 주시경 철자법의 특징을 구체적으로 엿볼 수 있는 글은 1928년 11월 3일부터 28일까지 『동아일보』에 연재된 철자법 논쟁에서이다. '한글 정리에 대한 제가의 의견'이라는 기획 아래 박승빈, 최현배, 이윤재, 신명균, 이병기, 이상춘, 김윤경 등 당시 가장 저명한 조선어 연구자들에게 한글 철자법에 대해 각자의 견해를 들어보는 것이었다.[25]

---

24) 박승빈. 1922년 6월. "朝鮮文法에 對하야.", 『시사강연록』 4집.
25) '한글 정리에 대한 제가의 의견(1)', 『동아일보』, 1928년 11월 3일.

"現今 朝鮮에서 慣用되는 朝鮮語 綴字法은 各家가 各見을 가저서 統一 되지 못한 現況에 잇습니다. 때마츰 學務當局에서 敎科書의 綴字法 改正이 問題되어 잇슴으로 本社에서 斯界 權威 諸氏에게 朝鮮語 綴字法에 關한 意見을 左記와 가티 提議하얏든 바 諸氏는 이에 對하야 意見을 忌憚업시 發表하야 주섯음으로 이에 紹介합니다."

당시 총독부에서는 교과서 개정작업을 하고 있었고 여기에 발맞춰 1921년의 철자법도 함께 개정을 하고자 했다. 신문에서 주제로 삼은 질문 내용은 다음과 같다.

1. 한글 整理에 關한 貴下의 意見 如何
   (1) 現在 使用法을 存續할까 (其理由)
   (2) 改正이 必要하다면 그 原則 (及理由)
2. 左記 諸問題에 對한 貴下의 意見
   (1) 竝書의 可否(까 따 빠) (理由)
   (2) 表音의 可否 (及理由)
   가. 小說을 '소설'로
   나. 基柴를 '기시'로
   다. 思 四를 '사'로
   라. 天地를 '천지'로
   마. 桃李 도 리
      李某 이 모
      羅紬 나 주
      全羅 전 라
   바. 十月을 시 월
      六月을 유 월
      載寧 재 령
      會寧 회 령
   사. 첫녀름 웃 니

이여름 새 이

(3) 初聲 全部를 終聲으로 使用할 與否 (及理由)

萬一 使用치 아니할 째에는

(晝) <낫에>냐 <나제>냐

(前) <압히>냐 <아피>냐

(花) <꽂이>냐 <꼬치>냐 <꽃치>냐

(受) <바드니> <밧으니>

(好) <조타> <좃타>

『동아일보』는 당시 사용되던 철자법을 개정해야 하는지, 만약 개정한다면 어떤 식으로 개정해야 하는지를 논란이 되었던 예를 중심으로 답변을 들어보자는 것이었다.

1928년 11월 6일부터 8일까지 3일 동안 연재된 박승빈의 답변에서 우리는 박승빈 철자법의 특징을 짐작해볼 수 있다.

"現在 使用法이라 함은 現時 우리 社會 各方面에 나타나는 一定되지 못한 記寫의 狀態를 指稱함일지니 (總督府敎科書의 用例는 合理와 不合理는 別論으로 하고 一定한 標準은 잇스나 이도 現在 使用法의 一種으로 하고) 이 狀態는 某法을 存續함이라는 것보담 그 狀態로 放任함이라 닐름 適合함. 그러면 우리는 硏究에 硏究를 加하야 放任의 狀態로부터 改善整理의 역역에 進하고자 함은 온갖 事物에 當한 要求일지니 此는 問題될 바가 아님. 그러나 어쩌하게 整理함이 果然 改正일까 이것이 비로소 問題일지라."[26]

박승빈은 현재 철자법이 혼란스럽고 개선할 필요가 있음을 말하고 있으나 충분한 검토없이 성급한 결론을 내리거나 인위적으로 어느 한쪽의 학설로 섣불리 결정해 버린다면 큰 손실이 있을 것이라는 우려의 말도

---

26) '한글 정리에 대한 제가의 의견(4)', 『동아일보』, 1928년 11월 6일.

한다.

> "만일 改正을 圖謀한다고 하다가 學理에 不合하고 使用에 不便한
> 病的狀態를 人爲的으로 設定하는 結果가 生함에 니르르면 此는 實로
> 大損失이 될지라. 故로 그런 點에 鑑하야서는 學術上 硏究와 實用上
> 經綸이 더 進步되기까지 現在의 自由 記寫狀態에 放任하고 斯界 各學者
> 의 努力을 기다려서 徐徐히 그 整理를 圖謀함이 도로혀 可하지 아니할가
> 생각함."27)

1921년 총독부의 『보통학교용철자법』을 이후 조선어학회에서는 주시
경식 철자법을 총독부 철자법으로 관철시키기 위해 각고의 노력을 하고
있었음으로 박승빈으로서는 그러한 시대적 분위기를 느끼고 있었을지도
모를 일이다. 당분간 사람들이 사용하는 것을 지켜보면서 학술적으로
철저한 연구를 거쳐 최종안을 만들어야 한다는 생각이었다. 같은 날 신문
기사에 다음과 같은 우려의 목소리를 실은 것이 바로 그러한 이유였을
것이다.

> "余의 所見에 依하야 評하라 하면 近日 朝鮮語 文法學者의 發表한
> 意見에는 朝鮮語의 價値를 致命傷的으로 毁損하게 될 主張이 적지 아니
> 함으로써 恒常 憂懼하는 바임."28)

박승빈은 이 기사에 철자법 개정과 관련하여 이미 『계명』 잡지에 1921
년 "조선언문에 대한 요구"와 "언문사용의 법칙을 정리하는 일"이라는
제목으로 개정의 필요성과 원칙을 소개했다고 언급했다.
이제 신문에서 두 번째로 제시한 구체적인 질문에 대해 박승빈의 견해
를 살펴보자. 먼저 경음에 대해서는 박승빈은 병서로 경음을 표시한다는

---

27) '한글 정리에 대한 제가의 의견(4)', 『동아일보』, 1928년 11월 6일.
28) '한글 정리에 대한 제가의 의견(4)', 『동아일보』, 1928년 11월 6일.

것에 반대하면서 그 이유를 다음과 같이 언급했다.

> "某子音의 硬(된)音인 子音을 表示함에 그 子音 둘을 竝書하라는 主張
> 은 全然 不可함. 이 重記式 假定으로 此를 重記式이라 稱함. 竝書라는
> 用語는 訓民正音에서 나온 것인데 그 意義는 同一한 初聲이나 終聲을
> 重記함에 該當하는 것이 아닌 故로 이러한 境遇에 그 用語를 使用함은
> 不可함)을 主張하는 學說의 根據가 聲音原理에 基한 것이라 하면 此는
> 音理에 不通한 說이고 또 그 根據가 訓民正音의 敎示를 襲用함에 잇다하
> 면 此는 訓民正音을 半解하는 說이라. 萬一 그 式을 採用할지면 音理上으
> 로 훌륭한 朝鮮子母音을 世界的으로 羞恥되게 만드는 것이 될지라."29)

병서로 경음을 표시하는 것은 훈민정음의 철자법에 정면으로 위배되는
것이며, 전통적인 철자법과도 맞지 않는다는 것이었다. 박승빈은 대신
이제까지 써온 된시옷을 경음의 부호로 사용하자고 주장한다. 그러면서
기사 말미에 이와 관련한 학리상 설명에 대해서는 1921년 11월 1일 발행된
잡지『계명』제4호에 실린 "언문후해(諺文後解)(4)" 코너에 있는 제4절
'硬(된)音과 激音'이라는 논문에 구체적으로 설명한 바 있다고 했다.30)
　1928년 11월 8일의 기사에는 받침에 대한 견해가 나온다. 가장 핵심적
인 내용은 받침으로 ㄷ, ㅈ, ㅊ, ㅌ, ㅍ는 사용하는 데 찬성하지만, ㅎ는
받침으로 사용해서는 안 된다는 것이다.

> "初聲 中 現時 慣習上 終聲으로 使用하지 아니하는 것들 中 (A) 'ㄷ,
> ㅈ, ㅊ, ㅌ, ㅍ'는 此를 終聲으로 使用하는 方針으로 目標를 定하고 進行함
> 이 可함. 右記 諸字를 終聲으로 使用함은 音理上 正當하며, 文法 整理에
> 必要하며, 訓民正音의 趣旨에 符合되며, 우리 言語에 그 發音이 잇슴으
> 로써 이를 使用하지 아니할 수 업슴. 오직 實地 應用上 그 字形이 不便함

---

29) '한글 정리에 대한 제가의 의견(4)',『동아일보』, 1928년 11월 6일.
30) '한글 정리에 대한 제가의 의견(4)',『동아일보』, 1928년 11월 6일.

이 잇는 點은 別途로 第二段으로 研究할 바임."[31]

박승빈은 음리상, 문법상, 역사적인 면 등을 고려할 때 'ㄷ, ㅈ, ㅊ, ㅌ, ㅍ' 등을 받침으로 쓰는 것은 정당하다고 보았다. 이것은 기존의 전통적 철자법이나 지석영의 철자법과는 차이가 있는 것이며, 주시경의 주장과 일맥상통하는 것이라고 할 수 있다. 그러나 'ㅎ'는 받침으로 쓸 수 없다고 했으니 그 이유는 다음과 같다.

"ㅎ는 聲音原理上 그 性質이 終聲이 되지 못하는 것이며 訓民正音의 趣旨에 依하야도 또한 그러함. 此를 終聲으로 使用하랴 함은 大不可한 일이며 一種 形式的 偏見에서 나온 議論임. (중략)[32] 好 '조흐'(形容詞) '다'(助詞)는 朝鮮語에 約音 發音되는 一般的 法則에 依하야 '조타'로 發音되는 것이니 즉, '흐'의 音이 約되고 激音調가 生하는 것이라. 그런즉 그 言語를 記寫할 時에는 그 原音대로 '조흐다'라고 記하야도 可하고 꼭 그 約音된 發音을 記寫하랴면 激音을 表示하는 符號를 定하야 (假定 ∨) '조∨다'로 쓰는 것이 音理上 及 文法上에 適合한 方法이고 萬一 그러치 못하면 不得已 아직 表音式에 조차서 '조타'로 쓰는 以外에 道理가 업슴. ㅎ가 終聲이 된다하야 그러하야서 그 終聲의 作用에 因하야 그 다음에 잇는 初聲이 激音과 가튼 發音이 된다는 說을 主張하야서 '좋다'로 記寫함이 可하다는 學說은 音理上 無理이고 文法上 不當하고 訓民正音의 趣旨에도 不合하고 從來의 慣例에도 업는 것이니 全然 不可함."[33]

또한 용언의 활용의 경우 受를 뜻하는 '바드니'의 경우 동사원형 '바드'에 조사 '니'가 첨가된 것으로 해석하고, '밧으니'로 표기하는 것은 문법의

---

31) '한글 정리에 대한 제가의 의견(6)', 『동아일보』, 1928년 11월 8일.
32) 박승빈은 이에 대해 자세한 것은 『현대평론』 1-8호(1927년 9월 1일), 『현대평론』 1-9호 (1927년 10월 1일), 『현대평론』 2-1호(1928년 1월 1일)에 연속 게재한 발표한 "ㅎ는 무엇인가"라는 논문을 참조하라고 했다.
33) '한글 정리에 대한 제가의 의견(6)', 『동아일보』, 1928년 11월 8일.

오해일 뿐 아니라 표음도 되지 못하는 것이니 전혀 성립할 수 없다고 했다. 또한 '바ᄃ'(동사) '으니'(조사)로 처리하려는 주시경의 학설도 문법 정리의 오해에서 출발한 것이라고 비판했다.

한편 잡지 『조선사상통신』에서도 1929년 7월 3일부터 7월 26일까지 12회에 걸쳐 "총독부의 조선문철자법 개정안을 보고"라는 제목으로 특집 기사를 준비하면서 20여명의 인사들에게 개정안에 대해 어떻게 생각하는 지 의견을 물었다. 이때 의견을 낸 사람은 박승빈(보성전문학교장), 유일 선(경기보육학교장), 지석영(전회개정위원), 임규(계명구락부 조선어사 전편찬위원), 심우섭(계명구락부), 이범승(총독부사무관), 이윤희(경성제 일고보), 조병상(국민회간사), 이 석(조선일보동경지부국장), 산지정린(山之井麟)(대구복심법원), 임구차랑(林久次郎)(고등법원), 변석윤(경성여자 공보조선어과주임), 권상로(조선불교사) 조원환(경기도촉탁) 등 어문학자 들과 일본인과 신문사 직원 및 학교 교원 등이었다.

어문학자 가운데는 계명구락부 사람들이 많았다. 그래서인지 대부분은 총독부 개정안에 대해 반대하는 입장을 보였고, 2명 정도 찬성의견을 냈지만 이들도 개정안이 너무 이론적이어서 실시하기가 쉽지 않을 것이라 는 소견을 붙이는 형편이었다.[34] 박승빈은 개정에 강력한 반대 입장을 보였다.

> "이것은 개정이 아니라 개악이오, 또 개악도 그 정도를 지나서 조선어
> 를 근본적으로 파괴하는 것이오, 정음(正音)의 역사적 학설에 대하여
> 큰 모순과 당착(撞着)을 일으키는 것이다."

박승빈의 기사 제목도 "누구를 위한 개정인가?"였으니 박승빈의 입장 을 잘 말해주고 있다. 이에 대해 신명균은 같은 해 9월 『중외일보』에 쓴 글에게 "대체로 그 논지가 학리적 또는 실제적으로 확실한 논리를

---

34) 고영근, 2008, 앞의 책, pp.375-376.

가지지 못하였다."고 평가절하면서 아래와 같이 비판했다.[35]

> "의견을 물을 때는 여기에 대한 전문가 또는 실제가를 중심으로 하지
> 않고 그 대다수를 조선어연구에 대하여 마우(馬牛)의 관계밖에 없는
> 사람들을 선택한 것과 약 반수나 되는 사람을 특히 관료계급에서 취하였
> 다는 것은 인선으로서 그리 적의(適宜)하였다고는 이를 수 없는 것이고"

신명균의 입장에서는 애초 20여명의 인선부터 잘못된 것이며, 박승빈
학파에 대해서는 소와 말을 비유하며 조선어에 대해서는 아무것도 모르는
사람들이라고 비난하고 있다. 당시 철자법 논쟁이 얼마나 치열했는지를
알 수 있는 대목이다.

3.2. 제2차 철자법 논쟁

철자법 논쟁은 여기서 그치지 않았다. 1932년 4월 1일 잡지 『동광』
제32호에는 철자법 논쟁에 대한 글이 다시 실렸다. 이때는 1930년에 총독
부에서 『언문철자법』을 발표한 후였고, 이 철자법에 주시경식의 철자법이
많이 채택된 상태였다. 예를 들어 된소리의 병서표기를 허용하고, 받침은
'ㄷ, ㅌ, ㅈ, ㅊ, ㅍ, ㄲ, ㄳ, ㅈ, ㄾ, ㄿ, ㅄ' 등을 허용하며 용언의 경우 어간과
어미를 구분하고, 체언과 토는 구분하여 적도록 한다는 것 등이었다. 이전
의 철자법이 표음주의였다면 1930년의 개정된 철자법은 형태주의로 돌아
섰다고 할 수 있을 만큼 주시경의 학설이 대폭 반영된 철자법이었다.
이에 한글의 표음주의에 익숙했던 대중들은 새로운 형태주의 철자법의
등장으로 혼란에 빠진 것이었다.(『동광』의 인용글은 모두 현용 철자법에
따라 표기됨)

---

35) 신명균. '한글 정리를 반대하는 곡해자에게', 『중외일보』, 1929년 9월 5일-9월 23일.

"조선어 문법은 아직 통일되지 못하여 한글표현에 대한 이론(異論)은 분분하고 그 통일될 바를 알지 못한다. 이것은 통일과정의 하나의 현상으로 불가피한 일이나 우리는 실지(實地)에 칙(則)한 진지(眞摯)한 연구로 이 해결을 위하야 최대의 노력을 계속하여야 하겠다."36)

"한글綴字에 대한 新異論 檢討"라는 제목으로 실린 이 논설은 당시 여전히 통일되지 못한 철자법 문제를 하루빨리 해결을 하기 위해 마련한 자리였다. 잡지는 한글 표기와 관련하여 가장 논쟁이 되는 3가지 문제에 대해 연구자의 견해를 듣자는 취지였다. 『동광』에서 선정한 논쟁이 되는 문제는 다음과 같다.37)

1. ㄲ, ㄸ, ㅃ, ㅉ 등 병서(并書)가 불가(不可)하고 된시옷을 부호화하여 사용함이 가(可)하다는 설(說).
2. 「ㅎ」를 받침으로 쓸 수가 없다는 의견.
3. 「먹」(食), 「믿」(信)을 어근(語根)으로 간주할 것이 아니라 「머그」, 「미드」를 어근으로 간주하고 「먹, 머거」「믿, 미더」를 그 변화로 간주할 것이라는 의견.
4. 기타의 의견.

먼저 한글연구자인 박승빈, 김윤경, 이상춘, 백남규, 이극로, 최현배, 조윤제, 김재철, 이규방, 신명균, 권덕규, 김태준, 이윤재, 이희승 등에게 엄정한 비판을 구하였으나 답신을 보내온 이는 김윤경, 이규방, 이극로, 최현배, 김태준 등이었다.

김윤경의 답신에는 박승빈의 주장이 요약되어 있다.

"『먹』, 『믿』을 어근(語根)으로 하지 말고 『머그』『미드』를 어근으로 하자, 또 『된시옷』을 쓰자, 『ㅎ』 받힘은 불가하다 하는 말은 이미 오래전

---

36) '한글綴字에 대한 新異論 檢討', 『동광』 제32호, 1932년 4월 1일. p.54.
37) 위의 글, p.54.

부터 박승빈씨가 독특히 주창하던 바외다. 그러한데 근자에 그 분이 더욱 열심으로 주창하고 선전하며 이미 한글 연구기관으로 조선어학회가 십수년의 역사를 가지고 있음에도 불구하고 별도로 연구회를 창립까지 하게 되매 일반에게 알리어진 것 뿐입니다. 그러한즉 무슨 별로 새로운 문제도 아니고 별로 중대한 문제도 아니라고 생각합니다.”

박승빈의 된시옷, 겹받침불가, ㅎ받침 불가, 용언의 원단활용 등은 여전히 논란거리로 남아 있었다. 조선어학회의 일원인 김윤경은 박승빈의 주장에 대해 다음과 같이 반박한다.

"ㄲ, ㄸ, ㅃ, ㅉ 들을 『된시옷』으로 하지 못할 까닭은 된시옷 『ㅅ』을 아무리 부호화한다 하여도 그 이름부터가 『ㅅ』인만치 한 음자(音字)로 알게 되기 쉬운 것과 ㄲ, ㄸ 들이 역사적 기법(記法)임과 음리(音理)에 합함으로써 외다.”

ㅅ는 자음글자 중 하나인데 이를 경음부호로 사용하는 것이 문제라는 것이다. 이름 자체가 시옷인데 혼동의 우려가 있다는 것과 병서를 경음으로 사용하는 것이 역사적으로도 음성학적으로도 타당하다는 것이다. 그러나 실제로 병서표기는 『훈민정음』에서는 한자음에 주로 쓰였으며 고유어의 경음표기로는 대부분 된시옷계열이 사용되었다. 박승빈도 이와 같은 역사적 근거와 통계학적인 근거를 제시하고 있는데 이에 대해서는 다음 장의 『동아일보』 철자법 토론에서 자세히 논의하고 여기서는 신문에 조선어학회 쪽의 주장을 중심으로 철자법 논의를 살펴보기로 한다.

김윤경의 답신에는 ㅎ받침 사용 불가라는 박승빈의 주장에 대해 다음과 같은 견해를 제시했다.

"『ㅎ』를 받힘으로 못한다 함에는 자가모순(自家矛盾)이 있음은 ㅊ ㅌ ㅋ ㅍ 들의 받침을 시인하면서 『ㅎ』 받침을 부인함은 밥을 먹으면서 쌀을 부인함과 같은 모순이외다. 또한 무엇보다도『ㅎ』받침을 부인하려면 먼저 우리의 일상회화 중에 쓰이는『ㅎ』종성을 전부 박멸(撲滅)하고야 할 말이라고 생각합니다."[38]

『훈민정음』식 표기를 주장하려면 ㅊ, ㅌ, ㅋ, ㅍ을 받침으로 인정하지 말아야 하는데 이것들은 인정하면서 ㅎ만을 인정하지 않는 것은 모순이라는 지적이다. 또한 일상에서 ㅎ받침이 많이 쓰이고 있는데 현실적인 면을 고려할 때 ㅎ받침을 허용하는 것이 낫다는 것이다. 용언활용에 대해서도 박승빈의 학설에 대해 다음과 같은 견해를 제시한다.

"『먹』,『믿』을『머그』,『미드』로 어근으로 하고『머거』,『미더』를 그 활용으로 하자는 말은 조선어법칙을 억지로 일본문법의 단활용법(段活用法)에 집어 끼우자는 생각에서 나아온 것이나 (중략) 조선어는 어디까지든지 조선어 그 개체를 존중히 인정하여 놓고 그 개체가 가진 자연성, 특성을 발견하여야 할 것입니다. 그러한즉 조선어에 없는 단활용을 억지로 있게 하려 함은 무리라고 생각합니다.『머그』,『미드』가 어근이라 할 것 같으면 1,000사람에 하나나 10,000사람에 하나라도『머그다』, 『머그고』,『머그다가』,『미드다』,『미드고』,『미드다가』라고 발음하는 이가 있어야겠는데 한 사람이 한 번도 쓰는 이 없으니 어찌 이를 어근이라 하리까."[39]

박승빈의 '머그' 용언 활용설은 일본문법의 영향이며 조선어에는 없는 것인데 억지로 만든 것이라고 비판한다.[40] '머그'가 어근이 될 수 없는

---

38) 위의 글, p.55.
39) 위의 글, p.55.
40) 한글파에서는 박승빈의 문법을 일본문법을 가져다가 한국어에 짜 맞춘 것에 지나지 않는다고 비판하고 있으나, 박승빈의 문법이 어느 일본문법서를 참조했는지는 정확히 밝혀진 바 없다. 오히려 최현배의 『우리말본』(1937)은 일본의 대규문언(大規文彦)이나 산전효웅(山田孝雄)의 일본문법에서 영향을 받았다는 연구가 있다. 강복수(1972)에서는 『우리말본』(1937)과 대규문언(大規文彦)의 『광일본문전(廣日本文典)』(1897)이나

근거로 '머그다, 머그고, 머그다가'라는 형태가 실제 사용되지 않는 점을 강조하고 있다. 그러나 이는 합리적인 근거로 보이지는 않는다. 반대로 주시경의 학설처럼 '먹'을 어근이라 했을 때, 김윤경의 논리대로 하면 '먹며, 먹나, 먹면' 등의 활용도 쓰는 경우가 없으니 그렇다면 '먹'을 어근으로 볼 수 없다는 논리가 되기 때문이다.

보성고보에서 교사로 있는 이규방의 답변도 김윤경과 크게 다르지 않았다. 이규방도 조선어학회 회원이었기 때문이다. 이규방은 경음의 병서 문제에 대해서도 "ㄲ ㄸ ㅃ ㅉ의 병서가 불가하다고 하는 이유는 암만 하여도 이해할 수가 없습니다. 인제는 거의 대중화하여 쓰게 되었사오니 쓸데없는 이론(異論)은 그만 두었으면 좋을 듯합니다."라고 말하면서 병서의 경음표기를 주장했다. 학술적인 비판보다는 대중이 많이 쓰기 때문에 써야 한다는 실용적인 측면을 강조했다. ㅎ 받침의 경우도 당연히 써야 하는데, 다른 받침은 다 허용하면서 ㅎ만 허용하지 않는다는 것이 모순이라고 했다.

> "가령 같은 형용사를 쓰는데 <크다, 크고, 크지. 작다, 작고, 작지. 높다, 높고, 높지. 좁다, 좁고, 좁지> 와 같은 것은 이렇게 쓰고, 다만 「좋다」란 말만을 <조타, 조코, 조치>로 쓴다면 이 무슨 모순입니까."[41]

그렇다면 박승빈은 다른 자음의 받침 사용은 용인하면서도 왜 ㅎ만은 받침으로 사용할 수 없다고 강변하는 것일까? 박승빈은 '됴ㅎ다'의 예를 들어 설명한다. '됴ㅎ다'에서 아래아가 생략되면 '됴타'가 되는 것처럼, '됴ㅎ다'에서 아래아가 생략되면 '됴타'가 되어야 형평성이 맞지 않느냐는 생각이다. 만약 '됴타' 대신 '됴다'를 쓴다면 '됴타'의 경우도 '갇다'로

산전효웅(山田孝雄)의 『일본문법강의』(1922)와의 관련성을 고찰했고, 신창순(2014)에서는 『우리말본』(1937)과 산전효웅(山田孝雄)의 『일본문법론』(1908)과 『일본문법개론』(1936)과의 관련성을 고찰했다.

41) '한글綴字에 대한 新異論 檢討', 『동광』 제32호, 1932년 4월 1일. p.56.

써야 옳다는 것이다. 하지만 '갏다'로 쓰지 않으니 자연히 '됴타'로 쓰는 것이 합리적이라는 주장이다.(자세한 것은 제II부 제1장 4.2. 참조) 이규방은 용언 활용의 경우도 특별한 설명 없이 김윤경과 마찬가지로 "<업는다, 업엇다, 업겟다, 업고, 업지, 업으니, 업으면, 업어서>와 같이 쓰지 않습니까? 이것을 <어브니, 어브면, 어버서>로 쓰면 얼마나 우습겠습니까."라고 하면서 박승빈의 주장은 시대역행의 어불성설이라고 했다.

이윤재의 답변은 더욱 신랄하다. 학술적 논쟁이라기보다는 일방적인 비난의 글로 가득 찼다.

"뜻밖에 이건 무슨 쓸대 없는 수작이야. 당초에 이유에 닿지도 않는 걸 가지고 화제(話題)로 하여 이러냐 저러냐고 하는구려. 공연히 아무 소용도 없는 사실을 늘여 놓아 잡지의 면수나 채워 가지고 독자들의 호기심을 끌려하는 것이 본대 잡지업자의 상투(常套)임을 알지마는 아마 귀지(貴誌)에도 원고가 많이 모자라는 모양인 것 같다. 한글을 이왕처럼 아무러케나 그저 되는대로 쓴다면 모르되 규칙 있고 조리 있게 바로잡아 쓰기로 한다면 이런 것이야 아예 입에 걸지도 않을 것이다. 더구나 오늘날은 어떠한 학술(學術)이든지 과학적 근거의 논리가 아니면 입론(立論)하지 못함에서랴. 또 우리 한글이 이제 와서 언어학적 문법학적 기초 위에서 합리적 정리(整理)를 이루고 바야흐로 통일기(統一期)에 들어가려는 이때에 한글 연구계(研究界) 중에서는 그러한 이론(異論)이 있을 리가 없다. 설혹 있다 하더라도 그것이야 일부에서 어떤 개인의 독자주장(獨自主張)일지니 그따위 이론(異論) 같은 것이 세간에 대두(擡頭)될 리가 없으리라고 믿는다. 그러므로 이제 여기에 예시(例示)함과 같은 따위는 도모지 비판할 가치도 없다."[42]

조선어학회 입장에서는 박승빈의 문제제기가 달갑지 않았다. 이제 막 주시경식 철자법이 총독부의 철자법으로 반영되었고 일상생활 속에서도

---

42) 위의 글, pp.56-57.

서서히 자리잡아가고 있는 때에 주시경의 문법과 철자법에 문제가 있다는 박승빈의 지적이 달가울 리가 없었다. 신창순(1999: 136-137)에서 지적한 대로 박승빈의 문제제기는 학술적 논쟁으로 시작되었지만, 본의 아니게 주시경식 철자법의 확산과 더불어 철자법 논쟁으로 번지고 더 나아가 조선어학회와 조선어학연구회의 대립으로까지 나아가게 된 셈이다.[43] 이윤재는 병서법에 대해 김윤경과 비슷한 논리를 내세웠다.

> "병서법은 음리(音理)에 맞고 세종의 훈민정음에도 이미 정하여 둔 것이니 그대로 하는 것이 옳다. ㅅ이 근본 닿소리(子音) 중에 한 자(字)로 되어 있은 즉 부호로 간주하기 어렵다. 우리글 경음(硬音)은 병서(並書) 면 그만 일걸 가지고 일부러 그렇게 거북하게 부호까지 쓸 아무 이유도 없다."

ㅎ 받침의 경우에도 자음 8자 이외에 모든 자음을 받침으로 허용하면서 굳이 ㅎ만을 반대할 이유가 없다고 주장한다. '머그' 활용에 대해서는 세종 시절의 고대 철자법에는 그것이 가능했지만 철자법은 발달해 감으로 어간과 어미를 구별하여 쓰는 것이 더 진보된 철자법이라고 주장한다.

> "고대철자(古代綴字)는 그렇게 쓰는 수도 있었다. 시대의 진보를 따라 철자법이 차차 발달하여가므로 어간(語幹)과 어미(語尾)를 구별하여 쓰

---

43) 최현배도 당시 박승빈에 대해 학문적 동지라기보다는 조선어학회에 반기를 든 적쯤으로 생각하고 있었던 듯하다. 1967년 한 신문에서 다음과 같이 회고한 바 있다. "때마침 법률가(변호사)요, 당시 보성 전문학교의 교장이던 박승빈 선생이 당시까지 세간에 알려진 풍기 희방사 소장판 '월인석보' 첫째권의 권두에 붙여져 있는 '훈민정음'이 아닌 단권으로 된 언해 '훈민정음'을 새로 발견된 '훈민정음 원본'이라 자랑하면서 이를 가진 인연으로 해서 갑자기 한글 및 말본을 소나기 공부를 하여 법률가 다운 수단과 재력을 이용하여 당시 유산계급의 사교장이던 '계명구락부'에서 신문관 최남선 선생이 시작한 '말모이'(말광)의 원고를 빌어다가 사람을 써서 우리말 말광을 편찬하면서 또 월간잡지 '正音'을 발행하여 크게 한글학회의 국어운동을 꺾으려는 야심을 부리었다." <'나의 사우록(師友錄) (30)-최현배', 『경향신문』, 1967년 12월 18일>

는 것이 점점 구체화하여 가거늘 더 발달하기는커녕 도로 퇴화하여 고대철자로 돌아갈 것은 없을 것이다. 그리고 순표음식(純表音式)으로 그렇게 쓰면 읽기에 여간 불편하지 않을 것이다."44)

이윤재는 용언 활용 표기의 경우 주시경식의 방법이 『훈민정음』의 전통적 방식과는 다르다는 것을 인정하고 그렇지만 어간과 어미를 분리해서 적는 것이 더 발달된 표기방식이라고 주장한다. 이는 『훈민정음』 당시의 철자법이 문제가 있다는 식의 주장으로 해석될 수 있었다. 물론 여기에는 아무런 학술적 근거도 없었다. 이 때문에 한글파는 박승빈 학파의 공격을 받게 된다.

박승빈은 1937년 훈민정음기념일에 한 강연에서 훈민정음이야말로 "조선문화사상에 최대의 위업"이라 말하고, 당시 언어학적 사고 즉 음리적 고찰과 문법적 정돈이 심오하고 철저하게 반영된 결정체라고 했다. 더불어 훈민정음이 불완전하고 법칙이 없었다고 주장하는 사람들이 있는데, 이러한 주장은 "십인십형(十人十形)의 철자를 쓰는 후손으로서 십인일치(十人一致)의 철자로 된 선조 시대의 글을 읽으면서 거기는 하등 법칙이 없는 것이라고 폭언을 토함은 너무도 무치 불손한 언사로 생각된다."고 했다. 그리고 그렇게 생각한 사람은 그 사람 자신이 고서에 정하여 있는 법칙을 이해하지 못하기 때문이라고 비판했다.45)

최현배 또한 간단한 답변만을 보내왔는데, 된시옷의 경음표시에 대해서는 다른 사람들과는 다른 논리를 편다.

"된시옷을 부호화하야서 그대로 전과 같이 쓰자는 것은 옳지 못합니다. 원래 문자는 다 일종의 부호인즉 「ㅅ」도 역시 이미 한 부호이다. 그런데 이것을 다시 별종의 부호로 쓰자는 것은 한 체계의 문자 자체의

44) '한글綴字에 대한 新異論 檢討', 『동광』 제32호, 1932년 4월 1일. p.57.
45) 박승빈. 1937.11.26. "訓民正音記念講話(稿)", 『정음』 21. pp.5-6.

안에다가 한 가지의 문자를 두 가지의 부호로 삼자는 것이다. 다시 말하면 부호를 이중화(二重化)하는 것이다. 만약 부호를 이중화할 것 같으면 여러 가지 불합리한 폐해가 생깁니다."[46)]

다른 사람들은 'ㅅ'은 부호가 아니라 자음의 한 글자인데 이것을 부호로 사용하는 것이 불합리하다고 한 반면, 최현배는 모든 글자는 부호라는 점을 인정하되, 부호인 'ㅅ'을 경음을 나타내는 부호로 사용한다면 이중사용이 되므로 문제가 된다는 것이다.[47)] ㅎ받침 허용과 '먹'의 어근설에 대해서는 간단한 언급만 덧붙였다.

『동광』의 철자법 논쟁에 대한 답변으로 가장 흥미로운 것은 김태준의[48)] 답변일 것이다. 김태준은 답변에서 중립적인 입장을 취하면서도 조선어학회 측의 일방적 태도에 대해 비판적인 견해를 밝힌다.

"그러나 나는 선진(先進) 제씨(諸氏)를 우상처럼 숭배하고 싶지 아니하다. 왜? 그들-지석영, 주시경씨들은 모두 육체를 가진 사람이었기 때문이다. 그들은 만선만능(萬善萬能)한 신(神)이 아니었고 그들은 다만 우리보다 조금 먼저 지구상에 나타나서 「한글」을 연구한 영장류의 「사람」(인격)으로서 존재하였었다. 그리고 그들은 한글 연구의 초엽(初葉)-다시 말하면 조선어 연구의 제1기적 발전과정에 있던 사람이다. 그러므로

---

46) '한글綴字에 대한 新異論 檢討', 『동광』 제32호, 1932년 4월 1일. pp.57-58.
47) 이러한 한글학회의 지적으로 인해 박승빈은 'ㅅ' 대신에 별도의 새 경음부호(경음조: ᇫ)를 제안한다. 그리고 새 부호와 균형을 맞추기 위해 새 격음부호(격음조: ㄱ)도 제안한다. 그러나 이론상 이러한 부호의 도입이 필요하다고 하더라도 실제적인 면에서는 역시 부담이 되는 것이었다. 박승빈의 『간이조선어문법』(1937:6-9)에서는 새로 만든 부호들이 일반적으로 통용되지 않기 때문에 이 책에서는 사용하지 않는다는 대목도 이런 고충을 말해주고 있다.
48) 김태준(金台俊)은 1926년 공립이리농림학교를 졸업하고, 그 해 실업계 학생으로는 최초로 경성제국대학 예과에 입학하여 1928년에 졸업하고, 1931년 3월 경성제국대학 법문학부 문과를 졸업하였다. 그 해에 조윤제(趙潤濟)·이희승(李熙昇)·김재철(金在喆) 등과 더불어 조선어문학회(朝鮮語文學會)를 결성하였다.(『한국민족문화대백과』, 한국학중앙연구원, '김태준')

그들의 논설(論說)과 주장에도 오류와 모순이 필연적으로 많을 것이며 따라서 나는 선진의 말한 편언척구(片言隻句)까지 일일이 맹종(盲從)하고 싶지는 아니하다."49)

윗글의 제목은 "偶像처럼 崇拜할까"였다. 김태준은 제목처럼 조선어 연구에 있어 선각자들의 주장을 받아들이는 것은 좋지만 너무 맹목적으로 추종하여 신격화 하거나 우상화해서는 곤란하다고 했다. 그런 식이라면 건설적인 논쟁도 불가능하고 조선어 연구에 아무런 도움이 되지 못한다는 일침이었다.

"이것은 다만 지석영, 주시경씨들의 이론에서만 아니라 훈몽자회(訓蒙字會)와 훈민정음(訓民正音)에까지 소급(遡及)하야 이러하게 말할 수 있으며 훈민정음까지도 개량하여 쓰는데 진의(眞義)가 있을 것이요. 더구나 현대의 어학자의 학설에 이르러서는 어디까지 자기소신을 굴(屈)코저 하지 아니하는 뱃심과 열(熱)만은 크게 탄상(歎賞)하면서도 자기의 사설곡론(邪說曲論)을 일보(一步)도 사양코저 아니하는 속학자(俗學者)의 편협(偏狹)한 흉금(胸襟)과 고루(固陋)한 우거(愚擧)에는 일두봉(一頭棒)을 통타(痛打)하지 아니할 수 없다. 훈민정음, 훈몽자회, 주시경, 현금(現今) 한글 연구가들의 이론이 천부옥서(天符玉書)라 할지라도 우리는 비판하여 볼 권리를 가진 것이며 또 그들도 현명하게 자타(自他)의 장단(長短)을 요량(料量)하여 절차탁마(切磋琢磨)해서 점점 미비한 것을 완성시켜가는 것이 마땅하다고 믿는다."50)

주시경의 학설이든 설령 세종대왕이 만든 훈민정음일지라도 학문적으로 검토해서 문제가 있다면 마땅히 비판받고 새롭게 거듭날 준비가 되어 있어야 한다는 지적이다. 김태준은 조선어학회가 반대 논리에 대해 학술

---

49) '한글綴字에 대한 新異論 檢討', 『동광』 제32호, 1932년 4월 1일. p.58.
50) '한글綴字에 대한 新異論 檢討', 『동광』 제32호, 1932년 4월 1일. pp.58-59.

적으로 대응하지 않고 정치적 정략적으로만 대립하고 대응하고 있다고 판단한 듯하다.

> "그들은 자기네의 잘못된 행동을 변호하되 훈민정음에는 이러하고 주시경씨는 이러하다고 한다. 주시경씨의 연구공적에 대하야 만강(滿腔)의 찬사(讚辭)와 경의(敬意)는 표(表)할 것이로되 주(周)씨의 말을 일일이 금과옥조(金科玉條)로 믿어야 할 근거가 어데 있을까? 공자(孔子) 이후에는 절대적으로 공자같은 사람 없다면-소크라테스 이후에 어떻게 「아리스토를」의 광범(廣汎)한 학문이 되어 났을까?"[51]

주시경의 학설을 객관적으로 보지 않고 금과옥조로만 여겨서는 학문의 발전을 담보할 수 없다는 지적이다. 1930년대 조선어학회를 중심으로 한 학계의 분위기를 짐작할 수 있는 대목이다. 김태준은 철자법 논쟁에서 자신의 원칙 세 가지를 먼저 제시한다.[52]

1. 대중적으로 보급되기 쉬워야 할 것.
2. 장래에는 횡서(橫書), 로마자(羅馬字)로서의 철자법에 대한 논전 (論戰)이 많이 나리라고 믿지만은 우선 각 방면으로 보아서 편리하여야 할 것.
3. 조선어의 특질(特質) 또 조선어의 고유한 문법을 전연(全然) 무시하지 아니할 것.

그리고 이에 근거하여 『동광』지에서 질문으로 제시한 세 가지 쟁점에 대해 자신의 견해를 제시했다. 첫 번째 용언 활용에 있어서는 「먹」, 「믿」을 찬성하고 그 근거를 다음과 같이 제시했다.

---

51) '한글綴字에 대한 新異論 檢討', 『동광』 제32호, 1932년 4월 1일. p.59.
52) '한글綴字에 대한 新異論 檢討', 『동광』 제32호, 1932년 4월 1일. p.60.

"원단(原段) 「머그 미드」과 변동단(變動段) 「머거」 「미더」와 같은 고식적(姑息的) 용어를 창제(創製)하야 사학(斯學)을 더욱 호도(糊塗)케 혼란케 할 이유가 나변(那邊)에 있을까? 하물며 「먹」 「믿」을 약음(略音)이라고 본 것은 우리의 발음계단(發音階段)으로 보아 「먹」 「믿」을 어근(語根)으로 하는 것만 같지 못하며, 또 문법이 간단하여야 대중교육이나 혹은 문맹계발에도 편할 것인 즉 세계에 없는 원단, 변동단을 (도리어 문법을 복잡하게만 하면서) 새로 짖는데 반대하고 「먹」 「믿」의 재래학설(在來學說)에 우단(右袒)한다."

원단, 변동단이라는 용어 자체가 낯설고, 어차피 박승빈의 학설에서도 '머그, 미드'가 약음이 되면 '먹, 믿'이 되는 것을 인정한다면 굳이 여러 단계의 절차 없이 바로 '먹, 믿'을 어근으로 삼는 것이 더 편리하다는 견해다.

김태준은 다음으로 「ㅎ」 받침에 대해서는 반대를 표했다.

"「ㅎ」 받침을 쓰는 데는 나 개인으로서는 반대하고 싶다. ㅇ ㅎ는 모두 후음(喉音)이어서 ㅇ는 벌써 종성(終聲)으로 쓰지 않는 지가 오래고 「ㅎ」에 있어서도 실제상 발음하는 데 나타나지 아니하니 「ㅎ」라는 죽은 받침은 문법상 통제에 합리하다는 노파심(老婆心)으로서 보면 대단한 잘못은 없으나 활어실용(活話實用)의 편익(便益)과 언어자체(言語自體)의 발전과정에 있는 것을 비추어 보아 「ㅎ」 받침은 약(略)하는 것이 좋겠다."

ㅎ는 ㅇ와 같이 후음계열이기 때문에 ㅎ는 ㅇ과 동급으로 처리하는 것이 합리적이라는 생각이다. ㅇ가 받침으로 쓰이지 않는다면 ㅎ도 받침으로 쓰지 않는 것이 낫다는 것이다. 또한 실제로 ㅎ는 발음이 나지 않기 때문에 쓸 필요가 없다는 것이다.

그리고 병서(ㄲ ㄸ ㅃ ㅉ)의 경음표기는 찬성을 했다. 옛 문헌에도 한자음

은 물론 고유어에도 얼마간 병서의 경음표기가 나타나고, 실제 사용에서
도 된시옷 표기보다 병서가 더 편하며, 미적으로도 병서가 더 낫다는
점이 찬성의 이유였다.

김태준은 철자법 논란과 관련하여 마지막으로 자신의 희망사항 세 가지
를 제시하면서 답변을 마쳤다.[53]

1. 연구자는 각각 학자적 흉금을 넓게 하고 초파적(超派的)으로 연구하
   는 기관을 두고 빨리 모든 학(學)들의 이론을 집중 통일케 할 것.
2. 빨리 어법(語法)을 통일하여 대중교화(大衆敎化)를 목표로 사전편
   찬 언론기관 기타 출판물에 신개정 철자법을 사용하게 할 것.
3. 연구방법은 너무 일본문법이나 영국문법이나 어느 편에 기울어지
   지 말고 그렇다고 고루(孤陋)하게 조선어 속에 항석(恒席) 조선어
   를 연구하려고만 하지 말고 세계 각 국어와 비교 연구할 것.

김태준의 바람은 김태준 개인만의 바람이 아니었을 것이다. 철자법
논란이 끊임없이 제기되었던 20세기 초반, 일반 대중의 바람도 비슷하지
않았을까 생각해 본다.

3.3. 제3차 철자법 논쟁

총독부가 1930년 『언문철자법』에서 종성부용초성이라는 규정을 기초
로 하여 표음주의 표기를 형태주의 표기로 바꾸자 철자법은 또다시 혼란
스러워졌다. 사정이 이러하자 『동아일보』에서는 철자법 통일을 위한 '철
자법 토론회'를 개최하기에 이른다. 1932년 11월 5일자 『동아일보』 기사
에는 토론회를 개최하는 취지에 대해 다음과 같이 소개하고 있다.[54]

---

53) '한글綴字에 대한 新異論 檢討', 『동광』 제32호, 1932년 4월 1일. p.61.
54) '學說다른 研究家招請 한글討論會開催', 『동아일보』, 1932년 11월 5일.

"한글의 정리와 한글연구의 통일에 도움이 될가 하야 본사에서는 오는 7일부터 9일까지 사흘동안 매일 오후 7시부터 10시까지 세 시간씩 본사 회의실에 각 조선어 연구단체의 대가들을 초청하야 조선어 철자법 토론회(朝鮮語綴字法討論會)를 열고 조선어 문제에 류의하는 각계의 인사를 초대하야 방청케 하기로 되엇다.

한글 운동이 이러난 이후로 대중적으로는 한글의 보급이 긴급문제가 되어 잇지마는 좀더 근본적인 문제로는 한글의 정리요 한글연구의 통일을 들지 안흘 수 업다. 그런데 실상 현재 조선어연구계를 살펴보면 학자마다 주장이 조금씩 다른 점이 잇서 이대로 가면 귀일(歸一)할 날이 아득하고 쌀서 민중은 귀취할 바를 모르고 잇는 형편이다.

이에 연구가 제씨들도 하로밧비 정리와 통일의 필요를 늣겨오는 터이지마는 적당한 기회가 업슨 것이 유감이든 바, 이번에 본사를 통하야 그 긔회가 오게 된 것이다. 이번 토론회의 결과 여하에 싸라서는 조선 문화사상에 특필할 경사가 생길 것도 예상되고 설혹 만흔 수확이 업다 할지라도 정리와 통일에 대한 첫 노력으로만 보아서도 쏘한 적지 안흔 의의가 잇는 것이라 하겟다."

『동아일보』에는 3일간의 '맞짱토론'에 참여하는 강연자와 토론회 일정 등이 다음과 같이 소개되었다.[55]

"이번 조선어철자법토론회에 나올 연사는 조선어학회(朝鮮語學會) 회원인 신명균(申明均), 최현배(崔鉉培), 이희승(李熙昇), 3씨와 조선어 학연구회(朝鮮語學研究會)의 회원인 박승빈(朴勝彬), 백남규(白南奎), 정규창(丁奎昶) 3씨오. 토론문제는 제1일인 7일 밤에는 쌍서 문제(雙書 問題), 제2일인 8일 밤에는 겹바침, ㅎ바침 문제, 제3일인 9일에는 어미

---

55) 1955년 8월 19일 『동아일보』 '민족문화와 동아'란에서는 주요한이 당시를 회고하는 장면이 나오는데, 철자법 토론회 이전에 신문 잡지 등은 신철자법을 찬성하는 분위기였으며, 3일 동안의 철자법토론회가 끝난 뒤에 『동아일보』는 사론(社論)이 신철자법을 채택하기로 결정되었다는 것이다. 이는 총독부의 1930년의 철자법도 신철자법과 궤를 같이 하고 있어서 사회 분위기가 어느 정도 신철자법쪽으로 기울어져 있었음을 말해 준다.

(語尾)와 기타 조선어에 관게잇는 모든 문제인데, 처음에는 조선어연구
一반에 관한 문제로 각각 자긔의 학설을 충분히 발표한 후에 특수한
문제에 들어가서는 문답식으로 하게 되엇다."56)

3일 동안의 핵심 쟁점들은 지석영의 『신정국문』 이래 끝임 없이 논란이
되었던 주제들이었으나 결국 주시경 학파의 조선어학회와 박승빈 학파의
조선어학연구회의 견해를 비교하여 들어보자는 것이었다. 첫째날 주제인
쌍서 문제는 경음표기로 박승빈이 주장한 전통적 방식인 된시옷 쓰기와
주시경식으로 병서 표기할 것인가의 문제이고, 둘째날 주제인 겹받침, ㅎ받
침 문제는 박승빈은 반대의 입장이고 주시경 학파는 이를 전면적으로 허용
하자는 주장이었다. 또한 마지막 셋째날 주제인 어미 활용 문제는 박승빈의
용언 원단활용법과 주시경 학파의 어간 어미 분리법의 대결이었다.

당시 토론회에 임하는 양측의 분위기는 전쟁터에 나가는 장수의 심정과
도 같았다. 최현배가 훗날 토론회의 분위기를 회고한 대목에서 이런 점을
엿볼 수 있다.

"그래서 한글학회의 맞춤법 주장에 정면으로 맞서게 되며 세상의
일부층에서는 우리의 주장에 다소의 알을 품는 이가 없지 않았다.(이때
주시경 스승을 모시고 '말모이'를 엮던 신문관의 최남선 선생도 이에
동조하였다) 그래서 우리 학회는 이를 격파하고자 저편과 의논하여
1932년 11월에 『동아일보』사 주최로 사흘밤 계속하여 만당청중이 열심
스런 경청 속에 (1) 된소리적기 (2) ㅎ받침 (3) 풀이씨의 으뜸꼴의 줄기
등 세 문제에 관하여 한글 토론회를 하였다."57)

토론 진행 방식은 다음과 같았다. 먼저 각 편에서 한 사람씩 나와 그날
주제에 대해 50분씩 강연을 한 다음, 1시간 20분 동안 질문과 토론을

---

56) '學說다른 研究家招請 한글討論會開催', 『동아일보』, 1932년 11월 5일.
57) '나의 사우록(師友錄) (30)-최현배', 『경향신문』, 1967년 12월 18일.

이어 갔다. 토론회가 열리던 날의 모습은 『동아일보』에 다음과 같이 소개되어 있다.

"조선어학회(朝鮮語學會)와 조선어학연구회(朝鮮語學硏究會)의 량편 인사를 초청하야 본사 회의실에서 열리게 된 '한글토론회'의 제1일은 긔보와 가티 작야 7시 본사 송사장의 '제씨의 학설을 발표 토의하야 한글철자법 통일에 매진하기를 바란다'는 개회사로 열리엇다. 이날의 주제(主題)인 쌍서문제(雙書問題)에 대하야 조선어학회의 신명균씨로부터 고전적 준거와 성음학적 근거를 들은 론술과 다음으로 조선어학연구회의 박승빈씨로부터 역시 고전의 실례와 통계수의 만코 적음을 들어 백열화한 론전에 강당에 모인 수백 청중은 그의 심수한 학설에 도취(陶醉)하야 극히 엄숙하얏다. 끄트로 조선어학회의 신명균, 최현배, 이희승 3씨와 조선어학연구회의 박승빈, 백남규, 정규창 3씨와의 날카롭고 깁고 넓은 질문이 끗난 동 오후 10시 20분에 폐회되엇다."[58]

첫째날 토론회의 풍경을 보면 예정된 3시간을 넘겨 밤 10시 20분이 다 되어서 토론회가 끝이 났으며, 신명균과 박승빈이 치열한 논쟁을 벌였고 수백명의 청중은 그 분위기에 엄숙히 빠져들었음을 알 수 있다. 당시 사람들이 철자법 통일에 대해 얼마나 관심을 갖고 있었으며, 토론회가 세간에 얼마나 많은 영향을 미쳤는지를 짐작케 한다. 직접 참여하지 못한 사람들을 위해 『동아일보』는 토론내용을 지상 중계하기도 했다.

"이번 토론회는 각 방면으로부터 상당히 주시를 받은 터인바 직접 방청하지 못한 이는 누구나 궁금하게 생각할 것임으로 오늘부터 지면이 허하는 한에서 그 속긔록을 발표하기로 합니다."[59]

---

58) '한글 토론회', 『동아일보』, 1932년 11월 9일.
59) '사흘동안 백열전을 계속한 본사 주최 한글토론회 속긔록(1)', 『동아일보』, 1932년 11월 11일.

3.3.1. 첫째날: 쌍서 문제

그럼 첫째날에 열린 쌍서 문제에 대해 어떤 공방이 이루어졌는지 좀 더 구체적으로 살펴보기로 하자.[60] 첫 번째 강연자는 조선어학회측의 신명균이었다. 신명균은 먼저 이제까지 사용된 된소리 표기 방식을 크게 세 가지로 대별하였다.

> "첫재는 소위 『된시옷』이라는 것. 이것은 일반이 써온 것으로 례를 들면 까따빠……등입니다.
> 둘재는 이것에 해석을 달리해서 『가』에 잣찍어서 『가ᄼ』가 변해서 된 것이라고 주장하는 것인데, 이것은 지석영(池錫永)씨의 말이오.
> 셋재는 그런 것이 아니라, 까따빠……등으로 쓰는 병서식(竝書式)인데, 이것은 주시경(周時經)씨가 주창해 온 것입니다."

경음 표기는 전통적으로 된시옷을 써왔고, 지석영은 특수부호를 사용한 철자법을 제안했으며 주시경은 병서표기를 제안했다는 것이다.[61] 그러면서 어떤 방식이 더 합리적인가를 택하기 위해서는 역사적 측면과 성음학적 측면을 고려해야 한다고 주장했다. 먼저 신명균은 역사적인 측면을 고려할 때 박승빈이 지적한 내용이 문제가 있다고 주장했다.

> "박승빈(朴勝彬)씨는 그 저서(著書)에 말하기를, 첫재는 한자음(漢字音)을 적는 데만 쓴 특별한 것이오, 조선 어음은 아니다. 또 둘재, 셋재는

---

60) '사흘동안 백열전을 계속한 본사 주최 한글토론회 속긔록(1)', 『동아일보』, 1932년 11월 11일.

61) 주시경이 언제부터 경음표기로 병서를 주장했는지는 정확히 알 수 없으나 『독립신문』을 제작했을 당시는 경음표기로 병서를 채택하지는 않았다. 『독립신문』 창간호를 보면 경음표시는 전통적인 방식인 된시옷 표기가 일반적이었기 때문이다. 몇가지 예를 들어 보이면 다음과 같다.
    (i) 신문사로 간단ᄒ게 귀절을 쎄여서
    (ii) 또 ᄒ쪽에 영문으로 긔록ᄒ기는……죠션을 잘못 싱각ᄒᆯ까 보아
    (iii) 한문만 공부 ᄒᆞ는 까둙에

된비읍, 된시옷이 다 가튼 경음부호(硬音符號)요, 문짜는 아니라고 하엿
습니다. 그러나, 그러치 않습니다."

박승빈은 훈민정음 당시 병서 표기는 한자음을 위한 것이었고, 고유어
의 경음은 된시옷으로 했다는 주장이었다. 또한 된시옷과 된비읍계열이
훈민정음 당시에는 모두 경음부호 역할을 했는데, 후에 된시옷계열로
통합이 되었다고 주장했다. 신명균은 이에 대해 반박하려한 것이었다.

> "훈민정음(訓民正音)의 례를 보면,
> ㄱ을 병서하면 虯 끃자의 초발성(初發聲)과 갓고,
> ㄷ을 병서하면 覃 땀자 초발성과 갓고,
> ㅂ을 병서하면 步 뽕자,
> ㅈ을 병서하면 慈 쭝자,
> ㅅ은 邪 썅자,
> ㆅ은 洪 葒자 초발성과 갓다고 햇습니다."

신명균은『훈민정음』에도 이미 병서가 경음으로 표시하였고, 『용비어
천가』(아ᅀ 홀까), 『월인천강지곡』(供養ㆅ 욜꺼스로, 觀世音을 볼띠니), 『
법화경언해』(내 부텨를 조쯔와) 등에도 병서의 경음표기가 사용된 예가
있다는 것이다. 또한 된시옷에 대해서는 된시옷이 경음 부호가 아니고
제 음가를 가지고 있는 것이라고 주장한다.

> "그러면, 또다시 된시옷이란 것은 어쩐 것이냐. 먼저 이러한 례를
> 보십시다. 일본 금택장삼랑(金澤庄三郞)의 광사림(廣辭林)에 桼를 ツト
> ギ(시도기)라 하고 그것을 조선말의 『썩』과 가튼 것이라 하엿는데, 정렬
> 모(鄭烈模)씨가 평북 방언 조사를 한 것 중에, 자성(慈城) 산삼꾼의 용어
> 로도 썩을 시도기라 하는 것을 발견하엿다는 것이 잇고, (중략) 이것으로
> 보아 된시옷은 소위 경음을 대표하는 부호가 아니오, 제소리를 적기

위해서 잇슨 것인 줄을 알겟습니다."

신명균은 병서의 성음학적 이론에 대해서는 다음과 같이 언급한다.

"즉 숨의 통로가 좁아질 쓴입니다. 여러분, 『가』하고 『짜』해 보십시오
『짜』할 쌔에는 『가』할 쌔보다 다만 숨쉬기가 불편할 쓴이 아닙니까.
이 발음의 생리적 작용, 곳 발음 긔관의 동작으로 보아서 된소리라 하는
것은 ㅂㅅ과는 하등의 교섭이 업는 줄을 알겟습니다. 그럼으로 훈민정음
에서 ㄱ, ㄷ, ㅂ의 된소리를 ㄲ, ㄸ, ㅃ로 쓴 것인데, 그것은 ㄱ, ㄷ, ㅂ보다는
되게 단단하게 난다는 의미이엇습니다."

'짜'에서 ㅅ와 ㄱ가 각자 음가가 잇다면 이들이 발음기관에서 나오는
과정을 볼 때 된소리와는 무관하다는 주장이며, 병서 ㄲ, ㄸ, ㅃ 등은 평음인
ㄱ, ㄷ, ㅂ의 단단한 소리라는 주장이다. 또한 유희의 『언문지(諺文誌)』에
"부인들이 된ㅂ, 된ㅅ를 쓰는데, 이것이 비록 틀리지는 안핫지마는 쌍형을
해야 음리에 맛는다."고 한 말을 인용하면서 병서가 경음을 표시하는
것이 더 적절하다고 주장했다.

신명균은 병서가 쓰기에도 된시옷표기보다 더 편리하다고 했다.

"또 박씨는 된시옷 쓰는 것을 가장 간단하고 편리한 것이라고 말햇습
니다. 그러나 그 편리라고 하는 것은 그 표준이 무엇인지, 다시 말하면
글자 획수, 관습, 성음, 학습 편리의 네가지 중에서 어느 것을 표준으로
한 것인지, 우리는 이 편리문제로써 생각할지라도 쌍서가 올흔 것을
밋지 안흘 수 업습니다."

신명균의 강연이 끝나자 이번에는 박승빈의 차례였다. 박승빈은 칠판에
다음과 같은 『훈민정음』의 음자표를 제시하면서 강연을 시작했다.[62]

---

[62] '사흘동안 백열전을 계속한 본사 주최 한글토론회 속긔록(3)', 『동아일보』, 1932년 11월 13일.

		平音	硬音	激音	間音	特別音	備考
牙音	ㄱ	가	까	카		까	ㄹ半舌音 ㅸ脣輕音 ㅱ脣輕音 ㅿ半齒音
	ㆁ	아					
舌音	ㄷ	다	싸	타		따	
	ㄴ	나				나	
	ㄹ				라		
脣音	ㅂ	바	쌔	파	바	빠	
	ㅁ	마			마		
齒音	ㅈ	자	싸	차	ㅿ		
	ㅅ	사	싸				
喉音	ㆆ	하		하		ㆅ	
	ㅇ	아				ㆀ	

경음을 적는데 『훈민정음』에는 주로 ㅅ을 사용하였고, 간혹 ㅂ도 사용하였는데, 근세에 와서 자연적으로 ㅅ으로 통일된 것이라는 주장이었다. 박승빈은 쌍서식이 음리상 맞지 않는다는 점을 조목조목 근거를 들어 반박했다.

　　"첫재, 쌍서식은 음리에 맛지 아니합니다. 쌍서식을 주장하는 측에서
　　는 경음은 발성음들이 거듭잇는 소리라 하야 그 명칭을 '짝거듭소리'라
　　하엿는데 그음리상의 리유는 제2표와 가티 관찰하는 것입니다.(중략)
　　그러나 이러한 견해는 국부적으로 관찰하면 음리에 맞는 듯하지마는
　　다시 관찰을 넓게 하야 모든 언어의 발음을 종합해 보면 그것의 정론
　　아님이 명백합니다. 그 리유를 들면 첫재 련발음(連發音)에 잇서서 다음
　　에 잇는 평음(平音)의 초성이 경음과 가티 발음되는 경우에 그 우에
　　잇는 음이 반드시 그 초성과 가튼 발성음이 바침된 째에만 한하는 것이

아닙니다. (중략) 다음으로 두 단어의 사이에 경음조가 독립하여서 활용되는 것이 잇는데 이것은 쌍서식을 써가지고는 이경우의 어음을 처리할 길이 업게 됩니다. (중략) 다음으로 쌍서식을 부인하는 음리상 리유의 셋재를 말하겟습니다. ㅅㅅ, ㅼ 등의 음도 성음원리상 독립한 단일음(單一音)입니다. ㄱ이나 ㄷ들이 함께 나는 음은 아닙니다."[63]

박승빈은 이어서 쌍서식이 역사적 철자법을 무시한 것이라고 근거를 제시하면서 다음과 같이 주장했다.

"반대측에서는 한짜음 뀰, 땀을 지금 와서 규 · 담으로 읽는 것은 그 음이 변한 까닭이라 하지마는, 훈민정음에는 쌍서를 햇든 것이 그 후 八十二年 뒤에 나온 훈몽자회(訓蒙字會)에는 쌍서한 한짜음이라고는 한자도 볼 수 업스니, 그러면 겨우 八十二年 동안에 수천자의 한짜가 마치 요새 학생들의 동맹휴학하듯이 몬창 음을 변해버리고 말앗단 말이오? (장내에 웃는 소리) 그럼으로 나는 훈민정음에서 쌍서는 한짜음에만 한해서 쓴 것이라고 생각합니다."[64]

만약 '뀰 · 땀'이 경음이라면 훈몽자회에도 경음으로 표시되어야 할 텐데 모두 평음으로 기록되어 있는 것으로 보아 '뀰 · 땀'은 우리의 경음에 해당하는 것이 아니라고 본 것이다. 박승빈은 이와 더불어 '병서'라는 용어의 개념도 바로 잡아야 한다고 주장한다.

"그리고 쌍서를 주장하는 측에서는 주시경씨 이래로 병서란 말을 오해하야 가튼 글자를 겹쓰란 말로만 알아 왔고 ㅅ도 병서인 줄을 모릅니다. 훈민정음에 저 아래 나려가다가 자형을 론한 데 가서 『련서(連書)하

63) '사흘동안 백열전을 계속한 본사 주최 한글토론회 속긔록(3)', 『동아일보』, 1932년 11월 13일.
64) '사흘동안 백열전을 계속한 본사 주최 한글토론회 속긔록(4)', 『동아일보』, 1932년 11월 15일.

라』는 말이 잇습니다. 련서란 것은 세로니어 쓰란 의미로 병서란 말에
대칭해서 쓴 것입니다. 그럼으로 훈민정음에 『병서하라』한 것은 다만
가로 나란히 쓰라는 것을 의미하는 말이오, 꼭 가튼 글자를 겹써야 한다
는 것은 아닙니다. 그러니까 ㄲ도 병서요, ㅺ, ㅷ도 다 병서이지요."65)

병서라는 것은 연서의 반대 개념이기 때문에 ㄲ, ㄸ, ㅃ 등만 병서라고
하는 것은 올바르지 못한 것이고, ㅺ, ㅷ도 마땅히 병서표기라는 것이다.
그 때문에 박승빈은 ㄲ, ㄸ, ㅃ 등을 병서라 하지말고 차라리 쌍서라는
말을 쓰는 것이 옳다는 생각이다. 각자병서와 합용병서의 개념을 생각해
볼 때 박승빈의 지적은 매우 정확했다는 것을 알 수 있다.

박승빈은 조선어학회에서 주장하는 쌍서식 경음의 표기가 옛 문헌에
많이 나타난다는 점에 대하여 다음과 같이 예를 제시하면서 경음의 된시
옷 표기가 더 일반적이었음을 주장했다.66)

ᄠᅳ디라	(意이라)	訓 三
ᄡᅳ는	(用하는)	訓 五
ᄯᆞᄅᆞ미니라	(耳, ᄲ�이라)	訓 六
샐리	(促急히)	訓二七
ᄯᅩ	(亦)	龍 九
ᄭᅮ므로	(夢으로)	龍一三
ᄭᅥ리샤	(忌하샤)	龍一五
쇠한	(點,쇠만흔)	龍一九
ᄢᅦ니	(貫하니)	龍二三
ᄲᅡᆫ	(獨)	龍四四
ᄡᅳ샤	(用하샤)	龍七七

---

65) '사흘동안 백열전을 계속한 본사 주최 한글토론회 속긔록(4)', 『동아일보』, 1932년 11월
15일.
66) '사흘동안 백열전을 계속한 본사 주최 한글토론회 속긔록(4)', 『동아일보』, 1932년 11월
15일.

물론 신명균이 주장한 것처럼 쌍서로 경음을 표시한 예가 더러 있으나 대부분은 된시옷표기가 전면적으로 쓰였다는 주장이었다. 박승빈은 질문 토론 시간에 다음과 같이 말한다.

"신명균씨가 꿀, 땀을 조선음이 아니라 한음(漢音)이라 한 것은 나하고 일치합니다. 그런데 한짜음으로 말할지라도 한책에 겨우 멧자 잇는 것을 들어다가 한책에도 멧백자 잇는 것을 말살하려는 것은 불가한 일이오, 조선음을 적는 것으로 말하면 쑴, 쌀, 쏘 등 이와 가티 전부 된시옷으로 써왓습니다. 나는 적어도 이와 가튼 문헌상 통계를 중요시하지 안흘 수 업습니다."[67]

그러나 최현배는 신명균과는 조금 다른 입장에서 쌍서의 사용을 강조했다.

"그리고 『쑴, 씌』하는 것이 예전에 쓴 것이라 하야, 그러케 주장하는 것이라 할 것 가트면, 『국가』를 『귀강』으로 써야 할 것이 아닙닛싸. 적어도 우리는 말의 변천을 싸라서 합리하게 철자하지 안흐면 안 될 것입니다. 『쑴』은 옛쑴이오, 『꿈』은 현대쑴입니다. 여러분 옛쑴을 쑤지 말고 새쑴을 쑤시오. (장내에 터질 듯한 박수 소리)"[68]

박승빈이 고문헌에서 통계상 된시옷의 비율이 압도적으로 많다고 하자, 옛날에 많이 썼다고 오늘날 꼭 그렇게 써야 할 이유가 있느냐는 언급이었다. 일단 최현배는 박승빈의 통계적 근거를 받아들이면서도 현재의 사용 편리성을 고려한다면 여전히 쌍서가 낫다는 견해라 할 수 있다. 다음의 최현배의 언급이 그런 점을 잘 말해준다.

---

67) '사흘동안 백열전을 계속한 본사 주최 한글토론회 속긔록(5)', 『동아일보』, 1932년 11월 16일.
68) '사흘동안 백열전을 계속한 본사 주최 한글토론회 속긔록(5)', 『동아일보』, 1932년 11월 16일.

"그러고 학습상의 편의로 본다 할지라도 가튼 것이 둘이 잇으면 더 단단해 보일 것이니까. (장내에 웃는 소리) 어린 아이에게라도 쌍서가 훨씬 리해시키기 편할 것입니다. 이것은 문짜 심리상으로도 의심을 둘 여지가 업는 것인줄 압니다."[69]

3.3.2. 둘째날: 겹받침과 ㅎ받침 문제

둘째날 첫 번째 연사는 이희승이었다. 이희승은 겹받침 사용에 대한 근거로 세 가지를 제시했는데, 첫째는 어법상 편리, 둘째는 성음학상 원리, 셋째는 역사적 근거 등이었다. 먼저 어법상의 문제에 대해 이희승은 다음과 같이 주장한다.

"대개 겹바침을 쓰려는 말은 두 가지 계통이 잇습니다. 하나는 체언(體言) 즉 명사(名詞)이오, 하나는 용언(用言) 즉 형용사(形容詞)나 동사(動詞)입니다. 첫재 체언을 보면 ㅄ,ㄳ,ㄲ,ㄺ,ㄻ 이런 것이 부튼 것이 잇습니다. 례를 들면 『값』, 『넋』……등인데, 이것을 부인하는 이는 여기다 주격토를 부처서 『갑시』, 『넉시』하자 합니다. 그런데 조선말에 주격을 표시하는 조사는 우엣말에 바침이 잇슬 경우에는 『이』가 되고, 업슬 경우에는『가』가 되는 것인데, 례하면 밝이, 닭이, 삶이……등 다 이로 통일되는 것입니다. 이와 가티 바침 잇는 주격에는 언제든지 이, 은, 을, 에 등 토가 붓습니다. 그런데 반대측에서는 『시』를 『이』의 변화라고 주장하나, 그것은 단순한 변화가 아니어서, 설사 변화할 수 잇다할지라도 그 변화하는데는 반드시 무슨 법측이 잇서야 할 것입니다. 만일 주격 미테 들어가는 『시』가 『이』의 변화라고 하는 것이 올타고 하면, 『집이』를 『집시』 『죽(粥)이』를 『죽시』라고도 쓸 수가 잇슬까요. 그러기 째문에 『시』는 『이』의 변형이 아니라 바침 잇는 주격토에는 언제든지 『이』가 되어야 할 것입니다."[70]

---

69) '사흘동안 백열전을 계속한 본사 주최 한글토론회 속긔록(5)', 『동아일보』, 1932년 11월 16일.

이희승은 '값'을 박승빈의 주장대로 '갑시'로 적는다면 이때는 주격조사가 '시'가 되어야 할 것이라고 반박한다.

> "그러나 겹바침을 쓰면 토는 언제든지 『이, 은, 을, 에……』 등으로 통일할 수가 잇슬 것입니다. 또 어원으로 볼지라도 『값』할 때의 그 『ㅅ』 은 고정적으로부터 잇서야 할 것이오,"[71]

이희승은 겹받침을 쓰면 '이, 은, 을, 에……' 등의 조사가 고정된 형태로 통일적으로 사용할 수 있는 장점이 있다고 했다. 이는 틀림없는 장점으로 보인다. 또한 어원적인 면에서도 '값'의 'ㅅ'는 음가가 있어 꼭 있어야 하는 글자라는 것이다. 이 또한 '갑시'라는 예를 생각해보면 'ㅅ'의 음가가 살아 있다는 것을 바로 알 수 있으므로 타당한 지적이라 생각한다. 다만 이러한 점은 역설적으로 '값'을 '갑시'로 적어야 하는 근거도 된다. 박승빈은 '값'으로 적으면 받침의 소리는 대표음 하나밖에 나지 못하기 때문에 'ㅅ'의 음가가 제대로 살아나지 못하므로 이를 살리기 위해서는 '값'으로 적어서는 안 된다는 논리이기 때문이다.

이희승은 용언의 겹받침의 경우에도 박승빈의 설대로 하면 이상한 형태의 조사가 생길 수 있어 조사의 통일성을 기할 수 없다는 점을 문제 삼고 있다.[72]

---

70) '사흘동안 백열전을 계속한 본사 주최 한글토론회 속긔록(6)', 『동아일보』, 1932년 11월 17일.

71) '사흘동안 백열전을 계속한 본사 주최 한글토론회 속긔록(6)', 『동아일보』, 1932년 11월 17일.

72) '사흘동안 백열전을 계속한 본사 주최 한글토론회 속긔록(6)', 『동아일보』, 1932년 11월 17일.

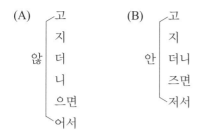

이희승은 (A)처럼 분리해서 적는다면 '고, 지, 더, 니, 으면, 어서' 등이 통일적으로 사용될 수 있지만, 박승빈처럼 (B)로 쓴다면, 이때 '즈면, 저서' 등의 이상한 형태의 조사가 등장하여 통일이 없어져 불합리하다는 것이다. 그러나 실제 박승빈의 주장은 이와는 다르다. '앉'의 경우 원형은 '안즈'이고 여기에 조사 '면'이 붙으면 '안즈면'이 된다는 것이다.73) 박승빈이 '앉'을 원형으로 보지 않은 이유는 앞서 '값'의 경우와 마찬가지로 '앉'은 조선어의 발음법으로는 발음될 수 없는 소리이기 때문이다. '앉'이라고 하면 '안'으로 소리가 나고 'ㅈ' 소리는 찾아볼 수 없으므로, 실제 모든 소리를 고려한 표기는 '안즈' 정도이겠는데, 이때도 'ㅈ'는 홀로 소리를 낼 수 없으니 기본모음 'ㅡ'를 합쳐 '안즈'라는 음절을 만든 것이라고 볼 수 있다.

한편, 이렇게 박승빈식으로 표기하면 오히려 이희승이 앞서 강조했던 조사의 통일성이라는 점이 더욱 잘 부각될 수 있다. 예를 들어 이희승의 경우 받침의 성격에 따라 '면/으며, 시/으시' 등으로 이형태가 생길 수밖에 없지만, 박승빈의 표기에 따르면 앞말의 성격과 상관없이 항상 '면, 시' 등으로 고정될 수 있기 때문이다.

이희승은 겹받침의 근거로 성음학상 겹받침의 모든 소리가 다 날 수는 없다고 주장한다.

---

73) 박승빈, 1935, 『조선어학』, pp.232-233.

"조선말에 잇서서는 아까 잠간 말슴햇거니와, 하나바침에서도 제 음 짜를 완전 충분히 표시하지 못하는 것이 법측이 되어 잇지마는, 둘바침 에서도 쏘한 그러합니다. 례를 들면,

    ｜ 으면
  깎   하는 경우에는 두 ㄱ이 다 나지마는,
    ｜ 으니

    ｜ 고
  깎   하는 경우에는 하나 박게 나지 안습니다.
    ｜ 지

    ｜ 고
  밟   에서는 사람을 싸라 혹,
    ｜ 지

ㄹ이 죽거나 ㅂ이 죽거나, 여하간 둘 다 가티 살 수는 업는 것입니다. 쏘『앉』에 잇서서도 '으면, 어서' 우에서는 ㅈ자가 발음되지마는, '고, 지, 더니' 우에서는 ㅈ은 제 음짜를 완전히 내지 못합니다."[74]

이희승은 '앉' 등이 자음과 결합하여 당연히 받침 중 하나는 소리가 안 나게 되므로 어근을 '앉'으로 잡아도 된다는 주장이었다. 그러나 이것 은 보는 관점에 따라서는 비슷한 이야기이기도 하고 완전히 다른 이야기 이기도 하다. 만약 '앉'을 기본형으로 잡았다고 하면 그 기본 음가는 /안/ 정도가 될 것이다.[75] 그렇다면 '앉'이 '고'와 같은 자음으로 시작되는 조사와 만나면 아무 문제가 없으나, 모음으로 시작되는 '으면' 같은 조사 를 만났을 경우는 어떻게 설명이 될 수 있을까. /안/의 음가가 /으면/을

---

74) '사흘동안 백열전을 계속한 본사 주최 한글토론회 속긔록(6)', 『동아일보』, 1932년 11월 17일.
75) 물론 기저형으로 /앉/을 잡을 수도 잇겠지만 현실음을 반영하여 기본음가를 잡는다면 /안/ 정도가 될 것이다.

만나면 /아느면/ 정도가 될 것인데 예상되는 음가 /안즈면/을 위해서는 '앛'의 기저음가를 소리와 상관없이 /앉/ 정도로 잡아야 한다는 말이 된다.

그렇다면 반대로 박승빈의 주장대로 '안즈'를 기본형으로 잡으면 설명이 어떻게 달라지는지 보자. '안즈'에 '고'가 붙으면 'ㅡ'가 탈락하고 ㅈ의 음가가 뒷소리와 결합하여 /안꼬/ 정도가 된다고 설명이 된다면, 그리고 /안즈/가 '아서'와 같은 조사와 만나면 'ㅡ' 탈락하여 /안자서/와 같은 음가가 된다고 설명이 된다면, 오히려 설명력의 관점에서도 '앛'을 기본형으로 잡는 것보다 '안즈'를 기본형으로 잡는 것이 더 나을 수도 있지 않을까 생각해 본다.

다음 순서로 조선어학연구회 측 대표로 정규창이 강연을 시작했다. 정규창은 겹받침을 허용할 수 없는 근거로 세 가지를 제시했다. 첫째, 조선어의 근본원칙에는 중성이 꼭 들어가야 한다는 점, 둘째는 조선어는 음절문자라는 것이다. 이는 '앛'을 '안ㅈ'로 하지 않고 중성모음을 첨가하여 '안즈'로 기본 어근으로 삼았는지에 대한 이유일 것이다. 셋째는 여음불발(餘音不發)의 법칙이 있다는 것이다.

> "가령 례를 들면 영어의 bat를 영어에서는 『쌔트』라고 가볍게나마 『트』를 발음하지마는, 조선어에서는 낫(鎌)이거나 낮(午)이거나 낱(面)이거나 단어인 경우에는 다 낫하는 발음쑨이지 『나스』, 『나즈』, 『나트』로는 발음되지 안습니다. 그리고 방(方)목사, 박(朴)목사가 발음상 구별이 업게 되는 리유도 조선말에는 여음불발의 법측이 잇어서 『바ㅇ목사』, 『바그목사』로 발음하지 않는 까닭입니다."[76]

조선어는 영어처럼 단어의 끝소리가 모두 드러나는 것이 아니라 대표음으로 소리가 나기도 하기 때문에 특히 겹받침을 쓸 경우 더욱이 모든

---

76) '사흘동안 백열전을 계속한 본사 주최 한글토론회 속긔록(7)', 『동아일보』, 1932년 11월 18일.

소리가 다 드러날 수 없다는 주장이다. 정규창은 강연에서 다음과 같이 주장한다.[77]

脉	맥시 푸러더
色	색시 난다
項	목세 안저서
怯	겁슬 나히고

정규창은 위의 예처럼 '맥이'를 '맥시'로 '색이'를 '색시'로, '목을'을 '목슬'로 부르는 것은 원래 기본형이 '맷, 샛, 못, 겂'이었던 것이 아니라 민간에서 와전된 것이라고 했다. 그러면서 '넉시, 갑슬'도 같은 맥락에서 '이, 을'이 와전된 것이라고 했다. 정규창의 강연이 끝나고 이어진 토론에 서도 박승빈은 비슷한 설명을 한다.

> "쏘 갑이란 말이 생긴 뒤에 갑시란 말이 생겼지, 갑시란 말이 생긴 뒤에 갑이란 말이 생긴 것은 아닙니다. 색시, 맥시도 마찬가지오, 우게, 겨울게도 마찬가집니다. 원시인들이 어쩌케 갑이란 말에 ㅅ까지 부처서 값이라고 햇슬 수 잇겟습니까. 허믈며 고서에는 다『갑』이지오. 쏘 지방 에도『갑』이라 하는 데가 만습니다."[78]

박승빈이나 정규창의 견해는 '넋'은 본래부터 없는 말이고 '넉'이었는 데, '맥시'나 '색시'처럼 와전되어 사용된 것으로 간주하고 있는 듯하다. 이러한 접근방법은 주시경에서도 엿볼 수 있다. 주시경은 저서『말』에서 불규칙활용을 인정하지 않기 위해 방언에서 그 기본형을 삼으려고 했기

---

77) '사흘동안 백열전을 계속한 본사 주최 한글토론회 속긔록(7)',『동아일보』, 1932년 11월 18일.
78) '사흘동안 백열전을 계속한 본사 주최 한글토론회 속긔록(7)',『동아일보』, 1932년 11월 18일.

때문이다. 예를 들어 '짓다', '붓다'의 경우 '어'와 결합하면 '지어, 부어'가 되는데, 이는 속습어(俗習語)이며 방언인 영어(嶺語)에서는 '부어'가 아니라 '부서'라고 하므로 '붓어'라고 적자는 것이다.[79]

이에 대해 이숭녕은 1956년의 논문에서 '값'과 '넋'의 표기와 관련하여 이론상으로 '갑'과 '넉'으로 표기해야 한다고 주장하여 박승빈의 입장을 옹호한 바 있다. 알타이 제어와 방언의 자료를 들어 이같이 주장했다.(자세한 것은 제II부 제2장 3.2.4. 참조).

정규창은 이와 더불어 과거 옛문헌에도 겹받침은 사용되지 않았으므로 전통적인 면을 고려해도 겹받침은 불가하다고 주장했다. 그러나 토론시간에 최현배는 예전 문헌 중 『월인천강곡(月印千江曲)』에는 "내값과……"라는 대목이 나오므로 겹받침이 과거에는 사용되지 않았다는 주장은 설득력이 없다고 반박한다.[80]

정규창은 '앉, 없' 등 겹받침을 쓰려고 하는 이유가 '座'나 '無'와 같은 한자에 관념적으로 대응하기 쉽기 때문에 굳이 한 글자 속에 집어넣어 겹받침을 만드려는 것이 아닌가 하고 말하고 그렇다면 '기다려(待)'와 같이 음절수가 맞지 않은 경우는 곤란하지 않겠느냐고 반문하면서 강연을 마쳤다.

질의 토론 시간이 되자 이희승은 여음불발과 소리를 반영한 표기에 대해 다음과 같이 비판한다.

"조선말에는 음의 일부분이 생략되거나, 음의 성질이 변하는 일은 잇지마는, 여기에 여음불발의 법측은 적용되지 안습니다. 그러고 반대측에서는 문짜는 발음대로 쓴다 하엿는데 대체 어느 나라 문짜가 그러탄 말이오? 조선말로 본다 하드라도 처음에는 『ㅅㄹ미, ㅅㄹ믄』하다가 『ㅅ

79) 송철의. 2005. "근대국어학과 주시경", 『한국 근대 초기의 언어와 문학』, 서울대학교출판부, p.110.
80) '사흘동안 백열전을 계속한 본사 주최 한글토론회 속긔록(7)', 『동아일보』, 1932년 11월 18일.

름도』가 되어 필경에는 『ㅅ롬이, ㅅ롬은, ㅅ롬도』로 통일된 것입니다.
실제에는 문짜는 꼭 발음대로 할 수는 업는 것입니다."[81]

소리를 반영한 표기라면 왜 체언과 조사의 결합에서는 소리대로 쓰지 않느냐는 지적이다. 이것은 타당한 지적이라 할 수 있다. 박승빈의 경우도 '사람이'를 '사라미'라고 쓰지 않고 '사람이'로 분리해서 쓰기 때문이다. 이희승은 바로 그 점을 지적한 것이다. 이희승은 또한 겹받침 가운데 '닭'의 경우는 인정하면서 '앉'을 인정하지 않는 것은 모순이라고 지적했다. 박승빈 또한 '닭'의 경우도 /닥/으로 소리가 나고 이때 'ㄹ'은 발음이 안 된다고 인정하고 있기 때문이다. 박승빈은 이것을 특별한 예외적인 것으로 처리했다.

> "그러고 『닭』할 째에 ㄹ이 발음되지 안는 까닭은 마치 영어의 Mark나 Arm에 r자가 발음되지 안는 것과 가튼 리치로서, ㄹ은 조선음 중에서 특별한 데에 속하는 것입니다."[82]

그러나 '앉, 넋'의 경우 겹받침의 두 음가가 다 소리가 나지 않으므로 겹받침을 인정할 수 없다는 박승빈의 주장은 그만큼 설득력이 떨어질 수밖에 없었다.

ㅎ 받침에 대해서는 정규창의 반대 논리는 다음과 같다. 첫째, 음리상 ㅎ는 ㅇ와 같은 후음계열이라는 것이다.

> "바침이란 것은 반드시 그 부튼 글자에 어쩌한 작용을 주는 것입니다. 즉 『가』에 ㄱ바침을 한 째에 『각』하는 것처럼 앗을 닷기게 하는 것이

---

81) '사흘동안 백열전을 계속한 본사 주최 한글토론회 속긔록(8)', 『동아일보』, 1932년 11월 19일.
82) '사흘동안 백열전을 계속한 본사 주최 한글토론회 속긔록(8)', 『동아일보』, 1932년 11월 19일.

바침의 성질인데, ㅎ는 후음이어서 언제든지 다들 수 업고, 길게만 내쏩
는 것이기 쌔문에 바침될 수가 업습니다."[83]

정규창은 또한 받침은 그것이 붙는 형태에 어떤 영향을 주어야 하는데,
ㅎ의 경우에는 아무런 영향을 주지 못하고 항상 그 다음 소리와 결합하기
만 한다는 것이다.

"바침이란 것은 언제든지 그 웃글자에 작용하는 것인데, 가령 『어쩌케
』를 『어떻게』로 쓴다면, 이 경우의 ㅎ는 『떠』에는 아모 영향도 주지
아니하고, 아랫 글자 『게』를 『케』로 내게 할 쑨입니다. 이러케 바침을
웃글자에다 하고 그 바침의 작용은 아래로 내려와서 된다는 것은, 조선
말의 바침의 원리로 보아서 틀린 것이라 하겟습니다."[84]

정규창은 훈민정음의 사례를 언급하면서 당시 문헌에도 ㅎ의 받침은
전혀 없었다고 주장한다.[85]

訓民正音記寫實例	『ㅎ』바팀을 主張 하는 記寫實例	그 말의 뜻
됴 코	됳 고	됴흐고
便安 킈	便安ㅎ 긔	便安ㅎ긔(하게=케)
다나 니라	닿 ㄴ니라	다흐(抵)ㄴ니라
올 타	옳 다	올흐다

---

83) '사흘동안 백열전을 계속한 본사 주최 한글토론회 속긔록(9)', 『동아일보』, 1932년 11월
　　20일.
84) '사흘동안 백열전을 계속한 본사 주최 한글토론회 속긔록(9)', 『동아일보』, 1932년 11월
　　20일.
85) '사흘동안 백열전을 계속한 본사 주최 한글토론회 속긔록(9)', 『동아일보』, 1932년 11월
　　20일.

예전에 썼으니 무조건 써야 한다는 것이 아니라 현대의 철자법에서도 충분히 쓰일 수 있다면 굳이 고쳐서 새롭게 할 필요가 없다는 생각이다.86) 이와 더불어 조선어학회 측에서 근거로 내세우는 『종성부용초성(終聲復用初聲)』이라는 말도 다르게 해석해야 한다고 한다.

> "또 한가지를 더 들어 말슴하면, ㅎ바침을 주장하는 형식적 언론에는 모순이 잇습니다. 훈민정음을 보면 『終聲復用初聲』하라는 말이 잇는데, 이 말은 반대측에서 해석하는 바와 가티, 초성은 전부 종성으로 갓다 써야 한다는 의미가 아니오, 종성을 쓰게 되면 초성에 쓰든 그 자를 쓰라는 말입니다."87)

조선어학회 측에서는 『終聲復用初聲』을 '초성의 모든 글자는 종성에 쓸 수 있다'고 해석하지만, 조선어학연구회 측에서는 '받침으로 쓸 수 있는 자음은 따로 만들지 않고 초성에서 가져다가 쓴다' 정도로 해석하고 있다. 어떤 해석을 취하느냐에 따라 각자의 주장을 뒷받침하는 근거로 사용되었다. 이 당시는 『훈민정음』 해례본이 아직 발견되지 않았다(해례본은 1940년에 발견됨). 만약 『훈민정음』해례본이 조금 일찍 발견되었더라면 이와 같은 조선어학회 측의 주장은 나오지 않았을 것이다.88)

정규창은 조선어학회 측의 '섞임소리'라는 개념에 대해 비판을 한다. 조선어학회에서는 ㅊ, ㅋ, ㅌ, ㅍ 등의 격음은 ㅎ와 평음 ㄱ, ㄷ, ㅂ 등이 섞여서 만들어진 '섞임소리'이며 그 순서는 무방하다고 했다. 이희승의 강연 내용에는 다음과 같이 설명하고 있다.

---

86) 현대어에서도 ㅎ으로 끝나는 명사는 하나도 없다.
87) '사흘동안 백열전을 계속한 본사 주최 한글토론회 속긔록(9)', 『동아일보』, 1932년 11월 20일.
88) 『훈민정음』해례본에서는 받침에는 8개의 자음만을 사용한다는 설명이 예와 함께 설명되어 있다.(然ㄱㅇㄷㄴㅂㅁㅅㄹ八字可足用也。如빗곳爲梨花、엿의갗爲狐皮、而ㅅ字可以通用)

"즉 ㄱㅎ가 석기면 ㅋ, ㄷㅎ는 ㅌ, ㅂㅎ는 ㅍ, ㅈㅎ는 ㅊ가 됩니다. 그런데 이것들은 석긴 음이기 째문에 거기에 순서가 잇는 것이 아니오, 어느 것이 먼저 오든지 어느 것이 나종 오든지 상관이 업습니다."[89]

정규창은 바로 이 대목을 문제 삼고 있는 것이다. 그는 각자의 음이 다르고 결합 순서에 따라 다른 소리가 나는 것인데, 과연 ㅋ, ㅌ, ㅍ 등을 ㅎ와 ㄱ, ㄷ, ㅂ 등이 자유롭게 결합한 결과로 볼 수 있는가 하고 의문을 갖는다.

"그러나 이 『서ᄉ힘소리』란 리론을 성립할 수 업는 것입니다. 웨그러 냐하면, 첫재로 온갓 음이란 단일성(單一性)을 가지고 잇는 것인데, 발성 음들이 석겨서 한 음이 난다는 것은 성음학적으로 보아 시인할 수 업는 것입니다. 둘재로 온갓 발성음이란 순서에 짜라서 음의 표현이 달라지는 것입니다. 례를 들면,
　아ㅂ가=압가　가ㅂ사=갑사
　아ㄱ바=악바　가ㅅ바=갓바
　ㅂ와 ㄱ, ㅂ와 ㅅ 이것들의 위치를 마음대로 밧군다면 서로 왕청되게 다른 말이 되고 맙니다."[90]

이것은 소위 '각하'의 발음과 '갛가'의 발음이 같다는 것인데, 음성학적 으로 더 검토해야 할 필요가 있다. 박승빈 측에서 가장 중요하게 생각하는 반박 근거는 한자와 결합된 단어의 경우이다.[91]

---

89) '사흘동안 백열전을 계속한 본사 주최 한글토론회 속긔록(10)', 『동아일보』, 1932년 11월 22일.
90) '사흘동안 백열전을 계속한 본사 주최 한글토론회 속긔록(9)', 『동아일보』, 1932년 11월 20일.
91) '사흘동안 백열전을 계속한 본사 주최 한글토론회 속긔록(7)', 『동아일보』, 1932년 11월 18일.

	原音	略音發音	『ㅎ』바팀 設의 見解	바팀
正直	정직ㅎ다	정직→다=정직타	正直ㅎ다 정짛 다	ㄱㅎ
多	만흐고	만→고=만코	많	ㄴㅎ
可	올흐디	올→디=올티	옳	ㄹㅎ
似	비슷ㅎ다	비슷→다=비슷타	비슿 다	ㅅㅎ

정규창은 '正直ㅎ다'의 경우 '정직하다' 또는 '정직타'로 쓰면서 왜 '됴ㅎ다'를 '됴타'로 쓰는 것은 반대하느냐는 것이다. 만약 ㅎ받침을 허용할 것 같으면 '정직타'도 '정짛다'로 써야 맞지 않느냐는 것이다.

정규창의 강연이 끝나고 이희승의 겹받침 찬성의 강연이 이어졌다. 첫 번째 근거로 ㅎ의 음리상의 문제를 언급한다.

"조선어의 자음은 그 전부가 혀나 입술의 작용을 밧지마는 유독 ㅎ만은 혀나 입술의 장애를 밧지 안코 순전히 후두에서만 나는 음입니다. 그럼으로 ㅎ를 발음할 째에는 다른 조음 긔관들은 쉬어도 무방할 뿐 아니라, 한걸음 더 나가서 다른 조음긔관의 작용으로 되는, 다른 자음과 동시에 낼 수도 잇는 것입니다. 다시 말하자면 ㅎ음은 모음발음에 후두 마찰만을 가한 것인 까닭에 다른 자음과 동시에 발음하기 가능한 것입니다."[92]

정규창의 주장처럼 ㅎ는 후음이며 조음 시에 아무런 장애를 받지 않고 약간의 마찰만을 갖는데, 바로 이러한 음의 특성 때문에 다른 자음과 동시에 섞여서 발음이 가능하다는 것이다. 현상은 똑같은데 해석은 정반대가 된 셈이다. 그러나 이 대목에서 이희승의 근거를 되짚어 보면 다른 식의 논리도 가능하다. ㅎ가 음리상 다른 자음과 다르다는 것은 이희승이나 정규창 모두 인정하고 있다.

---

92) '사흘동안 백열전을 계속한 본사 주최 한글토론회 속긔록(10)', 『동아일보』, 1932년 11월 22일.

그렇다면 조선어학회에서 이제까지 ㅎ를 받침으로 사용하자고 주장하는 가장 중요한 근거가 왜 다른 자음은 받침으로 허용하면서 유독 ㅎ만은 제외하자는 것이냐 이것은 형평성에 맞지 않는다는 것이었는데, 음리상의 설명을 여기에 적용한다면 그 반대의 논리도 가능하지 않을까. 즉 ㅎ는 다른 자음과 다른 음리상의 특성을 가지고 있다. 그렇기 때문에 다른 자음은 받침으로 쓸 수 있어도 ㅎ는 안된다고. 따라서 음리상의 근거는 어느 쪽이든 결정적인 근거가 되기는 어렵지 않을까 생각한다.

이희승은 ㅎ가 여음불발에 해당될 수 있다고 주장한다. 박승빈 측에서는 받침에는 여음불발의 법칙이 있는데 ㅎ는 음리상 여음이 발하므로 (그냥 길게 소리가 나므로) 받침이 될 수 없다고 하였고, 이희승은 이에 대해 반박하는 것이다.

"다음에는 반대측에서 말하는 바 여음불발의 원측이란 것에 대하야 말하겟습니다. 반대측에서는 바침의 원리에 여음불발의 법칙이 잇다 하야, ㅎ는 여음이 발함으로 바침될 수 업다 하지마는, 이 원리는 매우 의심스럽습니다."[93]

이희승은 여음불발 자체가 성립되지 않는다고 하면서도 '좋소'나 '쌓세'와 같이 마치 ㅎ받침이 여음불발처럼 간주되는 예가 있음을 언급하면서 ([좃소] [쌋세]로 발음된다고 생각했기에), 이것은 여음불발이라기보다는 ㅎ와 ㅅ이 전통적으로 가까운 소리였다는 주장을 한다.

"그런데 여기서 ㅎ가 바침이 될 때 ㅅ로 되는 것 즉 『좋소』가 『좃소』로, 『쌓세』가 『쌋세』로 발음되는 까닭을 의심하시리다마는, 조선에서 ㅎ과 ㅅ는 그 사이가 대단히 가까워서 공통으로 쓰이는 경우가 만습니다. 가령 『효자』가 『쇼자』가 되고, 『향』이 『샹』이 되고, 『혀』가 『셔』가 되는

93) '사흘동안 백열전을 계속한 본사 주최 한글토론회 속긔록(10)', 『동아일보』, 1932년 11월 22일.

싸위 올시다."94)

이희승은 앞에서 ㅎ가 음리상 다른 자음과는 달리 막힘이 없는 음이라고
설명해 놓고는 이 대목에서는 폐쇄음인 ㅅ과 비슷한 소리라고 말하고
있다. 그리고 이를 뒷받침하기 위해 '효자/쇼자' '혀/셔'와 같은 예를 언급
했다. 이것은 '좋소, 쌓세'를 설명하기 위해 너무 무리한 설명을 했다고
할 수 있다. '효자/쇼자' '혀/셔' 등은 구개음화 때문에 일어난 현상이지
ㅎ와 ㅅ가 비슷한 음이기 때문에 교체가 된 것이 아니기 때문이다. 강연
후 토론 시간에 박승빈은 이 대목을 정확히 지적하고 있다.

> "쏘 아까 리희승씨는 『효자』가 『쇼자』가 되고, 『향』이 『샹』이 되는
> 례를 들어 가지고 『ㅎ』와 『ㅅ』가 근사한 음이라고 말햇지마는, 이 『효』가
> 『쇼』 되는 것은 그것이 서로 근사음인 까닭이 아니고, 『ㅑㅕㅛㅠ』 등에
> 들어 있는 『ㅣ』 째문에 그렇게 나는 것입니다. 웨그런고 하니, 『ㅣ』가
> 석기지 아니한 ㅏ나 ㅓ의 경우에는 ㅎ가 ㅅ되지 아니하는 것을 보면
> 알 것입니다. 언제 『하』서방이 『사』서방이 되고, 『허』서방이 『서』서방
> 이 됩듸까."95)

이희승은 마지막으로 중세국어에서도 ㅎ받침이 존재했었다고 주장하
면서 그 근거로 다음과 같은 예를 제시했다.

> "『ᄯ』 미테 『와』 토가 붓지 안코 『과』토가 부튼 것을 보면 ᄯ에 바침이
> 잇는 것이 분명하고, 쏘 『과』가 『콰』가 된 것을 보면 ㅎ 바침 잇은 것이
> 분명합니다. 그리고 ᄯ히 ᄯ홀 한 것을 보아도 ㅎ 바침이 잇은 것이
> 명백치 안습니까."96)

---

94) '사흘동안 백열전을 계속한 본사 주최 한글토론회 속긔록(10)', 『동아일보』, 1932년
11월 22일.
95) '사흘동안 백열전을 계속한 본사 주최 한글토론회 속긔록(11)', 『동아일보』, 1932년
11월 29일.

'ᄯ'와 '과'가 결합한 것은 받침이 있다는 증거이고, 'ᄯ쾌, ᄯ홀'이 쓰였다는 것은 그 받침이 ㅎ라는 증거라는 주장이다. 이것은 매우 중요한 지적이다. 만약 그렇다면 소위 ㅎ말음체언의 경우 다 받침으로 ㅎ가 쓰였다고 보아야 한다. 그러면 ㅎ받침은 물론이고 ㅎ이 들어가는 겹받침도 상당수 증가하게 될 것이다. 예를 들어 '고과, 뫼과, 하늘과, 돌과' 등에서 '곻, 묗, 하늟, 돓' 등이 가능하기 때문이다.

박승빈은 토론 시간에 이에 대해 다음과 같이 주장한다.

> "ᄯ 아까 『ᄯ쾌, ᄯ히, ᄯ홀』등의 례를 들어서 『ᄯ』에도 ㅎ바침 잇섯음을 지적햇지마는, 이 『ᄯ히』라는 것은 『ᄯ히』『나라히』 등으로 쓰는 례, 즉 예전에는 『가』라는 토를 쓰지 안코 모도 『이』라는 토를 썻는데, 그 『이』가 『히』된 것 쑌입니다."[97]

'ᄯ히'는 'ᄯ이'가 변한 것일 뿐이라는 것이다. 마치 '넉시, 갑시'의 문제와 비슷한 시각에서 이 문제를 접근하고 있는 듯하다. 그러나 어떻게 '이'가 '히'로 변했는지에 대해서는 근거나 설명이 없다. 음운론적으로 볼 때 '히'에서 '이'로 변하는 것은 쉽게 이해할 수 있지만 그 역은 자연스럽지는 않은 현상이다. 만약 '이'가 '히'로 변한 것으로 처리한다면 '을'은 다시 '흘'으로 변했고, 'ᄋ로'는 '흐로'로 변했다고 봐야 하기 때문이다. 또한 만약 그렇게 변했다면 왜 특정한 단어에서만 그러한 변화가 일어났는지를 설명해야 하는데 이것이 마땅치가 않다.

이희승은 강연 마지막에 박승빈의 격음부호(ㆍ)에 대해 다음과 같이 부당함을 말하면서 강연을 마친다.

---

96) '사흘동안 백열전을 계속한 본사 주최 한글토론회 속긔록(10)', 『동아일보』, 1932년 11월 22일.
97) '사흘동안 백열전을 계속한 본사 주최 한글토론회 속긔록(11)', 『동아일보』, 1932년 11월 29일.

"마즈막으로 한마듸 물을 것은 박승빈씨는 력사적으로 보아 ㅎ받침이 업다고 하야 ㅎ를 반대하고, 그 대신 소위 격음부호라는 것을 만들어 『됴→고』라 쓰자고 주장하니, 대관절 요『→』갈구랭이는 력사에 잇서 쓴 것인지오.(장내에 웃음소리)"[98]

이에 대해 토론에서 박승빈은 ㅎ와 결합하는 격음조의 부호에 대해서 언급한다.

"『조코』『만타』할 째에 『조→고』『만→다』로 쓰면 『고』와 『다』가 토인 것을 분간하기가 편하니, 문법을 설명하는 데도 매우 조흘 것이라 고 생각합니다."[99]

오히려 격음부호를 사용하면 일관성이 있고, 또 결합하는 어미 '고, 다' 등이 통일되는 것이니 더 편리하고 문법적으로도 더 설명력이 높다는 것이다. 이에 대해 최현배는 동감을 표시한다.

"네 올습니다.『좋고』『많다』하는 경우에 『고』와 『다』라는 토를 정리 한다는 말은 참 조흔 말입니다. 그러나 그것을 통일하기 위하야 사용하자 는 우리의 의견은 음리상에도 맞는 것인데, 왜 이 조흔 것을 두고 억지로 새 부호『→』요런 것을 만들어 내려는지, 그것은 참 모를 일입니다."[100]

격음부호를 사용하면 조사도 통일되고 문법적으로도 설명력이 높아진 다는 점에 동의하면서, 만약 새로운 부호를 만들지 말고 ㅎ가 그런 부호

---

98) '사흘동안 백열전을 계속한 본사 주최 한글토론회 속긔록(10)', 『동아일보』, 1932년 11월 22일.
99) '사흘동안 백열전을 계속한 본사 주최 한글토론회 속긔록(11)', 『동아일보』, 1932년 11월 29일.
100) '사흘동안 백열전을 계속한 본사 주최 한글토론회 속긔록(11)', 『동아일보』, 1932년 11월 29일.

역할을 한다고 생각하면 더 좋은 것이 아니냐는 주장이다. 이미 있는 문자 ㅎ를 격음부호처럼 사용한다면 일석이조라는 말이다. 그런데 이 대목에서 흥미로운 점은 이러한 논리는 경음을 표시하는 된시옷의 문제와도 정확히 일치한다는 것이다. 박승빈은 경음부호를 따로 만들지 말고 기왕 있는 ㅅ으로 경음을 표기하자는 것인데, 이에 대해서는 조선어학회 쪽에서 문자 ㅅ과 경음부호가 혼동을 초래한다면서 한사코 반대를 했던 것이다. 논리적으로는 경음에 ㅅ를 부호로 쓰자는 생각이나 격음에 ㅎ를 부호로 쓰자는 것이 같기 때문이다. 양측이 같은 논리를 형편에 따라 다르게 적용하고 있는 것은 아닌지 의구심이 드는 이유가 바로 이 때문이다.

3.3.3. 셋째날 어미 활용 문제

셋째날 토론회는 어미 활용 문제가 주제였다. 토론의 성격은 어미 활용을 인정하느냐 마느냐보다는 양측에서 주장하는 박승빈의 단활용설과 조선어학회의 끝바꿈설의 타당성을 비교해 보는 자리였다.

> "한글 토론회 제三일의 론제인 어미활용 문제(語尾活用問題)에 대하야서는, 이번에 출석한 여섯분 학자가 다가티 활용을 시인하는 바임으로, 가편 부편이 잇슬 것이 아닙니다. 다만 박승빈씨의 단활용설(段活用說)에 대하야 정규창, 백남규 량씨는 지지하는 태도를 취해 오고, 다른 세 분(신명균, 최현배, 리희승)은 이에 반대하야 『끝바꿈』설을 주장하는 것쑌임으로 이번에는 한편을 단활용설편이라 하고 다른 한편을 『끝바꿈』설 편이라 하겟습니다."[101]

마지막날 토론은 이전과는 달리 강연을 간단히 하고 상호 토론을 한 후에 전체 질문과 토론의 순으로 진행이 되었다. 상호 공박의 기회를

---

101) '사흘동안 백열전을 계속한 본사 주최 한글토론회 속긔록(12)', 『동아일보』, 1932년 12월 2일.

주어 양측의 의견을 좀더 명확하게 비교해 보자는 주최측의 의도로 보인다. 먼저 박승빈이 단활용설에 대해 강연을 시작했다. 근거를 위해 박승빈이 제시한 세 가지 근본 원칙은 다음과 같다. 첫째, 언어가 근본이고 문자는 그 다음이라는 것, 둘째, 조선글은 음절문자라는 점, 셋째, 조선어 받침에는 여음불발의 법칙이 있다는 점, 넷째, 전통적인 어미활용 표기를 그대로 전승한다는 점 등이었다. 이러한 원칙하에 용언 어미 활용법에 대해 소개한다. 먼저 어간과 어미의 구분이다.

> "동사의 끝음절, 즉 final syllable을 어미라 하고, 그 우엣 것을 가르처 어간이라 합니다. 한짜는 한글자가 어미인 동시에 어간입니다마는, 조선글은 그와 달라 어간 어미의 구별이 잇서, 가령 『바라(望)』, 『다토(爭)』, 『시므(植)』등의 『라, 토, 므』가 곳 어미입니다."[102]

박승빈은 동사의 끝음절, 즉 활용형에서 조사를 제외한 나머지를 어간과 어미라 하고 여기서 다시 변하는 부분을 어미, 어미를 제외한 그 윗부분을 어간으로 설정한다. 여기서 한 가지 고려해야 할 점은 용어(用語)의 문제다. 예를 들어 박승빈에서 어미라는 용어와 최현배의 어미는 서로 다르기 때문이다. 이러한 차이점 때문에 연구자들조차 박승빈 문법에서 가장 어렵게 느끼는 부분이 바로 어미 활용 부분이다. 다음은 박승빈이 제시한 조사의 분류표인데, A가 박승빈의 분류이고 B가 주시경의 분류이다.[103]

		A	B
助詞	第一類(A1)	…며, 오, 니 等 ----	며, 오, 니, 으며, 으로, 으니 等
	第二類(A2)	…고, 다, 자 等 ---	고, 다, 자 等
	第三類(B)	…서, 요, 도 等 ---	어서, 어요, 어도, 아서, 아요, 아도 等

---

102) '사흘동안 백열전을 계속한 본사 주최 한글토론회 속긔록(13)', 『동아일보』, 1932년 12월 5일.
103) '사흘동안 백열전을 계속한 본사 주최 한글토론회 속긔록(12)', 『동아일보』, 1932년 12월 2일.

박승빈과 주시경은 동사 뒤에 붙는 소위 어미들을 모두 품사로 설정했다. 박승빈은 이를 조사라 했고 주시경은 '끗씨'라 불렀다. 그런데 최현배 문법에서는 분석적인 방법이 아니라 종합적 방법에 기대 동사 뒤에 오는 요소를 모두 어미로 간주했다. 그리고 최현배의 종합적 방법은 현대 학교 문법에 계승되어 체언 뒤에 붙는 요소는 조사, 용언 뒤에 붙는 요소는 어미로 규정된 것이다. 따라서 최현배 문법에서는 위의 표에서 조사는 모두 '어미'가 된다.

박승빈의 경우 용언의 구성은 '동사원형(어간+어미)+조사'의 구성을 이루지만 최현배 식으로는 '동사 기본형+어미'의 구성을 이룬다. 박승빈의 경우 '동사 원형'(단어) 중에 변형을 하는 마지막 음절이 어미가 되고 변하지 않는 그 앞부분이 어간이 된다. 예를 들어 '머그'가 원형으로서 단어이고 '머거'처럼 변동을 하게 되는데, 여기서 변하는 부분인 '그'(그→거)가 어미이고 '머'가 어간이 된다. 이때 어미의 변화를 활용이라 했으며 조사(즉 최현배의 어미)는 원형 '머그' 전체에 붙는 것이다.

그리고 단어는 다시 변하지 않는 부분과 변하는 부분으로 나뉘는데, 전자는 가장 기본형의 단계인 원단음이고, 후자가 변동단음으로 동사 기본형에 '아/어'가 결합되어 형태가 달라지는 단계를 말한다. 이를 도표로 그려보면 다음과 같다.104)

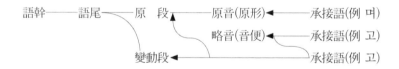

예를 들어 '그려서'의 경우 '그려+서'로 먼저 분석이 되고, 이때 '서'는 조사, '그려'는 용언(단어)이고, '그려'는 다시 '그리+어'로 분석이 되므로,

---

104) 박승빈, 1935, 『조선어학』, p.228.

'그리'는 기본형이 만들어지는 단계는 원단이고, '그려'가 만들어지는 단계가 변동단이 된다. 이때 '그리'는 원음, '그려'는 변동음이 된다. 그리고 '그려'에서 변동이 있는 부분인 '려'가 어미가 되고, 변하지 않는 부분인 '그'가 어간이 되는 셈이다.

박승빈은 여기에 어근이라는 개념을 하나 더 도입했다. 어간과 어미는 소리의 관점에서 다룬 것이라면, 어근은 뜻의 관점에서 단어를 다룬 것이다.

> "그런데 여기서 어간이란 말과 어근(語根) 즉 root란 말은 다르다는 것을 말해둘 필요가 잇겟습니다. 어간은 발음상 음절을 표준으로 하야 슷음절보다 우에 잇는 음절을 말하는 것이오 어근은 문법상 단어의 쯧을 표준으로 하야 긔본되는 단어나 또는 그 단어의 긔본되는 부분을 가르치는 말입니다."[105]

박승빈의 '그려서'의 경우 의미상으로 가장 뿌리가 되는 것은 '그리'가 되며 이것이 어근이라는 주장이다. 최현배의 어간이 박승빈의 어근의 개념과 유사하다. 이것은 최현배가 어간과 어미를 의미를 기준으로 나누었기 때문일 것이다. 최현배의 어간, 어미의 정의를 보자.

> "활용하는 말은 어간과 어미 두 부분으로 되어 잇습니다. 어간이란 것은 그 말의 실질적 의의를 대표하는 것이오, 어미란 것은 문법적 관계를 표시하는 것, 즉 형식적 의의를 대표하는 것입니다. 례를 들면『잡다』에 잇서서『잡』은 고정불변하는 어간이오,『다』는 변하야 문법적 관계를 표시하는 어미입니다."[106]

위와 같이 최현배는 의미를 중심으로 단어를 분류했고, 박승빈은 소리

---

105) '사흘동안 백열전을 계속한 본사 주최 한글토론회 속긔록(13)',『동아일보』, 1932년 12월 5일.
106) '사흘동안 백열전을 계속한 본사 주최 한글토론회 속긔록(12)',『동아일보』, 1932년 12월 2일.

를 중심으로 분류했다. 다만 어근이라는 개념은 다시 의미를 기준으로 분류한 것이니 박승빈의 문법에는 기존과는 다른 개념들이 많이 존재하고 있는 셈이었다. 다만 최현배에서 어간은 '먹'이 되고 박승빈에서 어근은 '머그'가 된다는 점이 다르다. 박승빈은 '먹'의 경우 '머그'의 약음으로 보았기 때문에 '먹'만으로는 온전한 의미를 가질 수 없다고 보았다. 따라서 최현배 식의 어간과 어미의 용어에 익숙한 사람은 박승빈 문법의 어간/어미는 당연히 어색하게 느낄 수밖에 없다. 최현배가 강연에서 지적한 내용은 이러한 시각 차이를 잘 말해주고 있다.

> "『머그』(食)의 『그』와 『기다리』(待)의 『리』와 『자』(寢)의 『자』를 그 말의 말음(末音)이기 때문에 어미라 한다면, 이것은 어간이 무슨 구실을 하는 것이오, 어미는 무슨 구실을 하는 것인지를 전연 모르는 이의 견해 입니다."107)

즉, 자신의 관점에서는 박승빈의 어간/어미의 개념은 도저히 이해할 수 없는 것이었으리라. 이러한 용어의 차이와 새로운 용어의 도입으로 인해 당시에 박승빈 학설은 낯설게 느껴졌을 가능성이 높다.

다음으로 최현배가 강단에 올라 자신의 끝바꿈설을 설명하기 시작했다. 최현배는 먼저 어미 활용의 경우 자신의 견해와 주시경의 견해가 다르다는 점을 강조했다.

> "더구나 조선어에 잇서서는 四천년간 무체게, 무통일, 무작정으로 나려왓슴으로 지금 와서 조선어 연구가들이 다시금 이 문제에 고심하게 된 것입니다. 박승빈씨는 아까 말하기를, 주시경씨설은 이러이러하고 박승빈씨설은 이러이러하다 하야 박승빈 자긔의 설이 올타는 것을 주장 하엿스나, 오늘밤 박승빈씨의 상대방은 주시경씨가 아니고 최현배인

---

107) '사흘동안 백열전을 계속한 본사 주최 한글토론회 속긔록(15)', 『동아일보』, 1932년 12월 8일.

것을 어쩌케 합니까. 나는 오늘밤 주시경씨설을 변명코저 하는 것이 아니라, 최현배 나 자신의 연구를 발표하자는 것입니다. 박승빈씨가 설혹 죽은 주시경씨는 이긴다 할지라도, 살아 연구 도정에 잇는 최현배 에게는 하등의 통양(痛痒)을 주지 못할 것입니다. 관혁을 바로 보지 안코 쏘는 살이 마즐 리가 잇습니까."[108]

박승빈의 학설이 주시경의 학설을 넘는다 해도 자신의 학설은 다르므로 자신과 비교해 달라는 것이다. 특히 주시경과 박승빈은 모두 분석적인 방법을 써서 어미를 모두 조사로 간주했지만 자신은 종합적인 방법으로 어미를 품사로 분석하지 않았기 때문에 어미 활용에 있어서는 최현배의 학설에 주목해 줄 것을 당부한 것이다.

"그런데 용언의 활용법을 말하기 전에 먼저 그 연구방법을 말슴하겟 습니다. 대개 어쩌한 과학을 연구하는데든지, 그 방법으로는 두 가지가 잇습니다. 하나는 분석적 방법이오, 하나는 종합적 방법입니다. 이 분석 적 방법이란 것은 부분적 연구법이오, 종합적 방법이란 것은 합체적 연구법입니다. 그런데 주시경씨의 연구법으로 말하면 분석적 방법인데, 나는 거기 반대하야 종합적 방법을 취합니다. 주시경씨 식대로 말하면 문법연구에 잇어서, 초창시대이든만큼 四천년 동안 혼란 중에 잇든 것을 파고 뒤지고 들추어 개척해야 하겟기 째문에 분석적 방법을 쓸 필요가 잇슨 것이지마는, 오늘날에 와서는 밧이랑도 맨들고 씨도 뿌리고 할 째임으로 나는 종합적 방법으로 연구를 진행하는 중입니다."[109]

최현배는 어미 활용에 있어서 박승빈의 분석이 가장 극단적이라고 비판 했다.

---

108) '사흘동안 백열전을 계속한 본사 주최 한글토론회 속긔록(15)', 『동아일보』, 1932년 12월 8일.
109) '사흘동안 백열전을 계속한 본사 주최 한글토론회 속긔록(15)', 『동아일보』, 1932년 12월 8일.

"이제 어미활용에 대한 각설을 들어보면, 첫재 주시경씨는『잡다』의 잡은 동사요 『다』는 조사라 하고,『잡앗다』,『잡히다』하는 경우에는 역시 『잡』만 동사요 『앗다』,『히다』는 조사라고 햇습니다. 그리고 김두봉(金枓奉)씨는『잡앗』,『잡히』가 동사요 『다』가 조사라고 햇습니다. 그런데 박승빈씨는『잡』은 동사요 『앗』,『히』는 조용사(助用詞)요,『다』는 조사라고 햇스니, 박씨는 주시경씨의 분석적 방법을 더 철저히 한 것에 불과합니다. 만일 이와 가티 나간다면『잡히시겟습니다』에 있어서 박씨식으로 분석하면 『잡, 히, 시, 게, 쓰, ㅂ, 니다』로 갈라『히, 시, 게, 쓰, ㅂ』를 다 조용사라 할 것이니, 이러케 복잡해서야 어쩌케 하겟습니까. 여기에 비로소 종합적 견해가 필요하게 되는 것입니다."[110]

너무 하나하나를 다 분석하다 보면 복잡해지니 종합적으로 묶어서 보는 것이 필요하다는 말이다.[111] 최현배는 박승빈과 기본적 접근 방식이 확연히 달랐다.

"박승빈씨는 조선어는 음절이라 하야 음절을 본위로 써야 한다하지만 그러치 아니합니다. 역시 품사를 본위로 해야 합니다."[112]

박승빈은 글자는 소리를 나타내는 것이고, 따라서 음절의 중요성을 강조한 반면, 최현배는 소리보다는 품사를 기본으로 해야 한다고 했다. 이것은 형태위주의 철자법을 말하는 것으로 소리보다는 관념, 즉 의미를 중시하자는 것이었다. 다음과 같은 예시도 최현배의 문법관을 잘 대변해 주고 있다.

---

110) '사흘동안 백열전을 계속한 본사 주최 한글토론회 속긔록(15)',『동아일보』, 1932년 12월 8일.

111) 최현배는 "가령 물을 연구하려면 그대로 놓고 보아야지 H_2O로 분석해 놓으면 그 응용을 논할 수 없을 것이 아닙니까."라고 하면서 분석적 방법을 비판했다.

112) '사흘동안 백열전을 계속한 본사 주최 한글토론회 속긔록(16)',『동아일보』, 1932년 12월 11일.

"이야기책 읽는 사람이 글짜를 부처 소리를 내어 읽는데, 주의를 집중하기 째문에 이야기가 어뎃까지 간 것을 전연 모르고 듯는 사람에게 물어서야 비로소 아는 것은, 이야기책이 음절을 본위로 적고 관념을 단위로 하지 안흔 까닭입니다. 그럼으로 말을 적는 데는 단어를 표준으로 해야 합니다."113)

그러나 박승빈은 토론에서 소리 중심의 용언활용법이 타당하다고 주장한다. 그 근거로 제시한 것이 외국어를 한글로 표시하는 문제였다. 예를 들어 'waited, ending, accepter'를 한글로 적는다고 가정해보자.114)

(가) 웨이테드, 엔딩, 악셒터
(나) 웨잍에드, 엔잉, 악셒어

우리는 (가)와 같이 적지 (나)와 같이 적지 않는다는 것이다. 만약 의미를 강조하여 분리하여 적는다면 (나)처럼 적어야 하는데 그럴 경우 얼마나 현실성이 없느냐는 지적이다. 만약 우리가 소리를 무시하고 뜻만을 고려하여 어간 어미를 철저히 분리하여 적는다면 우리는 자신도 모르게 (나)와 같이 적게 되는 셈이라는 점을 지적한 것이다.

그러나 최현배는 오히려 철자법의 변천이 소리나는 대로 쓰는 것에서 뜻을 위주로 쓰고 있다고 지적하고 우리 문자도 표음문자에서 표의문자로 변하는 과정이 있다는 새로운 주장을 한다.

"훈민정음에는 『ᄉᆞᄅᆞ미』, 『머거』 등 성음적긔사(聲音的記寫)로 쓰든 것이 원일천강지곡(月印千江之曲)에 와서는 벌서 『ᄉᆞᄅᆞᆷ이』, 『먹어』 등으로 써 왔습니다. 문짜는 결코 소리만을 적는 것이 아닙니다. 관념(觀念)

---

113) '사흘동안 백열전을 계속한 본사 주최 한글토론회 속긔록(16)', 『동아일보』, 1932년 12월 11일.
114) '사흘동안 백열전을 계속한 본사 주최 한글토론회 속긔록(18)', 『동아일보』, 1932년 12월 17일.

의 덩어리라는 것에 크게 주의하지 안흐면 안될 것입니다. 문짜라는 것은 말을 적는 것이오, 말이란 것은 사상을 표시하는 것입니다. 날아가 버리는 소리를 붓잡아두는 것이 문짜이지마는, 그것이 아무 뜻업는 소리 그것만이 아니오, 결국은 사상을 적는 것이 무론입니다. 그런 우에 또한 우리의 경서언해(經書諺解) 가튼 데도 차차 이러한 긔사법을 사용해 왓고, 성경이 나면서도 또한 그 길을 취하얏스며, 지금 우리가 다 가티 그 방식을 쓰게 된 이 모든 것은 문법의 자연한 발전이라고 아니할 수 업습니다. 그러므로 이것을 보면 조선문짜는 표음문짜로부터 차차 표의문짜화하는 도정에 서 잇다고도 보겟습니다."115)

뜻을 고려하여 어간 어미를 분리하여 적는다는 것과 문자 자체가 표의 문자화 되어 간다는 것은 사뭇 다름에도 불구하고 최현배는 이러한 주장을 하고 있다.

박승빈은 이어 주시경설의 문제점으로 존칭어미 '시'의 개입 문제를 들고 나왔다.

"『바드니』하는 경우에 최현배씨는 『받』하는 것이 어근이고, 『으니』는 조사라고 하엿는데, 『받으시니』가 되는 경우에는 『시』가 『으니』의 중간 허리를 싄허 들어간 것이니까 조사의 허리가 싄키는 법이 어데 잇습니까. 그러므로 『받으시』하고 『니』를 쌀로 썰 것이니까, 그러면 『으시』라는 존경사가 어데 잇습니까."116)

만약 주시경 식으로 '받으니'라고 쓴다고 할 때, 여기에 존칭의 '시'가 들어갈 경우, '받으시니'가 되어 '시'는 어미 '으니'의 중간을 뚫고 들어간 꼴이 된다. 이를 해결하기 위해서는 '시'가 아니라 '으시'를 존칭어미로

---

115) '사흘동안 백열전을 계속한 본사 주최 한글토론회 속긔록(19)', 『동아일보』, 1932년 12월 21일.
116) '사흘동안 백열전을 계속한 본사 주최 한글토론회 속긔록(完)', 『동아일보』, 1932년 12월 27일.

설명해야 하는데, 과연 '으시'를 존칭어미라고 하는 것이 자연스러운 것인가 반문하고 있다.

박승빈은 이와 더불어 한자어와의 형평성 문제도 제기하고 있다. 다음의 내용을 보자.

"쏘『붉어하고』,『좋아하오』,『설어하오』라고 쓰니『어』는 대체 이 무슨 뜻을 가진 조사입니까. 자 여기『羨하오』,『好하오』,『悲하오』라는 한짜들과 더 대조해 보십시다.『불거』,『조하』,『서러』라고 하면 아무라도 그 타당한 것임을 한번 보아 알 수 잇슬 것입니다."[117]

한자가 결합된『羨하오』,『好하오』,『悲하오』등과 순우리말로 된『붉어하오』,『좋아하오』,『설어하오』를 비교해 볼 때, 이들은 같은 계열의 단어이니 이때 '하오'를 분리한 나머지는 같은 지위를 부여 받는 것이 타당하다는 것이다. 즉 '好'와 '悲'에 해당하는 '붉어'와 '설어'를 대등한 위치에 놓아야 하는데, '붉어'처럼 쓰면 이때 '어'는 또 무엇이라고 불러야 하는가의 고민에 빠진다는 말이다. 이를 해결하기 위해서라도 '불거'나 '서러'를 하나의 단어로 본다면 한자어와의 대응 문제도 해결된다는 생각이다.

박승빈은 한자어와의 형평성 문제를 매우 중요시한 것으로 보인다. 다른 곳에서도 이러한 형평성 문제를 언급하고 있기 때문이다. 예를 들어 '둏다'로 적을 것인가 '됴타'로 적을 것인가의 문제에서는 '可ㅎ다'와의 형평성을 들어 '됴타'로 적어야 함을 강조했다. 예를 들어 '可ㅎ다'에서 아래아가 생략되면 '可타'가 되는 것처럼, '됴ㅎ다'에서 아래아가 생략되면 '됴타'가 되어야 형평성이 맞다는 것이다.

---

117) '사흘동안 백열전을 계속한 본사 주최 한글토론회 속긔록(完)',『동아일보』, 1932년 12월 27일.

4. 철자법 반대 운동

4.1. 조선문기사정리기성회

조선어학회에서 1933년 『한글마춤법통일안』을 발표하자 박승빈은 신철자법에 대한 거국적인 반대 운동도 모색하고 있었다. 윤치호 일기에는 당시의 상황을 아래와 같이 적고 있다.

> "오후 5시에 에도가와야(江戸川屋)에서 박승빈 씨, 최남선 씨, 이긍종 씨, 백남규 씨, 권○○ 씨에게 일본식 불고기를 대접했다. 우리는 비합리적이고 필요 이상으로 복잡한 한글 철자법에 대해—한글의 큰 장점은 간소하다는 것이다—공식적으로 이의를 제기할 계획과 방법에 대해 논의했다. 짜증나는 철자법을 조선인들에게 강요하려는 조선어학회에 이의를 제기하는 성명서를 작성해달라고, 최남선 군에게 요청하기로 했다. 아울러 이 문제에 대한 여론을 환기할 공식적인 계획을 채택하기 위해, 오는 1월 중순쯤 우리 의견에 동조하는 이들을 모아 대규모 집회를 열기로 했다. 하지만 한글이 어떻게 되든 진심으로 걱정하는 사람이 아무도 없다는 사실이 진짜 문제다."—윤치호 일기 1933년 12월 23일—

박승빈을 비롯하여 신철자법에 반대하는 사람들이 조직적인 반대 운동을 벌이자는 것이었다. 『정음』지가 신철자법에 대한 학술적 저항이었다면, 성명서 발표는 사회적 반대 운동의 성격을 띤다. 반대 운동은 1934년 6월 22일에 <조선문기사정리기성회(朝鮮文記寫整理期成會)>를 조직하는 것으로 시작되었다. 그 내용은 다음과 같다.[118]

京城의 尹致昊 李升雨 文一平 등 40餘名은 한글新철자법이 전통적 記寫法에 비하여 많이 틀리며 난잡한 점이 있어 兒童敎育 文盲退治運動

---

118) 『동아일보』, 1934년 6월 24일.

文學建設運動 등 社會文化發展過程에 저해되는 점이 많다 하여 한글新
철자법반대 성명을 발표하고 朝鮮文記寫整理期成會를 조직하다.
一. 本會는 朝鮮文記寫法整理期成會라 稱함.
二. 本會는 朝鮮文記寫法의 合理 平易化를 期함으로써 目的으로 함.
一. 委員
尹致昊 尹定夏 李肯鐘 李升雨 柳錫東 文一平 白南奎 朴容九 李相協
崔泰永 金鳴鎭 具慈玉

<조선문기사정리기성회> 조직에 박승빈이 빠진 것이 의외이다. 아마도
박승빈은 자신이 직접 반대 운동에 참여하는 것이 부담스러웠을지도 모를
일이다. <조선문기사정리기성회>가 조직된 후 며칠 후인 1934년 7월에는
'한글식 신철자법 반대 성명서'가 발표되었다. 윤치호, 최남선, 지석영,
박승빈, 권병훈, 윤치오, 이병도 등을 비롯해 총 112인 이름으로 발표된
반대 성명서에는 신철자법이 아직 완성되지 않은 상태에서 조급히 발표되
어 대중들의 언어생활이 더욱 혼란스러워졌다고 하면서 신철자법을 반대
하는 이유 및 대안이 담겨 있었다.

"무릇 言文의 記寫法은 (一) 條理가 明確하야 體系가 整然함을 要하며,
(二) 歷史的 制度에 依한 慣例를 尊重함을 要하며, (三) 大衆의 學習과
日用에 便易함을 要하는 것이라. 故로 記寫法의 整理를 圖謀함에는 前記
三個의 條件을 把握하야 가지고 나아가야만 될 것이오. 거긔에 어그러딘
學說 又는 法則은 到底히 容許될 수 업는 바이다. 그러한 理由에 依하야
吾等은 저 닐른 바 한글式 新綴字法을 斷然히 排斥하는 바이다."

학술적으로 명확하게 체계가 밝혀져야 하고, 역사적인 관례도 충분히
고려되어야 하며, 대중이 편리하게 사용할 수 있어야만 완성된 철자법이
라 할 수 있다고 3가지 조건을 제시하였다. 그리고 신철자법은 이를 충족
하지 못하기 때문에 반대한다는 것이다. 또 성명서에는 주시경이 개척자

로서 그 업적은 높이 사야 하지만 완성자가 될 수 없음에도 불구하고 그 후학들이 학파를 형성하여 주시경식 철자법을 무리하게 관철하려 한다고 지적한다.

"故 周時經氏가 새 學說을 研究 發表하야 朝鮮 言文의 記寫法과 文法에 關한 法則을 設定하얏다. 同氏가 朝鮮語學에 關한 先憂者로서 그 苦心 努力한 일에 當하야서는 眞實로 感謝의 늣김을 禁티 못하는 바이다. 그러나 開拓者가 반드시 完成者될 수 업는디라. 그 設定하야노흔 法則은 만히 우리의 語音과 맛디 아니 하며 우리의 言語의 觀念과 어그러뎌서 그 法則은 到底히 朝鮮 民衆이 이를 曉解하고 이를 首肯하야 이를 使用할 可能性이 업는 것으로 되얏다. 그러나 爾後로 周氏의 學說을 배혼 人士들이 한 學派로 形成되야 그 學說을 基礎로 하는 朝鮮語 記寫法의 變改를 圖謀하야 오는 바로서 現在 一部社會에 相當한 勢力이 扶植되야 이스니 닐른바「한글式」記寫法이 그것이다. 그러하야 그 學派에 屬한 人士들이 1933年 10月 中에「한글 마츰법 통일안」이라고 하는 規例를 制定하야 發表하얏다."

성명서에는 신철자법이 이론적으로도 결함이 있으며 실제 사용에서도 여러 가지 어려움이 있다는 점을 강조하고 신철자법의 문제를 보완하고 개선할 수 있는 조선어학연구회 측의 대안도 몇 가지 첨부하고 있다.

반대 성명서에 참여한 112인의 면면을 보면 주로 계명구락부 회원과 조선어학연구회 회원이 중심이었지만, 그밖에도 초창기 철자법이라 할 수 있는『신정국문』을 작성한 지석영을 비롯하여 한글파의 형태주의 철자법에 반대하는 사회 각계각층의 인사들이 총 결집한 모양을 취하였다.

그러나 조선어학연구회의 반대 운동은 큰 실효를 거두기 어려운 상황이었다. 이미 1930년 총독부『언문철자법』에 형태주의 철자법이 담겨서 발표되었고, 조선어학회 측이『한글마춤법 통일안』을 발표하여 큰 흐름은 새로운 철자법으로 넘어가고 있었기 때문이다. 이러한 분위기에 큰 영향을 미친 사건은 조선문예가들이 발표한 신철자법 지지 성명서였다. 1934년 7월 9일 문필가 78명이 '조선문예가 일동' 명의로 <한글 철자법 시비에 대한 성명서>를 발표한 것이다. 이 성명서는 당시 문단을 주름잡고 있던 김동인, 이태준, 채만식, 정지용, 이광수, 박태원 등의 문예가들이 망라되어 조선어학회의 맞춤법 통일안을 찬성하는 지지 성명서였던 것이다. 이 성명서의 일부분을 인용하면 다음과 같다.

> "… 그러다가 故 周時經 先覺의 血誠으로 始終한 畢生의 硏究를 一劃期로 하여, 眩亂에 들고 蕪雜에 빠진 우리 言文記寫法은 步一步 光明의 境으로 救出되어 온 것이 事實이오, 마침내 斯界의 權威들로써 組織된 朝鮮語學會로부터 去年 十月에 「한글 마춤법 통일안」을 發表한 爾後 周年이 차기 前에 벌서 都市와 村郭이 이에 對한 熱心한 學習과 아울러 漸次로 統一을 向하여 促步하고 잇음도 明確한 現象이다. 그러함에도 不拘하고 近者의 報導에 依하여 巷間 一部로부터 畸怪한 理論으로 이에 對한 反對運動을 일으켜 公然한 攪亂을 꾀한다 함을 들은 우리 文藝家들은 이에 默過할 수 없음을 깨달은 것이다. 그 所謂 反對運動의 主人公들은 일즉 學界에서 들어본 적 없는 夜間叢生의 「學者」들인 만큼 그들의 그 일이 비록 微力無勢한 것임은 毋論이라 할지나, 或 期約 못한 愚衆이 잇어 그것으로 因하여 迷路에서 彷徨케 된다 하면, 이 言文統一에 對한 擧族的 運動이 蹉跎不進할 嫌이 잇을까 그 萬一을 戒嚴치 않을 수도 없는 바이다. …"119)

신철자법이 발표되었음에도 불구하고 반대 운동이 조직적으로 일어나자 문예가들이 나선 것이다. 이들은 성명서에서 다음과 같은 3가지 원칙을 천명하였다.

1. 우리 文藝家 一同은 朝鮮語學會의 「한글統一案」을 準用하기로 함.

---

119) '한글 綴字法 是非에 對한 聲明書', 『동아일보』, 1934년 7월 10일.

2. 「한글統一案」을 阻害하는 他派의 反對運動은 一切 排擊함.
3. 이에 際하여 朝鮮語學會의 統一案이 完璧을 이루기까지 進一步의
   研究發表가 잇기를 促함.

이렇게 문예가들이 새로운 철자법을 찬성한 이유는 무엇이었을까?
1934년 8월에 발간된 『삼천리』 잡지에서 그 단편을 읽을 수 있다.

   "尹致昊, 金昶濟, 朴勝彬 等 이미 整理하여논「한글」에 반대. 理由는
   難澁, 複雜하다 함에 在. 印刷하여 五百字의 新綴字 增하고 四付五添한
   밧침자 激增하고 그래서「文字의 美」와 單純性을 傷한 嫌은 新綴字法에
   確實히 有하나 그러나 그러타고 겨우 論難之餘에 決定된 그 權威를
   헌다년 또 無政府狀態에 陷, 차라리 李克魯, 李允宰 等 語學會 편을
   支持함이 治安維持上 不亦可乎아."[120]

신철자법으로 인해 인쇄소의 활자도 500자 이상 늘어나야 하고, 받침도
많아지고 문자의 미적인 부분과 단순성도 파괴되었지만 그렇다고 이제
겨우 통일된 철자법이 새롭게 탄생하였는데 이를 거부한다는 것은 또다른
혼란만 초래한다는 것이다. 그래서 신철자법에 힘을 실어주어야 한다는
것이다.
　물론 문예가들이 신철자법에 찬성한 데에는 편리함에 있어 신철자법이
다른 철자법보다 더 나았을 가능성도 있다. 문예가는 말보다는 글을 통해
의사를 표현하는 사람들이므로 소리를 반영한 표기보다는 뜻을 중심으로
하였다 하더라도 혼란이 덜한 주시경식 철자법을 선호했을 가능성이 높
다. 이러한 관점은 『조선일보』와 『동아일보』를 비롯한 언론들이 새철자법
을 선호한 이유와도 일맥상통한다. 이와 더불어 당시 문예가들이 추진했
던 신문화 운동도 신철자법을 선호한 또 다른 이유가 되었을지도 모른다.

---

120) '草兵丁 文壇歸去來', 『삼천리』 제6권 제8호, 1934년 8월 1일.

1934년 8월 1일『삼천리』에 실린 김팔봉의 <文藝時事感>의 글에서 이러한 면을 엿볼 수 있다.

"우리들의 文學은 우리들의 言語에 의하야 誕生한다. 우리의 프로레타리아 文學은 過去의 民族文學의 年齡보다 몇 배나 더 長久한 歲月동안 우리의 言語에 依하게 될 것인지 測量할 수없다. 프로레타리아 文學이 일즉이 國民的 文學으로 完成하야 보지 못한 이 땅의 民族文學의 運命을 질머지고서 歷史的 行進을 하고 잇는 거와 한 가지로 이 땅의 民族語의 整頓 向上의 榮養잇는 擔當者인 것도 勿論이다."121)

당시 문학계에 불었던 프롤레타리아 문학의 분위기는 과거의 것보다는 새로운 것을 추구하는 것이었고 그런 면에서 신철자법은 전통적 철자법보다는 더 환영을 받을 수 있었다.122)

문예가들이 한글파의 손을 들어주면서 그리고『조선일보』와『동아일보』가 잇따라 신철자법을 따르면서 대세는 한글파쪽으로 기울기 시작했다.123)

---

121) '金八峯 文藝時事感 ',『삼천리』제6권 제8호, 1934년 8월 1일.

122) 1935년 1월 2일『동아일보』에 실린 "어문운동과 문학 이에 대한 몇가지 제언"(장혁주)의 글에서도 문예가들을 포함한 사회 각계 각층에서 신철자법 정착을 위해 노력해야 한다는 점을 역설하고 있다. 주요 내용으로는 작년으로서 조선어문의 정리통일운동은 일단락되었으며, 이제는 조선어문의 발전상 제2, 제3의 문제에 당면하여 있다고 하면서 다음과 같은 각서를 발표했는데 주요 내용은 다음과 같다. 어학자의 점진적 노력, 신문과 잡지의 경영자의 노력,『동아일보』외의 다른 신문사들도 노력, 출판업자의 양심, 그리고 문예가 제씨의 학구적 연구를 촉구하였다.

123) 1936년 6월 1일『삼천리』제8권 제6호에 실린 三專門學校 四敎授 三新聞社 學藝部長 文藝政策會議 대담·좌담회 내용에서도 문예가들이 혼란스러운 철자법을 걱정하면서 신철자법에 찬성한다는 글이 실려 있다.
"金復鎭(中央日報 學藝部長) (중략) 이 땅 인민의 多大數가 쓰고 있는 보편적 완전한 어학이니만치 여기엔 같은 한글어학인바에는 分裂이 없서야 하겟는데 근래의 추세를 보면 한글 견해에 대하야 李克魯, 李允宰氏 등의 朝鮮語學會 用法이 달느고 朴勝彬氏 등 朝鮮語學研究會 用法이 또한 달느며 거기 따라 신문잡지사의 用例도 달느고 학교교육을 주재하는 어느 사용례도 달너서 여러 가지 不統一이 있스니 우리는 무었보다 이 分裂을 피하여야 하겟서요. 내 자신만으로는 朝鮮語學會側의 用法이 정당하다고 보는데 여기 대하야 우리들 문인들이 일치하야 이 用例를 확립식힙시다. 이것이 당면의 急인줄 알어요."

4.2. 『「한글마춤법통일안」에 대한 비판』(1936)

4.2.1 배경

박승빈은 1936년 10월『朝鮮語學會查定「한글마춤법통일안」에 對한 批判」』이라는 책을 조선어학연구회에서 발행했다. 이 책은 전체 75쪽의 분량으로 국판 반양장으로 되어 있다.[124) 이 책은 1933년에 발표된 조선어학회의「한글 마춤법 통일안」의 불합리한 점을 비판하고 그 대안을 제시한 것으로, 책의 서언(序言)에는 다음과 같은 취지가 드러나 있다.

> "昨年 10月에 朝鮮語學會 查定「한글 마춤법 통일안」이 發表된 뒤로 論者는 各 方面으로브터 그것에 對한 批判을 쓰기를 要望하는 말을 만히 바닷다. 또 論者도 그것을 써보는 것이 됴흘 줄로 생각나섯다."

전통적 표음주의를 표방한 박승빈의 철자법은 표의주의(형태주의)를 표방한 조선어학회의 철자법과 대립해 있었고, 그 가운데 조선어학회가 1933년 10월『한글마춤법통일안』을 전격 발표하자 이에 반대하는 사람들로부터 반박글을 쓰라는 요청이 있었고, 자신도 그러한 생각을 갖고 있던 차에 그 요구를 받아 30여 항으로 나누어 체계적으로 반박한 것이다.

비판은 조선어학연구회 월례회를 통해 이루어졌다. 1933년 12월 4일의 월례회부터 박승빈은『한글마춤법통일안』에 대한 검토와 비판을 시도했다. 조선어학회의『한글마춤법통일안』발표가 1933년 10월 29일에 행해졌다는 점을 고려하면,『한글마춤법통일안』이 세상에 나오자마자 조선어학연구회에서는 이에 대해 회원들이 검토하고 비판하는 장을 마련한 것으로 보인다.

월례회에서『한글마춤법통일안』에 대한 검토와 비판은 다음과 같은

---

124) 김민수. 1986.『「한글마춤법통일안」에 대한 비판』해설,『역대한국어문법대계』3-21. 탑출판사.

방식으로 이루어졌다. 먼저 박승빈이 새철자법에 대한 검토와 비판을 하면, 회원들이 다시 이에 대해 자신의 의견을 개진하는 방식이었다. 다수의 비회원들도 방청한 것으로 미루어 철자법 논쟁에 대한 세간의 관심이 어떠했는지 짐작할 수 있다. 박승빈은 월례회에서 검토한『한글마춤법통일안』에 대한 비판 내용을 다시 정리하여 조선어학연구회의 기관지인『정음』에 총 4차례에 걸쳐 1935년 9월(10호)부터 1936년 4월(13호)까지 연재했다. 그리고 연재한 논문을 나중에 다시 한 권의 책으로 묶어 세상에 내놓게 되는데, 그 책이 바로 1936년 10월에 발간된『「한글마춤법통일안」에 대한 비판』이다.

박승빈은 책의 '서언'에서 이 책의 성격이 학술적 논쟁이나 서평이 되지 못하고 비판과 반박으로 채워지게 된 경위를 다음과 같이 설명하고 있다.

> "첫재로는 그 한글派 人士의 遵守하는 學術上 根據되는 條目에 對하야 批判을 쓰랴면 먼저 論者의 見解에 依한 그것을 完全히 說明하야서써 兩者의 愚劣을 對照하야야 될 것이다. 그러한데 그와 가튼 글을 쓰랴면 그것은 論者의 學術에 當한 說明이 主로 되야버리고 卽 論者의 著書의 각 部分을 통채로 옮겨시려야 되갯고 맞춤법案에 對한 批判의 글로는 그 範圍에 버스러디게 되는 까닭이오. 둘재로는 本案中에 잇는 缺陷은 單히 그 學術의 錯誤된 基礎에 因하야 生한 結果쑨임에 그치디 아니하고 學說의 如何를 不問하고 그 案 自體에 矛盾과 無條理가 각 部分에 規定에 雜多하게 記載되야이서서 거긔에 對한 非難을 列擧하디 아니할 수 업게 되는 까닭이다." -서언 중에서-

이러한 책의 성격 때문에 박승빈은 책으로 인해 많은 오해가 생길 수 있고 또 그렇기 때문에 책을 쓰는 것이 유쾌하지는 않았다고 소회를 밝힌다. 박승빈은 책 쓰기를 망설여 몇 번이나 작업을 중단했었다고 언급했다.

"이러한 글을 씀은 그 批判을 받는 案의 作成者로 하야금 不愉快의 感을 니르키기 쉬움은 勿論이고 一般 讀者에게도 感情的 氣分이 含有된 論爭임과 같히 誤解될 念慮도 업디 아니 한 바이며 그것은 苦辭하고라도 論者 自身이 不愉快를 늣기는 우에 性格 修養上에 損害를 이루이디 아니 할가 疑懼하게 된 바이다. 이러한 心理의 作用에 말미아마서 論者는 이 글을 쓰기에 적디 아니한 厭忌를 늣기게 된 바이다. 以上과 가튼 關係로 論者는 最初 今年 一月 中에 이 글을 좀 쓰다가 中止하야 버리고 마랏든 것이다." -서언 중에서-

그럼에도 불구하고 각 방면에서 요청이 쇄도하고 조선어 연구에 대한 책임감으로 이 비판의 책을 저술했다고 밝히고 있다.

"그러나 近日에 各 方面의 人士로부터 論者에 對한 그 要求가 그치디 아니 할 쓴 안이라 恬然히 論者의 宿約의 履行을 要求함과 가튼 情勢가 되야잇다. 이에 論者도 비록 心理上 興味를 얻디 못 하는 努力일디라도 朝鮮語에 對한 貢獻, 他人의 要望에 對한 酬應의 方面으로 생각하야 부드기 다시 前에 지버치엇든 原稿를 쯔나서 繼續하야 이 글을 쓰기로 한 바이다." -서언 중에서-

이 책의 내용은 이미 조선어학연구회 기관지인『정음』에 10호(2권 5호)(1935, 9)부터 13호(3권 2호)(1936, 4)까지 실린 것을 다시 책으로 묶은 것이다.[125] 그 내용은 박승빈이 이제까지 주장해 왔던 철자법의 골자가 그대로 들어가 있다. 조선어는 소리가 중심이며, 문자 또한 소리를 반영해서 만들어진 것이고, 따라서 철자법도 소리를 중심에 놓고 만들어야 한다는 것이다. 뜻을 중심으로 어간과 어미를 분리하여 적는 주시경식 철자법에 대한 반대 입장이 고스란히 나와 있다.

---

125) 김민수. 1986.『「한글마춤법통일안」에 대한 비판』해설,『역대한국어문법대계』3-21. 탑출판사.

이 책은 1973년에 다시 복사되어 출간되었는데, 이때 『경향신문』에서는 이 책을 다음과 같이 소개하고 있다.

"이 저서는 1930년대에 주시경 선생의 조선어학회와 맞서 조선어학연구회를 조직하여 격월간지 『正音』을 내면서 당시 신문법과 신기사(新記寫) 방식의 모순을 비판하고 역사적 기사방식의 대원칙이 학리적으로 올바르다고 주장한 저자가 36년에 출간한 것을 복사 간행한 것이다. 국어 표기의 여러 문제점을 제기하고 있는 이 논문은 국어학을 전공하는 학도나 학계인사에게는 많은 참고와 문제를 제기해 주는 저서이다. (통문관 발행 국판 89면 4백50원)"[126]

신문의 기사처럼 박승빈의 문법과 철자법은 수십년이 지난 이후에도 여전히 학계에 소중한 자산으로 남아 있음을 보여주고 있는 대목이다.

4.2.2. 주요 내용

박승빈은 먼저 '한글마춤법통일안'이라는 제목의 표현부터 적당하지가 않다고 비판한다.

"'統一'의 文句는 系統이 各히 달른 數個의 事物이 合하야 하나로 됨을 意味하는 것이라. 故로 한 사람의 學說을 基礎로 한 한 團體內에서 記寫法을 歸一하게 査正함에 '統一'의 文句를 使用함은 자못 怪異한 觀이 잇다. '査定案' 또는 '整理案'이라고 함이 適合하디 아니할가 생각한다." (p.3)

새철자법은 조선어학회의 일방적인 입장만을 반영한 것인데, '통일안'이라고 말하기에는 적절하지 않다는 말이다. 당시 논란이 되었던 모든

---

126) '『한글맞춤법통일안批判』(박승빈 저)', 『경향신문』, 1973년 5월 9일.

철자법을 한 데 녹여 진정한 합일된 철자법이 아닌 상황이었기에 명칭부터 부적절하다고 지적한 것이다.

'한글마춤법통일안'이라는 명칭에서 '마춤법'에 대해서도 지적하고 있다. '한글마춤법통일안'의 제3장 제6절 제19항에는 "(갑)을 취하고 (을)을 버린다....(갑) 맞후다 (을) 마추다"라고 되어 있는데, 제목에는 '마춤법'이라고 썼으니 자체 모순이 아니냐는 지적이다. '한글마춤법통일안'의 총론에 대해서는 대체적으로 같은 생각이라고 했다.

〈총론〉

一 한글 마춤법은 표준말을 그 소리대로 적되, 어법에 맞도록 함으로써 원칙을 삼는다

二 표준말은 대체로 현재 중류 사회에서 쓰는 서울말로 한다

三 문장의 각 단어는 띄어 쓰되 토는 그 웃 말에 붙여 쓴다

위의 총론 가운데 첫째, 둘째 항은 누구라도 이론의 여지가 없을 것이지만, 세 번째항은 이미 각론 제7장 제61항에 똑같은 문구가 등장함으로 체재상 문제가 있다고 지적한다.

제1절 자모의 수와 그 순서

제1항 한글의 자모의 수는 24자로 하고, 그 순서는 다음과 같이 정한다.

ㄱ ㄴ ㄷ ㄹ ㅁ ㅂ ㅅ ㅇ ㅈ ㅊ ㅋ ㅌ ㅍ ㅎ ㅏ ㅑ ㅓ ㅕ ㅗ ㅛ
ㅜ ㅠ ㅡ ㅣ

[부기] 전기의 자모로 적을수가 없는 소리는 두개 이상의 자모를 어울러서 적기로 한다

ㄲ ㄸ ㅃ ㅆ ㅉ ㅐ ㅔ ㅚ ㅟ ㅒ ㅖ ㅘ ㅝ ㅙ ㅞ ㅢ

박승빈은 쌍서(ㄲ ㄸ ㅃ ㅆ ㅉ)의 경음표기를 반대해 왔기 때문에 이 부분에 대해서는 기존의 비판적 입장을 견지하고 있다. 또한 자모의 이름

가운데 'ㅎ 히읗'도 문제라고 했다. 박승빈은 ㅎ받침을 인정하지 않기에 그로서는 당연한 지적이다.(p.10)

> 제2장 '성음에 관한 것'에서는 제1절 된소리에 대한 비판이 많다.
> 예를 들면 <통일안>에는 다음과 같이 되어 있는데,
> 제3항 한 단어 안에서 아무 뜻이 없는 두 음절 사이에서 나는 된소리는
> 모두 아래 음절의 첫 소리로 적는다(갑을 취하고 을을 버린다)
> 예: (갑) 아빠 깨끗하다 어떠하다 나부끼다
>   (을) 압바 깻긋하다 엇더하다 나붓기다

박승빈은 이들 용례가 적절하지 않다고 했다. 예를 들어 '나부끼다'의 경우는 원래 '나붓+거리'에서 온 것이므로 이를 '나부+기' 사이에 된소리가 난 것으로 설명할 수 없다는 것이다. 한편 설측음 'ㄹ'에 대한 항목에 대해서는 동의하고 있다.

> 제4항 재래 설측음 ㄹ을 ㄹㄴ으로 적던 것을 ㄹㄹ로 적기로 한다(갑을
> 취하고 을을 버린다)
> 예: (갑) 걸레 (을) 걸네   (갑) 날린다 (을) 날닌다
>   (갑) 흘러 (을) 흘너

이것은 박승빈의 된소리ㄹ('ㅅㄹ')의 주장과 일맥상통하기 때문으로 보인다. 다음으로는 문법에 대한 부분인데, '제3장 문법에 관한 것'에서는 '제5절 받침' 부분에 대해 박승빈의 비판이 쏟아졌다.(p.17)

> 제5절 바침
> 제11항 ㄷ ㅈ ㅊ ㅋ ㅌ ㅍ ㅎ ㄲ ㅆ ㄳ ㄵ ㄶ ㄺ ㄽ ㄿ ㅀ ㄻ ㅄ의
>   열여덟 바침을 더 쓰기로...

학리상, 실용상 ㅎ받침과 겹받침을 허용하지 말자는 것이 박승빈의 철자법의 골자였기에 이 방안은 박승빈으로서는 받아들이기 어려웠을 것이다. 이에 대해서는 앞장의 철자법과 철자법 토론회 부분에서 자세히 다루었기에 여기서는 생략한다.

제3장 문법에 관한 것에서는 어간과 어미의 분리 문제, 어미의 활용 문제가 비판의 대상이 되었다.(p.29)

제2절 어간과 어미
제8항 용언의 어간과 어미는 구별하야 적는다
　　　예: 먹다 먹고 먹으니 먹어서 먹은 먹을
　　　예: 할고 할가 할지

박승빈은 자신의 문법이론 가운데 용언 활용 부분을 가장 중요시 하였으며, 스스로도 용언 활용의 전문가임을 자인할 만큼 자신의 학설에 애정을 갖고 있었다. 따라서 용언의 활용에 대한 '통일안'의 내용도 쉽게 받아들이기 어려운 것이었다. 이에 대해서도 제2장 철자법과 제3장 철자법 토론회 부분에서 자세히 다루었기에 여기서는 생략한다.

박승빈은 책의 말미에 역사적으로 이어져 내려온 전통적 방식 가운데 충분히 살려 쓸 만한 것이 있다면 계승 발전하는 것이 좋겠다는 입장을 표하면서 철자법에 이러한 항목을 하나 추가했으면 하는 바람을 적었다. 자신의 철자법도 역사적 철자법에 준거하고 있기에 이러한 바람이 더욱 절실했을 것으로 보인다.(p.75)

"...이러한 問題는 結局 歷史的 記寫의 方針을 尊重할 必要가 잇느냐 업느냐?의 趣旨 如何에 歸着될 것이다. 論者는 可及的으로 歷史的 記寫의 方針을 尊重하고 싶은 생각이다. 故로 原案 總論에 '語音의 標準은 可及的으로 歷史的 記寫 方針에 依하여 決定함'의 一項을 加入하고 싶은 생각이다."

5. 후기 철자법 운동

박승빈은 이후에도 여러 대중 강연을 통해 새 철자법의 문제점을 지적하고 이를 언중들에게 알리고자 노력했다. 또한 『정음』지를 통해 총 4회로 나누어 자신의 철자법의 원칙을 자세히 정리하여 공개하였다.

> 1938.11.30. 綴字法講釋(一). 『정음』 27.
> 1939.1.31. 綴字法講釋(二). 『정음』 28.
> 1939.4.30. 綴字法講釋(三). 『정음』 29.
> 1939.7.15. 綴字法講釋(四). 『정음』 30.

여기서 '철자법강석'의 내용을 간략히 살펴보자. 먼저 '철자법강석(1)'에서는 철자법의 대원칙과 이를 유지하기 위한 몇 가지 세부 원칙을 설명한다.

> "綴字에는 그것의 基礎되는 法則이 잇다. 그리하야서 그 法則에 맞는 綴字는 正當한 것이고 그것에 어그러지는 綴字는 錯誤된 것이다. 萬一 綴字의 正과 誤가 어떠한 法則에 依하야 規例的으로 了解되는 것이 안이고 各 單語에 當한 記憶으로 그 全部를 알려 할디면 이것은 實로 煩惱에 견디지 못할 것이다."(p.1)

박승빈은 철자법이 언어의 법칙에 따라 이루어져야 함을 강조하고 있다. 그때그때 상황에 따라 주먹구구식으로 이루어져서는 안 된다는 설명이다. 그렇다면 그 법칙의 근간은 무엇일까? 박승빈은 먼저 법칙은 상식에 근거해야 하고, 조리(條理)에 맞아야 하며 역사적으로 관용(慣用)된 것이어야 한다고 주장했다. 이러한 조건은 이제까지 박승빈이 자신의 문법과 철자법을 제시할 때 계속 강조해 왔던 조건들이다.

첫 번째 세부 원칙으로는 음절문자의 제도를 들었다. 우리글은 각 음자

(音字)를 합하여 하나의 음을 하나의 자형으로 표기하는 제도로 만들어졌다는 것이다. 이러한 특징 때문에 하나의 음을 한 덩어리의 문자 즉 하나의 음절문자로 표기하는 제도라고 한 것이다. 따라서 표기에서도 '넋이'가 아니라 '넉시'로 표기하고, '앉으며'가 아니라 '안즈며'로 표기해야 한다는 말이다. 이 원칙에 의거하면 하나의 음에 하나의 받침이 붙는다고 했다. 즉 하나의 음에 2개의 겹받침이 붙을 수는 없다는 것이다. 다만 예외적으로 ㄹ 다음에 자음이 올 때는 겹받침을 허용했다.(닭, 흙) 이것은 ㄹ의 특수한 성질(음절이 미약하고 음이 흐르는 것) 때문이라고 했다.

두 번째 세부 원칙은 단어에 의한 철자의 구분이다. 이는 소리의 기준으로 보면 음절 단위가 중요하지만, 뜻을 고려하면 단어라는 단위가 철자법에도 중요하다는 것이다.

<u>손 을 기 다 리 는 사 람 의 만 흐 오</u>

위의 예에서 음절은 모두 12개이고, 단어는 모두 8개이다. 이 경우는 단어에 의한 철자의 구분을 표준으로 하여 표기해야 한다는 것이다. 박승빈 문법에서 토는 모두 품사이므로(체언토와 용언토를 모두 조사라 함) 이들은 단어이다. 따라서 단어인 이들 토를 제대로 살려 쓰고 거기에 맞춰 나머지를 표기하는 방식을 말한 것이다. 위에서 '손을, 사람이'에서는 각각 '을'과 '이'가 체언조사로서 단어이므로 단어 구분을 기준으로 하여 표기한 것이고, '기다리는'과 '만흐오'에서도 '는'과 '오'는 용언조사로서 단어이므로 단어 구분을 기준으로 표기한 것이다. 이 부분에 대해서는 『조선어학』(1935)에서도 다음과 같이 명시적으로 설명한 바 있다.

"그러나 '먹, 걸, 불, 앉, 쌓, 슳'이 '語根'이 안임은 우에 이믜 論述한 바이어니와 假設로 그것이 語根이라고 하드라도 右와 같이 語根은 반드시 區分하야서 記寫할 것이라 함은 不當한 主見이라. 文法學上 語根을

論議하는 趣意는 各 單語의 成分에 對한 分析的 考察을 說明함에 잇는 것이오, 一般的으로 使用하는 言語의 記寫는 單語의 發音 그것을 記寫하는 것이라. 故로 言語의 記寫에는 첫재로 音節의 區分에 依하고, 다음에는 單語의 區分에 依하야 記寫하는 것이오, 單語의 語根이 記寫 區分의 標準으로 되는 것은 아니다." (p.281)

세 번째 세부 원칙은 음절과 단어의 저촉 문제이다. 즉, 음절과 단어의 기준이 혼재되어 있을 경우 어떤 원칙에 따를 것인가 하는 문제이다. 예를 들어 보자.

(1) 오 ㄹ 사 람 을 기 다 리 ㄴ 다
(2) 올 사람을 기다린다

위의 예에서 단어 구분의 원칙을 따라 표기한다면 (1)과 같이 적어야 하지만, 이때 '오ㄹ'과 '리ㄴ'에서 음절 구성의 문제에 부딪힌다. 이럴 경우는 단어 구분보다는 음절 구성의 원칙을 먼저 적용하여 (2)처럼 표기하자는 것이다.

네 번째 세부 원칙은 "철자법 강석(2)"에서 소개하고 있는데, 음절 구분의 원칙이다. 이것은 단순한 하나의 단어에 여러 개의 음절이 들어있는 경우 그 음절들이 음절문자의 제도에 어그러짐이 없이 두 가지 방법으로 표기될 수 있는 경우에 어떤 방법이 더 옳은 것인가 하는 문제이다. 예를 들어 '머그며'와 '먹으며', '조츠니'와 '좇으니'의 경우, 음절 구분의 원칙에 따라 '머그며, 조츠니'와 같이 표기하자는 것이다. 다만 용언 뒤에 '고, 세, 다, 드라' 등과 같은 조사가 오면 '머그'와 '조츠'가 축약음으로 발음이 되어 '먹고, 좇다'와 같이 표기한다고 했다. 이 경우 음절문자 제도이나 음절 구분이나 단어 구분 중 어느 원칙에도 어긋나지 않으니 문제가 없다는 것이다. 오히려 '먹고'를 기준으로 하여 '머그며'를 '먹으

며'로 표기한다면, 이것이야말로 없는 소리를 억지로 표기하는 것이라 했다.(p.4)

다섯 번째 세부 원칙은 조합된 단어로서 "철자법 강석(3)"에서 소개하고 있는데, 이른바 복합어의 표기 원칙을 말한다. 박승빈은 "단어는 단순한 하나의 관념을 포함한 성음으로 성립됨이 원칙이지마는 어떠한 말에는 각히 관념을 가진 두 토막의 성음이 조합하여서 문법상 하나의 단어로 처리되는 것이 있다."고 하고 이를 조합된 단어(즉 복합어)로 정의했다. 이 경우 비록 문법상 하나의 단어이지만, 두 단어가 결합된 것이므로 표기 원칙은 단어 구분에 준하여 그 경계에 철자를 구분하여 표기한다.

예를 들어 '모가지'가 아니라 '목아지', '부랄'이 아니라 '불알', '고지파오'가 아니라 '고집하오'로 적는다는 것이다. 특히 한자의 음으로 성립한 말은 한자의 음대로 구분하여 표기한다. 원래 한자는 관념문자로 생긴 것인 고로 각 한 글자의 음에 각 하나의 관념이 함유되어 있는 것이다. '나마'가 아니라 '남아(男兒)'로, '서걍'이 아니라 '석양(夕陽)'으로 적어야 한다는 것이다.

여섯 번째 세부 원칙은 중성조화의 법칙이다. 이것은 "철자법 강석(4)"에서 소개하고 있는데, 이른바 모음조화 법칙을 말한다. 박승빈은 먼저 우리말 중성음을 담음(淡音)과 농음(濃音)으로 구분하고, 'ㅏ, ㅗ, ㅑ, ㅛ'는 담음으로 'ㅓ, ㅜ, ㅕ, ㅠ'는 농음으로, 'ㅡ, ㅣ'는 중간음으로 규정했다. 이때 중간음은 농음에 가까운 관계로 그것을 준농음이라고 불렀다. 중성조화의 법칙이란 복수의 음절을 가진 단어에 담음은 담음끼리, 농음은 농음끼리 조합되는 상태를 말한다. 예를 들어 '가마, 버선, 출렁출렁'이 바로 그것이다.

이때 'ㅡ, ㅣ'는 그것이 윗 음절에 있는 경우 그 다음에 농음이 오는 것이 원칙이지만('드러, 미더, 치렁치렁'), 명사에 윗음절이 이 단음인 단어에는 그 다음에 담음이 오는 경우도 있고 농음이 오는 경우도 있다.(예: 니마, 미나리, 지네, 비둘기). 또한 준농음이 아래음절로 되는 때에는 그 윗음절이 담음이거나 농음이거나 다 뒤따를 수 있다고 했다.(예: 바드오, 노그며, 만지니) 그러나 중성조화의 법칙에 어긋난 예외적인 경우도 생기는데 예를 들어 '가려, 노려, 마셔, 만져' 등이 그러하다. 이 중성조화 법칙은 고대에는 엄격하게 지켜졌지만 중고 이래로부터 점차 흐트러지다가 현재에 이르러서는 법칙에 위배되는 예(즉, 와전음)가 많이 사용되기도 한다고 지적했다.

6. 마무리

이 장에서는 박승빈의 철자법 이론과 운동의 전개 양상에 대해 구체적으로 다루었다. 철자법 통일의 시대적 배경에서는 한글이 나랏글로 되는 과정과 이에 따른 규범의 필요성을 언급했다. 그리고 과거의 '8종성가족용'이나 연철표기와 같은 철자법 원칙이 19세기 말에는 상당히 무너져가고 있었다는 점도 강조했다.

따라서 주시경의 형태주의 철자법도 독창적인 견해라기보다는 통시적으로 연철표기에서 분철표기로 변해 가는 과정에서 포착된 것이며 주시경은 이를 전면적인 원칙으로 발전시킨 것이었다. 이런 관점에서 보면 박승빈 스스로 밝혔듯이 박승빈의 철자법과 주시경의 철자법은 많은 공통점도 가지고 있다. 8종성 이외의 받침도 허용한 점이나 체언에서 분철표기를 허용한 점 등이 대표적인 내용이다.

박승빈의 철자법이 언제 완성되었는지는 정확히 알 수 없으나 그가 번역 출간한『언문일치 일본국육법전서』(1908)에 이미 그의 철자법의 대략이 나와 있다는 점을 고려할 때 그의 철자법은 매우 이른 시기에 독자적인 모습을 갖추었다고 볼 수 있다.『훈민정음』의 철자법을 근간으로 하면서도 분철의 역사적 흐름을 받아들이고 주시경식 철자법도 수용하여 자신만의 독자적인 철자법을 주장했다. 또한 박승빈이 제시한 철자법

정리를 위한 7가지 원칙은 그의 철자법의 근간이며 그의 문법이론의 중심축 역할을 했는데, 이는 박승빈의 체계적이고도 과학적인 문법 기술의 일단을 보여주는 대목이기도 하다.

정음파와 한글파의 철자법 논쟁은 1932년『동아일보』주최로 열린 철자법 토론회가 대표적인 것이지만, 논쟁은 그보다 훨씬 이전인 1921년까지 거슬러 올라간다. 이때는 박승빈이 계명구락부의 기관지『계명』을 통해 자신의 문법과 철자법을 적극적으로 발표할 시기였다. 이에 자극을 받은 한글파가 재결집하여 논쟁을 벌이게 된 것이다. 한글파와의 철자법 논쟁도 이 시기부터 본격적으로 시작되었다.

여기서 짚고 넘어가야 할 것은 주시경이 너무나 일찍 세상을 떠난 일이다. 이는 국어학사의 입장에서 너무도 아쉬운 일인데 무엇보다도 그가 좀 더 오래 살았더라면 그가 꿈꾸었던 이상을 직접 실천할 수 있었을 것이라는 아쉬움이 크다. 이와 더불어 아쉬운 점은 주시경 학설에서의 문제점을 스스로 바로잡을 수 있는 기회를 갖지 못했다는 점이다. 설령 주시경 학설에서 문제점이 있다 해도 제자들이 스승의 학설을 수정하기란 쉽지 않았을 것이기 때문이다. 이런 맥락을 고려하여 정음파와 한글파의 철자법 논쟁을 이해할 필요도 있다.

1934년 6월 조직된 <조선문기사정리기성회>는 신철자법에 대한 조직적인 반대 운동 단체였다. 여기서 1934년 7월에 1백여명의 지식인의 이름으로 '한글식 신철자법 반대 성명서'를 발표하기도 했다. 새 철자법에 대해 조선어학연구회는 물론이고 사회 각층에서 조직적인 반대의 목소리가 있었다는 점을 알 수 있다. 그러나 이후 조선문예가 일동 명의로 <한글 철자법 시비에 대한 성명서>가 발표되고 신철자법의 손을 들어주게 된다. 이후 신철자법은 대세로서 자리매김하게 된다.

『조선어학회사정「한글마춤법통일안」에 대한 비판』(1936)은 박승빈이 조선어학회의 새로운 철자법을 비판적으로 검토한 책으로 이 책이 나오기까지 많은 절차가 있었음을 알 수 있다. 먼저 새 철자법에 대해 조선어학연구회에서 회원들이 함께 검토하였고 이를 박승빈이 다시 논문으로 만들어『정음』지를 통해 세상에 공표하고 다시 최종적으로 이를 묶어서 책으로 출간한 것이다. 박승빈의 새 철자법에 대한 비판이 단순히 감정적인 것이 아니라 학술적인 측면이었다는 점과 자신의 문법과 철자법을 관철하고자 했던 그의 집념도 느낄 수 있다.

제4장

국어 운동

1. 둘러보기

이 장에서는 박승빈의 국어 운동에 대해 총괄적으로 고찰한다. 먼저 초기 박승빈의 국어 운동에 대해 살펴본다. 이미 1921년『계명』지를 통해 자신의 문법과 철학을 발표했던 박승빈은 1926년 정음회 창립 위원이 되면서 국어 운동에 적극적으로 참여한다. 한편으로는 자신이 소장하고 있던『훈민정음』원본을 학계에 공개하여 학술연구를 진작하고, 국어사전 편찬에 심혈을 기울이는 등 활발한 국어 운동을 전개한다. 이러한 국어 운동의 공로를 인정받아 1930년『동아일보』로부터 조선어문공로상을 수여받게 된다.

다음으로 조선어학연구회에 대해 살펴볼 것이다. 조선어학연구회는 1931년 조직되었는데 박승빈이 펼쳤던 조선어강습회의 연장선에서 회원들의 자발적 발의로 만들어진 학회였다. 이 학회는 후에 조선어학회와 쌍두마차 역할을 한다. 학회의 창립 배경과 성격, 월례회와 강습회 등의 면모를 고찰할 것이다.

조선어학연구회의 기관지『정음』은 1934년 2월에 창간된다. 여기서는 잡지 창간 배경을 비롯하여 잡지의 내용과 성격, 그리고 1941년 4월 폐간될 때까지 잡지가 갖고 있던 학계의 역할 및 의의에 대해 언급할 것이다.

그리고 마지막으로 1937년 민족말살정책기 이후 박승빈의 국어 운동 양상에 대해 살펴보고자 한다.

2. 초기 국어운동

2.1. 정음회 활동

박승빈은 1921년 『계명』 창간호부터 8호에 이르기까지 "언문후해(諺文後解)"라는 고정란을 통해 한글에 대한 자신의 생각을 세상에 밝히는 한편, 한글의 역사적 계승 발전 및 대중을 위한 보급에도 각별한 노력을 기울였다. 그 일단을 엿볼 수 있는 것이 1926년 11월 4일에 열린 훈민정음 탄생 480주년, 훈민정음 반포 제8회갑 기념식에서 위원으로 선정된 일이다.

1926년 11월 4일에 기념식이 열렸다. 기념식에는 조선어 연구에 뜻이 깊은 장안의 유지들이 모두 모였다.[1] 학계의 선배를 비롯하여 사회 각 방면의 인사들이 다수 참석한 기념식은 이각종이 대표로 개회사를 한 후 윤치호, 송진우의 소회의 말에 이어 지석영, 민태원 등의 여러 가지 제안이 있었다. 이때 기념일 명칭에 대하여 권덕규와 어윤적은 다음과 같이 제안했다.[2]

> "긔념할 날을 '가갸날'로 함이라던지 우리가 속칭 언문(諺文)이라
> 종래 불너온 것을 크고 무한하다는 '한'이라는 것을 취택하야『한글』이
> 라 함은 엇더하냐는 의견 설명이 잇섯고 그에 대하야 조선에서 가장
> 조선어 연구가 깁다는 어윤적씨의 그에는 찬성치 안코 세종째부터 불너

---

1) 조선어학회가 본격적인 국어 운동을 시작한 것은 1921년 12월 권덕규, 장지영이 '조선어 연구회'를 조직하면서부터였고 이 단체의 활동이 가시화된 것은 바로 1926년 훈민정음 반포 제8회갑 기념식을 치른 후부터였다.(최용기. 2006. "일제강점기의 국어 정책", 『한국 어문학연구』46, p.24)

2) 『동아일보』, 1926년 11월 6일.

온 정음날이라함도 무방하다는 등 여러 가지 문답이 잇는 외에 윤치호씨
의 급무로는 신문지를 비러 언문글씨를 가장 미술덕으로 궁인의 글씨를
비러 어린이들을 배화줄 필요가 잇다는 등.”[3]

다양한 의견이 분분하자 이를 맡아 처리할 위원들을 선정하고 폐회했는
데, 이 때 10여명의 위원 가운데 박승빈이 포함되어 있다.[4] 1920년대
중반 박승빈은 이미 한글 운동에 적극적으로 참여하고 있었던 것이다.
같은 해인 1926년 11월에는 정음회(正音會)가 만들어진다. 조선어의
연구와 보급이라는 취지 아래 모임을 만든 것이다.[5]

> 正音會 創起
> 名稱: 正音會
> 緣起: 訓民正音頒布紀念日
> 宗旨: 朝鮮語文의 研究及普及
> 會址: 京城 仁寺洞 啓明俱樂部내
> 委員: 池錫永 魚允迪 尹致昊 玄櫶 李鍾麟 權相老 朴勝彬 權悳奎 宋鎭
>   禹 閔泰瑗 李相協 洪承耈 李允宰 姜相熙 洪秉璇 金永鎭 朴熙道
>   李肯鍾
> 常務委員: 李光洙 沈大燮 閔泰瑗

이때 위원으로는 박승빈을 비롯하여 10여명이 선정되었고, 상무위원으
로는 이광수, 심대섭, 민태원 등이 선정되었다. 창립회가 열린 장소가
계명구락부였고 박승빈을 비롯한 계명구락부의 회원들이 여럿 포함되어
있는 점을 고려하면 정음회는 계명구락부를 중심으로 해서 만들어졌음을
알 수 있다.

---

3) ‘이 하늘과 이 짜우에 거듭퍼진『한글』의 빛’,『동아일보』, 1926년 11월 6일.
4) ‘이 하늘과 이 짜우에 거듭퍼진『한글』의 빛’,『동아일보』, 1926년 11월 6일.
5) ‘정음회(正音會) 창기(創起) 소식’,『동광』제8호, 1926년 12월 1일.

2.2. 『훈민정음』 원문 공개

박승빈이 『훈민정음』 원본을 세상에 내놓은 점도 의미 있는 일이었다. 박승빈의 문중에서 오래전부터 내려오던 책 중에 『훈민정음』 원본이 발견된 것이다.

> "該本의 由來로 말하면 略 百餘年前부터 前記 朴勝彬氏家에서 傳來하야 오든 것인대, 同氏의 高祖父의 女婿 李世根氏의 家로부터 朴氏의 家로 건너온 것이다. 李世根氏의 母堂은 距今 272年前에 生하야 209年前에 沒한 號를 晦隱이라 하야 文學으로 著名하든 南鶴鳴氏의 曾孫女로 該冊에는 南鶴鳴氏의 印章이 찍혀 잇다."[6]

『훈민정음』 원본은 이미 수년전에 세상에 알려진 것인데 그 동안 진위여부가 계속 논란이 되다가 1932년에 와서야 진본임이 최종 확인된 것이다.

> "『訓民正音』 - 世宗大王時 頒布版이 朝鮮語學者 朴勝彬氏의 書庫 가운데서 發見된 우리 學界에 貴重한 事實이 잇다. 오래ㅅ동안 여러 點으로 周密한 考證과 鑑定의 結果 最近에 와서 그 原本됨이 確然無疑하게 된 것이다."[7]

이미 1927년 10월 한글학자 신명균은 당시 박승빈 소장의 『훈민정음』 본에 대해 다음과 같이 밝힌 바 있다.

> "今年 2月에 朝鮮語研究雜誌 『한글』을 發行하고 이 機會를 타서 訓民正音原版 全部를 寫眞版으로 製作하여 雜誌에 실허가지고 여러 讀者와 한가지 읽어보기로 되여 그의 原本을 廣求한 結果 朴勝彬氏 所藏인 單本의 訓民正音木刻版과 光文會의 所藏인 月印千江之曲 卷首에 合付

---

6) '世宗大王時 頒布版 訓民正音原本' 『동아일보』, 1932년 5월 14일.
7) '世宗大王時 頒布版 訓民正音原本' 『동아일보』, 1932년 5월 14일.

된 亦是 木刻版과 魚允迪氏의 所藏인 日本 宮內省 藏本의 抄本 세 가지를 엇게 되엿다. 이 세 本을 對照한 結果 朴氏本과 魚氏本이 同一하고 또 이 兩本은 光文會本과 第一葉 表裏兩面만이 다르고 그 外에는 三本이 全部가 가튼 것을 알게 되엿다. 그러면 이 三本이 字體나 配字數가 모두 大同한 中에서 朴氏本이 單本인 것과 또는 字體 가튼 것이 楷正함을 보아서 眞本에 갓가운 듯하며"8)

신명균의 글은 박승빈의 소장본 『훈민정음』 원본의 초사(抄寫)한 제일 엽 양면(第一葉兩面) 사진과 함께 실렸는데, 이를 통해 알 수 있는 것은 박승빈의 『훈민정음』 판본이 이미 세상에 알려졌었으며, 『한글』지에 그동안 알려진 여러 판본의 사본이 함께 실렸으며, 그 가운데 박승빈 소장 판본이 진본에 가장 가깝다는 사실이다.

박승빈의 소장본이 『훈민정음』 원본으로 인정되자 이는 학계뿐만 아니라 사회 전반에 커다란 반향을 일으켰다. 이러한 분위기를 말해 주듯이 1932년 5월 14일자 『동아일보』에는 이를 축하하면서 곧 사진판도 간행될 예정이라는 소식을 실었다.

"이번에 世宗大王當時에 製版頒布된 原本이 發見된 것은 實로 우리 學界에서 貴重하고 慶賀할 만한 事實이다. 該冊子는 다만 史學上 重寶가 될 쁜 아니라 바야흐로 朝鮮言文의 硏究가 摸索期로부터 그 本舞臺로 들려 하는 째 이러한 眞本이 世上光明을 보게 됨은 우리 言文의 將來를 爲하야 莫大한 吉兆라 하겟다. 原來 『訓民正音』은 朝鮮文의 根源이라. 이 正本으로 말미암아 漠然하야 曖昧한 學說이 一掃되고 그 正確合理의 길을 어들 基因이 될 것으로 信賴되는 點에 잇서도 얼마나 큰 意義와 使命을 가질 것인지 알 수 잇는 것이다."9)

---

8) '訓民正音原本에 對하여', 『동아일보』, 1927년 10월 24일.
9) '訓民正音原本 寫眞版刊行', 『동아일보』, 1932년 5월 14일.

당시 학계에『훈민정음』원본의 발견이 어떠한 영향을 미쳤는지를 짐작할 수 있다. 1932년 5월에 박승빈은『訓民正音』重刊本을 출간하면서 서문에 다음과 같이 소회를 밝혔다.

"어드운 밤에는 幽靈이 잇다. 太陽이 소슨 다음에 보면 或 나무이오 或 돌이오 或 꽃떨기이니라. 訓民正音은 朝鮮語音을 記寫할 朝鮮文字가 創製된 그 글이라. 故로 朝鮮語의 音理를 考察하랴 할에는 이 글에 當한 工夫를 等閑히 하디 못 할 바임은 勿論이오. 가갸나냐를 닐그며 쓰며 하는 사람으로서는 누구이든지 다 이 冊 한 券을 아니 가지디 못 할 것이라. 그러나 現在한 그 刊行本은 매우 稀貴하야서 그 글을 親히 보디 못 한 사람이 甚히 만흐며 或 어더볼 機會는 이서써도 이것을 熱讀할 方便을 어듬이 極히 어려웟다. 近來에 訓民正音의 論解에 關하야 荒誕 誤謬의 說이 流行되는 일이 자못 만흠은 이 글에 當한 考察이 오히려 昏暗中에 이슴에 因함이라. 이제 이 冊이 刊行됨에 依하야 사람사람이 다 이글에 遊泳함을 어드리니 어드운 밤에 생각하든 幽靈은 사라디고 光明한 해ㅅ빛에 비추이는 燦爛한 꽃떨기가 나타나리로다. 訓民正音의 重刊이여 어찌 徒然함이랴."

『훈민정음』원본의 사진판은『정음』제4호(1934년 9월)부터 제6호 (1935년 1월)까지 세 차례에 걸쳐 다시 세상에 공개되었다.『정음』4호에 서는 원본을 공개하면서 원본 여부에 대한 고찰을 담은 글을 발표했는데, 그것이 "訓民正音原書의 考究"이다. 박승빈은 자신이 가지고 있는『훈민 정음』본이 세종 당시에 인쇄된 원본이라고 판단했는데, 그 이유는 다음과 같다.

"그 題目에 世宗의 廟號의 表示가 업슴에 비추어서 世宗時代의 글임 이 推察됨, 印刷된 字形과 着墨의 優雅하며 濃艶함이 內閣版刊의 特徵이 나타나 잇슴. 그 종이質과 글字體가 四百年 以前의 것으로 鑑別됨. 文言

의 體制에 不條理한 곳이 업슴." (p.23)

박승빈은 위와 같은 근거와 함께 자신의 책이 단행본으로 되어 있다는 사실 등을 종합해 볼 때 훈민정음 반포시에 인쇄된 원본이라고 주장한 것이다.

한편 1936년 4월 22일자 『동아일보』에는 국문학자 조윤제가 박승빈의 『훈민정음』판본에 대해 평가한 내용이 있다.

"...近年에는 또 朴勝彬氏가 自家世傳의 訓民正音原本을 새로 發見하야 寫眞版으로 世上에 公布한 騷然한 일이 잇엇다. 亦是 어느 때 나는 朴先生의 書齋를 찾아 先生의 好意로 그 原本을 얻어 본 일이 잇엇으나 果然 훌륭한 책이란 것을 直覺的으로 깨달엇다. 다만 그 第一張이 毛筆로 修補한 것이겟지마는 語句에 얼마큼 語塞한 것이 잇는 것만은 甚히 遺憾된 일이지마는 本書가 影印本으로 世上에 나오게 된 것은 先生의 自信잇는 考證에 依한 것이고 또 오로지 捨我取公한 犧牲的 出版이니 感謝한 일이거니와 本書가 길이길이 그 原本의 地位를 일치 안흘까 다시 專門家의 또한 말이 무섭게 期待된다."[10]

박승빈은 『훈민정음』 원본을 가지고 있었고, 이 때문에 어느 학자보다도 『훈민정음』에 매료되어 있었다. 박승빈은 『훈민정음』을 "조선문화사상에 최대의 위업"이라 말하고, 당시 언어학적 사고 즉 음리적 고찰과 문법적 정돈이 심오하고 철저하게 반영되어 있다고 했다.[11] 그러나 개화기 혼란스러운 표기형태를 놓고 어떤 학자는 훈민정음이 불완전하기 때문이라고 주장하는 사람도 있다고 하면서 박승빈은 이를 개탄하고 있다.

"朝鮮語學者로 이름이 알려진 사람으로서 이와 가튼 말을 하는 사람

---

10) '고서왕래(상) 진본의 출세담', 『동아일보』, 1936년 4월 22일.
11) 박승빈. 1937. "訓民正音記念講話(稿)", 『정음』 21. p.5.

도 잇습니다. 「訓民正音 當時에는 文字가 생겨서 語音을 發音대로 記寫
하기만 하얏고 音理와 文法上에는 下等의 關心이 업고 知識이 업고
싸라서 法則이 업다.」" (p.5)

박승빈은 이에 대해 "십인십형(十人十形)의 철자를 쓰는 후손으로서
십인일치(十人一致)의 철자로 된 선조 시대의 글을 읽으면서 거기는 하등
법칙이 없는 것이라고 폭언을 토함은 너무도 무치 불손한 언사로 생각된
다."고 했다. 그리고 그렇게 생각한 사람은 그 사람 자신이 고서에 정하여
있는 법칙을 이해하지 못하기 때문이라고 비판했다.[12]

그러다가 1940년에 경북 안동에서 『훈민정음』(해례본)이 발견된다.
1940년에 발간된 『정음』 35호에는 새로 발견된 『훈민정음』이 실려 있는데,
그 머리말에는 소개 경위에 대해 간략히 나와 있다. 수개월 전 경북에서
발견된 『훈민정음』을 방종현과 홍기문이 공동으로 모사본을 구했고, 『정
음』지에서는 두 사람의 양해를 받아 그 전문을 소개한다는 것이다. 더불어
새로 발견된 원본과 박승빈의 소장본을 비교 연구해 보라는 당부도 함께
적혀 있다.[13] 박승빈의 『훈민정음』 판본(『훈민정음』예의본)은 나중에 육
당 최남선에게 넘어가고, 최남선 사후에 고려대에 육당문고로 기증된다.[14]

---

12) 위의 논문, p.6.
13) "훈민정음", 1940. 『정음』 35호, pp.1-2.
14) 육당은 부산 피난 시절에 『훈민정음』원본 초판본을 박승빈씨 가족으로부터 양도 받았다
　　고 한다(1965년 9월 18일 『동아일보』). 최남선의 유족들의 증언으로는 6.25때 대구에
　　피난 내려와 있던 차에 우연히 박승빈의 아들 변호사 박정서를 만났고 이때 박정서가
　　집안 가보인 『훈민정음』 판본을 최남선에게 넘겼다고 한다.(박승빈의 장손 박찬웅
　　(1993:307)에 따르면 이때 박정서가 피난지에서 양식이 떨어져 최남선에게 이 책자를
　　팔았다고 한다) 이후 1967년 10월 10일 최남선 10주기에 유족들이 『월인석보』 등과
　　함께 『훈민정음』 판본도 고려대학교에 기증했다. 현재는 고려대학교 도서관에 육당문고
　　로 보관되어 있다.(최학주, 2011, 앞의 책, pp.261-262).

2.3. 국어사전 편찬

갑오경장 이후 근대화의 물결에 따라 우리말과 우리글이 제대로 대접을 받게 되자, 한글이 국문으로 격상되고, 철자법의 통일 문제가 대두되면서, 우리말의 어휘를 정리하여 한 데 모아야 된다는 생각이 싹텄다. 국어사전의 편찬작업이 대두된 것이다. 이러한 분위기는 당시의 여러 책과 글에 나타나 있는데, 1897년 리봉운은 그의 저서『국문정리』의 서문에 "반졀리치를 알 사름이 젹기로 리치를 궁구ᄒ야 언문옥편을 ᄆᆞᆫᄃᆞᆯ"라고 주장하면서 사전편찬의 중요성을 밝히었고, 또한 주시경도 1897년『독립신문』의 '국문론'에 "국문으로 옥편을 ᄆᆞᆫ드러야 홀지라"라고 하여 국어사전의 편찬을 강조하였다.[15]

사전편찬은 1910년 조선광문회(光文會)의 창설과 깊은 관련을 맺는다. 광문회는 한국고전 등을 간행하면서 을사조약 이후 국민계몽운동을 일으켰던 장소였다.[16] 최남선을 위시한 학자들은 독립정신을 불러일으키고 새로운 지식을 널리 전하고자 하였고, 이러한 분위기 속에서 자연히 국어사전 편찬의 계획도 세워지게 된 것이다. 1911년부터 주시경과 그의 제자 김두봉, 권덕규, 이규영 등이 4년간의 사전편찬 작업을 진행하여 최초의 국어사전(『말모이』)이 완성되는 듯했으나 결국 사전은 세상에 나오지 못했다.[17] 사전이 마무리될 무렵 조선광문회는 운영난에 빠지면서 사전편찬 작업이 중단되고 만 것이다.[18] 이후 주시경은 38세의 나이로 요절하고, 김두봉은 상하이로 망명하면서 사전 작업은 다시 불투명해졌다.

1927년, 광문회에서 작업하다가 세상에 나오지 못한 그 사전뭉치를

---

15) 박영준 외. 2000.『우리말의 수수께끼』, 김영사. p.202.
16) 조선광문회의 위치는 지금의 청계천 장통교 인근에 48평짜리 파란 목조 2층 건물이었다. 아래층은 출판사 신문관이었고 위층이 조선광문회로 쓰였다. 이 자리에서 후에 최남선에 의해 3·1 독립선언서가 만들어진다.(최학주, 2011, 앞의 책, pp.265-266)
17) 박영준 외. 앞의 책, pp.202-203.
18)『동명』,『시대일보』를 거치며 가산을 탕진한 최남선은 조선광문회 운용자금을 댈 수 없었고, 이에 따라 '말모이' 편찬작업도 중단됐다고 한다.(최학주, 2011, 앞의 책, p.184)

이어받아 마무리 작업을 시도하려 한 것이 바로 계명구락부다.[19] 신문에는 다음과 같이 사전편찬의 경위와 의의를 자세히 소개하고 있다.

"시내 인사동에 잇는 계명구락부에서는 전자에 긔관잡지『계명』으로서 조선 고뎐 연구에 힘써 오든 바, 이번에 다시 조선어사뎐을 편찬키로 하고, 최남선 씨를 수뇌로 뎡인보, 리윤재, 림규, 변영로, 량건식 등 각 방면의 권위를 망라하야, 작일부터 위선 어휘 모집에 착수하엿다는데, 지금까지 위선 약 일만오천 원의 경비를 예산하는 바, 대부분 동구락부원의 출자가 될 터이라 하며, 편찬에는 이전 조선광문회에서 모아둔 것을 긔초로 시작하리라더라."[20]

며칠후 『동아일보』(1927년 6월 9일)에서는 사전편찬의 구체적인 계획을 세웠다는 소식을 전했다.

"啓明俱樂部에서는 今番에 六堂 崔南善氏의 主宰下에 朝鮮語辭典 編纂의 計劃을 세윗다. 그는 매우 適當한 事業인 줄을 안다. 啓明俱樂部는 朝鮮의 知識分子를 만히 網羅하여 잇스니 어느 意味에 잇서서 現下 朝鮮에 잇서서의 知識의 淵叢이라 할 수 잇고, 또 그 會員中에는 相當한 資力을 가진 이가 만히 잇스니 文化事業에 貢獻할 可能性이 充分히 잇다고 하겟다. 이 團體에서 計劃된 이 事業에 對하여는 우리는 그것이 잘 有終의 美를 이룰 것을 밋는 바이다."[21]

계명구락부는 표류하던 사전원고를 넘겨받아 조선어사전 편찬에 착수한다.[22] 고재섭은 『정음』 20호(1937년 9월)에 당시의 상황을 다음과 같이

---

19) 최경봉. 2005. 『우리말의 탄생』. 책과함께. pp.131-148.
20) '조선어사전 편찬-시내 인사동 계명구락부에서', 『동아일보』, 1927년 6월 6일.
21) '조선어사전편찬의 계획', 『동아일보』, 1927년 6월 9일.
22) 계명구락부 간사였던 심우섭과 몇몇 회원들이 논의 끝에 사전편찬 작업을 하기로 했고, 6월부터 조선어 사전편찬에 본격적으로 착수했다.(고재섭 1937. "조선어사전 편찬을 인수하면서" 『정음』 20호.)

묘사했다.

  "朝鮮人이 文化的 近代 生活을 向上함에 絕對的으로 朝鮮語辭典을
要하는 것이다. 또한 긴 民族 歷史를 가지고 東洋文化의 先進國이라
自認하고 東方禮儀之國이라 稱하든 朝鮮人으로서 그 民族의 손으로
編成한 辭典 하나가 업다는 것은 마음에 부끄러울 일이다. 外國人과
辭典問題에 言及하랴면 이마에 식은땀이 흐르고 侮辱밖에 바들 것이
업다. 이즈음에 有志有義者層에서 辭典編纂을 비롯한 與論이 飛騰함은
必然的 歸趨이며 朝鮮人으로서 劃期的 壯擧이며 快報이다."23)

  계명구락부는 생활개선 운동을 전개하고 학술연구 및 고전 간행 등
언론을 통하여 민중을 깨우치는 한편 일제에 항거하는 민족계몽 운동을
활발히 전개하였다. 사전 편찬도 그 일환으로 이루어진 것이다.

  "그 憤氣의 心的 動機는 하나는 朝鮮말을 統一 시켜 保存하자는 것이
오, 하나는 言文을 整理하야 바로 붓잡자는 것이오, 하나는 全民族의
外的 內的 羞恥를 免하자는 것이오, 또 하나는 啓明俱樂部의 文化啓發이
라는 趣旨에 副應코자 한 것이다."24)

  계명구락부에서 사전을 편찬하기로 결정한 다음 회원들의 결의는 대단
했다. 몇몇 간부를 중심으로 사전편찬에 대해 심도 있게 토의하고 밤낮으
로 토론하고 연구한 결과 계명구락부의 문화사업 중 가장 중대한 사업으
로 인식하게 되었다. 1928년 1월 계명구락부 정기총회에서 사전편찬 사업
은 만장일치로 회원들의 승낙을 얻어 사업에 박차를 가했다.25)
  사전편찬에는 당대 최고의 지식인과 유지자들이 힘을 모았다. 특히

---

23) 고재섭. 1937. "조선어사전 편찬을 인수하면서"『정음』20호, p.3.
24) 위의 논문, p.3.
25) 위의 논문, p.3.

경기지역의 유지들이 물심양면으로 사전편찬에 도움을 주었다. 사전편찬 작업에서 최남선은 통재(統裁)를, 정인보는 감독으로, 한징은 서무를 맡아 진행했다. 최초의 편집원은 최남선, 정인보, 임규, 양건식, 이윤재, 변영로 등이었으며, 이들의 역할 분담은 다음과 같다.[26]

《분담과목》
최남선 - 역사, 지리, 제도, 종교, 철학 등에 관한 말
정인보 - 한자에 관한 말
임 규 - 동사, 형용사
양건식 - 신어
이윤재 - 고어
변영로 - 외래어

사전 편찬을 위한 경비로 막대한 자금이 필요했다. 1927년 계명구락부에서 사전 편찬을 시작한 이래 박승빈과 민대식이 대부분의 경비를 조달했으며, 순종황제를 비롯하여 사회 각계의 독지가들이 기부금을 낸 것으로 유지되었다. 사전 편찬을 위해 경비를 보조한 사람들은 다음과 같다.[27]

《월연금》
*민대식 5천9백원
1927년 6월부터 1929년 1월까지 매삭 2백원, 1929년 2월부터 8월까지 매삭 1백원
*박승빈 6천4백7십원
1927년 6월부터 1930년 12월까지 매삭 50원, 1931년 1월부터 1934년 6월까지 매삭 90원, 1934년 7월부터 1935년 3월까지 매삭 60원
*윤치호 3백원

---

26) 위의 논문, p.4.
27) 위의 논문, p.5.

〈기부금〉

윤희중 1천원

박영철 60원

최　린 140원

조준호 3백원

송진우 50원

〈특별기부금〉

이왕전하 1천원 하사

윤구병 6백원

이태대 3백원

서창규 150원

계 1만6천5백30원

이때 박승빈은 물질적인 면뿐만 아니라 여러 면에서 사전편찬에 크게 기여한 것으로 보인다.『정음』20호에는 "더욱 종시일관하여 물질적으로 정신적으로 학리적으로 막대한 원조를 내려주신 박승빈씨의 성의와 노력엔 감격에 불감(不堪)한다."라고 표현하고 있다.

1928년에는 편집진을 더욱 보강했다. 그해 11월 이용기(은어, 속담, 시정어휘 수집)가 편집진에 합류했고, 서무를 맡았던 한징과 윤정하(보성전문 교수·회계사), 김진동[28] 등도 편집진에 참여하게 되었다. 이들이 참여하면서 사전 편찬은 더욱 박차를 가하게 되었다.

그러나 사전작업은 순탄치가 않았다. 최남선과 이윤재 등 사전편찬에 주도적이었던 사람들이 여러 가지 사정으로 하나둘 씩 사업에서 손을 떼자 작업은 거의 중지가 되고 말았다.[29]

---

28) 김진동은 1934년 6월까지 사전 편집에 정력을 다한 결과 건강을 해쳐 유명을 달리했다. "아, 내 생전에 기어코 조선어사전을 완성하려했던 것이 미필하고 불귀의 객이 되는구나. 벗들이여 만사를 제외하고 최악의 경우일지라도 불굴하고 사전을 완성하기를 부탁하노라. 이말 외에는 나의 하고 싶은 말이 없다"고 말하면서 눈을 감았다.(고재섭, 1937, 앞의 논문, p.4)

29) 박승빈은 생전에 "조선광문회의 육당이 살아 있는 한 조선어 사전은 반드시 나온다."고

지지부진하던 사전편찬 작업에 다시 활력을 불어넣은 것이 1929년 10월 31일에 결성된 '조선어사전편찬회'였다. 이 날은 한글반포 제 483주년을 맞이하는 날이었고 관계자와 사회유지 등 100여명이 모여 성대히 기념식을 거행하고 이날을 기회로 조선어사전편찬회 발기회와 창립회를 동시에 선언하였다.

> "우리 힘으로 朝鮮語辭典을 編纂하려한 努力이 從來 업든 바는 아니니 朝鮮光文會, 啓明俱樂部 等은 各各 그 事業을 進行하얏다. 그러나 不幸히 兩者가 다 經費其他의 原因으로 完成을 보지 못하고 말앗다. 그런데 이제 同會가 創立되어 그 斯界의 權威가 全部一堂에 모이게 된다 하면 事業能力에 잇서 또 그 權威에 잇서 刮目할 바 잇슬 것이어서 可히 朝鮮의 標準辭典이라 할 것이다."[30]

이처럼 조선어사전편찬회에 거는 민중들의 기대는 매우 컸다. 편찬회의 발기인에는 이윤재 뿐 아니라 박승빈, 윤치호 등 계명구락부 회원들 상당수가 포함되어 있었던 것으로 보아 이 모임은 순수하게 사전 편찬을 목적으로 결성된 것임을 알 수 있다.[31]

1929년 10월 31일 조선어사전편찬회 발기총회를 경성 수표동에 있는 조선교육협회에서 열고 위원을 선거한 후 규약 등을 통과시켰다. 한글통일을 위해 사회각계 유지를 망라한 조선어사전편찬회가 이로써 창립되었는데 조선어사전편찬회의 발기인과 선거된 위원 및 부서는 다음과 같다.

一. 발기인
유진태 이승훈 윤치호 이종린 남궁훈 최린 허헌 송진우 신석우 안희재 박승빈 유억겸 김활란 이용설 김인수 채필근 김법린 백린제 최규동

말했다고 한다.(최학주, 2011, 앞의 책, p.185)
30) '조선어사전편찬회의 창립', 『동아일보』, 1929년 11월 2일.
31) '사회각계유지망라 조선어사전편찬회', 『동아일보』, 1929년 11월 2일.

조동식 정대현 최두선 김려식 김미리사 백남훈 장응진 김동선 안재홍 이만규 김창제 이세정 박희도 안재학 이상협 민태원 주요한 한기악 이시목 홍명희 정인보 이관용 이돈화 황상규 조만식 김기련 조기금 정칠성 유각경 정인과 김창준 김우현 박한영 김두봉 권덕규 최현배 신명균 이상춘 김윤경 장지영 이규방 이병기 정렬모 이윤재 홍기문 이탁 강매 김지환 차상찬 이성환 방정환 권상규 박연서 류형기 김필순 김영진 백악준 이순탁 백남규 안일영 윤치형 이광수 양주동 염상섭 변영로 현진건 이익상 이은상 최상덕 전영택 지석영 임규 심우섭 이우식 민대식 김계수 장두현 김성수 장현식 홍순필 노기정 백관수 김병규 윤병호 이경재 이중건 이극로

二. 위원
안재홍 주요한 이시목 정인보 권덕규 최현배 장지영 이상춘 이병기 정렬모 유억겸 박승빈 최두선 이광수 방정환 김법린 노기정 이중건 신명균 이윤재 이극로

三. 부서
위원장 이극로, 이중건(경리), 이극로(편집), 최현배(연구), 신명균(조사), 정인보(교양), 이윤재(출판)

박승빈은 총 108명의 발기인에도 포함되어 있으며, 총 21명의 위원에도 이름을 올리고 있다. 사전편찬에 박승빈이 얼마나 많은 관심과 정열을 기울였는지를 짐작할 수 있다. 그러나 뒤에 이 모임이 조선어학회 산하로 들어가면서 박승빈은 다시 독자 노선을 걸을 수밖에 없었다. 박승빈의 철자법과 대립했던 조선어학회인지라 사전편찬의 방향과 구체적인 작업에서 의견을 달리 할 수밖에 없었기 때문이다.『동아일보』1932년 1월 8일자에는 양편으로 갈라진 사전편찬의 상황을 다음과 같이 묘사하고 있다.

"조선어학회는 한글 정리 운동으로 가장 크고 어려운 운동을 시작하야 계속 하고 잇스니 조선어사전편찬 사업이다."

"짜로히 조선어사전편찬에 노력하고 잇스니 계명구락부를 중심으로 하고 조직된 조선어사전편찬이 즉 그것이다. 1921년 1월에 계명구락부 사업으로 사전편찬에 착수하고, 최남선, 정인보, 임규, 양건식, 이윤재, 변영로 제씨를 편찬원으로 선정하야 지금까지 노력하야 오는 중이나 중도에 여러 가지 사정으로 지금은 임규씨 혼자 이것을 담당하고 노력 중이라 한다."[32]

"辭典編纂에 對하야서는 朝鮮語辭典編纂會외 啓明俱樂部가 잇고 新綴字活字는 本社의 新鑄가 近近 完成되려니와 其他朝鮮 말, 글의 運動에 對하야서는 人力으로나 經濟力으로 有力한 人士들이 團結하야 一大運動을 이르키기를 바라지 아니할 수 없다."[33]

조선어사전편찬회에서 나온 박승빈은 다시 계명구락부를 중심으로 사전편찬 작업을 진행한다. 그러나 계명구락부의 사전편찬 작업은 매우 어렵게 진행되고 있었고, 마지막에는 임규 혼자 편집을 담당해야 할 정도였다.[34]

1937년 계명구락부의 사전 편찬 작업이 어려움에 부딪히자, 회원과 간사들이 모여 사전 편찬 문제에 대해 다시 논의를 하였고, 결국 총회에서 조선어학연구회로 사전 편찬 작업을 인계하기로 결정한다. 이미 7년의 역사가 있는 조선어학연구회에는 조선어에 능통한 학자들이 많았고 모든 조건에서 계명구락부보다 더 유리하다는 점을 고려한 것이다. 조선어학연구회의 기관지인 『정음』 20호(1937)의 머리말에는 이러한 경위에 대해 소상히 적혀 있다.

---

32) '최중대한 사전편찬사업 - 어휘주석, 방언조사 양단체에서 진행중-', 『조선일보』, 1932년 1월 8일.
33) '조선말, 글과 조선문화', 『동아일보』, 1932년 8월 1일.
34) 70여세의 고령임에도 조금도 쇠한 빛없이 사전편찬에 정력을 다한 임규는 "내 여명이 5분간일지라도 사전편찬의 붓을 놓지 못하겠다"고 하면서 마지막까지 불굴의 투지를 보였다.(고재섭, 1937, 앞의 논문, p.4)

"今番 啓明俱樂部에서 時日로 十一年, 貨로 數萬圓을 費하야 語彙
十數萬個가 너믄 朝鮮語辭典을 編纂中이든 바, 액김업시 本會에 編纂事
業 一切를 讓與케 되야 本會는 又復責任이 重且大한디라. 民族的 歷史的
大事業인 朝鮮語辭典을 完成하야 四千年 歷史를 가진 朝鮮말을 統一시
키고 五百年 歷史를 가진 言文을 바로 붓잡기 爲할 쑨만 안이라, 國際的
羞恥와 侮罵를 一蹴하고 名實共히 文明人과 班列하랴는 義奮心에 불타
고 血誠에 피 쓰른 先輩 諸 先生께서 주리고 목말라가면서 不分晝宵하야
한 개 語彙도 쌔딤업시 蒐取하랴고 南으로 濟州, 北으로 會寧, 東으로
鬱陵, 西로 江華, 朝鮮 十三道 都會로부터 山間僻地에 亘하야 한 끝
쌔딤업시 踏破涉獵하야 十數萬의 語彙를 蒐取하신 그것은 實로 피와
눈물로써 奮鬪한 結果이다."

조선어학연구회로 인계될 당시 사전 편찬을 위한 어휘는 약 10만개를
수집하고 카드로 정리를 해 놓은 상태였다.[35] 이를 토대로 조선어학연구
회에서는 앞으로 수만원의 경비를 더 모으고 4-5년 더 열심히 하면 사전이
완성될 수 있을 것으로 예상했다.[36] 당시 신문에서는 조선어학연구회의
사전 편찬 소식을 상세히 전하고 있다.

"조선어학회와 견해는 서로 다르나 조선어정리와 발전운동에 다같은
큰 공헌을 끼치고 잇는 단체가 곧 조선어학연구회(朝鮮語學硏究會)다.
이 회에서는 작년 10월 계명구락부에서 오래전부터 편찬중에 잇든 조선

---

35) 사전 편찬을 위한 카드는 최남선이 가지고 있다가 사후 유족들에 의해 고려대학교
도서관에 도서가 기증될 때 함께 기증되었으나, 현재는 극히 일부만('모~모히'까지
404장) 남아 있다. 남아 있는 카드는 고려대 김민수 교수가 도서관 서고에 방치된 카드
중 일부를 연구용으로 가져갔던 것으로, 자료 검토가 끝나기도 전에 서고에 남아 있던
카드는 자료의 중요성을 인식하지 못한 도서관 담당자에 의해 모두 폐기처분되었다.(최
경봉 2005:149).
36) 고재섭(1937:6-7)은 사전 완성을 총 3기로 나누어 보았는데, 제1기는 어휘수집, 제2기는
수집된 어휘를 통일적 과학적 범례 밑에 체계가 분명하고 색인이 편리하게 편찬하는
것, 제3기는 이미 완성된 원고를 활자로 정연하게 만들어 책으로 출판하는 일이라
했다. 그러면서 조선어학연구회가 사전 작업을 인수할 당시는 제1기를 마치고 제2기에
접어드는 시점이라고 했다.

어사전을 전적으로 인수하야 현재 그 편찬사업을 예의(銳意) 진행 중이다. 이 사업의 경로를 살펴보면 지금부터 12년전인 소화 2년 6월 당시 계명구락부 간사이든 심우섭씨의 발론으로 비로소 편찬에 착수한 것이라 한다. 그러나 당시 조선 사회의 문화운동의 사조는 매우 고조되엿을 때인지라 이 사업이 나타나기 전 벌서 최남선씨가 주재하든 광문회의 조선어사전 편찬사업을 비롯하야 수개 처에서 그 사업은 나타낫엇으나 필경 대개는 결과를 보지 못하고 중지되엿고 다만 그곳의 사업만이 근기 잇게 진행되엿엇다. 그리하야 그동안 정인보 최남선 박승빈 임규씨 등 여러분의 열성과 노력으로 십수만개의 어휘는 수집되엿고 그 주석도 완료되엿으므로 동 회에서는 이로써 제1기 사업은 마치고 제2기 사업으로 옮기어 박승빈, 임규, 최익한씨등 관계자 여러분은 불철주야 어휘선택과 주석정리에 착수하고 있다. 하여튼 동회의 편찬사업은 이미 기초공작을 완료한 것만은 사실이며 불원한 장래에 그 사전의 자태는 조선사회에 나타날 것이라는 바, 그것은 조선문화상 일대 수확으로 보지 안흘 수 없을 것이다."[37]

1927년 6월 계명구락부에서 사전편찬에 착수한 후, 광문회를 거쳐 조선어학연구회까지 이르게 되었고, 십수만 개의 어휘가 수집되었으며, 1차 주석 작업도 완료되었고, 박승빈을 비롯한 몇몇 연구자들이 어휘선택과 2차 주석정리에 착수했다는 내용이었다. 사전이 출간된다면 이는 조선문화상의 일대 수확이라 그 의미를 부여하고 있다. 이후 조선어학회와 조선어학연구회에서는 각자 사전 편찬 작업을 진행했다.

"그러나 불행히도 조선에는 아직까지 조선말을 본위로 한 사전이 없엇다. 이것은 조선 사회의 커다란 수치인 동시에 통탄치 안흘 수 없는 사실일 것이다. 이에 느낀 바 잇어 약 십여년전부터 조선어를 연구하는 여러 단체에서는 조선어사전 편찬사업에 착수하기 시작하엿다. 그러나 그 대부분은 유종의 미를 보지 못하고 중지하고 오늘날까지 꾸준히 그

37) '문화건설도상의 조선(1)', 『동아일보』, 1938년 1월 1일.

사업의 완성을 위하야 그 일을 하야 가는 단체는 조선어학회(朝鮮語學會)와 조선어학연구회(朝鮮語學研究會) 두 곳이 잇을 뿐이니 모두 귀중한 존재이다. 그러면 이 사업은 과연 어느 정도까지나 진전되엿을까?"[38]

조선어학연구회로 계명구락부 사전 카드를 인수하여 사전을 완성하고자 했으나, 박승빈은 사전을 완성하지 못한다. 사전은 결국 조선어학회를 통해 빛을 보게 되는데, 우여곡절 끝에 해방 후 1947년이 되어서야 최초의 국어사전인 『조선말 큰사전』이 세상에 나왔다.[39]

2.4. 조선어강습회

박승빈은 조선어 문법을 연구하면서 연구한 내용을 꾸준히 논문으로 발표하는 한편, 일선 학교와 대중 강습회를 통해 전파하고자 했다. 앞서 『조선어학강의요지』가 보성전문에서 조선어 교육을 위한 교재로 쓰였다는 점을 언급했지만,[40] 이밖에도 계명구락부를 통해 다양한 강습회를 열어 자신의 학설을 보급했다. 일례로 1928년에 석왕사(釋王寺)에서 열린 계명구락부의 하계 강습회 소식을 살펴보기로 하자.

"啓明俱樂部에서 今番 夏休를 利用하야 精神修養과 學術講話를 爲하야 往復 十日間의 豫定으로 釋王寺 納凉會를 開催하기로 하얏는데, 會費는 每人 17圓이오 八月三日 京城發 同 十二日 歸着할 豫定이오. 講題는

---

38) '문화건설도상의 조선(1)', 『동아일보』, 1938년 1월 1일.
39) 조선광문회, 계명구락부, 조선어학연구회에 이어져 내려온 국어사전편찬 사업이 결실을 보지 못한 데 반해, 조선어학회에서 결실을 보게 된 이유로 첫째, 전문인의 집결로 조직력이 강했고, 둘째, 사전편찬의 전제조건인 정서법, 표준어, 외래어 표기법 등의 제 문제를 해결했으며, 셋째 전문가의 집결인 조선어학회의 실천력을 신뢰한 범사회적인 지원이 있었다는 점 등을 꼽을 수 있다.(박병채. 1977. "1930년대의 국어학 진흥운동", 『민족문화연구』 12, pp.37-38)
40) 1930년 8월 1일 『별건곤』 제31호 '엽서통신'에는 교장 박승빈이 보성전문학교에서 매주 조선어를 세 시간씩 가르치고 있다는 기사가 있다.

"에쓰페란토"에 張錫泰氏, 朝鮮語文法에 朴勝彬氏로 定하얏고 其他修養에 關한 談話는 隨時團員中에 할터이며 部員 以外의 人士라도 部員의 同伴이나 紹介가 잇스 參加할 수 잇다 하며 參加申請은 今月 三十日까지 會費를 添하야 該部에 提出하기 바란다더라."[41]

계명구락부에서는 정신수양과 학술강습회를 개최했는데, 강의 주제는 '에스페란토'와 박승빈의 조선어문법이었다. 같은 해 11월에는 청년회의 수양 강좌가 열려 박승빈의 특강이 있기도 했다.

"民族의 文化와 言語, 청년회의 수양강좌
금29일 오후 7시반부터 종로 중앙 긔독교 청년회에서는 박승빈씨를 청하야 "민족의 문화와 언어"란 데로 수양강좌를 연다더라."[42]

1928년 12월 4일자『동아일보』에는 중앙기독교청년회 주최 박승빈의 한글특별강좌가 열린다는 소식을 전하고 있다. 일주일 동안 매일 저녁에 열리는 특별강좌에서 박승빈은 자신의 문법과 철자법을 강의했다.

"종로 중앙긔독교청년회에서는 '한글'연구에 대한 석학자인 박승빈 씨를 초청하여 오는 6일부터 12일까지 일주일 동안 매일 오후 일곱시반 부터 종로 동 회관에서 "한글특별강좌(朝鮮語特別講座)"를 열 터이라는 데 회비는 일원, 동 회원에 한하야는 오십전인 바 명원은 오십명 가량임 으로 지원자는 속히 동 회사 회부에 신청하야 주기를 바란다더라."[43]

계명구락부에서는 매주 금요일마다 '조선어강좌'를 정기적으로 개최했다. 강사는 박승빈이고 매주 두 시간씩 조선어강습이 이루어졌다.

---

41) '啓明俱樂部 納凉講話',『동아일보』, 1928년 7월 31일.
42) '民族의 文化와 言語',『동아일보』, 1928년 11월 29일.
43) '한글특별강좌',『동아일보』, 1928년 12월 4일.

"시내 인사동 계명구락부에서는 매 금요일 밤마다 조선어 강좌를 개최한다는데 오는 십칠일 금요일부터 시작하며 강사는 박승빈씨요 시간은 오후 일곱시 반부터 두 시간이라고 한다."[44]

1931년에는 강습회가 일주일에 3차례나 열리기도 했다. 1931년 11월 2일자 『동아일보』 기사에는 인사동 계명구락부에서 11월 3일부터 28일까지 26일 동안 매 화요일, 목요일, 토요일 오후 7시부터 9시까지 조선어 강좌를 개강한다고 하면서 강사는 박승빈, 청강료는 무료라는 소식이 보도되었다. 조선어학연구회가 창립된 이후에도 1935년까지 봄, 가을, 그리고 겨울에 조선어학강습회가 꾸준히 열렸다.

2.5. 한글 연구로 공로상을 받다

박승빈은 한글연구와 보급에 힘쓴 공로로 1930년에 공로상을 수상하게 된다. 『동아일보』 창간 십주년 기념 사업으로 마련된 공로상 시상은 사회 각계에서 커다란 활약을 하고 있는 활동가에게 수여하는 것이었다. 각 방면의 수상자를 보면 다음과 같다.(『동아일보』, 1930년 4월 1일자)

조선어문공로자
(김두봉 이상춘 김희상 권덕규 이규방 최현배 신명균 이윤재 박승빈)
체육계공로자
(조선체육회 중앙기독교청년회 체육부 빠하트 강악원 서병의 이세정)
농촌사업공로자
(정인숙 윤영호 윤상호 이주원 김규태 정병순 이종상 김현직 박계진
  방종구 오성선 김희문 한시영 이충건 이달원)
농촌교육공로자

---

44) '啓明俱樂部 朝鮮語開講', 『동아일보』, 1930년 10월 15일.

(이인창 이원우 공덕필 박맹룡 유창식 홍종주 이병학 박연의)

조선어문 공로자들은 김두봉을 비롯해 이상춘, 김희상, 권덕규, 이규방, 최현배, 신명균, 이윤재, 박승빈 등 총 9명이었다. 신문에서는 박승빈에 대해 다음과 같은 공로가 있다고 소개하고 있다.

> "박승빈씨의 한글연구는 독특한 맛이 있는 단독연구자이다. 씨는 경성 출생으로 일즉이 명치대학(明治大學)을 졸업하야 법률을 전공하는 이외에 한글연구에 부단의 노력을 하얏다. 그리하야 씨는 씨의 연구한 바를 각 잡지 신문지상에 발표하얏섯는데 그는 종래 모든 연구자의 론한 바보다 독특한 이채를 내엇스니 이것이 씨의 공로이라 할 것이며, 현재 보성전문학교(普成專門) 교장으로 게시며 학생들의게 또한 한글 보급을 식히고 잇다."[45]

박승빈이 법률가로서 한글 연구에 매진하여 독창적인 이론을 만들었고, 이를 학생들에게 보급하기 위해서도 애썼다는 점을 높이 산 것이다.

3. 조선어학연구회와 기관지 『정음』

3.1. 조선어학연구회

1931년 11월 28일 총 26일 동안의 조선어강습회가 성황리에 막을 내리고 이어 벌어진 간담회에서는 박승빈의 문법과 철자법을 따르는 청강생들이 자발적으로 '조선어학연구회'를 발기하게 된다.

> "계명구락부에서는 지난 3일부터 동 28일까지 사이에 박승빈씨를

---

45) '조선어문 공로자 소개, 창간십주년기념사업(5)', 『동아일보』, 1930년 9월 6일.

강사로 조선어강좌를 개최햇다함은 긔보와 갓거니와 지난 28일에 동
강습회를 마치고 동야 8시경에 간담회를 열고 청강생들이 조선어학연구
회(朝鮮語學研究會)를 발긔하얏다는 바 수일내로는 동 회의 총회를 개
최하리라 하며 창립위원을 다음과 가티 선거하고 폐회 하얏다 한다.
文時赫, 丁奎昶, 文琭善, 申南澈, 韓華淵, 李肯鐘, 李亨雨, 白南奎"[46]

간담회에는 20여명이 참석했으며, 이 자리에서 모임의 이름을 '조선어
학연구회'라 정하고 창립준비위원 8인과 연구회의 규칙 초안을 작성할
작성위원을 선정했다. 1931년 12월 5일에는 창립준비위원회가 다시한번
열려 마지막 창립 준비작업을 검토했으며, 마침내 12월 10일 창립총회가
개최되었다. 문시혁의 사회로 시작된 창립총회에서는 먼저 백남규(중앙
고보 교사·수학자)의 경과보고가 있은 후 규칙 제정과 간사 선정 순으로
진행되었다. 간사에는 이긍종, 백남규, 신남철, 문시혁, 정규창 등 다섯사
람이 피선되었다.[47] 총회에서 발표된 조선어학연구회의 규칙은 다음과
같다.

〈朝鮮語學研究會規則〉
第1條 本會는 朝鮮語學研究會라 稱함
第2條 本會는 朝鮮語學의 研究와 朝鮮文 記寫法의 整理를 目的으로 함
第3條 前條의 目的을 達하기 爲하야 左記 事項을 行함
　　　朝鮮語學의 研究, 發表, 講演會, 講習會의 開催, 出版物의 發行
　　　其他 本會의 目的을 爲하야 必要한 事項
第4條 本會의 本部는 京城에 寘하고 必要에 依하야 地方에 地部를 둠
第5條 本會의 經費는 會員의 出捐金, 篤志家의 捐助金 其他의 收入으
　　　로써 이에 充用함. 本會의 會計年度는 每年 4月1日에 始作하야
　　　翌年 3月末에 마침

---

46) '朝鮮語學研究會 不日創立總會', 『동아일보』, 1931년 12월 1일.
47) '本會錄事', 『정음』 창간호, 1934년 2월 15일.

第6條 本會에 加入함에는 會員의 紹介에 依하야 幹事會의 承諾을
　　　거쳐야 함
第7條 本會에 다음의 任員을 둠
　　　幹事 若干名, 代表幹事 1人
第8條 幹事는 定期總會에서 選擧하고 代表幹事는 幹事會에서 互選
　　　에 依하야 定함. 單 幹事의 補缺選擧는 臨時總會에서 이를
　　　行함을 得함 任員의 任期는 滿 1年으로 함
第9條 本會의 集會는 다음과 가틈
　　　定期總會 每年 4月에 代表幹事가 이를 召集함
　　　臨時總會 必要가 잇는 째에 代表幹事가 이를 召集함
　　　月例會 研究를 爲하야 每月 2回 以上 會合함
第10條 會員의 會費에 關한 事項은 幹事會의 決議로써 이를 定함.
　　　單 最近 總會의 承認을 要함이 可함
第11條 本會의 趣旨에 贊同하는 人士를 贊助會員으로 推薦함을 得함
第12條 本 規則에 規定이 업는 事項은 幹事會의 決議 또는 總會의
　　　決議에 依함
　　　幹事會의 決議는 總會의 決議에 抵觸함을 不得함[48]

　　규칙은 총 12조로 되어 있는데, 주요 내용을 보면, 목적은 조선어학의
연구와 조선문 철자법의 정리를 위한 것으로 하고, 이를 위해 연구발표
및 강연회, 출판물 발행 등을 병행한다고 하였다. 매월 2회 월례회를 열고
(첫째, 셋째 월요일 밤), 연 2회의 정기 강습회를 개최하기로 했다. 연구회
는 간사를 중심으로 운영되는데, 간사 약간 명과 대표간사 1인을 정하기로
했다. 초대 대표간사는 이극종이 맡았다.

　　1932년 4월 18일에 제1회 정기총회가 열렸는데, 이때 경과보고와 회계
보고와 함께 본회 취지서 작성과 규칙개정의 결의가 있었다. 간사를 7인으
로 증선하고 이극종, 백남규, 신남철, 권중협, 문시혁, 문록선, 정규창 등을

---

48) 『정음』 창간호(1934년 2월 15일)

간사로 선출했다.[49] '조선어학연구회 취지서'는 1932년 9월에 마련되었는데, 여기에는 학회가 태동된 배경과 목표와 다짐 등이 명확하게 드러나 있다.[50]

"言文의 整理와 統一은 現下 朝鮮 民衆이 一般的으로 切實히 要求하는 한 사람이다. 한 民族의 言語는 그 民族의 文化 發展上에 至大한 關係잇는 것이니 言文에 當하야 文典이며 記寫法의 處理를 論議함에는 가장 敬虔한 態度로써 그 完美한 整理를 企圖함이 可한 것이다."

우리말과 글을 올바로 정리하고 규범을 완성하는 작업이 당시로서는 가장 시급한 문제였다는 점을 알 수 있다. 특히 철자법과 관련하여 조선어학회에서 추진하고 있는 새로운 철자법이 일부 학자의 독단에 의해 만들어졌고 이로 인해 여러 가지 문제가 있으며 과학적이지 않다는 점을 강조하고 있다.

"무릇 言文의 記寫法은 科學的으로 論理가 明確하고 體系가 整然함을 要하며 從來에 慣用하여 온 歷史的 制度에 基據함을 要하며 民衆이 日常으로 實用함에 平易함을 要하는 것이라. 故로 記寫法의 整理 統一을 圖謀함에는 아페 세 條件을 把握하야 가지고 나아가지 아니하면 아니되는 것이다. 現在 朝鮮語의 文典과 記寫法의 整理는 果然 어쩌한 狀態에 處해 잇는가? 또 將來에 어쩌한 制度로 整理될 것인가? 이 事項은 單純히 一部 學者의 獨斷에만 放任할 바가 안이오 知識階級에 잇는 一般 人士는 다 緊切한 關心으로써 그 歸趣를 監視함이 可한 것이라."

취지서에서는 바람직한 철자법의 요건으로 세 가지를 제시하고 있는데,

---

49) 입회금은 50전이었고, 연회비는 1원이었다.(본회록사(本會錄事)-『정음』창간호(1934년 2월 15일))

50) 『정음』창간호(1934년 2월 15일) 말미에 조선어학연구회 취지서, 강령, 조선어학연구회 규칙, 본회록사 등이 정리 기록되어 있다.

첫째, 과학적으로 논리가 명확하고 체계가 정연해야 하며, 둘째, 이론과 규칙이 역사적 제도에 근거해야 하며, 셋째, 민중들이 일생생활에서 쉽게 사용할 수 있어야 한다는 것이다. 초창기 주시경 선생의 연구와 노력, 그리고 이를 계승한 후학들의 노고에 대해서도 감사를 표하고 있다.

> "20餘年 前에 故 周時經 先生이 朝鮮言文에 關한 새 學說을 硏究 發表하얏고 以後로 그 學說을 배운 여러 人士가 그 學說을 基礎로 하는 朝鮮語 記寫法의 改正을 圖謀하야 現在 우리 社會에 相當한 勢力이 扶植되야 잇는 바이라(近日 『한글』式이 그것이라) 우리들은 周 先生의 그 初創 時代에 努力이며 그를 繼承한 後學者의 不絶한 勤勞에 對하야 感謝의 뜻을 表하는 바이다."

그러나 조선어학회의 새철자법은 민중의 요구에 부응하지 못하고 있다고 비판한다. 스스로의 학설에 도취되어 민중들의 실생활과는 동떨어져 있다는 지적이다.

> "그러한데 좀人로 하야금 이제 嚴密한 考察의 必要를 늣기게 하는 바는 그 한글派 學說이 果然 民衆의 要求에 應할 만큼 얼마나 學術的 眞價가 잇는가? 하는 그것이다. 以來 그 學派에 屬한 多數의 人士가 만흔 歲月과 精力을 消費하야 不絶한 活動을 繼續하얏 것마는 今日에 니르러서 그 結果는 너무도 甚한 不成績에 떨어덧슴이 숨길 수 업는 事實이다, 大衆의 實生活과는 然이 멀게 疎隔되고 高高한 神宇 안에서 스스로 尊貴를 憧憬함이 今日에 잇는 그 學說의 處地이다.
> 中等 程度 以上의 學校에서 그 學說을 敎授한지가 이미 20年에 갓가와 왓는데 多數의 修學者 中에 그 學說의 理論과 記寫法을 正確히 曉解하는 사람이 무릇 몇이나 되는가? 相當한 文識을 가진 紳士와 淑女가 猝然히 文盲이 되얏슴은 姑捨하고 最高級의 學識이 잇는 人士로서도 오히랴 그 記寫法을 曉解하는 사람이 曉星보다도 稀疎하다. 하물며 一般 民衆에 잇서서이랴."

취지문에서는 그 이유를 새철자법의 지난함과 그 학설에 여러 중대한 결함이 있기 때문이라고 주장한다. 그러면서 결함이라고 생각되는 부분에 대해 하나씩 지적을 덧붙이고 있다.

"어찌하야서 世宗의 親序하심과 五百年間 實驗함에 依하야 가장 쉬우며 가장 便하기로 特長이 되야잇든 우리의 正音의 記寫法이 이러틋이도 持難한 글이겟는가? 이것은 그 學說의 內容에 多大한 缺陷이 包含되야 잇는 證左일 것이다. (중략) 그 學說에는 科學的 眞理에 어그러지는 牽强的, 幻影的 論法이 잇디 아니한가? 歷史上의 基礎的 制度를 沒覺한 妄擧가 잇디 아니한가? 語音과 符合되디 아니하는 記寫의 壟斷的 强要가 잇디 아니한가? 發音 不能되는 奇形 文字의 使用이 잇디 아니한가? 局部的 觀察에 拘泥되어 全體에 會通되지 못하는 偏傾的 見解가 잇디 아니한가?"

한글파의 새철자법은 객관적이지 않고 역사적 내용에 근거하지도 않았으며, 어음과 부합되지도 않는 편향적 견해가 들어 있다는 것이다. 나아가 이러한 학설로 조선어를 정리하고 통일한다는 것은 도저히 기대할 수 없으므로, 합리적이고 체계적인 철자법이 필요하다는 논지이다. 그리고 그 대안으로 바로 박승빈의 훈민정음을 근원으로 하는 조선어문 정리와 철자법을 제시하고 있다.

"大衆이 切實히 要求하는 事物은 반듯이 出現하는 것이라. 朴勝彬 先生이 過去 20餘年間 精力을 傾注하야 이 學問을 硏鑽한 結果 그 整理의 完成을 告하게 됨에 맛춰 啓明俱樂部의 要請에 依하야 1931年 11月 中에 26時間의 講演으로써 그 學說을 發表하얏다. 朴 先生의 學說의 內容은 訓民正音을 根源으로 한 歷史的 制度에 依據하고 近代 科學의 歸納的 硏究 方法을 取하야 論理는 極히 嚴正하며 說明은 極히 綿密하며 全體에 亘하야 體系는 極히 整然하고 그 學說에 依한 記寫法은 規例가

簡明하고 綴字가 平凡하야 民衆的 實用性이 豊富한 特長이 잇다. 그러하야 後學者로 하야금 多年間 夢迷하든 濃霧가 忽然히 거티고 眼界가 晴朗하야딤의 늣김을 엇게 하얏다.”

이와 더불어 강연회에 참석했던 청강생들이 발의하여 조선어학연구회가 조직되었다고 덧붙이고 있다.

“그 講演이 終了되는 날에 聽講者 一同은 洽然히 相應하야 한 機關을 組織하야 朴 先生의 學說을 基礎로 하야서 스스로 硏究를 繼續하며 또 그 學理를 一般에 普及하야 朝鮮 文化에 貢獻하기를 決意하야 1931年 12月 10日에 이 朝鮮語學硏究會가 組織된 것이라.”

마지막으로 취지문에는 박승빈의 학설 또한 하나의 학설일 뿐이니 이에 얽매일 필요는 없으며, 오직 학술적인 진리와 학자적 양심에 입각하여 조선언문에 대한 연구를 진행해 나갈 것을 다짐하고 있다.

“그러나 本會는 朴 先生의 學說에도 또한 徒然히 拘泥할 바는 아니다. 오즉 學術的 眞理에 合하며 民衆的 實用에 便利함을 主義로 하야 純眞한 學者的 良心으로 下記 綱領에 依하야 進展하랴 하는 것이다. 그러하야 本會는 朝鮮言文을 純正하고 平易한 法則으로 處理하야서 朝鮮 言文 自體의 優美를 發揚함을 使命으로 하는 바이라.”

연구회에서는 취지서와 함께 ‘강령’을 발표했는데, 그 내용은 다음과 같다.

〈綱領〉
• 學術的 眞理에 起因한 法則을 遵行하고 牽强的, 幻影的 見解를 排除함
• 歷史的 制度를 尊重하고 無稽한 好奇的 主張을 排除함

- 民衆的 實用性을 重視하야 平易 簡明한 處理法을 取하고 難澁 眩迷
한 處理法을 排除함

위의 강령 내용은 바람직한 철자법이 갖춰야 할 세 가지 요건과 맥을
같이 한다. 조선어학연구회의 주요 활동이 새철자법에 대한 비판과 대안
제시 등으로 이루어질 것이라는 점을 짐작할 수 있다. 강령에는 강령의
취지를 살리기 위해서 조선어학회식의 새철자법이 아닌 박승빈의 철자법
을 따라야 한다고 내용도 덧붙여 있다.

<위 綱領의 趣旨에 依하야 記寫法 中에 다음의 要項을 主張함>
(1) 硬音의 記寫에 硬音符號 된시옷(ㅅ)을 襲用하고 쌍서식을 排斥함
('꿈'이 아니라 '숨', '또'가 아니라 '쏘')
(2) 「ㅎ」의 바팀을 認定하디 안흠 ('둏으며'가 아니라 '됴흐며', '많으
니'가 아니라 '만흐니')
(3) 한 音節文字에 두 개의 바팀을 쓰는 - 發音 不能되는 - 記寫法을
認定하디 안흠(단 「ㄹ」의 中間 바팀은 認定함)('값이'가 아니라
'갑시', '앉으며'가 아니라 '안즈며')
(4) 用言(形容詞 動詞 等)의 語尾 活用을 是認하고 單語 固定(語尾
不變)의 見解를 認定하디 안흠('심으며'가 아니라 '시므며', '찾아
서'가 아니라 '차자서')

위의 철자법의 내용은 새철자법과 첨예하게 부딪히는 항목들로서 (1)
경음의 기사에 대해서는 예를 들어 신철자법의 '꿈'처럼 쓰지 말고 '숨'으
로 쓰라는 것이다. '또'가 아니라 '쏘'로 써야 된다는 말이다. (2) 「ㅎ」의
받침에 대해서는 예를 들어 '둏으며'가 아니라 '됴흐며', '많으니'가 아니
라 '만흐니'로 표기해야 한다는 주장이다. (3) 두 개의 받침과 관련된
철자법에서는 '값이'가 아니라 '갑시'로, '앉으며'가 아니라 '안즈며'로
써야 된다는 것이고, (4) 용언의 어미 활용과 관련된 기사에서는 새철자법

의 '심으며'가 아니라 '시므며'로, '찾아서'가 아니라 '차자서'로 써야 한다는 것이다. 조선어학연구회가 철자법 논쟁에 임하는 자세를 엿볼 수 있는 대목이다.

연구회에서는 매월 두 차례 열리는 월례회를 매우 중요시하였다. 창립 총회 다음날 1차 월례회를 열 정도로 그 열기는 매우 뜨거웠다. 연구회에서는 여름 휴가철 등 특별한 경우를 제외하고는 꼬박꼬박 개최하였는데, 초창기에 열린 월례회의 대략적인 일정과 내용을 보면 다음과 같다.[51)]

> 1회 월례회(1931년 12월 11일): "조선어체계일람"에 대하여 박승빈씨의 강설(講說)
> 2회 월례회(1932년 1월 11일): "여음불발의 법칙"에 대하여 정규창씨의 강술(講述).
> 3회 월례회(1월 18일): "어미활용"에 대하여 신남철씨의 강술
> 4회 월례회(2월 1일): "어미활용"에 대하여 신남철씨의 속강
> "『훈민정음』원본"을 계명구락부와 본회가 중간(重刊)한 일 보고
> 5회 월례회(2월 15일): "경음"에 대하여 박승도씨의 강술
> 차회부터 『조선어학강의요지』를 교과서로 정하고 질의연구키로 하다.
> 6회 월례회(3월 7일): 『조선어학강의요지』의 윤독이 있은 후 질의응답이 있다.

창립 총회 바로 다음날부터 시작한 월례회에서는 박승빈, 정규창, 신남철, 박승도 등이 조선어문에 대해 발표를 했다. 6회 월례회부터는 『조선어학강의요지』를 교재로 해서 이를 회원들이 돌아가면서 읽고 토론하고 질의응답하는 식으로 진행되었다. 이러한 『조선어학강의요지』 독회 방법은 1933년 4월 17일 월례회까지 진행되었다. 여기서 나온 의견을 모아서 『조선어학강의요지』는 정보(訂補)판을 발행하게 된다.[52)]

---

51) '본회록사(本會錄事)', 『정음』 창간호, 1934년 2월 15일.

흥미로운 것은 월례회에서 문법 지식에 대한 시험을 치른 일이다. 1933년 10월 2일 월례회부터 11월 20일 월례회까지 총 3차례 월례회를 통해 조선어의 문장 구분과 품사 분류에 대해 회원들에게 시험을 치렀다는 기록이 있다. 회원들의 문법 지식을 파악하고 이를 바탕으로 조선어문에 대한 연구 자세를 더욱 공고히 하기 위한 것이 아니었을까 생각해 본다.[53]

그러다가 1933년 12월 4일의 월례회부터는『한글마춤법통일안』에 대한 검토와 비판이 박승빈에 의해 이루어진다. 조선어학회의『한글마춤법통일안』발표가 1933년 10월 29일에 행해졌다는 점을 고려하면,『한글마춤법통일안』이 세상에 나오자마자 조선어학연구회에서는 이에 대해 회원들이 검토하고 비판하는 장을 마련한 것으로 보인다. 월례회에서는 박승빈의 검토와 비판이 있은 후, 회원들의 검토와 감상이 뒤따랐으며, 다수의 비회원들도 방청한 것으로 미루어 철자법 논쟁에 대한 세간의 관심이 어떠했는지 짐작할 수 있다. 박승빈은 이때부터『한글마춤법통일안』을 검토하고 이를 정리하여 조선어학연구회 기관지인『정음』에 1935년 9월 (10호)부터 4차례에 걸쳐(1936년 4월 13호) 실은 뒤에 이를 다시 책으로 묶어 1936년 10월에『「한글마춤법통일안」에 대한 비판』을 발행한다.

조선어학연구회가 창립된 이후에도 1935년까지 봄, 가을, 그리고 겨울에 조선어학강습회가 꾸준히 열렸다. 1932년과 1933년에 열린 강습회의 내용은 다음과 같다.[54]

• 1932년 12월 5-17일
조선어학강습회를 계명구락부내에 개최하다. 강사는 박승빈씨요

---

52) 1933년 9월 18일에 열린 월례회에서는『조선어학강의요지』가 정보(訂補) 발행된 것에 대하여 박승빈이 강의와 설명이 있었다는 기록이 있다.(본회록사(本會錄事)-『정음』 창간호(1934년 2월 15일))

53) 1933년 10월 2일, 11월 6일, 11월 20일 월례회에서 "문(文)의 구분과 품사분류에 대하여 응시(應試)가 있다."라는 기록이 있다.(본회록사(本會錄事)-『정음』창간호(1934년 2월 15일))

54) '본회록사(本會錄事)',『정음』창간호, 1934년 2월 15일.

청강자는 39명으로 대개 교원들이었다.[55]

- 1933년 5월 15-27일
  조선어학강습회를 보성전문학교내에 개최하다. 강사는 박승빈씨
  요 청강자는 92명이었다.[56]
- 1933년 10월 18-28일
  조선어학강습회를 휘문고등보통학교내에 개최하다. 강사는 박승
  빈씨요 청강자는 106명이있다.[57]

강습회는 1935년에도 활발히 전개되었다. 아래는 강습회를 소개하는
신문기사들이다.

- 『매일신보』, 1935년 4월 27일: 조선어학연구회 박승빈 조선어학강
  연회 휘문고보교 개최
- 『동아일보』, 1935년 5월 1일: 조선어학연구회 오늘부터 11日까지
  박승빈 조선어강연회 개최
- 『매일신보』, 1935년 5월 1일: 조선어학강연 일반의 내참을 환영
- 『매일신보』, 1935년 5월 14일: 조선어학강연 성황리에 종료

조선어학연구회가 발족되면서 조선어문에 대한 체계적인 연구는 물론

---

55) 『매일신보』, 1932년 12월 5일
56) 『매일신보』, 1933년 5월 13일 기사에는 강습회가 매일 오후 7시 50분부터 동 9시 50분까
지이며 청강을 희망하는 이는 십오일 정오까지 인적사항을 보내야 하며, 장소 관계로
만원이 될 때에는 희망순에 의하여 청강을 사절하게 될는지도 모른다는 내용이 있다.
『동아일보』, 1933년 5월 29일 기사에는 박승빈이 강좌에서 조선어음과 문법 및 철자법
을 강의했으며, 조선어의 철자법이 날로 문제가 되는 만큼 학자층과 교육계 종교계
문사 등을 망라한 93명의 다수 청강자가 끝까지 참석하여 성황을 이루었다 하며 마친
후 간담회에 들어가 최남선, 정인보씨 등 여러분의 격의 없는 감상담이 있은 후 화기애애
한 속에서 폐회하였다는 내용이 있다.
57) 1933년 10월 17일, 1933년 10월 31일자 『동아일보』에는 이번 조선어음리급 문법강좌는
박승빈씨의 강화로 예정과 같이 28일에 종료하였는데 조선어 철자법이 자못 문제화된
때니 만큼 각방면의 지식인사가 백여명이라는 예상외의 다수한 청강이 있었고 강습종료
후 다화회에 들어가 다수 인사의 감상담이 있은 후 폐회되었다고 소식을 전했다.

이고, 조선어학회와의 선의의 대결이 본격으로 이루어지게 되었다. 조선어학회의 전신은 1921년 12월 결성된 조선어연구회이다. 주시경이 사망한 후 그의 제자들이 중심이 되어 그의 학설을 정리하고 전파하기 위해 만든 민간 학술단체였다. 이 조선어연구회가 1931년 1월 학회 이름을 조선어학회로 바꾸고 전열을 정비하자, 이에 대응하여 그해 12월 조선어학연구회가 만들어진 것이다.[58]

박승빈의 문법과 철자법에 대한 생각은 향후 조선어학연구회를 통해 본격적으로 보급되고 후에는 기관지『정음』이 창간되면서 박차를 가하게 된다.[59] 조선어학회의 기관지가『한글』이어서 그들을 한글파라고 불렀고, 조선어학연구회의 기관지가『정음』이어서 정음파라는 말이 생겨났다. '한글'은 주시경이 만든 대한제국의 글이라는 뜻이며, '정음'은 말 그대로 훈민정음의 정신을 계승한다는 뜻에서 박승빈이 붙인 이름이니 기관지 이름만 보아도 양측에서 주장하는 것이 무엇인지가 여실히 알 수 있다.

3.2. 기관지 『정음』

박승빈을 중심으로 한 조선어학연구회가 창립된 것은 1931년 12월 10일이다. 박승빈이 1931년 11월 3일부터 11월 28일까지 총 26일 동안 조선어강습회를 성황리에 마치고 이를 축하하기 위해 벌어진 간담회 자리에서 청강생들이 자발적으로 학회를 만들자고 발기한 것이었다.『정음(正音)』은 이 조선어학연구회의 공식 잡지이다.『정음』이 창간된 것은 학회가 발족된 지 2년 정도가 지난 1934년 2월 15일이었다. 학회가 갑작스럽게

---

58) 천소영, 1981, 앞의 논문, pp.31-35.

59) '조선어학연구회'가 조선어학회와 더불어 민족문화의 수성에 공헌한 것은 민족항쟁사에서 커다란 의의를 갖는다. 그 근거로 기관지『정음』을 꾸준히 발행하여 1941년까지 약 10년 동안 국어 연구와 보급에 이바지했고, 출간되지는 않았지만 조선광문회에서 시작한 조선어사전 원고를 계명구락부를 거쳐 인수하여 계속한 점 등이 꼽힌다.(고영근. 1985.『국어학연구사』, 학연사. p.305)

조직된 것이어서 공식 잡지 또한 바로 태동할 수 없는 형편이었다.

조선어학연구회의 입장에서는 자신만의 기관지가 절실했겠지만 창립 당시에는 잡지 『계명』이 발간되고 있었으므로 어느 정도 갈증은 해소되었을 것이다. 그러다가 『계명』이 1933년 1월 27일 폐간되자 기관지에 대한 필요성이 더욱 간절해졌을 것이다.

조선어학연구회는 기관지 『정음』을 발간하면서 이를 통해 조선어학회의 신철자법에 맞서 자신들의 견해를 더욱 체계적으로 주장할 수 있게 되었다. 그렇다고 해서 『정음』이 조선어학회의 『한글마춤법통일안』 발표에 맞춰 발간된 것은 아니었다. 『한글마춤법통일안』이 1933년 10월 29일에 발표되었기 때문에 시기적으로는 그렇게 생각할 수 있으나 기관지 『정음』의 발간 준비는 그 이전부터 시작되었기 때문이다.

『정음』 창간호 표지와 목차

1933년 5월 1일에 개최된 조선어학연구회 제2회 정기총회에서는 학회의 공식 잡지를 간행해야 한다는 결의가 있었고, 그 해 7월 3일에 열린 월례회에서도 잡지 발행에 대한 토의가 있었다.[60] 아마도 학회가 창립된 직후부터

---

60) '본회록사(本會錄事)', 『정음』 창간호(1934년 2월 15일)

월례회를 꾸준히 진행했고 그동안 축적된 연구발표 논문도 어느 정도 성과가 보이자 회원들이 잡지의 필요성을 제시했을 것이라 생각한다.

당시 신문에는 『정음』 잡지의 출간 소식이 다음과 같이 소개되어 있다.

> "시내 인사동에 잇는 조선어학연구회(朝鮮語學研究會)에서는 연래의 숙안이든 조선어학잡지 『정음(正音)』을 발행케 되엇다는 바 요사이 분포되어 잇는 『한글』과 경향을 달리하는 주장과 연구의 발표가 잇고 더욱이 창간 제1호는 한글마춤법통일안에 대한 비평이 잇다는데 방금 인쇄중으로 불일간 나온다 하며 집필자는 박승빈, 정규창, 이긍종, 백남규, 임규, 권영희, 문시혁, 박승도, 권영중 등 제씨라 한다."[61]

『동아일보』 기사에는 조선어학회와 견해를 달리하는 조선어학연구회의 주장과 연구 발표가 최근들어 계속 제기되었다는 사실과, 기관지 『정음』이 인쇄 중이며 수일내로 발간된다는 점, 그리고 무엇보다도 창간호에 조선어학회의 『한글마춤법통일안』에 대한 비판의 글이 들어 있다는 점을 소개하고 있다. 실제로 『정음』 창간호의 제일 뒤의 후기란인 '편집여언(編輯餘言)'에는 다음과 같은 내용이 있다.

> "本誌는 勿論 研究記事가 만하사오나 特히 本號는 近者 世上에 나온 바 「한글마춤법통일안」에 對한 批判을 主로 하는 記事를 시러씁니다. 이것을 「한글마춤법통일안」에 對한 批判號라 할가요!"

철자법 논쟁의 불씨가 여전히 남아 있던 당시의 상황에서 『정음』이 추구하고 있는 목표와 방향 등이 잘 드러나 있는 대목이라고 할 수 있다.

『정음』 창간호의 권두언에도 이와 같은 시대적 상황과 이에 따른 새로운 조선언문운동의 필요성에 대한 언급이 나온다.

---

61) ''正音' 發刊 朝鮮語學研究會', 『동아일보』, 1934년 2월 1일.

"朝鮮의 言文運動도 벌서 過去 數十年의 歷史를 가지게 되얏다. 그러
함에도 아직것 이러타 할 實績을 나타내디 못한 것은 甚히 遺憾스러운
일이다. 朝鮮言文運動의 直接으로 目的하는 바는 무엇인가 하면 그것은
朝鮮言文의 整理와 統一이다. 그러한데 今日의 朝鮮言文의 狀態인즉,
아즉도 整理統一될 날은 머은 것 갓다. 온갓 文化가 急速度로 發達하는
오늘에 이서 文化의 基礎인 言文의 整理와 統一이 업서서 쓸 수 이슬가?
文化發展에 만흔 支障이 될 것은 무를 것도 업는 것이다. 그리하야 言文
의 整理統一에 對한 要求가 挽近 朝鮮 社會에서 작고 絕叫됨은 眞實로
그 要求가 切實하기 째문이다."

조선어문의 정리와 통일은 문화의 기초이며, 따라서 정리와 통일 작업
은 매우 시급한데 아직도 민중들이 만족스러워하는 통일안은 나오지 못했
다는 점을 강조한다. 그러면서 『정음』이 조선어학연구회의 창립의 연장선
에 있으며, 조선어학회를 중심으로 한 조선언문운동의 문제점을 극복하기
위해서도 새로운 언문운동을 전개해야 할 필요가 있다고 주장한다.

"數年前 朝鮮語學研究會가 創立된 것은 決코 偶然한 일이 안이다.
單純한 一介의 學說의 提唱도 안이다. 朝鮮 社會의 實情으로부터 充分한
社會的 任務를 씌고 必然的으로 생긴 것이다. 在來의 朝鮮言文運動에
對한 不滿이 社會的으로 釀成되야 잇든 것이 一 集團的 機關으로 그
具體的 表現의 길을 어든 것이다. 참으로 在來의 運動의 一體의 過誤를
모조리 淸算하고 새로온 言文運動을 樹立하디 안흐면 안 될 것이다.
過誤를 쌜리 淸算 揚棄하고 보다 進步的인 境地를 向하야 새로운 出發을
비롯는 것보다 더 賢明함은 업는 것이다. 本書는 實로 朝鮮語學研究會의
精神을 繼承하야 그것의 一具顯으로 나타낫다."

이와 더불어 권두언에서는 새로운 조선언문운동의 수립을 위하여 다음
과 같이 두 가지의 준칙을 세우고 있음을 밝혔다.

言文의 法則은 科學的 客觀性을 十二分으로 가지고 잇는 것이라야 할 것.
整理統一의 方法을 取함에는 可及的으로 歷史的 制度에 依據하야 最大限度의 實用性이 잇는 時代意識에 適合한 것으로 할 것.

언문의 법칙은 과학적이고도 객관적인 견지에서 연구되어야 하고, 언문의 정리와 통일 작업은 역사적 제도 위에서 민중들이 가장 쉽게 사용할수 있도록 실용성을 갖추어야 한다는 점이다. 이것은 청강생들이 조선어학연구회를 창립할 때 내세운 원칙이며, 또한 박승빈이 언문의 정리와 통일을위해 제시했던 세 가지 원칙이기도 했다. 박승빈과 조선어학연구회, 그리고『정음』의 관계가 얼마나 밀접한지를 한 눈에 알 수 있는 대목이다.

『정음』 창간호에는 많은 원고들이 투고되었고, 지면관계상 다 싣지못하고 다음호로 넘겨야 하는 원고도 꽤 많을 정도였다. 또한 원고의철자법이 조선어학연구회의 철자법을 따르지 않은 것도 있어 이를 일괄적으로 통일했다는 내용도 눈에 띈다.

"本號를 爲하야 貴稿를 惠投하야 주신 여러 先生님께 만흔 感謝를드립니다. 그러나 貴稿 中 編輯의 限定을 넘기디 못하는 事情으로 不得已 次號로 밀리우게 되얏사오니 未安하온 말삼을 드립니다. 쏘 本誌의綴字法에 對하야 統一하고자 編輯室에서 多少의 고틴 것이 잇삽기로쏘한 未安하온 말슴을 드립니다. 編輯上 不得已한 事情이압기 널리 헤아리심 비압나이다."[62]

『정음』의 판권면을 보면, 편집 겸 발행인은 권영중(權寧仲)으로 되어있고, 인쇄는 경성부 견지동 32번지에 있는 한성도서 주식회사(金鎭浩)에서 한 것으로 나와 있다. 그리고 발행소는 경성부 인사동 152번지 조선어학연구회로 되어 있다. 창간호는 총 85쪽으로 이루어져 있으며 제일 뒷면

---

62) '편집여언(編輯餘言)', 『정음』 창간호.

에는 광고로『훈민정음』원본(조선어학연구회, 계명구락부 발행)이 소개
되어 있다.

창간호 목차는 다음과 같다.

卷頭言
硬音記寫에 對하야 - 丁奎昶
吏讀에 對한 考察 - 文時赫
⊙『한글마춤법통일안』에 對한 批判 及 感想
主로 用言에 對하야 - 林 圭
標準語 問題 - 金昶濟
참을 차자라 - ㅇㅎ生
한글派 諸氏에게 寄하노라 - 朴勝彪
所 望 - 權寧仲
新綴字法 一名 한글綴字法의 不合理 - 高明宇
朝鮮文을 배화온 녯 生覺 - 白南奎
言語의 僞造 - 金鎭燮
⊙ 簡易朝鮮語文法 - 朴勝彬
朝鮮語學研究會 趣旨書 及 規則
本會錄事

『정음』창간호부터 마지막 37호까지 수많은 글들이 실렸는데, 이 글들의
유형을 살펴보면『정음』지의 성격을 대략적으로 파악할 수 있다. 감상적인
글이나 공지글 등을 제외한 학술적 글은 총 266편이었다. 이를 유형별로
살펴보면 철자법 분야가 제일 많고(71개), 문자가 그 다음이며(53개), 문법이
나 음운, 그리고 외래어 및 표준어와 방언 같은 규범, 언어 일반 등에 대한
내용이 주를 이룬다. 조선어문의 정리와 통일이라는 시대적 요구에 부응해야
한다는 소명을 생각해 보면 이러한 내용 분포는 어쩌면 자연스러운 것일지도
모른다. 해당 분야의 대표적인 논문을 몇 개씩 보이면 다음과 같다.

철자법

문자

문법

음운

규범

원본/주석

언어일반

계통

어휘

사전

언어교육

권영중(3호)- 현하조선어와 아동교육 문제

김 희(6호)- 조선어교수문제에 대한 편감

고려가요/시조/문학

최익한(22호)- 고려가사 <역대전리가>를 소개함

박승도(29호)- 시조한시역

『정음』에는 이밖에도 『훈민정음』이나 『용비어천가』 등 옛문헌의 원본이나 이에 대한 주석을 소개하는 글도 있고, 어학자나 학회에 대한 소개글도 여럿 있다. 또한 어학적인 논문 이외에도 고려가요와 문학 등의 내용도 함께 소개되어 있다.

개인별로는 박승빈이 가장 많이 글을 게재했다. 박승빈은 1호에서 "간이조선어문법"이라는 논문을 시작으로 총 22회의 글을 『정음』에 게재했는데, 주로 자신의 출간할 저서의 내용을 나누어 연재한 것이 특징이다. 예를 들어 1호부터 7호까지 『간이조선어문법』을 연속해서 게재했으며, 8호, 9호에는 '경음론'을, 10호-13호까지 4회에 걸쳐 "『한글마춤법통일안』에 대한 비판"을 연속해서 게재했고, 14호, 15호에는 "어근고"를, 27호부터 30호까지는 "철자법강석"을 게재했다. 박승빈은 1939년(30호)까지만 글을 싣고 이후에는 글을 『정음』에 싣지 않았다.

두 번째로 많이 글을 게재한 사람은 고재휴다. 그는 19호 "시험관중의 한글"을 시작으로 해서 마지막호까지 19회에 걸쳐 글을 실었다. 정규창은 창간호부터 시작하여(경음기사에 대하여) 29호까지(불란서에도 철자법수난: 철자법과 현대적 지성) 총 13회 글을 게재했으며, 문시혁도 창간호부터 "이두에 대한 고찰"을 총 10회 연재했다. 채정민은 12호부터 "한글식 철자법에 대한 이론의 일편"을 게재하면서 34호까지(언문의 장점과 단점) 총 12회 글을 게재했으며, 임규도 총 10회 게재했는데, "주로 용언에 대하여"(1호)부터 "假名字音論(完)"(27호)까지 글을 실었다. 이밖에도 권영중, 권영희, 박승도 등이 상대적으로 『정음』지에 활발하게 논문을 게재했던 사람들이며, 한번이라도 글을 실은 회원 및 투고자의 숫자는 약 72명에 달한다.

분야	논문수
철자	71
문자	53
음운	24
문법	23
규범	22
원본/주석	17
고려가요/문학	14
언어	13
계통	11
기타(인물/학회)	7
교육	6
어휘	5
사전	3
계	269

『정음』지 분야별 논문수

이름	게재횟수
박승빈	22
고재휴	19
정규창	13
문시혁	12
채정민	12
임규	10
권영중	10
권영희	9
박승도	9
이정욱	5
윤정하	5
최익한	4
양상은	4
안자산(안확)	4
신태현	4
주종훈	3
고재섭	3
이원진	3
양주동	3
한동작	3
이춘경	3

『정음』지 3회 이상 게재자

위의 내용에서 알 수 있듯이 잡지『정음』은 조선어 연구 및 한글학파의 신철자법을 비판하며 그 대안을 제시하기 위해 만든 학술잡지였다. 박승빈은『정음』지에 신철자법의 문제점과 자신의 철자법의 장점을 체계적으로 기술해 나간다.『정음』은 1941년 4월 26일 제37호로 폐간될 때까지 박승빈을 비롯한 조선어학연구회의 입장을 학술적으로 대변했다.

그러나『정음』지에 황국신민의 서사(皇國臣民の誓詞)가 등장한 점은 당시의 어둡던 시대상황을 잘 대변해 준다. 1937년 중일전쟁이 일어나자 조선총독 미나미지로(南次郞)는 교학진작(敎學振作)과 국민정신 함양을 도모한다는 명목으로 '황국신민의 서사'를 제정하고, 그해 10월 2일 전 조선에 보급하여 모든 조선인이 내용을 외우도록 강요했다. 또 각급학교의 조례와 모든 집회에서 이를 제창하도록 했으며, 각종 출판물에도 이를 게재토록 하였다. 따라서 그 무렵에 간행된 책자 판권지나 목차 등에 인쇄된 '서사'를 쉽게 찾아볼 수 있다.[63]『정음』지의 경우도 26호부터(1938년 9월 30일)일부터 마지막호인 37호까지(1941년 4월 26일) 목차 윗부분에 황국신민의 서사가 인쇄되어 있다.[64]

또한 총독부는 1940년에는 창씨개명과 내선동조동근론(內鮮同祖同根論)을 들고 나왔는데,『정음』지도 이 부분에 있어서 자유롭지 못했다. 마지막호인 37호(1941년 4월 26일)에 고재휴는 "언어상으로 본 내선관계"라는 논문을 발표하는데, '므지게(虹)'와 '내(川)'의 어원이 한국어와 일본어가 같다는 설명을 덧붙이고 있다.[65] 넓은 의미에서 내선동조동근론을 뒷받침하는 것이었다. 이때『동아일보』,『조선일보』를 비롯하여 조선어로 된 출판물을 전면 강제 폐간시키고 만다.[66] 이것은 일제의 한민족말살정

---

63) 정운현. 2011.『친일파는 살아 있다』. 책보세. p.82.
64) 조선어학회 기관지『한글』의 경우도 1938년 12월호(6권 11호)에 황국신민의 서사가 첫페이지 상단에 인쇄되어 있다.
65) 고재휴(1941)에서는 "종래학계에 내선양어 동계론이 수다(數多)하나 어휘 비교론 이상 발전이 없다. 우리는 더한층 올라가서 어법, 형태론, 음운방면으로 광범위하게 연구고찰을 하여야 할 것이다."라고 주장했다.

책 및 동화정책의 일환이었다. 『정음』도 1941년 4월 37호를 마지막으로 폐간된다.

4. 후기 국어운동

이후에도 박승빈은 조선어학연구회를 중심으로 신철자법 비판을 위한 강연회를 여는 한편 잡지에 철자법에 대한 논문을 꾸준히 발표한다. 1935년 1월 2일자 『동아일보』에 소개된 조선어학연구회 소개에는 1933년 신철자법이 발표된 이후 반대 활동에 대해 언급하고 있다.

> "朝鮮語學研究會: 朝鮮語學의 研究에 잇어서 重要한 諸點에 對하야 朝鮮語學會와 意見을 달리하고 잇는 이 研究會는 前者에 比하면 그 歷史에 잇어서 퍽 짧다. 이 會가 創立된 것은 昭和 6年 11月이다. 啓明俱樂部 主催로 故 周時經氏와 그 研究를 始作한 때가 같은 朴勝彬氏의 朝鮮語學에 關한 講習이 十餘間에 亘하엿엇는데 그 講習會가 끝남을 契機로 하야 한 개의 朝鮮語學의 研究機關으로서 朝鮮語學研究會는 創立된 것이라고 한다. 그 뒤로 여러번 講習會를 열어 그 會의 主張하는 바를 普及시키기에 努力하야 왓섯다 하며 現在 機關誌로 '正音'을 發行하고 잇으며 第5號까지 나왓다 한다. 前番에 朝鮮語學會에서 '한글綴字法統一案'을 發表하자 이 研究會에서는 그 反對의 聲明書를 發表하는 同時에 '朝鮮語綴字法整理期成會'를 組織하야 그들의 主張에 邁進하고 잇다 한다. 每月 研究例會를 開催하야 朝鮮語의 研究에 힘쓰고 잇다는데 이 研究會가 朝鮮語學會와 그 主張을 달리하는 點은 다음과 같다 한다. 첫재, ㅎ바팀을 쓰지 안흠. 둘재 ㄹ以外의 둘바침을 쓰지 안흠. ㄲ, ㄸ 等의 雙書를 排斥하고 從來대로 '된시옷'을 仍用하는 것. 그리고 用言의 語尾變化를 認定하는 點 等이라고 한다. 이 研究會도 아직 成立된 지

---

66) '내선일체', 『두산백과』.

얼마되지는 안흐나 차차 그 *存在*가 널리 알려지고 잇다 한다."[67)

　　조선어학연구회는 1931년 창립되었는데, 한글파의 1933년 신철자법 공표 이후 이에 반대 하는 운동을 벌이고 있다는 내용과 신철자법과 다른 박승빈 철자법의 특징을 소개하고 있다. 이밖에도 1935년부터 1943년 박승빈이 생을 마감할 때까지 박승빈의 철자법에 대한 집념은 계속된다. 대표적인 내용을 정리해 보면 다음과 같다.

　　『동아일보』, 1935년 2월 27일: 조선어학연구회, 조선어학회의 공개
　　　　　　　　　장에 대한 사실 반박 보고
　　『매일신보』, 1935년 3월 19일: 한글 철자법비판 강연회
　　『매일신보』, 1935년 3월 21일: 알기쉬운 조선글을 어렵게하는 신철
　　　　　　　　　자법 유식한 사람도 一朝에 문맹 문자보급에도 대영향
　　『매일신보』, 1935년 10월 9일: 중앙청년회 엡월청년회 주최로 학술
　　　　　　　　　강연회 개최
　　　　　　　　　한글신철자법 비판 강연회 개최-박승빈씨를 강사로 청
　　　　　　　　　하야 십일부터 삼일 속개
　　『매일신보』, 1936년 5월 10일: 박승빈씨의 조선어강연
　　　　박승빈, 조선어학연구회, 경성녀자상업학교, 조선어학강연회
　　『매일신보』, 1936년 5월 19일: 조선어학강연 성황리에 종료
　　『매일신보』, 1936년 11월 7일: 조선어학연구회 주최, 박승빈 초빙
　　　　　　　　　조선어학강습회
　　『매일신보』, 1936년 11월 17일: 조선어학강연회
　　　　박승빈. 1938.11.30. 綴字法講釋(一). 『정음』 27.
　　　　박승빈. 1939.1.31. 綴字法講釋(二). 『정음』 28.
　　　　박승빈. 1939.4.30. 綴字法講釋(三). 『정음』 29.
　　　　박승빈. 1939.7.15. 綴字法講釋(四). 『정음』 30.

---

67) '학술부대의 참모본영', 『동아일보』, 1935년 1월 2일.

박승빈은 여러 대중 강연을 통해 새 철자법의 문제점을 지적하고 이를 언중들에게 알리고자 노력했다. 또한 『정음』지를 통해 총 4회로 나누어 자신의 철자법의 원칙을 자세히 정리하여 공개하였다.

박승빈은 1941년까지 한편으로는 대중 강연을 통해, 다른 한편으로는 잡지 『정음』을 통해 계속 자신의 주장을 굽히지 않았으나 흐름을 되돌리지 못하고 해방을 앞둔 1943년 10월 30일 쓸쓸히 생을 마감하고 만다.

5. 마무리

이 장에서는 박승빈의 국어 운동에 대해 살펴보았다. 박승빈의 국어 운동은 크게 세 부분으로 나누어 볼 수 있다. 박승빈의 국어 운동의 중심축이 되었던 조선어학연구회와 기관지 『정음』을 기점으로 그 이전의 활동을 초기의 국어 운동으로, 그 이후의 활동을 후기 국어 운동으로 나누어 살펴보았다.

1921년 『계명』지를 통해 자신의 학설을 적극적으로 개진한 이래 1943년 세상을 떠날 때까지 박승빈은 우리말글에 대해 심혈을 기울여 연구했고 자신의 학설을 대중과 함께 나누기 위해 노력했다. 박승빈의 국어 운동은 이러한 관점에서 바라봐야 할 것이다. 이미 계명구락부를 통해 신생활 운동과 더불어 우리말글 바로 쓰기 운동을 벌였던 박승빈은 정음회와 같은 단체의 창립에도 적극 참여하면서 국어 운동의 최전선에 나섰다.

이때까지만 해도 한글파와 박승빈은 같은 배를 타고 같은 지점을 향해 전진하는 동지적 관계를 유지하고 있었으나 박승빈이 자신의 주장을 적극적으로 개진하고 주시경 학설을 비판하면서 주시경의 제자로 이루어진 한글파와도 서서히 멀어지게 되었고, 이후 새로운 철자법이 한글파의 입장을 반영하면서 대립은 더욱 극렬해졌다.

이와 더불어 박승빈이 『훈민정음』예의본을 소장하고 있었다는 점도 많은 것을 시사해준다. 이를 학계에 공개하여『훈민정음』에 대한 관심과 반향을 불러일으킨 것은 물론이고, 박승빈이 어문정리의 근거와 틀을『훈민정음』에 기대고 있는지에 대한 궁금증을 해결해 줄 수 있기 때문이다. 국어사전 편찬 작업에 있어서도 박승빈이 물심양면으로 얼마나 공을 들였는지, 사전을 완성하기 위해 얼마나 집착했는지를 엿볼 수 있다. 비록 박승빈이 자신의 손으로 국어사전을 완성하지는 못했지만 국어사전이 완성되는 데 있어 중요한 가교 역할을 한 것만은 분명하다.

1931년에 창립된 조선어학연구회는 박승빈이 개설했던 조선어강습회의 연장선에서 이루어졌다는 점이 특이하다. 박승빈의 조선어강습은 정기적으로 오랜 기간 동안 이루어졌고 그의 학설에 찬동하는 사람들이 자발적으로 발기하여 연구회를 조직했다는 점이 고무적이다. 조선어학연구회는 월례회를 통해 학술활동을 활발히 전개했다. 우리말글의 특징과 박승빈 학설에 대한 체계적인 연구가 학회 차원에서 이루어졌다. 후에 기관지『정음』을 발간하면서 전문적인 학술단체로의 위용을 갖추어 나갔다. 이즈음 한글파를 중심으로 한 새로운 철자법이 등장한 사건은 이후 학회의 연구활동의 성격에 크게 영향을 미쳤다.

박승빈은 1934년 조선어학연구회 기관지『정음』을 발간하면서 우리말글에 대한 체계적인 연구에 박차를 가한다. 더불어 한글파의 신철자법에 맞서『정음』을 통해 자신의 주장을 견지해 나갔다.『정음』지는 창간된 1934년 2월부터 1941년 4월 제37호로 폐간될 때까지 조선어학연구회의 어문연구의 산실이자 신철자법에 맞서 자신들의 주장을 펼 수 있는 마당 역할을 했다. 박승빈은 세상을 떠날 때까지 강습회나 철자법에 대한 논문 발표 등을 지속적으로 전개해 나갔다. 그의 우리말글에 대한 열정과 자신의 학설을 학술적 논쟁을 통해 끝까지 관철하려는 학자적 집념을 엿볼 수 있다.

제III부 | **맺음말**

——————— 제III부

맺음말

1. 요약과 정리

  우리는 학범 박승빈의 생을 통해 그의 사상과 활동, 그리고 그가 일평생 동안 매달렸던 우리말글 연구에 대한 집념을 고찰해 보았다. 박승빈은 조선말엽인 1880년에 태어나 해방 직전인 1943년 가을에 생을 마감했다. 64년 동안 그는 변호사이자 실천적 민족주의자로서 애국계몽운동, 교육운동, 체육 운동에 앞장서 조국의 근대화와 민족의 자력갱생을 위해 커다란 기여를 했다. 무엇보다도 국어문법을 연구하고 한글 운동에 뛰어들어 평생을 우리말과 우리글을 연구하고 발전시키는 데 온몸을 바쳤다. 이 책에서는 이를 크게 3부로 나누어 다루었는데, 제I부 생애와 활동, 제II부 국어연구와 국어운동, 제III부 맺음말 등으로 구분하여 박승빈의 삶을 총체적으로 고찰했다.

  제I부 생애와 활동은 다시 제1장 생애와 제2장 활동으로 크게 나누어 살펴보았다. 제1장 생애 부분은 다시 크게 6개의 절로 이루어져 있는데, 둘러보기와 마무리를 제외하면 크게 네 부분으로 나누어 살펴보았다. 이러한 구분은 역사적 시대구분을 근거로 한 것인데, 먼저 출생부터 한일병합 이전까지(1880-1909)를 하나의 시대로 나누고, 한일병합부터 3·1운동까지(1910-1919)를 두 번째 시기로 나누었다. 그리고 3·1운동부터 중일전쟁 이전까지(1919-1936)를 세 번째 시기로 하고, 마지막으로 중일전쟁 이후부터 박승빈이 생을 마감할 때까지(1937-1943)를 네 번째 시기로 보았다.

첫 번째 시기(1880-1909)의 제목은 '근대를 향한 첫걸음'이라 붙였다. 박승빈이 근대 개항기 출생하여 근대교육을 받기 위해 상경하고 근대문물을 익히기 위해 유학을 갔던 시기였기 때문이다. 이 시기에는 출생과 유년기, 상경과 관직, 일본 유학, 귀국과 판검사 생활 등을 다루었다. 1880년 강원도 철원에서 반남박씨(절너머박씨) 집성촌에서 태어난 박승빈은 어렸을 때 한문 공부를 하면서 성장했으며, 19세가 되던 1898년 가족 모두 서울로 상경하여 신학문을 접하게 되었다. 서양 유학을 꿈꾸던 박승빈은 잠시 관직에 몸을 담았다. 1899년 성진감리서 주사(판임관7등), 덕원감리서주사 등을 거쳐 1900년에는 외부주사로 승진하여 다시 서울로 상경한다. 박승빈은 외부주사로 있으면서 흥화학교를 다녔고, 1902년에 외부주사직을 사임한 후에도 중교의숙 등에서 영어 등 근대학문을 수학했다.

전쟁으로 서양 유학의 길이 막히자 박승빈은 1904년 법률가가 되기 위해 일본 동경의 중앙대학으로 유학을 떠났다. 우등생으로서 학업에 열중하는 한편, 유학생 회장 등 다양한 학생회 활동을 하면서 단지학생(斷指學生) 문제를 해결하기 위해 백방으로 노력하는 등 커다란 기여를 했다. 유학 시절 그는 '애국, 국가, 개화, 독립'이라는 사상을 확고히 한다. 1907년 중앙대학을 우등으로 졸업하고 귀국하여 1908년 평양지방재판소에 판사 및 검사로 임명되어 법조인 생활을 시작했다. 1908년에는 일본의 법률책을 우리말로 번역하여『言文一致日本國六法全書』를 출간하기도 했다. 이때부터 본격적으로 박승빈은 우리말글에 관심을 갖기 시작했다. 박승빈은 그 사이 평양공소원 검사로 승진하기도 했으나 한일강제병합이 가까워 오면서 의병을 기소해야 하는 상황에서 검사직에 회의를 느껴 1909년 3월 11일 검사직을 사임하고 변호사를 개업했다.

두 번째 시기(1910-1919)의 제목은 '식민지 법정에 서다'라고 붙였는데,

이 시기는 박승빈이 한일강제병합으로 일제의 식민지가 된 조국에서 변호사로서 동포를 위해 여러 가지 활동을 벌였기 때문이다. 1912년 애국당 사건을 변론하는 등 애국 동포를 위해 변론활동을 벌이는 한편, 가정과 문중의 소송 사건도 맡으면서 변호사로서 성공가도를 달리기 시작했다. 이러한 활동은 변호사회 활동으로 이어지고 1914년에는 제5대 경성조선인변호사회 회장을 역임하는 등 초창기 변호사회가 설립될 때부터 자리를 잡기까지 크게 기여했다.

변호사 활동을 활발히 하면서 뜻있는 지식인들과 함께 1918년 한양구락부를 만들어 조직적인 사회 활동을 시작했다. 한양구락부는 처음에는 사교 단체였으나 3 · 1 운동 이후 1921년에는 계명구락부로 이름을 바꾸어 본격적인 애국계몽활동의 본거지 역할을 했다.

세 번째 시기(1919-1936)는 '애국계몽운동과 국어연구에 헌신하다'로 제목을 붙였다. 이 시기는 3 · 1 운동 이후 일제가 무단정치에서 문화정치로 통치전략을 바꾼 시기였다. 이러한 사회적 분위기에 맞춰 이 시기 박승빈은 계명구락부를 중심으로 애국계몽 운동을 대대적으로 펼치는 한편, 우리말글 연구에 온 정열을 쏟았다. 민족의 정치적 자립을 위해 자치운동을 폈으며 경제적 자립을 위해 주식회사 설립이나 물산장려운동을 펼치기도 했다. 이와 더불어 동포애의 발현으로 다양한 구제 및 구휼 활동에 적극 앞장서기도 했다. 박승빈의 정치적 노선에 대한 후세의 평가는 다를 수 있지만, 그가 민족주의자로서 조국과 동포를 위해 최선을 다하고자 노력했다는 것만은 사실일 것이다.

박승빈은 3 · 1운동 이후 손병희 등의 조선 독립선언 사건을 비롯하여 『개벽』과 『신천지』 등의 잡지필화 사건, 희천서 고문사건 등 여러 가지 사회적으로 중요한 사건에서 변호를 맡는 등 조국과 동포를 위해 변호사로서 역할에 매진했다. 이 시기 경성변호사회 활동도 왕성하게 하면서 1921년 조선변호사협회 설립에도 중추적인 역할을 했다. 또한 일본과 중국 등에서 열린 국제변호사대회에 우리나라 대표로 참석하여 국위를 선양했다.

박승빈은 1921년부터 계명구락부를 통해 신생활 운동에 앞장섰다. 1925년부터는 보성전문학교의 교장으로 7년 동안 학교의 발전에 이바지했다. 그 사이 박승빈은 조선체육회의 창립에 참여하고 이후 임원을 두루 거치면서 체육회 발전과 체육 운동에 핵심적인 역할을 했다. 또한 1931년부터는 조선체육연구회 회장으로 체육지도자 양성과 체육교육에도 앞장섰다. 박승빈은 사회적 명망가로서 사회문화적 활동에도 적극 참여했다. 단체를 조직하고 후원하는 등 물심양면으로 민족문화의 계승과 발전을 위해 적극적으로 활동했다.

이 시기 박승빈은 사회운동가로서 뿐 아니라 국어학자로서 우리말글 연구에 매진했다. 대표적으로 박승빈의 국어 문법 이론의 집대성인『조선어학』(1935)이 출간되었으며, 평생의 사업이었던 철자법 수호 운동이 바로 이 시기에 이루어졌다. 또한 조선어학연구회를 조직하고 기관지『정음』을 발간하는 등 우리말글의 연구와 대중화에 앞장섰다.

마지막 시기(1937-1943)는 '끝까지 철자법을 사수하다'라는 제목을 붙였는데, 이는 황국신민화가 강제로 실시되면서부터 박승빈이 생을 마칠 때까지 우리말글을 지키려고 노력했던 시기를 뜻한다. 물론 말년에 일제 협력이라는 과를 피해가지는 못했지만 박승빈은 1943년 마지막 순간까지 신생활 운동은 물론, 자신의 문법과 철자법을 지속적으로 펼치고자 노력했다.

제I부 제2장 활동에서는 박승빈의 생애 가운데 국어연구 부분을 제외한 나머지 정치, 경제, 사회, 문화 활동 등을 자세히 살펴보았다. 먼저 2절 정치 경제 활동에서는 자치운동 사건과 조선 독립선언 사건 등 정치적인 측면에서 박승빈의 활동을 구체적으로 알아보았다. 이와 더불어 1920년에 벌어진 잡지필화 사건과 태을교도 기도대회 일본경찰 난입 사건으로 촉발된 민권옹호 대연설회를 주도적으로 개최하는 박승빈의 정치 참여 활동도 자세히 살펴보았다. 이어서 동양척식주식회사를 앞세워 경제 침탈을 자행했던 일제에 맞서 주식회사를 설립하고 물산장려운동을 펼쳤던 경제 자립 활동에 대해 기술했다.

3절 애국계몽사상과 활동에서는 계명구락부 탄생과 설립을 주도한 박승빈의 활동 내역을 중심으로 기술하면서 박승빈이 계명구락부를 통해 구체적으로 실천하려 했던 다양한 신생활 운동의 사례를 살펴보았다. 경어 사용 문제, 양력 사용, 의복 제도 개선, 혼례와 상례 간소화 등 박승빈이 제안하고 실천에 옮겼던 신생활 운동의 내용에 대해 구체적으로 기술했다.

4절 교육사상과 활동에서는 먼저 1925년 9월 보성전문학교 교장에 선임된 이후 1932년 3월까지 약 7년 동안 보성전문학교 교장으로서 활동한 내용을 다루었다. 박승빈이 선임된 배경, 취임 후 학교 정상화를 위한 노력, 김성수에게 학교를 넘기기까지의 과정 등 학교장으로 박승빈이 교육계에 헌신했던 내용을 기술했다. 또한 문맹퇴치 사업에 앞장서고, 의무교육 실시를 주장한 박승빈의 교육철학을 고찰하는 한편, 일제가 강제 시행하려던 공학제에 맞서 민족교육을 수호하기 위한 그의 노력에 대해서도 알아보았다.

5절 체육 활동에서는 1920년 조선체육회 창립에 기여하고 이후 각종 임원으로 조선체육회 발전에 기여한 내용과, 조선체육연구회 회장으로서 체육교육 발전에 이바지한 내용, 조선축구협회, 야구협회, 정구협회, 송구협회 등 여러 단체의 장으로 활약하면서 조선 체육계에 크게 기여한 부분을 자세히 살펴보았다.

제II부 국어연구와 국어운동은 다시 네 개의 장으로 나누었다. 제1장 국어연구 활동, 제2장 『조선어학』과 문법 이론의 완성, 제3장 철자법 운동, 제4장 국어 운동 등이다. 먼저 제1장은 둘러보기와 마무리를 제외하면 다시 네 부분으로 나누어 다루었다. 2절에서는 '국어연구의 시작'으로 박승빈이 판검사 시절 번역 출간한 『言文一致日本國六法全書』(1908)에 대해 자세히 살펴보았다. 이 책의 내용과 성격, 이 책을 쓰게 된 배경과 동기, 이 책이 갖고 있는 국어학적인 의의와 특징 등을 중점적으로 살펴보았다.

『言文一致日本國六法全書』을 출간하면서 박승빈은 이미 자신의 문법과 철자법을 완성했다. 번역서에 나타난 국어학적 특징은 (1) 치밀한 언문일치체를 선보였는 점, (2) 한문훈독법을 이용했다는 점, (3) 박승빈의 용언 활용체계에 의해 이루어졌는 점, (4) 번역서에는 겹받침 표기를 허용하지 않았으며, (5) 받침은 8종성가족용의 원칙을 따랐고, (6) 경음 표기로 된시옷을 사용했다는 점 등이다. 이러한 문법적 특징은 박승빈의 저서 『조선어학』(1935)의 내용과도 일치한다.

3절에서는 박승빈의 우리말글에 대한 인식을 다루었다. 먼저 3.1.에서는 초기의 언어 의식과 문법 의식을 『계명』에 나타난 그의 논문을 통해 살펴보았다. 3.2.에서는 『계명』 창간호부터 8호에 이르기까지 박승빈이 연재한 "언문후해(諺文後解:언문뒤푸리)"라는 코너에 실린 글을 통해 초창기 박승빈의 문법 의식을 고찰했다. 3.3.에서는 『계명』 8호에 실린 "언문(諺文)에 관한 참고"를 통해 우리글의 연원과 우리글에 대한 연구 추세 및 향후 연구과제 등에 대한 박승빈의 입장을 알아보았다.

4절에서는 초기 박승빈의 문법 이론에 대해 고찰했다. 4.1.에서는 박승빈이 초창기 주시경 문법에 영향을 받았다는 점을 기술했고, 4.2.에서는 "「ㅎ」는 무엇인가?"(1927)를 필두로 세 번 연속해서 실은 논문을 통해 학술적으로 'ㅎ' 음가를 치밀하고 논증하는 한편, 주시경 학설의 문제점을 공개적으로 제시한 내용을 기술했다.

5절에서는 박승빈의 국어학 저서를 간략히 정리해서 설명했다. 먼저 5.1.에서는 『조선어를 羅馬字로 기사함의 규례』(1931)에 대해 기술했고, 5.2.에서는 『조선어학강의요지』(1931)에 대해, 5.3.은 『조선어학』(1935)을, 5.4.는 『「한글마춤법통일안」에 대한 비판』(1936)에 대해 설명했으며, 5.5.에서는 『간이조선어문법』(1937)에 대해 내용과 특징을 살펴보았다.

제2장 『조선어학』과 문법 이론의 완성에서는 『조선어학』의 내용과 체

계를 살펴보고 어떤 특수성이 있는지를 알아보았다. 이 책에서 이 장이 가장 많은 양을 차지하고 있는데, 그것은 그만큼 이 책이 박승빈과 국어학계에 갖는 의미가 크기 때문이다. 먼저 2.2.에서는『조선어학』에 나타난 박승빈의 언어관과 문법관을, 2.3.에서는 음성이론에 대해, 2.4.에서는 품사 및 형태이론에 대해, 2.5.에서는 통사이론에 대해 살펴보면서 박승빈이 자신의 문법 체계를 어떻게 정립했는지를 고찰했다.

3절에서는 박승빈의『조선어학』을 통해 본 박승빈 문법의 특징에 대해 살펴보았다. 3.1.에서는 박승빈의 언어관이 사회진화론과 독일의 언어철학자인 훔볼트의 언어관과 유사하다는 점과, 이전의 개화기 문법서에 나타난 언어관과는 다른 측면을 보이고 있다는 점을 기술했다. 또한 박승빈은 언어를 보편적 법칙을 지닌 객관적 실체로 바라보고 있어 실증적 언어관을 갖고 있으며, 소리 중심의 문법관을 갖고 있다는 점도 특징이다. 이로 인해 구어와 문어를 정확히 구분하고 이를 일치의 관점에서 바라보고 있다는 점도 특징이다. 언중들의 언어직관을 중요시한다는 면도 박승빈의 선진적 문법관을 말해 준다.

3.2.에서는 박승빈의 음성학과 음운론이 매우 선진적이라는 근거에 대해 다루었다. 구조언어학에서 말하는 음소와 유사한 개념인 표준음의 개념을 도입했으며, 현대언어학에 비해 결코 뒤지지 않는 조음음성학적 설명법에 대해서도 선구적인 기술임을 언급했다. '여음불발(餘音不發)의 법칙'이나 '조선발성음위치구분도' 등은 박승빈이 실증적인 관점과 원리적인 측면을 중시하는 문법가임을 잘 드러내 준다. 이와 더불어 박승빈은 서양 이론을 수용할 때도 우리말을 근간으로 해서 비판적으로 수용하고 비교 검토하였다. 박승빈의 음성학과 문자학에서는 영국의 언어학자 샘슨 (Sampson) 교수가 밝힌 '자질문자(feature system)'와 유사한 언급도 이미 발견된다.

3.3.에서는 박승빈의 문법론이 매우 독창적이라는 사실을 강조했다. 먼저 가장 세분된 품사체계를 구축했으며, 소위 조사와 어미를 모두 조사

(체언조사와 용언조사)라는 단어로 처리한 점, 조용사와 용언조사의 설정 등으로 가장 분석적으로 국어 어미체계를 세운 점 등은 그의 독창적인 견해를 말해 준다. 그리고 무엇보다도 박승빈의 용언활용 체계는 소리의 관점에서 국어 문법 기술을 새롭게 시도한 박승빈 문법의 대표적인 특징이라 하겠다. 또한 지정사와 존재사를 설정한 점과 부정문에 대한 선구적인 해석을 시도한 점도 박승빈 문법에서는 빼놓을 수 없는 특징이라 할 수 있다.

제3장 철자법 운동은 다시 크게 네 부분으로 나누어 고찰했다. 2절의 철자법 이론의 전개에서는 박승빈의 초기 철자법 운동과 박승빈의 철자법 특징에 대해 살펴보았다. 먼저 철자법 통일의 시대적 배경에 대해 알아보고 지석영의 『신정국문』의 등장 배경과 그 내용, 이후 철자법 통일안을 도출하기까지의 과정을 역사적으로 간략히 훑어보면서 사이사이 박승빈 철자법의 특징과 의의를 함께 알아보았다.

3절 철자법 논쟁에서는 크게 세 시기로 나누어 박승빈학파와 주시경학파의 철자법 논쟁에 대해 기술했다. 제1차 철자법 논쟁은 1921년 중앙기독청년회관에서 열렸고, 그 다음으로는 1928년 11월 3일부터 28일까지『동아일보』에 연재된 철자법 논쟁이다. 연재된 내용을 통해 박승빈의 철자법과 주시경 철자법의 특징을 구체적으로 알 수 있다. 제2차 철자법 논쟁은 1930년에 총독부의 『언문철자법』이 발표된 후에 일어났다. 1932년 4월 1일 잡지『동광』제32호의 글을 통해 철자법 논쟁이 다시 일어났다. 제3차 철자법 논쟁은 1932년『동아일보』에서 열린 '철자법 토론회'를 말한다. 11월 7일부터 9일까지 3일간 열린 토론회는 시기적으로는『동광』32호와 큰 차이가 없으나, 양측이 처음으로 공개 토론회를 통해 맞대결을 벌이고 이를 지상중계했다는 점에서 이 토론회가 갖는 의미는 매우 큰 것이었다.

4절에서는 박승빈과 박승빈 학파가 펼쳤던 신철자법에 대한 반대 운동에 대해 기술했다. 먼저 1934년에 조직된 '조선문기사정리기성회(朝鮮文記寫整理期成會)'에 대해 그 설립 배경과 그 모임의 활동 내용을 살펴보았다. 1933년 조선어학회에서『한글마춤법통일안』을 발표하자 박승빈과 그 학파는 신철자법에 대한 반대의 입장을 확고히 했고, 이에 찬동하는 사회적 단체들이 거국적인 반대 운동을 모색한 것이 바로 '조선문기사정리기성회'였다. 이와 더불어 박승빈이 1936년 10월에 출간한『「한글마춤법통일안」에 대한 비판』도 그 출판 배경과 내용을 구체적으로 살펴보았다. 특히 신철자법에 대해 박승빈이 조선어학연구회의 월례회를 통해 비판하고, 그 내용을『정음』지에 4차례에 걸쳐 실었으며, 이를 다시 책으로 묶어 1936년에 출간한 과정을 중점적으로 살펴보았다.

5절 후기 철자법 운동에서는 박승빈이 세상을 떠나기까지 철자법 사수를 위해 노력한 흔적들을 살펴보았다. 여러 대중 강연을 통해 새 철자법의 문제점을 지적하는 한편,『정음』지를 통해 1938년부터 1939년까지 총 4회에 걸쳐 '철자법강석'이라는 논문을 발표하면서 자신의 철자법의 원칙을 천명한 내용을 소상히 다루었다.

제4장에서는 박승빈의 국어 운동의 내용을 기술했다. 먼저 2절에서는 초기 국어운동으로 정음회 활동,『훈민정음』원문 공개, 국어사전 편찬, 조선어강습회 등에 대해 구체적으로 기술하고 이러한 공로를 인정받아 1930년 공로상을 받은 내용을 소개했다. 3절에서는 조선어학연구회와 기관지『정음』에 대해 살펴보았는데, 조선어학연구회는 1931년에 창립된 배경과 그 성격, 그리고 박승빈의 역할 및 활동을 중심으로 살펴보았다. 조선어학연구회의 기관지『정음』은 1934년에 창간되었는데, 그 창간 배경과 성격, 기관지에 실린 논문의 내용과 종류, 그리고 잡지에 투고한 인물 등에 대해 알아보고 1941년 제37호로 폐간될 때까지 이 잡지가 갖고 있는 학술적 의의에 대해서도 자세히 살펴보았다.

4절에서는 1935년부터 1943년 생을 마감할 때까지 박승빈이 펼쳤던 국어 운동에 대해 고찰했다. 조선어학연구회를 중심으로 신철자법 비판을 위한 강연회를 지속적으로 열었으며, 잡지에 철자법에 대한 논문을 꾸준히 발표하면서 자신의 문법과 철자법에 대한 주장을 굽히지 않았다.

2. 마무리

이상에서 우리는 박승빈의 생을 통해 그의 사상과 활동, 그리고 그가 일평생 동안 매달렸던 우리말글 연구에 대한 집념을 고찰해 보았다. 객관적인 기록을 통해 박승빈의 삶의 여정을 따라가면서 필자가 느꼈던 박승빈의 모습은 한 마디로 근대인이자, 계몽가요, 민족주의자였다.

박승빈은 근대 개항기와 일제 강점기라는 격변기에 나서 성장하고 활동했다. 일본 유학을 통해 근대정신을 배웠으며, 개화와 자력갱생을 통해 자주독립국가로 나아가야 한다는 신념을 가졌다. 귀국 후 이러한 정신을 실천하기 위해 다각도로 부단히 노력했다. 국운이 기울어가는 시기 홀연히 검사를 그만두고 변호사가 되어 동포들을 위해 변론대에 섰다.

국민을 계몽하기 위해 사재를 털어 계명구락부를 창립하여 고전을 간행하고 신생활 운동을 펼치는 등 계몽가로서 민족문화 재건과 애국계몽사업에 앞장섰다. 또한 주식회사를 설립하고 물산장려운동을 펼치면서 민족의 경제적 독립을 이루기 위해 온 힘을 기울였다. 박승빈은 보성전문학교 교장으로서 교육 현장에서 다양한 활약을 했다. "박 교장의 뜨거운 정성은 학교 역사에 영원히 남아 있을 것이다"라는 세인들의 평가처럼 교육 현장에서도 그는 커다란 족적을 남겼다. 또한 조선체육의 제도와 스포츠 발전에도 커다란 기여를 한 체육인이기도 했다. 박승빈은 계몽가로서 국민을 깨우치기 위해 사회현장에서, 교육현장에서, 체육현장에서 열과 성을 다해 몸소 실천했으며, 민족주의자로서 동포를 위해 헌신하는 모습을 보였다.

언어는 근대화 과정에서 필수적인 문제였다. 국민들을 계몽하기 위해서는 그들이 쉽게 이해하고 읽고 쓸 수 있는 언어가 절실히 필요했다. 따라서 체계적인 문법을 수립하고 실용적이고 효과적인 철자법을 정비하며, 짜임새 있는 국어사전을 편찬하는 등 어문연구와 어문정책이야말로 근대 계몽기에 당면 과제였다.

이 점에서 박승빈은 근대인으로서 언어의 중요성을 가장 명확히 인식한 지식인 중 한 명이다. 그는 누구보다도 열심히 우리말글을 연구하고 이를 토대로 독창적인 우리말 문법 체계를 세웠으며, 일반인들이 알기 쉬운 철자법을 만들어 널리 보급하려고 노력했다. 그는 자신의 모든 것을 희생하면서까지 우리말과 우리글을 사랑한 국어학자였다.

이 과정에서 주시경 학파와 대립하는 것처럼 보였지만 박승빈은 연구자의 한 사람으로 진리를 추구하며 완전한 국어문법과 좀 더 체계적인 철자법을 완성하기 위해 치열하게 노력한 학자였다. 박승빈의 학술적 논쟁이 있었기에 우리말글의 연구와 어문정리 등이 좀 더 바람직한 방향으로 갈 수 있는 토대가 마련되었다고 믿는다.

물론 말년에 친일 단체에 참여했다는 과도 없지 않지만 그보다는 변호사, 사회운동가, 교육자, 체육인, 국어연구가로서 박승빈이 한평생 보여준 애국애족의 열정은 다시금 제대로 평가받아야 할 것이다. 이 책이 박승빈의 객관적인 평가를 위한 하나의 작은 디딤돌이 되기를 기대해 본다.

이제까지 박승빈의 발자취를 따라 그의 생애와 사상, 그리고 다양한 활동과 학문의 궤적을 조망해 보았다. 그러나 이렇게 피상적인 기술만으로 박승빈의 사상과 학문을 총체적으로 고찰하기에는 턱없이 부족한 일이었다. 더구나 김완진(1985)에서 언급했듯이 역사의 흐름에서 소외된 한 인물을 그린다는 것은 어려운 일이 아닐 수 없다. 이 책의 한계임이 분명하다. 책을 집필하면서 여러 가지 어려움에 봉착했다. 풀지 못하고 여전히 남아 있는 문제들을 정리해 본다.

(1) 자료의 한계: 박승빈의 활동과 학문을 살펴보기 위해 이 연구에서는 박승빈과 관련된 1차적인 사료를 수집했다. 신문, 잡지, 학술지, 저서 등의 기록물을 중심으로 하면서 후손의 회고와 전문 학자들과의 인터뷰 등을 통해 자료를 체계적으로 조사 수집하고 더욱 세밀한 자료까지 촘촘하게 발굴하려고 노력했다. 예를 들어 박승빈의 저서와 관련 자료 등은 『歷代韓國文法大系』(탑출판사), 『동아일보』와 『조선일보』 데이터베이스, 한국역사정보통합시스템, 한국사데이터베이스 등에서 큰 도움을 받았으며, 고려대학교 육당문고에서는 『言文一致日本國六法全書』를 열람할 수 있었고 연세대학교 국학자료실에서는 『啓明』 잡지를 찾아볼 수 있었으며 대한체육회와 대한변호사협회에서도 관련 자료를 구할 수 있었다. 이러한 1차 사료는 이 책을 구성하는 데 큰 도움이 되었다. 이 자리를 빌려 자료

수집에 도움을 주신 모든 분들과 기관에 감사의 말을 전한다.

이러한 자료를 통해 어느 정도의 얼개를 만들 수는 있었으나 박승빈의 인생의 전모를 빠짐없이 그려보는 데에는 분명한 한계가 있었다. 특히 출생과 유년기의 자료가 없어 박승빈의 어릴 적 모습을 구체적으로 조망하는 데 어려움이 있었으며, 일부 자료는 현재 남아 있지 않은 것들이 많아 내용 파악에 어려움을 겪을 수밖에 없었다. 예를 들어 『계명』 잡지는 남아 있는 자료 중에 빠진 호들이 많아 아쉽게도 미처 다 살펴보지 못한 부분도 있었다.

(2) 개인 중심의 서술적 한계: 이 책은 박승빈을 중심에 놓고 그의 삶을 조망했다. 그러다 보니 자연스럽게 각각의 장면이나 사건 등을 박승빈을 중심으로 하여 기술하면서 주변 인물과의 영향 관계나 인과 관계 등은 자세히 다루지 못했다. 박승빈과 관련된 인물이나 사건 등의 상호 영향 관계나 사상적, 학문적 계보 등은 미처 고찰하지 못했다. 예를 들어 박승빈이 어떤 사상에서 영향을 받았고 또 박승빈의 사상이 어떻게 후대에 계승되었는지, 동시대 인물과 사건들로부터 주고받은 영향 관계는 무엇인지, 특히 한글파와의 상호 영향 관계는 어떠했는지, 정음파 내에서의 영향 관계 등은 어떠했는지 등은 다루지 못했다. 이로 인해 박승빈의 학문과 사상을 총체적으로 조망하기에는 여러 가지로 부족했다.

(3) 학문적 한계: 필자는 국어 연구자이기 때문에 박승빈의 삶을 전반적으로 조망하는 데에는 분명한 학문적 한계를 갖고 있다. 변호사로서, 민족주의자로서, 사상가로서, 사회운동가로서, 교육자이자 체육계의 활동가로서, 그리고 국어학자로서 박승빈이 살아온 삶과 활동이 너무나 방대한 것이기에 국어 연구자의 시각만으로 박승빈의 삶을 체계적으로 조명하기에는 한계가 있었다. 최대한 여러 문헌과 관련 자료를 참조하여 박승빈의 다른 분야의 활동도 객관적이고 체계적으로 기술하려 노력했지만 학문적 한계는 여전히 남는다. 이 책에서 박승빈의 국어연구와 국어운동 부분이 많은 비중을 차지한 것도 필자의 전공 때문이다. 따라서 그 이외의 분야가

이 책에서 차지하는 비중이 적다하여 그것이 실제 박승빈의 삶에서 차지하는 비중이 적은 것은 결코 아니라는 점을 말하고 싶다.

(4) 1차 사료 중심의 한계: 이 책의 내용은 박승빈의 학문과 사상의 모습을 객관적으로 구현하고자 하는 데 1차적인 목표를 두었다. 따라서 박승빈에 대한 역사적 평가나 국어학사적인 평가 등은 자세히 다루지 못했다. 박승빈의 활동이 갖는 역사적 의미나 평가, 또는 박승빈의 문법 이론과 철자법이 갖는 국어학사적 의의나 평가 등은 향후 연구로 미룰 수밖에 없었다. 물론 이것은 필자의 능력이 부족한 탓이 가장 큰 이유이지만, 처음 예상보다 박승빈과 관련한 1차 사료의 양이 방대하고 종류가 다양하여 이를 수집하고 정리하여 박승빈의 삶을 재구하는 데에 너무나 많은 시간이 걸렸기 때문이기도 하다. 이 연구를 기반으로 하여 박승빈의 학문적 평가가 새롭게 시도되길 기대해 본다.

박승빈. 1908.10.20. 『言文一致日本國六法全書』(번역). 京城: 新門官.

박승빈. 1921.5. "朝鮮言文에 關한 要求". 『啓明』 1. pp.14-19.

박승빈. 1921.5. "諺文後解(1)". 『啓明』 1. pp.37-39.

박승빈. 1921.5. "姓名下 敬稱語의 決定". 『啓明』 1. p.36.

박승빈. 1921.6. "朝鮮言文에 關한 要求(2)". 『啓明』 2. pp.2-6.

박승빈. 1921.6. "諺文後解(2)". 『啓明』 2. pp.37-39.

박승빈. 1921.9. "朝鮮言文에 關한 要求(3)". 『啓明』 3. pp.5-13.

박승빈. 1921.9. "諺文後解(3)". 『啓明』 3. pp.31-33.

박승빈. 1921.11. "諺文後解(4)". 『啓明』 4. pp.23-27.

박승빈. 1922.5. "諺文後解(8)". 『啓明』 8. pp.38-41.

박승빈. 1922.5. "諺文에 關한 參考". 『啓明』 8. pp.48-52.

박승빈. 1922.6. "朝鮮文法에 對하야". 『時事講演錄』 4집. pp.122-125.

박승빈. 1927. "現代 朝鮮敎育制度 缺陷에 對한 諸名士의 高見". 『現代評論』 1-2. pp.92-93.

박승빈. 1927.9. "「ㆆ」는 무엇인가?". 『現代評論』 1-8. pp.249-255.

박승빈. 1927.10. "「ㆆ」는 무엇인가?(續)". 『現代評論』 1-9. pp.258-269.

박승빈. 1928.1. "「ㆆ」는 무엇인가?(續)". 『現代評論』 2-1. pp.256-257.

박승빈. 1931.7.13. 『朝鮮語를 羅馬字로 記寫함의 規例』. 京城: 民衆書院. 『歷代韓國文法大系』 3-27.

박승빈. 1931.7.30. 『朝鮮語學講義要旨』. 京城: 普成專門學校. 『歷代韓國文法大系』 1-19.

박승빈. 1932.4. "「ㆆ」의 바팀과 激音에 關한 見解". 『東方評論』 1. pp.439-456.

박승빈. 1934.2. "簡易朝鮮語文法". 『正音』 1. pp.57-67

박승빈. 1934.4. "簡易朝鮮語文法 二". 『正音』 2. pp.17-33

박승빈. 1934.6. "簡易朝鮮語文法 三". 『正音』 3. pp.23-40

박승빈. 1934.9. "簡易朝鮮語文法 四". 『正音』 4. pp.41-60

박승빈. 1934.9.1. "訓民正音原書의 考究". 『正音』 4. pp.22-25.

박승빈. 1934.11. "簡易朝鮮語文法 五". 『正音』 5. pp.19-32.

박승빈. 1935.1. "簡易朝鮮語文法 六". 『正音』 6. pp.33-50.

박승빈. 1935.3. "簡易朝鮮語文法(完)". 『正音』 7. pp.19-38.

이 갑, 박승빈. 1935.4. "朝鮮語學會의 公開狀에 對하야". 『新東亞』 5-4.
    pp.590-599.

박승빈. 1935.5.15. "硬音論(-)". 『正音』 8. pp.2-20.

박승빈. 1935.5. "硬音論". 『衆明』 1. pp.609-628.

박승빈. 1935.7.2. 『朝鮮語學』. 京城: 朝鮮語學研究會. 『歷代韓國文法大系』 1-20.

박승빈. 1935.7.15. "硬音論(完)". 『正音』 9. pp.2-25.

박승빈. 1935.9. "朝鮮語學會 査定「한글마춤법통일안」에 對한 批判 一". 『正音』
    10. pp.25-44.

박승빈. 1935.12. "朝鮮語學會 査定「한글마춤법통일안」에 對한 批判 二". 『正音』
    11. pp.1-22.

박승빈. 1936.2. "朝鮮語學會 査定「한글마춤법통일안」에 對한 批判 三". 『正音』
    12. pp.7-22.

박승빈. 1936.4. "朝鮮語學會 査定「한글마춤법통일안」에 對한 批判 四". 『正音』
    13. pp.7-32.

박승빈. 1936. 『朝鮮語學會 査定「한글마춤법통일안」에 對한 批判』. 京城: 朝鮮
    語學研究會. 『歷代韓國文法大系』 3-21.
    -『正音』 10호(1935.9.15.)부터 『正音』 13호(1936.4.15)까지 연재

박승빈. 1936.6.15. "語根考(一)". 『正音』 14. pp.19-31.

박승빈. 1936.8.15. "語根考(完)". 『正音』 15. pp.23-31.

박승빈. 1937.8.28. 『簡易朝鮮語文法』. 京城: 朝鮮語學研究會. 『歷代韓國文法大
    系』 1-49
    -『正音』 창간호(1934.2.15.)부터 『正音』 7호(1935.3.15)까지 총8회 연재

박승빈. 1937.11.26. "訓民正音記念講話(稿)". 『正音』 21. pp.2-6.

박승빈. 1938.11.30. "綴字法講釋(一)". 『正音』 27. pp.1-8.

박승빈. 1939.1.31. "綴字法講釋(二)". 『正音』 28. pp.1-6.

박승빈. 1939.4.30. "綴字法講釋(三)". 『正音』 29. pp.1-2.

박승빈. 1939.7.15. "綴字法講釋(四)". 『正音』 30. pp.1-6.

- 1880년 9월 29일 강원도 철원 묘장면 대마리 출생. 아버지 박경양(朴景陽), 어머니 강릉 김씨(江陵金氏)의 6남매 중 독자. 아호: 학범(學凡)
- 1893년 여산 송씨인 송수경(宋秀卿)과 결혼. 슬하에 3남 1녀
- 1898년 서울로 상경. 사원골(현 종합청사 뒤)에 터를 잡음, 서양 유학을 꿈꿈
- 1899년 5월 15일 외부 성진 감리서주사(外部 城津 監理署主事 敍判任官七等)
- 1899년 5월 23일 외부 덕원 감리서주사(外部 德源 監理署主事 敍判任官七等)
- 1900년 8월 15일 외부주사(外部主事敍判任官六等) 승진
- 1901년 1월 28일 외부주사(外部主事敍判任官五等) 승진
- 1901년 2월 14일 흥화학교 1등으로 수학
- 1902년 2월 13일 외부주사직 사임
- 1902년 중교의숙 수학
- 1903년 장남 박정서 출생
- 1904년 일본 동경 중앙대학(中央大學) 법과(法科) 유학. 유학생활 중 우리말에 관심
- 1906년 광무학회 조직, 광무학교에서 수신(修身)(법률경제사회개설) 가르침
- 1906년 중앙대학 우등생
- 1907년 대한유학생회 부회장, 회장
- 1907년 4월 7일『대한유학생회학보』제2호에 실린 '學凡朴勝彬傍錄'에서 애국 계몽 강조
- 1907년 7월 일본 동경 중앙대학 법과 우등 졸업
- 1907년 8월 귀국
- 1908년 2월 8일 평양지방재판소 판사 및 검사로 임명
- 1908년 3월 박승빈을 비롯한 법조인 26명이 발기하여 법학협회 조직
- 1908년 4월 6일 관동학회 창립 및 부회장에 피선
- 1908년 4월 11일 대한학회 창립 지원을 위한 사무위원에 피선
- 1908년 7월 7일 검사 발령으로 관동학회 부회장 사임
- 1908년 7월 검사 발령으로 양정의숙 교사 사임

- 1908년 10월 일본법전을 번역하여 『언문일치일본국육법전서』를 신문관에서 출간, 박승빈의 문법과 철자법의 큰 틀을 완성
- 1909년 2월 1일 관공리 100여명과 함께 순종황제 알현
- 1909년 3월 11일 평양공소원 검사직 사임
- 1909년 6월 22일 변호사 개업
- 1909년 7월 동료 변호사들과 함께 변호사회를 조직
- 1909년 11월 26일 이토 히로부미 사망 국민대추도회 준비위원
- 1910년 차남 박건서 출생
- 1910년 8월 일제강제병합이 일어나자 집에서 방문을 걸어 잠그고 통곡함
- 1912년 6월 18일 애국당 사건 변론
- 1913년 1월 21일 제4대 조선변호사회(경성 제2변호사회)의 상의원 피선
- 1914년 제5대 경성 제2변호사회 회장
- 1915년 사원골에서 청진동 175번지로 이사
- 1915년 삼남 박유서 출생
- 1918년 최남선, 민대식 등과 함께 한양구락부 창립, 초대 평의장
- 1918년 장녀 박성원 출생
- 1919년 조선물산장려주식회사 설립, 물산장려 및 독립사상 고취
- 1919년 8월 일본을 방문하여 조선의 자치를 제기함
- 1920년 2월 경성고아구제회 발기인
- 1920년 7월 13일 조선체육회 창립 발기인
- 1920년 8월 9일 조선 독립선언 사건 변론
- 1920년 경성조선인변호사회 회장
- 1920년 제1차 태평양연안국 변호사대회 한국대표로 참가
- 1921년 5월 "조선언문(朝鮮言文)에 관한 요구" 『계명』 1호에 발표
- 1921년 5월 "언문후해(諺文後解)(1)" 『계명』 1호에 발표
- 1921년 5월 "성명하 경칭어의 결정(姓名下敬稱語의 決定)" 『계명』 1호에 발표
- 1921년 6월 "조선언문에 관한 요구(2)" 『계명』 2호에 발표
- 1921년 6월 "언문후해(2)" 『啓明』 2호에 발표
- 1921년 9월 "조선언문에 관한 요구(3)" 『계명』 3호에 발표
- 1921년 9월 "언문후해(3)" 『계명』 3호에 발표

- 1921년 10월 예술협회 창립 발기인
- 1921년 10월 2일 조선변호사협회 창립 발기인, 총무이사(회장)
- 1921년 10월 북경에서 열린 국제 변호사대회에 박승빈 등 총 21명 참가
- 1921년 11월 "언문후해(4)" 『계명』 4호에 발표
- 1922년 1월 계명구락부 5대 총무이사(회장)
- 1922년 4월 경성조선인변호사회 상의원
- 1922년 4월 고학생합숙소 기성회 조직
- 1922년 5월 "언문후해(8)" 『계명』 8호에 발표
- 1922년 5월 "언문(諺文)에 관한 참고" 『계명』 8호에 발표
- 1922년 6월 "조선문법에 대하야" 『시사강연록』 4집에 발표
- 1922년 11월 잡지필화사건 결의문 채택과 변론
- 1923년 4월 22일 경성조선변호사회 상의원
- 1923년 6월 계림전등 사건 변론
- 1923년 8월 18개 단체가 모여 수해구제회 발기, 집행위원
- 1923년 9월 동경지방 이재 조선인구제회 성립, 위원
- 1924년 4월 조선인변호사회 상의원
- 1924년 5월 평북 희천서 고문사건 변론 및 조선 형사령 개정운동
- 1924년 5월 15일 제5회 전조선 야구대회 대회위원장
- 1924년 7월 24일 부친 박경양 경성 청진동 자택에서 별세
- 1925년 4월 26일 경성조선인변호사회 상무의원
- 1925년 9월 27일 보성전문학교 교장에 선임
- 1926년 4월 조선인변호사회 상무위원
- 1926년 7월 조선체육회 위원회장
- 1927년 청진동 175번지에서 관훈동 197-10번지로 신축 이사
- 1927년 계명구락부에서 사전편찬 작업 시작
- 1927년 "현대 조선교육제도 결함에 대한 제명사의 고견", 『현대평론』 1-2호에 발표
- 1927년 9월 "「ㆆ」는 무엇인가?" 『현대평론』 1-8호에 발표
- 1927년 10월 "「ㆆ」는 무엇인가?(續)" 『현대평론』 1-9호에 발표
- 1928년 1월 "「ㆆ」는 무엇인가?(續)" 『현대평론』 2-1호에 발표

- 1928년 조선물산장려회 이사
- 1929년 7월 31일 조선정구협회 평의원회 회장
- 1929년 10월 31일 '조선어사전편찬회' 발기인 및 위원
- 1930년 4월 1일 『동아일보』 창간 10주년기념사업 공로상(조선어문공로자) 수상
- 1931년 4월 경성조선인변호사회 평의원
- 1931년 5월 이충무공유적보존회 창립 회원
- 1931년 6월 박승빈 등 이충무공유적보존회 성명서 발표
- 1931년 7월 13일 『조선어를 라마자로 기사함의 규례』 경성: 민중서원에서 출간
- 1931년 7월 30일 『조선어학강의요지』 경성: 보성전문학교에서 출간
- 1931년 9월 조선체육연구회 회장
- 1931년 12월 10일 조선어학연구회 창립
- 1932년 3월 26일 보성전문학교 교장 사임
- 1932년 4월 "「ㆆ」의 바팀과 격음에 관한 견해" 『동방평론』 1호에 발표
- 1932년 4월 1일 "한글철자에 대한 신이론 검토" 『동광』 32호에 발표
- 1932년 11월 7-9일 『동아일보』 철자법토론회 참여
- 1933년 6월 조선체육회 이사, 전형위원
- 1933년 9월 조선축구협회 초대회장
- 1934년 2월 조선체육회 이사
- 1934년 2월 15일 조선어학연구회 기관지 『정음』 창간(1934-1941)
- 1934년 2월 "간이조선어문법 一" 『정음』 1호에 발표
- 1934년 4월 "간이조선어문법 二" 『정음』 2호에 발표
- 1934년 6월 "간이조선어문법 三" 『정음』 3호에 발표
- 1934년 6월 24일 〈조선문기사정리기성회〉에 참여
- 1934년 7월 윤치호, 지석영, 임규, 최남선 등 112명과 함께 '한글신철자법 반대성명서' 발표
- 1934년 7월 조선체육회 주최 하기체육강습회 회장
- 1934년 9월 "간이조선어문법 四" 『정음』 4호에 발표
- 1934년 9월 1일 "훈민정음원서의 고구" 『정음』 4호에 발표

- 1934년 11월 "간이조선어문법 五" 『정음』 5호에 발표
- 1935년 1월 "간이조선어문법 六" 『정음』 6호에 발표
- 1935년 3월 "간이조선어문법(完)" 『정음』 7호에 발표
- 1935년 5월 15일 "경음론(一)" 『정음』 8호에 발표
- 1935년 5월 "경음론" 『중명』 1호에 발표
- 1935년 6월 조선체육회 이사
- 1935년 7월 2일 『조선어학』 경성: 조선어학연구회에서 출간
- 1935년 7월 15일 "경음론(完)" 『정음』 9호에 발표
- 1935년 9월 "조선어학회 사정 「한글마춤법통일안」에 대한 비판 一" 『정음』 10호에 발표
- 1935년 12월 "조선어학회 사정 「한글마춤법통일안」에 대한 비판 二" 『정음』 11호에 발표
- 1936년 2월 "조선어학회 사정 「한글마춤법통일안」에 대한 비판 三" 『정음』 12호에 발표
- 1936년 4월 "조선어학회 사정 「한글마춤법통일안」에 대한 비판 四" 『정음』 13호에 발표
- 1936년 10월 『조선어학회 사정 「한글마춤법통일안」에 대한 비판』 경성: 조선어학연구회에서 출간.
- 1936년 6월 15일 "어근고" 『정음』 14호에 발표
- 1936년 8월 15일 "어근고(完)" 『정음』 15호에 발표
- 1937년 8월 28일 『간이조선어문법』 경성: 조선어학연구회에서 출간
- 1937년 11월 26일 "훈민정음기념강화(고)" 『정음』 21호에 발표
- 1938년 1월 만주 봉천의 고표학교인 동광학원후원회 실행위원
- 1938년 11월 국민정신총동원연맹 전국순회강연 연사
- 1938년 11월 30일 "철자법강석(一)" 『정음』 27호에 발표
- 1939년 1월 31일 "철자법강석(二)" 『정음』 28호에 발표
- 1939년 3월 조선송구협회 초대회장 선임
- 1939년 4월 30일 "철자법강석(三)" 『정음』 29호에 발표
- 1939년 7월 15일 "철자법강석(四)" 『정음』 30호에 발표
- 1941년 3월 28일 부인 송수경 별세

- 1941년 10월 22일 조선임전보국단 평의원
- 1942년 2월 조선체육진흥회 위원
- 1943년 10월 30일 경성 자택에서 별세 (묘소는 서울 망우리 공원묘지에 있음)
- 1949년 10월 대한체육회 30주년 기념행사 공로상 수상

참고문헌

〈박승빈 관련 참고자료〉

강복수. 1971. "국어문법학의 계보". 『국어국문학연구』(영남대학교국어국문학
　　회) 제13집. pp.1-131.

고영근. 1985. 『국어학연구사』. 학연사.

고영근. 2008. 『민족어의 수호와 발전』. 제이앤씨.

고영근. 2014. "민족어 문법에서 "語基"란 과연 필요한 개념일까". 『형태론』
　　16-1. pp.89-106.

김완진 외. 1985. 『국어연구의 발자취(I)』. 서울대학교 출판부.

김효전. 2000. "변호사 박승빈". 『시민과 변호사』6. pp.79-85.

대한변호사협회. 2002. 『대한변협50년사』. 금영문화사.

미쓰이 다카시(Mitsui Takashi). 2012. "박승빈(朴勝彬)의 언어운동과 그 성격".
　　『한국학연구』(인하대학교 한국학연구소) 26집. pp.261-306.

박정서. 1968. 『국어의 장래와 한자의 재인식』. 장문사.

박찬웅. 1972/1974. "절너머박씨 소고". 『절너머박씨파보』pp.48-52에 수록.

박찬웅. 1993. 『정치・사회・문화평론』. 도서출판 아우내.

손 환. 2011. "일제강점기 조선체육연구회의 활동에 관한 연구". 『한국체육학회
　　지』50권 6호. pp.1-9.

송석중. 1976. "박승빈의 조선어학소고". 『어학연구』12-1. pp.133-146.

시정곤. 2000. "최현배(1930)과 박승빈(1931)의 어미를 보는 눈". 『21세기 국어학
　　의 과제』. 도서출판 월인. pp.593-612.

신창순. 1999. "이른바 "철자법논쟁"의 분석 - 박승빈의 주시경 철자법이론 비판
　　-". 『한국어학』10. pp.135-189.

신창순. 2014. "『우리말본』 활용설 비판과 국문법학사". 수고본.

이숭녕. 1956. "한글 理論의 過誤二件-철자법배경의 학리시비". 『신세계』1956년

3월호. pp.184-189.

정영자. 1991. "박승빈의 품사분류체계에 대한 소고". 『청람어문학』(청람어문학회) 5. pp.92-129.

조규설. 1968. "박승빈의 언어관과 성음연구의 특색: 주로 음운론적 립장에서". 『청구대학논문집』(영남대학교) 10. pp.81-97.

천소영. 1981. 『학범 박승빈 연구』. 고려대학교 석사학위논문.

천소영. 1994. "서평. 박승빈의 『조선어학』". 『주시경학보』 14. pp.168-177.

최경봉. 2013. "한글을 사랑했던 비운의 국어학자-법률가이자 교육자 그리고 국어 연구가 박승빈". 우리말을 빛낸 인물들 11 『쉼표, 마침표』 국립국어원.

최병창. 1995. 『「조선어학」의 문법이론 연구』. 영남대 교육대학원 석사학위논문.

최용기. 2006. "특집논문: 고전의 발견과 한국문화의 재구성 ; 일제 강점기의 국어 정책". 『한국어문학연구』(한국어문학연구학회) 46. pp.9-32.

최웅환. 1999. "박승빈 『朝鮮語學』의 '문법편'에 관한 고찰". 『문학과언어』(문학과언어학회) 21. pp.35-57.

최종철. 2010. "훈민정음을 사랑한 대한제국검사. 박승빈". 『태봉문화』(철원문화원) 24호. pp.37-90.

최현배 1933. "풀이씨의 끝바꿈에 關한 論". 『한글』 1-8. pp.330-344.

최호철. 2004. "특집: 근대 국어국문학자의 재조명 ; 학범 박승빈의 용언 분석과 표기 원리". 『우리어문연구』(우리어문학회) 23. pp.53-86.

황인철. 1976. "한국법조인열전: 학범 박승빈 변호사". 『대한변호사협회지』 14호.

〈표기법 관련 참고자료〉

김민수. 1986. "『「한글마춤법통일안」에 대한 비판』 해설". 『역대한국문법대계』 3-21. 탑출판사.

김인선. 1999. 『개화기 이승만의 한글 운동 연구』. 연세대학교 박사학위논문.

김중진. 1999. 『국어표기사연구』. 태학사.

민현식. 1999. 『국어정서법연구』. 태학사.

박병채. 1977. "1930년대의 국어학 진흥운동". 『민족문화연구』 12. pp.1-47.

박영준 외. 2000. 『우리말의 수수께끼』. 김영사.

사이토 마레시 지음. 황호덕 등 옮김. 2010. 『근대어의 탄생과 한문』. 현실문화.

송철의. 2005. "근대국어학과 주시경".『한국 근대 초기의 언어와 문학』. 서울대학교출판부. pp.37-78.

송철의. 2010.『주시경의 언어이론과 표기법』. 서울대학교출판문화원.

신창순. 1992.『국어정서법연구』. 집문당.

신창순. 2003.『국어근대표기법의 전개』. 태학사.

신창순 외. 1992.『국어표기법의 전개와 검토』. 한국정신문화연구원.

오동춘. 1996. "주시경의 상동청년학원과 하기 국어강습소".『한힌샘 주시경 연구』9. pp.37-64.

유길준. 1895.『서유견문』. 도쿄: 교순사(交詢社).

유길준. 1908.『노동야학독본 一』. 경성일보사.『유길준전서 II』(1995 유길준전서편찬위원회. 일조각)에 재록.

이기문. 1963.『국어표기법의 역사적연구』. 한국연구원.『역대한국문법대계』 3-34.

이상각. 2013.『한글만세 주시경과 그의 제자들』. 유리창.

이상억. 1994.『국어 표기 4법 논의』. 서울대학교출판부.

이희승 · 안병희. 1994.『고친판 한글맞춤법강의』. 신구문화사.

장지영. 1978. "내가 걸어온 길".『나라사랑』29 (외솔회).

정경해. 1962.『원형개정론』. 대재각.

정주리 외. 2006.『역사가 새겨진 우리말 이야기』. 고즈윈.

최경봉. 2005.『우리말의 탄생』. 책과함께.

최경봉 외. 2010.『한글에 대해 알아야 할 모든 것』. 책과함께.

최용기. 2006. "일제강점기의 국어 정책".『한국어문학연구』46. pp.9-32.

어수정. 1986.『한국 철자법 제정의 시대적 고찰: 조선총독부 '언문철자법'을 중심으로』. 이화여대 교육대학원 석사논문.

〈국어문법 관련 참고자료〉

간노 히로호미(菅野裕臣). 1997. "朝鮮語の語基について".『日本語と朝鮮語』下卷 研究論文編. 國立國語研究所. pp.1-21. 富所明秀 역. 2008.「朝鮮語の語基について」.『형태론』10.2. pp.455-74.

강복수. 1972.『국어문법사연구』. 형설출판사.

고노 로쿠로(河野六郞). 1946. "中期朝鮮語の完了時称に就いて". 『河野六郞著作集』 제1권(1979). 東京: 平凡社.

고영근. 1985. 『국어학연구사-흐름과 동향-』. 학연사.

고영근. 1993. 『우리말의 총체서술과 문법체계』. 일지사.

고영근. 1995. 『최현배의 학문과 사상』. 집문당.

고영근. 2008. 『민족어의 수호와 발전』. 제이앤씨.

김두봉. 1916. 『조선말본』. 경성: 신문관. 『역대한국문법대계』 1-8.

김민수. 1985. 『신국어학사(전정판)』. 일조각.

김민수. 1986. 『주시경연구(증보판)』. 탑출판사.

김하수. 1992. "일반언어학 분야에 대하여". 『한글』 216. pp.7-30.

다카하시 토오루(高橋亨). 1909. 『韓語文典』. 『역대한국문법대계』 2-33.

마에마 교사쿠(前間恭作). 1909. 『韓語通』. 『역대한국문법대계』 2-32.

서정수. 1989. "분석체계와 종합적 설명법의 재검토". 『주시경학보』 4. pp.81-103.

서태룡. 1994. "최현배의 품사 분류". 『주시경학보』 14. pp.3-14.

시정곤. 1999. "조사의 형태론적 연구". 『국어의 격과 조사』. 월인. pp.265-287.

시정곤. 2006a. 『현대국어형태론의 탐구』. 월인.

시정곤. 2006b. 『현대국어통사론의 탐구』. 월인.

시정곤. 2006c. 『응용국어학의 탐구』. 월인.

신지영. 2011. 『한국어의 말소리』. 지식과 교양.

신창순. 2004. "고노 로쿠로(河野六郞) 선생과 나". 『새국어생활』 14-3. pp.135-142.

안병희. 1977. 『중세국어구결의 연구』. 일지사.

야쿠시지 치로우(藥師寺知朧). 1909. 『韓語研究法』. 『역대한국문법대계』 2-34.

유길준. 1906 『조선문전』. 『역대한국문법대계』 1-03

유길준. 1909 『대한문전』. 『역대한국문법대계』 1-06

이광정. 1987. 『국어품사분류의 역사적 발전에 관한 연구』. 한신문화사.

정승철. 2007. "1910~20년대 한국어의 연구와 한국어의 실상". 『일제 식민지 시기 한국의 언어와 문학』. 서울대학교출판부. pp.79-140.

정주리 외. 2006. 『역사가 새겨진 우리말 이야기』. 고즈원.

주시경. 1908. 『말』. 『역대한국문법대계』 1-08.

주시경. 1908. 『국어문전음학』. 경성: 박문서관. 『역대한국문법대계』 1-10.

주시경. 1909. 『고등국어문전』. 『역대한국문법대계』 1-09.

주시경. 1910. 『국어문법』. 경성: 박문서관. 『역대한국문법대계』 1-11.

최경봉. 2005. 『우리말의 탄생』. 책과함께.

최현배. 1930. "조선어의 품사분류론". 『조선어문연구』 1집. 『역대한국문법대계』 1-44.

최현배. 1937. 『우리말본』. 정음문화사.

Aston, W.G.. 1879 "A Comparative Study of the Japanese and Korean Languages." *The Journal of Royal Asiatic Society of Great Britain and Ireland* Vol. XI. Pt. III. pp.317-364. 『역대한국문법대계』 2-1.

Chomsky, N.. 1965. *Aspects of the Theory of Syntax*. Cambridge Mass: The MIT Press.

Eckardt, P. A.. 1923. *Koreanischen Konversations-Grammatik*. Julius Groos. Heidelberg.

Humboldt, Wilhelm von. 1836. *Über die Verschiedenheit des menschlichen Sprachbaus und ihren Einfluss auf die geistige Entwicklung des Menschengeschlechts*. Berlin. Gedruckt in der Druckerei der Königlichen Akademie der Wissenschaften. 신익성 역. 1993. 증보판 『훔볼트 「언어와 인간」』. 서울대학교출판부.

Underwood, H.G.. 1890. 『韓英文法』 *An Introduction to the Korean Spoken Language*. Yokohama: Seishi Binsha. 『역대한국문법대계』 2-11.

Underwood, H.G.. 1890. 『韓英字典』 *A Concise Dictionary of the Korean Language in Two Oarts: Korean-English and English-Korean*. Yokohama: Kelly & Walsh ; London: Trübner ; New York: A.D.F. Randolph.

〈근대사상 관련 참고자료〉

가람기획. 2005. 『한국근현대사사전』. (네이버 지식백과).

강준만. 2007. 『한국근대사산책 1,2,3권』. 인물과 사상사.

고영진. 2008. "한국어의 근대화 연구 서설-언문에서 국문으로". 『言語文化』(同志社大學言語文化學會). 11-1. pp.27-53.

김동명. 2009. "일본제국주의에 대한 저항과 협력의 경계와 논리: 1920년대 조선인의 정치운동을 중심으로". 『한국정치외교사논총』 제31집 제1호. pp.37-75.

김봉준, 이한경. 2013. "조선 토지 조사 사업에 관하여". 『경영사학』(한국경영사학회) 65권. pp.55-74.

김상태 편역. 2001. 『윤치호일기 1916-1943』. 역사비평사.

김윤희. 2008. "갑신정변 전후 '개화' 개념의 내포와 표상". 『개념과 소통』 제2호. pp.75-112.

김채수 편저. 2002. 『한국과 일본의 근대언문일치체 형성과정』. 보고사.

김형묵. 2009. 『교육운동』. 독립기념관 한국독립운동사연구소.

남기현. 2009. "일제하 조선토지조사사업 계획안의 변경 과정". 『사림(성대사림)』 (수선사학회) 32권. pp.137-161.

대한체육회 편. 1965. 『대한체육회사』.

도면회. 1994. "갑오·광무연간의 재판제도". 『역사와 현실』 14. pp.227-245.

도면회. 2001. "갑오개혁 이후 근대적 법령제정과정". 『한국문화』 27. pp.325-362.

도면회. 2014. 『한국 근대 형사재판제도사』. 도서출판 푸른역사.

두산백과. 『두산백과』.

류시현. 2011. 『최남선 평전』. 한겨레출판.

리진호. 1996. "사립흥화학교와 양지교육". 『지적』 251호. pp.76-81.

박광종. 1996. "자료소개-국민정신총동원 조선연맹 조직대강". 『민족문제연구』 12권. pp.46-47.

박수현, 이용창, 허종. 2009. 『일제의 친일파 육성과 반민족 세력』. 독립기념관.

박영석. 1990. "만오 홍진 연구". 『국사관논총』 18. pp.89-104.

박용규. 2014. 『조선어학회 33인』. 역사공간.

반민족문제연구. 1993. "자료소개-조선임전보국단". 1993년 여름호. pp.33-46.

백남운. 1927. "조선 자치운동에 대한 사회학적 고찰". 『현대평론』 제1권 제1호. pp.46-50.

서민정·김인택. 2009. 『근대 지식인의 언어인식』. 도서출판 박이정.

신주백. 2001. "일제의 새로운 식민지 지배방식과 재조일본인 및 '자치' 세력의 대응(1919-22)". 『역사와 현실』 39. pp.35-68.

신우철. 2007. "근대사법제도 성립사 비교연구". 『법조』(법조협회) 612호.
    pp.82-131.

신 평. 2008. "한국의 전통적 사법체계와 그 변형". 『법학논고』 제28집. pp.479-506.

앙드레 슈미드 지음. 정여울 옮김. 2007. 『제국 그 사이의 한국』. 휴머니스트.

오영섭. 2003. "1950년대 전반 한글파동의 전개와 성격". 『사학연구』 72.
    pp.133-174.

유방란. 1998. "개화기 배재학당의 교육과정 운영". 『교육사학연구』 8. pp.161-200.

윤치호 저. 송병기 역. 2001. 『국역 윤치호 일기 1, 2』 연세대학교출판부.

이용창. 2011. "동학교단과 (합동)일진회의 일본 유학생 파견과 '단지동맹'".
    『동방학보』 22호. pp.163-211.

이정훈. 1998. 『한말 흥화학교에 관한 일고찰』. 한성대학교 석사학위논문.

이태훈. 2001. "1920년대초 자치청원운동과 유민회의 자치구상". 『역사와현실』
    39. pp.69-99.

전봉덕. 1970-1976. "근대사법제도사(1-8)". 『대한변호사협회보』 1, 3, 5, 7, 11,
    14, 15, 20.

전봉덕. 1982. "일제의 사법권 강탈과정의 연구". 『애산학보』 2. pp.151-206.

정영희. 1999. "사립흥화학교에 관한 연구". 『실학사상연구』 13. pp.57-84.

정운현. 2011. 『친일파는 살아 있다』. 책보세.

중원문화. 2009. 『철학사전』.

최기영. 2009. 『애국계몽운동 II-문화운동』. 한국독립운동사편찬위원회. 독립기
    념관 한국독립운동사연구소.

최덕교. 2004. 『한국잡지백년3』. 현암사.

최수일. 2008. 『개벽 연구』. 소명출판사.

최 준. 1960. 『한국신문사』. 일조각.

최학주. 2011. 『나의 할아버지 육당 최남선』. 나남.

한국사전연구사. 1998. 『국어국문학자료사전』.

한국학중앙연구원. 『한국민족문화대백과』. 인터넷판.

한인섭. 2012. 『식민지 법정에서 독립을 변론하다』. 경인문화사.